Chemins 4
FRENCH FOR A CONNECTED WORLD

Boston, Massachusetts

On the cover: Traditional brick rowhouses, Brussels, Belgium.

Creative Director: José A. Blanco
Executive Vice President and General Manager of K12: Vincent Grosso
Editorial Director: Harold Swearingen
Managing Editor: Carol Shanahan
Editorial Development: Émilie Brodeur
Project Management: Chrystie Hopkins, Rosemary Jaffe
Rights Management: Jorgensen Fernandez, Kristine Janssens, Annie Pickert Fuller
Technology Production: David Duque, Egle Gutiérrez, Lauren Krolick, Sandra Rojas
Design: Catalina Acosta, Paula Díaz, Radoslav Mateev, Gabriel Noreña, Andrés Vanegas
Production: Sebastián Díez, Oscar Díez, Andrés Escobar, Adriana Jaramillo, Daniel Lopera, Daniela Peláez

© 2023 by Vista Higher Learning, Inc. All rights reserved.
No part of this work may be reproduced or distributed in any form or by any means, electronic or mechanical, including photocopying and recording, or by any information storage or retrieval system without prior written permission from Vista Higher Learning, 500 Boylston Street, Suite 620, Boston, MA 02116-3736.

Student Text ISBN: 978-1-54336-233-6
Teacher's Edition ISBN: 978-1-54336-234-3
Library of Congress Control Number: 2021940100

3 4 5 6 7 8 9 10 TC 27 26 25 24 23

AP and Advanced Placement Program are registered trademarks of the College Board, which was not involved in the production of, and does not endorse, this product.

Printed in Canada

Chemins 4
FRENCH FOR A CONNECTED WORLD

Table of Contents

REPRISE

Épisode 1
- Irregular verbs **être**, **faire**, **aller**, and **avoir** R2
- Descriptive adjectives ... R2, R3, R4
- Question formation R4

Épisode 2
- Adverbs R6, R7, R8
- Passé composé with avoir and être R8

Épisode 3
- **Passé composé** with **avoir** and **être** R10, R11, R12
- The **passé composé** vs. the **imparfait** R11, R12

UNITÉ 1 — Ressentir et vivre

Contextes
- Les relations personnelles 4
  - les mots apparentés
  - les relations
  - les sentiments
  - l'état civil
  - la personnalité
- **Parlons français!**

Court métrage
- *Foudroyés* (12 min.) 6
- France, 2015
- Réalisateur: Bibo Bergeron

Imaginez
- Les États-Unis 12
- LE ZAPPING:
- La sophrologie 15

UNITÉ 2 — Habiter en ville

Contextes
- En ville 40
  - les mots apparentés
  - les lieux
  - les indications
  - les gens
  - les activités
  - pour décrire
- **Parlons français!**

Court métrage
- *J'attendrai le suivant* (4 min.) ... 42
- France, 2002
- Réalisateur: Philippe Orreindy

Imaginez
- La France 48
- GALERIE DE CRÉATEURS:
- Yann Arthus-Bertrand 51

UNITÉ 3 — L'influence des médias

Contextes
- L'univers médiatique 78
  - les mots apparentés
  - les médias
  - les gens des médias
  - le cinéma et la télévision
  - la presse
- **Parlons français!**

Court métrage
- *Le Technicien* (8 min.) 80
- Canada, 2009
- Réalisateur: Simon-Olivier Fecteau

Imaginez
- Le Québec 86
- LE ZAPPING:
- Oui Marketing:
  - La pensée inversée 89

Épisode 4

Partitives R14
Pronouns R15, R16
The pronouns **y** and **en** . . R15, R16

Épisode 5

Subjunctive R18
Comparatives and
superlatives R19, R20
Infinitives R20

Épisode 6

Futur and **futur antérieur** R22
Si clauses and the
conditionnel passé R23
Futur and **conditionnel** R24

Structures

1.1 Spelling-change verbs 16
1.2 The irregular verbs **être**,
avoir, **faire**, and **aller** . . . 20
1.3 Forming questions 24

Fiches de grammaire
Optional Sequence

1.4 Present tense of regular
-er, **-ir**, and **-re** verbs 374
1.5 The imperative 376

Culture

Les Francophones
d'Amérique 29

Littérature

Il pleut dans mon cœur 33
Paul Verlaine, France
poème

2.1 Reflexive and reciprocal
verbs 52
2.2 Descriptive adjectives
and adjective agreement 56
2.3 Adverbs 60

2.4 Nouns and articles 378
2.5 **Il est** and **c'est** 380

Rythme dans la rue:
La Fête de la Musique 65

Tout bouge autour de moi 69
Dany Laferrière, Haïti
témoignage

3.1 The **passé composé**
with **avoir** 90
3.2 The **passé composé**
with **être** 94
3.3 The **passé composé**
vs. the **imparfait** 98

3.4 Possessive adjectives 382
3.5 The **imparfait**:
formation and uses 384

Le Paysage musical
au Québec 103

La game a changé 107
Marie-France Bazzo, Canada
extrait de l'essai *Nous méritons
mieux - Repenser les médias
au Québec*

Table of Contents

	Contextes	Court métrage	Imaginez
UNITÉ 4 — La valeur des idées	**La justice et la politique** .... 116 les mots apparentés les lois et les droits la politique les gens la sécurité et le danger **Parlons français!**	*L'hiver est proche* (13 min.) .... 118 France, 2015 Réalisateur: Hugo Chesnard	Les Antilles .... 124 GALERIE DE CRÉATEURS: Léna Blou. 127
UNITÉ 5 — La société en évolution	**Crises et horizons** .... 152 les mots apparentés en mouvement les problèmes et les solutions les changements **Parlons français!**	*Le Bout de la piste* (19 min.) .... 154 France, 2018 Réalisatrice: Sophie Thouvenin	L'Afrique de l'Ouest .... 160 LE ZAPPING: Une initiative contre le racisme ordinaire 163
UNITÉ 6 — Les générations qui bougent	**En famille** .... 190 les mots apparentés es membres de la famille la vie familiale la personnalité les étapes de la vie la communauté **Parlons français!**	*Le Monde du petit monde* (15 min.) .... 192 France, 2017 Réalisateur: Fabrice Bracq	L'Afrique du Nord et le Liban .. 198 GALERIE DE CRÉATEURS: Yves Saint Laurent 201
UNITÉ 7 — À la recherche du progrès	**Le progrès et la recherche** ... 226 les mots apparentés la technologie les inventions et la science l'univers et l'astronomie les gens dans les sciences **Parlons français!**	*Le Manie-Tout* (16 min.) ..... 228 France, 2005 Réalisateur: Georges Le Piouffle	La Belgique, la Suisse et le Luxembourg .... 234 LE ZAPPING: La recherche robotique en Suisse. 237

Structures

4.1 The **plus-que-parfait** 128
4.2 Negation and indefinite adjectives and pronouns... 132
4.3 Irregular **-ir** verbs...... 136

5.1 Partitives 164
5.2 The pronouns **y** and **en**... 168
5.3 Order of pronouns...... 172

6.1 The subjunctive: impersonal expressions; will, opinion, and emotion 202
6.2 Demonstrative pronouns 206
6.3 Irregular **-re** verbs 210

7.1 The comparative and superlative of adjectives and adverbs ... 238
7.2 The **futur simple**...... 242
7.3 The subjunctive with expressions of doubt and conjunctions; the past subjunctive 246

Fiches de grammaire
Optional Sequence

4.4 Demonstrative adjectives........... 386
4.5 The **passé simple** 388

5.4 Object pronouns....... 390
5.5 Past participle agreement 392

6.4 Disjunctive pronouns..... 394
6.5 Possessive pronouns..... 396

7.4 Past participles used as adjectives 398
7.5 Expressions of time 400

Culture

Haïti, soif de liberté 141

Le numérique fait bouger les écoles africaines 177

Jour de mariage 215

CERN: À la découverte d'un univers particulier. 251

Littérature

Détruire la misère. 145
Victor Hugo, France
discours

Le Marché de l'espoir 181
Ghislaine Sathoud, Congo
nouvelle

Mon père en doute encore ... 219
Saphia Azzeddine, France
extrait de roman

Aude Billard, au cœur des robots qui devraient bientôt soulager les humains 255
Anouch Seydtaghia, Suisse
article

Table of Contents

	Contextes	**Court métrage**	**Imaginez**

UNITÉ 8 — S'évader et s'amuser

Contextes: Les passe-temps 262
- les mots apparentés
- le sport
- le temps libre
- les arts et le théâtre

Parlons français!

Court métrage: *Le Ballon prisonnier* (13 min.) 264
France, 2003
Réalisateur: Cyril Gelblat

Imaginez: L'océan Indien 270
GALERIE DE CRÉATEURS:
Khaleel «Khal» Torabully 273

UNITÉ 9 — Perspectives de travail

Contextes: Le travail et les finances 300
- les mots apparentés
- le monde du travail
- les finances
- les gens au travail

Parlons français!

Court métrage: *La Répétition* (7 min.) 302
France, 2017
Réalisatrice: Léa Frédeval

Imaginez: L'Afrique Centrale 308
LE ZAPPING:
Le marché du travail à Madagascar 311

UNITÉ 10 — Les richesses naturelles

Contextes: Notre monde 336
- les mots apparentés
- la nature
- les animaux
- les phénomènes naturels
- se servir de la nature ou la détruire

Parlons français!

Court métrage: *Un héro de la nature gabonaise* (9 min.) 338
France, 2009
Réalisateur: Yann Arthus-Bertrand

Imaginez: La Polynésie française, la Nouvelle-Calédonie, l'Asie . 344
GALERIE DE CRÉATEURS:
Rithy Panh 347

Appendices

Fiches de grammaire 371
Appendice A
Tables de conjugaison 414

Structures	Fiches de grammaire Optional Sequence	Culture	Littérature
8.1 Infinitives . . . . 274 **8.2** Prepositions with geographical names . . . . 278 **8.3** The **conditionnel** 282	**8.4** Prepositions with infinitives . . . . 402 **8.5** The subjunctive after indefinite antecedents and in superlative statements. . . . 404	*La Réunion, île intense* 287	*Le Football -* *Le Petit Nicolas.* . . . . 291 Sempé-Goscinny, France roman illustré
9.1 Relative pronouns . . . . . 312 **9.2** The present participle . . . 316 **9.3** Irregular **-oir** verbs.. 320	**9.4** Savoir vs. connaître . . . . . . 406 **9.5** Faire causatif 408	*Des Africaines entrepreneuses* 325	*Les Tribulations d'une caissière* . 329 Anna Sam, France extrait de roman
10.1 The past conditional . . . 348 **10.2** The future perfect. . . . . 352 **10.3** **Si** clauses 356	**10.4** Indirect discourse. . . . . . 410 **10.5** The passive voice 412	*Les Richesses du Pacifique* 361	*Baobab* . . . . 365 Jean-Baptiste Tati-Loutard, République du Congo poème

Appendice B
Vocabulary
Français–Anglais 425
Anglais–Français 455
Appendice C
Thematic Vocabulary 485
Appendice D
Grammar Index 490
Credits 492

Maps

Le monde francophone

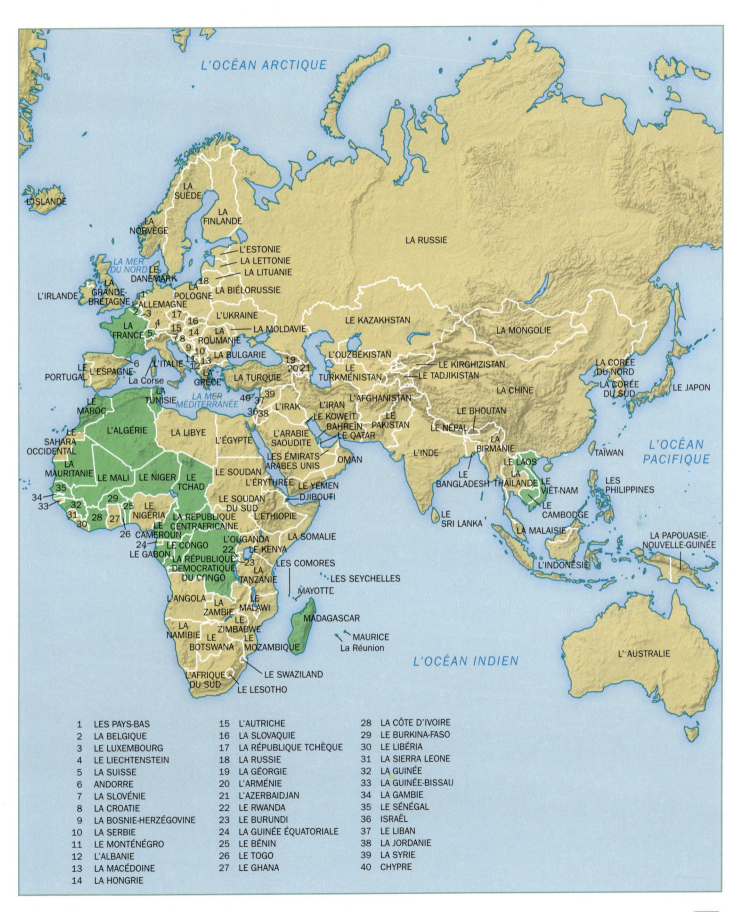

Maps

L'Amérique du Nord et du Sud

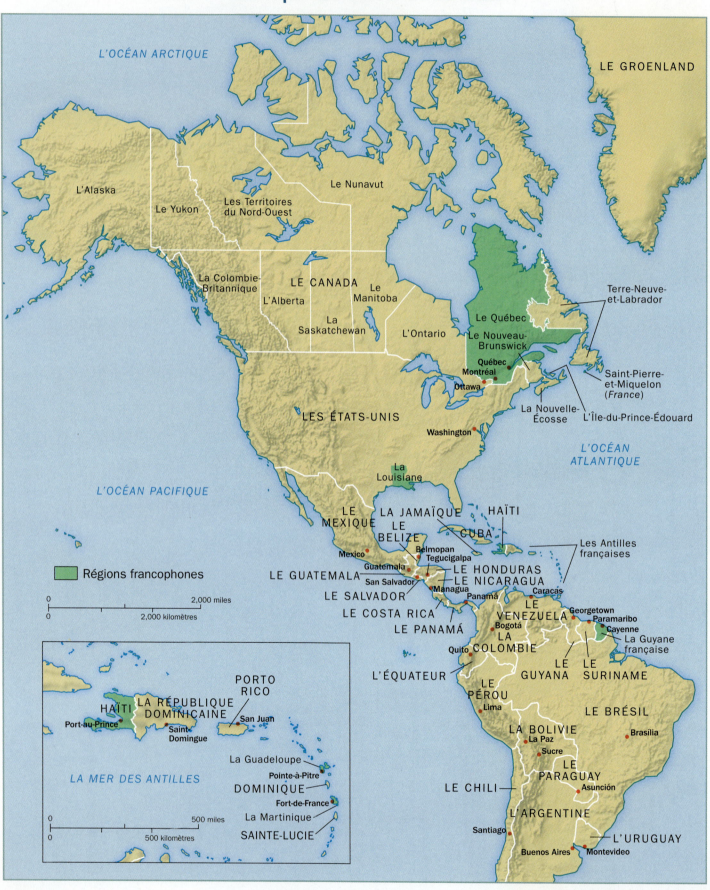

La France

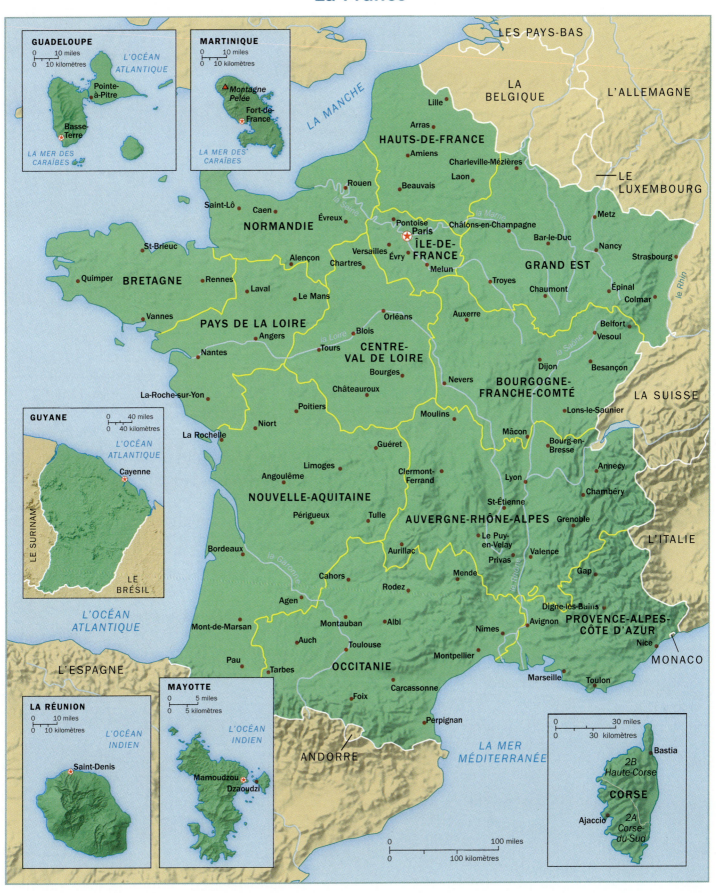

Maps

L'Europe

L'Afrique

Maps

L'Asie et l'Océanie

Video

Roman-photo video program

The **Roman-photo** video series contains 36 dramatic episodes—one for each lesson in Levels 1, 2, and 3, and 6 episodes in the **Reprise** unit in Level 4. The episodes present the adventures of four college students who are studying in the south of France at the Université Aix-Marseille. They live in apartments above and near Le P'tit Bistrot, a café owned by Valérie Forestier. The videos tell their story and the story of Madame Forestier and her teenage son, Stéphane.

The first four episodes in the Level 3 **Reprise** unit review the topics and structures from Levels 1, 2, and 3. The final two episodes bring you up-to-date on the lives of the characters.

The cast

Here are the main characters you will meet when you watch **Roman-photo**:

 Of Senegalese heritage
Amina Mbaye

 From Washington, D.C.
David Duchesne

 From Paris
Sandrine Aubry

 From Aix-en-Provence
Valérie Forestier

 Of Algerian heritage
Rachid Kahlid

 And, also from Aix-en-Provence
Stéphane Forestier

Le Zapping

Chemins Level 4 features authentic video clips from commercials and newscasts for each odd-numbered unit. These clips have been carefully chosen to be comprehensible for students learning French, and are accompanied by activities and vocabulary lists to facilitate understanding. More importantly, though, these clips are a fun and motivating way to improve your French!

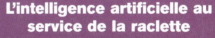

Les robots arrivent partout dans nos vies.

Video

Chemins Film Collection

Fully integrated with your textbook, the **Chemins** Film Collection contains short-subject films by francophone filmmakers that are the basis for the pre- and post-viewing activities in the **Court métrage** section of each unit of Level 4. These films offer entertaining and thought-provoking opportunities to build your listening comprehension skills and your cultural knowledge of French speakers and the francophone world.

Besides providing entertainment, the films serve as a useful learning tool. As you watch the films, you will observe characters interacting in various situations, using real-world language that reflects the unit themes as well as the vocabulary and grammar you are studying. The films are available on the **Chemins** Level 4 Supersite and Prime.

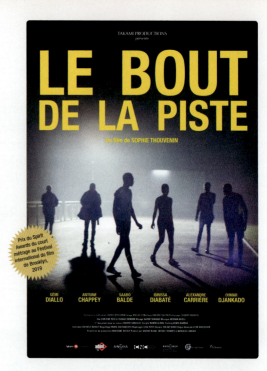

Film Synopses

UNITÉ 1
NEW! Foudroyés
(France; 12 minutes)

He's cursed. So is she. Their relationship might be doomed from the start, and lightning threatens to ruin their picnic at any moment. Then again, something else might strike instead.

UNITÉ 2
J'attendrai le suivant…
(France; 4.5 minutes)

Tonight's ride on the Lyon **métro** is far from ordinary for one young woman. She may have finally found love.

UNITÉ 3
Le Technicien
(Canada; 8 minutes)

A TV repairman encounters a customer with an unusual complaint. Can he fix the problem?

UNITÉ 4
L'hiver est proche
(France; 13 minutes)

When a Roma community sets up camp near a small French town, it's Louise's job to ask the group to leave. She meets Dio, a young Rom who is friendly but uncooperative, and Louise fears that the police will not be as understanding as she.

UNITÉ 5
NEW! Le Bout de la piste
(France; 19 minutes)

Lala is the only girl in a group of four young middle-distance runners from Mali. Their visas are about to expire. Led by Loïc, their coach, they have one last chance to be noticed by a scout and to achieve their dream: to become part of a French club.

UNITÉ 6
NEW! Le Monde du petit monde
(France; 15 minutes)

A young mother tells her baby daughter a love story worthy of a fairy tale. Her story is so important that she takes the precaution of recording it on video.

UNITÉ 7
Le Manie-Tout
(France; 16 minutes)

On his way to school, curiosity leads young Martin into the handyman's shop. What he finds inside is a world where everything can move, fly, and dance…provided it has a name. Martin's discovery will change his life and he hopes that of his brother too.

UNITÉ 8
Le Ballon prisonnier
(France; 13 minutes)

Young Dylan Belgazi will one day become a professional soccer player. His father said so.

UNITÉ 9
NEW! La Répétition
(France; 7 minutes)

Stéphane dreams of becoming an actor. Carole dreams of a pay raise.

UNITÉ 10
NEW! Un héros de la nature gabonaise
(France; 9 minutes)

The forests of Gabon are being cut down at an alarming rate, but one local environmentalist is fighting the trend by becoming a logger himself.

Studying French

The French-speaking World

Do you know someone who speaks French? Chances are you do! More than 2 million Americans speak French or one of its varieties at home, and it is the second most common language in some states. It is the official language of more than twenty-five countries and an official language of the European Union and United Nations. English and French are the only two languages that are spoken on every continent of the world.

The French-speaking World

Speakers of French
(approx. 300 million worldwide)
- America and the Caribbean 7%
- Asia and Oceania 0.3%
- Europe 33.4%
- North Africa and the Middle East 14.9%
- Sub-Saharan Africa and the Indian Ocean 44.4%

Source: Organisation internationale de la Francophonie

The Growth of French

Have you ever heard someone say that French is a Romance language? This doesn't mean it's romantic—although some say it is the language of love!—but that it is derived from Latin, the language of the Romans. Gaul, a country largely made up of what is now France and Belgium, was absorbed into the Roman Empire after the Romans invaded Gaul in 58 B.C. Most Gauls began speaking Latin. In the third century, Germanic tribes including the Franks invaded the Roman territories of Western Europe. Their language also influenced the Gauls. As the Roman empire collapsed in the fifth century, people in outlying regions and frontiers were cut off from Rome. The Latin spoken by each group was modified more and more over time. Eventually, the language that was spoken in Paris became the standard for modern-day French.

French in the United States

1500 — **1600** — **1700**

1534
Jacques Cartier claims territories for France as he explores the St. Lawrence river, and the French establish fur-trading posts.

1600s
French exploration continues in the Great Lakes and the Mississippi Valley. La Salle takes the colony of Louisiana for France in 1682.

1685–1755
The Huguenots (French Protestants) form communities in America. French Acadians leave Nova Scotia and settle in northern New England and Louisiana.

Studying French

French in the United States

French came to North America in the 16th and 17th centuries when French explorers and fur traders traveled through what is now America's heartland. French-speaking communities grew rapidly when the French Acadians were forced out of their Canadian settlement in 1755 and settled in New England and Louisiana. Then, in 1803, France sold the Louisiana territory to the United States for 80 million francs, or about 15 million dollars. Overnight, thousands of French people became citizens of the United States, bringing with them their rich history, language, and traditions.

This heritage, combined with that of the other French populations that have immigrated to the United States over the years, as well as U.S. relations with France in World Wars I and II, has led to the remarkable growth of French around the country. It is one of the most commonly spoken languages in the U.S., and there are significant populations in Louisiana, Maine, New Hampshire, and Vermont who speak French or one of its varieties.

You've made a popular choice by choosing to take French in school; it is the second most commonly taught foreign language in classrooms throughout the country! Have you heard people speaking French in your community? Chances are that you've come across an advertisement, menu, or magazine that is in French. If you look around, you'll find that French can be found in some pretty common places. Depending on where you live, you may see French on grocery items such as juice cartons and cereal boxes. In some large cities, you can see French language television broadcasts on stations such as TV5Monde. When you listen to the radio or download music from the Internet, some of the most popular choices are French artists who perform in French. French and English are the only two official languages of the Olympic Games. More than 20,000 words in the English language are of French origin. Learning French can create opportunities within your everyday life.

1800 — **1900** — **2000**

1803
The United States purchases Louisiana, where Cajun French is widely spoken.

1980s
Nearly all high schools, colleges, and universities in the United States offer courses in French as a foreign language. It is the second most commonly studied language.

2021
In the U.S., French is one of the languages most commonly spoken at home, with over 2 million speakers.

Why Study French?

Connect with the World

Learning French can change how you view the world. While you learn French, you will also explore and learn about the origins, customs, art, music, and literature of people all around the world. When you travel to a French-speaking country, you'll be able to converse freely with the people you meet. And whether here in the U.S. or abroad, you'll find that speaking to people in their native language is the best way to bridge any culture gap.

Learn an International Language

There are many reasons for learning French, a language that has spread to many parts of the world and has along the way embraced words and sounds of languages as diverse as Latin, Arabic, German, and Celtic. The French language, standardized and preserved by the Académie française since 1634, is now among the most commonly spoken languages in the world. It is the second language of choice among people who study languages other than English in North America.

Understand the World Around You

Knowing French can also open doors to communities within the United States, and it can broaden your understanding of the nation's history and geography. The very names Delaware, Oregon, and Vermont are French in origin. Just knowing their meanings can give you some insight into the history and landscapes for which the states are known. Oregon is derived from a word that means "hurricane," which tells you about the windy weather; and Vermont comes from a phrase

City Name	Meaning in French
Bel Air, California	"beautiful air"
Boise, Idaho	"wooded"
Des Moines, Iowa	"of the monks"
Montclair, New Jersey	"bright mountain"

Studying French

meaning "green mountain," which is why its official nickname is The Green Mountain State. You've already been speaking French whenever you talk about these states!

Explore Your Future

How many of you are already planning your future careers? Employers in today's global economy look for workers who know different languages and understand other cultures. Your knowledge of French will make you a valuable candidate for careers abroad as well as in the United States. Doctors, nurses, social workers, hotel managers, journalists, businesspeople, pilots, flight attendants, and many other kinds of professionals need to know French or another foreign language to do their jobs well.

Expand Your Skills

Studying a foreign language can improve your ability to analyze and interpret information and help you succeed in many other subject areas. When you begin learning French, much of your studies will focus on reading, writing, grammar, listening, and speaking skills. You'll be amazed at how the skills involved with learning how a language works can help you succeed in other areas of study. Many people who study a foreign language claim that they gained a better understanding of English and the structures it uses. French can even help you understand the origins of many English words and expand your own vocabulary in English. Knowing French can also help you pick up other related languages, such as Portuguese, Spanish, and Italian. French can really open doors for learning many other skills in your school career.

How to Learn French

Start with the Basics!

As with anything you want to learn, start with the basics and remember that learning takes time!

Vocabulary Every new word you learn in French will expand your vocabulary and ability to communicate. The more words you know, the better you can express yourself. Focus on sounds and think about ways to remember words. Use your knowledge of English and other languages to figure out the meaning of and memorize words like **téléphone**, **l'orchestre**, and **mystérieux**.

Grammar Grammar helps you put your new vocabulary together. By learning the rules of grammar, you can use new words correctly and speak in complete sentences. As you learn verbs and tenses, you will be able to speak about the past, present, or future; express yourself with clarity; and be able to persuade others with your opinions. Pay attention to structures and use your knowledge of English grammar to make connections with French grammar.

Culture Culture provides you with a framework for what you may say or do. As you learn about the culture of French-speaking communities, you'll improve your knowledge of French. Think about a word like **cuisine** and how it relates to a type of food as well as the kitchen itself. Think about and explore customs observed at **le Réveillon de la Saint-Sylvestre** (New Year's Eve) or **le Carnaval** (or **Mardi Gras**, "fat Tuesday") and how they are similar to celebrations you are familiar with. Observe customs. Watch people greet each other or say good-bye. Listen for sayings that capture the spirit of what you want to communicate!

Studying French

Listen, Speak, Read, and Write

Listening Listen for sounds and for words you can recognize. Listen for inflections and watch for key words that signal a question such as **comment** (*how*), **où** (*where*), or **qui** (*who*). Get used to the sound of French. Play French pop songs or watch French movies. Borrow books on CD from your local library, or try to attend a meeting with a French language group in your community. Download a podcast in French or watch a French newscast online. Don't worry if you don't understand every single word. If you focus on key words and phrases, you'll get the main idea. The more you listen, the more you'll understand!

Speaking Practice speaking French as often as you can. As you talk, work on your pronunciation, and read aloud texts so that words and sentences flow more easily. Don't worry if you don't sound like a native speaker, or if you make some mistakes. Time and practice will help you get there. Participate actively in French class. Try to speak French with classmates, especially native speakers (if you know any), as often as you can.

Reading Pick up a French-language newspaper or a magazine on your way to school, read the lyrics of a song as you listen to it, or read books you've already read in English translated into French. Use reading strategies that you know to understand the meaning of a text that looks unfamiliar. Look for cognates, or words that are related in English and French, to guess the meaning of some words. Read as often as you can, and remember to read for fun!

Writing It's easy to write in French if you put your mind to it. Memorize the basic rules of how letters and sounds are related, practice the use of diacritical marks, and soon you can probably become an expert speller in French! Write for fun—make up poems or songs, write e-mails or instant messages to friends, or start a journal or blog in French.

Tips for Learning French

- **Listen** to French radio shows, often available online. Write down words you can't recognize or don't know and look up the meaning.

- **Watch** French TV shows or movies. Read subtitles to help you grasp the content.

- **Read** French-language newspapers, magazines, websites, or blogs.

- **Listen** to French songs that you like—anything from a a jazzy pop song by Zaz to an old French ballad by Edith Piaf. Sing along and concentrate on your pronunciation.

- **Seek** out French speakers. Look for neighborhoods, markets, or cultural centers where French might be spoken in your community. Greet people, ask for directions, or order from a menu at a French restaurant in French.

- **Pursue** language exchange opportunities in your school or community. Try to join language clubs or cultural societies, and explore opportunities for studying abroad or hosting a student from a French-speaking country in your home or school.

> **Practice, practice, practice!**
> Seize every opportunity you find to listen, speak, read, or write French. Think of it like a sport or learning a musical instrument—the more you practice, the more you will become comfortable with the language and how it works. You'll marvel at how quickly you can begin speaking French and how the world that it transports you to can change your life forever!

- **Connect** your learning to everyday experiences. Think about naming the ingredients of your favorite dish in French. Think about the origins of French place names in the U.S., like Baton Rouge and Fond du Lac, or of common English words and phrases like **café**, **en route**, **fiancé**, **matinée**, **papier mâché**, **petite**, and **souvenir**.

- **Use** mnemonics, or a memorizing device, to help you remember words. Make up a saying in English to remember the order of the days of the week in French (L, M, M, J, V, S, D).

- **Visualize** words. Try to associate words with images to help you remember meanings. For example, think of a **pâté** or **terrine** as you learn the names of different types of meats and vegetables. Imagine a national park and create mental pictures of the landscape as you learn names of animals, plants, and habitats.

- **Enjoy** yourself! Try to have as much fun as you can learning French. Take your knowledge beyond the classroom and find ways to make your learning experience your very own.

Acknowledgments

On behalf of its authors and editors, Vista Higher Learning expresses its sincere appreciation to the many educators nationwide who reviewed materials from **Chemins** Their input and suggestions were vitally helpful in forming and shaping the program in its final, published form.

We also extend a special thank you to Mayanne Wright, Stephen Adamson, Marion Bermondy, Gregory Madan, Priscilla Blanton, Véronique Dupont, Myriam Arcangeli, Géraldine Touzeau-Patrick, and Séverine Champeny, whose hard work was central to bringing **Chemins** to fruition.

Reviewers

Alexandra Todorova
  Bangor High School
  Bangor, ME

Missie Valdiviez
  Southern Boone County R-1 School District
  Ashland, MO

Nancy Montanaro
  Belmont Hill School
  Belmont, MA

L. Turner
  South Delta Secondary School
  Delta, Canada

Mindy Orrison
  Centennial High School
  Champaign, IL

Rosa Trombley
  Niagara Christian Collegiate
  Ridgeway, Canada

Carolyn Quinby
  Terra Linda High School
  San Rafael, CA

Rae-Anne Phillips
  Boulder Creek High School
  Anthem, AZ

Mrs. Jean Davis
  Lake Norman Charter High School
  Huntersville, NC

Kimberly Pope
  Grier School
  Tyrone, PA

Agnes P.
  The Harker School
  Cupertino, CA

Will Fritz
  Troy High School
  Fullerton, CA

Dominique J. Kuhn
  Academy of Saint Elizabeth
  South Plainfield, NJ

Deborah Alden
  Essex High School
  Essex Junction, VT

Agnes Ferrara
  San Jacinto High School
  Redlands, CA

Jessica Meuir-Fries
  Coral Academy of Science
  Henderson, NV

Dr. Teresa Todd
  Ensworth School
  Brentwood, TN

Benedicte A. Corbett
  Thomas Jefferson High School
  Cedar Rapids, IA

Sylvia Rascoe
  Incarnate Word High School
  San Antonio, TX

Anne N. Bornschein
  St. Xavier High School
  Louisville, KY

Kiara M. Wessling
  Episcopal School of Jacksonville
  Jacksonville, FL

Gregory Paulemon
  Lake Taylor High School
  Norfolk, VA

Michelle Emery
  Burr and Burton Academy
  Manchester, VT

Antonella Garcia
  Burnaby North Secondary
  Burnaby, Canada

Loreen Timperley
  Emerson Middle School
  Niles, IL

Tiffany Brutto
  The Linsly School
  Wheeling, WV

Maggie Smith
  Wesleyan School
  Brookhaven, GA

Matt Crew
  Wesleyan School
  Peachtree Corners, GA

Mary Townsend
   Kettering Fairmont High School
   Kettering, OH

Caroline McKay
   La Reina High School
   Thousand Oaks, CA

Raghia
   Providence School Department
   Woonsocket, RI

R. Safier
   Saint Francis High School
   Mountain View, CA

Candace Thomason
   Enterprise High School
   Enterprise, AL

Maxime Lavallee
   Friends Academy
   Locust Valley, NY

Roula Farah
   Slippery Rock School District
   Wexford, PA

Maxanna Nichols
   Baker High School
   Mobile, AL

Emily Balaban-Garber
   Cheverus High School
   Scarborough, ME

Catherine Tetu
   Burlington High School
   Burlington, VT

Laura Walker
   St. Stephen's & St. Agnes School
   Alexandria, VA

Amy Whitlock
   Oswego East High School
   Oswego, IL

Michelle Hamilton
   Hamilton High School
   Queen Creek, AZ

Jill Prado
   Essex High School
   Essex Junction, VT

Isabelle Jay
   Manchester High School
   Manchester, CT

Marie Martine Shannon
   Washington Latin Public Charter School
   Washington, DC

Michael Shippie
   Xaverian Brothers High School
   Westwood, MA

William Heidenfeldt
   Salesian College Preparatory
   Richmond, CA

Lynda-Marie Allen
   Roland Park Country School
   Baltimore, MD

Georgette Kat Kawel
   American International School of Cape Town
   Cape Town, South Africa

Brian Hayenga
   Hinkley High School
   Aurora, CO

Elaine Diveley
   Oswego High School
   Naperville, IL

Emily Williams
   Sperreng Middle School
   Maplewood, MO

Marianne Zemil
   University of Chicago Laboratory Schools
   Chicago, IL

Gissele Drpich
   Prospect High School
   Long Grove, IL

Reprise

Une nouvelle année commence! Bienvenue à toutes et à tous! Vous avez déjà appris beaucoup de choses. Nous allons maintenant réviser des contextes, le vocabulaire, les structures et les expressions que vous connaissez déjà en regardant quelques épisodes vidéo inédits qui mettent en scène un groupe de jeunes qui vivent et étudient à Aix-en-Provence. Alors, c'est parti! Découvrons ensemble les aventures de ces jeunes Français et continuons à explorer la langue et la culture française!

Épisode 1 — Faisons connaissance!

Scène 1: Stéphane a quelques petits problèmes...

Préparation

Dans cette scène, Stéphane présente quelques personnes de son entourage et parle de son attitude envers les études. Et vous, qui sont les personnes importantes dans votre vie? Quelle attitude avez-vous envers les études? Répondez aux questions suivantes avec des phrases complètes.

1. Comment sont vos parents (ou d'autres personnes importantes de votre famille)? Qu'est-ce qu'ils font?
2. Comment s'appelle votre meilleur(e) ami(e)? Décrivez-le/la: Comment est-il/elle? Qu'est-ce qu'il/elle aime? Qu'est-ce qu'il/elle n'aime pas? Qu'est-ce que vous faites ensemble?
3. Et vous, comment êtes-vous? Qu'est-ce que vous aimez et n'aimez pas? Aimez-vous les études? Pourquoi ou pourquoi pas?

Segment vidéo

Regardez la vidéo pour trouver les réponses aux questions suivantes.

1. Qui sont les quatre personnages féminins dont Stéphane parle dans le segment vidéo? Donnez un détail mentionné par Stéphane au sujet de chacune d'elles.
2. Qu'est-ce que Stéphane n'aime pas? Pourquoi? Qu'est-ce qu'il aime?
3. Comment est-ce que la mère de Stéphane décrit son fils?
4. Pourquoi est-ce que cette année est importante pour Stéphane et Astrid? Que font-ils pour se préparer?
5. Pourquoi est-ce qu'Astrid est fâchée contre Stéphane?

À noter

Avant de regarder la vidéo, révisez les verbes irréguliers **être**, **faire**, **aller** et **avoir**, et les adjectifs descriptifs aux pages 20–21 et 56–57 du livre.

PERSONNAGES

Stéphane

Rachid

Amina

Sandrine

Valérie

Astrid

David

Michèle

Synthèse

Par petits groupes, parlez de vos familles et de vos cercles d'amis. En quoi sont-ils similaires? Différents? Y a-t-il des choses que vous enviez à vos amis en ce qui concerne leurs relations avec leurs familles et leurs proches? Expliquez. Est-ce que la famille idéale existe, d'après vous? Comment est-elle? Discutez de ces questions en partageant votre expérience personnelle et vos opinions avec la classe.

Scène 2: À la rencontre des amis de Stéphane

Préparation

Dans cette scène, Stéphane nous présente quelques autres personnes importantes dans sa vie et il nous explique pourquoi il considère Rachid un peu comme un frère aîné. Répondez aux questions suivantes sur votre vie avec des phrases complètes.

1. Avez-vous des frères ou des sœurs? Comment sont-ils? (Si vous n'en avez pas, aimeriez-vous en avoir? Pourquoi ou pourquoi pas? Comment serait le frère ou la sœur idéal(e) pour vous?)
2. Avez-vous des parents, des amis ou des connaissances qui ne sont pas de nationalité américaine? De quelle(s) origine(s) sont ces personnes? Donnez quelques détails intéressants au sujet d'une de ces personnes.
3. Y a-t-il quelqu'un dans votre entourage (parent, ami, professeur) qui vous encourage tout particulièrement dans vos études? Qui est cette personne? Que fait-elle pour vous encourager? Appréciez-vous toujours les conseils de cette personne?

À noter

Avant de regarder la vidéo, révisez les adjectifs descriptifs aux pages 56–57 du livre.

Segment vidéo

Regardez la vidéo pour trouver les réponses aux questions suivantes.

1. Comment est Rachid, d'après Stéphane? Comment encourage-t-il Stéphane à se préparer au bac?
2. Comment est-ce qu'Amina décrit Rachid? Et Sandrine?
3. De quelles nationalités sont les deux autres amis de Stéphane, Amina et David?
4. Quelle est la réaction de David quand Amina mentionne Pascal? Pourquoi?

Synthèse

Travaillez avec un(e) partenaire pour créer et jouer la scène suivante. Imaginez que vous allez avoir l'occasion de passer une année chez une famille francophone. Comment est la famille idéale? Utilisez les questions suivantes pour vous aider dans votre discussion: De quelle nationalité est la famille? Où habite-t-elle? Comment sont les enfants? (Parlez des qualités que vous aimeriez trouver chez vos «frères et sœurs» francophones. Mentionnez aussi quelques défauts que vous n'aimeriez pas!)

Comparisons

Le bac Le bac, ou baccalauréat, est un examen très important pour lequel les élèves français se préparent pendant le lycée. Il est nécessaire d'obtenir le bac pour poursuivre des études supérieures. Le bac comporte une série d'épreuves à passer en première et en terminale. Elles testent les connaissances des élèves dans les différentes matières étudiées. Pour réussir le bac, il faut avoir une moyenne de 10/20, mais pour ceux qui ont une moyenne d'au moins 8/20, il est possible de passer des examens oraux supplémentaires pour se rattraper. Les élèves qui échouent au bac doivent répéter leur année de terminale et se représenter à l'examen l'année suivante.

- Est-ce que votre lycée prépare au IB (International Baccalaureate)? Avez-vous aussi un examen de fin de lycée? Lequel?

Épisode 1 — Faisons connaissance!

Scène 3: Les filles et leurs copains

Préparation

Dans cette scène, Michèle découvre qu'Amina a un ami virtuel. Stéphane, lui, critique Sandrine parce qu'elle est toujours au téléphone. Répondez aux questions suivantes sur la communication et les technologies modernes.

1. Comment communiquez-vous avec vos amis? Aimez-vous les voir en personne et passer du temps avec eux ou bien préférez-vous rester en contact grâce à d'autres modes de communication, tels que le téléphone, les textos ou encore les réseaux sociaux? Est-ce que les moyens de communication que vous utilisez varient en fonction des circonstances? Quels sont les avantages et les inconvénients des différents modes de communication qui sont disponibles de nos jours?

2. Connaissez-vous quelqu'un qui a toujours son ordinateur ou sa tablette près de lui/d'elle ou son portable à la main? Trouvez-vous cela pénible? Pourquoi ou pourquoi pas? Et vous, êtes-vous très dépendant(e) de la technologie moderne? Avez-vous des comptes sur les réseaux sociaux? Si oui, qu'est-ce que vous y faites? Combien de temps passez-vous par jour en ligne? Si non, pourquoi pas? Décrivez l'utilisation que vous faites des technologies modernes pour votre communication dans la vie de tous les jours.

3. Pensez-vous que ce soit une bonne idée de rencontrer des «cyberamis» en ligne? Pourquoi ou pourquoi pas? Expliquez.

> **À noter**
>
> Avant de regarder la vidéo, révisez la formation des questions et les adjectifs descriptifs aux pages 24–25 et 56–57 du livre.

Segment vidéo

Regardez la vidéo pour trouver les réponses aux questions suivantes.

1. Qu'est-ce qu'Amina a besoin de faire au café? Pourquoi?
2. Qui est «cyberhomme»? Qu'est-ce que Michèle veut savoir à son sujet, d'après les questions qu'elle pose à Amina?
3. Quel objet est-ce qu'Amina a toujours près d'elle? Et Sandrine?
4. Pourquoi est-ce que Stéphane trouve Sandrine pénible?

Synthèse

Par petits groupes, préparez une liste de questions que vous poseriez à quelqu'un sur un réseau social pour mieux faire sa connaissance en ligne. Variez le style de questions que vous utilisez. Ensuite, choisissez les cinq questions les plus importantes et présentez-les à la classe.

À vous!

1 On se présente!

Faites connaissance avec un(e) camarade de classe! Présentez-vous à tour de rôle et décrivez votre personnalité et vos activités préférées. Posez des questions à votre partenaire pour obtenir plus de détails.

2 Discussion

Par petits groupes, discutez des questions suivantes: Qu'est-ce qu'un(e) élève doit faire pour se préparer à un examen important, comme le bac? Quels sont les avantages et les inconvénients d'étudier avec des ami(e)s, comme le font Stéphane et Astrid? Pensez-vous qu'on doit passer tout son temps avec ses livres quand on va passer un examen important ou bien est-il nécessaire de garder du temps pour les loisirs?

Rédaction
Présentation d'une personne que j'admire

Dans l'épisode que vous venez de regarder, Stéphane vous a présenté plusieurs personnes de son entourage. Vous allez maintenant présenter et décrire une personne (célèbre ou non) que vous admirez et qui a (ou a eu) une influence importante sur votre vie.

STRATÉGIE

Utiliser le remue-méninges pour générer des idées

Il est parfois difficile de commencer à écrire parce qu'on ne sait pas comment générer ou organiser ses idées. Le remue-méninges peut donc être une première étape très utile de l'écriture. Cette technique consiste à réfléchir à son sujet librement et à prendre des notes sur tout ce qui vous vient à l'esprit pendant environ dix minutes. En deuxième étape, relisez et organisez vos notes en une liste avec des catégories logiques. Voici un exemple de catégories dont vous pouvez vous inspirer pour cette activité.

La personne que j'admire: [nom]

Description physique:
- grand
- cheveux bruns et courts
- yeux noirs
- d'origine...

Description de la personnalité:
- courageux
- travailleur
- sérieux

Profession/occupation:
- artiste/musicien

Utilisez maintenant votre liste pour décrire la personne que vous avez choisie. Écrivez un paragraphe pour chaque catégorie. Pour la conclusion, expliquez pourquoi vous admirez cette personne en mentionnant son influence sur votre vie.

Épisode 2 — La vie à Aix

Scène 1: Les activités de loisirs

Préparation

Dans cette scène, Astrid et les autres jeunes discutent de leurs loisirs. Répondez aux questions suivantes avec des phrases complètes.

1. Quand vous vous promenez en ville, que faites-vous? Aimez-vous aller au café pour prendre quelque chose à manger ou à boire avec vos amis ou bien préférez-vous un autre endroit? Expliquez.
2. Qu'aimez-vous faire avec vos amis et votre famille quand vous avez du temps libre? En général, préférez-vous les activités qu'on fait à l'intérieur ou celles qu'on fait dehors? Expliquez en donnant quelques exemples.
3. Quels genres d'endroits est-ce qu'on trouve près de chez vous pour faire du sport, pour s'amuser avec des amis ou pour se détendre? Décrivez ce que vous faites dans ces endroits.
4. Que pensez-vous du sport en tant que loisir? Quel(s) sport(s) aimez-vous particulièrement? Décrivez vos habitudes sportives.

Segment vidéo

Regardez la vidéo pour trouver les réponses aux questions suivantes.

1. Que font les quatre jeunes au début du segment vidéo? Où sont-ils? Qu'est-ce que Sandrine et Amina suggèrent? Pourquoi?
2. Rachid et David ont-ils envie d'accompagner les filles? Expliquez.
3. Qu'est-ce qu'Amina aime beaucoup, d'après Astrid? À qui parle-t-elle virtuellement?
4. En général, qu'est-ce qu'on peut faire au parc à Aix quand il fait beau?
5. Qu'est-ce que Sandrine, Rachid et David décident de faire aujourd'hui?

Synthèse

Avec un(e) partenaire, posez-vous des questions à tour de rôle pour en apprendre plus sur vos loisirs. Discutez de ce que vous préférez en donnant des détails. Ensuite, comparez vos préférences avec celles d'une autre paire.

---

vhlcentral

À noter

Avant de regarder la vidéo, révisez les adverbes aux pages 60–61 du livre.

PERSONNAGES

Astrid

Amina

Sandrine

Rachid

David

Stéphane

Valérie

Scène 2: Un petit tête-à-tête entre Sandrine et David

Préparation

Dans cette scène, Sandrine et David échangent un petit tête-à-tête au parc pendant lequel ils parlent de leurs activités préférées. Répondez aux questions suivantes avec des phrases complètes.

1. Quels sont les sports les plus populaires aux États-Unis? Les aimez-vous? Les pratiquez-vous? Les regardez-vous (au stade ou à la télévision)? Donnez des détails.
2. Aimez-vous faire des activités culturelles avec vos amis ou votre famille? Lesquelles? À quelle fréquence?
3. Quelles autres activités de loisir aimez-vous? Pratiquez-vous régulièrement une activité artistique, comme le chant, le dessin, la musique ou la danse? Expliquez.

Segment vidéo

Regardez la vidéo pour trouver les réponses aux questions suivantes.

1. Quels sont les trois sports que David mentionne? Lequel est-ce qu'on aime surtout regarder aux États-Unis?
2. Est-ce que David fait souvent du sport? Pourquoi ou pourquoi pas?
3. Et Sandrine, qu'est-ce qu'elle fait avec ses amis?
4. Qu'est-ce que David demande à Sandrine à la fin du segment vidéo?

Synthèse

Par petits groupes, discutez de personnes (célèbres ou non) que vous admirez en raison de leurs talents particuliers dans la pratique d'activités sportives, culturelles, artistiques ou manuelles.

À noter

Avant de regarder la vidéo, révisez les adverbes aux pages 60–61 du livre.

Comparisons

Les loisirs en France
En moyenne, les Français disent pratiquer une dizaine d'activités de loisir de façon assez régulière. Pour ce qui concerne les loisirs dits culturels, on aime le cinéma, la musique, la lecture, la télévision, les musées et les spectacles. Les activités sportives préférées sont la marche à pied/la randonnée, le vélo, le jogging et la natation. Pour ce qui est du domaine artistique, on apprécie la photographie, la pratique musicale, le chant et la peinture/le dessin. Enfin, les loisirs dits manuels, regroupent notamment la cuisine, le jardinage et le bricolage.

- Quels loisirs des français sont aussi souvent pratiqués dans votre communauté?

Épisode 2 — La vie à Aix

Scène 3: Une petite blague pour l'anniversaire de Stéphane

Préparation

Dans cette scène, Astrid raconte une petite blague qu'elle et ses amis ont faite à Stéphane le jour de son anniversaire. Et vous, que pensez-vous des blagues? Répondez aux questions suivantes.

1. Avez-vous déjà été victime d'une petite blague? À quelle occasion? Qui vous a fait cette blague? Pourquoi? L'avez-vous trouvée drôle ou pas? Racontez cette expérience.
2. Et vous, avez-vous déjà fait une petite blague à un(e) ami(e) ou un parent? À qui? Pourquoi? Racontez ce que vous avez fait en donnant des détails, puis décrivez la réaction de la personne à qui vous avez fait la blague.
3. Pouvez-vous essayer de deviner quel genre de blague Astrid et ses amis vont faire à Stéphane à l'occasion de son anniversaire? Donnez plusieurs possibilités qui vous paraissent réalistes. (Souvenez-vous que Stéphane adore le sport mais qu'il n'aime pas l'école.)

> **À noter**
>
> Avant de regarder la vidéo, révisez les adverbes et le passé composé aux pages 60–61, 90–91 et 94–95 du livre.

Segment vidéo

Regardez la vidéo pour trouver les réponses aux questions suivantes.

1. En dehors de la chanson, quelles sont les deux autres passions de Sandrine?
2. Qu'est-ce que Sandrine prépare aujourd'hui?
3. Quels sont les trois cadeaux que les amis de Stéphane ont choisis pour lui? Comment Stéphane réagit-il? A-t-il l'air content? Expliquez.
4. À la fin, comment Astrid explique-t-elle le choix des cadeaux?

Synthèse

Imaginez que vous aussi, vous vouliez faire une petite blague à un(e) ami(e) à l'occasion de son anniversaire. Cette personne adore les loisirs culturels et artistiques mais n'aime pas du tout le sport ni les activités manuelles. Quelle petite blague pourriez-vous faire à cet(te) ami(e)? Discutez-en par petits groupes et présentez vos meilleures idées à la classe.

À vous!

1. Qu'est-ce qu'on fait ce week-end?

Vous avez décidé de sortir avec des amis ce week-end mais personne n'est d'accord sur le type d'activité. Certains préfèrent aller se promener en ville; d'autres veulent faire du sport; d'autres encore ont envie de faire une activité culturelle ou artistique. Jouez la scène par petits groupes

2. Discussion

Pour de nombreuses personnes, le sport et les arts restent des activités de loisir, mais d'autres personnes sont tellement douées dans ces domaines qu'elles décident d'en faire leurs carrières professionnelles. Par petits groupes, discutez les questions suivantes: Que doit-on faire si on veut avoir une carrière professionnelle sportive ou artistique? Que pensez-vous de ce choix? À votre avis, est-ce un choix difficile?

À vous la parole
Sondage

Dans l'épisode que vous venez de regarder, les amis ont parlé de leurs loisirs. Vous allez maintenant interroger un(e) camarade au sujet de quatre activités de votre choix (une activité sportive, une activité culturelle, une activité artistique et une activité manuelle).

STRATÉGIE

**Prendre des notes sur les points importants:
Quoi? Qui? Où? Quand? Comment? Pourquoi?**

Quand on fait un sondage, prendre des notes sur les points importants des réponses des personnes interrogées permet de mieux s'en souvenir. Mais attention! Prendre des notes ne veut pas dire transcrire tout ce que les personnes disent mot pour mot! Pour être sûr(e) de n'inclure que ce qui est important, aidez-vous des mots interrogatifs suivants: **Quoi? Qui? Où? Quand? Comment? Pourquoi?** Voici un exemple de tableau que vous pouvez utiliser pour prendre des notes.

Quoi?	Activité sportive : la natation
Qui?	Julie S.
Où?	à la piscine et à la plage
Quand?	en été, tous les jours, tôt le matin
Comment?	sérieusement; elle nage très bien
Pourquoi?	elle est très sportive et aime beaucoup l'eau

Premièrement, choisissez les quatres activités que vous voulez inclure dans votre sondage. Puis, sondez votre camarade en prenant des notes sur ses réponses à l'aide du tableau ci-dessus.

Épisode 3

Tout n'est pas toujours bien qui finit bien...

Scène 1: À Paris

Préparation

Dans cette scène, David raconte le petit voyage qu'il a fait à Paris. Répondez aux questions suivantes sur un voyage que vous avez fait récemment.

1. Où êtes-vous allé(e)? Avec qui?
2. Quand êtes-vous parti(e)? Combien de temps êtes-vous resté(e) là-bas? Comment avez-vous voyagé?
3. Êtes-vous descendu(e) dans un hôtel ou avez-vous rendu visite à des amis ou des parents?
4. Qu'est-ce que vous avez fait pendant votre séjour? Décrivez vos activités. Ce voyage vous a plu? Pourquoi ou pourquoi pas?

Segment vidéo

Regardez la vidéo pour trouver les réponses aux questions suivantes.

1. Quand est-ce que David est allé à Paris? Qui a-t-il retrouvé là-bas?
2. Qu'est-ce que David et ses parents ont fait vendredi soir?
3. Qu'est-ce que David a visité à Paris? Quelle autre activité a-t-il fa
4. Qu'est-ce que David a rapporté à Stéphane pour son anniversaire?

Synthèse

Travaillez avec un(e) partenaire. À tour de rôle, posez-vous des questions pour en apprendre plus sur les voyages que vous avez décrits dans **Préparation**. Ensuite, décrivez le voyage de votre partenaire à la classe.

---

vhlcentral

À noter

Avant de regarder la vidéo, révisez la formation du passé composé avec **avoir** et avec **être** aux pages 90–91 et 94–95 du livre.

PERSONNAGES

Stéphane

David

Rachid

Sandrine

Pascal

Amina

Scène 2: Une mauvaise nouvelle

Préparation

Dans cette scène, Sandrine reçoit une nouvelle qui ne lui plaît pas du tout. Répondez aux questions suivantes. Attention au choix des temps du passé!

1. Récemment, avez-vous reçu une nouvelle qui vous a fait très plaisir ou, au contraire, qui ne vous a pas fait plaisir du tout? Expliquez les circonstances de cet événement. C'était quand? Où étiez-vous? Que faisiez-vous quand vous avez eu cette nouvelle?
2. Décrivez cette nouvelle en détails.
3. Comment avez-vous réagi à cette nouvelle? Étiez-vous triste, content(e), fâché(e), déçu(e)? Décrivez vos sentiments et votre réaction.

> **À noter**
>
> Avant de regarder la vidéo, révisez le passé composé aux pages 90–91 et 94–95 et l'emploi du passé composé et de l'imparfait aux pages 98–99 du livre.

Segment vidéo

Regardez la vidéo pour trouver les réponses aux questions suivantes.

1. Quels étaient les projets de Sandrine pour Noël? Où voulait-elle aller? Que voulait-elle faire là-bas?
2. Que s'est-il passé ensuite? Quelle nouvelle Pascal a-t-il donnée à Sandrine?
3. Est-ce que Sandrine était contente? Décrivez sa réaction à la nouvelle qu'elle a reçue.

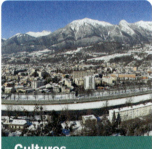

Cultures

Albertville Albertville est une ville située en Savoie, dans les Alpes françaises. C'est une destination très prisée par les amateurs de sports d'hiver. En plus de ses pistes de ski, Albertville est célèbre pour son festival du voyage et des découvertes, le Grand Bivouac, qui a lieu chaque année en octobre. Journalistes, écrivains et photographes s'y retrouvent à cette occasion, et on peut assister à de nombreux événements: projection de films, expositions, conférences, et autres animations en tout genre. La ville a aussi accueilli les Jeux olympiques d'hiver en 1992.

- Est-ce que vous aimeriez assister à un festival comme Grand Bivouac ou à une compétition sportive internationale? Qu'est-ce qui vous attire dans l'un ou l'autre?

Synthèse

Travaillez en petits groupes pour créer et jouer la scène suivante. Vous aviez des projets (un voyage, une sortie, une petite fête ou toute autre activité de votre choix) avec des amis, mais à la dernière minute, vous devez annuler. Annoncez cette mauvaise nouvelle à vos amis. Expliquez pourquoi vous annulez et excusez-vous. Vos amis vont réagir à cette mauvaise nouvelle et demander des détails sur les raisons de votre annulation.

Épisode 3
Tout n'est pas toujours bien qui finit bien...

Scène 3: La rupture

Préparation

Dans cette scène, Pascal fait une surprise à Sandrine. Malheureusement, Sandrine n'apprécie pas du tout cette surprise. Répondez aux questions suivantes pour décrire une dispute que vous avez eue avec un(e) (petit[e]) ami(e) récemment.

1. Où étiez-vous et que faisiez-vous quand la dispute a eu lieu?
2. Quel était le sujet de cette dispute? Décrivez-la en détails.
3. Comment vous sentiez-vous après la dispute? Parlez de vos sentiments et de votre réaction.
4. Est-ce que vous vous êtes réconcilié(e) avec votre (petit[e]) ami(e)? Si oui, quand et comment? Sinon, pourquoi?

À noter

Avant de regarder la vidéo, révisez le passé composé aux pages 90–91 et 94–95 et l'emploi du passé composé et de l'imparfait aux pages 98–99 du livre.

Segment vidéo

Regardez la vidéo pour trouver les réponses aux questions suivantes.

1. Où était Pascal quand il a téléphoné à Sandrine?
2. Qu'est-ce qu'il a dit à Sandrine pour expliquer qu'il était là?
3. Décrivez la réaction de Sandrine à la surprise de Pascal.

Synthèse

Vous entendez-vous toujours bien avec vos amis ou avec les membres de votre famille? Avez-vous parfois des disputes avec certains d'entre eux? Dans quelles circonstances? À votre avis, quelles sont les causes les plus fréquentes de disputes entre amis ou entre membres d'une même famille? Discutez de ce sujet avec un(e) partenaire, puis présentez vos réflexions à la classe.

À vous!

1 Discussion

Par groupes de trois ou quatre, discutez de la réaction de Sandrine à la surprise de Pascal. À votre avis, sa réaction était-elle justifiée ou non? Pourquoi? A-t-elle eu raison de rompre avec Pascal? Expliquez votre point de vue. Et vous, avez-vous un jour essayé de faire une surprise à quelqu'un qui a réagi de façon négative? Expliquez ce qui s'est passé.

2 Conseils

En amitié comme en amour, les malentendus et les disputes sont parfois inévitables. Comment peut-on les surmonter? Que peut-on faire pour réussir à conserver la relation intacte? Discutez de ce sujet en petits groupes et donnez des conseils sur les choses à faire et à ne pas faire pour préserver l'amitié ou l'amour.

Rédaction

Tout n'est pas toujours bien qui finit bien...

Cette phrase, qui est le titre de l'épisode que vous venez de voir, est un jeu de mot sur une expression bien connue. Connaissez-vous cette expression? Vous allez maintenant écrire un récit de voyage au passé pour illustrer le titre de cet épisode.

STRATÉGIE

Utiliser un schéma d'idées pour organiser les détails d'un récit au passé

Quand on fait le récit de quelque chose qui est arrivé dans le passé, il peut être très utile de commencer par faire un schéma d'idées, c'est-à-dire une représentation graphique de ce qui s'est passé. Ce type de graphique permet de se souvenir des différents événements ou détails et d'organiser ses idées de façon logique. Voici un exemple de schéma d'idées au sujet d'un voyage.

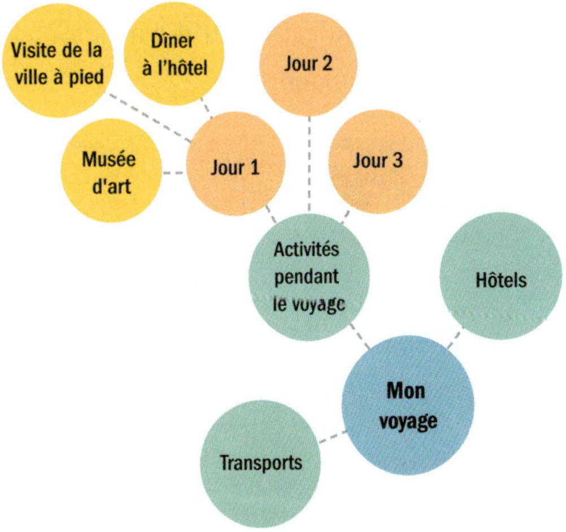

Pensez à un voyage que vous avez fait avec des amis ou des membres de votre famille qui a été gâché par une mauvaise surprise (ou un autre événement, par exemple, vous avez perdu quelque chose, il a fait très mauvais, ou encore vous n'avez pas pu faire une activité que vous aviez très envie de faire). Utilisez le schéma d'idées ci-dessus en l'adaptant pour commencer à organiser les éléments de votre récit de voyage. Racontez ce voyage en détail, y compris ce qui l'a gâché.

Épisode 4 — Une semaine mouvementée

Scène 1: Des préparatifs pour le dîner

Préparation

Dans cette scène, nos amis s'occupent des préparatifs pour un dîner chez Sandrine. Répondez aux questions suivantes avec des phrases complètes.

1. Est-ce que vous faites parfois les courses pour ou avec votre famille? Où allez-vous pour faire ces achats? Qu'est-ce que vous achetez toujours? Souvent? Parfois? Rarement? Jamais?
2. Aimez-vous faire la cuisine? Qui, dans votre famille, prépare les repas le plus souvent? Qu'est-ce que cette personne aime bien cuisiner? Aimez-vous ce que cette personne prépare, en général? Et vous, quel est votre plat préféré? Quels ingrédients faut-il pour préparer ce plat?
3. Est-ce que chez vous, on reçoit souvent des amis ou de la famille à dîner? À quelle(s) occasion(s)? Qu'est-ce qu'on prépare pour le dîner d'habitude? Que doit-on acheter pour préparer ces plats?
4. Quand vous et votre famille êtes invité(e)s à dîner chez quelqu'un, est-ce que vous apportez un petit cadeau pour vos hôtes? Quel genre de cadeau est approprié dans votre culture?

À noter

Avant de regarder la vidéo, révisez le partitif aux pages 164–165 du livre.

PERSONNAGES

Astrid

Sandrine

Amina

David

Rachid

Stéphane

Segment vidéo

Regardez la vidéo pour trouver les réponses aux questions suivantes.

1. Où sont Sandrine, Amina et David au début de la scène? Que font-ils? Pourquoi?
2. Qu'est-ce qu'ils achètent?
3. Que va préparer Sandrine, d'après vous?
4. Pourquoi Rachid est-il allé en ville? Qu'est-ce qu'il a acheté?
5. Qu'est-ce que David va apporter chez Sandrine?

Synthèse

Imaginez que vous voulez organiser un dîner typiquement français (entrée, plat et dessert de votre choix) pour la classe. Qu'est-ce que vous allez préparer? De quels ingrédients allez-vous avoir besoin? Par petits groupes, discutez de vos idées pour le menu et parlez de ce que vous allez devoir acheter pour préparer ce repas.

Scène 2: Que des problèmes!

Préparation

Dans cette scène, nos amis ont tous des problèmes plus ou moins graves. Répondez aux questions suivantes avec des phrases complètes.

1. Avez-vous été malade récemment? Que s'est-il passé? Donnez des détails et expliquez ce que vous avez fait pour vous sentir mieux.
2. Est-ce que vous vous êtes déjà blessé(e)? Où? Comment? Que s'est-il passé? Qu'avez-vous fait? (Si vous ne vous êtes jamais blessé[e], parlez de quelqu'un que vous connaissez.) Donnez des détails.
3. Avez-vous déjà perdu un devoir sur lequel vous étiez en train de travailler? Si oui, comment avez-vous réagi? Avez-vous pu retrouver votre travail ou avez-vous dû demander de l'aide? Sinon, quelle serait votre réaction si cela vous arrivait? Que feriez-vous?

À noter

Avant de regarder la vidéo, révisez les pronoms **y** et **en** et l'ordre des pronoms aux pages 168–169 et 172–173 du livre.

Segment vidéo

Regardez la vidéo pour trouver les réponses aux questions suivantes.

1. Qu'est-il arrivé à David après le dîner chez Sandrine?
2. Qu'est-il arrivé à Rachid quand il jouait au foot dans le parc? Où a-t-il mal? Qu'est-ce qu'Amina suggère?
3. Sur quoi est-ce que David travaillait quand il a eu son petit problème? Décrivez ce qui s'est passé.
4. Qui est-ce que Rachid pense que David devrait appeler pour l'aider avec ses problèmes d'ordinateur? Pourquoi?

Synthèse

Et vous, que faites-vous quand vous avez des problèmes ou quand vous vous trouvez dans une situation difficile, stressante ou frustrante? Y a-t-il plusieurs façons de gérer ce genre de situations? Lesquelles sont les meilleures, à votre avis? Dans une situation difficile, est-ce que vous essayez de vous débrouiller tout(e) seul(e) ou bien est-ce que vous demandez des conseils? Si oui, à qui? Pourquoi? Quels genres de conseils vous a-t-on déjà donnés? Étaient-ils utiles? Vous est-il déjà arrivé de devoir changer votre manière de gérer un problème? Expliquez et décrivez-en les conséquences. Discutez de ces questions par petits groupes en donnant des exemples précis.

Épisode 4 — Une semaine mouvementée

Scène 3: Un premier rendez-vous plutôt raté

Préparation

Dans cette scène, Amina et Rachid font une petite découverte très inattendue... Répondez aux questions suivantes.

1. Travaillez-vous beaucoup sur votre ordinateur? Qu'est-ce que vous faites pour ne pas perdre vos données ou votre travail? Donnez quelques conseils.
2. Avez-vous un jour découvert quelque chose d'inattendu au sujet d'un(e) ami(e) ou d'un membre de votre famille? Racontez.
3. D'après le titre de ce segment et la phrase d'introduction de la partie **Préparation** ci-dessus, que pensez-vous qu'Amina et Rachid vont découvrir? Que va-t-il se passer ensuite, à votre avis? Utilisez votre imagination pour faire plusieurs hypothèses.

> **À noter**
>
> Avant de regarder la vidéo, révisez les pronoms **y** et **en** et l'ordre des pronoms aux pages 168–169 et 172–173 du livre.

Segment vidéo

Regardez la vidéo pour trouver les réponses aux questions suivantes.

1. Qu'est-ce qu'Amina réussit à faire? Qu'est-ce qu'elle lui conseille de toujours faire quand il travaille à l'ordinateur?
2. Pourquoi est-ce que Rachid est content qu'Amina ait pu aider David?
3. Quelle découverte Amina et Rachid font-ils?
4. Que font Amina et Rachid à la fin de l'épisode? Quels problèmes rencontrent-ils?

> **Comparisons**
>
> **Conduire en France** En France, même s'il est possible de commencer à apprendre à conduire à seize ans, il faut avoir dix-huit ans pour pouvoir passer le permis de conduire. Cet examen a deux parties. Il faut d'abord suivre des cours théoriques (le code de la route) pendant lesquels on apprend les lois à respecter quand on conduit. On passe ensuite un examen écrit sur le code de la route. Puis, il faut prendre des cours pratiques de conduite jusqu'à ce qu'on soit prêt à passer l'examen sur route. Si on réussit à ces deux examens, on obtient alors son permis de conduire. Ces deux examens sont difficiles et beaucoup de candidats ne réussissent pas du premier coup.
>
> - Avez-vous votre permis de conduire? Que faut-il faire pour obtenir son permis dans votre pays?

Synthèse

Choisissez un des deux sujets suivants et racontez à un(e) partenaire une anecdote personnelle qui l'illustre.

1. Vous avez un jour apporté votre aide à une personne que vous ne connaissiez pas bien et qui se trouvait dans une situation difficile ou inattendue. Racontez ce qui s'est passé, puis décrivez en quoi votre relation avec cette personne a été affectée par votre geste. Qu'est-ce que cela vous a appris au sujet de votre capacité à aider les autres?
2. Vous vous êtes un jour retrouvé(e) dans une situation difficile ou inattendue et une personne que vous ne connaissiez pas bien (ou que vous ne pensiez pas en mesure de vous aider) vous a apporté son aide. Racontez ce qui s'est passé, puis décrivez votre réaction à ce geste. Étiez-vous surpris(e)? Reconnaissant(e)? Gêné(e)? Avez-vous fait quelque chose de spécial pour remercier cette personne?

À vous!

1 Une soirée mémorable

Avec un(e) partenaire, parlez d'une soirée mémorable que vous avez passée chez des amis ou de la famille chez qui vous étiez invité(e) à dîner. Qu'est-ce que vos hôtes ont servi au repas? Y avait-il des choses (plats ou ingrédients) que vous n'aimiez pas? Avez-vous acheté un cadeau pour vos hôtes? Avez-vous apprécié cette soirée dans l'ensemble? Pourquoi ou pourquoi pas?

2 Discussion

Dans l'épisode que vous venez de regarder, Amina et Rachid ont découvert qu'ils étaient en fait Technofemme et Cyberhomme. Discutez des questions suivantes par petits groupes, puis présentez vos idées à la classe. Que se passe-t-il quand deux amis découvrent qu'ils ont des sentiments amoureux l'un envers l'autre? Est-ce que c'est possible de transformer l'amitié en amour? Quels en sont les aspects positifs? Les aspects négatifs? Quelles conséquences cela peut-il avoir sur les relations entre ces deux personnes?

À vous la parole
Notre semaine plus que mouvementée!

Dans l'épisode que vous venez de regarder, nos amis ont eu bien des problèmes! C'est à vous maintenant d'imaginer et de créer une petite scène dans laquelle plusieurs amis discutent de problèmes auxquels ils ont récemment dû faire face.

STRATÉGIE

Utiliser une périphrase quand on ignore un mot: la circonlocution

La circonlocution est une stratégie très utile qu'on peut employer aussi bien à l'écrit qu'à l'oral. On l'utilise quand on ne connaît pas un mot dont on a besoin pour exprimer une idée. La circonlocution consiste à remplacer ce mot par une périphrase, c'est-à-dire un autre mot ou une expression qui a le même sens que le mot qu'on ne connaît pas. Voici deux exemples de périphrases.

une périphrase pour remplacer ce mot [chocolatier]: l'endroit où on achète des chocolats

une périphrase pour remplacer ce mot [se blesser]: se faire mal quelque part

---

Par petits groupes, faites une liste de problèmes qui peuvent arriver dans la vie de tous les jours. Ensuite, créez une petite scène humoristique dans laquelle plusieurs amis se racontent tous les problèmes qu'ils ont eus et s'en plaignent à tour de rôle. Utilisez votre imagination et la circonlocution pour les mots et les expressions que vous ne connaissez pas. Jouez votre scène devant la classe.

Épisode 5 — Les retrouvailles

Scène 1: David et Sandrine

Préparation

Dans cette scène, Stéphane et sa mère se préparent pour l'arrivée de leurs amis qu'ils n'ont pas vus depuis un an. Ils se souviennent de quelques moments importants de l'année passée... Répondez aux questions suivantes avec des phrases complètes.

1. Avez-vous des amis (ou des parents) que vous n'avez pas vus depuis longtemps? Depuis quand? Pourquoi avez-vous perdu le contact avec ces personnes? Si vous aviez l'occasion de revoir ces personnes, que feriez-vous ensemble? De quoi parleriez-vous, à votre avis?
2. Est-ce que dans votre famille, on organise des réunions familiales? Et dans les familles de vos amis? Comparez les habitudes de votre famille et celles de vos amis. Pensez-vous que ce genre de réunions soit une bonne idée? Pourquoi ou pourquoi pas?
3. Pensez à votre vie l'année passée. Choisissez un moment important pour vous (mais pas trop intime car vous en partagerez ensuite les détails avec vos camarades) et résumez ce qui s'est passé en expliquant l'importance de ce moment particulier.

Segment vidéo

Regardez la vidéo pour trouver les réponses aux questions suivantes.

1. Où se passe la scène? Où est-ce que Stéphane va aller? Pourquoi?
2. Quelles sont les deux choses que Valérie demande à Stéphane de faire?
3. Valérie et Stéphane se souviennent de l'histoire entre David et Sandrine. Résumez ce qui s'est passé entre eux.

Synthèse

Travaillez avec un(e) partenaire et à tour de rôle, posez-vous des questions pour en apprendre le plus possible sur l'événement important que chacun(e) de vous a décrit dans **Préparation**. Ensuite, chaque élève va résumer l'événement important de son/sa partenaire pour la classe.

À noter

Avant de regarder la vidéo, révisez le subjonctif aux pages 202–203 et 246–247 du livre.

PERSONNAGES

Valérie

Stéphane

David

Rachid

Sandrine

Amina

Astrid

Scène 2: Amina et Rachid

Préparation

Dans cette scène, on découvre comment la relation a évolué entre Amina et Rachid. Répondez aux questions suivantes avec des phrases complètes.

1. À votre avis, qu'est-ce qui fait qu'une relation amoureuse dure? Sur quoi faut-il baser le choix d'un(e) partenaire? Sur le physique? Sur la personnalité? Sur les choses qu'on a en commun? Sur autre chose? Qu'est-ce qui vous semble le plus important? Le moins important?
2. Croyez-vous au grand amour? Pensez-vous qu'on puisse connaître l'amour plusieurs fois dans la vie? Expliquez et justifiez votre opinion.

Segment vidéo

Regardez la vidéo pour trouver les réponses aux questions suivantes.

1. Où en est la relation entre Amina et Rachid? Comment Sandrine le sait-elle?
2. Quelle comparaison Rachid fait-il entre Amina et la fleur qu'il lui donne?
3. Et Sandrine, comment compare-t-elle Rachid et David? Que dit-elle d'autre à leur sujet?

Synthèse

Reprenez vos réponses à la première question de **Préparation** et travaillez par petits groupes. Utilisez vos réponses comme points de départ pour faire une description détaillée du «couple parfait». Ensuite, comparez et contrastez la vie du couple parfait à celle d'un couple qui a une relation difficile. Comparez vos idées avec celles d'un autre groupe.

Reprise

À noter

Avant de regarder la vidéo, révisez le comparatif et le superlatif aux pages 238–239.

Comparisons

Les couples en France
C'est surtout dans les soirées entre amis ou par l'intermédiaire d'amis que les jeunes couples français se rencontrent. En général, ils ont souvent à peu près le même niveau d'études et ils sont issus du même milieu social. Quand ils sortent, les jeunes couples français ont tendance à préférer les sorties en groupe ou avec d'autres couples plutôt que les sorties à deux, et la plupart du temps, chacun paie sa part. En France, on se marie assez tard. La moyenne d'âge est de 38,3 ans pour les hommes et de 36,4 ans pour les femmes.

- Dans votre communauté, comment les couples se rencontrent-ils? Quelle est la moyenne d'âge des mariés?

Épisode 5 — Les retrouvailles

Scène 3: Astrid et Stéphane

Préparation

Dans cette scène, Astrid rejoint Valérie et Sandrine au P'tit Bistro et elles discutent de Stéphane. Répondez aux questions suivantes.

1. Avez-vous changé ces dernières années? Si oui, décrivez ces changements et comparez-vous maintenant et avant. Si non, pourquoi, à votre avis, n'avez-vous pas changé?
2. Connaissez-vous une personne qui a beaucoup changé depuis que vous la connaissez? Décrivez cette personne et expliquez ce qui a changé chez elle et pourquoi. Ces changements sont-ils positifs ou négatifs, d'après vous? Justifiez vos réponses avec des exemples.

À noter

Avant de regarder la vidéo, révisez le comparatif et le superlatif et l'usage de l'infinitif aux pages 238–239 et 274–275 du livre.

Segment vidéo

Regardez la vidéo pour trouver les réponses aux questions suivantes.

1. Qui arrive au début de la scène? Qui est-ce qu'elle cherche? Où pense-t-elle qu'il est probablement?
2. Comment Astrid décrit-elle Stéphane aujourd'hui?
3. Quel événement a eu un impact sur le comportement de Stéphane? Expliquez.

Synthèse

Si vous pouviez changer quelque chose chez vous, que changeriez-vous? Pourquoi? Discutez de ce sujet avec un(e) partenaire en donnant des détails et des exemples. Vous pouvez parler de votre physique, de votre personnalité, de vos habitudes, de vos études, de vos activités, de vos relations avec les autres ou bien d'autres sujets de votre choix.

À vous!

1 Deux perspectives différentes

«Croyez-vous que ce soit mieux qu'elle le sache?» C'est ce que David demande à Valérie au sujet de Sandrine quand il se rend compte qu'elle ne sait pas chanter. Et vous, qu'en pensez-vous? Faut-il toujours être honnête avec ses amis, même si parfois on les blesse, ou vaut-il mieux mentir? Quelles peuvent être les conséquences? Discutez de ces questions avec un(e) partenaire, puis présentez vos opinions au reste de la classe.

2 Un proverbe

Par petits groupes, discutez du proverbe français suivant: «Chassez le naturel, il revient au galop.» ("*The leopard can't change its spots.*") Considérez les questions suivantes pour orienter votre discussion: Est-ce que les gens peuvent réellement changer de façon permanente ou bien est-ce que c'est plutôt temporaire, voire impossible? Quel genre d'événements peut pousser une personne à changer, à votre avis? Pourquoi?

Rédaction

Il y a un an...

Dans cet épisode, les amis aixois se préparent à se retrouver un an après s'être séparés et ils parlent des changements qui ont eu lieu dans leur vie. À vous maintenant de parler des changements qui ont eu lieu dans votre vie ces douze derniers mois.

STRATÉGIE

Utiliser un dictionnaire bilingue

Utiliser un dictionnaire bilingue (traditionnel ou en ligne) n'est pas facile mais comme il est parfois nécessaire d'y avoir recours, il faut apprendre à le faire correctement. Voici quelques conseils pour la bonne utilisation du dictionnaire:

1. Familiarisez-vous avec les abréviations utilisées dans le dictionnaire.
2. Avant de chercher un mot, déterminez la fonction du mot que vous cherchez. Par exemple, imaginez que vous cherchiez le mot français pour *bag*. Cherchez-vous un nom ou bien l'équivalent du verbe *to bag*?
3. Lisez attentivement la définition proposée en faisant attention aux différentes options proposées, aux abréviations et autres indications qui vous aideront à choisir le bon mot (voir l'exemple ci-dessous).
4. Enfin, si vous hésitez entre plusieurs possibilités, revérifiez le sens des mots français dans la partie français-anglais.

> **bag** *n* sac *m*, sachet *m* [container], poche *f*, sac à main *m* [handbag], valise *f* [suitcase], bagage *m*
> *v* emballer, mettre dans un sac [groceries]

Écrivez une composition dans laquelle vous parlez de votre vie pendant l'année qui vient de s'écouler. Parlez de vos études, de votre vie de tous les jours, de vos activités, de vos relations avec les autres.

Épisode 6 — La réunion

Scène 1: L'avenir de Stéphane et d'Astrid

Préparation

Dans cette scène, Valérie, Stéphane, Rachid et Astrid parlent de la première année universitaire de Stéphane et d'Astrid. Répondez aux questions suivantes avec des phrases complètes.

1. Quels sont vos projets une fois que vous aurez fini le lycée? Continuerez-vous vos études? Irez-vous passer un an dans un pays francophone? Entrerez-vous tout de suite dans la vie active? Décrivez vos projets d'avenir en donnant des détails.
2. Comment imaginez-vous votre vie dans cinq ans? Et dans dix ans? Que ferez-vous dans la vie? Aimerez-vous votre travail? Où habiterez-vous? Serez-vous marié(e)? Aurez-vous des enfants? Pensez-vous que vous serez satisfait(e) de votre vie? Répondez à ces questions par écrit en donnant des détails et conservez bien vos réponses car vous allez les réutiliser dans une autre activité.

> **À noter**
>
> Avant de regarder la vidéo, révisez le futur et lisez les explications du futur antérieur aux pages 242–243 et 352–353 du livre.

PERSONNAGES

Rachid

Valérie

Stéphane

Astrid

Sandrine

David

Amina

Segment vidéo

Regardez la vidéo pour trouver les réponses aux questions suivantes.

1. Comment s'est terminée la dernière année de lycée de Stéphane? Que fait-il aujourd'hui?
2. Qu'est-ce que Stéphane a enfin compris, d'après sa mère?
3. Qu'est-ce qu'Astrid étudie? Comment trouve-t-elle les études qu'elle a choisies?
4. D'après leurs choix, quels métiers feront probablement Stéphane et Astrid quand ils auront terminé leurs études?

Synthèse

Reprenez vos réponses à la question 2 de **Préparation**. Circulez dans la classe et parlez de vos projets avec vos camarades. Comparez et contrastez vos idées pour votre avenir. Réagissez aux projets de vos camarades en leur disant si vous pensez que ceux-ci sont réalistes ou pas. Parlez aussi de ce que vos familles, vos amis et vos conseillers d'éducation pensent de vos projets d'avenir.

Scène 2: David a une nouvelle

Préparation

Dans cette scène, David et Sandrine parlent de ce qu'ils ont fait depuis la dernière fois qu'ils se sont vus. Répondez aux questions suivantes avec des phrases complètes.

1. En ce qui concerne votre avenir professionnel, avez-vous déjà choisi ce que vous voulez faire ou bien hésitez-vous encore? À votre avis, si on se rend compte qu'on s'est trompé de voie au milieu de ses études, vaut-il mieux recommencer dans une autre voie ou bien continuer ce qu'on a déjà commencé? Expliquez votre point de vue.
2. Si vous appreniez qu'un(e) ami(e) que vous n'avez pas vu(e) depuis longtemps était revenu(e) dans votre ville sans vous prévenir, comment réagiriez-vous? Seriez vous triste? Fâché(e)? Indifférent(e)? Contacteriez-vous cet(te) ami(e) ou attendriez-vous de voir s'il/si elle va vous contacter? Pourquoi?

À noter

Avant de regarder la vidéo, révisez le conditionnel et les phrases avec **si** aux pages 282–283 et 356–357. Lisez aussi les explications du conditionnel passé aux pages 348–349.

Segment vidéo

Regardez la vidéo pour trouver les réponses aux questions suivantes.

1. Est-ce que Sandrine est devenue chanteuse professionnelle comme elle le voulait? Expliquez.
2. Que fait David aujourd'hui? Où vit-il?
3. Comment Sandrine réagit-elle quand elle apprend que David est revenu en France il y a déjà trois mois? Que lui dit-elle?
4. Quelle est l'autre nouvelle de David qui n'a pas l'air de trop faire plaisir à Sandrine?

Synthèse

Imaginez que vous avez un(e) ami(e) qui ne sait pas quoi faire après le lycée. Cet(te) ami(e) vient vous voir en espérant que vous pourrez lui donner des conseils. Posez des questions à votre ami(e) pour en apprendre plus sur ce qui l'intéresse, puis proposez des idées d'études et/ou de carrières. Votre ami(e) va réagir à vos suggestions. Jouez cette scène avec un(e) partenaire.

Épisode 6 — La réunion

Scène 3: La promesse

vhlcentral

Préparation

Dans cette scène, les amis continuent à discuter de ce qu'ils ont fait depuis l'année dernière. Répondez aux questions suivantes.

1. Quels sont les sujets de conversation typiques qu'on aborde à une petite soirée entre amis? Parle-t-on surtout du passé, du présent ou de l'avenir? Donnez des exemples de questions qu'on pourrait entendre à une soirée entre amis.
2. Et si on parle avec des gens qu'on ne connaît pas, est-ce qu'on parle des mêmes choses? Donnez des exemples de sujets de conversation qu'on pourrait utiliser pour faire connaissance

Segment vidéo

Regardez la vidéo pour trouver les réponses aux questions suivantes.

1. Où habite Amina aujourd'hui? Que fait-elle? Et Rachid, que fait-il?
2. Quel genre de sujet de conversation Astrid aborde-t-elle? Que veut-elle savoir? Quelle est la réaction de Valérie?
3. D'après la vidéo, que feront les amis l'année prochaine et les années suivantes le même jour à la même heure? Que pensez-vous de cette idée? Aimeriez-vous faire la même chose avec vos amis du lycée?

Synthèse

Par petits groupes, discutez des questions suivantes. Est-ce qu'il vous est déjà arrivé de partager des informations importantes, des opinions personnelles, des rêves ou des aspirations avec quelqu'un qui a eu une réaction qui vous a déplu (par exemple, cette personne s'est moquée de vous ou bien a raconté ce que vous lui aviez dit à d'autres personnes sans votre consentement)? Décrivez les circonstances. Comment avez-vous réagi? Avez-vous été déçu(e)? Blessé(e)? Fâché(e)? Est-ce que cela a changé votre façon de partager ce type d'informations personnelles avec les autres? Expliquez.

À noter

Avant de regarder la vidéo, révisez le futur et le conditionnel aux pages 242–243 et 282–283 du livre.

Connections

Les arrondissements de Paris Depuis 1795, la ville de Paris est divisée en arrondissements (12 au départ, puis 20 depuis 1859). Un arrondissement est une division administrative, avec sa propre mairie et son propre conseil d'administration. Le 1er arrondissement est au centre de Paris. Les autres arrondissements sont disposés en spirale vers la droite et vers l'extérieur de la ville. Le 5ème arrondissement, qui est celui où Amina dit qu'elle habite, est l'arrondissement de l'Université de la Sorbonne et du Quartier latin. C'est l'arrondissement préféré de beaucoup d'étudiants.

- Connaissez-vous des villes dans votre pays qui sont aussi divisées administrativement? Lesquelles?

À vous!

1 Sujets tabous

Par petits groupes, discutez des questions suivantes, puis présentez vos idées au reste de la classe. Parlez-vous de tout avec vos amis ou bien considérez-vous qu'il y ait certains sujets de conversation qui soient tabous? Pensez-vous que ces sujets tabous soient les mêmes dans toutes les cultures? Expliquez.

2 Discussion

Dans ce dernier épisode, Valérie explique que Stéphane a compris qu'il était le seul à pouvoir contrôler son avenir. Êtes-vous d'accord avec l'idée que l'on soit maître de son destin ou bien pensez-vous qu'il y ait des choses qui soient en dehors de notre contrôle? Mettez-vous en deux groupes selon que vous êtes d'accord ou non avec l'affirmation. Débattez de cette question en justifiant vos opinions et en donnant des exemples pour illustrer votre point de vue. Essayez de convaincre l'autre groupe que vous avez raison!

À vous la parole
La réunion des «anciens élèves»

Dans l'épisode que vous venez de regarder, les amis se sont retrouvés pour célébrer leur amitié et prendre des nouvelles les uns des autres. Maintenant, c'est à vous d'organiser une réunion des «anciens élèves» de votre lycée.

STRATÉGIE

Incorporer des mots bouche-trous pour rendre les conversations plus naturelles

Le terme «mot bouche-trou» ou «mot de remplissage» désigne un mot ou une expression souvent placés en début ou en fin de phrase qui n'a pas véritablement de fonction dans la phrase si ce n'est de permettre à la personne qui parle de réfléchir à ce qu'elle va dire ou à signaler à l'interlocuteur qu'il peut réagir. Ces mots existent dans toutes les langues et ils sont très fréquemment employés à l'oral. Voici quelques exemples de ces mots en français:

Au début de la phrase	Euh… Eh bien/Eh ben… Bon/Ben… Dis/Dites… Alors…	À la fin de la phrase	…, quoi/hein. …, tu vois/vous voyez (ce que je veux dire)? …, tu sais/vous savez. …, tu comprends/vous comprenez? …, tu crois/tu ne crois pas?

Imaginez que dix ans ont passé et que vous assistez à la réunion des «anciens élèves» de votre lycée. Circulez dans la classe et discutez avec vos «anciens» camarades. Évoquez ensemble des souvenirs de vos années au lycée, échangez des nouvelles et parlez de vos projets d'avenir. Utilisez votre imagination et essayez d'incorporer des mots bouche-trous pour rendre vos conversations plus naturelles. Attention! N'en abusez quand même pas et ne posez pas de questions trop indiscrètes!

Chemins 4
FRENCH FOR A CONNECTED WORLD

Pour commencer

Si tous les êtres humains ont la capacité d'éprouver des émotions, tous ne se sentent pas nécessairement libres de les exprimer. La plupart des gens que vous connaissez sont-ils plutôt ouverts ou réservés? Et vous? De quelle façon votre personnalité affecte-t-elle vos relations avec les autres?

- Qu'est-ce que ces adolescents ressentent, à votre avis?
- Quelles sont leurs relations?

Ressentir et vivre | Unité 1

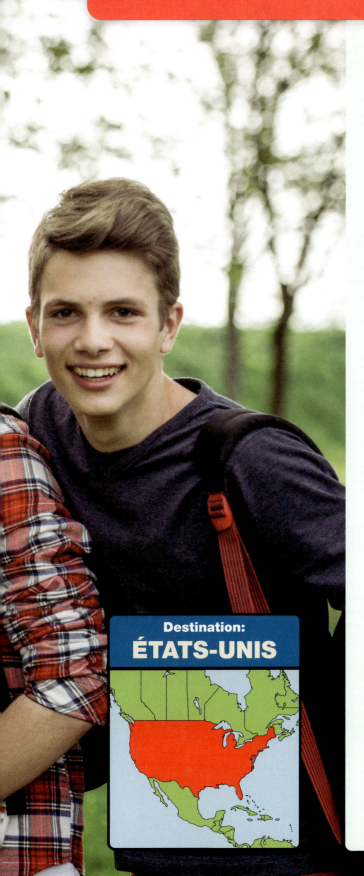

Destination: ÉTATS-UNIS

Essential Question
How do relationships shape my life?

Can-Do Goals
By the end of this unit I will be able to:
- Talk about relationships, feelings, and personality
- Understand a short film about an interesting relationship between two different personalities
- Discuss everyday life using spelling-change and irregular verbs
- Ask questions about everyday situations

Skills
- **Reading:** Analyzing the main ideas of a poem
- **Conversation:** Debating statements related to love and communication
- **Writing:** Sharing feelings and intentions in a personal letter

Culture
I will learn about and reflect on:
- The impact of the francophone world on American culture
- The **baccalauréat** and academic stress in French high schools
- The assimilation and integration of Cajuns in Louisiana

Unité 1 Integrated Performance Assessment
Your best friend is moving away and you want to write a poem or song that will always remind them of where they grew up. For inspiration, you will first listen to a poem and note the images and feelings it evokes. Then, in pairs, you will compare those images to places you know. Finally, you will write your poem or song.

Contextes

Communicative Goal Talk about relationships, feelings, and personality

Les relations personnelles

vhlcentral

Les mots apparentés

anxieux/anxieuse idéaliste une responsabilité
divorcer un mariage timide

Les relations

une âme sœur soul mate
une amitié friendship
des commérages (*m.*) gossip
un esprit spirit
un rendez-vous date

compter sur to rely on
draguer to flirt
s'engager (envers quelqu'un) to commit (to someone)
faire confiance (à quelqu'un) to trust (someone)
mentir (conj. like **partir**) to lie
mériter to deserve; to be worth
partager to share
poser un lapin (à quelqu'un) to stand (someone) up
quitter quelqu'un to leave someone
rompre to break up
sortir avec to go out with
vivre to live

(in)fidèle (dis)loyal

Les sentiments

agacer/énerver to annoy
aimer to love; to like
avoir honte (de) to be ashamed (of)/embarrassed
en avoir marre (de) to be fed up (with)
s'entendre bien (avec) to get along well (with)
gêner to bother; to embarrass
se mettre en colère contre to get angry with
ressentir (conj. like **partir**) to feel
rêver de to dream about
tomber amoureux/amoureuse (de) to fall in love (with)

accablé(e) overwhelmed
contrarié(e) upset
déprimé(e) depressed
enthousiaste enthusiastic; excited
fâché(e) angry; mad
inquiet/inquiète worried
jaloux/jalouse jealous
passager/passagère fleeting

L'état civil

se fiancer to get engaged
se marier avec to marry
célibataire single
veuf/veuve widowed; widower/widow

La personnalité

avoir confiance en soi to be confident
affectueux/affectueuse affectionate
charmant(e) charming
économe thrifty
franc/franche frank; honest
génial(e) great; terrific
(mal)honnête (dis)honest
inoubliable unforgettable
(peu) mûr (im)mature
orgueilleux/orgueilleuse proud
prudent(e) careful
séduisant(e) attractive
sensible sensitive
tranquille calm; quiet

PARLONS FRANÇAIS!

un rassemblement international de jeunes

THOMAS Quel plaisir de faire votre connaissance à tous, au forum des jeunes leaders! Se rencontrer pour **partager** était tout simplement **génial**. Nous avons tous des **esprits idéalistes** et nous aimons les **responsabilités**, donc je pense que nous ferons du bon travail ensemble. Je suis très **enthousiaste** à l'idée de travailler avec vous! Je nous **fais confiance**.

ZINEB Exactement! Moi aussi! Les problèmes d'aujourd'hui **méritent** notre attention. On peut être **inquiet** pour le futur, mais se sentir **accablé** ou **déprimé** est inutile. Il faut **rompre** avec le pessimisme, et arrêter les réflexions **timides**, peu **franches** ou trop **prudentes**. On doit au contraire s'**engager**, avoir du courage et trouver des solutions **honnêtes**. Je suis certaine que nous pouvons le faire tous ensemble.

Mise en pratique

1. La description Quel terme de la liste correspond le mieux à chaque phrase? Soyez logique!

| avoir honte | draguer | poser un lapin | sensible |
| déprimé | inoubliable | responsabilité | veuf/veuve |

1. Je rêve de sortir avec elle depuis longtemps. Quand je la vois, j'essaie de la convaincre d'aller au restaurant ou au cinéma.
2. Ma tante habite seule. Son mari est mort il y a quatre ans.
3. Je suis souvent triste et je n'ai ni envie de sortir ni de voir des gens.
4. J'ai vu un film dont je me souviendrai toujours.
5. Ma petite sœur pleure facilement si on lui fait une critique.
6. J'avais rendez-vous avec Hugo. Je l'ai attendu au restaurant jusqu'à dix heures et quart mais il n'est jamais venu.

2. Parlons français! Écoutez la conversation entre Malina et Duran. Ensuite, indiquez de qui on parle.

1. _____ aime bien l'esprit positif de Thomas et Zineb.
2. _____ est sincère et directe.
3. _____ a des réflexions mûres et séduisantes.
4. _____ pense être très charmant.
5. _____ ne veut pas qu'on écoute les commérages.
6. _____ pense que le groupe est génial.
7. _____ est sensible et en a marre des problèmes d'aujourd'hui.
8. _____ dit qu'on peut compter sur le groupe.

3. Votre personnalité Répondez aux questions puis calculez vos points. Quel est le résultat de votre test? Comparez-le avec celui d'un(e) camarade de classe.

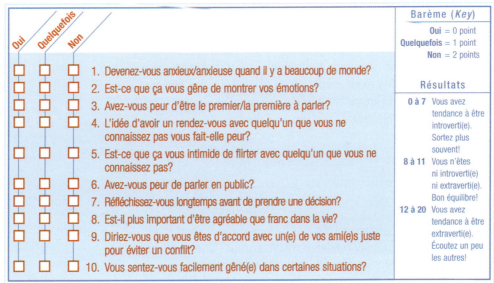

	Oui	Quelquefois	Non
1. Devenez-vous anxieux/anxieuse quand il y a beaucoup de monde?	☐	☐	☐
2. Est-ce que ça vous gêne de montrer vos émotions?	☐	☐	☐
3. Avez-vous peur d'être le premier/la première à parler?	☐	☐	☐
4. L'idée d'avoir un rendez-vous avec quelqu'un que vous ne connaissez pas vous fait-elle peur?	☐	☐	☐
5. Est-ce que ça vous intimide de flirter avec quelqu'un que vous ne connaissez pas?	☐	☐	☐
6. Avez-vous peur de parler en public?	☐	☐	☐
7. Réfléchissez-vous longtemps avant de prendre une décision?	☐	☐	☐
8. Est-il plus important d'être agréable que franc dans la vie?	☐	☐	☐
9. Diriez-vous que vous êtes d'accord avec un(e) de vos ami(e)s juste pour éviter un conflit?	☐	☐	☐
10. Vous sentez-vous facilement gêné(e) dans certaines situations?	☐	☐	☐

Barème (Key)
- Oui = 0 point
- Quelquefois = 1 point
- Non = 2 points

Résultats
- **0 à 7** Vous avez tendance à être introverti(e). Sortez plus souvent!
- **8 à 11** Vous n'êtes ni introverti(e) ni extraverti(e). Bon équilibre!
- **12 à 20** Vous avez tendance à être extraverti(e). Écoutez un peu les autres!

I CAN talk about relationships, feelings, and personality.

Court métrage

Communicative Goal Understand a short film about an interesting relationship between two different personalities

Préparation

C'est quoi, «le coup de foudre»? Une jeune femme et un jeune homme qui ont leur premier rendez-vous vont vous montrer. Vous allez regarder **Foudroyés** de Bibo Bergeron.

Glossaire du court métrage

apprendre à ses dépens to learn the hard way
un casque helmet
la colonne vertébrale spine
le coup de foudre love at first sight
une course race
être crevé(e) par le décalage horaire to be jetlagged
fétiche favorite
la foudre lightning
foudroyé(e) struck by lightning
s'inscrire to register
la peau de chamois chamois leather
plaire (à) to please, delight
un rancard date
un type guy

Vocabulaire utile

blessé(e) injured
désastreux/désastreuse disastrous
être (mal) à l'aise to be (un)comfortable
gâcher to ruin
se rendre compte to realize
un site de rencontres dating website
trempé(e) soaked

1 **Un premier rendez-vous désastreux** Romane a fait une rencontre sur Internet. Complétez sa conversation avec son amie Perrine. Utilisez les mots et les expressions du vocabulaire.

— Salut, Perrine. Écoute, il est arrivé quelque chose d'horrible hier!

— Oh non! Qu'est-ce qui s'est passé?

— J'ai rencontré (1) _____ qui me (2) _____ beaucoup sur le (3) _____ sur lequel je me suis inscrite.

— Ça n'a rien d'horrible, ça!

— Attends! Il s'appelle Emmanuel et il me proposait (4) _____. On a décidé de se retrouver le lendemain pour déjeuner. Alors que je quittais la maison, il s'est mis à pleuvoir très fort. Il y avait même de (5) _____. Je venais d'entrer dans le restaurant quand j'ai vu Emmanuel qui arrivait à vélo, complètement (6) _____, et là, tout d'un coup, il a été (7) _____!

— Oh là là! Il a été (8) _____?

— Non, heureusement, il portait son (9) _____ de vélo, et ça l'a sauvé!

— Quelle histoire! J'espère que rien ne viendra (10) _____ votre prochain rendez-vous!

2 **La suite de leur histoire** À vous de continuer l'histoire de Romane et d'Emmanuel. Vont-ils décider de se revoir après ce premier rendez-vous désastreux? Que va-t-il se passer? Travaillez par petits groupes pour imaginer la suite de leur histoire.

3 Et vous? Imaginez une sortie avec une personne que vous admirez. Comment votre sortie s'est-elle passée? À deux, répondez aux questions.

1. Quand êtes-vous sorti(e) avec lui ou elle? Où êtes-vous allé(e)s? Avez-vous passé un bon moment avec cette personne? Expliquez.

2. Comment avez-vous trouvé la personne avec qui vous êtes sorti(e)? Avez-vous envie de la revoir pour une autre sortie? Pourquoi ou pourquoi pas?

4 Test: Personnalité amoureuse Selon les spécialistes, il existe plusieurs types d'amoureux/amoureuse. Dans nos relations, nous espérons tous à un idéal. Quel est le vôtre?

A. Découvrez votre idéal en répondant aux questions du test. Vous pouvez répondre du point du vue d'un personnage fictif si vous préférez.

TEST: PERSONNALITÉ AMOUREUSE

1. **Vous avez fait la connaissance de quelqu'un. Il/Elle vous plaît parce qu'il/elle...**
   a. semble honnête et mûr(e).
   b. est beau/belle et vous semble inoubliable.
   c. a l'air sensible (*sensitive*).

2. **Vous avez rendez-vous et la personne avec qui vous sortez a une heure de retard. Vous...**
   a. êtes contrarié(e) (*frustrated*).
   b. dites «tant pis» et sortez avec des amis.
   c. lui téléphonez parce que vous êtes inquiet/inquiète.

3. **Quand vous êtes amoureux/amoureuse, vous êtes...**
   a. idéaliste et affectueux/affectueuse.
   b. un peu jaloux/jalouse.
   c. timide et prudent(e).

4. **Dans une relation amoureuse, le plus difficile pour vous, c'est de...**
   a. toujours comprendre votre partenaire.
   b. faire vraiment confiance à votre partenaire.
   c. partager vos sentiments.

5. **Avec le temps, l'amour change des choses en vous. Vous...**
   a. avez envie de vous marier: à deux, rien ne fait peur.
   b. ressentez des sentiments, mais vous regrettez (*miss*) votre vie de célibataire.
   c. voulez vous engager envers votre partenaire, mais vous avez peur.

6. **Vous ne pourriez jamais tomber amoureux/amoureuse d'une personne...**
   a. distante et égoïste.
   b. qui a toujours besoin de vous.
   c. malhonnête ou orgueilleuse.

Si vous avez obtenu un maximum de:
a. Vous voulez un grand amour pour toujours.
b. L'idée d'être amoureux/amoureuse vous rend anxieux/anxieuse.
c. Faire confiance à votre partenaire est essentiel.

B. Par groupes de trois, partagez vos résultats. Êtes-vous plutôt du genre **a**, **b** ou **c**? Êtes-vous d'accord avec ces résultats? Discutez-en avec vos camarades.

5 Prédictions Regardez les images et, à deux, répondez aux questions.

1. Décrivez les jeunes gens sur les deux images. Quel âge ont-ils environ? Comment sont-ils physiquement? Comment imaginez-vous leurs personnalités?

2. D'après vous, ces deux gens se connaissent-ils? Sont-ils en couple? Faites des hypothèses sur la situation personnelle de chacun.

Court métrage

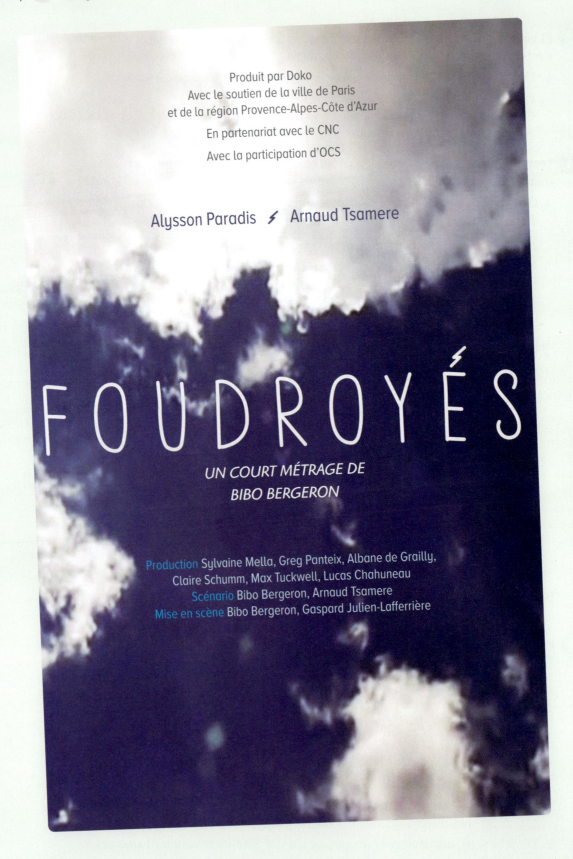

Scènes

HANNAH Je sors là. Un rancard. Je me suis inscrite sur le site. Il a l'air bête. Il porte des petites lunettes qui lui donnent un air de mouche° et un casque de vélo. Je suis absolument certaine que ce type ne peut rien déclencher° d'agréable chez moi!

HANNAH On s'installe là?
NATAN Là, ce n'est pas très beau; on doit pouvoir trouver mieux.
HANNAH Voilà, pas très beau, ce sera parfait.
NATAN Parfait! Ce sera là.

NATAN Je t'explique. J'attire° la foudre. Je suis le recordman de prise de foudre sur la tronche°.
HANNAH Et donc, tu peux prendre la foudre à n'importe quel moment?
NATAN Oui et non. Allez, assez parlé de ma malédiction°.

HANNAH Natan, est-ce que tu me croirais si je te disais que moi aussi, je suis atteinte d'°une sorte de malédiction?
NATAN Ben non.
HANNAH Si. En fait, quand quelqu'un ou quelque chose me plaît, immédiatement, il y a un orage° qui éclate° au-dessus de ma tête.

HANNAH Tu sais pourquoi j'ai accepté ce rendez-vous?
NATAN Je commence à comprendre. Tu savais qu'il n'y avait aucune chance que je te plaise.
HANNAH Mais je parle pas de toi, patate°! En fait, je n'accepte jamais des rendez-vous romantiques à l'extérieur°.

HANNAH En plus d'être marrant° et gentil, tu es beau.
NATAN Ah bon? Ah non! Ça va sentir le cramé.° Qu'est-ce qui s'est passé? Il n'y a pas eu de coup de foudre?
HANNAH Tu crois?

INTRIGUE
Hannah est une jeune femme qui, pour des raisons personnelles, n'accepte d'aller à des rendez-vous qu'en intérieur (indoors). Un jour, elle rencontre Natan, un jeune homme pas comme les autres.

Comparisons

Les jeunes Français et l'amour
On entend parfois dire que les jeunes ne savent plus ce qu'est l'amour, mais une étude semble prouver le contraire. En effet, près de 50% d'entre eux sont en couple (plus de 50% pour les 19 à 21 ans et 55% pour les 22 à 25 ans), et, parmi les sondés (*those surveyed*), plus de 75% croit au coup de foudre.
• Croyez-vous au coup de foudre?

mouche fly **déclencher** to trigger **J'attire** I attract **tronche** head **malédiction** curse **suis atteinte de** suffer from **orage** storm **éclate** bursts **patate** goofball **à l'extérieur** outdoors **marrant** funny **le cramé** something burning

Court métrage

Analyse

1 Compréhension Répondez aux questions par des phrases complètes.
1. Qu'est-ce qu'Hannah annonce à son amie au téléphone?
2. Comment Hannah décrit-elle Natan à son amie?
3. Qu'est-ce qu'Hannah et Natan vont faire pour leur premier rendez-vous?
4. Qu'est-ce que Natan dit à Hannah pour expliquer sa tenue (*outfit*)?
5. Quand est-ce que Natan a pris la foudre pour la première fois?
6. Quelle est la malédiction (*curse*) d'Hannah?
7. Que s'est-il passé au mariage de l'amie d'Hannah?
8. Pourquoi Natan n'est-il pas allé au mariage de ses amis?
9. Quelles sont les trois choses positives qu'Hannah finit par remarquer au sujet de Natan?
10. Qu'est-ce qu'Hannah et Natan pensent qu'il va arriver à la fin du court métrage? Qu'est-ce qui arrive en fin de compte?

2 Interprétation À deux, répondez aux questions.
1. Hannah a-t-elle l'air enthousiaste à l'idée de son rendez-vous avec Natan? Comment le savez-vous?
2. Au début du rendez-vous, Hannah dit à Natan qu'elle ne veut pas chercher un endroit plus joli pour le pique-nique. Comment trouvez-vous son comportement? Pourquoi agit-elle comme ça, à votre avis?
3. Comment est la conversation entre Natan et Hannah au départ? Ont-ils l'air d'être à l'aise? Qu'est-ce que cela révèle sur leurs personnalités et sur leurs sentiments? Donnez des exemples précis du film.
4. Comment leur conversation évolue-t-elle pendant le rendez-vous? Pourquoi?
5. D'après les histoires que Natan et Hannah se racontent, pensez-vous qu'ils soient heureux dans la vie? Que se passe-t-il quand ils commencent à se rendre compte qu'ils ont des choses en commun?
6. D'après la fin du court métrage, pensez-vous que les malédictions vont continuer pour Natan et Hannah? Expliquez votre opinion.

3 Les malédictions d'Hannah et de Natan Les vies d'Hannah et de Natan ont souvent été affectées par leurs malédictions. Par groupes de trois, regardez ces deux images et, pour chacune, résumez en un paragraphe ce qui s'est passé.

4. **Comment sont-ils en amour?** D'après ce que vous avez vu dans le court métrage, comment pensez-vous qu'Hannah et Natan sont en amour? Relisez les questions et les réponses possibles du test à la page 7. À votre avis, comment Natan et Hannah répondraient-ils aux questions du test? Quel serait le résultat de chacun? Discutez-en avec un(e) partenaire.

5. **Un coup de foudre?** À la fin du film, Hannah et Natan regardent le ciel et prononcent les phrases ci-dessous. Par petits groupes, discutez de cette scène. De quoi parle Natan quand il constate qu'il n'y a pas eu de coup de foudre? Qu'est-ce que la réponse d'Hannah suggère?

NATAN Il n'y a pas eu de coup de foudre.
HANNAH Tu crois?

6. **Leur avenir** Imaginez que le coup de foudre entre Hannah et Natan se confirme et qu'ils décident de se revoir. À deux, faites des hypothèses sur leur avenir en tant que (*as a*) couple. Comment sera leur vie? Remplissez le tableau avec quelques idées d'évolution possible.

	leur état civil	leurs sentiments	leur relation en général
Dans trois mois			
Dans deux ans			
Dans dix ans			

7. **Citation** Lisez cette citation célèbre de l'écrivain et philosophe français Blaise Pascal. Par groupes de quatre, discutez de sa pertinence (*relevance*) en ce qui concerne les relations personnelles, et plus particulièrement l'amour. Sommes-nous toujours rationnels en amour ou faisons-nous parfois des choix contraires à la logique? Faut-il écouter sa raison ou son cœur?

> «Le cœur a ses raisons que la raison ignore.»
> *Blaise Pascal*

I CAN understand a short film about an interesting relationship between two different personalities.

Imaginez

Communicative Goal Identify and reflect on the impact of the francophone world on American culture

la statue de la Liberté à New York

IMAGINEZ
Les États-Unis

Une amitié historique

D'ailleurs…
Avec environ 1.300.000 étudiants, le français est la deuxième langue la plus étudiée aux USA, après l'espagnol. Plus de 100 programmes d'échanges scolaires existent entre la France et les États-Unis, et il y a plus de 100 Alliances françaises sur le territoire américain, qui organisent plus de 1.000 manifestations culturelles par an.

Les liens° qui unissent la **France** et les **États-Unis** sont solides, fondés sur une histoire commune. À l'époque° coloniale, plusieurs Français ont participé à l'exploration de l'Amérique du Nord. Ainsi°, l'explorateur **Cavelier de La Salle** a été le premier Européen à descendre le **fleuve du Mississippi** et c'est **Antoine Cadillac**, un aventurier acadien°, qui a fondé la ville de **Détroit** en 1701. La **Louisiane française** était alors° un immense territoire avec, en son centre, le Mississippi. Elle s'étendait° des **Grands Lacs** au **golfe du Mexique**. Cet espace représente aujourd'hui dix États américains, et c'est pour cette raison que beaucoup de lieux dans cette région, comme **Belleville, Illinois** ou **Des Moines, Iowa**, portent° des noms français.

L'alliance franco-américaine s'est surtout renforcée° pendant la guerre° d'Indépendance. Avec le **marquis de Lafayette** et le **comte de Rochambeau**, l'armée française a offert une aide cruciale aux révolutionnaires américains, comme pendant la bataille° de la **baie de Chesapeake**, à la fin de la guerre. Ensuite, la France a été la première nation à reconnaître officiellement les nouveaux **États-Unis d'Amérique**. Des personnalités de cette période révolutionnaire comme **Benjamin Franklin**, **John Adams** et **Thomas Jefferson** étaient très francophiles et ont tous fait des séjours en France. De plus, les deux pays se sont inspirés de la philosophie des **Lumières**° pour écrire chacun leur propre constitution (toujours en vigueur pour les États-Unis, mais qui a changé de nombreuses fois pour la France). Au cours des années, d'étroites° relations économiques et culturelles se sont développées entre eux, et en 1886, pour symboliser cette amitié, la France a offert aux États-Unis la **statue de la Liberté**, qu'on voit à l'entrée du port de **New York**.

Aujourd'hui, la France est le douzième partenaire commercial des États-Unis, et hors de° l'Union Européenne, les États-Unis constituent le premier marché d'exportation de la France. Au niveau de la culture, les films français figurent parmi les films étrangers les plus vus aux États-Unis et les plus appréciés du public américain. De nombreux Américains ont vu des films avec… **Gérard Depardieu**, **Marion Cotillard**

Galerie de Créateurs

Audrey Tautou

ou **Audrey Tautou** qui a incarné° l'héroïne d'*Amélie*. De même, les grands artistes sont toujours appréciés, et dans les musées américains, les expositions sur **Monet**, **Gauguin** ou **Cézanne** sont très populaires. Enfin, les liens touristiques sont forts: pour les Américains, la France est le pays de la bonne cuisine, des petits cafés, de la mode et du romantisme; et l'Amérique reste l'une des destinations préférées des touristes français. En somme, l'amitié entre ces deux pays semble faite pour durer°!

liens *ties* **À l'époque** *At the time* **Ainsi** *In this way* **acadien** *from the Canadian region of Acadia* **alors** *at that time* **s'étendait** *stretched* **portent** *have* **s'est renforcée** *strengthened* **guerre** *war* **bataille** *battle* **Lumières** *Enlightenment* **étroites** *tight* **hors de** *a* **incarné** *embodied outside* **durer** *last*

LE FRANÇAIS LOCAL

Le français dans l'anglais
Mots et expressions venus du français

à la carte	en route
art déco	hors-d'œuvre
avant-garde	je ne sais quoi
camouflage	protégé
cliché	raison d'être
crème de la crème	rendez-vous
déjà vu	résumé
encore	touché

Mots anglais empruntés au français au Moyen Âge

armée	army
bœuf	beef
espion	spy
honneur	honor
joie	joy
liberté	liberty
loisir	leisure
mariage	marriage
mouton	mutton
oncle	uncle
salaire	salary
vallée	valley

Unité 1

DÉCOUVREZ

La francophonie aux USA

Chevrolet C'est un Suisse francophone, **Louis Chevrolet** (1878–1941), qui a fondé cette compagnie maintenant américaine. Après avoir été mécanicien en France et au Canada, Chevrolet déménage à New York en 1901. Là, il travaille pour **Fiat** et, en 1905, commence sa carrière de pilote de course°. Plus tard, Chevrolet dessine des voitures de course et bat° le record du monde de vitesse! La **Chevrolet Motor Car Company** est devenue une division de **General Motors** en 1918.

Les contes de Perrault Les contes du Français **Charles Perrault** (1628–1703) divertissent° les petits et les grands depuis des siècles, dans le monde occidental. Ses histoires, comme *Cendrillon*, *Le Petit Chaperon° rouge*, *La Belle au bois dormant°*, et *Le Chat botté°* ont inspiré des films, des ballets et des opéras. La compagnie Walt Disney en a même fait des films d'animation.

Tony Parker Malgré° son nom anglophone, **Tony Parker**, joueur professionnel de basket, est en fait° d'origine belge et française. Il est né à **Bruges**, en Belgique, et a été élevé en France. On le connaît bien aux États-Unis, parce qu'il a joué pour l'équipe des Spurs à San Antonio, Texas jusqu'en 2018, avec laquelle il a remporté 4 fois le championnat de NBA. Avant de rejoindre° cette équipe de la **NBA** en 2001, Tony jouait en France dans la **LNB** (**Ligue Nationale de Basket-ball**).

Céline Dion Dernière-née d'une famille québécoise de 14 enfants, **Céline Dion** enregistre sa première chanson à 12 ans. Sa carrière commence en français, mais à l'âge de 18 ans elle apprend l'anglais et part à la conquête du monde anglophone. Son succès aux États-Unis est considérable; elle a vendu des millions d'albums, chanté pour la bande originale° de plusieurs films américains, et gagné de nombreux **Grammys**. Après plus de 30 ans de carrière, Céline Dion est considérée comme une légende internationale de la musique populaire et est toujours activement en tournée.

pilote de course *race car driver* **bat** *breaks* **divertissent** *entertain* **Chaperon** *hood* **dormant** *sleeping* **Le chat botté** *Puss in Boots* **Malgré** *Despite* **en fait** *in fact* **rejoindre** *join* **bande originale** *soundtrack*

Ressentir et vivre

Imaginez

Qu'avez-vous appris?

1 **Vrai ou faux?** Indiquez si ces affirmations sont vraies ou fausses et corrigez celles qui sont fausses.
1. C'est Cavelier de La Salle qui a fondé Detroit en 1701.
2. La Louisiane française s'étendait des Grands Lacs au golfe du Mexique.
3. Le marquis de Lafayette et le comte de Rochambeau ont offert leur aide aux révolutionnaires américains.
4. Les films français ne sont pas appréciés des Américains.
5. Monet fait partie des peintres les moins populaires dans les musées américains.
6. Tony Parker est un joueur de basket d'origine belge et française.
7. Louis Chevrolet a écrit des contes connus dans le monde occidental.
8. Les films de Céline Dion connaissent un énorme succès aux États-Unis.

2 **Que sais-je?** Répondez aux questions.
1. Qui a été le premier Européen à descendre le fleuve du Mississippi?
2. Quels lieux aux États-Unis portent des noms français? Citez-en deux exemples.
3. Quelles personnalités américaines de la période révolutionnaire étaient très francophiles?
4. Qu'est-ce que la France et les États-Unis ont créé en même temps?
5. Que symbolise la statue de la Liberté?
6. Quelle est la situation commerciale entre les États-Unis et la France?
7. Qui a fondé la compagnie Chevrolet et de quelle nationalité était-il?
8. De quoi les films d'animation de Walt Disney s'inspirent-ils beaucoup?

3 **Discussion** Par groupes de trois, choisissez trois personnes de la liste ci-dessous et, pour chacune, écrivez plusieurs adjectifs à côté de son nom pour la décrire. Ensuite, posez-vous ces questions:
- Connaissez-vous déjà ces trois personnes avant de lire les pages précédentes?
- Êtes-vous d'accord avec tous les adjectifs proposés? Pourquoi ou pourquoi pas?
- Quel est l'adjectif le plus approprié pour décrire chacune des trois personnes choisies? Justifiez votre choix.

| Louis Chevrolet | Catherine Deneuve | Charles Perrault |
| Le marquis de Lafayette | Tony Parker | Audrey Tautou |

PROJET

Aux États-Unis

Où trouve-t-on la culture francophone aux États-Unis? Faites des recherches pour créer une page de présentation au sujet d'un événement ou d'un lieu francophone.

- Notez les détails les plus intéressants.
- Choisissez des photos.
- Présentez votre page à la classe.
- Expliquez pourquoi vous avez choisi ce sujet.

I CAN identify and reflect on the impact of the francophone world on American culture.

Communicative Goal Discuss different ways to cope with academic stress

Unité 1

vhlcentral | ▶ Le Zapping

Le bac et le stress

Ça permet de prendre un peu de recul (*a step back*).

1 Préparation À deux, répondez à ces questions.

1. Vos cours vous stressent-ils beaucoup? Pourquoi? À quelles périodes de l'année êtes-vous plus stressé(e)? Pourquoi?
2. Connaissez-vous des techniques de relaxation? Que faites-vous pour évacuer (*release*) votre stress?

La sophrologie

La sophrologie essaie de montrer aux gens comment atteindre la sérénité de l'esprit (*mind*). Ce qui distingue la sophrologie de méthodes similaires est la grande variété de techniques utilisées: il y a des exercices de respiration, de relaxation physique et mentale, de méditation et de visualisation. Une autre caractéristique est l'importance de l'effort collectif.

Vocabulaire utile

l'angoisse (*f.*)	anxiety
décompresser	to decompress
lâcher prise	to let go
le mal-être	uneasiness
la pression	pressure
se relaxer	to relax

2 Compréhension Regardez la vidéo et répondez par **Oui** ou **Non** pour indiquer si ces techniques de relaxation sont utilisées par les élèves et les professeurs.

1. _____ Fermer les yeux
2. _____ Écrire une description de ses émotions
3. _____ Tenir la main de son voisin
4. _____ Chanter une chanson
5. _____ Se toucher le front (*forehead*) ou le ventre
6. _____ Marcher en silence

3 Discussion Par petits groupes, discutez de ces questions.

1. Quels sont les effets et les résultats des séances (*sessions*) de sophrologie, d'après les élèves et les professeurs interviewés?
2. La sophrologie vous semble-t-elle efficace? Pourquoi? Aimeriez-vous avoir accès à des séances de sophrologie? Pourquoi?

4 Réflexion Répondez aux questions.

1. Pourquoi ce programme de sophrologie a-t-il été institué, à votre avis? Justifiez votre réponse.
2. Y a-t-il de meilleures solutions pour atteindre ces objectifs? Donnez vos idées.

5 Application Choisissez votre méthode anti-stress préférée et présentez-la devant la classe. Expliquez comment et quand il faut utiliser cette méthode et quels sont ses bénéfices. Expliquez aussi quelles sont ses limites.

 I CAN discuss different ways to cope with academic stress.

Structures

Communicative Goal Express personal desires, needs, and actions using spelling-change verbs

1.1 Spelling-change verbs

—*Essentiellement, quand je **lève** un bras, en fait.*

- Several -**er** verbs require spelling changes in certain forms of the present tense. These changes usually reflect variations in pronunciation or are made to avoid a change in pronunciation.

- For verbs that end in -**ger**, add an **e** before the -**ons** ending of the **nous** form.

voyager (*to travel*)	
je voyage	nous voyag**e**ons
tu voyages	vous voyagez
il/elle/on voyage	ils/elles voyagent

Nous **mangeons** ensemble.

- Other verbs like **voyager** are **déménager** (*to move*), **déranger** (*to bother*), **manger** (*to eat*), **partager** (*to share*), **plonger** (*to dive*), and **ranger** (*to tidy up*).

- In verbs that end in -**cer**, the **c** becomes **ç** before the -**ons** ending of the **nous** form.

commencer (*to begin*)	
je commence	nous commen**ç**ons
tu commences	vous commencez
il/elle/on commence	ils/elles commencent

Nous **commençons** à 8h30.

- Other verbs like **commencer** are **avancer** (*to advance, to move forward*), **effacer** (*to erase*), **forcer** (*to force*), **lancer** (*to throw*), **menacer** (*to threaten*), **placer** (*to place*), and **remplacer** (*to replace*).

- The **y** in verbs that end in -**yer** changes to **i** in all forms *except* for the **nous** and **vous** forms.

envoyer (*to send*)	
j'envoie	nous envoyons
tu envoies	vous envoyez
il/elle/on envoie	ils/elles envoient

Il **balaie** la terrasse.

- Other verbs like **envoyer** are **balayer** (*to sweep*), **ennuyer** (*to annoy; to bore*), **essayer** (*to try*), **nettoyer** (*to clean*), and **payer** (*to pay*).

---

vhlcentral

▶ Grammar Tutorial

◀ **Vérifiez**

Boîte à outils

The **y** in verbs that end in -**ayer** can either remain **y** or change to **i**. Both forms are correct.

je paie *or* **je paye**
ils essaient *or* **ils essayent**

- Often the spelling change is simply the addition of an accent. Notice that the **nous** and **vous** forms of verbs like **acheter** have no accent added.

acheter (*to buy*)	
j'achète	nous achetons
tu achètes	vous achetez
il/elle/on achète	ils/elles achètent

Elle **achète** un pantalon.

- Other verbs like **acheter** are **amener** (*to bring someone*), **élever** (*to raise*), **emmener** (*to take someone*), **lever** (*to lift*), **mener** (*to lead*), and **peser** (*to weigh*).

- In verbs like **préférer**, the **é** in the last syllable of the verb stem changes to **è** in all forms *except* for the **nous** and **vous** forms.

préférer (*to prefer*)	
je préfère	nous préférons
tu préfères	vous préférez
il/elle/on préfère	ils/elles préfèrent

Je **préfère** cette robe rouge.

Boîte à outils

The **é** in the first syllable of verbs like **élever** and **préférer** never changes. Spelling changes occur only in the last syllable of the verb stem.

- Other verbs like **préférer** are **considérer** (*to consider*), **espérer** (*to hope*), **posséder** (*to possess*), and **répéter** (*to repeat; to rehearse*).

- In certain verbs that end in **-eler** or **-eter**, the last consonant in the stem is doubled in all forms *except* for the **nous** and **vous** forms.

appeler (*to call*)		jeter (*to throw*)	
j'appelle	nous appelons	je jette	nous jetons
tu appelles	vous appelez	tu jettes	vous jetez
il/elle/on appelle	ils/elles appellent	il/elle/on jette	ils/elles jettent

Vérifiez

Seydou **appelle** son ami.

- Other verbs like **appeler** and **jeter** are **épeler** (*to spell*), **projeter** (*to plan*), **rappeler** (*to recall; to call back*), **rejeter** (*to reject*), and **renouveler** (*to renew*).

À noter

To review the present tense of **-er** verbs and the forms of regular **-ir** and **-re** verbs, see **Fiche de grammaire 1.4**, p. 374.

Structures

1.1 Mise en pratique

1 Les fiancés Jérôme et Mathilde vont bientôt se marier. Jérôme a fait une liste de toutes les tâches à accomplir. Dites ce que fait chaque personne mentionnée.

> **Modèle** appeler le fleuriste: Mathilde et moi
> Nous appelons le fleuriste.

1. *payer le pâtissier: moi*
2. *remplacer les invitations: Mathilde*
3. *amener les grands-parents: maman et papa*
4. *ranger l'appartement: ma mère et moi*
5. *nettoyer la voiture: mon frère*
6. *répéter demain soir: les musiciens*
7. *jeter les vieux journaux: moi*
8. *acheter de nouvelles chaussures: mon frère et moi*

2 En famille M. Kadir est déprimé et il en donne les raisons aux membres de sa famille. Formez des phrases complètes.

1. mes enfants / préférer / leur mère
2. nous / ne… aucune / payer / dette
3. je / s'ennuyer / souvent / le dimanche
4. personne / ne… jamais / balayer dehors
5. Martine et Sonya / effacer / messages / sur / répondeur
6. mon frère / élever / mal / mes neveux
7. nous / ne… pas / remplacer / les fleurs fanées (*withered*)
8. vous / me / déranger / quand / je / amener / clients / à la maison

3 Les amis Avec un(e) camarade, faites des phrases complètes avec les éléments de chaque colonne.

> **Modèle** Les vrais amis appellent souvent.

A	B	
je	acheter	menacer
tu	amener	nettoyer
un(e) bon(ne) ami(e)	appeler	partager
nous	commencer	payer
vous	considérer	préférer
les vrais/vraies ami(e)s	emmener	rejeter
?	ennuyer	voyager
	envoyer	?

Communication

4 Les jeunes mariés Jacqueline et Thierry viennent de se marier. Avec un(e) camarade, décrivez leur vie ensemble à l'aide des mots de la liste.

commencer	espérer	préférer
considérer	essayer	projeter
déménager	mener	renouveler

Modèle —Thierry projette de chercher un nouveau travail.
—Jacqueline préfère vivre près de Marseille.

Comparisons

Les listes de mariage En France, les couples qui vont se marier ont tendance à préférer une participation financière au voyage de noce au lieu de la traditionnelle liste de mariage, surtout si le couple à déjà vécu ensemble avant le mariage. Certains sites proposent des listes de mariage 50/50, c'est-à-dire moitié cadeaux, moitié argent.

• Avez-vous assisté à un mariage récemment? Le couple avait-il une liste de mariage?

5 Conversation Avec un(e) camarade, décrivez chaque personne à l'aide du verbe qui lui correspond.

Modèle préférer: mon frère
—Mon frère préfère travailler très tard le soir.
—Ma sœur aussi. Elle préfère commencer ses devoirs après dix heures.

1. acheter: mon père
2. posséder: le prof de français
3. rejeter: nos camarades de classe
4. ennuyer: je
5. avancer: nous
6. déranger: mes amis

6 J'en ai besoin. Par groupes de trois, dites pourquoi vous avez besoin des éléments de la liste ou pourquoi vous n'en avez pas besoin. Employez des verbes comme **voyager**, **commencer**, **envoyer**, **acheter**, **préférer** ou **appeler**. Chaque phrase doit avoir un verbe différent.

Modèle des écouteurs
J'ai besoin des écouteurs parce que j'achète beaucoup de musique sur Internet.

- de l'argent
- une voiture
- un portable
- une valise
- un ordinateur
- un aspirateur
- de bonnes notes
- ?

I CAN express personal desires, needs, and actions using spelling-change verbs.

Structures

Communicative Goal Describe people and give them advice using irregular verbs

1.2 The irregular verbs *être*, *avoir*, *faire*, and *aller*

—Papa **a** un rendez-vous!

- The four most common irregular verbs in French are **être**, **avoir**, **faire**, and **aller**. These verbs are considered irregular because they do not follow the predictable patterns of regular **-er**, **-ir**, or **-re** verbs.

- The verb **être** means *to be*. It is often followed by an adjective.

être (to be)	
je suis	nous sommes
tu es	vous êtes
il/elle/on est	ils/elles sont

Je **suis** américain. Ils **sont** timides.
I am American. *They are shy.*

C'**est** un bon film. Nous **sommes** fiancés.
It is a good movie. *We are engaged.*

- The verb **avoir** means *to have*.

avoir (to have)	
j'ai	nous avons
tu as	vous avez
il/elle/on a	ils/elles ont

Ils **ont** froid.

- The verb **avoir** is used in many idiomatic expressions.

avoir... ans to be ... years old	**avoir envie de** to feel like	**avoir de la patience** to be patient
avoir besoin de to need	**avoir faim** to be hungry	**avoir peur (de)** to be afraid
avoir de la chance to be lucky	**avoir froid** to be cold	**avoir raison** to be right
avoir chaud to be hot	**avoir honte de** to be ashamed	**avoir soif** to be thirsty
avoir du courage to be brave	**avoir l'air** to look like, to seem	**avoir sommeil** to be sleepy
	avoir mal à to ache, to hurt	**avoir tort** to be wrong

vhlcentral

▶ Grammar Tutorial

Boîte à outils

An idiomatic expression is one that cannot be translated or interpreted literally. Notice that many expressions with **avoir** correspond to English expressions with the verb *to be*.

J'ai dix-sept ans.
I am seventeen years old.

Mireille a sommeil.
Mireille is sleepy.

◀ Vérifiez

- The verb **faire** means *to do* or *to make*.

faire (*to do; to make*)	
je fais	nous faisons
tu fais	vous faites
il/elle/on fait	ils/elles font

Elle **fait** de l'exercice.

- **Faire** is also used in numerous idiomatic expressions. Many of these expressions are related to weather, sports and leisure activities, or household tasks.

les sports et les loisirs

faire de l'aérobic to do aerobics
faire du camping to go camping
faire du cheval to ride a horse
faire de l'exercice to exercise
faire la fête to celebrate, have a good time
faire de la gym to work out
faire du jogging to go jogging
faire de la planche à voile to go windsurfing
faire une promenade to go for a walk
faire une randonnée to go for a hike
faire un séjour to spend time (somewhere)

faire du shopping to go shopping
faire du ski to go skiing
faire du sport to play sports
faire un tour (en voiture) to go for a walk (for a drive)
faire les valises to pack one's bags
faire du vélo to go cycling

le temps

Il fait beau. The weather's nice.
Il fait chaud. It's hot.
Il fait froid. It's cold.
Il fait mauvais. The weather's bad.
Il fait (du) soleil. It's sunny.
Il fait du vent. It's windy.

les tâches ménagères

faire la cuisine to cook
faire la lessive to do laundry
faire le lit to make the bed
faire le ménage to do the cleaning
faire la poussière to dust
faire la vaisselle to do the dishes

d'autres expressions

faire attention (à) to pay attention (to)
faire la connaissance de to meet (someone)
faire mal to hurt
faire peur to scare
faire des projets to make plans
faire la queue to wait in line

> **À noter**
>
> The verb **faire** followed by an infinitive means *to have something done* or *to cause something to happen*. To learn more about **faire causatif**, see **Fiche de grammaire 9.5, p. 408**.

- The verb **aller** means *to go*.

aller (*to go*)	
je vais	nous allons
tu vas	vous allez
il/elle/on va	ils/elles vont

Ils **vont** au cinéma.

- You can use **aller** with another verb to tell what is going to happen in the near future. The second verb is in the infinitive. This construction is called the **futur proche** (*immediate future*).

Je **vais tomber** amoureux.
I'm going to fall in love.

Vous **allez** vous **mettre** en colère?
Are you going to get angry?

> **Boîte à outils**
>
> Remember, when you negate a sentence in the **futur proche**, place **ne... pas** around the form of **aller**.
>
> **Tu ne vas pas regarder le match?**
>
> *You're not going to watch the game?*

Structures

1.2 Mise en pratique

1 **Le mariage** Complétez toutes les phrases. Soyez logique!

1. Soraya et Georges sont _____
2. Alors, ils vont _____
3. La mère de Soraya a _____
4. Son père est _____
5. Le jour du mariage, il fait _____
6. Soraya et Georges ont _____
7. Nous, leurs amis, nous sommes _____
8. La semaine prochaine, les jeunes mariés font _____

a. du soleil.
b. se marier.
c. amoureux.
d. déprimé parce qu'il pense au coût (*cost*) du mariage!
e. avec eux.
f. de la chance.
g. un séjour à Tahiti.
h. peur de perdre sa fille.

2 **Au musée** Complétez cette histoire à l'aide d'une forme correcte des verbes **être**, **avoir**, **faire** ou **aller**. Employez le présent de l'indicatif.

Kristen Aucoin et son frère Matt habitent dans le Rhode Island, et ils (1) _____ des ancêtres franco-canadiens. Ils adorent le sport et ils (2) _____ du vélo presque tous les week-ends, mais cet après-midi, il (3) _____ mauvais et il pleut. Alors, ils (4) _____ visiter le musée du Travail et de la Culture. Ils (5) _____ curieux de connaître l'histoire de leur région, et ce musée (6) _____ le meilleur endroit pour ça. Au musée, on (7) _____ la possibilité de voir des expositions sur l'immigration québécoise en Nouvelle-Angleterre. Kristen (8) _____ envie d'acheter quelques livres. Matt (9) _____ parler en français aux employés du musée. Il (10) _____ des efforts pour ne pas perdre la langue de ses grands-parents.

Communities

Le musée du Travail et de la Culture Ce musée se trouve à Woonsocket, dans le Rhode Island. Pendant tout le 19ᵉ siècle, des milliers (*thousands*) de Québécois sont venus dans le Rhode Island pour travailler dans les usines de la vallée du fleuve Blackstone. Au début du 20ᵉ siècle, Woonsocket était la ville la plus francophone des États-Unis. Aujourd'hui, on peut visiter les sites historiques de la ville pour y découvrir la forte influence de son passé francophone.

- Connaissez-vous le Rhode Island ou un autre lieu aux États-Unis où l'influence francophone est présente dans la communauté? Décrivez comment l'on peut percevoir cette présence.

Unité 1

Communication

3 Comparaisons Avec un(e) camarade, décrivez les personnes de la liste à l'aide de ces expressions. Expliquez vos choix. Ensuite, comparez vos réponses avec celles d'un autre groupe.

Modèle Beyoncé fait évidemment de la gym parce qu'elle est en forme.

avoir du courage	faire la cuisine
avoir honte	faire la fête
avoir de la patience	faire de la gym
avoir sommeil	faire le ménage
avoir tort	faire du shopping
?	?

- Beyoncé
- Harry Styles
- Jennifer Lawrence
- Will Smith
- Audrey Tautou
- Timothée Chalamet

4 Conseils À deux, donnez des conseils à ces personnes. Employez à chaque fois le verbe **être** ou **avoir**, une expression avec **faire** et un verbe au futur proche.

Modèle Vous êtes fatiguée. Si vous faites une promenade, vous n'allez pas vous endormir.

5 Promesses Vous avez beaucoup agacé votre meilleur(e) ami(e). Vous promettez de ne plus faire ce qui l'énerve. Il/Elle vous pose des questions pour en être sûr(e). Jouez la scène pour la classe.

Modèle —Je ne vais plus faire de commérages!
—Bon, mais est-ce que tu vas être plus franc/franche?

⊘ I CAN describe people and give them advice using irregular verbs.

Structures

Communicative Goal Ask questions about everyday situations

1.3 Forming questions

—*Qu'est-ce qui s'est passé?*

- Rising intonation is the simplest way to ask a question. Just say the same words as when making a statement and raise your pitch at the end.

  Tu connais mon ami Pascal?
  Do you know my friend Pascal?

- You can also ask a question using **est-ce que**. If the next word begins with a vowel sound, **est-ce que** becomes **est-ce qu'**.

  Est-ce que vous prenez des risques?　　**Est-ce qu'**il a cinq ans?
  Do you take risks?　　　　　　　　　　　*Is he five years old?*

- You can place a tag question at the end of a statement.

  Tu es canadien, **n'est-ce pas**?　　　　　On va partir à 8h00, **d'accord**?
  You are Canadian, right?　　　　　　　*We're going to leave at 8 o'clock, OK?*

- You can invert the order of the subject pronoun and the verb. Remember to add a hyphen whenever you use inversion. If the verb ends in a vowel and the subject is **il**, **elle**, or **on**, add **-t-** between the verb and the pronoun.

  Aimes-tu les maths?　　　　　　　　**Préfère-t-il** le bleu ou le vert?
  Do you like math?　　　　　　　　　*Does he prefer blue or green?*

Asking for information

- To ask for specific types of information, use the appropriate interrogative words.

Interrogative words

combien (de)?	how much/many?
comment?	how?
où?	where?
pourquoi?	why?
quand?	when?
que/qu'?	what?
(à/avec/pour) qui?	(to/with/for) who(m)?
(avec/de) quoi?	(with/about) what?

---

vhlcentral Grammar Tutorial

Boîte à outils

You may recall that some ways of formulating a question are more informal than others. Intonation questions are considered informal. **Est-ce que** is somewhat more formal. Inversion is generally more formal.

Boîte à outils

Use inversion only with pronouns. If the subject is a noun, add the corresponding pronoun and then invert it with the verb.

Votre tante arrive-t-elle ce week-end?
Is your aunt arriving this weekend?

To invert **il y a**, use **y a-t-il**.

Y a-t-il une station de métro près d'ici?
Is there a subway station nearby?

Est-ce is the inverted form of **c'est**.

Est-ce ton père là-bas?
Is that your father over there?

Vérifiez

- You can use various methods of question formation with interrogative words.

    Quand est-ce qu'ils mangent? **Combien** d'élèves y a-t-il?
    When are they eating? *How many students are there?*

- The interrogative adjective **quel** means *which* or *what*. Like other adjectives, it agrees in gender and number with the noun it modifies.

The interrogative adjective *quel*	singular	plural
masculine	quel	quels
feminine	quelle	quelles

—Je suis à l'hôtel. —Carole aime cette chanson.
—**Quel** hôtel? —**Quelle** chanson?

- **Quel(le)(s)** can be used with a noun or with a form of the verb **être**.

    Quelle est ton adresse? **Quelles sont** tes fleurs préférées?
    What is your address? *What are your favorite flowers?*

- To avoid repetition, use the interrogative pronoun **lequel**. It agrees in number and gender with the noun it replaces.

The interrogative pronoun *lequel*	singular	plural
masculine	lequel	lesquels
feminine	laquelle	lesquelles

—Je vais prendre **cette jupe**. —Laure adore **ces bonbons**.
—*I'm going to take this skirt.* —*Laure loves these candies.*

—**Laquelle**? —**Lesquels**?
—*Which one?* —*Which ones?*

- **Lequel** and its forms can be used with prepositions. When these are **à** and **de**, the usual contractions are made. In the singular, contractions are made only with the masculine forms.

    à + lequel = **auquel** *but* à + laquelle = **à laquelle**
    de + lequel = **duquel** *but* de + laquelle = **de laquelle**

—Mon frère a peur du chien. —Nous allons au cinéma. —Je vais à l'université.
—**Duquel** est-ce qu'il a peur? —**Auquel** allez-vous? —**À laquelle** vas-tu?

- In the plural, contractions are made with both the masculine and feminine forms: **auxquels, auxquelles; desquels, desquelles**.

    —Le prof parle aux lycéennes. —Il a besoin de livres.
    —**Auxquelles** est-ce qu'il parle? —**Desquels** a-t-il besoin?

> **Boîte à outils**
>
> When *what* or *who* is the subject of the verb, use **est-ce qui**. When *what* or *who* is the object of the verb or of a preposition, use **est-ce que**.
>
> **What**
> (Subject)
> **Qu'est-ce qui** va changer?
> *What's going to change?*
> (Object)
> **Qu'est-ce que** tu veux?
> *What do you want?*
>
> **Who**
> (Subject)
> **Qui est-ce qui** arrive à midi?
> *Who is arriving at noon?*
> (Object)
> **À qui est-ce que** vous parlez?
> *To whom are you speaking?*

Structures

1.3 Mise en pratique

1 **Les copains** Posez des questions à Gisèle. Formulez chaque question deux fois, d'abord avec **est-ce que**, puis avec l'inversion.

> **Modèle** nous / avoir rendez-vous / avec Karim / à la piscine
> Est-ce que nous avons rendez-vous avec Karim à la piscine? Avons-nous rendez-vous avec Karim à la piscine?

1. tu / avoir confiance / en Myriam
2. Lucie et Ahmed / aller / faire / du sport
3. vous / rêver / de / tomber / amoureux
4. Alain / draguer / filles / de / la classe
5. Stéphanie / se mettre / souvent / en colère
6. mes copines / espérer / faire / un séjour / Canada

2 **Des parents contrariés** Ces parents sont fâchés contre leurs deux enfants. La mère pose des questions et le père les réitère avec des mots interrogatifs. Posez les questions du père.

> **Modèle** Tu rentres à trois heures du matin?
> À quelle heure est-ce que tu rentres?!

1. Vous mangez cinq éclairs par jour?
2. Tu travailles avec Laurent?
3. Ce garçon est ton meilleur ami?
4. Vous allez au parc pendant les cours?
5. Vos amis achètent des jeux vidéo avec leur argent?

3 **Chez le conseiller matrimonial** D'après (*According to*) les réponses, devinez les questions. Employez l'inversion.

CONSEILLER (1) _____

M. LEROUX Ah, oui! Ma femme travaille trop!

CONSEILLER (2) _____

M. LEROUX Elle est psychologue.

CONSEILLER (3) _____

MME LEROUX Non, malheureusement, nous ne sortons jamais ensemble.

CONSEILLER (4) _____

MME LEROUX Oui, mon mari me demande souvent de rentrer plus tôt.

CONSEILLER (5) _____

M. LEROUX Bien sûr que ses heures de travail me gênent!

CONSEILLER Bon, (6) _____

M. LEROUX Prenons le prochain rendez-vous pour onze heures.

Communication

4 À vous de décrire! Par groupes de trois, regardez chaque photo et posez-vous mutuellement des questions pour décrire ce qui se passe.

Modèle
—Combien de personnes y a-t-il?
—Il y a cinq personnes.
—Que font-elles?

5 Des curieux Dites à votre camarade ce que vous allez faire pendant les prochaines vacances, à l'aide des mots de la liste. Ensuite, votre camarade va formuler une question avec **lequel** pour avoir plus de détails.

Modèle
—Je vais lire un livre.
—Ah bon? Lequel?
—Je vais lire *De la démocratie en Amérique*.

bronzer sur une plage	sortir avec des copains/copines
descendre dans un hôtel	visiter des musées
manger dans un restaurant	visiter une ville
regarder des émissions à la télé	voir un film
?	?

6 Questions personnalisées Avec un(e) camarade, posez-vous mutuellement au moins trois questions sur ces thèmes. Présentez ensuite vos réponses à la classe.

Modèle le/la petit(e) ami(e)
As-tu un(e) petit(e) ami(e)? Comment est-ce qu'il/elle s'appelle? Dans quel lycée va-t-il/elle?

- les cours
- les parents
- les copains
- l'argent
- les passe-temps
- la nourriture

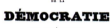

Connections

De la démocratie en Amérique En 1831, le gouvernement français envoie aux États-Unis un écrivain de science politique âgé de 25 ans, Alexis de Tocqueville, pour y étudier les prisons. Après un séjour de neuf mois, Tocqueville retourne en France, enthousiasmé par le système démocratique américain, et il écrit *De la démocratie en Amérique*. Cette analyse politique, qui décrit tout aussi bien la réalité d'aujourd'hui que celle du 19e siècle, est un classique de la littérature française.

- Avez-vous lu une analyse politique d'un autre pays?

 I CAN ask questions about everyday situations.

Structures

Synthèse

vhlcentral

Où allons-nous habiter?

De: Martin <martin.compeau@courriel.ca>
Pour: Docteur Lesage <etienne24@courriel.qc>
Sujet: Qu'est-ce que je vais faire?

J'ai 30 ans et je suis marié. Mon problème a commencé à cause d'une blague. Je fais des blagues tout le temps.
Ma femme Pauline et moi déménageons bientôt à New York, où nous faisons un tour chaque année. Elle considère que c'est la ville idéale. Nous avons deux enfants, et nous sommes tous très heureux d'aller habiter à New York. Un week-end, j'y vais pour chercher un appartement, pendant que Pauline essaie de vendre notre maison. Mais on s'envoie des messages instantanés pour être en contact. Elle m'appelle aussi chaque soir.
La semaine dernière, pour rire, j'ai l'idée d'envoyer un e-mail à Pauline pour lui dire que je n'ai plus envie de déménager. Et je réussis à la convaincre°! C'est incroyable, n'est-ce pas? Cette situation m'inquiète beaucoup, parce que ma femme s'est mise en colère. Elle ne veut plus me parler. Quelle solution me suggérez-vous? Comment vais-je lui dire que c'est une blague? Ne va-t-elle pas se mettre encore plus en colère? Êtes-vous capable de m'aider?

° to convince

1 **Révision de grammaire** Relisez *Où allons-nous habiter?* Ensuite, choisissez la bonne réponse. N'oubliez pas de conjuguer les verbes.

1. Martin et Pauline _____ (être / mener / avoir) deux enfants.
2. Pauline _____ (espérer / rejeter / détester) habiter à New York.
3. Martin _____ (répéter / faire / détester) des blagues.
4. Cette blague de Martin _____ (renouveler / ennuyer / faire peur à) Pauline.
5. Martin et Pauline ne/n' _____ pas (déménager / acheter / aller) tout de suite une maison à New York.
6. Martin écrit à un docteur. _____ (Auxquels / Auquel / Duquel) écrit-il?
7. Comment Martin _____-il (faire / aller / avoir) dire à sa femme que c'est une blague?

2 **Qu'avez-vous compris?** À deux, répondez par des phrases complètes.

1. Que font Martin et Pauline chaque année?
2. Comment Martin et Pauline sont-ils en contact quand ils ne sont pas ensemble?
3. Quelle idée Martin a-t-il un jour?
4. À votre avis, Pauline a-t-elle raison d'être en colère contre Martin? Que suggérez-vous comme solution au problme de Martin?

Communicative Goal Identify and reflect on information about the assimilation and integration of Cajuns in Louisiana

Culture

Préparation

Glossaire de la lecture

à partir de from
fuir to flee
grâce à thanks to
un mélange mix
une nouvelle vague new wave
rejoindre to join
un soldat soldier

Vocabulaire utile

un(e) ancêtre ancestor
s'assimiler à to blend in
bilingue bilingual
un choc culturel culture shock
le dépaysement change of scenery; disorientation
émigrer to emigrate
immigrer to immigrate
s'intégrer (à un groupe) to integrate (into a group)

L'article *Les Francophones d'Amérique* parle de l'histoire et de la culture cadiennes.

1 Vocabulaire Choisissez le bon mot de vocabulaire pour compléter chaque phrase.
   1. _____ mes parents, je vais aller à l'université l'année prochaine.
   2. Il est normal de rendre hommage à nos _____ plusieurs fois dans l'année.
   3. Une personne qui parle couramment deux langues est _____.
   4. Dans les films d'horreur, le héros ou l'héroïne _____ toujours le monstre ou le méchant (*bad guy*).
   5. Cette _____ artistique mélange le moderne et le traditionnel.
   6. Benjamin Franklin a peut-être ressenti _____ quand il est arrivé pour la première fois en France comme représentant des États-Unis.

2 Chez vous Répondez individuellement aux questions par des phrases complètes. Ensuite, comparez vos réponses avec celles de votre camarade.
   1. Votre famille a-t-elle conservé des éléments de sa culture ancestrale? Si oui, lesquels? Lesquels préférez-vous? Sinon, quels sont les éléments des autres cultures que vous appréciez le plus?
   2. Voudriez-vous qu'un jour vos enfants et petits-enfants transmettent les traditions que vous avez maintenues dans votre famille?
   3. Quelles communautés ethniques différentes de la vôtre existent près de chez vous? Ont-elles parfois des festivals ou des événements qui célèbrent leur culture? Si oui, y avez-vous déjà assisté? Décrivez votre expérience.

3 Sujets de réflexion Discutez de ces questions par groupes de trois.
   1. Quelles sont les raisons pour lesquelles une personne immigre dans un autre pays?
   2. Quand quelqu'un part vivre dans un pays étranger où on parle une autre langue, devrait-il/elle parler à ses futurs enfants dans sa langue, la langue du pays ou dans les deux langues? Expliquez votre réponse.
   3. Comment peut-on préserver une culture? Quel rôle joue la langue dans cet effort de préservation?
   4. Faut-il s'assimiler pour s'intégrer, ou peut-on arriver à l'intégration en gardant (*while keeping*) sa propre culture?

Culture

Les Francophones d'Amérique

Chaque année, en octobre, les Festivals acadiens et créoles de Lafayette, en Louisiane, célèbrent les divers aspects de la culture cadienne: musique, gastronomie, art et artisanat… Cette tradition a fait redécouvrir une culture en voie de disparition.

C'est au 17ᵉ siècle qu'une communauté francophone a fondé l'Acadie, à l'est du Canada, où on trouve aujourd'hui la Nouvelle-Écosse° et les régions voisines. La communauté a souffert de l'invasion des Britanniques pendant la guerre de Sept Ans (1754–1763) et de la déportation en France, en Angleterre et dans les colonies britanniques. De nombreux Acadiens ont fui. Beaucoup ont suivi le fleuve Mississippi pour aboutir° en Louisiane, en 1764. C'est alors qu'est née la culture cadienne, ce terme étant° une altération anglaise du mot «acadien». Jusqu'au 20ᵉ siècle, d'autres francophones, du Canada, des Antilles et d'ailleurs, ont rejoint les Acadiens.

En 1921, un nouvel obstacle se présente, quand le gouvernement de la Louisiane déclare obligatoire l'éducation en anglais. À partir de ce moment, la culture cadienne est en danger d'extinction. Heureusement, en 1968, le gouvernement local crée le Conseil pour le Développement du Français en Louisiane (CODOFIL) et on appelle Acadiana le sud-ouest de l'État, où se trouve la majorité des Cadiens. Aujourd'hui, le français est enseigné dans les écoles, parfois dans des programmes d'immersion.

Outre° le retour de l'enseignement du français, la culture cadienne a connu une renaissance, dans les domaines de la gastronomie et de la musique. Depuis ses origines, la musique est un mélange d'influences étrangères provenant d'Afrique, des Antilles ou du reste des États-Unis. Le musicien Dewey Balfa a contribué à la popularité de la musique cadienne depuis les années 1960, et la nouvelle vague de musiciens cadiens continue de la faire évoluer. Celle-ci est devenue si populaire que des groupes se sont formés dans d'autres endroits des États-Unis, comme les Whozyamama dans l'état de Washington ou The Bone Tones à Minneapolis.

La gastronomie est l'autre ambassadeur culturel des Cadiens. Originaire de l'Acadiana, la cuisine cadienne est rustique et ses ingrédients de base sont le poivron, l'oignon et le céleri. Grâce à des chefs comme Paul Prudhomme et Emeril Lagasse, dont on voit les émissions télévisées, cette gastronomie s'est répandue° dans beaucoup de villes et de cuisines américaines.

Les cultures cadienne et créole ont su résister à tous les événements qui ont voulu les détruire. Le peuple cadien a réussi son intégration: il s'est assimilé à la société américaine sans abandonner ses traditions ni son mode de vie. ■

Les instruments de musique

Le violon° et l'accordéon, les principaux instruments de la musique cadienne, sont accompagnés de la guitare, du triangle, de l'harmonica et de la planche à laver°, ou «frottoir» en cadien. Ce dernier instrument se joue à l'aide de dés à coudre° avec lesquels on frotte° la planche ou on tape° dessus.

> **La culture cadienne a connu une renaissance, dans les domaines de la gastronomie et de la musique.**

Culture

Analyse

1 Compréhension Répondez aux questions par des phrases complètes.

1. D'où est venue la majorité des francophones qui se sont installés en Louisiane au 18ᵉ siècle?
2. Pour quelle raison ont-ils quitté leur colonie?
3. Pourquoi la langue et la culture cadiennes ont-elles été en danger d'extinction au 20ᵉ siècle?
4. À part (*Apart from*) la langue, quels sont les deux éléments les plus visibles de la culture cadienne sur le continent américain?
5. Quels sont les deux instruments principaux de la musique cadienne?
6. Quels ingrédients sont beaucoup utilisés dans la cuisine cadienne?

2 Opinion Répondez à ces questions avec un(e) camarade.

1. Que ressentiriez-vous si le gouvernement vous interdisait de parler votre langue?
2. Pensez-vous que votre langue et votre culture fassent partie de votre personnalité? Expliquez votre réponse.
3. Pensez-vous que la coexistence de plusieurs cultures crée une société plus forte ou plus faible?

3 Prédiction Vous avez lu que d'autres cultures et des influences extérieures ont menacé l'existence de la culture cadienne. Pourtant, cette culture existe encore et a de l'influence sur le continent nord-américain. Par groupes de trois ou quatre, imaginez la communauté cadienne en 2100. Existera-t-elle encore, à votre avis? Le français cadien sera-t-il encore parlé?

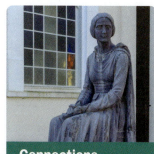

Connections

Évangeline Ce monument d'une jeune femme acadienne fictive, séparée de son mari le jour de leur mariage en raison de la Déportation des Acadiens au milieu des années 1700, est situé à Saint-Martinville, en Louisiane.

- Avez-vous déjà visité un monument dédié à un personnage fictif? Où? Qui?

4 Allez plus loin Pour aller plus loin, imaginez le continent nord-américain en 2100 et répondez aux questions par groupes de trois.

- À votre avis, quelles seront les cultures dominantes sur le territoire?
- Quelles seront les cultures en déclin?
- Quelles langues le peuple américain parlera-t-il?
- L'anglais persistera-t-il à dominer comme unique langue officielle?
- L'éducation bilingue ou plurilingue (*multilingual*) sera-t-elle une réalité?

✓ I CAN identify and reflect on key information from a text about the Acadians in Louisiana.

Communicative Goal Analyze the main ideas of a poem

Littérature

Préparation

À propos de l'auteur

Paul-Marie Verlaine (1844–1896), est né à Metz d'une famille bourgeoise. Il obtient son baccalauréat en 1864 et étudie le droit, mais c'est la poésie qui l'attire. À l'âge de vingt-deux ans, Verlaine publie ses premiers recueils (*collections of poems*), les *Poèmes saturniens* (1866) et *Fêtes galantes* (1869). À l'âge de vingt-cinq ans, il épouse Mathilde Mauté, à qui il dédie *La Bonne Chanson* (1870). Le siège de Paris, les troubles de la Commune et la rencontre d'Arthur Rimbaud en 1871 bouleversent (*turn upside down*) la vie de Verlaine. Les deux poètes partent en Angleterre et en Belgique où leur relation se termine violemment, lorsque Verlaine, au cours d'une dispute, tire sur (*shoots*) Rimbaud. Condamné à la prison, Verlaine écrit *Romances sans paroles* (1874) dont fait partie le poème ci-dessous. Séparé de sa femme, il publie en 1884 un essai intitulé *Les Poètes maudits*. À partir de 1887, Verlaine devient un des écrivains les plus admirés de sa génération et son influence sur les jeunes poètes symbolistes est considérable.

Dans *Il pleure dans mon coeur*, Paul Verlaine est submergé par cette mélancolie inexplicable qui nous envahit parfois quand tombe la pluie.

Glossaire de la lecture

un bruit sound
le deuil bereavement; grief following death
s'écœurer to sicken oneself / to become nauseated
la langueur listlessness
par terre on the ground
la peine sorrow; grief
pleurer to cry
une raison reason, cause
le toit roof
la trahison betrayal

Vocabulaire utile

le chagrin sorrow; affliction
la douleur pain; suffering
un état d'âme qualm; feeling
évoquer to evoke
une larme tear

1. **Définitions** Faites correspondre chaque mot avec sa définition.

   ___ 1. L'infidélité ou l'abus de confiance
   ___ 2. La douleur liée à la mort de quelqu'un d'autre
   ___ 3. Tourment, souffrance
   ___ 4. Couverture d'une maison
   ___ 5. L'opposé du silence
   ___ 6. La léthargie

   a. un toit
   b. le bruit
   c. la trahison
   d. le deuil
   e. la peine
   f. la langueur

2. **Préparation** Répondez individuellement à ces questions, puis discutez-en avec un(e) camarade de classe.

   1. Dans la vie, quand ressent-on une tristesse profonde? Et une grande joie?
   2. Connaissez-vous des poèmes, des livres ou des films dont le thème principal est la peine du cœur?
   3. Avez-vous jamais ressenti une grande douleur, physique ou morale? Quand?
   4. Dans l'art et la littérature, quels sentiments sont souvent illustrés par des conditions climatiques différentes (le soleil, le vent, la pluie, la neige)?
   5. Est-ce qu'il vous est jamais arrivé d'être morose ou triste sans savoir pourquoi? Quand? Comment êtes-vous sorti(e) de cet état?

Connections

Le siège de Paris Cette bataille importante de la guerre franco-prussienne se termine en janvier 1871. Il en résulte l'unification de l'Allemagne et le transfert de la région d'Alsace-Lorraine de la France à l'Allemagne.

La Commune de Paris est une forme de gouvernement insurrectionnel qui se met en place à Paris de mars à mai en 1871.

• Quelles batailles aux États-Unis ont eu des répercussions importantes sur l'histoire américaine?

Ressentir et vivre 33

Littérature

Il pleure dans mon cœur

Paul Verlaine

Il pleure dans mon cœur
Comme il pleut sur la ville;
Quelle est cette langueur
Qui pénètre mon cœur?

5 Ô bruit doux de la pluie
Par terre et sur les toits!
Pour un cœur qui s'ennuie°,   *is weary*
Ô le chant° de la pluie!   *song*

**Quelle est cette langueur
Qui pénètre mon cœur?**

Il pleure sans raison
10 Dans ce cœur qui s'écœure.
Quoi! Nulle trahison? ...
Ce deuil est sans raison.

C'est bien la pire peine
De ne savoir pourquoi
15 Sans amour et sans haine°   *hatred*
Mon cœur a tant de peine!

Littérature

Analyse

1 Compréhension Complétez ces phrases logiquement.
1. Les mots *pleure* et *deuil* expriment _____.
   a. le bonheur   b. la gaîté   c. le chagrin
2. Presque tous les verbes du poème sont au _____.
   a. futur   b. passé simple   c. présent de l'indicatif
3. Les phrases interrogatives des première et troisième strophes sont adressées _____.
   a. au poète lui-même   b. à un ami du poète   c. à la pluie
4. Le sentiment qui domine ce poème est _____.
   a. la surprise   b. la tristesse   c. l'optimisme

2 Interprétation À deux, répondez aux questions par des phrases complètes.
1. À quoi est-ce que le poète compare la pluie dans la première strophe?
2. Citez cinq mots utilisés dans le poème qui illustrent son thème principal.
3. Est-ce que le poète réussit à identifier la cause de son ennui? D'après vous, quelle est la raison de sa peine?
4. Quel effet produit l'alternance des interrogations et des exclamations?

3 Qu'en dites-vous? Par groupes de trois, dites si vous êtes d'accord ou pas avec ces déclarations et expliquez pourquoi. Ensuite, présentez vos idées à la classe.
1. Le climat reflète (*reflects*) l'affliction du poète.
2. Ce poème est très lyrique.
3. L'intensité de la tristesse du poète augmente à la fin du poème.
4. Ce poème a un ton plus philosophique qu'émotionnel.

4 Rédaction Vous venez de tomber follement amoureux/amoureuse de quelqu'un. Décrivez vos sentiments dans une lettre adressée à votre meilleur(e) ami(e), ou même à la personne dont vous êtes amoureux/amoureuse. Suivez le plan de rédaction.

PLAN

1. **Préparation** Pensez à la personne à laquelle vous adressez la lettre. Choisissez une salutation, comme: **Cher _____ / Chère _____, Mon amour, Mon cœur...**

2. **Développement** Organisez vos idées. Quels sont les sentiments que vous voulez exprimer (*express*)? Aidez-vous de ces questions pour écrire votre lettre:
   1. Depuis quand êtes-vous amoureux/amoureuse?
   2. Que ressentez-vous quand vous pensez à cette personne? Utilisez des métaphores pour décrire votre état d'âme.
   3. Pourquoi aimez-vous cette personne?
   4. Pensez-vous que vos sentiments soient réciproques?
   5. Quels rapports espérez-vous avoir avec cette personne à l'avenir?

3. **Conclusion** Terminez votre lettre par la formule qui convient, telle que: **Bises / Bisous, Je t'embrasse, Je t'aime,** ou **Ton amour.** Ces exemples vont de la simple affection au grand amour.

I CAN analyze the main ideas of a poem.

Vocabulaire

Les relations personnelles

vhlcentral

Les mots apparentés

anxieux/anxieuse	idéaliste	une responsabilité
divorcer	un mariage	timide

Les relations

une âme sœur soul mate
une amitié friendship
des commérages (*m.*) gossip
un esprit spirit
un rendez-vous date

compter sur to rely on
draguer to flirt
s'engager (envers quelqu'un) to commit (to someone)
faire confiance (à quelqu'un) to trust (someone)
mentir (conj. like **partir**) to lie
mériter to deserve; to be worth
partager to share
poser un lapin (à quelqu'un) to stand (someone) up
quitter quelqu'un to leave someone
rompre to break up
sortir avec to go out with
vivre to live

(in)fidèle (dis)loyal

Les sentiments

agacer/énerver to annoy
aimer to love; to like
avoir honte (de) to be ashamed (of)/embarrassed
en avoir marre (de) to be fed up (with)
s'entendre bien (avec) to get along well (with)
gêner to bother; to embarrass
se mettre en colère contre to get angry with
ressentir (conj. like **partir**) to feel
rêver de to dream about
tomber amoureux/amoureuse (de) to fall in love (with)

accablé(e) overwhelmed
contrarié(e) upset
déprimé(e) depressed
enthousiaste enthusiastic; excited
fâché(e) angry; mad
inquiet/inquiète worried
jaloux/jalouse jealous
passager/passagère fleeting

L'état civil

se fiancer to get engaged
se marier avec to marry

célibataire single
veuf/veuve widowed; widower/widow

La personnalité

avoir confiance en soi to be confident

affectueux/affectueuse affectionate
charmant(e) charming
économe thrifty
franc/franche frank
génial(e) great; terrific
(mal)honnête (dis)honest
inoubliable unforgettable
(peu) mûr (im)mature
orgueilleux/orgueilleuse proud
prudent(e) careful
séduisant(e) attractive
sensible sensitive
tranquille calm; quiet

Spelling-change verbs

acheter to buy
appeler to call
commencer to begin
envoyer to send
jeter to throw
préférer to prefer
voyager to travel

Irregular verbs

aller to go
avoir to have
être to be
faire to do; to make

Idiomatic expressions with *avoir* and *faire*

See pp. 20–21.

Interrogative words

combien (de)? how much/many?
comment? how?
lequel/lesquels/laquelle/lesquelles which one(s)
où? where?
pourquoi? why?
quand? when?
que/qu'? what?
quel/quels/quelle/quelles which, what
(à/avec/pour) qui? (to/with/for) who(m)?
(avec/de) quoi? (with/about) what?

Court métrage

Foudroyés See p. 6.

Culture

Les Francophones d'Amérique See p. 29.

Littérature

Il pleure dans mon cœur See p. 33.

Pour commencer

Depuis des années, la campagne perd ses habitants. Qu'implique la vie urbaine? Est-il nécessairement plus facile de rencontrer des gens en ville qu'à la campagne? Habiter en ville, c'est pratique; mais à quel prix?

- Que voyez-vous sur cette photo?
- Comment cette ville diffère-t-elle de la vôtre?

Habiter en ville | Unité 2

Destination: FRANCE

Essential Question
How do people build community in large cities?

Can-Do Goals
By the end of this unit I will be able to:
- Talk about urban life
- Understand a short film about strangers meeting in the subway
- Discuss some everyday actions that are reflexive and reciprocal in nature
- Provide descriptions using adjectives and adverbs

Skills
- **Reading:** Identifying the sequence of events in a personal account of a natural disaster
- **Conversation:** Discussing and describing life in the city
- **Writing:** Writing about an important event in my life

Culture
I will learn about and reflect on:
- The people, attractions, and language of the French cities of Marseille and Lyon
- A French photographer and the impact of photography on our society
- The popular French music festival, **Fête de la Musique**
- A Haitian-Canadian **chroniqueur culturel** (cultural commentator)

Unité 2 Integrated Performance Assessment
You have been asked to prepare a guide about the daily lives of young people in your community, focusing on positive activities. You will first examine an article about healthy daily routines. Then, you and a partner will discuss whether and how you follow these habits. Finally, you will prepare the guide.

Contextes

Communicative Goal Talk about urban life

En ville

vhlcentral

Les mots apparentés

un accident	une boutique	un hôtel	une statue
une avenue	un chauffeur	un monument	un touriste

Les lieux

- **un arrêt d'autobus** bus stop
- **une banlieue** suburb; outskirts
- **une caserne de pompiers** fire station
- **un commissariat de police** police station
- **un édifice** building
- **un gratte-ciel** skyscraper
- **un hôtel de ville** city/town hall
- **un jardin public** public garden
- **un logement/une habitation** housing
- **le palais de justice** courthouse
- **une place** square; plaza
- **la préfecture de police** police headquarters
- **un quartier** neighborhood
- **une station de métro** subway station

Les indications

- **la circulation** traffic
- **un croisement** intersection
- **un embouteillage** traffic jam
- **un feu (tricolore)** traffic light
- **un panneau** road sign
- **un panneau d'affichage** billboard
- **un passage piéton** crosswalk
- **un pont** bridge
- **un rond-point** rotary; roundabout
- **une rue** street
- **les transports en commun** public transportation
- **un trottoir** sidewalk
- **une voie** lane; road; track

- **descendre** to go down; to get off
- **donner des indications** to give directions
- **être perdu(e)** to be lost
- **monter (dans une voiture, dans un train)** to get (in a car, on a train)
- **se trouver** to be located

Les gens

- **un agent de police** police officer
- **un(e) citadin(e)** city-/town-dweller
- **un(e) citoyen(ne)** citizen
- **un(e) conducteur/conductrice** driver
- **un(e) étranger/étrangère** foreigner; stranger
- **le maire** mayor
- **un(e) passager/passagère** passenger
- **un(e) piéton(ne)** pedestrian

Les activités

- **les travaux** construction
- **l'urbanisme** city/town planning

- **la vie nocturne** nightlife
- **améliorer** to improve
- **s'amuser** to have fun
- **construire** to build
- **empêcher (de)** to stop; to keep from (doing something)
- **s'ennuyer** to get bored
- **s'entretenir (avec)** to talk; to converse
- **passer (devant)** to go past
- **peupler** to populate
- **rouler (en voiture)** to drive
- **vivre** to live

- **(peu/très) peuplé(e)** (sparsely/densely) populated

Pour décrire

- **animé(e)** lively
- **bruyant(e)** noisy
- **inattendu(e)** unexpected
- **plein(e)** full
- **privé(e)** private
- **quotidien(ne)** daily
- **sûr(e)/en sécurité** safe
- **vide** empty

PARLONS FRANÇAIS!

un embouteillage à Douala

DURAN J'ai grandi à Douala, au Cameroun et nous **vivons** maintenant à Genève. D'abord, il faut savoir que Douala c'est plus petit que Paris, mais plus grand que toutes les autres villes européennes francophones. Douala, c'est **plein**, c'est **peuplé** et c'est **bruyant**! Il y a plus de 120 **quartiers**, et quand ils ont une **vie nocturne animée**, ça **empêche** de dormir la nuit.

Il y a de la **circulation** partout, mais pas assez de **routes**, de **ronds-points**, de **panneaux** ou de **feux**, donc il y a aussi beaucoup d'accidents. Et comme (*since*) on a peu **d'agents de police** ou de **casernes de pompiers**, on **se trouve** souvent dans un **embouteillage** de plusieurs heures.

L'**urbanisme** de la ville n'est pas parfait, mais certains essayent de l'**améliorer**. Et puis, la majorité des **citadins** sont gentils: il est facile de **s'entretenir** avec eux et ils vous **donneront des indications** et des conseils si vous êtes **perdus**!

Mise en pratique

1 Correspondances Trouvez le mot qui correspond à chaque définition.

___ 1. Personne qui vient d'un autre pays
___ 2. Chaque jour
___ 3. Habitant d'une ville
___ 4. Expliquer comment aller d'un endroit à un autre
___ 5. Région autour d'une ville
___ 6. Édifice aux nombreux étages
___ 7. Bâtiment où se trouve l'administration municipale
___ 8. Passage où les piétons traversent la rue
___ 9. Personne qui monte dans un bus
___ 10. Rendre ou devenir meilleur

a. un gratte-ciel
b. un passager
c. un hôtel de ville
d. améliorer
e. un étranger
f. un citadin
g. donner des indications
h. une banlieue
i. un passage piéton
j. quotidien

2 Parlons français! Écoutez la conversation entre Thomas et Malina, puis indiquez si ces phrases sont vraies ou fausses.

1. Thomas pense que la vie quotidienne est intéressante à Douala.
2. D'après Malina, être passager en voiture à Douala est une solution parfaite et très facile pour les touristes.
3. Thomas pense que visiter Montréal est plus facile pour les étrangers.
4. D'après Thomas, il y a beaucoup de travaux pour améliorer les routes à Montréal.
5. Thomas dit qu'il faut utiliser les clous pour traverser la rue.
6. Tous les citadins trouvent que la circulation est facile à Montréal.
7. Malina est une citadine et elle adore les grandes villes qui ont des gratte-ciel.
8. D'après Malina, Tahiti a surtout de très belles banlieues.
9. Thomas a déjà visité des hôtels de ville à Tahiti.
10. Malina peut donner des indications à Thomas pour sa visite.

3 Centre-ville ou banlieue? Répondez au questionnaire. Ensuite, comparez vos réponses avec celles d'un(e) camarade de classe et expliquez vos choix respectifs en une phrase. Avez-vous les mêmes préférences?

Préférez-vous…	A	B
…(A) habiter au centre-ville ou (B) en banlieue?	☐	☐
…(A) danser ou (B) aller au cinéma?	☐	☐
…(A) habiter dans un appartement ou (B) dans une maison?	☐	☐
…(A) habiter dans une petite rue ou (B) sur une grande avenue?	☐	☐
…(A) parler aux étrangers dans la rue ou (B) les éviter?	☐	☐
…(A) préserver les parcs publics ou (B) construire plus d'édifices?	☐	☐
…(A) rouler en voiture ou (B) prendre les transports en commun?	☐	☐

4 À la mairie Imaginez que vous soyez le maire de la ville. Que pourriez-vous faire pour améliorer la vie des citoyens? Qu'aimeriez-vous changer dans votre ville? Faites une liste de quatre ou cinq idées. Comparez-la avec celles de vos camarades de classe.

I CAN talk about urban life.

Court métrage

Communicative Goal Understand a short film about strangers meeting in the subway

Préparation

Un beau jour, à Lyon, une jeune femme pense trouver l'amour de sa vie dans le métro. Le réalisateur Philippe Orreindy nous fait participer à cette rencontre dans *J'attendrai le suivant...*

Glossaire du court métrage

avoir du mal à to have a hard time
C'est ça. That's right.
débile moronic
Excusez-moi de vous déranger. Sorry to bother you.
se faire poser un lapin to get stood up
un marché deal
se plaindre to complain
une rame de métro subway train
Rassurez-vous. Reassure yourself. (Put your mind at rest.)
solliciter to solicit; to request
Vous êtes mal barré (e). You won't get far.

Vocabulaire utile

duper to trick
gêné(e) embarrassed
insensible insensitive
se méfier de to be distrustful/wary of
un wagon subway car

1 **Un marché de dupes?** Complétez cette conversation à l'aide des mots ou des expressions que vous venez d'apprendre. N'oubliez pas de faire les changements nécessaires.

HOMME Allô?

VENDEUR Bonjour, Monsieur, (1) _____. Je vends des aspirateurs à distance, et je ne (2) _____ que quelques minutes de votre temps.

HOMME Allez-y, je vous écoute.

VENDEUR Nos aspirateurs sont révolutionnaires! Non seulement ils sont puissants (*powerful*), mais en plus ils se vident automatiquement à l'aide d'un bouton! Et ils coûtent la moitié du prix des autres! C'est (3) _____ exceptionnel que je vous propose. Ça vous intéresse?

HOMME Écoutez, j'ai vraiment du mal à croire ce que vous me dites. Vous essayez de me (4) _____ et je ne suis pas (5) _____ de vous le dire.

VENDEUR Mais Monsieur, (6) _____! Nos aspirateurs sont garantis!

HOMME Si vous pensez vendre vos aspirateurs de cette façon, vous (7) _____ dans la vie! Je reste (8) _____ à votre offre. Et si vous insistez je vais (9) _____ à la police!

VENDEUR Eh bien, je vous laisse. Au revoir.

HOMME (10) _____! Au revoir.

2 Questions À deux, répondez aux questions par des phrases complètes.

1. Avez-vous l'habitude de faire confiance aux inconnus (*strangers*) ou vous méfiez-vous toujours des autres?
2. Vous êtes-vous déjà trompé(e) sur le caractère de quelqu'un? En bien ou en mal? Sinon, connaissez-vous quelqu'un que les apparences ont trompé?
3. Quels traits de caractère ont de l'importance pour vous quand vous choisissez un copain ou une copine?
4. Avez-vous déjà ressenti un lien très fort avec quelqu'un que vous veniez juste de rencontrer ou avec qui vous n'aviez jamais parlé? Sinon, pensez-vous qu'un vrai rapport de ce type est possible?

3 Que se passe-t-il? À deux, observez ces images extraites du court métrage et imaginez, en deux ou trois phrases par photo, ce qui va se passer.

4 Petites annonces Remplissez les colonnes du tableau pour vous décrire et dire ce que vous recherchez chez une personne. Puis, à l'aide de ces idées, écrivez un paragraphe. Enfin, comparez-le à celui d'un(e) camarade de classe.

Modèle Bonjour! Je suis un charmant jeune homme de vingt ans. Je cherche une femme intelligente et amusante entre dix-huit et trente ans. Je suis aussi…

	Vous	La personne recherchée
Âge		
Physique		
Personnalité		
Loisir(s) et intérêt(s)		

5 À votre avis Répondez aux questions à deux. Puis, donnez votre avis sur la question suivante: Vivre en ville ou vivre à la campagne, qu'est-ce qui est le plus agréable?

- Habitez-vous en ville ou à la campagne?
- Comment allez-vous au lycée?
- Quelles activités pratiquez-vous après les cours?
- Pensez-vous qu'il y a plus de choix d'activités en ville ou à la campagne?

Court métrage

Scènes

ANTOINE Bonsoir. Je m'appelle Antoine et j'ai 29 ans. Rassurez-vous, je ne vais pas vous demander d'argent. J'ai lu récemment qu'il y avait, en France, près de cinq millions de femmes célibataires. Où sont-elles?

ANTOINE Je crois au bonheur. Je cherche une jeune femme qui aurait du mal à rencontrer quelqu'un et qui voudrait partager quelque chose de sincère avec quelqu'un.

ANTOINE Voilà. Si l'une d'entre vous se sent intéressée, elle peut descendre discrètement à la station suivante. Je la rejoindrai sur le quai.

HOMME Mais arrêtez! Restez célibataire! Moi ça fait cinq ans que je suis marié avec une emmerdeuse°. Si vous voulez, je vous donne son numéro et vous voyez avec elle. Mais il ne faudrait pas venir vous plaindre après!

ANTOINE C'est très aimable, Monsieur, mais je ne cherche pas la femme d'un autre. Je cherche l'amour, Monsieur. Je ne cherche pas un marché. (*À tout le monde*) Excusez ce monsieur qui, je pense, ne connaîtra jamais l'amour.

ANTOINE Mesdemoiselles, je réitère ma proposition. S'il y en a une parmi vous qui est sensible à ma vision de l'amour, eh bien, qu'elle descende.

La femme descend.

emmerdeuse *pain in the neck*

INTRIGUE
Une jeune femme pense trouver l'amour de sa vie dans le métro.

Comparisons

Faire la manche dans le métro
En France, ceux qui font la manche (*panhandle*) passent dans les rames de métro, s'adressent aux passagers et les divertissent. Ils chantent, font de la musique ou autre chose pour récolter (*collect*) de l'argent. Cette activité est interdite, mais, en général, les passagers trouvent ces gens sympathiques. On peut même dire qu'ils font partie de la vie du métro.

- Dans votre ville, avez-vous déjà vu des gens qui font la manche? Où?

Court métrage

Analyse

1 Compréhension Répondez aux questions par des phrases complètes.
1. Que demande Antoine aux passagers?
2. Comment se décrit-il?
3. Pourquoi dit-il qu'il cherche une femme célibataire de cette façon?
4. Pourquoi un homme dans la rame de métro l'interrompt-il?
5. Que propose cet homme?
6. Quelle est la vraie raison du discours d'Antoine?

2 Opinion À deux, répondez aux questions par des phrases complètes.
1. À quoi pense la jeune femme tout au début du film quand elle marche seule en ville?
2. À votre avis, que ressent Antoine quand la femme descend de la rame de métro?
3. Que ressent la jeune femme une fois sur le quai?
4. Pourquoi pensez-vous que le court métrage s'intitule *J'attendrai le suivant…*? Expliquez bien votre réponse.

3 Jeu de rôles Imaginez-vous dans une situation similaire à celle du film. Vous pensez trouver l'amour avec un(e) inconnu(e) que vous trouvez séduisant(e). Que feriez-vous à la fin et que diriez-vous à l'inconnu(e)? Devant la classe, jouez vos rôles ou lisez votre réponse.

4 La fin Par groupes de trois, imaginez en cinq ou six phrases deux autres fins à cette histoire. Ensuite, comparez vos idées à celles des autres groupes.
- une fin heureuse
- une fin triste

5 Comment faire? À deux, faites une liste de quatre ou cinq moyens qu'une personne a aujourd'hui de trouver l'âme sœur. Dites quels sont leurs avantages et leurs inconvénients. Ensuite, comparez votre liste à celles de vos camarades de classe et discutez-en.

6 Qui est-ce? Par groupes de trois, décrivez la vie des trois personnages du film. Pour chacun des personnages, écrivez au moins cinq phrases sur sa vie quotidienne, sa vie sentimentale et sa vie professionnelle.

- Où habite-t-il/elle?
- Quelle est sa profession?
- Comment est-il/elle physiquement?
- Qu'aime-t-il/elle faire le week-end?

7 À vous la parole! Répondez aux questions par des phrases complètes.

1. Avez-vous déjà fait un farce (*prank*) à quelqu'un? Si oui, l'avez-vous regretté? Sinon, n'avez-vous jamais eu envie de le faire?
2. À votre avis, quel est le meilleur moyen de rencontrer quelqu'un quand on habite en ville?
3. Qu'aimeriez-vous trouver en ville?
4. Qu'y a-t-il en ville que vous n'aimeriez pas voir?
5. Est-ce mieux d'habiter en ville ou à la campagne? Pourquoi?
6. Pensez-vous qu'on se sente plus souvent seul(e) en ville ou à la campagne?

8 Réalisation À deux, imaginez que vous deviez faire un court métrage sur le thème de la ville. Quel sujet choisiriez-vous? Expliquez votre choix. Comparez-le à ceux de la classe.

✓ I CAN understand the main idea in an authentic video about strangers meeting on the subway.

Imaginez

Communicative Goal Identify and reflect on the people, attractions, and language of Marseille, Lyon, and Paris

les berges° de la Saône, à Lyon

IMAGINEZ
La France

Marseille et Lyon

D'ailleurs…

Marseille et **Lyon** se disputent la place de deuxième ville de France en raison de l'ambiguïté du nombre d'habitants. Si on parle de la ville intra-muros°, Marseille est deuxième avec environ 855.000 habitants contre environ 480.000 pour Lyon. Par contre, si on considère l'agglomération, c'est Lyon qui est deuxième avec un peu plus de 2.000.000 habitants contre environ 1.600.000 million pour Marseille. C'est une question qui n'est toujours pas réglée°.

La France compte environ 36.000 villes et villages de toutes tailles. La ville la plus connue, c'est bien sûr Paris, mais d'autres villes ont aussi beaucoup d'intérêt. **Marseille** et **Lyon**, qui se disputent le titre de deuxième ville de France, ont toutes les deux leur charme propre et méritent le détour.

Appelée la «cité phocéenne» pour avoir été fondée par des **Grecs** de la ville de **Phocée**, en **Asie Mineure**, en 600 avant J.-C.°, Marseille est aujourd'hui une ville très peuplée de la **côte méditerranéenne**. Elle est d'une grande diversité culturelle grâce à sa situation géographique. Parler de Marseille, c'est parler de la bouillabaisse (une soupe de poissons), de la pétanque, des plages, d'un grand port commercial et surtout du **Vieux-Port**. Celui-ci est maintenant un lieu de rencontre très animé, avec une succession de restaurants et de magasins. Marseille est une ville très urbanisée, mais elle possède aussi des atouts° naturels. Ses calanques°, qui donnent sur la mer, sont appréciées pour leur caractère secret et sauvage. Au large de° la côte, les **îles du Frioul** constituent un site exceptionnel pour les plongeurs° et les amoureux de la nature. Non loin de là se trouve le **château d'If**, une prison rendue célèbre par la légende de l'homme au masque de fer et par **Alexandre Dumas** avec son roman *Le Comte de Monte-Cristo*.

De son côté, Lyon, antique cité romaine fondée en 43 avant J.-C., est une ville attirante° pour de multiples raisons. Traversée par un fleuve, le **Rhône**, et par une rivière, la **Saône**, et voisine des **Alpes** et de **Genève**, Lyon a été la capitale de la **Gaule** sous l'Antiquité, un grand centre de la **Renaissance** et la capitale de la **Résistance** pendant la **Seconde Guerre mondiale**. La richesse de son histoire a été reconnue par l'**UNESCO**, qui a fait d'une grande partie de la ville le plus grand espace classé° au patrimoine° mondial. Lyon est aussi un grand carrefour° économique européen établi et elle est le siège° de quelques organisations internationales comme **Interpol**. Son statut de capitale de la gastronomie et de la soie, et de lieu de naissance du cinéma renforce sa notoriété. Lyon connaît un grand succès en

48 Unité 2

vue de Marseille

France et en Europe avec un événement annuel: la **fête des Lumières**. Pendant cette célébration, les Lyonnais mettent des lumières à leurs fenêtres et les bâtiments de la ville sont illuminés par des jeux de lumière.

Les villes françaises composent toutes le visage du pays. Il serait dommage de passer à côté.

avant J.-C. *BC* **atouts** *assets* **calanques** *rocky coves* **Au large de** *Off*
plongeurs *scuba divers* **attirante** *attractive* **classé** *listed* **patrimoine** *heritage*
carrefour *hub* **siège** *headquarters* **intra-muros** *proper* **réglée** *settled* **berges** *riverbanks*

LE FRANÇAIS LOCAL

Paris

balayer devant sa porte	s'occuper de ses affaires d'abord
Ça ne mange pas de pain.	Ça ne demande pas un gros effort.
le macadam	le trottoir
le trottoir	la croûte (*crust*) autour d'une tarte

Lyon

un bouchon	restaurant typique de Lyon
le dégraissage	le pressing; *dry-cleaning*
la ficelle	le funiculaire
une gâche	une place (dans un bus, dans un avion, etc.)
un(e) gone	un(e) enfant
s'en voir	avoir du mal à faire quelque chose: **Je m'en vois pour faire la cuisine.** (*I can't cook.*)

Marseille

et tout le bataclan	et tout le reste
fada	fou/folle
un(e) collègue	un(e) ami(e), copain/copine
Peuchère!	Le/La pauvre!
un(e) pitchoun(ette)	un(e) enfant
Zou!	Allez!

Unité 2

DÉCOUVREZ

la France

Rollers en ville On pratique la randonnée urbaine en rollers dans la France entière. Des associations organisent ces

randonnées dans les rues, de jour ou de nuit. Même les policiers sont en rollers pour en assurer la sécurité. C'est d'abord à Paris que les gens se sont enthousiasmés pour ce genre d'activité. Le but° de ces randonnées, qui peuvent compter jusqu'à 15.000 participants dans la capitale, est de partager le plaisir du sport et son sentiment de liberté.

Trompe-l'œil Une partie des murs en France sont nus, ce qui n'est pas joli. L'idée est alors née de couvrir ces murs de **fresques murales°** en trompe-l'œil. Ce sont des peintures qui simulent, de manière très réaliste, des façades d'immeubles. Les plus belles façades, comme la **Fresque des Lyonnais** à **Lyon** ou le **Mur du cinéma** à **Cannes**, trompent° beaucoup de visiteurs.

Les péniches Mode de transport fluvial°, les péniches° sont aussi à l'origine d'un nouveau style de vie depuis la

fin des années 1960; elles ont été transformées en **bateaux-logements**. Les berges, principalement à **Paris**, sont donc devenues l'adresse d'un grand nombre de personnes. Petit à petit, ces maisons-péniches sont devenues presque conventionnelles et elles ont aujourd'hui tout le confort nécessaire.

La fête du Citron Inaugurée en 1934, cette fête a le même esprit que les carnavals d'hiver. Chaque année en février, la ville de **Menton**, sur la **Côte d'Azur**, organise un ensemble de manifestations liées à un thème choisi. La décoration des chars°

et des expositions est faite de citrons, d'oranges et d'autres agrumes°. Pour finir, il y a un grand feu d'artifice°.

but *purpose* **fresques murales** *murals* **trompent** *fool* **fluvial** *on rivers*
péniches *barges* **chars** *parade floats* **agrumes** *citrus fruit*
feu d'artifice *fireworks display*

Habiter en ville

Imaginez

Qu'avez-vous appris?

1   Vrai ou faux? Indiquez si ces affirmations sont vraies ou fausses, et corrigez les fausses.
1. Il existe environ 26.000 villes et villages en France.
2. Marseille est une ville de la côte atlantique.
3. Lyon est connue pour sa bouillabaisse, ses plages et son grand port de commerce.
4. La ville de Lyon est traversée par la Seine.
5. L'agglomération de Lyon est plus grande que celle de Marseille.
6. Les péniches sur les fleuves de France sont utilisées uniquement dans un but commercial.

2   Questions   Répondez aux questions.
1. Pourquoi appelle-t-on Marseille «la cité phocéenne»?
2. Comment certaines villes de France ont-elles décidé de s'embellir?
3. Comment le château d'If est-il devenu célèbre?
4. Quelle fête a lieu chaque année dans la ville de Menton?
5. De quoi la ville de Lyon est-elle la capitale aujourd'hui?
6. Quel événement lyonnais rassemble chaque année un grand nombre de Français et d'Européens?
7. Où peut-on trouver des fresques murales?
8. Comment les péniches sont-elles à l'origine d'un nouveau style de vie?

3   Discussion   À deux, identifiez d'abord les descriptions qui correspondent à leur endroit ou événement. Ensuite, corrigez le reste des éléments des deux colonnes.

Endroit ou événement	Description
La fête du Citron	Fête où les décorations sont faites d'agrumes
La Saône	Site exceptionnel pour les plongeurs
Les péniches	Murs couverts de fresques murales
Lyon	Capitale de la gastronomie
Le château d'If	Port sur la mer Méditerranée

PROJET

Un voyage de Lyon à Marseille

Choisissez Lyon ou Marseille et écrivez un paragraphe de 10 à 12 lignes où vous essayez de convaincre quelqu'un de visiter cette ville. Répondez à ces questions:

- Pourquoi votre lecteur/lectrice devrait-il/elle y aller?
- Quels sont les lieux d'intérêt touristique de la ville?
- Quels avantages votre ville choisie a-t-elle sur l'autre?
- Comment imaginez-vous la ville?

I CAN   identify and reflect on the people, attractions, and language of the Marseille, Lyon, and Paris

Galerie de Créateurs

Photographie: Yann Arthus-Bertrand (1946–)

1. Préparation Répondez aux questions et discutez-en avec la classe.
1. «Une image vaut mille mots.» Êtes-vous d'accord avec cette phrase? Expliquez pourquoi ou pourquoi pas.
2. Aimez-vous prendre des photos? Avez-vous des sujets de photos préférés? De quelle manière partagez-vous vos photos avec vos amis?

Une image vaut mille mots

Amoureux de la nature, Yann Arthus-Bertrand a dirigé une réserve naturelle dans le sud de la France puis il a étudié les lions au Kenya. Là, il a découvert que la photographie permettait de faire passer ses messages mieux que les mots. Il s'est alors engagé dans ce domaine et a publié un grand nombre de livres sur la nature. Un de ses grands projets a été, avec l'aide de l'UNESCO, la création d'une banque d'images sous forme de livre, *La Terre vue du Ciel*. Son premier long métrage, *Home*, est sorti en 2009. *Human* (2015), avec ses images aériennes prises partout dans le monde et ses entretiens avec les habitants de plus de 45 pays, a connu un succès international. Depuis, il a réalisé d'autres films dont *Le Maroc vu du ciel*.

2. Compréhension Répondez aux questions.
1. De quoi Arthus-Bertrand a-t-il été directeur?
2. Qu'est-ce qu'il a étudié au Kenya?
3. Comment a-t-il décidé de faire passer ses messages aux autres?
4. Qu'est-ce que c'est, *La Terre vue du Ciel*?

3. Discussion Discutez de ces questions avec un(e) partenaire puis avec la classe. Comment la photographie peut-elle «faire passer les messages mieux que les mots»? Dans quelles situations est-ce que les mots sont plus forts que les images? Expliquez.

4. Application Ensemble en mission

D'après la lecture, l'UNESCO a aidé Arthus-Bertrand parce que l'organisation avait confiance en son message et en son moyen de l'exprimer. Préparez une présentation orale ou écrite dans laquelle (a) vous définissez un message que vous voudriez faire passer aux autres et (b) vous suggérez des personnes ou des groupes qui peuvent vous aider dans votre mission.

une exposition photographique de Yann-Arthus Bertrand

Structures

Communicative Goal Discuss some everyday actions that are reflexive and reciprocal in nature

2.1 Reflexive and reciprocal verbs

- Reflexive verbs typically describe an action that the subject does to or for himself, herself, itself, or themselves. Reflexive verbs are conjugated like their non-reflexive counterparts but always use reflexive pronouns.

Reflexive verb

Bruno se réveille.

Non-reflexive verb

Bruno réveille son fils.

Grammar Tutorial

Reflexive verbs	
se réveiller (to wake up)	
je	me réveille
tu	te réveilles
il/elle/on	se réveille
nous	nous réveillons
vous	vous réveillez
ils/elles	se réveillent

- Some reflexive verbs clearly express a reflexive action while others don't because they are idiomatic.

s'arrêter to stop (oneself)	s'endormir to fall asleep	se laver to wash oneself
se brosser to brush	se fâcher (contre) to get angry (with)	se lever to get up
se coucher to go to bed		se maquiller to put on makeup
se couper to cut oneself	s'habiller to get dressed	
se déshabiller to undress	s'habituer à to get used to	se peigner to comb
se dépêcher to hurry	s'inquiéter to worry	se raser to shave
se détendre to relax	s'intéresser (à) to be interested (in)	se reposer to rest

 Vérifiez

- Some verbs can be used reflexively or non-reflexively. Use the non-reflexive form if the verb acts upon something other than the subject.

Marina **se couche** à 23h.
Marina goes to bed at 11pm.

Ma sœur **couche** ses enfants à 21h.
My sister puts her kids to bed at 9pm.

Unité 2

- Many non-reflexive verbs change meaning when they are used with a reflexive pronoun and might not literally express a reflexive action, and be idiomatic.

aller	to go	**s'en aller**	to go away
amuser	to amuse	**s'amuser**	to have fun
apercevoir	to catch sight of	**s'apercevoir**	to realize
attendre	to wait (for)	**s'attendre à**	to expect
demander	to ask	**se demander**	to wonder
douter	to doubt	**se douter de**	to suspect
ennuyer	to bother	**s'ennuyer**	to get bored
entendre	to hear	**s'entendre bien avec**	to get along with
mettre	to put	**se mettre à**	to begin
servir	to serve	**se servir de**	to use
tromper	to deceive	**se tromper**	to be mistaken

- A number of verbs are idiomatic and are used only in the reflexive form.

se méfier de	to distrust	**se souvenir de**	to remember
se moquer de	to make fun of	**se taire**	to be quiet
se rendre compte de	to realize		

- Form the affirmative imperative of a reflexive verb by adding the reflexive pronoun to the end of the verb with a hyphen in between. For negative commands, place the reflexive pronoun immediately before the verb.

    Habillons-nous. Il faut partir! **Ne vous inquiétez pas.**
    Let's get dressed. We have to leave! *Don't worry.*

- Remember to change **te** to **toi** in affirmative commands.

    Repose-toi bien ce week-end. **Tais-toi!**
    Rest up this weekend. *Be quiet!*

- Some reflexive verbs express a reciprocal action between more than one person. Only plural verb forms are used. The pronoun means *(to) each other* or *(to) one another*.

    Nous **nous retrouvons** au stade. Elles **s'envoient** des SMS.
    We are meeting each other at the stadium. *They send each other texts.*

- Use **l'un(e) l'autre** and **l'un(e) à l'autre**, or their plural forms **les un(e)s les autres** and **les un(e)s aux autres**, to clarify or emphasize that an action is reciprocal.

    Béa et Yves se regardent. *but* Béa et Yves se regardent **l'un l'autre**.
    Béa and Yves look at each other. *Béa and Yves look at each other.*
    Béa and Yves look at themselves.

    Ils s'envoient des messages. *but* Ils s'envoient des messages **les uns aux autres**.
    They send each other messages. *They send each other messages.*
    They send themselves messages

Vérifiez

À noter

Commands with non-reflexive verbs are formed the same way as with reflexive verbs. See **Fiche de grammaire 1.5, p. 376** for a review of the imperative.

À noter

The pronoun **se** can also be used with verbs in the third person to express the passive voice. See **Fiche de grammaire 10.5, p. 412**.

Vérifiez

Structures

2.1 Mise en pratique

1 Le lundi matin Complétez le paragraphe sur ce que font Charles et Hélène le lundi matin. Utilisez la forme correcte des verbes réfléchis correspondants.

se brosser	se dépêcher	se lever	se raser
se casser	s'habiller	se maquiller	se réveiller
se coucher	se laver	se quitter	se sécher

Le dimanche soir, Charles et Hélène (1) _____ tard. Évidemment, ils mettent du temps à (2) _____ le lendemain matin. Charles est celui qui (3) _____ le premier. Il (4) _____ de prendre sa douche et de (5) _____ avec un rasoir électrique. Deux minutes plus tard, Hélène entre dans la salle de bain. Pendant qu'elle prend sa douche, (6) _____ les cheveux et (7) _____, Charles prépare le petit-déjeuner. Quand Hélène est prête, ils prennent leur petit-déjeuner. Puis, ils (8) _____ les dents et (9) _____ les mains. Ensuite, ils vont dans la chambre pour choisir leurs vêtements et (10) _____.

2 Tous les samedis

A. À deux, décrivez ce que fait Sylvie tous les samedis, d'après (*according to*) les illustrations.

B. Imaginez quelles sont les habitudes du grand frère de Sylvie, de sa petite sœur de 10 ans, de sa meilleure amie, qui est matinale et active, et pour finir, de son grand-père. Décrivez ce qu'ils font en cinq ou six phrases. Utilisez des verbes réfléchis et soyez créatifs.

Communication

3 **Et toi?** À deux, posez-vous tour à tour ces questions. Répondez-y avec des phrases complètes et expliquez vos réponses.

1. À quelle heure te réveilles-tu généralement le samedi matin? Pourquoi?
2. T'endors-tu en cours?
3. En général, à quelle heure te couches-tu pendant le week-end?
4. Que fais-tu pour te détendre après une longue journée?
5. Te lèves-tu toujours juste après t'être réveillé(e)? Pourquoi?

6. Comment t'habilles-tu pour sortir le week-end? Et tes amis?
7. Quand t'habilles-tu de façon élégante?
8. T'amuses-tu quand tu vas à une fête? Et quand tu vas à une réunion de famille?
9. Mets-tu beaucoup de temps à te préparer avant de sortir?
10. T'inquiètes-tu de ton apparence?

11. Est-ce que tes amis et toi, vous vous envoyez des textos souvent? Combien de fois par semaine?
12. Connais-tu quelqu'un qui s'inquiète toujours de tout?
13. T'excuses-tu parfois pour des choses que tu as faites?
14. Te disputes-tu parfois avec tes amis? Et avec ta famille?
15. T'est-il déjà arrivé de te tromper sur quelqu'un?

4 **Au café** Imaginez que vous soyez au café et que vous voyiez un(e) ami(e) se faire voler de l'argent (*have their money stolen*). Que faites-vous? Travaillez par groupes de trois pour représenter la scène. Employez au moins cinq verbes de la liste.

s'arrêter	se fâcher	se servir de
s'attendre à	se mettre à	se taire
se douter	se moquer de	se tromper
s'en aller	se rendre compte de	s'inquiéter

 I CAN discuss some everyday actions that are reflexive and reciprocal in nature.

Structures

Communicative Goal
Describe people, things, and places

2.2 Descriptive adjectives and adjective agreement

—*J'ai lu qu'il y avait en France près de cinq millions de femmes **célibataires**.*

Gender

- Adjectives in French agree in gender and number with the nouns they modify. Masculine adjectives with these endings derive irregular feminine forms.

Ending	Examples			
-c → -che	blanc → blanche		franc → franche	
-eau → -elle	beau → belle		nouveau → nouvelle	
-el → -elle	cruel → cruelle		intellectuel → intellectuelle	
-en → -enne	ancien → ancienne		canadien → canadienne	
-er → -ère	cher → chère		fier → fière	
-et → -ète	complet → complète		inquiet → inquiète	
-et → -ette	muet → muette (*mute*)		net → nette	
-f → -ve	actif → active		naïf → naïve	
-on → -onne	bon → bonne		mignon → mignonne (*cute*)	
-s → -sse	bas → basse (*low*)		gros → grosse	
-x → -se	dangereux → dangereuse		heureux → heureuse	

Cette station de métro est-elle **dangereuse**?
Is this subway station dangerous?

Les **nouvelles** banlieues se trouvent loin d'ici.
The new suburbs are located far from here.

- Adjectives whose masculine singular form ends in **-eur** generally derive one of three feminine forms.

Condition	Ending	Examples	
the adjective is directly derived from a verb	-eur → -euse	(rêver) rêveur → rêveuse (travailler) travailleur → travailleuse	
the adjective is not directly derived from a verb	-eur → -rice	(conserver) conservateur → conservatrice (protéger) protecteur → protectrice	
the adjective expresses a comparative or superlative	-eur → -eure	inférieur → inférieure meilleur → meilleure	

Boîte à outils

Remember that the first letter of adjectives of nationality is not capitalized.

Ahmed préfère le cinéma italien.
Ahmed prefers Italian cinema.

Laura Johnson est citoyenne américaine.
Laura Johnson is an American citizen.

Boîte à outils

Remember to use the masculine plural form of an adjective to describe a series of two or more nouns in which at least one is masculine.

La rue et le quartier sont animés.
The street and the neighborhood are lively.

- Some adjectives have feminine forms that differ considerably from their masculine singular counterparts, either in spelling, pronunciation, or both.

doux → douce	frais → fraîche	public → publique
faux → fausse	gentil → gentille	roux → rousse
favori → favorite	grec → grecque	vieux → vieille
fou → folle	long → longue	

Position

- French adjectives are usually placed after the noun they modify, but the following adjectives are usually placed *before* the noun: **autre, beau, bon, court, gentil, grand, gros, haut, jeune, joli, long, mauvais, meilleur, nouveau, petit, premier, vieux,** and **vrai**.

  Je ne connais pas ce **jeune** homme.   Vous aimez les **nouveaux** films?
  I don't know that young man.   *Do you like the new movies?*

- Before a masculine singular noun that begins with a vowel sound, use these alternate forms of **beau, fou, nouveau,** and **vieux**.

beau	bel	un **bel** édifice
fou	fol	un **fol** espoir (*hope*)
nouveau	nouvel	un **nouvel** appartement
vieux	vieil	un **vieil** immeuble

- These adjectives differ in meaning depending on their placement. Their meanings tend to be more figurative when placed before the noun and more literal when placed after it.

ancien	l'**ancien** château	the **former** castle
	un château **ancien**	an **ancient** castle
cher	**cher** ami	**dear** friend
	une voiture **chère**	an **expensive** car
dernier	la **dernière** semaine	the **final** week
	la semaine **dernière**	**last** week
grand	une **grande** femme	a **great** woman
	une femme **grande**	a **tall** woman
même	le **même** musée	the **same** museum
	le musée **même**	this **very** museum
pauvre	ces **pauvres** enfants	those **poor (unfortunate)** children
	ces enfants **pauvres**	those **poor (penniless)** children
prochain	le **prochain** cours	the **following** class
	mercredi **prochain**	**next** Wednesday
propre	ma **propre** chambre	my **own** room
	une chambre **propre**	a **clean** room
seul	la **seule** personne	the **only** person
	la personne **seule**	the person **who is alone**

Vérifiez

Boîte à outils

Color adjectives that are named after nouns include **argent** (*silver*), **citron** (*lemon*), **crème** (*cream*), **marron** (*chestnut*), **or** (*gold*), and **orange** (*orange*).

Remember that the adjective **châtain** is used to describe brown hair. You can use it in the plural, but it is very rarely used in the feminine.

Elle a les cheveux châtains.
She has brown hair.

Boîte à outils

Color adjectives that are named after nouns are invariable, as are color adjectives that are qualified by a second adjective.

Il conduit une voiture marron.
He's driving a brown car.

Elle porte une jupe bleu clair.
She's wearing a light blue skirt.

À noter

Adjectives can also be derived from verb forms like the present and past participles. See **Fiche de grammaire 7.4, p. 398** and **Structures 9.2, pp. 316–317**.

Vérifiez

Structures

2.2 Mise en pratique

1 **Les Niçois** Christophe habite à Nice. Lisez ses commentaires et accordez les adjectifs.

1. Le maire de Nice, Christian Estrosi, est vraiment _____ (fier) de sa ville.
2. Les citadins et les touristes apprécient l'action _____ (protecteur) des policières.
3. Ma copine et ses parents habitent un _____ (beau) appartement en banlieue.
4. Ses amies sont de _____ (bon) élèves.
5. Une conductrice ne doit pas être _____ (rêveur) sur la route!
6. Les piétons qui traversent l'avenue Jean Médecin en dehors (*outside*) des passages piéton sont _____ (fou)!

2 **La vie de Marine** Complétez chaque phrase et choisissez le bon adjectif.

1. Marine a une amie _____ (bon, bonne, franc, franche).
2. À seize ans, c'est une fille _____ (intellectuel, folles, naïve, jeunes).
3. Elle s'entend bien avec les gens _____ (bon, belles, sincères, travailleur).
4. Sa mère essaie d'acheter des légumes _____ (frais, fraîche, propre, chères).
5. Ses parents sont _____ (conservateurs, grec, protectrices, actives).
6. Ils habitent un _____ (complet, vieil, bruyant, élégant) appartement.
7. Elle préfère regarder de _____ (nouvelles, favorites, publiques, rousses) émissions de télévision.
8. Marine aime bien ses voisins, parce que ce sont des gens _____ (beaux, jeunes, mignonne, heureux).

3 **Une petite annonce** Gabrielle recherche une compagne (*companion*) de voyage. Complétez sa petite annonce et accordez les adjectifs de la liste.

| aventurier | châtain | dernier | nouveau | seul |
| bleu | cher | français | propre | violet foncé |

petite ANNONCE

MERCREDI 20 septembre

Gabrielle, voyageuse extraordinaire!

Pendant mon séjour en France, je voudrais voyager dans autant de villes (1) _____ que possible! Je n'aime pas visiter de (2) _____ endroits toute (3) _____. Alors, je cherche une personne qui aime l'aventure parce que moi aussi, je suis (4) _____. Je n'ai pas beaucoup d'argent, donc je ne peux pas acheter de billets (5) _____. En plus, je suis indépendante, alors le week-end (6) _____, quand j'ai voyagé à Paris, j'ai fait mes (7) _____ projets de voyages. Si vous voulez me rencontrer, je serai la fille en robe (8) _____, aux yeux (9) _____ et aux cheveux (10) _____, au café des Artistes du centre-ville. Rendez-vous le 27 septembre, à 16h30.

Comparisons

Nice Cette ville est située dans le sud de la France, sur la Côte d'Azur, à proximité de l'Italie. Ses plages de granit sur la Méditerranée, sa cuisine caractéristique et sa situation géographique font de Nice la deuxième ville touristique française.

- Quelles villes sont considérées comme les principales villes touristiques dans votre pays?

Communication

4 Dans ma ville Quelqu'un vous arrête dans la rue pour vous poser des questions sur votre ville. Vous ne répondez que par le contraire. Posez ces questions et répondez-y avec un(e) camarade de classe.

> **Modèle** —Les logements sont-ils grands?
> —Non, ils sont petits.

1. Ce quartier est-il sûr? Non, _____.
2. Votre rue est-elle tranquille? Non, _____.
3. Les voies sont-elles privées? Non, _____.
4. Cet édifice est-il nouveau? Non, _____.
5. Les gratte-ciel sont-ils bas? Non, _____.
6. Les gens sont-ils paresseux? Non, _____.

5 Un nouvel élève Un nouvel élève vient d'arriver. Vous essayez de faire sa connaissance. Jouez les deux rôles avec un(e) camarade de classe.

1. Où habitais-tu avant?
2. C'est la première fois que tu déménages?
3. Comment était ton ancien(ne) appartement/maison?
4. Est-ce que tu aimes ton nouveau quartier?
5. Quels sont tes loisirs préférés?
6. Est-ce que tu as déjà des ami(e)s ici?
7. Et toi? Tu veux me poser des questions?

6 Comment est…? Avec un(e) camarade de classe, inspirez-vous des éléments de la liste pour décrire la ville représentée sur les photos. Utilisez autant d'adjectifs que possible. Comparez vos descriptions avec un autre groupe et discutez des différences avec la classe.

- le temps (*weather*)
- les habitants
- la circulation
- l'architecture
- les quartiers
- l'économie

I CAN describe people, things, and places.

Structures

Communicative Goal Discuss when, how, where, and how much or little people perform everyday activities

2.3 Adverbs

—Eh bien, elle peut descendre **discrètement** à la station suivante.

Formation of adverbs

- To form an adverb from an adjective whose masculine singular form ends in a consonant, add the ending **-ment** to the adjective's feminine singular form. If the masculine singular ends in a vowel, simply add the ending **-ment** to that form.

absolu	absolu**ment** *absolutely*
doux	douce**ment** *gently*
franc	franche**ment** *frankly*
naturel	naturelle**ment** *naturally*
poli	poli**ment** *politely*

- To form an adverb from an adjective whose masculine singular form ends in **-ant** or **-ent**, replace the ending with **-amment** or **-emment**, respectively.

bruyant	bruy**amment** *noisily*
constant	const**amment** *constantly*
évident	évid**emment** *obviously*
patient	pati**emment** *patiently*

- An exception to this rule is the adjective **lent**, whose corresponding adverb is **lentement**. Remember that the endings **-amment** and **-emment** are pronounced identically.

- A limited number of adverbs are formed by adding **-ément** to the masculine singular form of the adjective. If this form ends in a silent final **-e**, drop it before adding the suffix.

confus	confus**ément** *confusedly*
énorme	énorm**ément** *enormously*
précis	précis**ément** *precisely*
profond	profond**ément** *profoundly*

- A few adverbs, like **bien**, **gentiment**, **mal**, and **mieux**, are entirely irregular. The irregular adverb **brièvement** (*briefly*) is derived from **bref** (**brève**).

 Vérifiez

Categories of adverbs

- Most common adverbs can be grouped by category.

time	alors, aujourd'hui, bientôt, d'abord, de temps en temps, déjà, demain, encore, enfin, ensuite, hier, jamais, maintenant, parfois, quelquefois, rarement, souvent, tard, tôt, toujours
manner	ainsi (*thus*), bien, donc, en général, lentement, mal, soudain, surtout, très, vite
opinion	heureusement, malheureusement, peut-être, probablement, sans doute
place	dedans, dehors, ici, là, là-bas, nulle part (*nowhere*), partout (*everywhere*), quelque part (*somewhere*)
quantity	assez, autant, beaucoup, peu, trop

Position of adverbs

- In the case of a simple tense (present indicative, **imparfait**, future, etc.), an adverb immediately follows the verb it modifies.

  Gérard s'arrête **toujours** au centre-ville.
  Gérard always stops downtown.

  Il attend **patiemment** au feu.
  He waits patiently at the traffic light.

- In the **passé composé**, place short or common adverbs before the past participle. Place longer or less common adverbs after the past participle.

  Nous sommes **déjà** arrivés à la gare.
  We already arrived at the train station.

  Vous avez **vraiment** compris ses indications?
  Did you really understand his directions?

  Il a conduit **prudemment**.
  He drove prudently.

  Tu t'es levée **régulièrement** à six heures.
  You got up regularly at six o'clock.

- In negative sentences, the adverbs **peut-être**, **sans doute**, and **probablement** usually precede **pas**.

  Elle n'est pas **souvent** chez elle.
  She is not often at home.

  but

  Elle n'a **peut-être** pas lu ton e-mail.
  She probably has not read your e-mail.

- Common adverbs of time and place typically follow the past participle.

  Elle a commencé **tôt** ses devoirs.
  She started her homework early.

  Nous ne sommes pas descendus **ici**.
  We did not get off here.

- In a few expressions, an adjective functions as an adverb. Therefore, it is invariable.

  coûter cher *to cost a lot*
  parler bas/fort *to speak softly/loudly*
  sentir bon/mauvais *to smell good/bad*
  travailler dur *to work hard*

Boîte à outils

In English, adverbs sometimes immediately follow the subject. In French, this is *not* the case.

My sister **constantly** wakes me up.

Ma sœur me réveille **constamment**.

À noter

There are other compound tenses in French that require a form of **avoir** or **être** and a past participle. See **Structures 4.1, pp. 126–127** for an introduction to the **plus-que-parfait**.

Boîte à outils

Adverbs can also modify an adjective or another adverb. In these cases, it precedes the adjective or adverb it modifies.

Ce quartier est *vraiment* sympa.
This neighborhood is really nice.

Les voitures roulent *trop* vite.
The cars are moving too fast.

Vérifiez

Structures

2.3 Mise en pratique

1 Les adverbes Écrivez l'adverbe qui correspond à chaque adjectif.

1. facile _____
2. heureux _____
3. jaloux _____
4. quotidien _____
5. mauvais _____
6. conscient _____
7. profond _____
8. meilleur _____
9. public _____
10. indépendant _____

2 Deux sortes d'amis Décidez s'il faut placer les adverbes avant ou après les mots qu'ils modifient.

Jérôme et Patricia (1) _____ habitent _____ (maintenant) à Lyon. Ils ont beaucoup d'amis à Paris qui leur (2) _____ rendent _____ (souvent) visite. Ils sont (3) _____ heureux _____ (toujours) de les recevoir parce qu'ils sont (4) _____ fiers _____ (très) de leur ville. Ils ont deux sortes d'amis: ceux qui (5) _____ sortent _____ (fréquemment) pour aller danser, et ceux qui (6) _____ aiment _____ (mieux) les musées. Les amis qui préfèrent les musées ont (7) _____ envoyé des textos _____ (hier) pour dire qu'ils ne viendront (8) _____ pas _____ (peut-être) cet été. Ils ont (9) _____ fait _____ (déjà) des projets! Ils ont (10) _____ choisi _____ (tôt) leurs vacances cette année: ils ne visiteront (11) _____ pas _____ (obligatoirement) Lyon tous les ans. Ils dansent (12) _____ bien _____ (incroyablement) et ils ont envie d'aller chez des amis qui sortent danser sur les quais (*on the river bank*)!

3 La famille Giscard Travaillez à deux pour dire, à tour de rôle, comment les membres de cette famille font les choses quand ils sont en ville.

Modèle Isabelle est à la poste. Elle est rapide.
Elle achète rapidement des timbres.

1. Martin est dans un magasin de vêtements. Il est impatient.
2. Mme Giscard est à la banque. C'est une femme polie.
3. Paul et Franck sont au café. Ce sont des frères bruyants.
4. Maryse est à la gare. Elle est nerveuse.
5. Les grands-parents sont au supermarché. Ils sont lents.
6. M. Giscard se promène avec son fils Alain. C'est un bon père.
7. Alain est avec M. Giscard. C'est un garçon très franc.
8. Les cousines sont au cinéma. C'est cher.
9. Sophie va au restaurant ce soir. Elle a une robe élégante.
10. Isabelle va au jardin public avec sa petite cousine. Elle est gentille quand elle parle à sa cousine.

Comparisons

Nuits Sonores Ce festival de musique électronique se déroule tous les ans sur 5 jours en mai à Lyon. Plusieurs lieux le long de la Saône et du Rhône (diverses scènes en plein air, entrepôts *(warehouses)* et autres points chauds locaux) présentent des concerts ainsi que des expositions d'art et de cinéma. Le festival a débuté en 2003 et accueille plus de 50 000 participants chaque année.

- Avez-vous déjà assisté à un festival de musique? Lequel?

Communication

4 **Sondage** Interviewez un maximum de camarades. À quelle fréquence font-ils les activités suivantes? Toujours, fréquemment, parfois, rarement ou jamais? Comparez vos résultats avec ceux du reste de la classe.

Modèle **travailler à la bibliothèque**
—Travailles-tu toujours à la bibliothèque?
—Non, mais j'y travaille parfois.

	Toujours	Fréquemment	Parfois	Rarement	Jamais
1. aller voir un match de baseball					
2. se trouver dans un embouteillage					
3. prendre le métro					
4. faire du shopping					
5. aller en cours à pied					
6. visiter un musée le week-end					
7. assister à des concerts					
8. s'ennuyer le samedi soir					

Connections

Le métro La première ligne de métro parisienne a été achevée en 1900. Le mot «métro» est l'abréviation du mot «métropolitain». Le métro est principalement souterrain et mesure 214 kilomètres (133 mi).

- Quel rôle pensez-vous que les réseaux (*systems*) de métro jouent dans les grandes villes?

5 **Vivre en ville** À tour de rôle, posez ces questions à un(e) camarade de classe. Dans vos réponses, employez les adverbes de la liste ou d'autres adverbes.

absolument	mal	simplement
énormément	quelquefois	souvent
franchement	peut-être	tard
jamais	récemment	?

1. Traverses-tu la rue dans les passages piéton? Pourquoi?
2. Aimes-tu aller au musée? Lequel?
3. Es-tu monté(e) au dernier étage d'un gratte-ciel? Lequel?
4. Fais-tu des promenades dans les jardins publics? Où?
5. Es-tu allé(e) au centre-ville cette semaine? Quand? Qu'est-ce que tu as fait?
6. Que fais-tu quand on te demande des indications en ville?
7. T'es-tu entretenu(e) avec quelqu'un en particulier cette semaine? Qui? De quoi avez-vous parlé?
8. Prends-tu les transports en commun?

6 **Les gens heureux** Travaillez à deux pour dire ce que les gens font pour être heureux. Employez des adverbes dans vos réponses.

Modèle Pour rester heureux, ils s'amusent avec des amis.

✓ I CAN discuss when, how, where, and how much or little people perform everyday activities.

Structures

Synthèse

Un rendez-vous inattendu

Depuis un bon moment, je me rends compte que je ne vais presque jamais en ville! J'habite dans une belle ville animée, pourtant je reste trop souvent à la maison, le soir et le week-end. Je m'ennuie! Il est évident qu'il faut faire des projets…

Je décide donc de me lever tôt parce que j'ai rendez-vous avec cette ville merveilleuse! Je me réveille précisément à 7h00. Je me lave et je me rase juste avant de prendre tranquillement un bon petit-déjeuner: du thé chaud et des fruits frais. Je m'habille rapidement. Je mets un jean, une chemise blanche et un pull bleu. Ensuite, je prends mon sac à dos et je m'en vais!

À la station de métro près de chez moi, j'achète un carnet de dix tickets parce que ça coûte moins cher. En attendant° le prochain train, j'aperçois sur le quai° une jolie musicienne folklorique qui chante agréablement et joue de la guitare. La musique de la charmante jeune femme est mélodieuse mais son chapeau est vide! Je lui laisse quelques modestes pièces. Je me demande comment elle s'appelle, mais je suis tellement timide que je reste muet. Fâché contre moi-même, je monte dans le métro sans rien dire.

Je passe une matinée passionnante au centre-ville. Je vois des tableaux splendides et de belles sculptures au musée d'art moderne. L'après-midi, je me perds complètement! Avant même que je demande mon chemin, un passant sympa m'indique que l'édifice juste en face de moi, c'est l'hôtel de ville. Heureusement, je m'oriente facilement.

Il est tard et je suis fatigué, alors je me détends dans le parc municipal. Tout à coup, la belle musicienne du métro se présente devant moi. Nous nous regardons longuement. Ensuite, nous nous parlons!

Une fin de journée inoubliable et inattendue en ville… j'espère en vivre d'autres comme celle-là!

En attendant *While waiting for* **quai** *platform*

1 Qu'avez-vous compris? Répondez aux questions par des phrases complètes.
1. Pourquoi le jeune homme a-t-il rendez-vous avec sa ville?
2. Comment va-t-il de sa maison jusqu'au centre-ville?
3. Qui aperçoit-il sur le quai du métro?

2 À vous de raconter À deux, inspirez-vous des questions pour continuer l'histoire.
1. Comment est le jeune homme qui raconte cette histoire?
2. Que fait-il de son après-midi à part se perdre en ville? Où va-t-il?
3. Quand est-ce que le jeune homme et la charmante musicienne vont se revoir? Qu'est-ce qu'ils vont faire?

3 L'inattendu Avez-vous récemment vécu une situation inattendue? Écrivez un paragraphe de cinq ou six lignes qui explique ce qui vous est arrivé. Employez des adverbes dans votre description. Ensuite, racontez votre histoire par petits groupes.

Communicative Goal Identify and reflect on key information about music festivals

Culture

Préparation

Glossaire de la lecture

une ambiance atmosphere
s'étendre to spread
une fanfare marching band
une manifestation demonstration
rassembler to gather
le soutien support

Vocabulaire utile

la batterie drums
un défilé parade
une fête foraine carnival
un feu d'artifice fireworks display
une foire fair
se réunir to get together
unir to unite
un violon violin

L'article *Rythme dans la rue: La Fête de la Musique* nous parle d'un phénomène culturel majeur qui a débuté en France et qui s'est développé dans d'autres pays.

1 À choisir Choisissez le mot qui correspond à chaque définition. Ensuite, utilisez cinq de ces mots pour écrire des phrases.

1. Ce que fait un groupe de personnes dans la rue pour exprimer leurs idées ou leurs opinions
   a. une ambiance   b. une manifestation   c. un défilé
2. Le climat d'un événement ou d'un endroit
   a. la promotion   b. la fanfare   c. l'ambiance
3. Le fait que quelque chose prenne de plus grandes proportions
   a. se promener   b. s'étendre   c. rassembler
4. Quand quelqu'un aide quelqu'un d'autre, physiquement ou moralement
   a. le soutien   b. la publicité   c. la fanfare
5. L'action de réunir plusieurs personnes
   a. inviter   b. protéger   c. rassembler
6. Un groupe de musiciens qui défilent dans la rue
   a. une fanfare   b. des spectateurs   c. un chanteur

2 Sujets de réflexion Répondez individuellement aux questions par des phrases complètes. Ensuite, comparez vos réponses avec celles d'un(e) camarade de classe.

1. À quels événements culturels avez-vous assisté? Étaient-ils locaux, régionaux, nationaux ou internationaux?
2. Qu'est-ce que vous aimez dans les grands événements culturels?
3. Vous est-il arrivé de participer activement à l'un de ces événements?
4. Allez-vous souvent à des concerts? Où? Avec qui?
5. Jouez-vous d'un instrument de musique? Si oui, lequel? Sinon, de quel instrument aimeriez-vous jouer?
6. Quel est votre genre de musique préféré? Pourquoi?
7. À quoi vous fait penser le concept d'une fête de la musique?

3 À votre avis Par groupes de trois, donnez votre avis sur les avantages que peut avoir un événement culturel ou artistique organisé par le gouvernement local ou fédéral. Qu'est-ce que ce genre d'événement apporte à la population?

Habiter en ville   65

Culture

Rythme dans la rue:
La Fête de la Musique

Faites de la musique

Ce slogan est particulièrement bien choisi. C'est un jeu de mots qui illustre la raison pour laquelle la fête de la Musique a été créée: permettre à tout le monde d'y participer, d'une manière ou d'une autre.

Le 21 juin 1982, le Ministre de la Culture, Jack Lang, a inauguré la fête de la Musique, destinée à promouvoir la musique au quotidien, en France. Plus manifestation musicale que festival, cette fête encourage les musiciens amateurs et professionnels à descendre dans la rue et à partager leur musique avec le public.

La France s'y connaît en manifestations. Ses citoyens descendent le plus souvent dans la rue pour exprimer leur colère°. Mais le 21 juin, la rue devient, pendant toute une journée, un lieu où on exprime sa joie et l'amour de la musique, et où on célèbre l'arrivée de l'été.

Le ministère de la Culture et de la Communication supervise l'organisation de cette fête, aujourd'hui l'un des événements les plus importants de France. La principale fonction du ministère dans cette manifestation est d'organiser de grands concerts de musiciens professionnels, sur les places ou dans les édifices publics des grandes villes. La place de la République à Paris et la place Bellecour à Lyon, par exemple, deviennent des lieux de concerts de rock en plein air, alors que° les musées, les écoles et les hôpitaux accueillent° des spectacles moins importants. On trouve partout en France d'autres événements plus modestes. Ceux-ci sont en grande partie organisés par des personnes ou des groupes de personnes, avec le soutien du ministère. Une promenade en ville peut amener° à la rencontre d'un groupe d'enfants qui chantent devant leur école, d'étudiants en musique qui testent leur dernière composition sur le trottoir ou d'un cadre qui saisit l'occasion de montrer ses talents de guitariste.

Tous les concerts et spectacles de la fête de la Musique sont gratuits, ce qui permet aux Français de tous âges et de toutes catégories socioprofessionnelles d'y participer. Cela crée une ambiance populaire et conviviale.

> **La rue devient, pendant toute une journée, un lieu où on exprime sa joie.**

Un des buts° de la fête de la Musique est de révéler les musiques du monde. Elle prête autant d'attention à la musique contemporaine qu'aux genres musicaux plus traditionnels. Par exemple, on trouve un DJ de musique électronique à deux rues d'un quatuor à cordes°, ou on peut voir une fanfare passer devant un concert de rap. Le reggae, le jazz, la musique classique, le funk, la pop, l'opéra, le hip-hop, le hard rock... tous les genres y sont représentés. C'est ce côté éclectique qui donne de l'intérêt à cette célébration.

Au cours de° son histoire, la France a connu peu d'événements qui aient réussi à rassembler les Français. Mais en voilà un qui relève le défi° chaque année, depuis plusieurs décennies. On voit ce désir d'unir les gens s'étendre toujours plus loin. La fête de la Musique a eu un tel° succès en France que depuis 1985, à l'occasion de l'Année européenne de la musique, des villes comme Berlin, Bruxelles, Rome et Londres organisent leur propre manifestation, le même jour. Aujourd'hui, le 21 juin représente la célébration de la musique dans plus de cent pays. Cela prouve que cette fête de la joie a encore un bel avenir devant elle. ■

Culture

Analyse

1 Compréhension Répondez aux questions par des phrases complètes.
1. Pourquoi la fête de la Musique a-t-elle été créée?
2. Qui organise les grands concerts professionnels?
3. Où ont lieu les manifestations musicales?
4. Qui peut participer à cette fête? Pourquoi?
5. Quels sont les genres de musique représentés à cette fête?
6. Combien de pays célèbrent la fête de la Musique?

2 La musique et vous À deux, répondez aux questions par des phrases complètes.
1. Aimeriez-vous célébrer la fête de la Musique?
2. Quels événements ressemblant à la fête de la Musique connaissez-vous?
3. Écoutez-vous de la musique étrangère? Pourquoi?
4. Quand écoutez-vous le plus souvent de la musique? Donnez des détails.
5. Y a-t-il un type de musique que vous n'aimez pas? Pourquoi?

3 Un bon adage Que pensez-vous de l'adage «La musique adoucit les mœurs.» (Équivalent en anglais: *Music soothes the savage breast* [soul].)? La musique peut-elle avoir cet effet? Que ressentez-vous quand vous en écoutez? Comparez votre réponse à celle d'un(e) camarade de classe.

4 C'est vous l'organisateur! Imaginez que vous représentiez le ministère de la Culture et de la Communication. Par groupes de trois, organisez un concert. Où va-t-il avoir lieu? Quels artistes allez-vous inviter? Écrivez le programme de la fête avec une description des artistes. N'oubliez pas le caractère éclectique de l'événement. Ensuite, comparez votre proposition à celles des autres groupes.

Nom de l'événement	
Ville et lieux	
Dates et heures	
Type(s) de musique	
Artistes invités	

5 Chez vous Chaque année, le gouvernement français organise des fêtes nationales (la Fête du cinéma, Les journées du patrimoine *(Heritage Days)*, etc.). Votre ville organise-t-elle des événements gratuits organisés? Sinon, que proposeriez-vous à votre gouvernement local? Expliquez à la classe.

I CAN identify and reflect on key information about music festivals.

Communicative Goal Identify the sequence of events in a personal account of a natural disaster

Littérature

Préparation

À propos de l'auteur

Dany Laferrière est né à Port-au-Prince, en Haïti, le 13 avril 1953. Il est d'abord chroniqueur culturel à l'hebdomadaire *Le Petit Samedi Soir* et à Radio-Haïti-Inter. Puis quand son ami Gasner Raymond se fait assassiner, il quitte Haïti en 1978 et s'installe à Montréal, au Canada. Il poursuit sa carrière d'écrivain et de chroniqueur à la radio et à la télévision. En 2009, il reçoit le Prix Médicis pour son roman *L'Énigme du retour*. Le 12 janvier 2010, Laferrière se trouve en Haïti, mais il échappe au tremblement de terre sain et sauf (*safe and sound*). En 2013, il devient le premier Haïtien, le premier Canadien et le premier Québécois élu à l'Académie française.

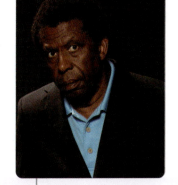

La terre tremble un après-midi de janvier et Haïti ne sera plus le même pays. L'écrivain canadien d'origine haïtienne Dany Laferrière était à Port-au-Prince pendant la tragédie et il nous la raconte dans son article *Tout bouge autour de moi*.

Glossaire de la lecture

le béton concrete
un calepin notebook
la conduite behavior
un cyclone hurricane
dormir à la belle étoile to sleep outdoors
engloutir to swallow
exigu/exiguë small
les plus vifs those who reacted the fastest
piégé(e) trapped
des secousses tremors
un tremblement de terre earthquake
un tressaillement du sol earth tremor

Vocabulaire utile

un(e) blessé(e) injured person
une catastrophe naturelle natural disaster
un(e) disparu(e) missing person
un(e) rescapé(e) survivor
un(e) sans-abri homeless person
les secours rescue workers
trembler to shake

1 **Synonymes** Pour chaque mot ou expression de la colonne A, trouvez le terme équivalent de la colonne B.

_____ 1. calepin   a. comportement
_____ 2. conduite   b. rapide
_____ 3. vif   c. petit
_____ 4. exigu   d. absorber, dévorer
_____ 5. engloutir   e. dehors
_____ 6. à la belle étoile f. cahier

2 **Vrai ou faux?** Lisez ces phrases avec un(e) partenaire et dites si elles sont vraies ou fausses. Corrigez ensemble les phrases fausses.

1. Il y a des tressaillements du sol pendant un tremblement de terre.
2. Si on est piégé sous du béton après un tremblement de terre, il faut appeler les secours.
3. Les personnes dont les maisons ont été détruites en Haïti sont maintenant blessées.
4. Les sécheresses (*droughts*) sont souvent le résultat de cyclones.
5. Les sans-abri vont probablement dormir à la belle étoile.
6. Il y a des secousses sismiques pendant une tornade.
7. Les tremblements de terre et les cyclones sont des catastrophes naturelles.

3 **Qu'en savez-vous?** Par groupes de trois, écrivez un résumé de ce que vous savez au sujet des tremblements de terre. Utilisez au moins huit mots et expressions du nouveau vocabulaire.

Communities

Tremblement de terre en Haïti Le 12 janvier 2010, un tremblement de terre de magnitude 7,0 frappe l'ouest d'Haïti et sa capitale, Port-au-Prince. Il est rapidement suivi de dizaines de secousses secondaires et d'un deuxième tremblement de terre. Il s'agit du séisme le plus meurtrier de l'histoire d'Haïti. Le bilan (*toll*) de ce cataclysme est estimé à plus de 200.000 morts, 300.000 blessés et 1.000.000 de sans-abri.

- Votre communauté a-t-elle déjà aidé des personnes qui ont été victimes d'une catastrophe naturelle comme le tremblement de terre en Haïti?

Habiter en ville

Littérature

tout BOUGE autour de moi

Dany Laferrière

Le grand écrivain haïtien, prix Médicis 2009 pour L'Énigme du retour, était à Port-au-Prince pour le Festival «Étonnants Voyageurs» quand la terre a tremblé. Il raconte.

1. La minute

Tout cela a duré à peine une minute, mais on avait huit à dix secondes pour prendre une décision. Quitter l'endroit où l'on se trouvait ou rester. Très rares sont ceux qui avaient fait un bon départ. Même les plus vifs ont perdu trois ou quatre précieuses secondes avant de comprendre ce qui se passait. Haïti a l'habitude des coups d'État et des cyclones, mais pas des tremblements de terre. Le cyclone est bien annoncé. Un coup d'État arrive précédé d'un nuage de rumeurs. J'étais dans le restaurant de l'hôtel avec des amis (l'éditeur Rodney Saint-Éloi et le critique Thomas Spear). Thomas Spear a perdu trois secondes parce qu'il voulait terminer sa bière. On ne réagit pas tous de la même manière. De toute façon personne ne peut prévoir où la mort l'attend. On s'est tous les trois retrouvés, à plat ventre°, au centre de la cour°. Sous les arbres.

2. Le carnet noir

En voyage, je garde sur moi toujours deux choses: mon passeport (dans une pochette accrochée à mon cou) et un calepin noir où je note généralement tout ce qui traverse mon champ de vision ou qui me passe par l'esprit°. Pendant que j'étais par terre, je pensais aux films de catastrophe, me demandant si la terre allait s'ouvrir et nous engloutir tous. C'était la terreur de mon enfance.

Littérature

3. Le silence

Je m'attendais à entendre des cris, des hurlements°. Rien. Un silence assourdissant°. On dit en Haïti que tant qu'on n'a pas hurlé, il n'y a pas de mort. Quelqu'un a crié que ce n'était pas prudent de rester sous les arbres. On s'est alors réfugié sur le terrain de tennis de l'hôtel. En fait, c'était faux, car pas une fleur n'a bougé malgré les 43 secousses sismiques. J'entends encore ce silence.

yells — hurlements
deafening — assourdissant

4. Les projectiles

Même à 7,3 sur l'échelle de Richter, ce n'est pas si terrible. On peut encore courir. C'est le béton qui a tué. Les gens ont fait une orgie de béton ces 50 dernières années. De petites forteresses. Les maisons en bois et en tôle°, plus souples, ont résisté. Dans les chambres d'hôtel souvent exiguës, l'ennemi, c'était le téléviseur. On se met toujours en face de lui. Il a foncé° droit sur nous. Beaucoup de gens l'ont reçu à la tête.

sheet of metal — tôle
crashed — foncé

5. La nuit

La plupart des gens de Port-au-Prince ont dormi cette nuit-là à la belle étoile. Je crois que c'est la première fois que c'est arrivé. Le dernier tremblement de terre d'une telle ampleur° remonte à près de 200 ans. Les nuits précédentes étaient assez froides. Celle-là, chaude et étoilée. Comme on était couché par terre, on a pu sentir chaque tressaillement du sol au plus profond de soi. On faisait corps avec la terre. Je pissais dans les bois quand mes jambes se sont mises à trembler. J'ai eu l'impression que c'était la terre qui tremblait.

of this magnitude — ampleur

6. Le temps

Je ne savais pas que soixante secondes pouvaient durer aussi longtemps. Et qu'une nuit pouvait n'avoir plus de fin. Plus de radio, les antennes étant cassées. Plus de télé. Plus d'Internet. Plus de téléphone portable. Le temps n'est plus un objet qui sert à communiquer. On avait l'impression que le vrai temps s'était glissé° dans les soixante secondes qu'ont duré les premières violentes secousses.

slid off — glissé

7. La prière

Subitement un homme s'est mis debout et a voulu nous rappeler que ce tremblement de terre était la conséquence de notre conduite inqualifiable. Sa voix enflait° dans la nuit. On l'a fait taire car il réveillait les enfants qui venaient juste de s'endormir. Une dame lui a demandé de prier dans son cœur. Il est parti après s'être défendu longuement. Son argument c'est qu'on ne peut demander pardon à Dieu à voix basse. Des jeunes filles ont entamé° un chant religieux si doux que certains adultes se sont endormis. Deux heures plus tard, on a entendu une clameur. Des centaines de personnes priaient et chantaient dans les rues. C'était pour eux la fin du monde que Jéhovah annonçait. Une petite fille, près de moi, a voulu savoir s'il y avait classe demain. Un vent d'enfance a soufflé° sur nous tous.

rose — enflait
started — entamé
blew — soufflé

8. L'horreur

Une dame qui habite dans un appartement dans la cour de l'hôtel a passé la nuit à parler à sa famille encore piégée sous une tonne de béton. Assez vite, le père n'a plus répondu. Ensuite l'un des trois enfants. Plus tard, un autre. Elle n'arrêtait pas de les supplier° de tenir encore un peu. Plus de douze heures après, on a pu sortir le bébé qui n'avait pas cessé de pleurer. Une fois dehors, il s'est mis à sourire comme si rien ne s'était passé.

9. Les animaux

Les chiens et les coqs nous ont accompagnés durant toute la nuit. Le coq de Port-au-Prince chante n'importe quand. Ce que je déteste généralement. Cette nuit-là j'attendais sa gueulante.°

10. La révolution

Le palais national cassé. Le bureau des taxes et contributions détruit. Le palais de justice détruit. Les magasins par terre. Le système de communication détruit. La cathédrale détruite. Les prisonniers dehors. Pendant une nuit ce fut la révolution. ■

Source: Ceci est la version intégrale du texte de Dany Laferrière publié dans *Le Nouvel Observateur* du 21 janvier 2010.

Littérature

Analyse

1 **Le bon ordre** Numérotez ces événements dans l'ordre chronologique d'après le texte.

_____ Il y a un grand silence.

_____ Les gens chantent et prient dans les rues.

_____ L'auteur se demande si la terre va s'ouvrir et l'engloutir.

_____ L'auteur est avec des amis dans le restaurant d'un hôtel.

_____ Une femme passe la nuit à parler à sa famille qui est piégée sous le béton.

_____ Un bébé est sauvé.

_____ L'auteur se réfugie sur un terrain de tennis.

2 **Vrai ou faux?** Indiquez si chaque phrase est vraie ou fausse. Corrigez les phrases fausses.

1. Les bâtiments et les maisons en béton ont bien résisté au tremblement de terre.
2. Haïti ne connaît pas les coups d'État.
3. La personne qui a crié qu'il n'était pas prudent de rester sous les arbres a eu raison.
4. La plupart des systèmes de communication ont été détruits par le tremblement de terre.
5. Beaucoup de victimes ont trouvé du réconfort dans les chants et les prières.
6. Une femme que l'auteur connaît a perdu toute sa famille.

3 **Discussion** À deux, répondez à ces questions.

1. En quoi les tremblements de terre sont-ils différents des cyclones ou des coups d'État, d'après l'auteur? Expliquez.
2. Au paragraphe 4, Laferrière dit «C'est le béton qui a tué.» Que veut-il dire par cette constatation?
3. Un homme a dit que le tremblement de terre était la conséquence d'une «conduite inqualifiable». Que voulait-il dire, à votre avis?
4. Pourquoi Laferrière a-t-il choisi le titre **La révolution** pour le dernier paragraphe, à votre avis? Expliquez cette analogie.

4 **Rédaction** Pensez à un événement marquant de votre vie. Que s'est-il passé? Comment avez-vous réagi? En quoi cet événement vous a-t-il changé(e)? Vous allez raconter cet événement sous la forme d'un journal à paragraphes, comme le texte que vous venez de lire.

PLAN

1. **Choix du sujet** Tout d'abord, pensez à plusieurs événements de votre vie que vous considérez marquants. Choisissez celui qui vous paraît le plus important et notez les idées qui vous viennent à l'esprit au sujet de cet événement: où, quand, qui, quoi, comment, pourquoi, etc.

2. **Organisation** Organisez vos idées de façon logique en essayant de vous concentrer sur cinq thèmes ou aspects particuliers de l'événement.

3. **Écriture** Écrivez cinq paragraphes de quelques lignes pour présenter vos idées. Inspirez-vous de l'organisation et du style du texte de Laferrière.

4. **Titres** Relisez chaque paragraphe, puis donnez-lui un titre approprié, comme dans le texte.

I CAN identify the sequence of events in a personal account of a natural disaster.

Vocabulaire

En ville

Les mots apparentés

un accident
une avenue
une boutique
un chauffeur
un hôtel
un monument
une statue
un touriste

Les lieux

un arrêt d'autobus bus stop
une banlieue suburb; outskirts
une caserne de pompiers fire station
un commissariat de police police station
un édifice building
un gratte-ciel skyscraper
un hôtel de ville city/town hall
un jardin public public garden
un logement/une habitation housing
le palais de justice courthouse
une place square; plaza
la préfecture de police police headquarters
un quartier neighborhood
une station de métro subway station

Les indications

la circulation traffic
un croisement intersection
un embouteillage traffic jam
un feu (tricolore) traffic light
un panneau road sign
un panneau d'affichage billboard
un passage piéton crosswalk
un pont bridge
un rond-point rotary; roundabout
une rue street
les transports en commun public transportation
un trottoir sidewalk
une voie lane; road; track

descendre to go down; to get off
donner des indications to give directions
être perdu(e) to be lost
monter (dans une voiture, dans un train) to get (in a car, on a train)
se trouver to be located

Les gens

un agent de police police officer
un(e) citadin(e) city-/town-dweller
un(e) citoyen(ne) citizen
un(e) conducteur/conductrice driver
un(e) étranger/étrangère foreigner; stranger
le maire mayor
un(e) passager/passagère passenger
un(e) piéton(ne) pedestrian

Les activités

les travaux construction
l'urbanisme city/town planning

la vie nocturne nightlife
améliorer to improve
s'amuser to have fun
construire to build
empêcher (de) to stop; to keep from (doing something)
s'ennuyer to get bored
s'entretenir (avec) to talk; to converse
passer (devant) to go past
peupler to populate
rouler (en voiture) to drive
vivre to live

(peu/très) peuplé(e) (sparsely/densely) populated

Pour décrire

animé(e) lively
bruyant(e) noisy
inattendu(e) unexpected
plein(e) full
privé(e) private
quotidien(ne) daily
sûr(e)/en sécurité safe
vide empty

Reflexive verbs
See pp. 52–53.

Descriptive adjectives and adjective agreement
See pp. 56–57.

Adverbs
See pp. 60–61.

Court métrage
J'attendrai le suivant... See p. 42.

Culture
Rythme dans la rue: La Fête de la Musique See p. 65

Littérature
Tout bouge autour de moi See p. 69.

Pour commencer

La télévision. La radio. Internet. Nous sommes bombardés 24 heures sur 24, sept jours sur sept. Les médias divertissent. Ils informent. Ils mobilisent. Ils agacent. Ils font peur. Sont-ils trop présents dans notre vie? Quelle influence ont-ils sur nous?

- Qui est sur cette photo?
- Qu'est-ce qu'elle fait?

L'influence des médias | Unité 3

Destination: QUÉBEC

Essential Question

How do media and technology change human behavior and interactions?

Can-Do Goals

By the end of this unit I will be able to:

- Talk about the media
- Understand the main idea in a short film about television's influence on people's lives.
- Talk about and distinguish between past actions, both completed and ongoing

Skills

- **Reading:** Analyzing the introduction to a book critiquing modern news media
- **Conversation:** Sharing opinions about the influence of media in our daily lives
- **Writing:** Writing a newspaper article

Culture

I will learn about and reflect on:

- The people, attractions, and language of Quebec
- An advertisement for a Canadian marketing company
- Quebecois musical artists who sing only in French
- The state of the media landscape in Quebec

Unité 3 Integrated Performance Assessment

First, you will analyze statistics about media habits among adolescents. Then, you will discuss and compare your own media use with a classmate. Finally, you will write an essay about how media has changed in the past 30 years.

Contextes

Communicative Goal Talk about the media

L'univers médiatique

Les mots apparentés

un(e) journaliste
un podcast
une première
un reporter
un site web/Internet
une station de radio

Les médias

l'actualité (f.) current events
la censure censorship
un événement event
un message/spot publicitaire; une publicité (une pub) advertisement
les moyens (m.) de communication; les médias (m.) media
la publicité (la pub) advertising
un reportage news report

s'informer (par les médias) to keep oneself informed (through the media)
naviguer/surfer sur Internet/le web to search the web

actualisé(e) updated
en direct live
frappant(e)/marquant(e) striking
influent(e) influential
(im)partial(e) (im)partial; (un)biased

Les gens des médias

un(e) animateur/animatrice de radio radio presenter
un(e) auditeur/auditrice (radio) listener
un(e) critique de cinéma film critic
un(e) éditeur/éditrice publisher
un(e) envoyé(e) spécial(e) correspondent
un(e) photographe photographer
un(e) réalisateur/réalisatrice director
un(e) rédacteur/rédactrice editor
un(e) téléspectateur/téléspectatrice television viewer
une vedette (de cinéma) (movie) star

Le cinéma et la télévision

une bande originale soundtrack
une chaîne network
un clip vidéo; un vidéoclip music video
un divertissement entertainment
un documentaire documentary
l'écran (m.) screen
les effets (m.) spéciaux special effects
un entretien/une interview interview
un feuilleton soap opera; series
les sous-titres (m.) subtitles

divertir to entertain
enregistrer to record
retransmettre to broadcast
sortir un film to release a movie

La presse

une chronique column
la couverture cover
un extrait excerpt
les faits (m.) divers news items
un hebdomadaire weekly magazine
un journal newspaper
la liberté de la presse freedom of the press
un mensuel monthly magazine
les nouvelles (f.) locales/internationales local/international news
la page sportive sports page
la presse à sensation tabloid(s)
la rubrique société lifestyle section
un gros titre headline

enquêter (sur) to research; to investigate
faire la une to make the front page
publier to publish

PARLONS FRANÇAIS!

un jeu vidéo

Les écrans sont de plus en plus présents à la maison et de plus en plus **influents** sur la vie des familles. Papa regarde **l'actualité sportive** avec son **animateur** préféré dans la cuisine. Maman est dans la chambre, parce qu'elle écoute **une interview en direct** d'une candidate à la mairie où elle travaille. Les petits sont assis devant un film d'animation au salon. Le grand **écran**, c'est mieux pour **les effets spéciaux**. Et Théo, qui ne regarde plus les films pour enfants depuis longtemps, préfère rester dans sa chambre avec ses **jeux** et ses **clips vidéo**. Voilà le nouveau dimanche en famille typique. Plus il y a d'**écrans** dans une maison, moins on passe de temps tous ensemble et surtout, dans la même pièce.

Mise en pratique

1 **Les analogies** Complétez chaque analogie à l'aide du mot le plus logique de la liste.

actualisé	la censure	frappant	un réalisateur	un site web
un auditeur	enregistrer	un journaliste	retransmettre	la une

1. un reporter : un reportage :: _____ : un journal
2. la télévision : un téléspectateur :: la radio : _____
3. important : influent :: marquant : _____
4. un rédacteur : un magazine :: _____ : un film
5. _____ : un journal :: la couverture : un magazine
6. un film : le cinéma :: _____ : Internet
7. une émission : _____ :: un mensuel : publier
8. l'impartialité : la partialité :: la liberté de la presse : _____

2 **Parlons français!** Écoutez la conversation entre Zineb et Malina, puis indiquez si ces affirmations sont vraies ou fausses. Corrigez les affirmations fausses.

1. Zineb pense que l'article est intéressant.
2. On utilise trop d'écrans chez Malina.
3. Le frère de Zineb aime bien regarder les effets spéciaux et les clips vidéo.
4. La mère de Zineb préfère regarder des documentaires.
5. Malina adore s'informer sur l'actualité.
6. Malina doit regarder ses émissions favorites dans sa chambre.
7. Malina préfère les vedettes de cinéma.
8. Zineb ne connaît pas bien les journalistes tahitiens.
9. L'animatrice que recommande Malina donne toujours son opinions lors des interviews.
10. L'animatrice pose des questions frappantes.

3 **À votre avis** Dites si vous êtes d'accord ou pas avec chaque affirmation. Ensuite, comparez vos réponses avec celles de vos camarades de classe.

	Oui	Non
1. Aujourd'hui, il est plus facile de s'informer qu'avant.	☐	☐
2. Grâce aux médias, les gens connaissent mieux le monde.	☐	☐
3. La liberté de la presse est un mythe.	☐	☐
4. La publicité essaie de divertir le public.	☐	☐
5. La presse à sensation n'a qu'un seul objectif: informer le public.	☐	☐
6. On trouve plus de reportages impartiaux sur Internet que dans la presse.	☐	☐
7. Dans les médias, les images ont plus d'influence que les mots.	☐	☐
8. Si on veut s'informer, il vaut mieux regarder la télévision que lire les journaux.	☐	☐

4 **Un reportage** Avec un(e) camarade, imaginez que vous soyez reporter. Quel sujet choisiriez-vous pour votre prochain reportage? Préparez le reportage.

I CAN talk about the media.

L'influence des médias

Court métrage

Communicative Goal Understand the main idea in a short film about the influence of television on people's lives

Préparation

À la suite de problèmes avec un poste de télévision, un technicien hors du commun est appelé au domicile d'un vieux monsieur. Va-t-il parvenir à résoudre les problèmes en question? À découvrir dans *Le Technicien* de Simon-Olivier Fecteau.

Glossaire du court métrage

s'accroître to rise, to increase
la bourse stock market
brisé(e) broken
Complètement raté! A huge miss!
la décroissance recession
la devise currency
faire une croix sur to forget about
flou(e) blurry
une hausse gain
une PME small business
la reddition surrender
T'as pas fini. You're not done yet.

Vocabulaire utile

un bon samaritain good Samaritan
faire une bonne action to do a good deed
intervenir to intervene, to get involved
résoudre to resolve

1 Les nouvelles Magali et Sylvain parlent de l'actualité. Choisissez les mots de la liste qui complètent leur conversation.

MAGALI Tu as lu les nouvelles aujourd'hui?

SYLVAIN Oui, et une fois de plus, elles sont assez mauvaises! À commencer par la (1) _____ du prix de l'électricité et de l'eau. Il faut toujours payer plus! Et le gouvernement ne veut jamais (2) _____ pour essayer de limiter ces augmentations.

MAGALI Écoute, Sylvain, le gouvernement ne peut pas (3) _____ tous les problèmes. Et puis, il y a des problèmes bien pires que ça. Tu as vu que la dernière (4) _____ du village vient de fermer?

SYLVAIN Oui, c'est triste! C'est à cause de la (5) _____ dans la région. Le nombre de gens qui n'ont plus de travail va encore (6) _____ et ce sera vraiment dur pour ces gens de retrouver du travail.

MAGALI L'économie va de plus en plus mal. Moi, l'année dernière, j'ai perdu beaucoup d'argent à la (7) _____, tu sais, et du coup, il a fallu (8) _____ mes vacances d'été.

SYLVAIN Moi aussi! Mais j'ai décidé de (9) _____ à la place. J'ai travaillé tout l'été pour une association qui aide les pauvres.

MAGALI Ah oui? Dis donc, tu es un (10) _____, toi!

2 Les médias Répondez aux questions par des phrases complètes.

1. Comment restez-vous informé(e) sur l'actualité locale et internationale? Regardez-vous les informations à la télévision ou sur Internet? Écoutez-vous la radio? Êtes-vous abonné(e) à des podcasts? Lesquels? Décrivez vos habitudes.

2. D'après vous, quels sont les meilleurs médias pour présenter l'actualité de manière objective et impartiale? Pourquoi?

Coup de main

The verb **s'accroître** is a reflexive verb. Like all such verbs, it is conjugated with **être** in the **passé composé**. Its past participle is **accru**. *Depuis 2005, l'incidence des cancers s'est accrue de 35% pour les hommes et de 43% pour les femmes.* Since 2005, cancer rates have risen 35% for men and 43% for women.

3 **À la télé** Répondez aux questions avec un(e) camarade.

1. Regardez-vous beaucoup la télévision? Pourquoi la regardez-vous en général? Est-ce que c'est plutôt pour vous informer ou pour vous divertir? Quels sont vos types de programmes préférés? Lesquels n'aimez-vous pas? Expliquez.

2. Que pensez-vous de la manière dont on présente l'actualité à la télévision? Y a-t-il trop de mauvaises nouvelles et pas assez de bonnes nouvelles? À votre avis, est-ce qu'on accorde la même importance à toutes les nouvelles? Expliquez votre point de vue.

4 **Un événement récent** Par petits groupes, discutez d'un événement marquant ou d'un fait divers qui a récemment fait la une de l'actualité. Que s'est-il passé? Pourquoi cet événement ou fait divers vous a-t-il frappé(e) (*did it strike you*)? Décrivez et expliquez votre réaction en donnant des détails.

5 **Un bon samaritain** Répondez aux questions avec un(e) camarade.

1. Connaissez-vous des personnes qui font souvent de bonnes actions? Quel genre d'actions? Quelles sont les qualités de ces personnes? Pourquoi une personne décide-t-elle de faire une bonne action, d'après vous?

2. Pensez-vous qu'il y ait beaucoup de bons samaritains dans le monde? Leurs actions peuvent-elles faire une véritable différence? Expliquez votre point de vue en donnant des exemples.

3. Et vous, si vous pouviez réaliser la bonne action de votre choix, que feriez-vous? Pourquoi?

6 **Photographies** Dans ce court métrage, un technicien est appelé chez un client qui pense que sa télévision est cassée. À deux, regardez les photos et discutez-en. Qu'est-ce que vous voyez? Que se passe-t-il sur les deux photos? Y a-t-il un problème avec les images ou le téléviseur? Pourquoi croyez-vous que le client a appelé le technicien?

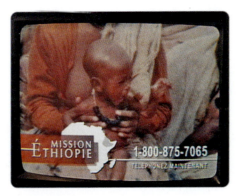 

Court métrage

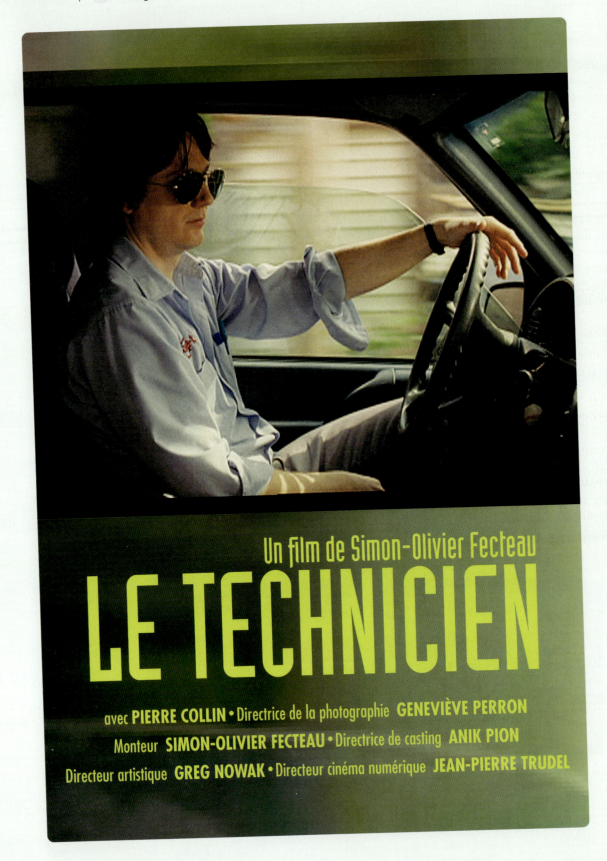

Scènes

CLIENT C'est ma TV. Elle est toute brisée. Elle est toute brisée.
TECHNICIEN OK. OK. Ben, si vous me laissez entrer, on va regarder ça.
CLIENT Regarde!
TECHNICIEN Ben, écoutez, c'est une vieille TV. C'est normal, c'est un peu flou.
CLIENT Non, non, non, regarde!

CLIENT Peux-tu me réparer ma TV?
TECHNICIEN Écoutez, euh... c'est pas le genre d'affaires qu'on prend°, juste... Y a pas de formation qui... qui...
CLIENT Peux-tu la réparer?
TECHNICIEN Bien... On va regarder si c'est pas un problème technique. Peut-être les câbles...

Jour 238 de cette guerre qui, jusqu'à présent, a fait des milliers de victimes... La crise économique mondiale frappe à tous les niveaux. La famine en Éthiopie touche des millions d'enfants entraînant chez plusieurs la malnutrition grave ou même la mort.

Mesdames et messieurs, c'est absolument incroyable. Le chef des sudistes offrirait sa reddition, se rendrait. C'est un conflit quasi-centenaire qui serait réglé. Nous assistons à un jour véritablement historique. Maintenant, l'information qui demeure, c'est de connaître l'identité de cet homme...

Aujourd'hui, à la bourse mondiale, le NASDAQ a affiché une hausse saisissante de 2400 points et qui semble avoir redémarré l'économie mondiale. Aucun analyste n'est en mesure d'expliquer cette hausse.

Mesdames et messieurs, nous apprenons à l'instant qu'un tsunami a frappé la côte ouest du Japon... La secousse sismique d'une magnitude de 9,3 sur l'échelle de Richter s'est produite...

INTRIGUE
Un technicien est appelé chez un client âgé qui pense avoir des problèmes avec sa télévision.

Comparisons

Le français parlé au Québec
Au Québec, les relations ont tendance à être plus informelles et décontractées qu'en France et ceci se remarque facilement dans les conversations de tous les jours. Le tutoiement est beaucoup plus fréquemment utilisé au Québec que dans la plupart des autres pays francophones. Le vouvoiement, lui, est surtout employé par égard à l'âge de l'interlocuteur, comme on le voit dans le film. La particule «tu» est aussi souvent utilisée par les Québécois comme marqueur interrogatif. On entendra, par exemple, «Elle est-tu cassée, ma télé?» ou «Tu veux-tu venir avec moi?».

- Avez-vous des expressions ou tournures de phrases particulières à votre région? Lesquelles?

---

c'est pas le genre d'affaires qu'on prend it's not the kind of thing we handle

Court métrage

Analyse

1 **Compréhension** Répondez aux questions par des phrases complètes.

1. Que fait le technicien chez le monsieur? D'après lui, pourquoi l'image sur la télévision n'est-elle pas de bonne qualité?
2. Décrivez la situation économique au début du court métrage.
3. Quelles sont les autres mauvaises nouvelles mentionnées par les journalistes?
4. Qu'est-ce que le technicien décide de faire quand il comprend le désespoir du vieux monsieur?
5. Quel est l'événement historique mentionné par le journaliste dans la deuxième partie du court métrage? Donnez les détails de ce qui s'est passé.
6. Pourquoi voit-on les Éthiopiens danser? Que s'est-il passé d'autre de positif dans l'économie mondiale?
7. Que s'est-il passé d'incroyable dans le domaine de la médecine?
8. Et dans le monde du sport, quelle est la bonne nouvelle?
9. Décrivez ce qui est arrivé à la petite Émilie.
10. D'après les journalistes, qui est à l'origine de tous ces changements positifs?

2 **Interprétation** Répondez aux questions avec un(e) camarade.

1. À votre avis, le vieux monsieur pense-t-il vraiment que sa télévision est cassée? Décrivez et expliquez le petit malentendu entre lui et le technicien au début du court métrage.
2. Expliquez la réponse suivante du technicien quand le client insiste pour qu'il répare sa télévision: «C'est pas le genre d'affaires qu'on prend, juste... Y a pas de formation qui... qui...»
3. Décrivez la fin du court métrage et expliquez le dernier commentaire du client.

3 **Un article** Écrivez un article, à la manière de ceux qu'on trouve dans le journal, dans lequel vous résumez les interventions et les actions du technicien.

4 **Les bonnes actions** Par petits groupes, discutez de l'intervention du technicien dans les divers problèmes dans le monde et évaluez ses bonnes actions. Laquelle est la plus louable (*commendable*), d'après vous? Pourquoi? Classez ses bonnes actions de la plus louable à la moins importante puis donnez les raisons de votre choix.

5 **Suite** Par petits groupes, imaginez la suite de l'histoire du court métrage en considérant les questions suivantes.

1. Que va faire le technicien maintenant? Va-t-il reprendre son travail comme avant ou bien va-t-il continuer ses interventions et ses bonnes actions dans le monde? Expliquez et justifiez votre réponse.
2. En quoi sa vie va-t-elle changer? Deviendra-t-il célèbre ou préférera-t-il rester anonyme? Pourquoi, à votre avis?

6   À l'aide, monsieur le technicien! Par petits groupes, discutez de trois problèmes qui touchent votre pays en ce moment. Vous pouvez vous inspirer de la liste ci-dessous et/ou considérer d'autres problèmes. Ensemble, évaluez les trois problèmes sélectionnés et choisissez celui qui vous semble le plus important aujourd'hui. Discutez des causes et des conséquences de ce problème en donnant des détails et des exemples. À votre avis, que pourrait faire le technicien pour essayer de résoudre ce problème? Échangez quelques idées en groupes, puis présentez la meilleure à la classe.

- la pauvreté (*poverty*) et la précarité (*insecurity, instability*)
- le problème des sans-abris (*homelessness*)
- la crise économique et le chômage
- le racisme et l'intolérance
- l'environnement
- les problèmes liés à la santé
- la violence et le crime

7   Citations Par petits groupes, discutez des interprétations possibles des citations suivantes. Expliquez vos opinions personnelles et justifiez-les en donnant des exemples précis.

> «Une bonne action trouve toujours sa récompense».
> —*Alexandre Dumas*

> «L'homme n'est point fait pour méditer, mais pour agir».
> —*Jean-Jacques Rousseau*

> «La bonne action qu'on fait n'est pas toujours celle qu'on croit faire».
> —*Victor Hugo*

I CAN understand the main idea in a short film about television's influence on people's lives.

Imaginez

Communicative Goal Identify and reflect on the people, attractions, and language of Quebec

IMAGINEZ
Le Québec

La souveraineté du Québec

D'ailleurs…

Le 24 juillet 1967, le président français, **Charles de Gaulle**, qui est en visite à **Montréal**, proclame son soutien au mouvement de souveraineté du Québec. Pendant un discours° qu'il prononce du balcon de l'Hôtel de ville, il s'exclame: «Vive Montréal! Vive le Québec! Vive le Québec… libre! Vive le Canada français et vive la France!»

Un **Québec** francophone et souverain, voilà l'idée que va défendre **René Lévesque** (1922–1987) pendant toute sa carrière politique. D'abord journaliste, Lévesque occupera plusieurs postes de ministre sous le gouvernement de **Jean Lesage** (1912–1980), **Premier ministre** du Québec dans les années 1960.

Pendant cette période, qu'on a appelée la **Révolution tranquille**, l'idée de la souveraineté du Québec, c'est-à-dire de la création d'un pays québécois à part entière°, domine le débat politique. L'éducation francophone et laïque° se développe et une vraie politique culturelle est mise en place. Les Québécois prennent conscience de leur identité propre et de leur culture francophone.

Ce phénomène se reflète surtout dans la chanson et dans le cinéma. Des chanteurs comme **Félix Leclerc** (1914–1988) et **Gilles Vigneault** (1928–) défendent l'idée de la souveraineté et font renaître la tradition de la chanson francophone québécoise. **Robert Charlebois** (1944–) reprend cette tradition et la modernise. Le cinéma québécois francophone se développe grâce à la création, en 1967, de la **Société de Développement de l'Industrie Cinématographique Canadienne** (SDICC) qui apporte une aide financière aux réalisateurs comme **Denys Arcand**.

Sur le plan politique, c'est en 1968 que René Lévesque fonde le **Parti québécois** ou PQ, qui demande la souveraineté du Québec. Quand Lévesque est élu Premier ministre en 1976, c'est la première fois qu'un tel° parti arrive au pouvoir. Dès° l'année suivante, la **Loi 101** pour la défense du français est votée. En effet°, beaucoup de jeunes Québécois choisissaient de recevoir une éducation en anglais. Cette loi oblige tous les immigrants à aller à l'école française. En outre°, l'affichage° doit être en français dans les lieux publics et dans les magasins.

Aujourd'hui, grâce à ces mesures, 80% des Québécois ont pour langue maternelle le français. Cependant, le cœur° du programme indépendantiste est bien la souveraineté totale. Celle-ci ne peut vraiment se faire que si la majorité des Québécois votent en sa faveur.

Unité 3

René Lévesque, fondateur du Parti québécois

Une série de **référendums** est organisée: si la population répond «oui», le Québec s'émancipera. Mais voilà: à chaque fois, le «non» l'emporte°! Au référendum de 1995, il n'y avait plus que 50.000 voix° de différence, alors les partisans du «oui» n'ont pas encore dit leur dernier mot. Affaire à suivre…

à part entière *on its own* **laïque** *secular* **un tel** *such a* **Dès** *From* **En effet** *Indeed* **En outre** *In addition* **affichage** *display/posting* **cœur** *core* **emporte** *wins* **voix** *votes* **discours** *speech*

LE FRANÇAIS LOCAL

un abreuvoir	une fontaine; *drinking fountain*
l'achalandage (*m.*)	la circulation
une aubaine	une promotion; *sale, promotion*
avoir l'air bête	être désagréable, impoli
bienvenue	de rien
une blonde	une copine; *girlfriend*
bonjour	au revoir
un breuvage	une boisson
un char	une voiture
chauffer	conduire
un chum	un copain; *boyfriend, male friend*
la crème glacée	la glace
débarquer (du bus, du métro)	descendre
le déjeuner	le petit-déjeuner
le dîner	le déjeuner
être plein	avoir trop mangé; *to be full*
magasiner (faire du magasinage)	faire des courses
ça mouille	il pleut
le souper	le dîner

DÉCOUVREZ

le Québec

Je me souviens Cette devise° est apparue sur les plaques d'immatriculation° québécoises en 1978. **Eugène-Étienne Taché**, architecte et politicien québécois, fait graver°, en 1883, «Je me souviens» au-dessus de° la porte du parlement québécois. Taché n'a jamais précisé ce qu'il a voulu dire par ces mots, mais ils sont probablement liés à l'histoire de la Province que cette façade rappelle.

La fête de la Saint-Jean Le 24 juin, c'est le jour de la **Saint-Jean-Baptiste**, le patron des Canadiens francophones. C'est aussi, depuis 1977, la Fête nationale du Québec. Arrivée en Amérique avec les premiers colons français, cette fête, qui a des racines° à la fois païennes° et religieuses, y est célébrée depuis 1646 environ. Aujourd'hui, c'est un immense festival qui donne aux Québécois l'occasion de montrer leur fierté° et leur héritage culturel.

La poutine Elle consiste en un mélange de frites et de fromage en grains°, le tout recouvert d'une sauce brune chaude qui fait fondre° le fromage. C'est une spécialité québécoise très appréciée qui trouve son origine dans les milieux ruraux° des années 1950. Aujourd'hui, au Québec, presque tous les restaurants à service rapide offrent de la poutine.

La ville souterraine de Montréal Construite vers 1960 et appelée RÉSO depuis 2004, la ville souterraine° comprend 63 complexes résidentiels et commerciaux reliés par° 32 kilomètres de tunnels. On y trouve huit stations de métro et cinq gares qui desservent° la banlieue, des banques, des centres commerciaux, des bureaux et même des hôtels. Plus de 500.000 personnes y passent chaque jour, surtout en hiver!

devise *motto* **plaques d'immatriculation** *licence plates* **graver** *to engrave* **au-dessus de** *above* **racines** *roots* **païennes** *pagan* **fierté** *pride* **en grains** *curds* **fondre** *melt* **ruraux** *rural* **souterraine** *underground* **reliés par** *linked by* **desservent** *serve*

Imaginez

Qu'avez-vous appris?

1 **Vrai ou faux?** Indiquez si les affirmations sont vraies ou fausses, et corrigez les fausses.

1. L'un des plus grands opposants d'un Québec francophone et souverain était Félix Leclerc.
2. Dans les années 60, René Lévesque était le Premier ministre du Québec.
3. La notion de la souveraineté du Québec domine le débat politique pendant la Révolution tranquille.
4. Une éducation religieuse et francophone se développe au Québec.
5. Le cinéma québécois francophone se développe grâce à la création du Parti québécois.
6. L'ancien président français Charles de Gaulle était pour la souveraineté du Québec.
7. «Je me souviens» est l'hymne national du Québec.
8. RÉSO est le nom donné à une fête québécoise importante.

2 **Questions** Répondez aux questions.

1. Pourquoi 1976 est-elle une année importante pour le Parti québécois?
2. Quelle conséquence la Loi 101 a-t-elle sur les commerces et noms de rue au Québec?
3. Comment la Loi 101 affecte-t-elle l'éducation?
4. Qui sont les deux chanteurs qui contribuent à la renaissance de la chanson francophone québécoise?
5. Quelle sorte de fête est la Saint-Jean aujourd'hui?
6. Qu'est-ce que la poutine?
7. Qu'est-ce que la Révolution tranquille?
8. Quelle est l'importance du référendum qui a lieu en 1995?

3 **Discussion** Par groupes de trois, lisez la liste et dites lesquels de ces aspects culturels québécois vous connaissiez déjà et lesquels vous ne connaissiez pas encore. Ensuite, discutez des idées que vous aviez sur le Québec avant de lire les pages précédentes.

- La devise «Je me souviens»
- Le débat sur la souveraineté du Québec
- Le français québécois
- La poutine

PROJET

Imaginez que les habitants de l'état ou de la région où vous habitez souhaitent devenir indépendants du reste du pays, et vous êtes d'accord avec eux. Écrivez une courte lettre ouverte à votre journal local de 10 à 12 phrases pour défendre votre point de vue. Pour vous aider, répondez aux questions ci-dessous.

- Pourquoi veut-on devenir indépendant?
- Quels sont les avantages de la souveraineté?
- Quels en sont les désavantages?
- Comment va-t-on gagner l'indépendance?

⊘ I CAN identify and reflect on the people, attractions, and language of Quebec.

Communicative Goal Discuss the impact of different marketing strategies

Unité 3

vhlcentral | ▶ Le Zapping

Publicité de Oui Marketing

Voyons les choses du bon côté.

1 Préparation Répondez aux questions et discutez-en avec la classe.

1. Comment définissez-vous le mot «marketing»? Qu'évoque ce concept, pour vous?
2. Comment les stratégies de «marketing» sont-elles utilisées par les médias? Citez-en quelques exemples.

Oui Marketing: La pensée inversée

Oui Marketing est une agence de marketing québécoise fondée en 1999 et basée à Montréal. Elle se spécialise dans les domaines suivants: analyse de marque, marketing interactif, design Web et campagnes publicitaires, entre autres. Vous allez voir un clip de promotion pour l'agence elle-même. Cette vidéo explique sa conception de la publicité grâce à une technique de communication innovante et audacieuse appelée la «pensée inversée».

Vocabulaire utile

le rayonnement des marques	big brand influence
avoir pour mandat de	to have a mandate to
acharné(e)	relentless, fierce
le pouvoir d'achat	purchasing power
prendre le dessus	to get the upper hand
se fier à	to rely on, to trust

2 Compréhension Répondez aux questions par des phrases complètes.

1. D'après la première partie de la vidéo, quel est le but des publicitaires aujourd'hui? Et dans la deuxième partie, quelle est le but de l'agence Oui Marketing?
2. Quelles sont les deux visions contradictoires présentées dans la vidéo au sujet de la technologie?
3. Dans la deuxième partie de la vidéo, comment sont décrites les créations développées par l'agence?

3 Discussion Discutez en petits groupes puis avec la classe.

Oui Marketing utilise la technique de la «pensée inversée» pour présenter deux façons de concevoir le marketing. Décrivez ces deux visions et discutez-en. Que pensez-vous de la vidéo et de la technique de communication employée par Oui Marketing? Si vous étiez un employeur, auriez-vous envie d'embaucher l'agence Oui Marketing pour créer une campagne publicitaire pour vos produits ou vos services? Justifiez votre réponse.

4 Réflexion Répondez aux questions, et partagez vos réponses avec la classe.

1. Pensez à une publicité intéressante que vous avez vue. Pourquoi cette pub vous a-t-elle marqué(e)?
2. C'était pour quel produit? La publicité vous a-t-elle donné envie d'acheter ce produit?

5 Application Imaginez que vous soyez éditeur/éditrice de journal. Pensez aux moyens de vous connecter avec des lecteurs nouveaux et existants. Développez un plan «marketing» pour augmenter votre lectorat (*readership*). Préparez votre campagne marketing et présentez-la à la classe.

⊘ **I CAN** discuss the impact of different marketing strategies

L'influence des médias

Structures

Communicative Goal Talk about completed events in the past using the verb **avoir**

3.1 The *passé composé* with *avoir*

vhlcentral
▶ Grammar Tutorial

*La devise d'Éthiopie **a fait** un gain historique de 1200%, ce qui **a propulsé** le pays le plus pauvre au rang des plus riches.*

- To talk about completed events in the past, you use the **passé composé**. The **passé composé** of most verbs is formed by combining the present tense of **avoir** with the past participle of the main verb.

- In the **passé composé**, the form of **avoir** changes according to the subject, but the past participle usually remains the same. The past participles of regular **-er**, **-ir**, and **-re** verbs follow predictable patterns.

Karine **a gagné** le match!

The *passé composé* of regular *-er*, *-ir*, and *-re* verbs			
	manger	choisir	vendre
j'ai			
tu as			
il/elle/on a	mangé	choisi	vendu
nous avons			
vous avez			
ils/elles ont			

- Several irregular verbs also have irregular past participles.

avoir	eu	mettre	mis
boire	bu	ouvrir	ouvert
conduire	conduit	pleuvoir	plu
connaître	connu	pouvoir	pu
courir	couru	prendre	pris
croire	cru	recevoir	reçu
devoir	dû	rire	ri
dire	dit	savoir	su
écrire	écrit	suivre	suivi
être	été	vivre	vécu
faire	fait	voir	vu
lire	lu	vouloir	voulu

🏃 Boîte à outils

Whenever a direct object is placed before a past participle, the past participle agrees with it in gender and number. Compare these sentences:

Sophie a lu la bande dessinée. (No agreement)
Sophie read the comic strip.

Sophie l'a lue.
(Past participle agrees with **bande dessinée**.)
Sophie read it.

C'est la bande dessinée que Sophie a lue.
That's the comic strip Sophie read.

À noter

For more information about past participle agreement with **avoir**, see **Fiche de grammaire 5.5, p. 392**.

Vérifiez

Unité 3

Nous **avons pris** le train ce matin.   Il **a couru** longtemps.

- Use the **passé composé** to talk about completed actions or events in the past or to describe a reaction or change in state of mind or condition.

  On **a enregistré** le feuilleton **lundi**.
  We recorded the soap opera Monday.

  Soudain, on **a eu** peur.
  Suddenly, we were afraid.

  J'ai vécu en France **pendant six mois**.
  I lived in France for six months.

  Hier, il **a commencé** à pleuvoir.
  Yesterday, it started to rain.

- Sentences in the **passé composé** often include a reference to a specific moment in time or duration. Here are some expressions frequently used with the **passé composé**:

à ce moment-là at that moment	**pendant une heure (un mois, etc.)** for an hour (a month, etc.)
enfin at last	**récemment** recently
finalement finally	**soudain** suddenly
hier (matin, soir, etc.) yesterday (morning, evening, etc.)	**tout à coup** all of a sudden
immédiatement immediately	**tout de suite** right away
longtemps for a long time	**une fois (deux fois, etc.)** once (twice, etc.)
lundi (mardi, etc.) dernier last Monday (Tuesday, etc.)	

- In the **passé composé**, the placement of adverbs varies. These short adverbs go between the auxiliary verb and the past participle:

assez	**déjà**	**peut-être**	**toujours**
beaucoup	**encore**	**presque**	**trop**
bien	**enfin**	**seulement**	**vite**
bientôt	**longtemps**	**souvent**	**vraiment**
	mal	**sûrement**	

- Some common longer adverbs, such as **probablement** and **certainement**, are also placed between the auxiliary verb and the past participle.

  Ils ont **certainement** invité Claude.
  Certainly they invited Claude.

  Elle a **probablement** oublié le rendez-vous.
  She probably forgot the appointment.

- Longer adverbs can also follow the past participle, especially if they express the manner in which something is done.

  J'ai trouvé le cinéma **facilement**.
  I found the movie theater easily.

  Elle a parlé **rapidement** de sa carrière.
  She spoke quickly about her career.

Unité 3

À noter

You will learn more about when to use the **passé composé** and when to use the **imparfait** in **Structures 3.3, pp. 98–99**.

Vérifiez

Boîte à outils

Remember, to negate a sentence in the **passé composé**, place the **ne... pas** (**ne... jamais**, etc.) around the auxiliary verb.

Nous n'avons jamais vu ce documentaire.

Vérifiez

Structures

3.1 Mise en pratique

1 **À compléter** Mettez les verbes au passé composé.

1. La maison d'édition L'instant même _____ (publier) cette anthologie.
2. Tu _____ (ne pas enregistrer) mon émission préférée jeudi dernier?
3. Nous _____ (attendre) deux heures sous la pluie.
4. Après avoir réfléchi, j'_____ (choisir) une carrière dans le cinéma.
5. Marie-Pierre Arthur et Daniel Bélanger _____ (sortir) de nouveaux albums.
6. Vous _____ (entendre) la publicité pour le nouveau reportage à la radio?
7. Hier soir, au cinéma, je _____ (ne pas pouvoir) lire les sous-titres.
8. Pendant deux ans, ma famille et moi _____ (vivre) à Montréal.
9. Je _____ (ne pas conduire) ma voiture au centre-ville.
10. Vous _____ (apprendre) le français au Québec?

2 **À transformer** Mettez chaque phrase au passé composé.

1. L'envoyée spéciale travaille tard. _____
2. Je ne bois pas trop de café. _____
3. D'abord, vous devez vérifier vos sources. _____
4. Les acteurs jouent bien leur rôle. _____
5. Malheureusement, il pleut sans arrêt. _____
6. On veut s'informer. _____
7. Dans ton métier de journaliste, tu dis toujours la vérité. _____
8. Nous ne croyons jamais la presse à sensation. _____
9. Ils suivent les documentaires sur l'histoire canadienne. _____
10. Je ris à cause de cette bande dessinée. _____

3 **À vous la parole!** Assemblez les parties de chaque colonne pour écrire une histoire au passé. Utilisez votre imagination!

Modèle La semaine dernière, la vedette a fait la une de l'actualité.

A	B	C	D
récemment	je	s'informer	
une fois	mon/ma camarade de classe	mettre	
la semaine dernière	mes amis/copains	faire la une	
à ce moment-là	mon/ma (petit[e]) ami(e)	surfer sur Internet	?
tout à coup	la vedette de cinéma	courir	
enfin	le photographe	suivre	
?	?	?	

Comparisons

L'instant même Fondées en 1986, les éditions L'instant même ont commencé par publier des écrivains québécois. Aujourd'hui, cette maison d'édition québécoise publie des auteurs du monde francophone et d'ailleurs, principalement des essais, des nouvelles, des romans et des pièces de théâtre.

- Connaissez-vous des maisons d'édition américaines? Quel genre de littérature publient-elles? Des romans graphiques? Des biographies? Est-ce qu'elles publient des auteurs qui parlent des langues autres que l'anglais?

Communication

4 **Vos activités** Voici une liste d'activités. Quand avez-vous fait ces choses récemment? Avec un(e) camarade de classe, posez-vous des questions à tour de rôle.

Modèle écouter une bande originale
—Quand est-ce que tu as écouté une bande originale récemment?
—J'ai écouté une bande originale ce matin.
—Quelle bande originale as-tu écoutée?
—J'ai écouté la bande originale du film *The Fault in Our Stars*.

regarder un documentaire	lire un hebdomadaire	naviguer sur le web
voir un feuilleton	réussir à un examen	écouter un podcast
écrire/recevoir un texto	faire une playlist pour un(e) ami(e)	ouvrir un journal
être en vacances	prendre une photo	rire aux éclats

5 **La première** Imaginez que quelqu'un vous ait invité(e) à la première d'un film populaire. Avec un(e) camarade, discutez de l'événement auquel vous avez assisté le week-end passé.

- Quels vêtements as-tu mis?
- As-tu vu des personnes célèbres?
- Les reporters ont-ils interviewé les vedettes?
- Quelles questions ont-ils posées?
- Comment ont-elles répondu?
- Tes amis et toi, avez-vous pris des photos?
- De qui avez-vous fait la connaissance?
- …?

6 **Les divertissements** Que faites-vous pour vous divertir? Quelles sortes d'activités pratiquez-vous?

A. Faites une liste de dix à quinze choses amusantes que vous avez faites ou que vous avez eu envie de faire le mois dernier.

B. À deux, demandez à votre camarade s'il/si elle a pratiqué les activités de votre liste et écrivez oui ou non à côté de chacune.

C. Par groupes de quatre, décrivez tour à tour ce que votre camarade a fait ou n'a pas fait le mois dernier. Limitez-vous à quatre ou cinq activités par personne.

I CAN talk about completed events in the past using **avoir**.

Structures

Communicative Goal Talk about completed events in the past with the verb **être**

3.2 The *passé composé* with *être*

*Émilie **est allée** au parc et elle n'**est** pas **rentrée** chez elle.*

- Some verbs use the present tense of **être** instead of **avoir** as the auxiliary verb in the **passé composé**. Notice that most of them are verbs of motion, as in going from one place to another.

infinitif	participe passé	
aller	allé	to go
arriver	arrivé	to arrive
descendre	descendu	to go down, to descend
devenir	devenu	to become
entrer	entré	to enter
monter	monté	to go up, to ascend
mourir	mort	to die
naître	né	to be born
partir	parti	to leave
passer	passé	to pass by
rentrer	rentré	to go back (home)
rester	resté	to stay
retourner	retourné	to return
revenir	revenu	to come back
sortir	sorti	to go out
tomber	tombé	to fall
venir	venu	to come

- When the auxiliary verb is **être**, the past participle agrees in gender and number with the subject.

Mélanie est **rentrée** tôt.
Mélanie came home early.

Ses parents sont **sortis**.
Her parents went out.

Je suis **arrivée** à l'hôtel.

Nous sommes **allés** au supermarché.

---

vhlcentral

Grammar Tutorial

Boîte à outils

These verbs generally do not take direct objects. When they do take one, their meanings are usually different and they use the auxiliary verb **avoir** instead of **être**.

Elle est sortie.
She went out.

Il a sorti un livre de son sac.
He took a book out of his bag.

Nous sommes passés par là.
We went through there.

Nous avons passé une semaine à faire ce reportage.
We spent a week doing that piece.

The verbs **monter**, **descendre**, and **rentrer** can also take direct objects.

À noter

For more information about past participle agreement, see **Fiche de grammaire 5.5, p. 392.**

Vérifiez

Unité 3

- Reflexive and reciprocal verbs also use the auxiliary verb **être** in the **passé composé**. The reflexive or reciprocal pronoun is placed before the form of **être**.

    Vous **vous êtes** blessé?　　On **s'est** téléphoné.
    Did you hurt yourself?　　*We phoned one another.*

- To negate a reflexive or reciprocal verb in the **passé composé**, place the **ne… pas** (**ne… jamais**, etc.) around the pronoun and the auxiliary verb.

    Je **ne** me suis **pas** rappelé son nom.　　Ils **ne** se sont **pas** retrouvés au café.
    I did not remember her name.　　*They didn't meet each other at the café.*

- Like other verbs that take **être** in the **passé composé**, the past participle *usually* agrees in gender and number with the subject.

    Elle s'est **habillée** rapidement.　　Nous nous sommes **disputés**.
    She got dressed quickly.　　*We argued.*

Elles se sont **regardées** dans le miroir.

- If the verb is followed by a direct object, the past participle *does not agree* with the subject. Compare these two sentences.

    Elle s'est **lavée**.　　Elle s'est **lavé** les cheveux.
    She washed (herself).　　*She washed her hair.*

- Some reciprocal verbs take indirect rather than direct objects. In this case, the past participle *does not agree*. Here is a partial list of reciprocal verbs that take indirect objects: **s'écrire**, **se dire**, **se téléphoner**, **se parler**, **se demander**, and **se sourire**.

    Nous nous sommes **écrit**.　　Elles se sont **demandé** pourquoi.
    We wrote to one another.　　*They wondered why.*

Ils se sont **parlé**.

Vérifiez

Boîte à outils

In the expression **se rendre compte de**, the past participle never agrees, because it is an idiomatic expression.

Elle s'est rendu compte de la situation.
She became aware of the situation.

Boîte à outils

Remember, an indirect object in French is preceded by the preposition **à** when no pronoun is used.

Elle parle à Monsieur Guy.
She's talking to Mr. Guy.

Je téléphone souvent à mes parents.
I often call my parents.

Vérifiez

L'influence des médias

Structures

3.2 Mise en pratique

1 Des accusations Votre patron accuse souvent ses employés. Employez le passé composé pour lui prouver que ses accusations sont injustes.

> **Modèle** **PATRON** Édouard arrive toujours en retard!
> **VOUS** Mais non. Il _est arrivé_ tôt hier.

PATRON Vous partez toujours à quatre heures!
VOUS Mais non. Nous (1) _____ à six heures hier.
PATRON Élisabeth rentre toujours chez elle à midi!
VOUS Mais non. Elle (2) _____ chez elle, à sept heures hier soir.
PATRON Vous revenez du déjeuner au bout de (*after*) trois heures!
VOUS Mais non. Je (3) _____ au bout de vingt minutes aujourd'hui.
PATRON Personne ne vient au bureau le week-end!
VOUS Mais si. Abdel et Sofia (4) _____ samedi.
PATRON Valérie et Carine descendent trop souvent au café!
VOUS Mais non. Elles (5) _____ au café une seule fois.

2 Grand reportage Hier, l'équipe de la chaîne de télé a eu beaucoup de travail. Dites comment la journée a différé d'une journée normale.

> **Modèle** Le rédacteur se réveille à six heures normalement. (cinq heures)
> Hier, il s'est réveillé à cinq heures.

1. La journaliste se maquille une fois normalement. (trois fois)
2. Les réalisatrices se lèvent tôt normalement. (encore plus tôt)
3. Les envoyés spéciaux se couchent à minuit normalement. (une heure du matin)
4. La rédactrice et l'envoyée spéciale s'écrivent dix e-mails normalement. (trente)
5. Normalement, le reporter s'endort après le déjeuner. (après le dîner)

3 Soirée romantique Employez au passé composé chaque verbe de la liste, une fois avec **avoir** et une fois avec **être**.

> descendre | monter | passer | sortir

Samedi, mon petit ami Arnaud et moi, nous (1) _____ pour aller au cinéma. Arnaud voulait voir le nouveau film que Gaumont (2) _____. Il (3) _____ chez moi vers 18h00. Après le film, nous (4) _____ la rue des Orfèvres, où Arnaud m'a acheté de belles fleurs. Nous avons dîné au Café des vedettes et ensuite, nous (5) _____ sur la colline (*hill*), derrière la place du général de Gaulle. Nous (6) _____ une heure plus tard. Arnaud a pris un bus pour rentrer chez lui, et moi, j'ai pris un taxi. Chez moi, ma mère (7) _____ les fleurs dans sa chambre, parce que j'ai un secret qu'Arnaud ne connaît pas: je suis allergique aux fleurs! Mais nous (8) _____ une très bonne soirée quand même.

Cultures

Gaumont La société de production cinématographique Gaumont, établie en 1895, est la plus ancienne du monde. Son fondateur, Léon Gaumont, est un pionnier de la production et de la distribution cinématographiques. Il met au point (*develops*) le projecteur avant de passer à la production de films et à l'ouverture de salles de cinéma. Aujourd'hui, Gaumont est une des sociétés françaises de cinéma les plus importantes.

- Avez-vous déjà vu des films produits par Gaumont? Lesquels?

Communication

4 **La semaine dernière** Circulez dans la classe pour demander à différent(e)s camarades s'ils/si elles ont fait ces choses la semaine dernière. Écrivez leurs noms dans une liste.

Modèle aller au cinéma
—Es-tu allé(e) au cinéma la semaine dernière?
—Oui, je suis allé(e) au cinéma. J'ai vu un excellent film!
—Ah bon? Lequel?

Activités	Noms
1. s'endormir pendant une émission	Rebecca
2. se coucher après minuit	
3. se réveiller après onze heures du matin	
4. partir en voyage	
5. arriver en retard quelque part (*somewhere*)	
6. se disputer avec quelqu'un	
7. passer chez quelqu'un	
8. tomber	
9. se coucher avant neuf heures du soir	
10. devenir impatient(e)	

5 **En ville** Avec un(e) partenaire, parlez de la dernière fois que vous avez visité une ville.

Modèle —Et où es-tu allé(e) à Québec?
—Je suis allé(e) au musée de la Civilisation. Ma famille et moi, nous nous sommes promené(e)s sur la terrasse Dufferin aussi.

- Pourquoi y es-tu allé(e)?
- Quand es-tu parti(e)?
- Où t'es-tu promené(e)?
- Où es-tu sorti(e) le soir?
- Où as-tu dormi?
- Quand es-tu rentré(e)?

6 **Interview** Par groupes de trois, jouez le rôle d'un reporter et d'un couple vedette. Le couple décrit au reporter sa journée d'hier, une journée typique… de vedette! Utilisez les verbes de la liste au passé composé et jouez la scène pour la classe.

aller	s'habiller	rentrer
arriver	se lever	se réveiller
se brosser les dents	se maquiller	sortir un film
se coucher	se raser	…?

I CAN talk about completed events in the past using **être**.

Structures

Communicative Goal Distinguish between past actions, both completed and ongoing

3.3 The *passé composé* vs. the *imparfait*

—*Comme je **pensais**, ce n'est pas le câble. J'**ai** tout **vérifié**.*

- Although the **passé composé** and the **imparfait** both express past actions or states, the two tenses have different uses and, therefore, are not interchangeable.
- In general, the **passé composé** is used to describe events that were *completed* in the past, whereas the **imparfait** refers to *continuous* states of being or repetitive actions.

Uses of the *passé composé*

- Use the **passé composé** to express actions viewed by the speaker as completed.
- Use it to express the beginning or end of a past action.

    Le documentaire **a commencé** à huit heures.
    The documentary started at eight o'clock.

    J'**ai fini** mes devoirs.
    I finished my homework.

- Use it to tell the duration of an event or the number of times it occurred in the past.

    J'**ai habité** en Europe pendant six mois.
    I lived in Europe for six months.

    Il **a regardé** le clip vidéo trois fois.
    He watched the music video three times.

- Use it to describe a series of past actions.
- Use it to indicate a reaction or change in condition or state of mind.

    Il **s'est fâché**.
    He became angry.

    À ce moment-là, j'**ai eu** envie de partir.
    At that moment, I wanted to leave.

Uses of the *imparfait*

- Use the **imparfait** to describe ongoing past actions without reference to beginning or end.

    Tu **faisais** la cuisine.
    You used to cook.

    Et moi, je **faisais** la vaisselle.
    And I would do the dishes.

- Use it to express habitual actions in the past.

    D'habitude, je **prenais** le métro.
    Usually, I took the subway.

    On se **promenait** dans le parc.
    We used to take walks in the park.

- Use it to describe mental, physical, and emotional states.
- Use it to describe conditions or to tell what things were like in the past.

    Les effets spéciaux **étaient** superbes!
    The special effects were superb!

    Il **faisait** froid.
    It was cold.

Ils **sont arrivés** à 14h00, ils **ont pris** un café et ils **sont partis**.

À noter

See **Fiche de grammaire 3.5, p. 384**, to review how to form the **imparfait**.

Hier, Martine **était** malade.

Vérifiez

The *passé composé* and the *imparfait* used together

- The **passé composé** and the **imparfait** often appear together in the same sentence or paragraph.

- When narrating in the past, the **imparfait** describes *what was happening*, while the **passé composé** describes the actions that *occurred* or *interrupted* the ongoing activity. Use the **imparfait** to provide background information and the **passé composé** to tell what happened.

Je **faisais** mes devoirs quand tu **es arrivé**.

Samedi soir, j'**écoutais** un podcast quand j'**ai entendu** un bruit bizarre. J'**avais** l'impression que c'**était** un animal. Le bruit **semblait** venir de la cuisine. J'**ai ouvert** la porte très lentement. Sur la table, il y **avait** un écureuil! Il **mangeait** mon pain. Quand il m'**a vue**, il **a eu** peur et il **est parti** par la fenêtre.

Saturday evening, I was watching television when I heard a strange noise. I had the impression that it was an animal. The noise seemed to be coming from the kitchen. I opened the door very slowly. On the table, there was a squirrel! It was eating my bread. When it saw me, it got scared and went out the window.

Different meanings in the *passé composé* and the *imparfait*

- The verbs **connaître**, **devoir**, **pouvoir**, **savoir**, and **vouloir** have particular meanings in the **passé composé** and in the **imparfait**.

infinitif	passé composé	imparfait
connaître	Comment **as-tu connu** Anne? How **did you meet** Anne?	Je **connaissais** très bien la ville. I **knew** the city very well.
devoir	Nous **avons dû** payer en espèces. We **had to** pay in cash. Il **a dû** oublier. He **must have** forgotten.	Je **devais** arriver à sept heures. I **was supposed to** arrive at 7 o'clock. Il **devait** faire ses devoirs le soir. He **used to have to** do his homework in the evening.
pouvoir	Il pleuvait, mais Florent **a pu** venir quand même. It was raining, but Florent **managed to** come anyway.	Elle **pouvait** m'aider. She **could** help me.
savoir	Il **a su** qui était le rédacteur. He **found out** who the editor was.	Elle **savait** vraiment chanter. She really **knew** how to sing.
vouloir	Véronique **a voulu** faire du ski. Véronique **tried to** ski. Je **n'ai pas voulu** aller avec lui. I **refused** to go with him.	Nous **voulions** aller à la première. We **wanted** to go to the premiere.

Boîte à outils

Here are some transitional words that are useful for narrating past events:

d'abord *first*
après *afterwards*
au début *in the beginning*
avant *before*
enfin *at last*
ensuite *next*
finalement *finally*
pendant que *while*
puis *then*

Vérifiez

À noter

Savoir and **connaître** are *not* interchangeable. For more information about their uses, see **Fiche de grammaire 9.4, p. 406**.

Vérifiez

L'influence des médias

Structures

3.3 Mise en pratique

1 **À compléter** Choisissez le passé composé ou l'imparfait pour compléter ces phrases.

1. Dans mon enfance, je/j' _____ (lire) presque tous les soirs *Stuart Little*.
2. Après avoir terminé leurs études, Hélène et Danielle _____ (devenir) rédactrices.
3. Le documentaire _____ (être) intéressant au début, mais on _____ (ne pas aimer) la fin.
4. Le jour où tu _____ (avoir) dix-huit ans, tu _____ (décider) de passer une année au Canada.
5. Les enfants _____ (se coucher) quand vous _____ (rentrer).

2 **Une célébrité** Monique et Étienne sont allés au cinéma plus tôt ce soir. Complétez ce courriel et conjuguez logiquement les verbes à l'imparfait ou au passé composé.

| arriver | bien rentrer | ne pas encore répondre | ne rien faire | recevoir |
| avoir | être | ne pas se parler | pleuvoir | voir |

De: Étienne <etienne24@courriel.qu>
Pour: Monique <monique.compeau@courriel.ca>
Sujet: Une histoire incroyable!

Salut Monique,
Tu (1) _____ chez toi? Je m'inquiète parce que tu (2) _____ à mon texto. ☹ Tu l' (3) _____?

Tu ne vas jamais croire ce qui me/m' (4) _____ après notre rendez-vous au ciné. Tu te souviens qu'il (5) _____ à verse? Alors, je/j' (6) _____ en train de marcher vers mon arrêt de bus quand, tout à coup, je/j' (7) _____ notre réalisateur préféré—Denys Arcand! Son épouse et lui (8) _____ l'air pressé, donc nous (9) _____ immédiatement. Je/J' (10) _____ de mal, mais j'ai réussi à converser avec eux!

Appelle-moi bientôt pour qu'on en parle!

Grosses bises,
Étienne

3 **Des interruptions** Combinez les mots de chaque colonne pour dire ce que les gens faisaient quand ils ont été interrompus.

Modèle Je surfais sur Internet quand mes parents m'ont dit que c'était l'heure de partir.

je	aller	vous	commencer à…
tu	conduire	le professeur	dire que…
nous	dormir	mes parents	savoir que…
le reporter	écouter	mon ami(e)	sortir de…
vous	manger	le public	voir…
?	?	?	?

(quand)

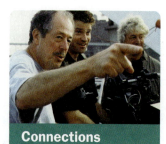

Connections

Denys Arcand est né en 1941 à Deschambault, au Québec. Il est réalisateur, scénariste, acteur et producteur. Son film *Le Déclin de l'empire américain*, sorti en 1986, a été nominé pour l'Oscar du meilleur film en langue étrangère en 1987. La suite de ce film, et un de ses chefs-d'œuvre, *Les Invasions barbares*, a reçu cet Oscar en 2003. Ces deux films (et *Jésus de Montréal* en 1990) ont aussi reçu le Prix Génie (Genie Award).

- Regardez-vous des films en langue étrangère? Lisez-vous les sous-titres ou essayez-vous de comprendre le film sans les lire?

Communication

4 **Des dates marquantes**

A. Voici six événements marquants dans la vie de Benoît. À deux, posez-vous les questions à tour de rôle pour compléter la description de chaque événement.

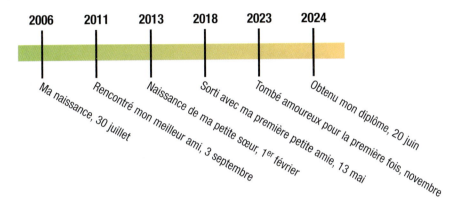

- 2006 — Ma naissance, 30 juillet
- 2011 — Rencontré mon meilleur ami, 3 septembre
- 2013 — Naissance de ma petite sœur, 1er février
- 2018 — Sorti avec ma première petite amie, 13 mai
- 2023 — Tombé amoureux pour la première fois, novembre
- 2024 — Obtenu mon diplôme, 20 juin

Modèle
—Qu'est-ce qui s'est passé dans la vie de Benoît en 2006?
—Le 30 juillet 2006, Benoît est né.
—Où et avec qui était-il?
—Il était à l'hôpital avec sa mère.

B. Maintenant, pensez à six dates marquantes de votre vie et écrivez-les. Ensuite, par petits groupes, décrivez les détails de chaque événement.

Date	Qu'est-ce qui s'est passé?	Avec qui étiez-vous?	Où étiez-vous?	Quel temps faisait-il?
Modèle le 3 mars 2021	J'ai fait la connaissance du président.	J'étais avec un copain.	Nous étions à New York.	Il pleuvait.

5 **Une histoire** Par groupes de trois ou quatre, complétez ces phrases, en utilisant (*using*) le passé composé ou l'imparfait. Ensuite, changez l'ordre des phrases pour raconter une histoire logique.

1. Ensuite, sur la chaîne 2, …
2. Pendant que nous…
3. Puis, à la station de radio, …
4. À ce moment-là, …
5. Soudain, …
6. Récemment, …

6 **Interview** À deux, jouez les rôles d'un reporter et d'une personne célèbre. Le reporter doit informer le public sur le passé de la personne et c'est à vous de décider ce que l'interviewé(e) a fait pour devenir célèbre. Utilisez le passé composé et l'imparfait dans toutes les questions et toutes les réponses.

Modèle
REPORTER Saviez-vous que votre ex-fiancé s'est marié en secret avec l'actrice vedette de son dernier film?
VEDETTE Oui, bien sûr, je l'ai su tout de suite!

I CAN distinguish between past actions, both completed and ongoing.

L'influence des médias

Structures

Synthèse

Au bout de trente-cinq ans

LES FAITS DIVERS

Le grand réveil

Marguerite Bouchard, de Jonquière, s'est réveillée vendredi dernier, après avoir passé trente-cinq ans dans le coma. Toute sa famille était choquée. Marguerite se promenait rue des Victoires en avril 1984 quand une voiture, qui roulait trop vite, l'a renversée°.

Christophe, le frère aîné de Marguerite, était près d'elle et tapait° sur son ordinateur, au moment où elle a ouvert les yeux et commencé à parler. Elle lui a demandé pourquoi sa machine à écrire° avait ce petit écran. Il s'est immédiatement rendu compte que sa sœur vivait encore dans le passé.

Pendant ces trente-cinq dernières années, bien sûr, Marguerite ne s'est pas informée. Elle a cru, d'après° sa famille, que les vieilles vedettes de la télé qu'elle connaissait en 1984 étaient toujours célèbres. Toutes les émissions qu'elle préférait ne sont plus à la mode, et quand elle est sortie du coma, elle ne savait même pas qu'il est possible aujourd'hui de les enregistrer.

Marguerite, qui pendant si longtemps n'a pas eu de contact avec les moyens de communication, n'a jamais navigué sur Internet. Avant son accident, elle écoutait tous les jours des reportages à la radio et regardait les nouvelles à la télévision. Depuis 1984, Marguerite n'a lu ni journaux ni magazines.

struck
was typing
typewriter
according to

1 Révision de grammaire Complétez les phrases en choisissant le verbe approprié de la liste. N'oubliez pas de le conjuguer au passé composé ou à l'imparfait.

| arriver | ouvrir | pouvoir | sortir |
| devoir | passer | se promener | ne jamais voir |

1. Marguerite _____ du coma vendredi dernier.
2. Elle _____ quand une voiture l'a renversée.
3. L'accident _____ il y a plus de trente-cinq ans.
4. Christophe tapait sur son ordinateur quand Marguerite _____ les yeux.
5. On peut conclure que Marguerite _____ un ordinateur.

2 Qu'avez-vous compris? Répondez par des phrases complètes.

1. Qu'est-il arrivé à Marguerite après plus de trente-cinq ans dans le coma?
2. De quoi Christophe s'est-il rendu compte?
3. Qu'est-ce que Marguerite a cru à propos des vieilles vedettes?
4. Qu'est-ce que Marguerite n'a jamais fait?

3 Dans le journal Avez-vous déjà été le sujet d'un fait divers dans le journal? Que vous est-il arrivé? Par groupes de quatre, expliquez à vos camarades ce que le journal a écrit sur vous. Ensuite, partagez l'histoire la plus intéressante du groupe avec la classe.

Communicative Goal Identify and reflect on key information about Quebecois musical artists who sing only in French

Culture

Préparation

Glossaire de la lecture

une bourse *scholarship, grant*
dire quelque chose *to ring a bell*
entendre parler de *to hear about*
être propre à *to be specific to*
un jeu de mots *play on words*
une lutte *struggle, fight*
un peuple *people*
tourner autour de *to revolve around*
la tranquillité de l'esprit *peace of mind*

Vocabulaire utile

aborder *to broach*
attribuer *to grant*
une campagne de promotion *promotional campaign*
la carrière *career*
une démarche *approach*
les paroles *lyrics*
subventionner *to subsidize*

Connaissez-vous les jeunes ambassadeurs de la musique québécoise? Découvrons-les ensemble!

1 **Vocabulaire** Complétez les phrases à l'aide des mots de vocabulaire présentés sur cette page. Conjuguez correctement les verbes ou ajoutez les articles nécessaires.

1. Dans leurs chansons, les artistes engagés parlent souvent des _____ démocratiques.
2. Céline Dion chante depuis très longtemps et elle a eu beaucoup de grands succès au cours de sa _____.
3. Il est parfois difficile de comprendre _____ d'une chanson la première fois qu'on l'écoute.
4. Les Québécois sont _____ très attaché à la culture francophone.
5. Certains organismes gouvernementaux _____ la culture en proposant des aides financières aux artistes.
6. Le nom de ce groupe me _____ mais je ne connais pas leur musique.
7. Les _____ sont importantes parce qu'elles contribuent à faire connaître les jeunes artistes.
8. Les paroles des chansons de ce groupe sont amusantes parce qu'elles contiennent beaucoup de _____.

2 **Discussion** À deux, répondez aux questions.

1. Quels groupes ou artistes appréciez-vous particulièrement? Qu'est-ce qui vous plaît dans leur style?
2. Connaissez-vous des artistes qui s'engagent politiquement ou pour une cause? Lesquels et pour quelles causes?
3. L'engagement d'un(e) artiste pour ou contre une cause peut-il avoir une influence sur votre appréciation de cet(te) artiste? Expliquez.
4. Pensez-vous qu'il soit nécessaire de subventionner les arts? Pourquoi?
5. D'après vous, les campagnes de promotion contribuent-elles pour beaucoup au succès des jeunes artistes? À votre avis, quel est le meilleur média pour faire connaître ces jeunes artistes? Pourquoi?

3 **Artistes en herbe** Par petits groupes, jouez la situation suivante: Vous êtes de jeunes artistes francophones qui essaient de percer (*become famous*) dans le monde de la musique. Vous vous retrouvez dans un avion entre New York et Paris et vous parlez de vos styles musicaux et de vos sources d'inspiration. Vous discutez aussi des difficultés que vous rencontrez en ce début de carrière et vous partagez des astuces pour la promotion de votre travail créatif.

L'influence des médias 103

Culture

Le paysage musical au Québec

Marie-Pierre Arthur

Vous avez sûrement entendu parler de Céline Dion ou bien d'Arcade Fire, mais il y a beaucoup d'autres chanteurs et groupes québécois qui chantent uniquement en français. Loco Locass, Pierre Lapointe, Marie-Pierre Arthur et Daniel Bélanger: ces noms vous disent-ils quelque chose? Pas vraiment? Alors, jetons un coup d'œil° chez nos voisins québécois.

Différents thèmes inspirent ces chanteurs, qu'ils soient universels ou propres à l'histoire du Québec. Loco Locass, par exemple, est un groupe de hip-hop québécois dont les chansons touchent à des thèmes d'ordre politique, économique et social. Les luttes démocratiques des peuples est une inspiration constante de ce groupe de rap engagé°. Les trois membres du groupe, Batlam, Biz et Chafiik, chantent en français depuis plus de douze ans, et emploient habilement° la langue avec, entre autres, des jeux de mots. Un des aspects importants de Loco Locass est que le groupe fait partie du Réseau de Résistance du Québécois, un groupe militant dont l'objectif est la défense des intérêts et de l'indépendance du Québec.

Dans un autre répertoire musical, Pierre Lapointe est un auteur-compositeur-interprète° qui a su conquérir son public à travers des thèmes personnels et universels à la fois. La mélancolie, le plaisir des sens et l'amour l'ont inspiré à composer, accompagné ou non d'un piano, des mélodies accrocheuses°. Grâce à une bourse du Conseil des arts et des lettres du Québec qui l'a aidé à sortir son premier album en 2004, Pierre Lapointe en a produit plus d'une dizaine depuis cette époque.

Si vous êtes un ou une adepte de musique folk-rock, ne cherchez pas plus loin. Marie-Pierre Arthur, également auteure-compositrice-interprète, se place parmi les figures de proue° de la nouvelle chanson québécoise. Sa voix aérienne° et mélancolique chante avec volupté les émotions, la peur, les envies ou la tranquillité de l'esprit. Depuis 2009, ses chansons sont nourries° des histoires et des mélodies qu'elle entend autour d'elle. Marie-Pierre Arthur, ce n'est pas seulement une personne, mais aussi un clan. La chanteuse est très attachée à la notion de famille et parle toujours d'un «nous» inclusif.

Quel auteur-compositeur-interprète né en 1961 à Montréal a commencé sa carrière avec le groupe Humphrey Salade avant de se lancer en solo en 1992? Il s'agit de° Daniel Bélanger, probablement une des figures les plus solides de la scène musicale québécoise. Sa poésie et ses mélodies sont travaillées avec soin jusque dans les détails. Daniel Bélanger connaît un immense succès, entre autres, grâce à sa capacité à habiter la scène en solo et à innover. Certains de ses albums, comme *L'Échec du matériel*, tournent autour de questions existentielles variées, en particulier l'absurde, la solitude et les contradictions de la vie. En 2013, il déploie ses talents littéraires en écrivant *Auto-stop*, un «roman-chanson» sur un jeune homme mélancolique qui voyage en solitaire sur les routes d'Europe.

Cet aperçu° du paysage musical québécois est synonyme de diversité, et il est facile de constater° que l'inspiration ne manque pas à ces véritables artistes. ■

> **Sa poésie et ses mélodies sont travaillées avec soin jusque dans les détails.**

Culture

Analyse

1 Compréhension Répondez aux questions par des phrases complètes.
1. Quels sont les thèmes abordés dans les chansons de Loco Locass?
2. Qu'est-ce qui caractérise les paroles des chansons de Loco Locass?
3. Qu'est-ce que le Réseau de Résistance du Québécois?
4. D'où vient l'inspiration de Pierre Lapointe?
5. Grâce à quoi, en partie, Pierre Lapointe a-t-il pu débuter sa carrière?
6. Quelle notion est centrale pour l'auteure-compositrice-interprète Marie-Pierre Arthur?
7. Quelles sont les questions abordées par Daniel Bélanger dans ses albums?
8. Quelle forme d'art Daniel Bélanger a-t-il mélangée à la musique en 2013?
9. Quelle est la particularité d'*Auto-stop*?
10. Comment le paysage musical québécois est-il décrit dans le texte?

2 Réflexion À deux, répondez aux questions par des phrases complètes.
1. À votre avis, pourquoi les artistes mentionnés dans le texte ont-ils choisi de chanter uniquement en français?
2. Que pensez-vous de l'appartenance du groupe Loco Locass au Réseau de Résistance du Québécois? Connaissez-vous d'autres artistes qui s'engagent politiquement? Pensez-vous que les arts et la politique soient compatibles? Expliquez.
3. Dans votre pays, existe-t-il un organisme dont l'objectif est d'aider financièrement les artistes? Que pensez-vous de ce genre d'initiatives?
4. Discutez de la notion d'un «nous» inclusif selon Marie-Pierre Arthur. Que veut-elle dire par là, à votre avis?
5. Que pensez-vous de l'idée de Daniel Bélanger de mélanger les formes d'art? Connaissez-vous d'autres artistes qui ont la même démarche? Expliquez.

3 Médias et culture À deux, choisissez une manifestation artistique et créez une campagne de publicité pour cet événement culturel. Quels médias utilisez-vous? Comment? Pourquoi?

4 Une bourse Imaginez que vous travailliez pour le Conseil des arts et des lettres du Québec. Faites des recherches pour trouver un groupe ou un(e) artiste québécois(e) que vous aimeriez subventionner. Par petits groupes, préparez un dossier de candidature (*application file*) pour ce groupe ou cet(te) artiste. Votre dossier doit mentionner les points suivants:
- le nom du groupe ou de l'artiste et une courte biographie
- des informations sur son style musical et les thèmes qu'il/elle aborde dans ses chansons
- des arguments en faveur de l'attribution d'une bourse à ce groupe ou à cet(te) artiste

Pierre Lapointe

I CAN identify and reflect on key information about Quebec musical artists who sing only in French.

Communicative Goal Analyze the introduction to a book critiquing modern news media

Littérature

Préparation

À propos de l'auteure

Marie-France Bazzo (1961–) est née à Montréal. Titulaire *(Holder)* d'une maîtrise en sociologie, elle fait ses débuts en 1985 à la radio francophone de Radio-Canada. Grande animatrice et productrice, elle anime *(hosts)* beaucoup d'émissions radiophoniques et télévisées à thématique sociale, dont *Indicatif présent,* et aussi de nombreuses émissions culturelles à la télévision de Radio-Canada. Elle devient la plus grande animatrice de la région de Montréal avec l'émission *C'est pas trop tôt*, et avec *BazzoTV* à Télé-Québec. C'est avec un sens de l'humour, une pointe de féminisme et un certain esprit critique que Bazzo publie en 2020 son premier livre, *Nous méritons mieux – Repenser les médias au Québec,* une critique des médias dans sa province natale, le Québec.

Dans cette introduction à son livre intitulé *Nous méritons mieux – Repenser les médias au Québec*, la journaliste Marie-France Bazzo examine et critique l'univers médiatique de la société québécoise.

Glossaire de la lecture

constater to notice
une crise crisis
dépassé(e) outdated
se désabonner (de) to unsubscribe (from)
épatant(e) amazing
épuisé(e) exhausted
impuissant(e) powerless
un outil tool
le pouvoir power
soupçonneux/soupçonneuse suspicious
un ton tone
y compris including

Vocabulaire utile

avoir l'esprit critique to think critically
une chamaillerie squabble
diffuser to broadcast
être à l'antenne to be on the air
être au courant to be informed; to be aware

Cultures

Les médias au Québec Les émissions québécoises sont généralement en français. La radio et la télévision canadienne sont régulées par le CRTC (Conseil de la radiodiffusion et des télécommunications canadiennes), qui détermine leurs contenus. Quelques exemples sont:

- 35% de la musique hebdomadaire doit être d'origine canadienne.
- Les stations de radio francophones doivent diffuser 65% de musique en français.
- Les radios et télévisions québécoises doivent aussi diffuser un minimum de 55% de pubs, musique ou programmes en français entre 6h et 18h.
- Pensez-vous que les diffusions médiatiques québécoises aident à préserver l'héritage francophone de cette province? Pourquoi?

1 Vocabulaire Complétez les phrases à l'aide des mots de vocabulaire présentés sur cette page. Faites tous les changements nécessaires.

1. Le journaliste qui _____ de 8h à 12h est très dynamique.
2. Ce débat a entraîné *(led to)* des _____ entre ses invités.
3. Ce photographe est _____; il fait des photos sensationnelles.
4. Les informations arrivent de toutes parts; il est important de/d' _____ et de porter ses propres jugements.
5. Je n'aime plus cet hebdomadaire, alors je vais m'en _____.
6. Le smartphone est maintenant un _____ essentiel pour les journalistes.

2 Discussion À deux, répondez aux questions suivantes.

1. Trouvez-vous que les médias ont changé depuis votre enfance? Si oui, comment?
2. Quand vous voyez ou lisez quelque chose sur Internet, comment savez-vous que c'est vrai?
3. Avez-vous déjà participé à un débat? Quelles étaient les circonstances? Avez-vous pu convaincre l'autre participant(e)?

3 Le débat Vous êtes invité(e) à un débat au sujet du journal de votre lycée. Jusqu'à présent, seuls les élèves qui ont de bonnes notes ont le droit de soumettre des articles au journal. Votre adversaire soutient cette pratique, mais vous n'êtes pas d'accord. Vous pensez que tout le monde devrait pouvoir soumettre un article. Préparez vos arguments et jouez le débat devant la classe.

Littérature

La *game* a changé

Marie-France Bazzo

Voici un livre qui n'enrichira pas° ma banque d'amis dans le «milieu»°. Je vais parler de ce que je connais, le monde de la radio, de la télévision, des médias en général, et de leur place dans la société québécoise.

[...] C'est l'idée que les médias québécois sont en crise d'identité, que cette crise, structurelle en partie, frappe° comme ailleurs sur la planète, mais qu'elle frappe peut-être plus fort que dans d'autres pays. Il y a la crise du financement, de la perte d'auditoire et de lectorat°, donc, mais aussi une crise de confiance envers les médias, quelque chose comme un désamour° qui s'est insinué et qui s'approfondit° entre les médias et la société québécoise. J'avais envie de comprendre, de creuser°, d'illustrer cette «patente»° et d'en témoigner.°

[...] Les médias sont trop rigides, trop conventionnels et corsetés° pour ce flot qui bouillonne.° Ils sont de plus en plus dépassés et vilipendés° par différents groupes militants de la société civile, en partie déconnectés, inadéquats pour saisir° le monde complexe et pluriel dans lequel nous vivons. Bien qu'ils° soient un outil important et nécessaire, ils sont en train de perdre pied. Le lien qui les rattache à leur société s'effiloche°. Les médias vivent une crise intime. Nous, citoyens (et je m'inclus dans ce nous), sommes dubitatifs°, insatisfaits, soupçonneux, souvent las° de leur bruit incessant et répétitif. Moi, productrice et animatrice de ces médias, partie prenante°, je suis de plus en plus fâchée des comportements de mon milieu, déçue, impuissante devant ce qui est et ce qui pourrait être. La crise de société attribuable à la pandémie puis les manifestations et les tensions raciales à la suite de la mort de George Floyd aux États-Unis ont révélé et accéléré ce qui clochait° déjà dans le monde des médias et dans notre relation à ces derniers. Elles viennent confirmer des choses que je pressentais° et me donnent encore plus envie d'écrire cet essai.

won't expand / in the profession / is hitting / loss of audience and readership / disenchantment / has crept in / is deepening / to dig / thing / to attest to it / constrained / these turbulent waters / vilified / to grasp / Although they / is fraying / doubtful / weary / stakeholder / was wrong / foresaw

Littérature

Les médias sont mon terrain de jeu depuis toujours. Or, ces dernières années, ce terrain semble se rétrécir°, des miradors s'érigent°, des camps se dessinent. Il y a mésinformation, désinformation, guerre des tranchées°, abondance de babillage° et raréfaction° du travail de fond°. Tout le monde est à même de le constater, qu'on soit du milieu des médias ou spectateur, ou un peu des deux. Quelque chose a réellement changé. […]

Mon but°, dans ces pages, est de réaffirmer que les médias, de l'information au divertissement, toutes plateformes confondues°, pourraient et devraient être meilleurs. […] Cela n'appartient pas qu'à° nous, lecteurs, auditeurs, téléspectateurs, producteurs de contenu. Il faut que, dans les postes de décision, au sommet de la pyramide des pouvoirs médiatiques, une volonté° voie le jour. Il en est des médias comme de l'environnement. Nous devrions vivre dans un environnement plus sain, mais nous avons beau poser des gestes individuels° et espérer, si des décisions ne sont pas prises aux plus hauts niveaux politiques et économiques, rien ne bouge. De la même façon, nous pouvons bien écrire des lettres ouvertes, éteindre la télé, nous désabonner d'un journal pour en acheter un autre ou tenter de proposer des shows différents, ultimement, les vrais changements, ceux qui comptent et qui transforment l'écosystème, viennent d'en haut, bien sûr propulsés par nos voix, mais d'en haut quand même. Le monde médiatique devrait être plus préoccupé par le bien commun, j'y crois profondément et je l'espère, et j'essaierai de montrer ici comment il peut le faire.

> […] je crois qu'une société se construit par la parole, la discussion, le dialogue. Que les idées doivent constamment irriguer le débat social, le nourrir.

[…] je crois qu'une société se construit par la parole, la discussion, le dialogue. Que les idées doivent constamment irriguer le débat social, le nourrir. Que nous devons entendre toutes les paroles, toutes les voix, y compris celles qui nous dérangent, qui sont plus complexes ou plus difficiles à assimiler, pour nous bâtir°, individuellement et collectivement, pour enrichir la pensée, pour devenir de meilleurs individus et de meilleurs citoyens et, ce faisant, construire une meilleure société.

[…] [Ce livre] parlera donc des médias, mais aussi beaucoup de la société québécoise. Cette société épatante, résiliente, traversée de° contradictions, inquiète, en plein brassage° identitaire, écartelée° entre son désir d'audace, de modernité, et sa crainte° de disparaître.

Créative, mais souvent épuisée dès le matin, pleine d'interrogations sur sa façon d'apparaître au monde, d'exprimer sa voix minoritaire, mais fraîche et originale, dans une chorale mondialisée qui sonne partout pareil. En effet, cette originalité québécoise apparaît aussi dans nos médias, dans notre façon de les utiliser, de les consommer. Ils sont le miroir déformant° de notre apparence collective qui nous préoccupe tant depuis toujours. Nous nous projetons°, nous nous contemplons dans nos médias. Nous y développons notre manière distincte d'habiter le monde par un ton, des voix originales, un starsystème bien à nous. C'est pourquoi je parlerai des médias, mais aussi beaucoup, comme je l'ai dit, de la société québécoise. ■

distorting

we project ourselves

Ils sont le miroir déformant de notre apparence collective qui nous préoccupe tant depuis toujours. Nous nous projetons, nous nous contemplons dans nos médias.

Littérature

Analyse

1 **Compréhension** Répondez aux questions par des phrases complètes.
1. Qu'est-ce qui contribue à la crise d'identité des médias au Québec?
2. Quels sont les côtés négatifs des médias, selon l'auteure?
3. Qu'est-ce qui a changé dans l'univers médiatique?
4. D'après le texte, qui a vraiment le pouvoir d'améliorer les médias?
5. Selon Marie-France Bazzo, sur quoi se construit une société?
6. Quels sont les éléments positifs et négatifs de la société québécoise cités dans le texte?

2 **Interprétation** Avec un(e) partenaire, répondez aux questions par des phrases complètes.
1. Pourquoi, d'après vous, l'auteure a choisi ce titre, *La game a changé*? Pourquoi a-t-elle laissé le mot *game* en anglais?
2. Que veut dire la journaliste en déclarant que l'univers médiatique devrait plus se préoccuper du bien commun?
3. Pourquoi Marie-France Bazzo mentionne-t-elle que la crise des médias est plus forte au Québec que dans d'autres pays?
4. D'après l'auteure, pourquoi et comment est-ce que «nous nous contemplons» dans nos médias?

3 **Discussion** Discutez de ces questions par petits groupes.
1. Que pensez-vous des médias dans votre pays? Que voudriez-vous améliorer ou éliminer? Pourquoi?
2. Avez-vous déjà pris des mesures pour faire une différence et influencer les médias dans votre pays, votre communauté ou votre lycée? Expliquez.
3. Quelles différences et similarités y a-t-il entre les médias dans votre pays et ceux du Québec? Donnez des exemples concrets.

4 **Rédaction** Marie-France Bazzo écrit dans son introduction: «[je crois que] nous devons entendre toutes les paroles, toutes les voix, y compris celles qui nous dérangent, qui sont plus complexes ou plus difficiles à assimiler…». Commentez cette citation à l'aide du plan de rédaction.

PLAN

1 **Préparation** Réfléchissez aux questions suivantes. Avez-vous déjà lu ou entendu des idées qui vous ont gêné(e)? Qu'avez-vous ressenti? Êtes-vous content(e) d'avoir pu écouter une autre opinion? Comment ces idées ont-elles pu affecter d'autres personnes?

2 **Point de vue** Êtes-vous d'accord avec Marie-France Bazzo? Quel est le pour ou le contre d'inclure une pluralité de voix dans une émission, un journal, etc.? Est-ce que certaines idées ou images ne devraient pas être incluses? Toutes les voix méritent-elles un temps de parole égal?

3 **Conclusion** Résumez vos arguments.

I CAN analyze the introduction to a book critiquing modern news media.

Vocabulaire

L'univers médiatique

vhlcentral

Les mots apparentés

un(e) journaliste
un podcast
une première
un reporter
un site web/Internet
une station de radio

Les médias

l'actualité (*f.*) current events
la censure censorship
un événement event
un message/spot publicitaire; une publicité (une pub) advertisement
les moyens (*m.*) de communication; les médias (*m.*) media
la publicité (la pub) advertising
un reportage news report

s'informer (par les médias) to keep oneself informed (through the media)
naviguer/surfer sur Internet/le web to search the web

actualisé(e) updated
en direct live
frappant(e)/marquant(e) striking
influent(e) influential
(im)partial(e) (im)partial; (un)biased

Les gens des médias

un(e) animateur/animatrice de radio radio presenter
un(e) auditeur/auditrice (radio) listener
un(e) critique de cinéma film critic
un(e) éditeur/éditrice publisher
un(e) envoyé(e) spécial(e) correspondent
un(e) photographe photographer
un(e) réalisateur/réalisatrice director
un(e) rédacteur/rédactrice editor
un(e) téléspectateur/téléspectatrice television viewer
une vedette (de cinéma) (movie) star

Le cinéma et la télévision

une bande originale sound track
une chaîne network
un clip vidéo; un vidéoclip music video
un divertissement entertainment
un documentaire documentary
l'écran (*m.*) screen
les effets (*m.*) spéciaux special effects
un entretien/une interview interview
un feuilleton soap opera; series
les sous-titres (*m.*) subtitles

divertir to entertain
enregistrer to record
retransmettre to broadcast
sortir un film to release a movie

La presse

une chronique column
la couverture cover
un extrait excerpt
les faits (*m.*) divers news items
un hebdomadaire weekly magazine
un journal newspaper
la liberté de la presse freedom of the press
un mensuel monthly magazine
les nouvelles (*f.*) locales/internationales local/international news
la page sportive sports page
la presse à sensation tabloid(s)
la rubrique société lifestyle section
un gros titre headline

enquêter (sur) to research; to investigate
faire la une to be on the front page
publier to publish

The passé composé *with* avoir	*The* passé composé *with* être	*The* passé composé *vs. the* imparfait
See pp. 90–91.	See pp. 94–95.	See 98–99.

Court métrage	Culture	Littérature
Le Technicien See p. 80.	Le Paysage musical au Québec See p. 103.	La *game* a changé See p. 107.

L'influence des médias

Pour commencer

Une nouvelle idée fait parfois peur aux membres d'un groupe, parce qu'elle les oblige à changer. Une idée, même bonne, sert-elle à quelque chose, s'il n'y a personne pour la mettre en pratique?

- Pourquoi ces jeunes manifestent-ils, d'après vous?
- Hésitez-vous à descendre dans la rue pour exprimer vos idées et défendre vos intérêts? Expliquez.

La valeur des idées | Unité 4

Destination: ANTILLES

Essential Question

How do people discuss social justice?

Can-Do Goals

By the end of this unit I will be able to:
- Talk about the law, legal rights, and politics
- Understand the main idea in a short film about inequalities and the fairness of certain laws
- Talk about events that had happened before other past actions
- Deny or refute statements

Skills

- **Reading:** Analyzing the intention and the main ideas of a speech about poverty
- **Conversation:** Participating in a discussion about liberty
- **Writing:** Preparing a speech about societal issues

Culture

I will learn about and reflect on:
- The people, attractions, and language of the Antilles
- Léna Blou, a choreographer and dancer from Guadeloupe
- The importance of freedom and artistic expression in Haiti

Unité 4 Integrated Performance Assessment

You have been invited to give a speech in front of international lawmakers related to a social issue you feel strongly about. To prepare for your speech, you will first read an infographic about refugees and migrants. Then, you and a partner will discuss your own knowledge and experience related to these and other social issues. Finally, you will write a speech to persuade others to act on the issue you've chosen.

Contextes

Communicative Goal Talk about the law, legal rights, and politics

La justice et la politique

Les mots apparentés

abuser	une (in)justice	un(e) président(e)	un(e) terroriste
un(e) criminel(le)	libéral(e)	un scandale	une victime
défendre	la liberté	la sécurité	la violence
le gouvernement	un(e) politicien(ne)	le terrorisme	voter

Les lois et les droits

un crime murder; violent crime
la criminalité crime (in general)
un délit (a) crime
les droits (m.) de l'homme human rights
une (in)égalité (in)equality
un tribunal court

approuver une loi to pass a law
emprisonner to imprison
juger to judge

analphabète illiterate
coupable guilty
(in)égal(e) (un)equal
(in)juste (un)fair
opprimé(e) oppressed

La politique

un abus de pouvoir abuse of power
une armée army
une croyance belief
la cruauté cruelty

la défaite defeat
une démocratie democracy
une dictature dictatorship
un drapeau flag
la guerre (civile) (civil) war
la paix peace
un parti politique political party
la politique politics
la victoire victory

avoir de l'influence (sur) to have influence (over)
se consacrer à to dedicate oneself to
élire to elect
gagner/perdre les élections to win/lose elections
gouverner to govern

conservateur/conservatrice conservative
modéré(e) moderate
pacifique peaceful
puissant(e) powerful
victorieux/victorieuse victorious

Les gens

un(e) avocat(e) lawyer
un(e) député(e) deputy (politician); representative
un(e) juge judge
un(e) juré(e) juror
un(e) militant(e) activist
un(e) voleur/voleuse thief

La sécurité et le danger

une arme weapon
une menace threat
la peur fear

combattre to fight
enlever/kidnapper to kidnap
espionner to spy
faire du chantage to blackmail
sauver to save

des juges

PARLONS FRANÇAIS!

le siège du CICR à Genève

DURAN Il y a entre 400 et 700 organisations et associations internationales basées à Genève. Beaucoup combattent **les injustices, la violence, la criminalité** ou **le terrorisme**. Certaines essaient d'aider les gens **opprimés** par **les dictatures, les abus de pouvoir** ou **les lois injustes**. D'autres **défendent** des valeurs universelles, comme **la justice, la paix** et **la liberté** d'opinion ou de **croyance**. Quand on veut explorer la question des **droits de l'homme** et de **la politique** internationale, vivre à Genève, c'est génial.

ZINEB Ah oui, en effet! J'ai déjà entendu parler du CICR. Tu connais? Je crois qu'il s'occupe **des victimes** de **la guerre** partout dans le monde. Je connais des gens qui y travaillent.

Mise en pratique

1 Qui est-ce? Dites qui parle dans chaque situation.

> 1. une militante   2. un terroriste   3. un voleur   4. une avocate   5. un politicien

_____ a. J'espionnais des résidences dans un quartier riche. Quand une famille est partie en vacances, je suis entré dans leur maison. Je n'ai pas eu le temps de prendre l'argent, parce que des policiers sont arrivés. Ils m'ont arrêté.

_____ b. Je suis membre d'un groupe politique qui croit en la démocratie. Nous sommes pour la liberté des citoyens du monde et contre la dictature. Nous combattons les dictatures, parce que nous pensons que c'est une forme d'emprisonnement.

_____ c. Je m'occupe des affaires publiques dans ma région. Aux dernières élections, soixante-quinze pour cent des habitants qui ont voté m'ont choisi. J'avais aussi gagné les élections il y a quatre ans.

_____ d. Je m'intéresse beaucoup plus à la justice qu'à la politique. Chaque jour, je défends mes clients, qui sont souvent victimes d'injustices. En plus, je me consacre à la défense des droits de l'homme.

_____ e. Je suis membre d'une armée spéciale. Nous exploitons la peur des citoyens pour les convertir à nos croyances et les entraîner dans nos luttes. Nous utilisons aussi la violence et la cruauté pour détruire ce qui nous semble injuste.

2 Parlons français! Écoutez la conversation entre Thomas et Malina. Ensuite, complétez les phrases.

1. Le Canada et la Suisse sont des pays plutôt _____.
2. Au Canada, on _____ les droits de l'homme et les libertés des personnes.
3. L'_____ en société est aussi une valeur canadienne.
4. Le Canada est aussi un pays qui veut la _____ dans le monde.
5. Le Canada n'a pas de partis politiques trop _____ ni trop conservateurs.
6. Thomas est pour la _____ de la démocratie dans le monde.
7. Malina pense que dans une démocratie, on n'a pas _____ des différences.
8. Elle pense aussi qu'il faut accepter toutes les _____.
9. Enfin, il ne faut emprisonner que les _____ et les gens _____.

3 Définir et inventer En groupes de trois ou quatre, définissez les mots de la liste. Ensuite, inventez une histoire qui inclut au moins huit des douze mots.

chantage	démocratie	emprisonner	puissant
combattre	dictature	opprimé	scandale
criminel	égalité	politique	sécurité

4 Au tribunal Imaginez que vous soyez avocat(e). Quel type d'avocat êtes-vous? Avocat au civil, au pénal, d'affaires? Si vous choisissez le droit pénal (*criminal*), défendez-vous des clients qui sont coupables? Qu'est-ce qui est le plus important: défendre la justice ou gagner un salaire élevé? Discutez de vos idées avec celles d'un(e) camarade de classe.

I CAN talk about the law, legal rights, and politics.

La valeur des idées

Court métrage

Communicative Goal Understand the main idea in a short film about inequalities and the fairness of certain laws

Préparation

Dans ce film de Hugo Chesnard, une communauté réagit contre un groupe de Roms installé dans la forêt d'à côté. Louise, agent en espaces verts, réussira-t-elle dans son rôle d'intermédiare? À découvrir dans *L'hiver est proche*.

Glossaire du court métrage

arracher *to rip out*
Casse-toi! *(slang) Leave!*
un compte en banque *bank account*
Dégage! *(slang) Get out of here!*
embarquer *to take away, steal*
le liquide *cash*
expulser *to evict*
fracasser *to break*
des papiers (*m.*) d'expulsion *eviction notice*
porter plainte *to file a complaint with the police*
virer *(slang) to kick out*

Vocabulaire utile

accuser *to accuse*
un campement de fortune *makeshift camp*
la délinquance *petty crime, delinquency*
démanteler *to dismantle*
un préjugé *prejudice, bias*
prévenir *to warn*
le travail à la journée *day labor*

1 **Associations** Reliez chaque mot à sa définition.

____ 1. la délinquance
____ 2. virer
____ 3. un préjugé
____ 4. fracasser
____ 5. embarquer

a. forcer quelqu'un à partir
b. prendre quelque chose sans demander la permission
c. un type de criminalité
d. une idée fausse
e. casser

2 **Le bon mot** Complétez les phrases à l'aide des mots de vocabulaire.

1. Mon ami a été victime d'un crime, alors il va _____ à la police.
2. Cette pauvre famille a perdu sa maison et elle est obligée d'habiter dans un _____.
3. Mon oncle a du mal à trouver un emploi stable alors en ce moment, il fait seulement du _____.
4. Ces gens ne peuvent plus payer leur loyer, alors le propriétaire menace de les _____.
5. En cas d'accident sur la route, on doit _____ la police.
6. Les gens intolérants ont souvent beaucoup de _____.
7. Cet homme n'a rien fait. Il faut arrêter de le/l' _____.
8. Je vais payer par chèque; je n'ai pas de _____.

Unité 4

3 La justice sociale Répondez aux questions avec un(e) camarade.

1. À votre avis, est-ce que toutes les lois sont justes? Faut-il toujours les respecter? Seriez-vous prêt(e) à défier une loi si vous pensiez qu'elle était injuste?
2. Quel problème de société vous touche le plus personnellement? Pourquoi?
3. D'après vous, est-ce que les hommes et les femmes politiques se consacrent assez à la lutte (*struggle*) contre les injustices et les inégalités? Développez votre réponse en donnant des exemples.

4 Citation Lisez la citation suivante du grand écrivain français Victor Hugo et discutez-en par petits groupes. Êtes-vous d'accord avec la citation? Comment et pourquoi les préjugés se forment-ils? Pourquoi certains groupes se retrouvent souvent stigmatisés et opprimés (*oppressed*)? Comment peut-on les défendre et combattre ce problème?

> « Les plus petits esprits ont les plus gros préjugés. »
> —VICTOR HUGO

5 Un événement marquant Par petits groupes, discutez d'un événement récent qui illustre l'injustice sociale. Que s'est-il passé? Quels sont les arguments pour et contre les actions prises à l'égard de cet événement? Pourquoi cet événement vous a-t-il frappé(e)? Décrivez l'événement et expliquez votre réaction en donnant des détails.

6 Prédictions Dans ce court métrage, une jeune femme essaie d'aider un groupe de familles dans le besoin. À deux, regardez la photographie et essayez d'imaginer ce qui va se passer. Qui est la jeune femme? Où vit ce groupe? Comment décririez-vous leur situation? Que va-t-il leur arriver?

Court métrage

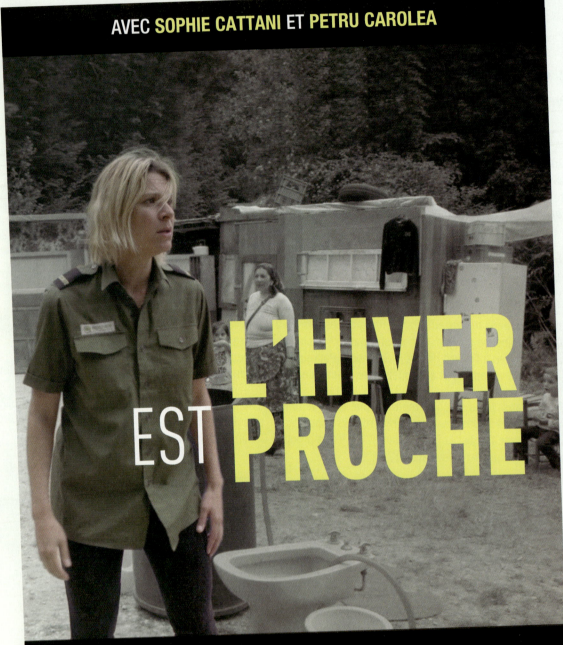

Scènes

Unité 4

INTRIGUE
Un groupe de Roms s'est installé illégalement dans la forêt. Louise, agent d'espace vert, doit documenter la situation en vue de (with the aim of) leur expulsion.

DIO Tu vas faire l'expulsion, Madame?
LOUISE Vous allez devoir partir.
DIO Il est à toi, le cheval, ou à ton patron?
LOUISE Il est à mon patron. Il ne faut pas rester ici, Monsieur. Les riverains° ont appelé la police.

AGENT DE POLICE Vous les avez vus?
LOUISE Mais oui.
PATRON Louise, on va avoir besoin de photos du campement.
LOUISE Mais j'en viens là.
PATRON La police veut intervenir rapidement.

DIO Madame! Tu fais quoi ici?
LOUISE Euh… je… je dois prendre des photos. C'est pour la préfecture°.
DIO Pourquoi?
LOUISE Vous ne pouvez pas rester ici. C'est une forêt qui ne vous appartient° pas. Et les gens qui habitent à côté se plaignent°.

DIO Tu es mon amie. Va, prends les photos… J'ai un chèque. Une fois que tu as le liquide, tu me le donnes.
LOUISE Ah, non, c'est hors de question.
DIO S'il te plaît, je n'ai pas de compte en banque.
LOUISE Si j'accepte, vous partirez?
DIO Oui, je pars. Merci.

POLICE Comme vous le savez, on va effectuer l'évacuation d'un camp de Roms. Il y a quatre familles. Une trentaine de personnes en comptant° les enfants. À cette heure de la journée tout le monde sera là. Il n'y a pas d'individu dangereux, pas de problème particulier. Mais vigilance.

LOUISE Tiens! Le liquide, là. Mais il faut partir!
DIO Partir où? … Non, casse-toi, dégage!

riverains *local residents* **préfecture** *administrative offices* **appartient** *belong* **se plaignent** *are complaining* **en comptant** *counting*

Cultures

Les Roms Le terme «Roms» désigne un ensemble de populations installées dans divers pays qui se considèrent comme formant un seul peuple en raison de (*because of*) leurs origines et de leurs cultures communes. On estime qu'environ 8 à 10 millions de Roms vivent en Europe. Contrairement à ce que beaucoup de personnes pensent, la plupart des populations roms sont sédentaires. Cependant (*However*), en raison de la précarité (*financial insecurity*) qui les touche, certains Roms vivent dans des campements de fortune illégalement installés et dont ils sont souvent chassés (*chased out*) par les autorités. Ils souffrent également d'une mauvaise réputation et sont victimes de préjugés, car ils sont fréquemment accusés de pratiquer la mendicité (*panhandling*) et des actes liés à la délinquance.

- Selon vous, quels sont les défis les plus sérieux pour les Roms?

La valeur des idées

Court métrage

Analyse

1 **Compréhension** Répondez aux questions par des phrases complètes.
1. Pourquoi Louise va-t-elle dans le camp de Roms la première fois?
2. Pourquoi les riverains se sont réunis?
3. Pourquoi Louise retourne au camp la deuxième fois? Comment Dio et sa famille réagissent-ils?
4. Qu'est-ce que Dio demande à Louise de faire? Pourquoi?
5. Qu'est-ce que Louise apprend quand elle retourne au travail? Que fait-elle?
6. Comment réagit-on dans le camp?

2 **À compléter** Complétez ces phrases à l'aide des mots de vocabulaire de la page 118.
1. Plusieurs familles de Roms ont installé _____ dans la forêt.
2. Une loi interdit qu'on paie les gens _____ pour leur travail à la journée.
3. On dit que les Roms _____ des choses qui ne leur appartiennent pas.
4. Les familles roms sont victimes de nombreux _____.
5. La préfecture a décidé de faire _____ le campement par la police.

3 **À relier**

A. À deux, faites correspondre les images aux phrases.

1. 2. 3.
4. 5. 6.

_____ a. Les enfants! Venez faire la photo.
_____ b. Ce n'est pas juste. Il m'a filé un chèque.
_____ c. Casse-toi! Allez! Va-t-en! Dégage!
_____ d. Il n'y a pas de risque pour toi. S'il te plaît, prends-le!
_____ e. Moi, petit, j'avais le même. Il y a plein de chevaux comme ça dans mon pays.
_____ f. Ils partent. Ils n'ont rien à faire ici, je regrette.

B. Remettez les six séquences dans l'ordre chronologique.
1. _____ 2. _____ 3. _____ 4. _____ 5. _____ 6. _____

4 Interprétation Discutez de ces questions avec un(e) camarade.

1. À votre avis, est-ce que les arguments des riverains et des autorités qui veulent l'expulsion des familles roms sont légitimes, ou pensez-vous qu'ils viennent de préjugés? Expliquez.
2. À un certain moment dans le film, Dio dit: «On reste. Partir? Partir où? Hein, où?» Comment interprétez-vous cette réponse? Qu'est-ce qu'elle révèle sur la manière dont Dio voit la situation?
3. À la fin du court métrage, que pensez-vous de la réaction de Dio envers Louise? Est-elle justifiée? Et Louise? Comment réagit-elle? Qu'est-ce qu'elle ressent?
4. Quels sont les questions morales posées par le film? Quels sont les choix moraux auxquels Louise doit faire face? Justifiez vos opinions en citant des exemples du film.

5 Et vous? Répondez aux questions.

1. Avez-vous déjà essayé d'aider quelqu'un qui était dans le besoin? Décrivez la situation et expliquez pourquoi vous avez essayé d'aider cette personne. Avez-vous réussi à l'aider?
2. Que peut-on faire pour aider les personnes qui sont victimes de préjugés et qui vivent dans la précarité?
3. Qu'auriez-vous fait à la place de Louise? Auriez-vous aussi essayé d'aider Dio et sa famille? Pourquoi ou pourquoi pas?
4. Que feriez-vous si vous étiez Dio? Quitteriez-vous le campement avant l'arrivée de la police ou essayeriez-vous plutôt de convaincre les autorités de ne pas vous expulser?

6 Problèmes et solutions À deux, choisissez un problème de société qui vous touche particulièrement et discutez-en. Vous pouvez vous inspirer de la liste ci-dessous ou choisir un autre problème. Ensemble, évaluez le problème choisi. Écrivez un paragraphe dans lequel vous décrivez ce problème en donnant des détails et des exemples. Ensuite, échangez votre paragraphe avec une autre paire. À tour de rôle, discutez du problème que chaque paire a décrit et essayez de proposer des solutions possibles.

- la pauvreté et la précarité
- la criminalité
- les guerres dans le monde
- les inégalités et l'injustice

7 La fin Par petits groupes, imaginez la suite de l'histoire du court métrage en considérant les questions suivantes.

1. Que va-t-il se passer après cette dernière conversation entre Louise et Dio? Les policiers vont-ils vraiment démanteler le camp? Va-t-il y avoir des problèmes? Que va faire Dio? Et les autres membres de la famille?
2. Si la famille de Dio est expulsée, que vont-ils faire? Où vont-ils aller? La préfecture va-t-elle leur proposer des solutions?

I CAN understand the main idea in a short film about inequalities and the fairness of certain laws.

Imaginez

Communicative Goal Identify and reflect on the people, attractions, and language of the Antilles

vue aérienne d'une île de l'archipel des Saintes, Guadeloupe

IMAGINEZ
Les Antilles

Alerte! Les pirates!

«À l'abordage°!» Au 17ᵉ siècle, tous les voyageurs des **Antilles** avaient peur d'entendre ce cri. En effet, chaque traversée° était périlleuse à cause d'horribles pirates qui hantaient la **mer des Caraïbes**. Des noms comme le **capitaine Morgan** ou le **capitaine Kidd** pour les **Britanniques**, et **Jean Bart** ou **Robert Surcouf** pour les **Français** semaient l'épouvante°. **Pirates**, corsaires, et boucaniers… leur réputation était terrible!

Pourtant la piraterie avait son utilité. À l'époque, les nations européennes se disputaient les Caraïbes et n'avaient pas les moyens financiers de mettre en place une force navale dans une région aussi vaste. Les **Espagnols** constituaient la plus grande puissance coloniale des Antilles, mais en 1564, ce sont les **Français** qui ont été les premiers non-espagnols à s'y installer, à **Fort Caroline**, aujourd'hui près de **Jacksonville**, en **Floride**. Bien qu'ils n'y soient pas restés très longtemps — ils en ont vite été chassés par les **Espagnols** — les Français ont profité de l'emplacement de leurs colonies pour saisir° l'or et l'argent que les **Espagnols** extrayaient° des mines sud-américaines. La piraterie permettait aussi de s'emparer° des bateaux marchands qui visitaient les ports de **Saint-Pierre** en **Martinique**, **Basse-Terre** en **Guadeloupe** ou **Cap Français** à **Saint-Domingue** (aujourd'hui **Haïti**), trois colonies françaises à l'époque.

Il existait différents types d'équipages°. Les **corsaires** étaient souvent des nobles ou de riches entrepreneurs qui travaillaient directement pour le roi. Cette piraterie-là rapportait bien°. Les pirates ordinaires, eux, étaient indépendants et beaucoup vivaient sur **l'île de la Tortue**, colonie française au nord de Saint-Domingue. Les **boucaniers**, les pirates des Antilles, étaient de véritables aventuriers. Leur nom vient du «boucan», une grille de bois sur laquelle ils faisaient griller la viande et les poissons, à la manière des populations locales, les **Amérindiens Arawak.** Les Arawaks étaient un groupe linguistique qui comprenait plusieurs tribus. Ils étaient aussi les premiers à avoir été en contact avec des Européens. Sinon, les boucaniers étaient réputés pour leur vie en plein air et leurs festins bruyants. Parmi leurs lieux favoris: **Saint-Barthélemy, Port-de-Paix** à Saint-Domingue et des petites îles comme **les Saintes**, en Guadeloupe.

vhlcentral

un galion, bateau armé des temps anciens

Les sociétés de pirates, qu'on appelait aussi des **flibustiers**, étaient égalitaires, et même révolutionnaires pour l'époque. Les pirates étaient les seuls marins à pouvoir élire leur capitaine démocratiquement. Celui-ci combattait avec eux, au lieu de° leur donner des ordres de loin. Le butin° était partagé entre tous les membres de l'équipage, et les invalides recevaient des indemnités°. En temps de guerre, la piraterie devenait très active. En temps de paix, les pirates faisaient de la contrebande°, pour le bonheur de tous. Beaucoup allaient par exemple au petit village de **Pointe-Noire**, en Guadeloupe, pour vendre leurs marchandises à très bon prix. Ce village doit son nom aux roches volcaniques qu'on aperçoit au nord.

Aujourd'hui, si vous allez aux Antilles, vous aurez peu de chance de rencontrer des pirates. Par contre, vous pourrez toujours déguster° un bon poulet boucané en souvenir du passé!

À l'abordage! *a pirate cry used when taking over another ship* **traversée** *crossing* **semaient l'épouvante** *spread terror* **saisir** *seize* **extrayaient** *extracted* **s'emparer** *to grab* **équipages** *crews* **rapportait bien** *was profitable* **au lieu de** *instead of* **butin** *booty* **indemnités** *compensation* **contrebande** *smuggling* **déguster** *savor*

LE FRANÇAIS LOCAL

Guadeloupe et Martinique

un acra	un beignet de poisson ou de légumes
une anse	une baie
une doudou	une chérie
le giraumon	le potiron; *pumpkin*
une habitation	une plantation, un domaine agricole
le maracudja	le fruit de la passion
une morne	une colline; *hill*
une trace	un chemin; *path*
le vesou	le jus de la canne à sucre
un zombi	un revenant; *ghost; zombie*

DÉCOUVREZ

les Antilles

Saint-Barthélemy **Saint-Barth** est une île du nord des Caraïbes, qui porte le nom du frère de **Christophe Colomb**.

Aujourd'hui, l'île fait partie des **Antilles françaises**, mais elle a aussi été espagnole et suédoise. À présent, elle est connue pour son tourisme de luxe. Entre une chaîne de montagnes et une barrière de corail°, ses 14 plages ont chacune un caractère unique. Cette grande diversité s'accompagne d'un climat paradisiaque. L'île fait ainsi le bonheur des vacanciers et des stars.

Les yoles rondes La yole ronde est un voilier° inventé en **Martinique**, dans les années 1940. Elle s'inspire du **gommier**, le bateau traditionnel, et de la yole européenne. Ses premiers utilisateurs étaient les marins pêcheurs°, qui faisaient la course° quand ils rentraient de la pêche. La yole ronde est aujourd'hui un véritable sport nautique, dont l'événement le plus populaire est le **Tour de la Martinique**, une course en sept étapes° autour de l'île.

Le carnaval de Guyane En **Guyane française**, le carnaval ne ressemble à aucun autre. Il est d'abord exceptionnellement long, parce qu'il dure deux mois: du jour de l'Épiphanie, le 6 janvier, au mercredi des Cendres, début mars. Il est aussi à la fois populaire, multiethnique et traditionnel, avec des costumes historiques comme celui du boulanger ou de l'ours°. C'est surtout une grande fête qui rassemble tous les Guyanais.

John James Audubon (1785–1851)
Tout le monde en Amérique connaît **J. J. Audubon**, le fameux ornithologue et naturaliste, et la **National Audubon Society** créée en sa mémoire. Audubon, d'origine française, est né en Haïti. Il a grandi en France, près de Nantes, et a émigré aux États-Unis en 1803. Dans son œuvre, *Les oiseaux d'Amérique* (1840), il a dessiné, en quatre volumes, toutes les espèces connues d'oiseaux d'Amérique du Nord.

barrière de corail *coral reef* **voilier** *sailboat* **marins pêcheurs** *fishermen* **faisaient la course** *raced* **étapes** *stages* **ours** *bear*

Imaginez

Qu'avez-vous appris?

1 **Correspondances** Faites correspondre les mots et les noms avec les définitions.

1. _____ John James Audubon
2. _____ le boucan
3. _____ Saint-Barthélemy
4. _____ la yole ronde
5. _____ le Tour de la Martinique
6. _____ l'ours
7. _____ Jacksonville
8. _____ Saint-Pierre, Basse-Terre, Cap Français
9. _____ les boucaniers

a. une course nautique en sept étapes
b. une île qui fait le bonheur des touristes et des stars
c. de véritables aventuriers
d. un des costumes traditionnels du carnaval de Guyane
e. trois anciens ports coloniaux français
f. un voilier qui s'inspire du gommier et de la yole européenne
g. aujourd'hui, une ville en Floride
h. une grille de bois pour faire cuire le poisson ou la viande
i. un ornithologue né en Haïti

2 **Complétez** Complétez chaque phrase de manière logique.

1. …est un cri qui faisait peur aux voyageurs du 17e siècle.
2. Aux Antilles, au 17e siècle, on risquait de rencontrer des pirates…
3. La piraterie était utile quand les nations…
4. En 1564, les Français étaient…
5. Les Français ont profité de l'emplacement de leurs colonies…
6. Les pirates ordinaires vivaient…
7. Les touristes qui visitent Saint-Barth peuvent apprécier…
8. Le carnaval de Guyane est…
9. John James Audubon était gardien du patrimoine naturel américain parce qu'…

3 **Discussion** Avec un(e) partenaire, regardez les définitions des trois groupes de pirates: les pirates ordinaires, les corsaires, les boucaniers.

- Selon les différences entre ces groupes, discutez des privilèges et des droits de chaque groupe.
- Y a-t-il un groupe qui est plus (ou moins) accepté que les autres? Pourquoi ou pourquoi pas?

PROJET

Dans la peau d'un boucanier

Imaginez que vous soyez un pirate ou un boucanier du 17e siècle. Recherchez les informations dont vous avez besoin pour écrire un extrait dans votre journal. En au moins dix phrases, expliquez ce qui s'est passé pendant une journée et présentez-le à la classe.

- Inventez des aventures et donnez des détails. Où êtes-vous allé(e)s? Qui avez-vous rencontré? Quels problèmes avez-vous eus? Comment avez-vous survécu?
- Dessinez un plan de la route que vous avez suivie.

I CAN identify and reflect on the people, attractions, and language of the Antilles.

Galerie de Créateurs

Danse: Léna Blou (1962–)

1 Préparation Répondez à ces questions sur les arts et l'expression artistique.

1. Qui sont vos artistes préférés? Dans quels types d'art se distinguent-ils? De quelle manière expriment-ils leurs idées à travers l'art?

2. Et vous, vous exprimez-vous à travers une pratique artistique? Laquelle? Si vous ne pratiquez pas un art, décrivez de quelle manière vous aimez vous exprimer.

Et Léna Blou créa Techni'Ka

Diplômée en interprétation chorégraphique en jazz et en danse contemporaine, cette danseuse guadeloupéenne ouvre le Centre de danse et d'études chorégraphiques à Pointe-à-Pitre en 1990. En 1995, elle crée la Compagnie Trilogie. Parallèlement à sa carrière de danseuse interprète, de pédagogue et de chorégraphe, elle est chercheuse en danse et doctorante en anthropologie de la danse à l'université des Antilles en Guadeloupe. Sa mission est de faire connaître et transmettre (*pass on*) l'esthétique chorégraphique traditionnelle des Caraïbes, mais aussi la philosophie de vie des Guadeloupéens, à travers un concept qui s'appelle «le Bigidi». De plus, elle modernise la danse traditionnelle guadeloupéenne, le GwoKa, en créant (*by creating*) la technique de danse «Techni'Ka». Léna Blou est ainsi une artiste à la fois (*both*) moderne et traditionnelle qui désire placer la danse de son île au même rang que les autres styles de danse reconnus mondialement. Pour cela, elle diffuse cette nouvelle esthétique caribéenne par le biais de sa compagnie, ses conférences sur le concept du Bigidi et ses stages de Techni'Ka.

2 Compréhension Répondez par des phrases complètes.

1. Quelles sont les professions de Léna Blou?
2. Décrivez sa mission. Que désire-t-elle?
3. Comment réalise-t-elle sa mission?

3 Discussion Discutez de la question suivante en petits groupes puis avec la classe: De quelle manière les traditions culturelles influencent-elles les arts au sein d'une communauté? Faites appel aux arts et traditions de votre culture ou ceux d'une culture que vous connaissez. Donnez des exemples.

4 Application Au cœur d'une culture

Le GwoKa raconte les traditions et la culture guadeloupéennes par la musique et la danse. Le Techni'Ka s'inspire de cette danse et la modernise. Choisissez des exemples d'art qui racontent votre culture ou, si vous préférez, créez votre propre œuvre d'art pour exprimer les traditions de votre culture. Faites une présentation à la classe.

des danseuses de Techni'Ka

Structures

Communicative Goal Talk about events that had happened before other past actions

4.1 The *plus-que-parfait*

Louise n'**avait** pas **anticipé** la réaction des enfants.

- The **plus-que-parfait** is used to talk about what someone *had done* or what *had occurred* before another past action, event, or state. Like the **passé composé**, the **plus-que-parfait** uses a form of **avoir** or **être** — in this case, the **imparfait** — plus a past participle.

The *plus-que-parfait*		
voter	finir	perdre
j'avais voté	j'avais fini	j'avais perdu
tu avais voté	tu avais fini	tu avais perdu
il/elle/on avait voté	il/elle/on avait fini	il/elle/on avait perdu
nous avions voté	nous avions fini	nous avions perdu
vous aviez voté	vous aviez fini	vous aviez perdu
ils/elles avaient voté	ils/elles avaient fini	ils/elles avaient perdu

RECENT PAST | REMOTE PAST
Nous lui avons dit | qu'elle **avait gagné** les élections.
We told her | *that she had won the election.*

RECENT PAST | REMOTE PAST
L'accusé souriait | parce que les juges ne l'**avaient** pas **mis** en prison.
The accused was smiling | *because the judges had not put him in prison.*

- Recall that some verbs of motion, as well as a few others, take **être** instead of **avoir** as the auxiliary verb in the **passé composé**. Use the **imparfait** of **être** to form the **plus-que-parfait** of such verbs and make the past participle agree with the subject.

Les avocats ne savaient pas que vous **étiez** déjà **partie**.
The lawyers didn't know that you had already left.

On a découvert que les victimes **étaient mortes** à la suite de leurs blessures.
They discovered that the victims had died of their injuries.

- Use the **imparfait** of **être** as the auxiliary for reflexive and reciprocal verbs. Make agreement whenever you would do so for the **passé composé**.

Avant le dîner, le président et sa femme **s'étaient levés** pour recevoir les invités.
Before dinner, the president and his wife had gotten up to welcome the guests.

Il ne savait pas que nous **nous étions téléphoné** hier soir.
He didn't know that we had called each other last night.

Grammar Tutorial

Vérifiez

À noter

See **Fiche de grammaire 5.5, p. 392**, for a review of agreement with past participles.

Unité 4

M. Vartan a reçu une amende. Il ne **s'était** pas **arrêté** au feu.

- In all other cases as well, agreement of past participles in the **plus-que-parfait** follows the same rules as in the **passé composé**.

   La police a trouvé les armes qu'il avait **cachées**.
   The police found the weapons that he had hidden.

   Le président a signé la loi que le congrès avait **approuvée**.
   The president signed the law that the congress had passed.

- Use the **plus-que-parfait** to emphasize that something happened in the past before something else happened. Use the **passé composé** to describe completed events in the more recent past and the **imparfait** to describe conditions or habitual actions in the more recent past.

Action in remote past . . .	completed action in recent past

   L'activiste n'**avait** pas **fini** de parler quand vous **avez coupé** le micro.
   The activist hadn't finished talking when you cut off the microphone.

Condition in recent past . . .	action in remote past

   Il y **avait** des drapeaux partout parce que le président **était arrivé** la veille.
   There were flags everywhere because the president had arrived the day before.

- The **plus-que-parfait** is also used after the word **si** to mean *if only...* (*something else had taken place*). It expresses regret.

   Si j'avais su que tu avais un plan!
   If only I had known you had a map!

   Si seulement il n'**était** pas **arrivé** en retard!
   If only he hadn't arrived late!

- To say that something had *just* happened in the past, use a form of **venir** in the **imparfait** + **de** + the infinitive of the verb that describes the action.

   Je **venais de raccrocher** quand le téléphone a sonné de nouveau.
   I had just hung up when the phone rang again.

   Le président **venait de signer** l'accord quand on a entendu l'explosion.
   The president had just signed the treaty when we heard the explosion.

Vérifiez

Boîte à outils

In informal speech, speakers of English sometimes use the simple past to imply the past perfect. In French, you still use the **plus-que-parfait**.

Le voleur a cherché les papiers que l'avocate avait posés sur son bureau.

The thief looked for the papers that the lawyer placed (had placed) on her desk.

À noter

Si clauses can also contain a verb in the present tense or **imparfait**. See **Structures 10.3, pp. 356–359**, to learn more about **si** clauses.

Vérifiez

La valeur des idées

Structures

4.1 Mise en pratique

1 Un prix Nobel Pendant une interview, une militante de l'organisation «Un monde tranquille» parle de sa vie avant qu'elle ait reçu le prix Nobel de la paix. Employez le plus-que-parfait pour compléter ses phrases.

Quand j'étais petite, mes parents m' (1) _____ (apprendre) que les gens avaient besoin d'aide et j' (2) _____ (essayer) de nombreuses fois de me rendre utile. À l'université aussi, j' (3) _____ (combattre) l'injustice et j' (4) _____ (défendre) la liberté. Mes amis et moi, nous (5) _____ (se promettre) d'aider les opprimés. À cette époque, j' (6) _____ (penser) devenir avocate. Mais avant de prendre ma décision, la présidente de l'organisation (7) _____ (venir) me parler et elle (8) _____ (finir) par me convaincre de devenir militante.

2 Dans le journal Les phrases suivantes viennent d'un journal politique. Mettez-les au plus-que-parfait.

| se consacrer | fuir | perdre |
| élire | gagner | retourner |

Modèle La politicienne _avait eu de l'influence_ dans son parti, mais au moment des élections, elle n'en avait plus.

1. Le candidat _____ les élections, et il ne le savait pas encore.
2. Les gouvernements _____ à la lutte contre l'inégalité.
3. Tu _____ un bon représentant, le meilleur depuis des années.
4. Les kidnappeurs du fils du président _____ à l'approche de la police.
5. Monsieur et Madame Duval, vous _____ au tribunal avant midi?
6. Je leur disais que nous _____ notre lutte contre la dictature.

3 De cause à effet Employez le plus-que-parfait pour expliquer pourquoi ces choses se sont passées.

Modèle Je me suis réveillé dans la nuit. Le téléphone a sonné.
Je me suis réveillé dans la nuit parce que le téléphone avait sonné.

1. Elle n'a pas pu rentrer chez elle le soir. Elle a perdu les clés de la maison le matin.
2. Nous avons voté dimanche. Nous avons regardé le débat politique à la télévision samedi.
3. Ma mère nettoyait la cuisine. Les invités sont partis.
4. Le parti conservateur a perdu les élections. Le peuple a voté pour le parti écologiste.
5. Elles sont sorties. Personne ne leur a dit que j'arrivais.
6. J'ai caché (*hid*) les confitures de fraises. Mon frère a mangé toutes les confitures de pêches.
7. Les militants entraient dans la salle. Le maire a fini son discours.
8. La justice régnait. La démocratie a gagné.

Communication

4 Vacances antillaises Claire revient de ses vacances aux Antilles et raconte tout à son ami. À deux, créez le dialogue avec ces verbes. Employez le plus-que-parfait.

adorer	permettre
aller	préférer
apprécier	savoir
avoir de la chance	visiter
finir	voir

Modèle **JULIEN** Qu'est-ce que tu as apprécié à la Martinique?

CLAIRE J'ai vu des milliers de papillons dans un jardin. Jamais je n'avais eu la chance d'assister à un tel spectacle!

5 À votre avis? Que pensez-vous du gouvernement actuel? Est-il meilleur que le gouvernement précédent? À deux, donnez votre opinion et utilisez le plus-que-parfait.

Modèle —Le gouvernement actuel a fait de bonnes choses jusqu'à maintenant.

—Peut-être, mais je pense que le gouvernement précédent avait réussi à…

6 Avant la guerre Une guerre a éclaté (*erupted*) dans un pays européen et le Conseil de l'Europe se réunit. Par groupes de trois, imaginez que chacun(e) de vous représente un pays différent. Utilisez le plus-que-parfait pour débattre du rôle du conseil avant la guerre. Consultez la carte de l'Europe au début du livre et servez-vous du vocabulaire suivant.

Modèle —Avant la guerre, nous avions déjà accusé votre président d'abus de pouvoir.

—Peut-être, mais c'est mon pays qui avait combattu pour les droits de tous les Européens.

—Tous nos pays avaient espionné leur armée et personne n'avait rien dit!

abuser	espionner
approuver	faire du chantage
avoir de l'influence	juger
combattre	kidnapper
se consacrer à	sauver
défendre	voter

Connections

Le Jardin des papillons
Le Jardin des papillons (*butterflies*), à l'Anse Latouche, en Martinique, est un parc dédié (*dedicated*) à l'élevage (*breeding*) de papillons du monde entier. Les plantes de ce jardin y créent un écosystème idéal. Les visiteurs ont la chance de se promener au milieu des innombrables (*countless*) insectes qui y vivent en toute liberté.

- Pourquoi l'élevage de papillons (ou d'autres animaux) est-il important?

I CAN talk about events that had happened before other past actions.

Structures

Communicative Goal Deny or refute statements

4.2 Negation and indefinite adjectives and pronouns

Grammar Tutorial

—Il **ne** faut **pas** rester ici, Monsieur.

Negation

- To negate a phrase, you typically place **ne… pas** around the conjugated verb. If you are negating a phrase with a compound tense such as the **passé composé** or the **plus-que-parfait**, place **ne… pas** around the auxiliary verb.

Infinitive construction	Passé composé
Ça **ne** va **pas** faire un scandale, j'espère. *This won't cause a scandal, I hope.*	La famille **n'**a **pas** fui la ville pendant la guerre. *The family didn't flee the town during the war.*

- To be more specific, use variations of **ne… pas**, such as **ne… pas du tout** and **ne… pas encore**.

  Le président **n'**aime **pas du tout** les brocolis.
  The president doesn't like broccoli at all.

  La voleuse **n'**a **pas encore** choisi sa victime.
  The thief has not chosen her victim yet.

- Use **non plus** to mean *neither* or *not either*. Use **si**, instead of **oui**, to contradict a negative statement or question.

  —Je n'aime pas la violence.
  —*I don't like violence.*

  —Tu n'aimes pas la démocratie?
  —*You don't like democracy?*

  —Moi **non plus**.
  —*I don't either.*

  —Mais **si**.
  —*Yes, I do.*

- To say *neither… nor*, use **ne… ni… ni…** Place **ne** before the conjugated verb or auxiliary, and **ni** before the word(s) it modifies. Omit the indefinite and partitive articles after **ni**, but use the definite article when appropriate.

  Il **n'**y a **ni** justice **ni** liberté dans une dictature.
  There is neither justice nor liberty under a dictatorship.

  Ni le juge **ni** l'avocat **ne** va juger l'accusé.
  Neither the judge nor the lawyer will judge the accused.

- It is also possible to combine several negative elements in one sentence.

  On **ne** fait **plus jamais rien**.
  We never do anything anymore.

  Personne n'a **plus rien** écouté.
  No one listened to anything anymore.

> **Boîte à outils**
>
> When forming a question with inversion, place **ne** first, then any pronouns, then the verb. Place **pas** in last position.
>
> **Ne vous êtes-vous pas consacré à la lutte contre la criminalité?**
>
> *Did you not dedicate yourself to the fight against crime?*

> **À noter**
>
> To review commands and how to negate them, see **Fiche de grammaire 1.5, p. 376**. To learn how to negate an infinitive, see **Structures 8.1, pp. 274–275**.
>
> ———
>
> **Moi** and **toi** are disjunctive pronouns. To learn more about them, see **Fiche de grammaire 6.4, p. 394**.

Vérifiez

Unité 4

- Note how the placement of these expressions varies according to their function.

More negative expressions	
ne… aucun(e) none (not any)	Le congrès **n**'a approuvé **aucune** loi cette année. *The congress didn't approve any laws this year.*
ne… jamais never (not ever)	Tu **n**'as **jamais** voté? *You've never voted?*
ne… nulle part nowhere (not anywhere)	On **n**'a trouvé l'arme du crime **nulle part**. *They didn't find the crime weapon anywhere.*
ne… personne no one (not anyone)	**Personne ne** peut voter; les machines sont en panne. *No one can vote; the machines are broken.* Ils **n**'ont vu **personne**. *They didn't see anyone.*
ne… plus no more (not anymore)	Il **ne** veut **plus** être analphabète. *He doesn't want to be illiterate anymore.*
ne… que only	Je **n**'ai parlé **qu**'à Mathieu. *I only spoke to Mathieu.*
ne… rien nothing (not anything)	Les jurés **n**'ont **rien** décidé. *The jury members haven't decided anything.* **Rien ne** leur fait peur. *Nothing frightens them.*

Boîte à outils

Aucun(e) can be either an adjective or a pronoun. It is always singular; however, it must agree in gender with the noun to which it corresponds.

Les députés **n**'ont pris **aucune** décision.

The representatives didn't make any decisions.

Aucun d'entre eux **n**'était assez courageux.

None of them were brave enough.

Vérifiez

Boîte à outils

To negate a phrase with a partitive article, you usually replace the article with **de** or **d'**.

Il y a **des** militants dans la capitale.

There are activists in the capital.

Il n'y a **pas de** militants dans la capitale.

There aren't any activists in the capital.

Indefinite adjectives and pronouns

- Many indefinite adjectives and pronouns can also be used in affirmative phrases.

Indefinite adjectives	Indefinite pronouns
autre(s) other	**chacun(e)** each one
un(e) autre another	**la plupart** most (of them)
certain(e)(s) certain	**plusieurs** several (of them)
chaque each, every single	**quelque chose** something
plusieurs several	**quelques-un(e)s** some, a few (of them)
quelques some	**quelqu'un** someone
tel(le)(s) such (a)	**tous/toutes** all (of them)
tout(e)/tous/toutes (les) every, all	**tout** everything

Boîte à outils

Note that the final **-s** of **tous** is pronounced when it functions as a pronoun, but silent when it functions as an adjective.

———

When you wish to modify **personne, rien, quelqu'un,** or **quelque chose**, add **de** + [masculine singular adjective].

Ce week-end, nous ne faisons **rien d'intéressant**.

This weekend, we aren't doing anything interesting.

- The adjectives **chaque**, **plusieurs**, and **quelques** are invariable.

  Chaque élève a droit à des livres gratuits.
  Each student is entitled to free books.

  Plusieurs terroristes ont fui.
  Several terrorists fled.

- The pronouns **la plupart**, **plusieurs**, **quelque chose**, **quelqu'un**, and **tout** are invariable.

  Tout va bien au gouvernement.
  Everything goes well in the government.

  Il y a **quelqu'un** dehors?
  Is there someone outside?

Vérifiez

La valeur des idées

Structures

4.2 Mise en pratique

1 Une nouvelle loi Pendant un débat, un défenseur des droits de l'homme contredit les déclarations d'une avocate. Complétez leur dispute à l'aide des nouvelles structures.

Modèle AVOCATE Il faut absolument approuver cette nouvelle loi!
DÉFENSEUR Mais non! Il _ne faut pas_ approuver cette loi!

AVOCATE La loi donne le pouvoir au peuple de notre nation.
DÉFENSEUR Mais non! La loi (1) _____ pouvoir au peuple, et tout le pouvoir au président.
AVOCATE Calmez-vous! Avec cette loi, nous serons toujours une démocratie.
DÉFENSEUR Mais non. Avec cette loi, nous (2) _____ une démocratie.
AVOCATE Le gouvernement sera juste et puissant avec ces changements.
DÉFENSEUR Mais non. Il (3) _____ avec ces changements.
AVOCATE Certains citoyens apprécient les choses que j'essaie de faire.
DÉFENSEUR Mais non. (4) _____ ce que vous essayez de faire.
AVOCATE Une telle loi va réduire la menace du terrorisme partout dans le pays.
DÉFENSEUR Mais non. Elle (5) _____ la menace du terrorisme.
AVOCATE (6) _____ m'a dit que vous étiez désagréable, et maintenant je vois pourquoi.

2 Voyager Imaginez que vous soyez un(e) politicien(ne) qui voyage souvent avec un(e) collègue. Vous l'entendez parler de vos voyages, mais vous n'êtes pas d'accord.

Modèle Quand je voyage à l'étranger, je mange toujours des repas authentiques.

Non, quand vous voyagez à l'étranger, vous ne mangez jamais de repas authentiques.

1. J'ai toujours aimé voyager en avion.
2. Tous sortent dîner avec moi le soir.
3. Toutes les villes que je visite sont dangereuses.
4. Je suis allé(e) partout dans le monde francophone.
5. Je n'ai pas encore vu de pays où il y avait une guerre civile.
6. Je m'intéresse encore à la politique des pays que je visite.

3 Disputes À deux, imaginez les échanges qui provoqueraient ces réponses. Utilisez les adjectifs et les pronoms indéfinis. Ensuite, jouez l'un des dialogues devant la classe.

- Je ne ferai jamais ça!
- Moi non plus.
- Rien ne t'en empêchera!
- Je ne devrais ni le voir ni lui parler.
- Chacun de nous doit envoyer une lettre.
- Dommage, personne ne s'y intéresse.
- Un tel scandale ne détruit que la réputation.

Unité 4

Communication

4 **Vos idées** Avec un(e) camarade de classe, posez-vous ces questions à tour de rôle. Développez vos réponses et utilisez les nouvelles structures le plus possible. Ensuite, discutez de vos opinions respectives.

Modèle —Es-tu déjà allé(e) dans un tribunal?
—Non, je ne suis jamais allé(e) dans un tribunal.

Les gens

Es-tu déjà allé(e) dans un tribunal?

Es-tu un(e) militant(e)? En connais-tu un(e)?

As-tu déjà été la victime d'un voleur?

Les lois

Approuves-tu toutes les lois?

Un prisonnier est-il toujours coupable?

L'égalité est-elle présente partout? Dans quelles circonstances ne l'est-elle pas?

La sécurité

As-tu l'impression d'être en sécurité? Pourquoi?

Y a-t-il beaucoup de violence où tu habites?

La menace terroriste te fait-elle peur?

5 **Débat politique** Vous participez à un débat politique. Votre adversaire est le président sortant (*outgoing*) et vous n'êtes pas d'accord avec ce qu'il a fait pendant son mandat. Jouez le dialogue devant la classe.

Modèle —Vous n'avez pas encore démontré que vous êtes le meilleur candidat.
—Je ne l'ai peut-être pas encore démontré, mais pendant ces dernières années, vous ne l'avez jamais démontré non plus.

Connections

Christine Taubira Née en Guyane, Christiane Taubira est une politicienne qui a été candidate aux élections présidentielles françaises de 2002. Elle est surtout connue pour être à l'origine d'une loi de 2001 où la France reconnaît que la traite négrière (*slave trade*) transatlantique et l'esclavage (*slavery*) sont des crimes contre l'humanité. Entre 2012 et 2016, elle a été garde des Sceaux, c'est-à-dire, ministre de la Justice.

- Pourquoi est-il important que les élus aient des obligations morales envers ceux qu'ils représentent?

I CAN deny or refute statements.

Structures

Communicative Goal Exchange details and preferences using **-ir** verbs

4.3 Irregular *-ir* verbs

—**Tiens!** Le liquide, là.

- Many commonly used **-ir** verbs are irregular.
- The following irregular **-ir** verbs have similar present-tense forms.

	courir	dormir	partir	sentir	sortir
je	cours	dors	pars	sens	sors
tu	cours	dors	pars	sens	sors
il/elle/on	court	dort	part	sent	sort
nous	courons	dormons	partons	sentons	sortons
vous	courez	dormez	partez	sentez	sortez
ils/elles	courent	dorment	partent	sentent	sortent

- The past participles of these verbs are, respectively, **couru**, **dormi**, **parti**, **senti**, and **sorti**. **Sortir** and **partir** take **être** as the auxiliary in the **passé composé** and **plus-que-parfait**.

   Pourquoi est-ce que vous **avez dormi** au bureau hier soir?
   Why did you sleep in the office last night?

   Les armées **sont** définitivement **parties** en 1945, après la guerre.
   The armies left for good in 1945, after the war.

- Use **sortir** to say that someone is leaving, as in exiting a building. Use **partir** to say that someone is leaving, as in departing. The preposition **de** often accompanies **sortir**, and the preposition **pour** often accompanies **partir**.

   Nous ne **sortons** jamais **de** la salle avant la sonnerie.
   We never leave the room before the bell rings.

   Le premier ministre **part pour** l'Espagne demain.
   The prime minister leaves for Spain tomorrow.

- **Mourir** (*to die*) also is conjugated irregularly in the present tense. Its past participle is **mort**, and it takes **être** as an auxiliary in the **passé composé** and **plus-que-parfait**.

   Il fait chaud et je **meurs** de soif!
   It's hot, and I'm dying of thirst!

   En quelle année la présidente **est**-elle **morte**?
   In which year did the president die?

mourir	
je meurs	nous mourons
tu meurs	vous mourez
il/elle/on meurt	ils/elles meurent

---

vhlcentral

 Grammar Tutorial

À noter

For a review of the present-tense conjugation of regular **-ir** verbs, see **Fiche de grammaire 1.4, p. 374**.

Boîte à outils

Sentir means *to sense* or *to smell*. The reflexive verb **se sentir** is used with an adverb to tell how a person feels.

Cette fleur sent très bon!
This flower smells very good!

Je sens qu'il t'aime, même s'il ne le dit pas.
I sense that he loves you, even if he doesn't say it.

Tu es rentrée parce que tu ne te sentais pas bien?
You went home because you didn't feel well?

À noter

To review formation of the **passé composé** with **être**, see **Structures 3.2, pp. 94–95**.

Vérifiez

- These verbs are conjugated with the endings normally used for **-er** verbs in the present tense.

	couvrir	découvrir	offrir	ouvrir	souffrir
je	couvre	découvre	offre	ouvre	souffre
tu	couvres	découvres	offres	ouvres	souffres
il/elle/on	couvre	découvre	offre	ouvre	souffre
nous	couvrons	découvrons	offrons	ouvrons	souffrons
vous	couvrez	découvrez	offrez	ouvrez	souffrez
ils/elles	couvrent	découvrent	offrent	ouvrent	souffrent

- The past participles of the verbs above are, respectively, **couvert**, **découvert**, **offert**, **ouvert**, and **souffert**.

> Qu'est-ce que les organisateurs vous **ont offert** comme boisson?
> *What did the organizers offer you to drink?*

> Le criminel **avait ouvert** la porte pour entrer dans le garage.
> *The criminal had opened the door to enter the garage.*

Vérifiez

- These verbs are irregular but conjugated similarly. In all forms but **vous** and **nous**, the **e** in the verb root changes to **ie**. In the **ils/elles** form, the **n** is doubled.

	venir	devenir	revenir	tenir	maintenir
je	viens	deviens	reviens	tiens	maintiens
tu	viens	deviens	reviens	tiens	maintiens
il/elle/on	vient	devient	revient	tient	maintient
nous	venons	devenons	revenons	tenons	maintenons
vous	venez	devenez	revenez	tenez	maintenez
ils/elles	viennent	deviennent	reviennent	tiennent	maintiennent

- The past participles of these verbs are, respectively, **venu, devenu, revenu, tenu,** and **maintenu**. **Venir** and its derivatives **devenir** and **revenir** take **être** as the auxiliary in the **passé composé** and **plus-que-parfait**.

> Le criminel **a tenu** son arme à la main pendant quelques secondes.
> *The criminal held the weapon in his hand for a few seconds.*

> La juge **était revenue** de son bureau pour parler aux jurés.
> *The judge came back from her chambers to talk to the jury.*

- The construction **venir** + **de** + [*infinitive*] means to have *just* done something. Use it in the present or **imparfait** to say that something happened in the very recent past.

> Les militants **viennent de faire** un discours à l'ONU.
> *The activists have just made a speech at the UN.*

> Je **venais** juste **de poser** mon sac par terre quand le voleur l'a pris.
> *I had just put my bag down on the ground when the thief took it.*

À noter

Remember that a past participle usually agrees with its subject in number and gender for verbs that take **être** as an auxiliary. To review past participle agreement, see **Fiche de grammaire 5.5, p. 392**.

Vérifiez

Unité 4

La valeur des idées 137

Structures

4.3 Mise en pratique

1 **À compléter** Assemblez les éléments des colonnes pour former des phrases complètes. Chaque élément ne doit être utilisé qu'une fois.

____ 1. Tous les enfants…
____ 2. Cet animal…
____ 3. Tu…
____ 4. Mon ami et moi…
____ 5. Le scandale…
____ 6. Vous…

a. vient d'un journaliste.
b. devenons avocats à la fin de l'année.
c. tenez une conférence à quelle heure?
d. dorment paisiblement.
e. sent toujours d'où vient le danger.
f. souffres toujours d'un mal de tête.

2 **Cuisine créole** Stéphanie et Daniel parlent de leur expérience au restaurant hier soir. Choisissez le bon verbe et conjuguez-le au temps qui convient.

Vous savez que nous (1) _____ (devenir / découvrir) une cuisine exotique tous les mois. Eh bien, hier soir, Daniel et moi (2) _____ (sortir / sentir) manger dans ce nouveau restaurant créole que vous nous aviez suggéré. Il faut dire que je (3) _____ (dormir / mourir) d'envie d'y aller depuis que vous nous en aviez parlé. Nous (4) _____ (sentir / venir) la délicieuse odeur épicée depuis la rue. Nous avons essayé toutes sortes de plats traditionnels. Après ça, nous (5) _____ (ouvrir / revenir) enchantés de notre soirée. Finalement, nous (6) _____ (courir / partir) pour Saint-Martin la semaine prochaine!

3 **À choisir** Créez des phrases cohérentes avec les éléments du tableau. Faites attention au temps. N'utilisez chaque élément qu'une fois.

A	B	C
Les jurés	courir	me voir pendant les vacances d'été.
La victime	découvrir	son jugement.
Vous	maintenir	dans le tribunal pour prononcer la sentence il y a quelques secondes.
Les policiers	offrir	de l'hôpital, mais elle ne nous l'avait pas dit.
Tu	partir	mes compliments au nouveau président.
Le juge	revenir	une nouvelle île chaque fois que tu vas aux Antilles.
Nous	sortir	toujours après les voleurs.
Je/J'	venir	très bientôt pour Saint-Barthélemy.
?	?	?

Cultures

La cuisine créole La cuisine créole raconte l'histoire des îles antillaises, qui sont marquées par l'empreinte du peuple Caraïbe, des Africains, des Français et des Indiens. Elle est à base de produits de la mer, souvent macérés (*marinated*) dans un assaisonnement pour qu'ils aient encore meilleur goût.

- Connaissez-vous la cuisine créole? Quels plats préférez-vous?

Communication

4 **Votre personnalité** À deux, posez-vous des questions à tour de rôle. Utilisez des verbes irréguliers en **-ir** dans vos réponses.

- Tu dors jusqu'à quelle heure le week-end?
- Sors-tu souvent le week-end? Avec qui?
- Souffres-tu beaucoup de la chaleur en été? Du froid en hiver?
- Qu'offres-tu à tes parents pour leur anniversaire? À ton/ta meilleur(e) ami(e)?
- Quelle personne rêves-tu de devenir?
- Pars-tu en vacances tous les ans? Où vas-tu?

5 **Saint-Barthélemy ou Marie-Galante?** Sandra et Timothée planifient leurs prochaines vacances. Sandra veut aller à Saint-Barthélemy, mais Timothée préfère visiter l'île de Marie-Galante.

A. À deux, décidez quelles phrases de la liste correspondent à chaque île en vous aidant des informations contenues dans Comparisons: **Saint-Barthélemy et Marie-Galante**, puis complétez le tableau.

- *Partir en randonnée*
- *Dormir sur la plage*
- *Devenir un(e) aventurier/aventurière*
- *Découvrir la nature luxuriante de l'île*
- *Sortir en boîte de nuit*
- *Revenir enchanté(e) de ses vacances*

Comparisons

Saint-Barthélemy et Marie-Galante Saint-Barthélemy est la Côte d'Azur des Antilles françaises. Par contre, loin d'être le paradis des milliardaires, Marie-Galante est une île de rêve pour les fous de nature, qui apprécient beaucoup ses plages.

- Préférez-vous visiter Saint-Barthélemy ou Marie-Galante? Pourquoi?

Saint-Barthélemy	Marie-Galante

B. Sandra et Timothée reviennent de leur voyage. À l'aide des phrases ci-dessus, imaginez un dialogue où ils expliquent ce qu'ils ont fait. Faites-le pour chaque île.

I CAN exchange details and preferences using **-ir** verbs.

Structures

Synthèse

C'est aujourd'hui que l'avenir se décide: votez!

Mouvement démocrate

(MoDem)

Vous avez voté pour Antoine Éraste aux dernières élections

Parce que vous n'aviez jamais eu un candidat aussi incorruptible! Sortez de chez vous et votez MoDem!

Il faut réélire Antoine!

Le Parti socialiste guyanais PSG

Personne n'a le droit d'être au chômage!

 Pour un tel idéal, votez **THÉLOR MADIN**

Pour ne plus souffrir, courez aux urnes°!

Le Front national (FN)

Pour maintenir une Cayenne en action et pour ne pas revenir en arrière°!

Votez pour Jean-Baptiste Pancrace, qui n'a jamais peur de prendre les bonnes décisions.

 Le Parti écologique **LES VERTS**

Pour ne plus jamais perdre face à la pollution,

FLEUR DESMARAIS

est la solution!
Chacun doit voter pour les Verts!

urnes *polls* **en arrière** *backward*

---

1 Révision de grammaire Entourez la structure qui ne se trouve pas dans le slogan indiqué.

1. **MoDem:** plus-que-parfait • pronom indéfini • expression négative
2. **PSG:** adjectif indéfini • plus-que-parfait • verbe irrégulier en **-ir**
3. **FN:** verbe irrégulier en **-ir** • expression négative • adjectif indéfini
4. **Les Verts:** expression négative • verbe irrégulier en **-ir** • pronom indéfini

2 Qu'avez-vous compris? Répondez par des phrases complètes.

1. Selon le slogan MoDem, pourquoi a-t-on voté pour Antoine Éraste aux dernières élections?
2. Quel est l'idéal de Thélor Madin?
3. Que Jean-Baptiste Pancrace n'a-t-il jamais eu peur de faire?
4. Quelle est la mission du Parti écologique?
5. Quel candidat ou parti choisiriez-vous? Pourquoi? Justifiez votre réponse en utilisant des expressions négatives, des pronoms et adjectifs indéfinis et d'autres structures de cette unité.

Communicative Goal Identify and reflect on the importance of freedom and artistic expression in Haiti

Culture

Préparation

Glossaire de la lecture

un colon *colonist*
l'esclavage (*m.*) *slavery*
évadé(e) *escaped*
renverser *to overthrow*
se révolter *to rebel*
vaincre *to defeat*

Vocabulaire utile

l'asservissement (*m.*) *enslavement*
la guerre de Sécession *the American Civil War*
une monarchie absolue *absolute monarchy*
la noblesse *nobility*
l'ordre (*m.*) **public** *public order*
un régime totalitaire *totalitarian regime*
la sûreté publique *public safety*
un système féodal *feudal system*
la traite des Noirs *slave trade*

La république d'Haïti, vous connaissez. Mais saviez-vous que ce pays est le premier État noir indépendant du monde? C'est aussi un pays de peintres.

1 **Un peuple révolté** Complétez ce petit résumé (*summary*) de la Révolution française à l'aide des mots de la liste de vocabulaire.

Avant la Révolution, la France était une (1) _____. La population était divisée en trois grandes classes: le peuple, le clergé et la (2) _____. En 1789, le peuple commence à (3) _____ contre l'injustice du (4) _____ qui existait en France depuis le Moyen Âge et qui perpétuait (5) _____ d'une grande partie de la population française au profit des nobles. Le 14 juillet 1789, le peuple prend la Bastille, un symbole de la tyrannie royale. Quelques années plus tard, le roi Louis XVI est (6) _____, la royauté est abolie en France et l'An I de la République française est proclamé.

2 **Colonisation et esclavage** Répondez aux questions et comparez vos réponses avec celles d'un(e) camarade.

1. Citez les différents types de régimes politiques. Quelles sont leurs caractéristiques?
2. Quels ont été les grands empires coloniaux? Pourquoi ces pays sont-ils devenus colonisateurs?
3. Pouvez-vous citer d'anciennes colonies françaises? Où sont-elles situées? Savez-vous quand et comment elles ont obtenu leur indépendance?
4. À quoi vous fait penser le terme «esclavage»? Expliquez.
5. Que savez-vous d'Haïti?

3 **Les droits de l'homme** Par groupes de quatre, discutez de ces deux extraits de la **Déclaration des droits de l'homme et du citoyen**. Puis, comparez vos idées avec celles d'un autre groupe.

> *Article 1: Les hommes naissent et demeurent (remain) libres et égaux en droits.*
>
> *Article 6: La loi est l'expression de la volonté générale [...] Elle doit être la même pour tous. [...]*

- Êtes-vous d'accord avec les valeurs présentées par ces deux extraits?
- Connaissez-vous des pays où ces principes ne sont pas en vigueur?
- L'égalité existe-t-elle pour tout le monde dans votre pays?

La valeur des idées

Culture

HAÏTI
soif de liberté

Haïti est réellement née le 1ᵉʳ janvier 1804, le jour de la proclamation de son indépendance. L'île devient alors le premier État noir indépendant. Comment y est-elle arrivée?

La société haïtienne, basée sur l'esclavage, était composée de Blancs, de libres°, d'esclaves et de Noirs marrons. Extrêmement prospère, l'île était le premier producteur mondial de sucre et la plus riche des colonies françaises. C'est la Déclaration des droits de l'homme en France (1789) qui constitue l'élément déclencheur° de la révolution.

En 1791, des esclaves noirs se révoltent contre les colons blancs: c'est le début de la Révolution haïtienne. Pierre Dominique Toussaint Louverture (1743–1803) est un ancien esclave et un des seuls Noirs révolutionnaires qui sachent lire et écrire. Il se joint aux Espagnols, qui occupent l'est de l'île, pour combattre les Français et l'esclavage. Il est fait prisonnier en 1802 et déporté en France, où il mourra en 1803. Avant de quitter Haïti, il dira: «En me renversant°, on n'a abattu à Saint-Domingue que le tronc de l'arbre de la liberté, mais il repoussera° car ses racines° sont profondes et nombreuses.» Il a raison. Jacques Dessalines, son lieutenant, continue la lutte et finira par vaincre les Français en automne 1803. Il proclame l'indépendance en 1804.

«Cet achat de nègres, pour les réduire en esclavage, est un négoce° qui viole la religion, la morale, les lois naturelles, et tous les droits de la nature humaine.» Cette phrase est écrite en France en 1776, mais la France n'abolit l'esclavage qu'en 1794, par une loi qui ne sera jamais appliquée. Il faut attendre 1848 pour que la France l'abolisse vraiment. La fin de l'esclavage en Haïti est la conséquence de sa lutte pour l'indépendance et de la victoire du peuple haïtien sur les planteurs blancs.

Aujourd'hui, Haïti a une culture où les arts français et africains fusionnent. La France a eu beaucoup d'influence en Haïti jusqu'au milieu du 20ᵉ siècle, et cela se ressent dans les textes, marqués par les courants° littéraires français. Puis, dans les années 1950, il y a une révolution de l'écriture. Les écrivains prennent conscience du sentiment d'être haïtiens et cessent de copier les auteurs français. Les racines africaines et la réalité sociale de l'île les inspirent. D'ailleurs°, le créole devient langue littéraire.

Mais en Haïti, c'est la peinture qui est le moyen d'expression artistique le plus courant. Elle est présente partout, et tout le monde a peint au moins une fois dans sa vie. C'est pourquoi le style artistique haïtien va d'un extrême à l'autre, du naïf au surréalisme. On y trouve les mêmes thèmes que dans la littérature: l'origine, les peines° et les espoirs de la société haïtienne.

Le 12 janvier 2010, Haïti est frappé par un terrible tremblement de terre, le plus meurtrier de l'histoire de l'île. Et, en 2016 l'ouragan Matthew ravage l'île qui ne s'était pas encore remise du tremblement de terre. En 2015, le pays souffre d'une crise politique qui durera jusqu'en 2017 avec l'élection de Jovenel Moïse comme président. On peut donc espérer un avenir meilleur pour cette société qui, ne l'oublions pas, est la première à s'être libérée de l'esclavage. ■

Des mots...

Gary Victor (1958–) l'un des écrivains les plus lus, est l'auteur de nouvelles,° de livres pour la jeunesse et de romans. **Kettly Mars** (1958–) décrit, dans ses poèmes, les émotions qu'elle ressent devant l'amour, la beauté de la nature et les objets quotidiens. Avec d'autres auteurs de l'île, qui écrivent en français ou en créole, ils sont garants d'une réelle littérature haïtienne.

Des couleurs...

La peinture haïtienne, c'est d'abord de la couleur, vive et généreuse. **Gérard Fortuné** (vers 1930–) est l'un des peintres les plus importants de sa génération. Il commence à peindre en 1978, après avoir été cuisinier. Dans ses tableaux, il mélange le vaudou et le christianisme. **Michèle Manuel** (1935–) vient d'une famille riche et apprend à peindre à **Porto-Rico** et aux **États-Unis**. Ses scènes de marchés sont particulièrement appréciées.

Culture

Analyse

1 Compréhension Répondez aux questions par des phrases complètes.

1. Décrivez brièvement la société haïtienne avant 1804.
2. Qu'est-ce que la Déclaration des droits de l'homme de 1789 a déclenché en Haïti?
3. Qu'est-ce que l'île d'Haïti a obtenu en 1804?
4. Qui était Pierre Dominique Toussaint Louverture?
5. Quelle différence y a-t-il entre la littérature haïtienne d'avant 1950 et celle d'aujourd'hui?
6. Quelle est la forme d'expression artistique la plus courante en Haïti?

2 Réflexion Répondez aux questions, puis discutez de vos réponses avec un(e) camarade de classe.

1. Ce sont la Déclaration des droits de l'homme de 1789 et la Révolution française qui ont été les éléments déclencheurs de la révolte des esclaves en Haïti. Pourquoi, à votre avis?
2. Commentez cette citation de Toussaint Louverture: «En me renversant, on n'a abattu à Saint-Domingue que le tronc de l'arbre de la liberté, mais il repoussera car ses racines sont profondes et nombreuses.»
3. En 1776, on pouvait lire que l'esclavage violait les droits de la nature humaine. Mais il a fallu plus de 70 ans à la France pour réellement abolir l'esclavage. Pourquoi, à votre avis?

3 Perdu Par groupes de trois, imaginez que vous soyez naufragé(e)s (*shipwrecked*) sur une île déserte des Antilles. Vous devez créer une nouvelle civilisation. Quels sont les dix droits principaux dont bénéficieront les citoyens de cette île? Comparez votre nouvelle déclaration des droits de l'homme avec celle des autres groupes.

4 Sûreté publique ou liberté individuelle? Les attentats terroristes de nos jours ont déclenché un débat sur l'équilibre entre la sûreté publique et la liberté individuelle. À votre avis, est-il nécessaire de sacrifier certaines libertés individuelles pour assurer une plus grande sécurité? Par groupes de trois, discutez de ce sujet, puis présentez le résultat de votre discussion à la classe.

I CAN identify and reflect on the importance of freedom and artistic expression in Haiti.

Communicative Goal Analyze the intention and the main ideas of an authentic speech about poverty.

Littérature

Préparation

À propos de l'auteur

Victor Hugo (1802–1885) est l'un des plus célèbres auteurs français. Poète, dramaturge, critique, romancier, mais aussi intellectuel engagé et politicien, il est le chef de file (*leader*) du mouvement romantique. Parmi ses principales œuvres, on peut citer *Les Misérables*, *Notre-Dame de Paris*, *Ruy Blas* et *Hernani*, ainsi que plusieurs recueils de poésie, tels que *Les Feuilles d'automne* et *Les Contemplations*. Au cours de sa vie, Hugo a souvent défendu les plus démunis (*destitute*) et il s'est surtout intéressé aux problèmes de société et à la justice. Entre 1840 et 1850, il s'est principalement consacré à la politique. C'est pendant cette période qu'il a été élu député à l'Assemblée nationale législative, le parlement français. Dans son célèbre *Discours sur la misère*, qu'il y prononce en 1849, il s'adresse à ses collègues au sujet de la nécessité de combattre la misère.

Dans son *Détruire la misère*, Victor Hugo s'adresse aux membres de l'Assemblée nationale pour leur faire prendre conscience de la misère du peuple français à l'époque (*at the time*).

Glossaire de la lecture

le devoir duty
épargner to spare
un fait fact
la misère poverty
la souffrance suffering
un tort wrong

Vocabulaire utile

le contenu content
l'inaction (*f.*) lack of action
le manque lack
la pauvreté poverty
la précarité insecurity, instability
un problème de société societal issue
la responsabilité responsibility
s'indigner to be angered
le ton tone

1 Associations Indiquez les associations logiques.

_____ 1. la misère   a. un acte injuste
_____ 2. un tort   b. la pauvreté
_____ 3. s'indigner   c. empêcher la souffrance
_____ 4. épargner   d. une obligation morale
_____ 5. le devoir   e. se fâcher
_____ 6. la précarité   f. un manque de sécurité

2 Discussion Les problèmes de société évoluent-ils avec le temps? Par groupes de trois ou quatre, répondez aux questions. Donnez des exemples. Présentez à la classe le résultat de votre discussion.

1. Comment imaginez-vous la vie quotidienne dans les quartiers pauvres de Paris au dix-neuvième siècle? Quels sont les problèmes principaux que les gens rencontrent?

2. Et aujourd'hui, quels sont les problèmes de société auxquels les gens doivent faire face? Sont-ils les mêmes qu'au dix-neuvième siècle? Ces problèmes sont-ils semblables dans tous les pays du monde?

3. À votre avis, à qui revient la responsabilité de résoudre (*resolve*) les problèmes de société? Au gouvernement? Aux citoyens? À des organisations charitables (*charities*)? À d'autres personnes? Est-ce que cette responsabilité devrait être partagée?

La valeur des idées **145**

Littérature

Détruire la misère
Discours à l'Assemblée nationale législative: 9 juillet 1849

Victor Hugo

Je ne suis pas, messieurs, de ceux qui croient qu'on peut supprimer la souffrance en ce monde; la souffrance est une loi divine; mais je suis de ceux qui pensent et qui affirment qu'on peut détruire la misère.

Remarquez-le bien, messieurs, je ne dis pas diminuer, amoindrir°, limiter, circonscrire°, je dis détruire. Les législateurs et les gouvernants doivent y songer° sans cesse; car, en pareille matière, tant que le possible n'est pas fait, le devoir n'est pas rempli.

La misère, messieurs, j'aborde ici le vif de la question°, voulez-vous savoir jusqu'où elle est, la misère? Voulez-vous savoir jusqu'où elle peut aller, jusqu'où elle va, je ne dis pas en Irlande, je ne dis pas au Moyen Âge, je dis en France, je dis à Paris, et au temps où nous vivons? Voulez-vous des faits?

Il y a dans Paris, dans ces faubourgs° de Paris que le vent de l'émeute soulevait naguère° si aisément, il y a des rues, des maisons, des cloaques°, où des familles, des familles entières, vivent pêle-mêle, hommes, femmes, jeunes filles, enfants, n'ayant pour lits, n'ayant pour couvertures, j'ai presque dit pour vêtement, que des monceaux infects de chiffons° en fermentation, ramassés dans la fange° du coin des bornes°, espèce de fumier° des villes, où des créatures s'enfouissent° toutes vivantes pour échapper au froid de l'hiver.

Voilà un fait. En voulez-vous d'autres? Ces jours-ci, un homme, mon Dieu, un malheureux homme de lettres, car la misère n'épargne pas plus les professions libérales que les professions manuelles, un malheureux homme est mort de faim, mort de faim à la lettre°, et l'on a constaté, après sa mort, qu'il n'avait pas mangé depuis six jours.

Voulez-vous quelque chose de plus douloureux encore? Le mois passé, pendant la recrudescence du choléra°, on

> **Je ne suis pas [...] de ceux qui croient qu'on peut supprimer la souffrance en ce monde [...] mais je suis de ceux qui pensent et qui affirment qu'on peut détruire la misère.**

a trouvé une mère et ses quatre enfants qui cherchaient leur nourriture dans les débris immondes° et pestilentiels des charniers° de Montfaucon!

Eh bien, messieurs, je dis que ce sont là des choses qui ne doivent pas être; je dis que la société doit dépenser toute sa force, toute sa sollicitude, toute son intelligence, toute sa volonté, pour que de telles choses ne soient pas! Je dis que de tels faits, dans un pays civilisé, engagent la conscience de la société toute entière; que je m'en sens, moi qui parle, complice et solidaire°, et que de tels faits ne sont pas seulement des torts envers° l'homme, que ce sont des crimes envers Dieu!

Vous n'avez rien fait, j'insiste sur ce point, tant que l'ordre matériel raffermi° n'a point pour base l'ordre moral consolidé!

Littérature

Analyse

1 Compréhension Répondez aux questions.

1. À qui s'adresse Victor Hugo dans ce discours?
2. Quel est le but (*goal*) du discours? Que souhaite Victor Hugo?
3. Quels sont les problèmes que Victor Hugo mentionne dans son discours?
4. Comment vivent les familles dans les quartiers pauvres de Paris d'après Hugo?
5. D'après le texte, est-ce que la misère est seulement un problème pour les gens qui ont des professions manuelles? Expliquez et donnez un exemple du texte.
6. Quel problème particulier très grave y a-t-il eu à Paris, d'après le texte?
7. Quelle est la responsabilité de la société envers les problèmes décrits?
8. Est-ce que Victor Hugo pense que les politiciens font assez pour détruire la misère? Justifiez votre réponse avec un exemple du texte.

2 Interprétation À deux, répondez par des phrases complètes.

1. Que pensez-vous du ton et du contenu de ce discours? Victor Hugo est-il convaincant, d'après vous? Pourquoi? Justifiez votre opinion.
2. Dans son discours, Hugo dit: «Je dis [...] que de tels faits ne sont pas seulement des torts envers l'homme, que ce sont des crimes envers Dieu!» Que veut-il dire par cette phrase? Comment l'interprétez-vous?
3. Hugo critique l'inaction du gouvernement mais il n'offre pas de suggestions ni de recommandations pour «détruire la misère». Que pensez-vous de cela? Peut-on critiquer le manque d'action des autres sans offrir de solutions?

3 La réponse de l'Assemblée nationale Par petits groupes, imaginez la réponse des politiciens de l'Assemblée nationale au discours de Victor Hugo. Que vont suggérer ceux qui sont d'accord avec son évaluation? Et ceux qui ne sont pas d'accord?

4 À vous! Et vous, qu'est-ce que vous suggéreriez pour «détruire la misère» et résoudre les problèmes mentionnés par Victor Hugo? Discutez de ces questions par petits groupes, puis partagez vos idées avec la classe.

5 Rédaction Suivez le plan de rédaction pour écrire un discours que vous aimeriez faire à une personnalité politique pour lui parler d'un problème de société dans votre pays. Employez les structures de cette unité.

PLAN

1. **Réflexion** Pensez aux problèmes de société qui existent aujourd'hui dans votre ville, votre région ou votre pays, par exemple l'injustice, l'inégalité, la violence, la criminalité. Choisissez le problème qui vous semble le plus important.

2. **Discours** Écrivez un discours dans lequel vous présentez et expliquez le problème qui vous inquiète. Parlez de ses causes et de ses conséquences en exprimant des regrets sur la situation.

3. **Conclusion et recommandations** À la fin de votre discours, résumez brièvement le problème et faites des recommandations pour améliorer la situation.

I CAN analyze the intention and the main ideas of a speech about poverty.

Vocabulaire

La justice et la politique

vhlcentral 🔊

Les mots apparentés

abuser	une (in)justice	un(e) président(e)	un(e) terroriste
un(e) criminel(le)	libéral(e)	un scandale	une victime
défendre	la liberté	la sécurité	la violence
le gouvernement	un(e) politicien(ne)	le terrorisme	voter

Les lois et les droits

un crime *murder; violent crime*
la criminalité *crime*
un délit *(a) crime*
les droits (*m.*) de l'homme *human rights*
une (in)égalité *(in)equality*
un tribunal *court*

approuver une loi *to pass a law*
emprisonner *to imprison*
juger *to judge*

analphabète *illiterate*
coupable *guilty*
(in)égal(e) *(un)equal*
(in)juste *(un)fair*
opprimé(e) *oppressed*

La politique

un abus de pouvoir *abuse of power*
une armée *army*
une croyance *belief*
la cruauté *cruelty*
la défaite *defeat*
une démocratie *democracy*
une dictature *dictatorship*
un drapeau *flag*
la guerre (civile) *(civil) war*
la paix *peace*
un parti politique *political party*
la politique *politics*
la victoire *victory*

avoir de l'influence (sur)
  to have influence (over)
se consacrer à *to dedicate oneself to*
élire *to elect*
gagner/perdre les élections
  to win/lose elections
gouverner *to govern*

conservateur/conservatrice *conservative*
modéré(e) *moderate*
pacifique *peaceful*
puissant(e) *powerful*
victorieux/victorieuse *victorious*

Les gens

un(e) avocat(e) *lawyer*
un(e) député(e) *deputy (politician); representative*
un(e) juge *judge*
un(e) juré(e) *juror*
un(e) militant(e) *activist*

un voleur/une voleuse *thief*

La sécurité et le danger

une arme *weapon*
une menace *threat*
la peur *fear*

combattre (*irreg.*) *to fight*
enlever/kidnapper *to kidnap*
espionner *to spy*
faire du chantage *to blackmail*
sauver *to save*

The plus-que-parfait
See pp. 128–129

Negation and indefinite adjectives and pronouns
See pp. 132–133

Irregular -ir *verbs*
See pp. 136–138

Court métrage
L'hiver est proche See p. 118

Culture
Haïti, soif de liberté See p. 141

Littérature
Détruire la misère See p. 145

Pour commencer

Dans un monde où les cultures se rencontrent de plus en plus, quel est le rôle du dialogue? Comment profiter des différences dans la manière de penser, de vivre et de voir le monde?

- Qui est sur la photo?
- Où sont-elles?
- À votre avis, de quoi parlent-elles?

La société en évolution | Unité 5

Destination: AFRIQUE DE L'OUEST

Essential Question

How can a society overcome individual differences?

Can-Do Goals

By the end of this unit I will be able to:

- Talk about immigratrion, diversity, social problems, and change
- Understand characters' motivations in a short film
- Express quantities and parts of a whole
- Use pronouns to refer to places and things that have already been mentioned

Skills

- **Reading:** Reading a tale about a life-changing experience
- **Conversation:** Discussing the impacts of immigration, globalization, and rural exodus
- **Writing:** Writing a journalistic article about a dramatic event

Culture

I will learn about and reflect on:

- The people, attractions, and language of West Africa
- An anti-discrimination campaign in France
- The impact of technology used in African schools

Unité 5 Integrated Performance Assessment

You will watch a series of public service announcements from the Belgian non-profit organization **Oxfam-Magasins du monde** about habits young people can adopt to support fair trade and environmental sustainability. Then you will create your own public service campaign to have a positive impact on an issue affecting society or the planet.

Contextes

Communicative Goal Talk about immigratrion, diversity, social problems, and change

Crises et horizons

Les mots apparentés

s'adapter
l'assimilation (f.)
une cause
le chaos

le courage
le développement
un dialogue

la diversité
l'humanité (f.)
l'immigration (f.)

l'instabilité (f.)
l'intégration (f.)
(non-)conformiste

En mouvement

un but goal
un(e) émigré(e) emigrant
une frontière border
un(e) immigré(e) immigrant
une langue maternelle native language
une langue officielle official language
le luxe luxury
la mondialisation globalization
la natalité birthrate
le patrimoine culturel cultural heritage
les principes (*m.*) principles

aller de l'avant to forge ahead
s'améliorer to better oneself
attirer to attract
augmenter to grow; to raise
baisser to decrease
deviner to guess
prédire (*irreg.*) to predict

exclu(e) excluded
polyglotte multilingual
prévu(e) intended; planned
seul(e) alone

Les problèmes et les solutions

la compréhension understanding
une incertitude uncertainty
la maltraitance abuse
le niveau de vie standard of living
une polémique controversy
la surpopulation overpopulation
le travail manuel manual labor
une valeur value
un vœu wish

avoir le mal du pays to be homesick
faire sans to do without
faire un effort to make an effort
lutter to fight; to struggle

du/due à due to
surpeuplé(e) overpopulated

Les changements

appartenir (à) to belong (to)
dire au revoir to say goodbye
s'enrichir to become rich
s'établir to settle
manquer à to miss
parvenir à to attain; to achieve
projeter to plan
quitter to leave behind
réaliser (un rêve) to fulfill (a dream)
rejeter to reject

la frontière canadienne

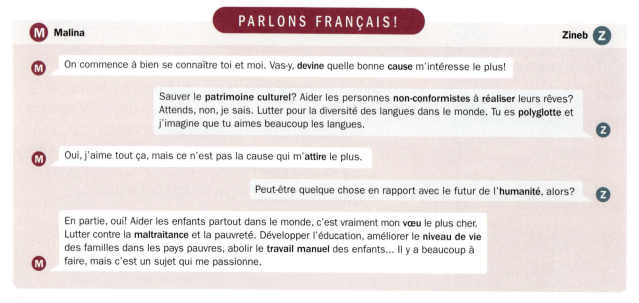

PARLONS FRANÇAIS!

M Malina   **Z** Zineb

M: On commence à bien se connaître toi et moi. Vas-y, **devine** quelle bonne **cause** m'intéresse le plus!

Z: Sauver le **patrimoine culturel**? Aider les personnes **non-conformistes** à **réaliser** leurs rêves? Attends, non, je sais. Lutter pour la diversité des langues dans le monde. Tu es **polyglotte** et j'imagine que tu aimes beaucoup les langues.

M: Oui, j'aime tout ça, mais ce n'est pas la cause qui m'**attire** le plus.

Z: Peut-être quelque chose en rapport avec le futur de l'**humanité**, alors?

M: En partie, oui! Aider les enfants partout dans le monde, c'est vraiment mon **vœu** le plus cher. Lutter contre la **maltraitance** et la pauvreté. Développer l'éducation, améliorer le **niveau de vie** des familles dans les pays pauvres, abolir le **travail manuel** des enfants... Il y a beaucoup à faire, mais c'est un sujet qui me passionne.

Unité 5

Mise en pratique

1 Dans le contexte Écrivez le mot de la liste qui correspond le mieux au contexte de chaque phrase.

| s'adapter | émigré | mal du pays | quitter |
| courage | faire sans | polyglotte | rejeter |

1. Il est important de parvenir à se débrouiller (*to manage*) face à une nouvelle situation. _____
2. Au travail, on me demande souvent de voyager parce que je parle plusieurs langues. _____
3. Quand j'étais petit, ma famille n'était pas riche, alors je n'avais pas tout ce dont j'avais envie. _____
4. Je n'hésite pas à dire «non» et je refuse les propositions qu'on me fait neuf fois sur dix. _____
5. J'ai quitté le pays où je suis né pour trouver un meilleur travail, pas pour des raisons politiques. _____
6. Voyager à l'étranger, c'est important et amusant en même temps, mais le problème, c'est que ma famille me manque. _____

2 Parlons français! Écoutez la conversation entre Thomas et Duran. Ensuite, répondez aux questions.

1. Zineb a presque réussi à faire quoi?
2. En quoi est-ce que Malina croit beaucoup?
3. Thomas pense que Malina est capable de faire quoi?
4. D'après Duran, Thomas fait quoi?
5. Qu'est-ce que Duran a eu le courage de faire?
6. Qu'est-ce qui manque beaucoup à Duran?
7. Qu'est-ce qu'il est important de faire dans la vie, d'après Duran?
8. Est-ce que Duran a quitté Douala pour de bon (*for good*)?
9. Thomas prédit quoi et à qui?

3 Questions personnelles Répondez à chaque question. Discutez de vos réponses avec un(e) camarade de classe.

1. Quelle est votre langue maternelle? Combien de langues parlez-vous?
2. Avez-vous déjà eu le mal du pays? Expliquez la situation.
3. Êtes-vous pour ou contre la mondialisation? Expliquez votre point de vue.
4. Êtes-vous plutôt conformiste ou non-conformiste? Citez trois exemples.
5. Quel est votre but dans la vie? Comment est-ce que vous espérez l'atteindre?

4 À l'avenir Imaginez qu'en 2077 votre enfant trouve une capsule temporelle (*time capsule*) que vous aviez préparée pendant votre adolescence. Elle contient des coupures de presse (*clippings*) et des souvenirs de la société de l'époque. À deux, dites ce que vous aviez mis dans cette capsule et expliquez pourquoi ces objets représentent votre génération.

✓ I CAN talk about immigration, diversity, social problems, and change.

La société en évolution

Court métrage

Communicative Goal Understand characters' motivations in a short film

Préparation

Quatre jeunes athlètes maliens s'entraînent durement sur une piste très tôt le matin. Leur visa va bientôt expirer, mais il leur reste une chance pour être sélectionné dans un club d'athlétisme français. Qui y arrivera ? À découvrir dans *Le Bout de la piste* de Sophie Thouvenin.

Glossaire du court métrage

avoir un sale caractère to have a bad temper
se caler sur quelqu'un to line up with someone
Ce n'est pas grave. It's okay/not a problem.
les consignes (*f.*) instructions
un couloir lane
dépasser to surpass
Il faut que je file. I have to run/leave.
un gars guy
intégrer to join
lâcher to let go (of); to give up (on)
piquer un somme to take a nap
rater to miss; to fail
sur le plan mental mentally
un sélectionneur scout

Vocabulaire utile

se battre to fight
défavorisé(e) underprivileged
un encouragement encouragement
s'entraîner to train
un entraîneur coach
être à bout to be exhausted
un(e) gagnant(e) winner
surmonter to overcome
vaincre to defeat; to conquer

1 **Associez** Trouvez la fin logique de chaque phrase.

_____ 1. Je déteste m'entraîner avec Enzo et Simon
_____ 2. Ce n'est pas grave s'ils ont raté l'examen
_____ 3. Les athlètes sont déçus
_____ 4. Ils sont toujours gagnants
_____ 5. Maxime et Lina piquent un petit somme
_____ 6. Mes entraîneurs m'ont aidé sur le plan mental

a. parce qu'ils ne lâchent jamais.
b. parce qu'ils m'ont appris à me concentrer sur mon objectif.
c. parce qu'ils sont à bout.
d. parce qu'ils n'ont pas pu intégrer l'équipe.
e. parce qu'ils ont un sale caractère.
f. parce qu'ils peuvent le repasser demain.

2 **La journée d'une sportive** Complétez les phrases à l'aide des mots de vocabulaire.

Tous les matins je me lève très tôt car il faut que (1)_____ au stade rapidement. Je sais que je dois (2)_____ parce que je veux courir plus vite qu'hier. J'aime les compétitions et pour pouvoir aller aux Jeux olympiques un jour, je ne peux pas (3)_____ mon entraînement. Pour cela, je mange des repas équilibrés et je suis très disciplinée. Même si je suis fatiguée, je/j' (4)_____ les difficultés pour aller toujours plus vite et gagner toutes mes courses. Mes parents et mes amis me donnent toujours beaucoup de/d' (5)_____ pour être (6)_____.

3 Que feriez-vous si...? À deux, répondez aux questions et expliquez vos réponses.

1. Vous êtes sélectionneur dans un club de volleyball et vous évaluez deux membres potentiels. L'un est très sportif et respecte toujours les consignes. L'autre est moins sportif et plus obstiné (*stubborn*), mais essaie constamment de dépasser ses limites. Quel athlète choisissez-vous pour votre équipe?

2. Vous et votre meilleur(e) ami(e) êtes les remplaçants pour le rôle principal d'une pièce de théâtre. L'acteur principal tombe malade et vous devez décider qui va le remplacer. Renoncez-vous (*Do you give up*) au rôle pour le bonheur de votre ami(e)?

3. Vous travaillez dans une université prestigieuse et vous devez offrir une bourse (*scholarship*) à un(e) nouvel(le) étudiant(e). Vous pouvez l'offrir à un(e) étudiant(e) défavorisé(e) qui a reçu des notes moyennes au lycée, ou à un(e) étudiant(e) privilégié(e) qui a eu de très bonnes notes. À qui offrez-vous la bourse?

4. Une jeune immigrée qui habite dans votre ville va perdre son visa si elle n'intègre pas une équipe sportive universitaire. Elle est toujours sous tension pour avoir de bons résultats. Son but est de gagner de l'argent pour aider sa famille dans son pays d'origine. Est-ce qu'elle devrait être renvoyée à son pays d'origine si elle n'arrive pas à intégrer l'équipe?

4 Les opinions En petits groupes, répondez aux questions.

1. Êtes-vous parfois découragé(e) (*discouraged*) ou déçu(e) de vos performances quelles qu'elles soient (*whatever they may be*)? Pourquoi?

2. Pensez-vous que les immigrés de votre communauté ont les mêmes motivations que d'autres pour étudier, travailler ou faire du sport? Pourquoi?

3. Quels sont les privilèges dont on bénéficie quand on est citoyen d'un pays? Les immigrés ont-ils les mêmes privilèges?

5 Anticipez En petits groupes, regardez ces trois photographies du court métrage et décrivez ce que vous voyez. Quels sont les sentiments des personnages? Où sont-ils? Selon vous, que se passe-t-il?

Court métrage

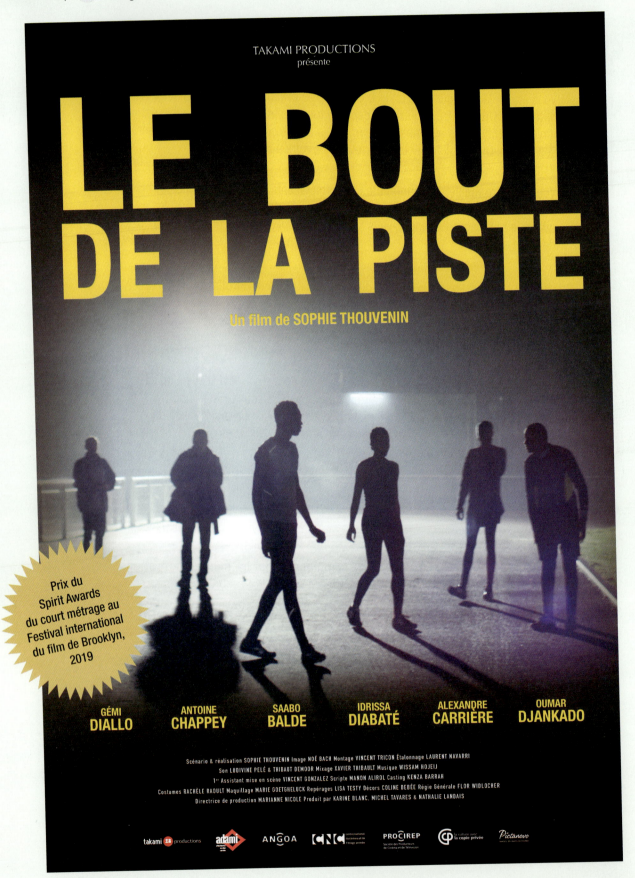

Scènes

ALI Tu es fatiguée?
LOÏC Bon, on ne va pas faire l'entraînement ici, la piste° est réservée toute la journée. Ce n'est pas grave, il y a un autre terrain°. On y va?

LOÏC Tu es prêt Youssouf? Top Youssouf! Allez!
ALI Cette fois il va être pris, c'est sûr. Ce n'est pas possible autrement.

LALA S'il y en avait un de pris, ce serait qui?
LOÏC Qu'est-ce que je viens de vous expliquer, Lala? Concentre-toi sur ta course!
LALA Et tu me fais courir avec les garçons cette fois-ci. Je cours mieux si c'est avec eux.

YOUSSOUF Qu'est-ce que je vais dire à ma mère si je ne suis pas sélectionné? Que son fils a raté la chance de sa vie?
LALA Je n'y retournerai pas.
YOUSSOUF On ne peut pas retourner au pays, ce serait la honte.
OMAR C'est le destin°, que Dieu nous aide.

THIERRY Moi, je ne connais pas ta véritable marge de progression°.
LALA Elle est énorme. Mon corps, c'est une Ferrari.

LOÏC Tu vas nous manquer. Qu'est-ce qu'il fout, Youssouf?
LALA Il est parti.

INTRIGUE
Quatre jeunes coureurs venus du Mali se retrouvent sur un stade pour être sélectionné dans un club d'athlétisme français de haut niveau.

Comparisons

L'immigration et le sport En 2017, la France comptait plus de 400.000 immigrés nés en Afrique de l'Ouest, dont la plupart étaient originaires du Sénégal, de la Côte d'Ivoire et du Mali. Certains des jeunes immigrés de ces pays optent pour le sport pour sortir de leur précarité et bénéficier d'un visa. Si un athlète est de haut niveau, il peut être pris par un club professionnel et recevoir un titre de séjour (*residence permit*) de 4 ans minimum en France.

- Est-ce que le sport dans votre pays peut changer aussi le statut d'une personne? Comment?

piste *track* **terrain** *field* **destin** *destiny* **marge de progression** *potential for improvement*

Court métrage

Analyse

1. Compréhension Répondez aux questions par des phrases complètes.
1. Où l'histoire se passe-t-elle?
2. Pourquoi les athlètes se sont-ils réveillés tôt?
3. Qui est Loïc?
4. Quel conseil important l'entraîneur donne-t-il au groupe d'athlètes?
5. Les sportifs veulent-ils retourner au Mali? Pourquoi?
6. Qu'est-ce que Loïc pense de Lala comme athlète?
7. Qui est finalement sélectionné?
8. Qui est parti définitivement?

2. Interprétation À deux, répondez aux questions et expliquez vos réponses.
1. Quelles sont les motivations des jeunes coureurs?
2. Que veut dire Loïc en disant «Celui qui fait tout bien comme il faut, il [ne] peut pas dépasser ses limites»?
3. Pourquoi Lala insiste-t-elle pour courir avec les garçons?
4. Qu'est-ce que les garçons pensent de Lala avant la sélection? Pourquoi?
5. Comment la relation entre Lala et Youssouf change-t-elle entre le début et la fin du film?
6. D'après vous, comment a été l'enfance de Lala?
7. Pourquoi Thierry a-t-il sélectionné Lala?
8. À votre avis, quelles émotions Lala éprouve-t-elle à la fin du film?

3. Les personnages À deux, décrivez le caractère des personnages du court métrage en vous inspirant des éléments de la liste. Qu'est-ce qui les distingue les uns des autres? Donnez des exemples du film.

aller de l'avant	exclu(e)	manquer à	réaliser un rêve
s'améliorer	faire un effort	(non-)conformiste	rejeter
un but	un(e) immigré(e)	parvenir à	seul(e)
le courage	lutter	quitter	un vœu

1. Lala

2. Youssouf

3. Ali

4. Omar

5. Loïc

6. Thierry

4 Comparez À deux, décrivez et comparez les réactions de Lala et de Youssouf après la sélection. Quelles sont les raisons qui les amènent à leur comportement opposé?

5 Suite Par petits groupes, imaginez la suite du court métrage en considérant les questions suivantes.

1. Que va faire Lala? Va-t-elle réussir et devenir une athlète professionnelle? Retournera-t-elle au Mali dans sa ville natale? Expliquez et justifiez votre réponse.
2. À votre avis, où est allé Youssouf et pourquoi? Continuera-t-il à courir? Qu'est-ce qu'il dira à sa famille après la sélection d'athlétisme ratée?

6 Au secours Par petits groupes, discutez des problèmes touchant les jeunes immigrés en France comme Omar, Youssouf, Ali ou Lala. Regardez la liste ci-dessous et choisissez trois de ces problèmes. Évaluez les difficultés et leurs conséquences, trouvez ensemble des solutions, puis présentez ces solutions à la classe oralement.

- la pauvreté et l'impuissance devant le système social
- le visa qui expire et la possibilité d'être renvoyé dans son pays d'origine
- la pression pour gagner
- la peur de faire honte à sa famille
- la difficulté de s'entraîner avec des études ou un travail en parallèle
- la froideur des entraîneurs et leur but purement business

7 Citation Par groupes de trois, analysez et commentez la citation suivante de Pierre de Coubertin, fondateur des Jeux olympiques modernes. Êtes-vous d'accord? Expliquez votre opinion personnelle et justifiez-la en donnant des exemples précis.

> «L'important dans la vie ce n'est pas le triomphe mais le combat; l'essentiel ce n'est pas d'avoir vaincu mais de s'être bien battu.»

I CAN understand characters' motivations in a short film.

La société en évolution

Imaginez

Communicative Goal Identify and reflect on the people, attractions, and language of West Africa

arbres de la flore ouest-africaine

IMAGINEZ
L'Afrique de l'Ouest

Sur les traces de mes ancêtres

D'ailleurs…
Le **tô** est le plat national au Burkina Faso. Il consiste en une boule de mil ou de maïs accompagnée d'une sauce au gombo°. Au Bénin, c'est le **calalou**, un mélange de gombo, viande, crevettes, feuilles de manioc, oignon, piment et riz.

Vous avez déjà été en Afrique? Moi, une fois, à l'âge de deux ans, mais j'étais trop petite pour m'en souvenir. Mon nom, Grace Kaboré, m'a toujours intriguée sur mes origines. J'habite à Marseille et maintenant que j'ai fini mes études, c'est le moment idéal pour partir! Mais par où commencer? Je décide de suivre les traces de mes ancêtres et commence par le **Burkina Faso**.

J'arrive à **Ouagadougou**, la capitale du «pays des hommes intègres°» fondée au 15ᵉ siècle. Les **Ouagalais** sont chaleureux° et je m'y sens comme chez moi. Je visite le Musée National, où j'en apprends plus sur l'histoire du pays et les différentes ethnies. Ensuite, je décide d'approfondir mes connaissances en artisanat burkinabé et me promène au Village Artisanal, un espace de production et de vente où plus de 500 artisans étalent° leurs créations. Après cinq jours dans la capitale dont le nom signifie « là où on reçoit des honneurs, du respect », je décide de faire un long safari en forme de boucle° **au parc national du W**, site qui s'étend sur l'est du Burkina Faso, une partie du **Niger** et du **Bénin**.

Je commence donc le safari au Burkina Faso, puis continue au Niger. Une fois là-bas, j'en profite pour dévier de ma route et passer une journée sur l'**île de Kanazi**. Là-bas, je fais une ballade en pirogue° sur le **fleuve Niger**, prends en photo des hippopotames et admire le spectacle de la vie courante des habitants sur les berges° du fleuve.

Je reprends mon safari facilement car le parc du W est seulement à une heure et demie de la capitale, **Niamey**. D'ailleurs, les habitants de Kanazi m'ont expliqué que le nom du parc vient de la forme en W du fleuve Niger. La partie nigérienne du parc compte 335.000 hectares, autant vous dire que j'ai vu d'incroyables paysages! La savane avec ses baobabs, antilopes, babouins, et mon animal préféré, l'éléphant! Grâce au guide Djibril, nous avons pu voir cinq lionnes avec leurs lionceaux° boire sur le bord de l'eau. J'ai dormi dans le village de **Karey Kopto**, où les habitants étaient hospitaliers. On a même pu échanger quelques mots en français!

Galerie de Créateurs

Place des Cinéastes, Ouagadougou, Burkina Faso

Les jours suivants, je me dirige vers le site **Alfakoara** au nord du Bénin, et reste deux nuits chez une famille **Mokollé** du village **Tchoka**. Gloria, la fille de la famille, me dit que plus tard, elle veut enseigner le français à la capitale du Bénin, **Porto-Novo**.

Mon parcours touche bientôt à sa fin quand j'entre à la **Réserve Nationale de Faune d'Arly**. Cette zone est très prisée° par les touristes pour sa faune et sa flore. Je passe mes derniers jours entre Ouagadougou et le parc du W, à **Fada N'Gourma**, où j'assiste au Festival Dilembu au Gulmu pour fêter les récoltes du mil°. Il y a des activités comme la danse et la lutte° traditionnelles, le récit de contes°, la course d'ânes° et le tir à l'arc. Là-bas, j'ai parlé avec beaucoup de touristes et de locaux!

C'est malheureusement la fin de mon voyage… Je garde d'inoubliables souvenirs et prévois de revenir en Afrique de l'Ouest pour visiter le **Mali**, la **Mauritanie**, la **Côte d'Ivoire**, le **Togo**, le **Sénégal** et la **Guinée**.

intègres *honest* **chaleureux** *welcoming* **étalent** *display* **boucle** *loop* **pirogue** *canoe* **berges** *riverbank* **lionceaux** *lion cubs* **prisée** *valued* **mil** *millet* **lutte** *wrestling* **contes** *tales* **ânes** *donkeys* **gombo** *okra*

LE FRANÇAIS LOCAL

Au Sénégal

aller sénégalaisement bien	aller très bien
un(e) chéri(e)-coco	un(e) petit(e) ami(e)
un pain chargé	un sandwich
une tablette de chocolat	un nid-de-poule; *pothole*

En Côte d'Ivoire

un maquis	un restaurant, un café
mettre papier dans la tête	éduquer

En Afrique de l'Ouest

payer	acheter
un taxi-brousse	un taxi collectif; *shared taxi*

DÉCOUVREZ

l'Afrique de l'Ouest

La Casamance Située au sud du **Sénégal**, c'est la région agricole la plus riche du pays, grâce au **fleuve Casamance** et à une abondante saison des pluies. La **Basse-Casamance**, à l'ouest, en est la partie la plus touristique. On y trouve de nombreux villages installés au milieu de canaux appelés «bolongs». À l'est de la ville de **Cap-Skirring**, se trouve le **parc national de Basse-Casamance** avec ses buffles°, ses singes°, ses léopards, ses crocodiles et ses nombreuses espèces d'oiseaux.

Djenné C'est une ville du **Mali** à environ 570 km de **Bamako**, la capitale. Fondée au 9ᵉ siècle, elle devient un important centre d'échanges commerciaux° au 12ᵉ siècle. Cette ville est connue pour son architecture exceptionnelle. Ses bâtiments sont construits en «banco», ou terre crue°, avec des morceaux de bois appelés «terrons» qui traversent les murs. Le marché du lundi enchante le visiteur par ses couleurs et son animation.

Les Touaregs On les appelle souvent «les hommes bleus», en raison de la couleur du turban, ou chèche, qu'ils portent sur la tête. C'est un peuple nomade d'origine berbère. Ils vivent en tribus dans une société très hiérarchisée. Leur territoire couvre la plus grande partie du désert du **Sahara** et une partie importante du **Sahel** central. C'est un peuple hospitalier° qui accueille les visiteurs de passage avec le cérémonial du thé. Le thé est servi trois fois, et il est impoli de refuser de le boire.

Le cacao et le café ivoiriens La culture du café et du cacao constitue l'activité économique la plus importante de Côte d'Ivoire. En effet, la moitié de la population vit de cette culture. La **Côte d'Ivoire** est le premier producteur mondial de cacao (40% de la production mondiale) et de noix de cola°. Elle a également été un grand producteur de café, mais depuis les années 2000, cette production est en baisse et les cultures agricoles d'exportation se sont diversifiées.

buffles *buffalos* **singes** *monkeys* **commerciaux** *trade* **terre crue** *mud* **hospitalier** *hospitable* **noix de cola** *kola nuts*

La société en évolution

Imaginez

Qu'avez-vous appris?

1 Vrai ou faux? Indiquez si ces affirmations sont vraies ou fausses, et corrigez les fausses.
1. Les habitants de Ouagadougou s'appellent les Kaboré.
2. Ouagadougou signifie «là où on reçoit des honneurs, du respect».
3. Ouagadougou a été fondée au 17e siècle.
4. Le parc national du W s'étend sur trois pays.
5. Le Village Artisanal est un espace d'exposition.
6. Djenné est une ville du Mali fondé au 9e siècle.
7. La Casamance est une région du Sénégal.
8. Environ 40% de la production mondiale de cacao vient de Côte d'Ivoire.

2 Questions Répondez aux questions.
1. Que signifie «Burkina Faso»?
2. Où se trouve le village de Karey Kopto?
3. Quel événement a lieu à Fada N'Gourma?
4. A quelles activités physiques peut-on assister au Festival Dilembu au Gulmu?
5. Pour quelle raison la Réserve Nationale de Faune d' Arly est très appréciée des chasseurs?
6. Qu'est-ce qu'on peut voir en Casamance?
7. Qui sont les Touaregs? De quelle origine sont-ils? Où vivent-ils?
8. Comment la production de café a-t-elle évolué en Côte d'Ivoire?

3 Discussion Avec un(e) partenaire, considérez les aventures de Grace Kaboré.
- Discutez de l'aventure que vous rêvez d'avoir un jour. Pourquoi voudriez-vous participer à cette activité? Que voudriez-vous voir pendant votre aventure?
- Réfléchissez aux gens que vous connaissez. Quelqu'un est parti en safari? Où est-il/elle allé(e)? Qu'est-ce qu'il/elle a vu? Qu'est-ce qu'il/elle a fait pendant le safari?

PROJET

Cacao et café

Relisez le paragraphe sur le cacao et le café ivoiriens et effectuez une recherche à propos de coopératives qui proposent des produits équitables à leurs clients. Écrivez un e-mail de 10 à 12 lignes à la directrice d'une compagnie de production de cacao en Côte d'Ivoire. Dans votre e-mail, répondez aux questions suivantes.

- Que peut-elle faire pour encourager la vente (*sale*) de chocolat dans votre région ou votre état?
- Pourquoi est-il important de relancer cette production?
- Comment pouvez-vous aider dans ces affaires (*business*) internationales?

I CAN identify and reflect on the people, attractions, and language of West Africa.

Communicative Goal Discuss ways to address social injustices

Unité 5

 Le Zapping

Asiatiques de France

Tu peux changer les choses.

1 Préparation A deux, répondez à ces questions.
1. Quelles sont les relations historiques entre la France et certains pays asiatiques?
2. Que savez-vous sur les Français d'origine asiatique?
3. Pensez-vous que les Français d'origine asiatique soient victimes de racisme?

Une initiative contre le racisme ordinaire

La journaliste indépendante Hélène Lam Trong faisait une interview de l'acteur Frédéric Chau quand elle a eu l'idée de réunir plusieurs personnalités françaises d'origine asiatique dans une vidéo contre les discriminations. Une partie du problème, d'après elle, est que les Asiatiques de France n'ont pas l'habitude de réagir contre le racisme dont ils sont victimes.

2 Compréhension Indiquez si les affirmations sont vraies ou fausses.
1. Les Français d'origine asiatique ont combattu pour la France. _____
2. On leur suggère parfois de changer de nom pour réussir. _____
3. Les Français d'origine asiatique parlent mal français. _____
4. La vidéo insiste sur l'inutilité de combattre les préjugés. _____

3 Discussion En petits groupes, discutez de ces questions.
1. Quelles sont les initiatives de justice sociale dans votre communauté? S'adressent-elles aux mêmes problèmes?
2. Avez-vous déjà pris parole pour défendre une injustice sociale? Comment l'avez-vous fait?

Vocabulaire utile

à part entière	full-fledged
le cliché	stereotype
discret/discrète	inconspicuous
marrant(e)	funny
masser	to massage
le préjugé	bias
une vague	wave

4 Réflexion À la fin de la vidéo, on entend la phrase: «Ensemble nous pouvons changer les choses». D'après vous, qu'est-ce que cela veut dire? Cette vidéo est-elle une bonne initiative, à votre avis?

5 Application Certains Français d'origine asiatique pensent qu'il ne faut pas combattre le racisme anti-asiatique séparément des autres racismes. Écrivez un paragraphe où vous expliquez les avantages et inconvénients de cette stratégie contre cette injustice, ou toute autre injustice de votre choix.

I CAN discuss ways to address social injustices.

Structures

Communicative Goal Express quantities and parts of a whole

5.1 Partitives

—*Son rêve, c'est d'aller vivre en Afrique, parce que là-bas, il y a du soleil.*

- You already know how to use the indefinite articles **un**, **une**, and **des**. They are used with nouns you can count.

- Partitive articles are used with noncount or mass nouns: items, substances, or ideas that you can't count. They usually correspond to *some* or *any* in English.

- The partitive articles are formed by combining **de** with the definite articles **le**, **la**, and **l'**.

de + le	du
de + la	de la
de + l'	de l'

- In English, sometimes the words *some* and *any* can be omitted. In French, the partitive *must* be used.

  Cet écrivain a **du** courage.
  That writer has (some) courage.

  Elle lui a montré **de la** compréhension?
  Did she show her (any) understanding?

- Some nouns can be countable or mass nouns, depending on the context. Compare these sentences.

  Elle prend **un** café.   *but*   Elle prend **du** café.
  She's having a (cup of) coffee.   *She's having some coffee.*

---

vhlcentral

 Grammar Tutorial

À noter

For a review of definite and indefinite articles, see **Fiche de grammaire 2.4, p. 378**.

Boîte à outils

Unlike English contractions such as *don't* or *you're*, French contractions are *not* optional or considered informal.

- The article **des** is not a partitive article. It is the plural form of the definite article. You use it with nouns you can count and with those that are already plural.

Countable	Already plural
Nous visiterons **des** musées à Dakar. *We will visit (some) museums in Dakar.*	Nous avons mangé **des** pâtes. *We ate (some) pasta.*

- In a negative sentence, all partitive articles become **de/d'**.

  Les émigrés n'ont plus **de** travail. *The emigrants no longer have (any) work.*

  La météo n'a pas prédit **de** pluie. *The forecast didn't predict (any) rain.*

- Use **de** with most expressions of quantity.

On va acheter **beaucoup de** viande.

- Here are some common expressions of quantity:

assez de *enough*	**un paquet de** *a package of*
beaucoup de *a lot of*	**(un) peu de** *few/(a) little of*
une boîte de *a can/box of*	**un tas de** *a lot of*
une bouteille de *a bottle of*	**une tasse de** *a cup of*
un kilo de *a kilogram of*	**trop de** *too much of*
un litre de *a liter of*	**un verre de** *a glass of*

- In a few exceptions, **des** is used with expressions of quantity:

  bien des *many*
  la moitié des *half of*
  la plupart des *most of*

- No article is used with **quelques** (*a few*) or **plusieurs** (*several*).

  Ils ont mentionné **quelques** incertitudes. *They mentioned a few uncertainties.*

  On utilise **plusieurs** langues officielles. *We use several official languages.*

Boîte à outils

Remember that **des** changes to **de** before an adjective followed by a noun. **Ils préfèrent embaucher de jeunes travailleurs.** *They prefer to hire young workers.*

Vérifiez

À noter

For more information about negation, see **Structures 4.2, pp. 132–133**.

Connections

Le système métrique La France a été le premier pays à adopter le système métrique en 1795. Aujourd'hui, les pays francophones utilisent ce système. Voici quelques conversions:

1 kilomètre = .62 miles
1 litre = 1.057 quarts
1 kilogramme = 2.204 pounds

- Quand utilisez-vous le système métrique?

Vérifiez

La société en évolution

Structures

5.1 Mise en pratique

1 Un week-end à Lomé Thibault écrit un e-mail de Lomé, où il fait un stage. Complétez le texte à l'aide d'articles indéfinis, de partitifs et d'expressions de quantité.

> **De:** Thibault <thibault44@email.fr>
> **Pour:** Edwige <edwige.martin@email.fr>
> **Sujet:** Un petit coucou de Lomé
>
> Je passe (1) _____ jours à Lomé. C'est incroyable! Cette ville a (2) _____ grandes plages, (3) _____ petits restaurants où on sert (4) _____ nourriture très variée, et (5) _____ boutiques. J'ai (6) _____ temps le soir pour visiter un peu. Je suis sorti avec (7) _____ camarades hier soir. Il y avait (8) _____ monde. Nous avons commandé (9) _____ poisson. C'est surprenant à quel point il y a (10) _____ diversité dans cette ville.
>
> Grosses bises,
> Thibault

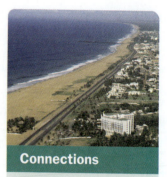

Connections

Lomé est la capitale du Togo. Cette ville maritime se situe le long du Golfe de Guinée. Lomé est une ville frontalière (*border*); son centre-ville n'est qu'à quelques centaines de mètres du Ghana, où se trouve une de ses banlieues.

- Quels sont les avantages et les inconvénients pour une population de vivre près d'une source d'eau?

2 Un peu d'ordre Reconstituez ces phrases. Utilisez votre imagination pour en créer d'autres.

As-tu	d'	respect de leur part.
Nous demandons	de	valeur à cet objet.
J'ai acheté	de l'	asperges dans le frigo.
Il n'y a plus	de la	courage dans votre vie!
Ces personnes donnent	des	argent dans ton sac?
Vous n'avez jamais eu	du	olives pour la salade de ce soir.
…?		…?

1. _____
2. _____
3. _____
4. _____
5. _____
6. _____

3 À finir À deux, finissez les phrases à l'aide de partitifs et d'expressions de quantité.

1. Ce pays a beaucoup…
2. Je ne veux plus manger…
3. Je sais que la moitié…
4. Notre peuple a peu…
5. Veux-tu que je donne…
6. Mes amis ont manqué quelques…
7. La population de notre État a trop…
8. Nous sommes sortis pour acheter une boîte…

Communication

4. Au supermarché Vous rendez visite à un(e) ami(e) à Abidjan, en Côte d'Ivoire. Vous allez lui préparer un plat typique de votre pays, et vous êtes au supermarché pour acheter les ingrédients. À deux, créez un dialogue où vous expliquez ce qu'il vous faut, et puis échangez vos rôles. Utilisez les partitifs le plus possible.

Modèle —Il te faut des tomates?
—Non, mais je dois acheter de la crème.

5. Le conseil Le président du Bénin va parler à une conférence de presse. Vous préparez son discours sur les problèmes de son pays et sur leurs solutions. À deux, écrivez ce qu'il va dire. Servez-vous de la liste de vocabulaire.

s'améliorer	la mondialisation
augmenter	le niveau de vie
l'incertitude	parvenir à
l'intégration	la population
lutter	réaliser

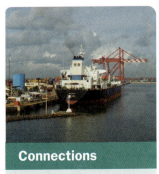

Connections

Le Bénin Petit pays d'Afrique de l'Ouest, le Bénin a un régime démocratique et connaît la stabilité politique depuis plusieurs années. Il vit de la culture du coton et de son port (*harbor*), Cotonou, qui permet beaucoup d'échanges commerciaux avec le Niger et le Burkina Faso.

• Quelles sont les ports commerciaux importants de votre pays?

6. À votre avis? La société a beaucoup de problèmes. Lesquels? Selon vous, que doit-on faire pour les résoudre (*solve*)? Par groupes de trois, discutez de ces problèmes et essayez de trouver des solutions.

Modèle —Il n'y a pas assez de compréhension entre les peuples.
—Il faut encourager le dialogue international.

Problèmes	Solutions

I CAN express quantities and parts of a whole.

La société en évolution

Structures

Communicative Goal Use pronouns to refer to places and things that have already been mentioned

5.2 The pronouns *y* and *en*

The adverbial pronoun *y*

- The pronoun **y** often represents a location. In this case, it usually means *there*.

  Nous allons **en Côte d'Ivoire**. Nous **y** allons.
  We go to the Ivory Coast. *We go there.*

  Mon sac est **dans ma chambre**. Mon sac **y** est.
  My purse is in my room. *My purse is there.*

  J'habite **à Ouagadougou**. J'**y** habite.
  I live in Ouagadougou. *I live there.*

- The pronoun **y** can replace these common prepositions of location and their objects.

  à *in or at*
  chez *at the place or home of*
  dans *in or inside*
  derrière *behind*
  devant *in front of*
  en *in or at*
  sur *on*

- **Y** can also replace *non-human* objects of the preposition **à**.

  Tu penses toujours **à l'examen**? Oui, j'**y** pense toujours.
  Are you still thinking about the test? *Yes, I'm still thinking about it.*

  Il a répondu **à la question**? Oui, il **y** a répondu.
  Did he answer the question? *Yes, he answered it.*

- You already know that the preposition **à** can be used in contractions. The pronoun **y** can replace the contraction and its object.

  Vous assisterez **au cours de maths**? Oui, nous **y** assisterons.
  Will you attend math class? *Yes, we will attend (it).*

  Tu vas **aux États-Unis**? Oui, j'**y** vais.
  Are you going to the U.S.? *Yes, I'm going there.*

---

vhlcentral

 Grammar Tutorial

Vérifiez

Boîte à outils

Remember, the indirect object pronouns **me, te, lui, nous, vous,** and **leur** stand for *human* objects of the preposition **à**

—Avez-vous répondu à Danielle?

—Non, je ne lui ai pas encore répondu.

Boîte à outils

The prepositions used in English do not necessarily translate literally into French. Notice that sometimes no preposition is used at all in English.

—Réponds tout de suite à son message!

—*Answer her message right away!*

À noter

For more information about object pronouns, see **Fiche de grammaire 5.4, p. 390**.

The pronoun *en*

- The pronoun **en** replaces the preposition **de** and its object.

  Ils n'ont pas **de villes surpeuplées**. Ils n'**en** ont pas.
  They don't have overpopulated cities. *They don't have any.*

- **En** can replace a partitive article and its object.

  Voudriez-vous **de la charcuterie**? Nous **en** voudrions.
  Would you like some cold cuts? *We would like some.*

- **En** can replace a noun that follows an expression of quantity. In this case, omit the noun and the preposition **de/d'**, but retain the expression of quantity.

  Les jeunes ont **beaucoup d'idéaux**. Ils **en** ont **beaucoup**.
  Young people have a lot of ideals. *They have a lot (of them).*

- **En** can replace a noun that follows a number. In this case, omit the noun, but retain the number. However, in a negative sentence, the number is not retained.

  Ils veulent **trois tomates**? Oui, ils **en** veulent **trois**.
  Do they want three tomatoes? *Yes, they want three (of them).*

  Nathalie a acheté **deux litres de lait**? Non, elle n'**en** a pas du tout acheté.
  Did Nathalie buy two liters of milk? *No, she didn't buy any at all.*

- **En** can replace **de** plus a location. In this case, it usually means *from there*.

  Ils reviennent **de Lomé**. Ils **en** reviennent.
  They are returning from Lomé. *They are returning from there.*

- **En** can also replace a verbal expression with **de**. In this case, **en** often means *about it*, *for it*, or *from it*.

  Avez-vous la force **de supporter ce chaos**? Non, je n'**en** ai pas la force.
  Are you strong enough to stand this chaos? *No, I am not strong enough for it.*

  Tu es capable **de manger tout le gâteau**? Non, je n'**en** suis pas capable.
  Are you capable of eating the whole cake? *No, I am not capable of it.*

Boîte à outils

Remember, the indefinite articles **un** and **une** are also numbers.

J'ai un frère.
I have one brother.

You can use **en** to replace the object of **un** or **une**. In an affirmative sentence, retain the number.

J'en ai un.
I have one.

As with other numbers, in a negative sentence, the number is not retained.

Je n'en ai pas.
I don't have one.

Vérifiez

Structures

5.2 Mise en pratique

1 Combien y en a-t-il? Écrivez une phrase avec les pronoms **y** et **en** pour indiquer le nombre de choses mentionnées.

> **Modèle** Pays francophones en Afrique de l'Ouest (8)
> Il y en a huit.

1. Couleurs du drapeau togolais (4)
2. Habitants de Bamako, au Mali, dans dix ans (2.000.000)
3. Langues couramment employées en Côte d'Ivoire (65 environ)
4. Partis politiques en Guinée depuis 1992 (16)
5. Années de colonisation française au Niger dans le passé (60 environ)
6. Festivals du film à Ouagadougou, au Burkina-Faso (1)

2 À compléter Katie et Jabril se sont rencontrés aux États-Unis, dans un cours d'anglais pour étudiants étrangers. Complétez leur dialogue par le pronom qui convient: **y** ou **en**.

KATIE Salut, tu vas bien?
JABRIL Oui et non. J' (1) _____ ai marre des cours.
KATIE Moi aussi! Qu'est-ce qu'on fait?
JABRIL Je projette un voyage en Afrique. J'aime ce continent. Je m' (2) _____ intéresse beaucoup. Et toi?
KATIE Oui, beaucoup! Où comptes-tu aller?
JABRIL J'ai toujours voulu aller au Sénégal.
KATIE C'est vrai?! Pourquoi as-tu toujours voulu (3) _____ aller?
JABRIL En fait, ma grand-mère est née au Sénégal. Elle m' (4) _____ parle souvent.
KATIE Est-ce que tu prépares beaucoup de plats sénégalais?
JABRIL Non, je n' (5) _____ prépare pas beaucoup.
KATIE D'où vient ton grand-père? Du Sénégal aussi?
JABRIL Non, il n' (6) _____ est même jamais allé. Il est né en France.
KATIE En France? Moi aussi, j' (7) _____ suis née!
JABRIL Tu ne m' (8) _____ avais rien dit! Je croyais que tu avais grandi aux États-Unis.
KATIE Non, c'est ma mère qui a passé son enfance à New York.
JABRIL New York? J' (9) _____ suis allé une fois avec ma famille, pendant une semaine seulement. J' (10) _____ rêve souvent.

3 Notre société À deux, faites des phrases à propos de chaque idée donnée.

> **Modèle** aller chez mes grands-parents   J'y vais pendant les vacances.

- habiter aux États-Unis
- aller faire un séjour en Afrique
- avoir du courage face au danger
- réaliser beaucoup de rêves
- s'adapter à la mondialisation
- faire partie du monde des humains

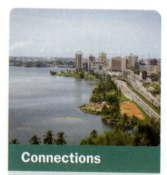

Connections

Langues en Côte d'Ivoire
Bien que le français soit la langue officielle de la Côte d'Ivoire, on y parle aussi d'autres langues. On compte plus d'une soixantaine de dialectes locaux, comme le baoulé, le sénoufa ou l'agni. Le diaoula est le dialecte choisi par les commerçants; il est parlé dans tout le pays.

- Avez-vous déjà visité un pays où l'on parle plusieurs langues? Lequel? Quelle langues?

Unité 5

Communication

4 Sondage Circulez parmi vos camarades de classe afin de leur poser ces questions. Essayez de trouver au moins une personne qui réponde oui à chaque question et une qui réponde non.

Modèle aimer aller à la campagne pour les vacances
—Aimes-tu aller à la campagne pour les vacances?
—Non, je n'aime pas y aller pour les vacances.
—Moi si, j'aime y aller pour les vacances.

Et vous?	Noms
1. faire des commérages	_____
2. assister sans exception au cours de français	_____
3. s'attendre à réussir le prochain examen de français	_____
4. aller dans le bureau du principal	_____
5. discuter souvent des polémiques	_____
6. souhaiter travailler en Afrique	_____
7. avoir beaucoup d'incertitudes	_____
8. accepter trop d'inégalités dans la vie	_____
9. être parvenu(e) à trouver un travail à mi-temps	_____
10. connaître des personnes d'Afrique de l'Ouest	_____

5 Carte du monde Imaginez que vous avez voyagé dans plusieurs pays du monde. À deux, demandez-vous dans quels pays vous avez déjà voyagé, ce que vous y avez vu et si vous aimeriez y retourner.

Modèle —Es-tu déjà allé(e) au Sénégal?
—Non, je n'y suis pas allé(e). Mais j'ai fait un séjour au Bénin.
—Qu'est-ce que tu y as vu?
—J'y ai vu...

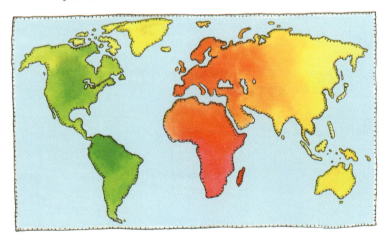

I CAN use pronouns to refer to places and things that have already been mentioned.

La société en évolution 171

Structures

Communicative Goal Discuss multiple people and/or things in the correct order

5.3 Order of pronouns

Grammar Tutorial

—S'il **y en** avait un de pris, ce serait qui?

- French sentences may contain more than one object.

	DIRECT OBJECT	INDIRECT OBJECT
Le politicien explique	**ses principes**	**au reporter.**
The politician explains	his principles	to the reporter.

- You can replace multiple objects with multiple object pronouns. Use the same pronouns you would use if there were only one object.

Il **les** explique au reporter.
He explains them to the reporter.

Il **lui** explique ses principes.
He explains his principles to him.

> Il **les lui** explique.
> He explains them to him.

- Where there is more than one object pronoun, they are placed in this order.

me te se nous vous	before	le la les l'	before	lui leur	before	y	before	en

Le guide montre **la sculpture aux touristes**.
The guide shows the sculpture to the tourists.

Il **la leur** montre.
He shows it to them.

Qui s'occupe **des réservations**?
Who is taking care of the reservations?

Hubert **s'en** occupe.
Hubert is taking care of them.

- Double object pronouns are placed in the same position relative to verbs as single object pronouns. In simple tenses, such as the present, the **imparfait**, and the future, pronouns are placed in front of the verb.

Il apporte **le courrier à Mme Delorme**.
He brings the mail to Mrs. Delorme.

Il **le lui** apporte.
He brings it to her.

Olivier donnait toujours **de l'argent aux gens dans le besoin**.
Olivier always gave money to people in need.

Olivier **leur en** donnait toujours.
Olivier always gave them some.

Boîte à outils

The pronouns **me, te, se, le,** and **la** drop their vowel before other vowel sounds. This always occurs before **y** and **en** and frequently occurs in the **passé composé**.

—Nous t'avons parlé de la polémique?
—Did we talk to you about the controversy?

—Oui, vous m'en avez parlé.
—Yes, you talked to me about it.

 Vérifiez

J'attendrai **Jules à la gare**.   Je **l'y** attendrai.
I will wait for Jules at the station.   *I will wait for him there.*

- In compound tenses, such as the **passé composé** and the **plus-que-parfait**, pronouns are placed in front of the helping verb.

  On **nous** a parlé **du patrimoine culturel**.   On **nous en** a parlé.
  They spoke to us about the cultural heritage.   *They spoke to us about it.*

  Vous aviez rendu **les passeports aux voyageurs**.   Vous **les leur** aviez rendus.
  You had returned the passports to the travelers.   *You had returned them to them.*

> **À noter**
>
> For a review of past participle agreement, see **Fiche de grammaire 5.5, p. 392.**

- When an infinitive follows the conjugated verb, the pronouns are usually placed before the infinitive.

  Tu vas offrir **un biscuit aux enfants**?   Tu vas **leur en** offrir un?
  Are you going to buy the children a cookie?   *Are you going to buy them one?*

  Je voudrais poser **cette question au prof**.   Je voudrais **la lui** poser.
  I would like to ask the teacher this question.   *I would like to ask it to her.*

- When negating sentences with pronouns in simple tenses, place **ne** in front of the pronouns and **pas** after the verb. In compound tenses, place **ne... pas** around the pronouns and the helping verb. When there is more than one verb, **ne... pas** is usually placed around the first one.

  Il **ne** le lui apporte **pas**.   On **ne** nous en a **pas** parlé.   Je **ne** voudrais **pas** la lui poser.

- The order of object pronouns is different in affirmative commands. Notice that hyphens are placed between the verb and the pronouns.

le / la / les	before	moi / toi / lui / nous / vous / leur	before	y	before	en

> **Vérifiez**

> **À noter**
>
> For a review of imperative, see **Fiche de grammaire 1.5, p. 376.**

  Apportez **le courrier à Mme Delorme**!   Apportez-**le-lui**!
  Bring the mail to Mrs. Delorme!   *Bring it to her!*

  Racontez **l'histoire aux gamins**.   Racontez-**la-leur**.
  Tell the story to the kids.   *Tell it to them.*

- Note that **me** and **te** become **moi** and **toi**. They revert to **m'** and **t'** before **y** or **en**.

  Parle-**moi** de ta vie.   Parle-**m'en**.
  Talk to me about your life.   *Talk to me about it.*

- The order of pronouns in negative commands is the same as in affirmative statements. Compare these sentences.

  Dis-**le-lui**!   Ne **le lui** dis pas!
  Tell it to him!   *Don't tell it to him!*

> **Vérifiez**

La société en évolution   **173**

Structures

5.3 Mise en pratique

1 À remplacer Remplacez les mots soulignés (*underlined*) par des pronoms.

1. N'oublions pas de mettre les valises dans la voiture.
2. Les voisins ont apporté des cadeaux à mes parents.
3. Pouvez-vous nous emmener à la gare?
4. Laisse son ballon à ton frère!
5. Tu ne m'avais jamais dit que tu voulais y aller.

2 À transformer Faites des phrases avec les éléments et changez les objets en pronoms.

Modèle je / parler / à vous / de mes cours
Je vous parle de mes cours. Je vous en parle.

1. on / voir / les émigrés / à la frontière / au sud de Sissako / hier soir
2. Matthieu / donner / toujours / des conseils / à ses amis
3. il faut / beaucoup de courage / à cet homme
4. pendant son séjour / Christine / ne jamais / laisser / de pourboire / aux serveurs
5. ma mère / aller / présenter / deux nouveaux produits / au directeur du marketing

3 Carte postale Jérôme est en train de faire un trekking dans le désert mauritanien et raconte ses aventures à sa sœur. Trouvez les phrases qui ont deux objets et transformez-les en faisant attention à l'ordre des pronoms.

Un grand bonjour de l'oasis de Chinguetti où je passe des moments incroyables! Je rencontre souvent les nomades mauritaniens dans cette oasis. Je leur montrerai mes photos pendant mon prochain séjour ici. Des guides locaux m'ont fait visiter l'oasis hier. En ce moment, c'est la grande fête des dattes. Tout le monde les cueille° et on m'a offert des pâtisseries délicieuses faites avec ces dattes. Les gens chez qui je suis m'ont donné leurs recettes.

Quand je partirai, je dirai à mes nouveaux amis que j'ai beaucoup apprécié mon séjour. J'espère que tu recevras bien cette carte du bout du monde.

À bientôt,

Jérôme

Viviane Dubosc

28, rue des Lilas

Montpellier, France

cueille *picks*

1. _____
2. _____
3. _____
4. _____
5. _____
6. _____

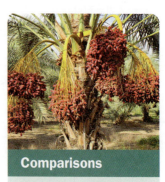

Comparisons

La Guetna Le désert du Sahara couvre une grande partie de la Mauritanie. Dans les oasis, le pays célèbre l'une des fêtes les plus importantes de l'année, la «Guetna». Aux mois de juillet et d'août, on y récolte les dattes qui serviront de base à un grand nombre de plats mauritaniens. La musique, la danse et les festins (*feasts*) durent tout le temps de la fête.

• Célébrez-vous la fin des récoltes dans votre culture? Connaissez-vous d'autres célébrations similaires ailleurs dans la francophonie?

Communication

4 **Qui fait quoi?** À tour de rôle, posez-vous des questions à partir de ces illustrations, répondez-y et employez des pronoms. Utilisez votre imagination. Attention à l'ordre des pronoms.

1.

2.

3.

4.

5.

6.

5 **À votre avis** Que pensez-vous de ces affirmations? Discutez-en par groupes de trois. Chaque membre du groupe donne son avis et les deux autres réagissent. Ensuite, imaginez d'autres affirmations.

- L'immigration est une bonne chose pour l'économie d'un pays.
- Il n'est pas nécessaire de connaître la langue officielle du pays dans lequel on vit pour y habiter.
- La mondialisation est la cause de certains problèmes dans le monde.
- Le travail manuel a beaucoup de valeur.
- La lutte des classes est encore une réalité pour certaines personnes.
- La surpopulation diminue le niveau de vie d'un pays.
- …?

6 **Vos solutions** Vous n'êtes pas d'accord sur les solutions prévues par le gouvernement pour répondre aux problèmes que le pays connaît. Par groupes de trois, choisissez des situations actuelles avec lesquelles vous n'êtes pas d'accord et exprimez votre mécontentement (*dissatisfaction*) par des verbes à l'impératif, à la forme affirmative et négative, avec des pronoms.

Modèle
—Il faut que le président change de tactique immédiatement par rapport à l'environnement. Pourquoi ne pas lui envoyer une pétition?
—Oui, écrivons-lui une pétition!
—Et envoyons-la-lui dès que possible!

I CAN discuss multiple people and/or things in the correct order.

Structures

Synthèse

L'exode rural

Moussa est ivoirien et vit à Yamoussoukro. Il y a deux ans, il a décidé de quitter la campagne pour aller travailler en ville. Il vient d'une famille d'agriculteurs qui le lui a demandé, pour lui apporter une aide financière. Il lui a fallu du courage et de la ténacité pour faire face aux problèmes de la grande ville et pour réussir à atteindre son but.

Moussa est un homme parmi beaucoup d'autres qui ont fait le même choix. C'est une tendance qui s'est accélérée dans les années 1980 en Afrique de l'Ouest, mais surtout en Côte d'Ivoire. Beaucoup de villes ont connu une explosion démographique; le nombre des citadins s'est multiplié par dix. Plus d'une dizaine° de villes ont passé le cap du million d'habitants, alors qu'il n'y en avait qu'une dans les années 1960.

Mais ce phénomène d' «exode rural» n'en est pas vraiment un. En effet, si les villes ont bénéficié de la venue° des populations rurales, l'inverse est vrai aussi pour deux raisons principales. L'espace urbain a attiré les populations et empiété sur° l'espace rural où le nombre de villes, petites ou grandes, a augmenté, soit en élargissant un village, soit en créant une nouvelle ville.

Mais au-delà de ces nouvelles villes, les campagnes existent toujours et continuent à nourrir les villes. Et celles-ci le leur rendent bien. Elles apparaissent comme un facteur de développement du monde rural. Donc tout le monde s'y retrouve. Et Moussa, comme tous les autres, prend part à cet échange. Mais il ne faudrait pas que la surpopulation de toutes ces villes en soit le résultat néfaste°.

dizaine ten   **venue** arrivée   **empiété sur** encroached upon   **néfaste** mauvais

---

1. Qu'en pensez-vous? Le phénomène d'exode rural existe-t-il ou a-t-il existé où vous habitez? Quelles sont les similarités et les différences de l'exode rural en Afrique de l'Ouest et dans votre région? Écrivez un paragraphe de cinq ou six phrases qui justifie votre opinion. Utilisez les structures de cette leçon.

2. Conséquences Par petits groupes, discutez des conséquences positives et négatives de l'exode rural dans votre pays, à l'aide des structures de cette leçon. Servez-vous de la liste pour regrouper vos idées.

Idées	Effets positifs	Effets négatifs
La surpopulation		
L'intégration		
Le développement		
?		

Communicative Goal Identify and reflect on the impact of technology used in African schools

Culture

Préparation

Glossaire de la lecture

accéder à *to access*
bénéficier de *to enjoy, benefit from*
bouger *to move*
un collège *middle school*
l'enseignement (*m.*) *education*
la formation à distance *distance learning*
le numérique *digital technology*
TIC (technologies de l'information et de la communication) *ICT (information and communication technologies)*

Vocabulaire utile

l'apprentissage (*m.*) *learning*
un défi *challenge*
un écart *discrepancy, gap*
efficace *efficient*
un enjeu *stake*
revendiquer *to demand*

L'Afrique de l'Ouest évolue de plus en plus dans le domaine de l'éducation. L'article *Le numérique fait bouger les écoles africaines* nous montre comment les écoles et les universités africaines utilisent la technologie.

1 Thèmes éducatifs Complétez les phrases à l'aide du vocabulaire.

1. Beaucoup d'enfants défavorisés n' _____ pas à l'éducation.
2. Les _____ influencent la façon dont on apprend à l'école.
3. L' _____ doit faciliter l'apprentissage des compétences.
4. Dispenser une éducation de qualité aux enfants est un _____ important de la société.
5. Les _____ d'accès à l'éducation persistent entre les pays du monde.
6. On _____ des programmes numériques dès l'école primaire.
7. Un _____ actuel consiste à exploiter de façon efficace les TIC.
8. La _____ s'adapte aux contraintes de temps de chaque étudiant.

2 L'éducation d'hier et d'aujourd'hui Répondez aux questions et comparez vos réponses à celles d'un(e) camarade.

1. Pensez-vous que l'Internet ait révolutionné les modes d'éducation traditionnels dans votre pays? Expliquez.
2. Quel rôle la technologie joue-t-elle dans le système éducatif de votre ville ou au lycée?
3. Est-ce que les élèves bénéficient partout des mêmes technologies de l'information (Internet et autres)? Pourquoi ou pourquoi pas, à votre avis?
4. Que pensez-vous de la formation à distance? Est-ce un mode de formation populaire dans votre pays? Expliquez.

3 Le lycée du futur Imaginez le système éducatif du futur: Tout est virtuel et tout est à l'échelle (*scale*) mondiale. Il n'y a plus de salles de classe, plus de professeurs, plus de livres. Seulement des outils numériques avec accès à Internet et donc une fenêtre ouverte sur le village planétaire. Par groupes de trois, répondez aux questions.

- Quels seraient les avantages et les inconvénients de ce système?
- À votre avis, y aurait-il encore des lycées?
- Auriez-vous envie d'étudier dans ces conditions? Pourquoi ou pourquoi pas?

Connections

Près de 40% de la population africaine a moins de 15 ans.

- Recherche cette même statistique pour votre pays. Quels sont les avantages et les inconvénients d'une population plus jeune ou d'une population plus âgée?

La société en évolution   **177**

Culture

Le **numérique** fait **bouger** les **écoles africaines**

La population du continent africain est très jeune: 41% des Africains ont moins de 15 ans. Un jour, ces jeunes seront responsables de l'avenir de l'Afrique. Mais beaucoup d'enfants n'ont toujours pas accès aux livres et à Internet. Il est donc temps que les choses bougent.

Et dans le domaine de l'éducation, les choses bougent en Afrique de l'Ouest! Depuis les années 2000, certains pays, en partenariat avec la communauté internationale, se mobilisent pour améliorer l'accès à l'éducation de base. Plusieurs projets ont vu le jour et tous les cycles° de l'enseignement sont concernés.

Entre autres, pour les plus jeunes, on peut citer le programme Écoles Numériques de la Fondation Orange. Les enfants dans les écoles participantes accèdent aux contenus° éducatifs sur des tablettes grâce aux kits fournis par la fondation. Les kits comprennent un mini serveur Raspberry Pi, un ordinateur très performant et économique qui permet aux élèves d'accéder à leurs livres scolaires, ainsi qu'à la Khan Academy, à l'encyclopédie et le dictionnaire Wikipédia, au projet Gutenberg et à des MOOC d'enseignement en ligne. L'initiative compte environ 500 écoles dans les pays du Moyen-Orient et de l'Afrique, dont le Cameroun, la Côte d'Ivoire, la Guinée, le Niger et le Sénégal.

Au Togo, le gouvernement vise° à introduire des TIC (technologies de l'information et de la communication) dans les écoles de les meilleurs délais°. Les élèves de plusieurs lycées d'enseignement technique et professionnel bénéficient déjà des Environnements numériques de travail (ENT), un dispositif° qui permet aux élèves d'accéder aux services liés° à la vie scolaire (emploi du temps, carnets de notes°, etc.) et à des outils pédagogiques (livres scolaires, tutorat, travail collectif, etc.).

Il existe aussi de nombreux programmes sur Internet. Par exemple, le Sénégal offre un site Internet destiné aux élèves de dernière année d'école primaire, de collège et de lycée. La Direction générale de l'enseignement secondaire y met à leur disposition les annales d'examens des années précédentes dans presque toutes les matières. Ainsi, les élèves peuvent consulter des sujets corrigés°. Ils ont aussi la possibilité de recevoir des conseils de rédaction et d'orientation.

L'éducation virtuelle s'est bien développée au niveau universitaire en Afrique de l'Ouest. Il existe deux grands programmes: l'Université virtuelle africaine (UVA) et l'Agence universitaire de la Francophonie (AUF). Ces deux institutions ont mis en place des systèmes de formation universitaire à distance en utilisant l'Internet et les nouvelles technologies. L'UVA est un programme tourné essentiellement vers les formations scientifiques et techniques, dont les diplômes ont la même valeur que ceux des universités ordinaires. Les professeurs qui y participent viennent du monde entier.

Pour sa part, l'AUF propose des formations à distance dans le même esprit. Tous ses diplômes sont principalement axés sur le développement du continent africain. Par exemple, les étudiants peuvent choisir un master en éducation et promotion de la santé, un doctorat en sciences de l'éducation ou encore un master en ingénierie du système de santé. Ces programmes constituent une bonne alternative face au manque de moyens des universités africaines qui voient un afflux toujours plus important d'étudiants.

L'éducation est un des piliers° du développement, l'instrument d'un véritable progrès de la société et de l'économie. Les TIC rythment aujourd'hui la vie du monde entier. L'Afrique n'en est pas exclue et elle aussi en profite. ■

> **Dans le domaine de l'éducation, les choses bougent en Afrique de l'Ouest!**

Culture

Analyse

1 **Compréhension** Répondez aux questions par des phrases complètes.

1. Quel est le problème principal du système éducatif africain?
2. Qu'est-ce que les Écoles Numériques?
3. À quoi les élèves peuvent-ils accéder grâce aux Écoles Numériques?
4. Quelle initiative le Togo a-t-il prise dans le domaine de l'éducation?
5. Qu'est-ce que les élèves en dernière année d'un cycle éducatif peuvent consulter sur Internet au Sénégal?
6. Quel type de formation universitaire l'Université virtuelle africaine (UVA) et l'Agence universitaire de la Francophonie (AUF) ont-elles mis en place?
7. D'où viennent les professeurs qui participent à l'Université virtuelle africaine?
8. Quels sont les trois domaines de l'enseignement mentionnés dans l'article qui sont privilégiés par les programmes éducatifs?

2 **Citation à commenter** À deux, expliquez et commentez cette citation de Léopold Sédar Senghor (1906–2001), poète, homme politique et premier président du Sénégal.

> «Penser et agir par nous-mêmes et pour nous-mêmes, en Nègres…, accéder à la modernité sans piétiner (*trampling on*) notre authenticité.»

- Que dit Senghor dans cette citation?
- Êtes-vous d'accord avec ce qu'il dit? Expliquez.
- Quel lien voyez-vous entre cette citation et l'article que vous venez de lire?
- Senghor parle spécifiquement des Africains noirs, mais cette citation peut-elle s'appliquer à d'autres peuples dans le contexte de l'éducation et de la modernisation?

3 **Pour ou contre l'école numérique?** Divisez la classe en deux groupes. Le premier est pour les écoles numériques. Le deuxième est contre. Organisez un débat dans lequel chaque groupe explique et défend sa position. Trouvez au moins cinq arguments.

I CAN identify and reflect on the impact of technology used in African schools.

Littérature

Communicative Goal Understand the details depicted in a tale about a tragic life event

Préparation

À propos de l'auteur

Ghislaine Sathoud (1969–), née à Pointe-Noire, capitale économique et grand port de la République du Congo, est une femme écrivain et une poétesse qui défend la cause des femmes. Elle publie son premier recueil (*collection*) de poèmes à l'âge de 18 ans. Elle part faire des études supérieures en France et au Québec, où elle habite actuellement. Elle écrit pour de grands journaux et participe à des activités qui ont pour but d'améliorer les conditions de vie des femmes immigrées. En 2004, elle sort un premier roman intitulé *Hymne à la tolérance*. Elle a aussi écrit deux pièces de théâtre, *Les Maux du silence* (2000), qui parle des difficultés d'une Africaine en occident et *Ici, ce n'est pas pareil chérie!* (2005), qui traite de la violence conjugale.

Le Marché de l'espoir, un conte de l'écrivaine congolaise Ghislaine Sathoud, révèle la cruauté dont les humains peuvent être capables. Mais tout espoir n'est pas perdu...

Glossaire de la lecture

s'acharner sur to persist relentlessly (to keep going at in a violent manner)
une bande gang
une couche sociale social level
se décourager to lose heart
en vouloir (à) to have a grudge
s'installer to settle
se lancer to launch into
mener to lead
pareil(le) similar; alike
raffoler de to be crazy about
une règle rule
sourd(e) deaf
soutenir to support
un(e) tel(le) such a(n)

Vocabulaire utile

s'en vouloir to be angry with oneself
la vengeance revenge

---

1 **Syllabes** Combinez les syllabes du tableau pour former quatre mots du nouveau vocabulaire. Ensuite, écrivez quatre phrases avec ces mots en utilisant des pronoms.

me	dé	ra	sta
vou	se	s'a	ger
s'in	char	ner	ner
ra	cer	cou	ller

2 **Discussion** Avez-vous déjà vécu une tragédie? Connaissez-vous quelqu'un qui a été victime d'une tragédie? Comment explique-t-on ces tragédies qui surviennent (*happen*) dans notre vie ou dans le monde? Discutez-en par petits groupes.

3 **L'Afrique francophone** Que savez-vous de l'Afrique francophone et de son histoire? À deux, répondez à autant de questions de la liste que possible. Ensuite, comparez vos connaissances avec celles du reste de la classe.

- Combien de pays francophones y a-t-il en Afrique? Quels sont-ils?
- Quelles autres langues y parle-t-on?
- Quelles religions y pratique-t-on?
- Quels types de gouvernement y trouve-t-on?
- À quelle époque les Européens ont-ils commencé à coloniser le continent?
- Quels pays européens ont colonisé l'Afrique?
- Quels ont été les effets de la colonisation?

Connections

Le Gabon Le récit a lieu à Dilalou, au Gabon, un pays de la côte ouest de l'Afrique centrale. Il est situé sur l'équateur et est bordé par la Guinée équatoriale, le Cameroun, la République du Congo et le golfe de Guinée. Le français est la langue officielle du Gabon, mais plus de 30% de la population parle le fang comme langue maternelle.

- L'état où vous habitez a des frontières communes avec quels autres états? Y a-t-il des régions où d'autres langues sont parlées près de chez vous? Lesquelles?

La société en évolution

Littérature

Le Marché

Ghislaine Sathoud

Yaba était une femme au courage exceptionnel, une vraie légende. Il y a très longtemps de cela, elle avait décidé de se lancer dans la restauration. À l'époque, personne ne se serait imaginé qu'avec la vie luxueuse qu'elle avait menée du vivant de son mari°, elle en aurait été réduite à s'installer dans un coin de notre rue pour y vendre du poisson grillé. Faute de° moyens financiers, elle avait installé un petit marché de nuit dans un endroit proche de° son domicile. Une telle entreprise demandait beaucoup d'énergie et de courage, mais les clients accueillirent° favorablement l'idée et ses efforts furent° récompensés.

Elle travaillait fort, très fort pour subvenir aux° besoins de ses enfants et au fil des mois et des années° d'autres femmes étaient venues s'installer à côté d'elle pour y vendre leurs spécialités et faire du commerce. La clientèle augmenta° sans qu'on ait besoin de faire de publicité. Pas d'affiches. Pas de publicité dans les journaux. Pas de publicité à la télévision! Seulement du bouche à oreille. De fil en aiguille°, le marché de Yaba devint° un symbole de réussite: Jeunes, adultes, hommes et femmes se retrouvaient là le soir, après de longues journées de travail. Chacun y trouvait son compte à sa manière.

while her husband was alive

Lacking

près de

ont accueilli

étaient

to provide for

over the months and years

a augmenté

One thing led to another / est devenu

de l'espoir

Les enfants couraient, criaient, jouaient. Les garçons avec des ballons. Les filles avec des cordes à sauter°. De nombreuses femmes vendaient du poisson cuit à la braise° avec des bananes frites. Dieu° sait si les gourmands en raffolaient.

Les vendeuses s'installaient là tous les soirs pour vendre leurs produits, se faire un revenu° et nourrir° leurs enfants. Chaque année, elles étaient plus nombreuses et les clients aussi. Des clients de toutes les couches sociales. Tout le monde aimait bien acheter du poisson auprès des femmes de notre rue. Certains venaient de loin. On disait que ces femmes avaient une touche spéciale pour l'apprêter°, une façon à nulle autre pareille. Nuit et jour, la rue était noire de monde. Les jeunes y trouvaient des occupations en assurant la sécurité des vendeuses. Les vieillards° discutaient en jouant à des jeux de cartes.

Était-il vrai que le poisson vendu dans cette rue était meilleur que celui des cuisines? Était-ce l'ambiance de fête qui y régnait qui donnait l'illusion d'un goût toujours imité mais jamais égalé? Était-ce la présence des filles de Yaba superbement habillées avec des ensembles aux couleurs chatoyantes° et rayonnantes° qui donnait cette impression? Le poisson cuit à la braise servi dans des plats superbement

jump ropes

cooked over hot embers / God

to make money / to nourish

to prepare

old men

shimmering / radiant

La société en évolution

Littérature

colorés et accompagné de bananes faisait le bonheur des clients. Les filles qui servaient ces mets° succulents faisaient aussi la réputation de l'endroit et on aurait eu du mal à savoir ce qui attirait le plus la clientèle, de la bonne chère° ou des vendeuses. Les deux sans doute!

Le succès des uns s'accompagnant souvent de la jalousie des autres, des rumeurs commencèrent° à circuler sur les raisons du succès du marché de Yaba. On prétendit° que certaines vendeuses ne respectaient pas les règles élémentaires d'hygiène. On disait aussi que d'autres poussaient° des pères de famille à la débauche° en les exposant à la tentation. Jalouses, les épouses de quelques clients habitués s'inquiétaient. On faisait courir diverses balivernes° pour décourager les clients, de toutes les façons possibles! Mais les vendeuses avaient un moral d'acier° et Yaba qui tenait à son marché comme à la prunelle de ses yeux° affirmait dur comme fer que rien ne pouvait empêcher sa prospérité et celle de ses filles; qu'elles devaient continuer contre vents et marées° leurs activités, des activités qui faisaient par ailleurs° vivre de nombreuses familles élargies°! C'étaient des familles de quatre, cinq voire° six enfants sans compter les autres parents° au sens large du terme. Sourde aux médisances°, une clientèle fidèle continuait à soutenir les vendeuses et à affluer°. Notre rue continuait à faire le bonheur des habitants de Dilalou. On y mangeait plus que jamais. On y riait. On y dansait. On y rencontrait aussi des amoureux...

Mais un jour, une bande de jeunes inconnus arrivèrent° au marché. Ils firent irruption° brusquement dans notre rue et tout se passa° très vite. Le coup avait certainement été préparé minutieusement°. Les vendeuses furent surprises. Les clients aussi. Et les assaillants devenus furieux cassèrent° tout ce qui pouvait l'être. Ils battirent° à mort les jeunes mères et les vieilles femmes. Ils battirent les clients. Et ceux qui furent les témoins° de cette boucherie ne l'oublieront jamais. La radio annonça° plusieurs morts et de très nombreux blessés, mais il était impossible d'en donner le nombre exact. On ne savait pas qui se trouvait là, le jour de la tragédie. En haut lieu°, on ne voulut pas° vraiment savoir qui étaient les victimes ni pourquoi on s'était acharné ainsi° sur des innocents. Comment avait-on pu mettre autant de vies en péril? Pourquoi? Pourquoi?

Par solidarité, nous serrions les coudes°. Nous refusions de donner raison aux responsables de cette tragédie. On parlait de règlements de compte°... On parlait de guerre... Mais pourquoi notre marché? Qu'est-ce que notre rue avait fait? Notre marché avait-il vraiment quelque chose à voir dans cette impitoyable° tragédie qui transformait des enfants en véritables assassins? Comment pouvait-on en vouloir à notre marché? Personne ne comprenait pourquoi ce marché avait été l'objet d'une telle violence, d'actes de vandalisme si démesurés°, pourquoi il avait été la scène de toutes ces horreurs. Personne!

Traumatisés, les habitants avaient perdu leur joie de vivre et quand le ciel revêtait° son manteau noir, on se réfugiait dans les maisons. À la tombée de la nuit, notre rue était déserte. Pas un chat dehors. Nouvelles habitudes et repli° sur soi-même. C'était tout le contraire du mode de vie d'ici. Seules les bottes entonnaient° leur chant de désolation dans les rues et dans les esprits. Des soldats nouveaux modèles. Une jeunesse sacrifiée. Des soldats au sang frais. Des enfants soldats qui pillent°, qui tuent. Notre rue n'était plus ce qu'elle était. Pour sortir, on attendait impatiemment le chant du coq qui annoncerait un jour nouveau, mais les pauvres coqs, eux aussi terrorisés, oubliaient d'annoncer le jour.

Comme de nombreux habitants de Dilalou, Yaba se retrouvait sans rien. À la suite° des pillages, elle avait tout perdu. La confusion qui s'était abattue° sur nous dans cette période tumultueuse ne l'épargnait° pas. Mais comme à l'époque de ses débuts, elle refusait de se perdre dans une errance° éternelle, toujours à la recherche d'un refuge. Les souvenirs de la guerre la hantaient° et elle ne se sentirait jamais plus vraiment en sécurité. Mais elle refusait l'idée de déambuler° encore et toujours à la recherche d'un refuge qu'elle ne trouverait jamais parce que l'esprit des lieux qu'elle aimait avait été changé à tout jamais par la guerre. Rien n'était plus comme avant. Rien ne serait plus jamais comme avant. Mais elle était en vie.

Comme les autres rescapées° du marché, Yaba se remit° vaillamment à la tâche. Elle remua° ciel et terre pour remettre les pendules à l'heure° et redonner vie à son marché. Elle espérait que la guerre était bel et bien finie, que le marché ne serait pas détruit à nouveau. Elle avait peur mais elle touchait du bois! Elle espérait que ces femmes dont elle était la doyenne° connaîtraient d'autres espaces de bonheur; que le souvenir des victimes innocentes de la tragédie serait associé à une nouvelle prospérité de son marché, rebaptisé° «Marché de l'espoir». Elle espérait, encore et toujours, car avec l'espoir ne dit-on pas que tout est possible? ■

> **Rien n'était plus comme avant. Rien ne serait plus jamais comme avant.**

Littérature

Analyse

1. Compréhension Répondez aux questions.
1. Comment les clients ont-ils reçu l'idée du marché de Yaba?
2. Qui venait au marché?
3. Qu'est-ce qui faisait l'énorme succès du marché?
4. Quelles rumeurs ont commencé à circuler à propos du marché?
5. Qu'est-ce qu'une bande de jeunes a fait un jour?
6. Qu'est-ce que les habitants ont pensé de la tragédie?
7. Qu'est-ce que les habitants ont perdu à cause des pillages?
8. Pourquoi est-ce que le marché de Yaba a été rebaptisé «Le marché de l'espoir»?

2. Interprétation À deux, répondez aux questions par des phrases complètes.
1. Que représente la période de paix et de prospérité de Dilalou?
2. Qu'est-ce que les personnes qui ont fait circuler des rumeurs espéraient gagner par cette réaction de jalousie?
3. Après la tragédie, les habitants de Dilalou ont parlé de règlements de compte. Que pensez-vous de la vengeance?
4. Que veut dire Sathoud quand elle parle de jeunesse sacrifiée et de soldats au sang frais?
5. Qu'est-ce que les habitants de Dilalou avaient en commun avec toutes les victimes de guerre?
6. Que pensez-vous de la fin de cette histoire? Que révèle-t-elle sur la condition humaine?

3. La tragédie Par groupes de trois, discutez de la bande de jeunes assaillants qui ont terrorisé le marché. Répondez aux questions de la liste.
- Que voulaient-ils?
- Pourquoi ont-ils fait connaître leurs sentiments par la violence?
- Qui étaient-ils exactement? De quel groupe de la société faisaient-ils partie?
- Quel sentiment universel représentaient-ils?

4. Rédaction Imaginez que vous soyez journaliste et que vous ayez été témoin d'un acte de violence, réel ou fictif, contre un groupe de personnes. Suivez le plan de rédaction pour écrire un article sur cette tragédie. Employez des partitifs et des pronoms.

PLAN

1. **Organisation** Organisez les faits que vous avez observés. Commencez par les plus importants.
2. **Historique** Décrivez le contexte historique des événements.
3. **Comparaison** Pour terminer, expliquez les répercussions possibles que cet événement pourrait avoir.

 understand the details depicted in a tale about a tragic life event and discuss the causes and effects of such events.

Vocabulaire

Crises et horizons

Les mots apparentés

s'adapter
l'assimilation (f.)
une cause
le chaos

le courage
le développement
un dialogue

la diversité
l'humanité (f.)
l'immigration (f.)

l'instabilité (f.)
l'intégration (f.)
(non-)conformiste

En mouvement

un but goal
un(e) émigré(e) emigrant
une frontière border
un(e) immigré(e) immigrant
une langue maternelle native language
une langue officielle official language
le luxe luxury
la mondialisation globalization
la natalité birthrate
le patrimoine culturel cultural heritage
les principes (m.) principles

aller de l'avant to forge ahead
s'améliorer to better oneself
attirer to attract
augmenter to grow; to raise
baisser to decrease
deviner to guess
prédire (irreg.) to predict

exclu(e) excluded
polyglotte multilingual
prévu(e) intended; planned
seul(e) alone

Les problèmes et les solutions

la compréhension understanding
une incertitude uncertainty
la maltraitance abuse
le niveau de vie standard of living
une polémique controversy
la surpopulation overpopulation
le travail manuel manual labor
une valeur value
un vœu wish

avoir le mal du pays to be homesick
faire sans to do without
faire un effort to make an effort

lutter to fight; to struggle
dû/due à due to
surpeuplé(e) overpopulated

Les changements

appartenir (à) to belong (to)
dire au revoir to say goodbye
s'enrichir to become rich
s'établir to settle
manquer à to miss
parvenir à to attain; to achieve
projeter to plan
quitter to leave behind
réaliser (un rêve) to fulfill (a dream)
rejeter to reject

Partitives and expressions of quantity

assez de enough
beaucoup de a lot of
bien des many
une boîte de a can/box of
une bouteille de a bottle of
du/de la/de l' some
un kilo de a kilogram of
un litre de a liter of
la moitié des half of
un paquet de a package of
(un) peu de few/(a) little of
la plupart des most of
un tas de a lot of
une tasse de a cup of
trop de too much of
un verre de a glass of

The pronouns y and en

See pp. 168–169.

Order of pronouns

See pp. 172–173.

Court métrage

Le Bout de la piste See p. 154.

Culture

Le numérique fait bouger les écoles africaines See p. 177.

Littérature

Le Marché de l'espoir See p. 181.

Pour commencer

Les enfants vivent souvent des choses que leurs parents n'ont pas vécues. Si, pour cette raison, les générations ne se comprennent pas, cette incompréhension est-elle inévitable?

- Qui sont les membres de la famille sur la photo? Qu'est-ce qu'ils font?
- Combien de générations voyez-vous sur la photo?

Les générations qui bougent | Unité 6

Destination: AFRIQUE DU NORD ET LIBAN

Essential Question

What is the role of family in my life?

Can-Do Goals

By the end of this unit I will be able to:

- Talk about family members, generations, and stages of life
- Understand the creative narration in a short film
- Express suggestions, desires, and feelings

Skills

- **Reading:** Analyzing a novel excerpt about a familial relationship
- **Conversation:** Discussing contemporary families and new challenges they face
- **Writing:** Collaborating on an article about ways to improve family relationships

Culture

I will learn about and reflect on:

- The people, attractions, and language of North Africa and Lebanon
- How fashion reflects individual personalities and societal change
- The role of marriage customs in Algeria and other cultures

Unité 6 Integrated Performance Assessment

You are exchanging messages with a French friend who wants to learn more about the differences between families in France and those in your country. First, you will watch a video about how French families' habits and relationships evolved during unexpected circumstances. Next, you and a classmate will discuss your own family traditions and conceptions of "family." Finally, you will write about a personal memory that captures your idea of family.

Contextes

Communicative Goal Talk about family members, generations, and stages of life

En famille

Les mots apparentés

un(e) adolescent(e)	permissif/permissive	regretter	strict(e)
adopter	la maturité	respecter	survivre

Les membres de la famille

un(e) arrière-grand-père/-mère great-grandfather/grandmother
un beau-fils/-frère/-père son-/brother-/father-in-law; stepson/father
une belle-fille/-sœur/-mère daughter-/sister-/mother-in-law; stepdaughter/mother
un compagnon/une compagne companion
un(e) demi-frère/-sœur half brother/sister; stepbrother/sister
un(e) enfant/fille/fils unique only child
un époux/une épouse spouse; husband/wife
un(e) grand-oncle/-tante great-uncle/-aunt
des jumeaux/jumelles twin brothers/sisters
un neveu/une nièce nephew/niece
un(e) orphelin(e) orphan
un(e) parent(e) relative
un père/une mère célibataire single father/mother
un petit-fils/une petite-fille grandson/granddaughter
un(e) proche close friend/family member

La vie familiale

une famille monoparentale/nombreuse/recomposée single-parent/large/blended family
un ménage household
la garde des enfants (child) custody
un surnom nickname

déménager to move
élever (des enfants) to raise (children)
gâter to spoil
gronder to scold
punir to punish
remercier to thank
ressembler (à) to resemble, to look like
surmonter to overcome

uni(e)/lié(e) close-knit

La personnalité

l'amour-propre (*m.*) self-esteem
le caractère character, personality
autoritaire bossy
bien/mal élevé(e) well-/bad-mannered
compréhensif/compréhensive understanding
égoïste selfish
exigeant(e) demanding
insupportable unbearable
rebelle rebellious
soumis(e) submissive

Les étapes de la vie

l'âge (*m.*) adulte adulthood
l'enfance (*f.*) childhood
la jeunesse youth
la mort death
la naissance birth
la vieillesse old age

La communauté

le fossé des générations generation gap
la patrie homeland
une racine root
un rapport/une relation relation/relationship

bouleverser to upset
hériter to inherit

PARLONS FRANÇAIS!

une famille vietnamienne

ZINEB J'ai deux types de familles. En France, il y a ma maman, qui est **mère célibataire**, et mon frère. On est une petite famille **monoparentale** très **liée**. Et puis, quand je vais au Maroc, je profite des avantages d'une énorme famille **nombreuse** avec tous mes cousins, mes oncles, mes tantes, nos **parents**, les voisins, nos **proches**... J'ai la chance d'avoir les deux!

THOMAS Moi, avec ma vie à Montréal et mes **racines** familiales vietnamiennes, j'ai l'impression d'avoir **hérité** de deux cultures, dans une seule **patrie**. Le **fossé des générations** est traditionnellement plus important chez les Vietnamiens. Dans les familles vietnamiennes, il faut faire plus attention à bien **respecter** ses aînés.

Mise en pratique

1 Les devinettes Répondez à chaque devinette. Utilisez uniquement le nouveau vocabulaire de cette unité.

1. Au début, j'étais fils unique. Mes parents ont divorcé et mon père s'est remarié avec une femme qui a deux filles. Qui suis-je pour ma nouvelle maman?
2. On dit que nous avons besoin de reconnaître notre propre valeur et d'avoir du respect pour nous-même. Qu'est-ce qu'il nous faut?
3. Il y a quatre enfants dans notre famille. Qu'est-ce que nous sommes?
4. Je suis un ami intime, presque comme un parent. Qui suis-je?
5. Je ne pense qu'à moi. Je n'aide jamais les autres. Comment suis-je?
6. Je demande beaucoup à mes enfants: réussir à l'école, faire du sport, manger des fruits et des légumes et plein d'autres choses. Mais je ne suis pas trop stricte. Quelle sorte de mère suis-je?

2 Parlons français! Écoutez la conversation entre Duran et Malina. Ensuite, répondez aux questions.

1. Quel impact l'arrière-grand-mère de Malina a-t-elle eu sur les membres de sa famille?
2. Est-ce que votre famille ressemble à la famille de Malina? Pourquoi ou pourquoi pas?
3. Qu'avez-vous en commun avec les personnes les plus âgées de votre famille? Comment sont vos rapports avec ces personnes?

3 Définissez et devinez Vous définissez six mots et un(e) camarade définit les six autres mots. Ensuite, à tour de rôle, essayez de deviner quel mot va avec chaque définition.

Élève 1:

| déménager | jumeau | soumis |
| hériter | petite-fille | surnom |

Élève 2:

| beau-père | gâter | patrie |
| fille/fils unique | insupportable | surmonter |

4 La famille contemporaine En groupes de trois, décrivez les différents types de familles contemporaines. Pour vous aider, réfléchissez aux questions suivantes: Quels membres les composent? Comment sont leurs rapports? Quelles activités font-ils ensemble? Quelles sont les différences entre les générations? Quelles difficultés les différentes générations rencontrent-elles? Soyez prêt(e)s à comparer vos idées avec vos camarades de classe.

I CAN talk about family members, generations, and stages of life.

Les générations qui bougent

Court métrage

Communicative Goal Understand the creative narration in a short film

Préparation

Dans le court métrage *Le Monde du petit monde* du réalisateur Fabrice Bracq, une jeune maman reçoit une nouvelle bouleversante. Elle décide alors de raconter l'histoire de sa vie à son bébé: un prince et une princesse des temps modernes se rencontrent, s'aiment et donnent naissance à un enfant.

Glossaire du court métrage

la convivialité *togetherness*
en découdre avec quelque chose/quelqu'un *to confront something/ someone*
faire le grand saut *to take the plunge*
Ils vécurent heureux. *They lived happily ever after.*
maladroit(e) *awkward*
plaire (à) *to please*
Plus on est de fous, plus on rit. *The more the merrier.*
un prince charmant *prince charming*
une princesse *princess*
profiter de la vie *to live life to the fullest*
un royaume *kingdom*
séduire *to seduce*
veiller sur quelqu'un *to look after someone*

Vocabulaire utile

se battre (contre) *(irreg.)* *to fight (against)*
fonder une famille *to start a family*
Il était une fois... *Once upon a time...*
une maladie (incurable) *(incurable) disease*

1. Un conte de fée Complétez ce résumé d'un conte de fée (*fairy tale*) en utilisant les mots et les expressions de vocabulaire.

(1) _____ une princesse qui vivait dans un château avec ses parents. Une méchante fée était jalouse de la (2) _____, et un jour, elle lui jette un sort (*casts a spell*). Elle envoie alors un féroce pour la tuer (*to kill*). Heureusement, un (3) _____ qui habitait dans un (4) _____ près du château voit le dragon et décide d'en (5) _____ avec lui. Il (6) _____ contre lui et le tue. Le prince rencontre alors la princesse. Elle lui (7) _____ immédiatement, et il la (8) _____. Le couple décide alors de se marier. On organise une grande fête pleine de (9) _____. L'histoire finit bien car (*because*) le prince et la princesse (10) _____.

2. Associez Trouvez la fin logique de chaque phrase.

___ 1. Pauline et Hugo ont décidé de se marier. Ils vont...
___ 2. Ce vendeur est malhonnête. Ne le laisse pas te...
___ 3. Le médecin de ma tante lui a appris qu'elle a...
___ 4. La Belgique est une monarchie constitutionnelle. Elle est...
___ 5. Quand on est jeune, il faut...
___ 6. Mon bébé est malade. Je dois rester à la maison et...

a. séduire.
b. un royaume.
c. faire le grand saut.
d. une maladie incurable.
e. veiller sur lui.
f. profiter de la vie.

3 Les relations amoureuses Avec un(e) partenaire, répondez aux questions en donnant des détails.

1. Aujourd'hui, les rencontres ressemblent-elles aux contes de fée? En quoi sont-elles similaires et différentes?
2. Comment sont les «princes» d'aujourd'hui? Et les «princesses»? Où et comment se rencontrent-ils en général? Quel genre de relation ont-ils?
3. Connaissez-vous un couple qui a eu une belle rencontre et qui vit (*is living*) une belle histoire d'amour? Décrivez l'évolution de la relation de ce couple au fil du temps (*over time*).

4 Qui est-ce? Par petits groupes, regardez les quatre images. Décrivez les personnes et faites des hypothèses sur les relations entre elles.

1.

2.

3.

4.

5 Prédictions Regardez les quatre images dans l'activité précédente et l'affiche du film à la page suivante. Avec un(e) partenaire, écrivez un paragraphe d'environ huit phrases où vous essayez de deviner ce qui va se passer dans le film. Votre paragraphe doit répondre à ces questions.

1. Qui est la fille sur la quatrième image?
2. À votre avis, pourquoi la mère de la fille n'apparaît-elle pas sur l'image? Où est sa mère, d'après vous?

Court métrage

Scènes

Unité 6

LA PRINCESSE Et puis un jour, ce qu'elle venait de voir, elle en était sûre, allait changer sa vie. La princesse savait que c'était lui, son prince charmant.

LA PRINCESSE Le prince charmant disparut. Et la princesse fut très triste. La princesse attendit, des jours et des jours. Au fond de son cœur°, elle savait que c'était lui, son prince, et qu'elle devait attendre encore et encore.

LA PRINCESSE Et la maman du prince a tout de suite adopté la princesse. Le prince et la princesse s'entendaient tellement bien qu'ils décidèrent de faire le grand saut.

LA PRINCESSE Donc ils se marièrent et ils eurent une jolie petite fille, une petite princesse. Si tu savais comme elle était mignonne, cette petite princesse! La plus jolie petite fille du royaume!

LA PRINCESSE Le dragon se présenta à la princesse. Et ce dragon, il voulait en découdre. Ce dragon, il était très grand et très fort. Et ce dragon, seule la princesse pouvait le combattre.

LA PRINCESSE La princesse décida de raconter son histoire à son bébé. Elle savait bien que sa petite fille ne pouvait pas tout comprendre aujourd'hui, mais il fallait bien qu'elle lui parle avant son départ.

INTRIGUE
Une princesse des temps modernes désespère de ne pas trouver son prince charmant, jusqu'au jour où...

Cultures

La famille en France
Même si la famille dite «traditionnelle» telle qu'on la connaissait en France a beaucoup évolué, la famille reste une des valeurs les plus importantes pour les Français. Aujourd'hui, on distingue (*can identify*) trois grands types de familles en France: les familles traditionnelles, composées d'un couple d'adultes mariés ou non et de leurs enfants; les familles monoparentales, où un parent célibataire vit (*lives*) avec ses enfants; et les familles recomposées, qui comptent (*include*) un couple vivant avec au moins un enfant né d'une précédente union.

- À votre avis, pourquoi la famille est-elle une valeur aussi importante chez les Français?

Boîte à outils

The **princesse** in the film uses the **passé simple** tense. See **Fiche de grammaire** 4.5 at the end of the book for a formal grammar explanation and activities. This is a literary tense and the equivalent of the **passé composé**. Note the **passé simple** examples on the following page: **disparut**, **fut**, **attendit**. Can you guess their **passé composé** counterparts?

Au fond de son cœur *At the bottom of her heart*

Court métrage

Analyse

1 **Des princes pas si charmants** Au début du film, la jeune femme mentionne avoir connu des «princes» qui n'étaient pas vraiment charmants. Associez à chacun la description qui lui convient le mieux.

Le prince du royaume…

_____ «plus on est de fous…»
_____ «des plus grands»
_____ «moi, moi, moi»
_____ «je suis là, je ne suis plus là»
_____ «pourrait être ton père»

_____ a. une personne égoïste
_____ b. une personne qui ne veut pas avoir une seule relation
_____ c. une personne qui n'est pas de petite taille
_____ d. une personne assez âgée
_____ e. une personne sur laquelle on ne peut pas compter

2 **De qui s'agit-il?** Le court métrage met en scène deux personnages principaux: une princesse (la jeune femme) et un prince charmant (le jeune homme). Indiquez de qui on parle dans chaque phrase: A) **de la princesse** ou B) **du prince charmant**.

A    **B**

Cette personne…

_____ 1. vit avec sa maman.
_____ 2. est un peu maladroite et timide.
_____ 3. court pour attirer l'attention de quelqu'un qui lui plaît.
_____ 4. a grandi dans une famille traditionnelle.
_____ 5. décide de faire une vidéo sur son histoire d'amour.
_____ 6. apprend qu'elle a une maladie incurable.
_____ 7. va devoir surmonter la mort de son épouse.
_____ 8. devra élever son enfant seule.

3 **Compréhension** Répondez aux questions par des phrases complètes.
1. Pourquoi la princesse est-elle triste au début du film?
2. Où voit-elle son prince charmant pour la première fois?
3. Que fait-elle pour attirer son attention?
4. Que se passe-t-il ensuite?
5. Où sont invitées la princesse et sa mère?
6. Comment la relation entre la jeune fille et le jeune homme évolue-t-elle?
7. Que se passe-t-il chez le médecin?
8. Pourquoi la jeune maman décide-t-elle de faire une vidéo pour son enfant?

4 Interprétation À deux, répondez aux questions.

1. D'après le court métrage, comment décririez-vous la relation entre la princesse et sa mère? Sont-elles très liées? Expliquez.
2. Que pensez-vous de la famille du prince charmant? Ses parents semblent-ils être des personnes sympathiques ou exigeantes? Expliquez.
3. Est-ce que la manière dont la princesse décrit sa première rencontre avec la famille de son prince charmant correspond à la réalité, d'après les images? Expliquez. Pourquoi décrit-elle cette rencontre comme elle le fait, à votre avis?
4. D'après l'évolution de la relation entre la princesse et son prince charmant, diriez-vous que c'est un couple plutôt traditionnel ou plutôt rebelle? Pourquoi?
5. Si vous étiez à la place de la princesse, auriez-vous aussi eu envie de faire une vidéo de votre vie pour votre enfant? Pourquoi ou pourquoi pas?

5 Dialogues Le court métrage ne comporte (*contain*) aucun dialogue entre les personnages. Regardez ces images et inventez une conversation entre les personnages pour chacune.

A

B

6 Une fin plus heureuse Par petits groupes, imaginez une fin heureuse au court métrage. La princesse a réussi à vaincre (*to defeat*) la maladie. En quoi la vie des trois familles va-t-elle être changée? Faites des hypothèses sur l'évolution de leurs relations et sur leur avenir.

7 Le dernier souhait de la princesse Le temps a passé, et la petite fille est maintenant adulte. Par groupes de trois, lisez ce conseil que sa maman avait donné à sa famille. Ensuite, répondez aux questions qui suivent.

> «Je veux que tous les deux, vous profitiez de la vie. Fais que ta vie soit une fête, la plus belle des fêtes.»

- La fille a-t-elle suivi le conseil de sa maman?
- Comment est sa vie? Imaginez-en les différentes étapes.
- Comment a été sa jeunesse?
- Que fait-elle maintenant qu'elle est adulte?
- A-t-elle aussi rencontré son prince charmant?
- A-t-elle fondé une famille? Est-elle heureuse?

I CAN understand the creative narration in a short film.

Imaginez

Communicative Goal Identify and reflect on the people, attractions, and language of North Africa and Lebanon

la porte Bab Bou Jeloud, à Fès, au Maroc

IMAGINEZ
L'Afrique du Nord et le Liban

D'ailleurs…

Le thé à la menthe est la boisson traditionnelle des pays du Maghreb. Il est aussi symbole d'hospitalité et ne peut se refuser. Contrairement à la cuisine préparée par les femmes, le thé est préparé et servi par les hommes, le chef de famille en général.

Voyage inoubliable!

Parti au **Proche-Orient°** et en **Afrique du Nord**, notre reporter, Jean-Michel Caron, nous fait part de ses impressions de voyage.

«Après un long voyage en avion avec deux escales°, je suis enfin arrivé au **Liban**, le pays du cèdre°, arbre majestueux, qui est devenu le symbole du pays et l'emblème du drapeau. J'ai voulu visiter **Beyrouth**, sa capitale, port de commerce et centre financier, qui est aussi connue pour son intense vie culturelle et nocturne. Cette vie culturelle renaît aujourd'hui et le couturier° à la mode **Elie Saab**, spécialisé dans les somptueuses robes du soir, en est un bel exemple. Comme j'y étais au printemps, je n'ai pas voulu manquer cette expérience unique dont on m'avait parlé: skier le matin dans les montagnes enneigées° de la **chaîne du Liban**, puis aller se baigner dans la **Méditerranée**.

«J'ai repris l'avion pour me rendre au **Maghreb**, et je me suis d'abord arrêté en **Tunisie**. J'ai choisi d'aller à **Matmata**, au sud-est, où j'ai trouvé un paysage lunaire°, formé de cratères. Saviez-vous que **George Lucas** y avait filmé un épisode de *La Guerre des étoiles*? À **Carthage**, près de **Tunis**, la capitale du pays, j'ai visité un site archéologique majeur d'**Afrique du Nord**: les ruines d'une ville dont l'histoire a marqué l'**Antiquité**. Au 9e siècle avant J.-C. (B.C.), Carthage, qui veut dire *Nouvelle ville* en phénicien, était un empire tout-puissant. Après avoir été détruite une première fois, elle sera reconstruite et deviendra une grande rivale de **Rome**.

«Puis j'ai quitté la Tunisie pour aller en **Algérie**. **Alger** la blanche offre les charmes d'une capitale portuaire et une vue superbe sur la baie. Elle doit son surnom à la blancheur éclatante des murs de la **Casbah**. La Casbah… on ne peut pas visiter Alger sans passer par ce centre historique. C'est une ancienne forteresse magnifique qui domine la ville. Elle est entourée de petites rues et de maisons aux belles cours intérieures avec une

Unité 6

dromadaires dans les dunes du Sahara, au Maroc

DÉCOUVREZ

le Maghreb!

Essaouira Essaouira est un petit port marocain connu pour la douceur de son climat et la gentillesse de ses habitants. Les touristes aiment aussi visiter ses fortifications, sa médina et ses «riads», maisons marocaines traditionnelles, car la ville possède un patrimoine architectural bien conservé. Ses rues, où se rencontrent petits pêcheurs, commerçants, artisans et artistes du monde entier, offrent une atmosphère unique.

fontaine en leur centre. On voit aussi beaucoup de vestiges° historiques dans la région d'**Oran**, ville côtière à l'ouest d'Alger. Cette ville a aussi inventé le **raï traditionnel**, qui a donné naissance au pop raï moderne et aux artistes comme **Khaled** et **Cheb Mami**.

«J'ai terminé mon voyage par le **Maroc**. Si **Rabat** en est la capitale, **Casablanca** est plus moderne. J'y ai admiré la **place Mohamed V**, avec son architecture de style art-déco des années 1930 et sa très belle fontaine, j'ai fait mes courses au marché central et je me suis promené dans le quartier des **Habous**. Construit dans les années 1920, mais dans le style d'une vieille médina, j'ai aimé ce quartier qui mélange le traditionnel et le moderne. À **Fès**, j'ai visité la **médina**, l'une des plus anciennes du monde. On se promène dans de petites rues étroites, on s'arrête pour regarder travailler les artisans. J'ai d'ailleurs rapporté en souvenir un magnifique service à thé en céramique bleue, spécialité de Fès. Et un petit thé à la menthe, maintenant, ça vous dirait?»

Proche-Orient *Near East* **escales** *layovers* **cèdre** *cedar* **couturier** *fashion designer* **enneigées** *snowy* **lunaire** *lunar* **vestiges** *remains*

Le site de Timgad Aux portes du désert en Algérie, c'est un site archéologique exceptionnel par sa beauté et son état de conservation remarquables, classé au Patrimoine mondial de l'humanité. C'est une ville romaine construite par l'**empereur Trajan**, en 100  après J.-C. Son architecture est unique car les artistes **numides** (qui habitaient cette région à l'époque des Romains) ont ajouté des détails qu'on ne trouve nulle part ailleurs.

Les Berbères Ils représentent le groupe ethnique le plus ancien d'**Afrique du Nord**. Nombreux au Maroc et en Algérie, ils vivent aussi en Mauritanie, en Tunisie, en Libye et dans le Sahara. Unifiés sous le terme *Imazighen*, «hommes libres», les **Berbères** se différencient par des dialectes locaux variés, comme le touareg ou le kabyle. Depuis l'an 2000, **Berbère Télévision**  émet° à **Paris** et aide à promouvoir° cette culture.

LE FRANÇAIS LOCAL

L'arabe dans le français
Mots

un bled	un village
une casbah	une maison
un chouïa	un peu
kiffer	aimer beaucoup
un riad	une villa traditionnelle
une smala	une famille
un souk	un désordre

Expressions

C'est pas bézef.	Ce n'est pas beaucoup.
C'est kif-kif.	C'est pareil.
faire fissa	se dépêcher
Il est maboul!	Il est fou!
Zarma!	Ma parole!; *No way!*

Sidi Bou Saïd Ce petit village de pêcheurs, perché sur une falaise, a une vue superbe sur Carthage et sur la baie de Tunis. En 1912, l'arrivée du **baron** français **Rodolphe d'Erlanger**, peintre et musicologue spécialiste de la musique arabe, a transformé Sidi  Bou Saïd. Le baron fait restaurer les anciennes maisons et y impose les couleurs **bleu** et **blanc**. Beaucoup d'artistes, comme **Paul Klee**, s'y sont installés pour profiter de la lumière et des couleurs fantastiques. **Camus**, **Hemingway** et **Flaubert** ont tous visité son mythique **Café des Nattes** et ses ruelles à l'ambiance tranquille et charmante.

émet *broadcasts* **promouvoir** *promote*

Les générations qui bougent

Imaginez

Qu'avez-vous appris?

1 Vrai ou faux? Indiquez si ces affirmations sont vraies ou fausses. Corrigez les fausses.
1. Le Liban est aussi grand que la France.
2. Au Liban, vous pouvez, dans la même journée, faire du ski et vous baigner dans la mer.
3. George Lucas a filmé un épisode de *La Guerre des étoiles* au Maroc.
4. Matmata est une ville du nord-est de la Tunisie.
5. Oran en Algérie est le lieu d'origine du raï traditionnel.
6. Les maisons de la Casbah ont des cours intérieures.
7. Oran est une ville du désert algérien.
8. On peut admirer la place Mohamed V à Rabat.
9. Essaouira est connue pour la douceur de son climat et la gentillesse de ses habitants.

2 Questions Répondez aux questions.
1. Que représente le thé à la menthe au Maghreb?
2. Quel est le surnom de la ville d'Alger?
3. Que doit-on visiter à Casablanca?
4. Qui sont les Berbères?
5. Qu'est-ce qui caractérise les maisons de Sidi Bou Saïd?
6. Quels écrivains célèbres ont visité Sidi Bou Saïd?
7. Quelle est l'importance de la ville de Beyrouth?
8. Qui sont Cheb Mami et Khaled?
9. Quel est le point commun des rues de la Casbah, de la médina de Fès et de Sidi Bou Saïd?

3 Discussion Par groupes de trois, considérez ces trois pays mentionnés dans le texte: le Liban, l'Algérie et le Maroc.
- Discutez des similitudes entre les trois pays. Pourquoi ont-ils ces caractéristiques en commun, d'après vous?
- Discutez des différences entre les trois pays. Laquelle vous semble plus intéressante? Pourquoi?

PROJET

La traversée du Maghreb

Organisez un voyage où vous traverserez entre trois et cinq villes du Maghreb. Préparez votre voyage d'après ces critères et vos intérêts personnels.
- Dans chaque ville, visitez un important site historique, naturel ou culturel.
- Faites une description de chaque visite dans votre journal.
- Racontez vos aventures à la classe et montrez des photos de chaque lieu visité. Expliquez à vos camarades ce que vous avez découvert et donnez vos impressions de voyage pour chaque destination.

I CAN identify and reflect on the people, attractions, and language of North Africa and Lebanon.

Galerie de Créateurs

Couture: Yves Saint Laurent (1936–2008)

1. Préparation Répondez à ces questions sur l'importance des vêtements.

1. Quel rôle jouent les vêtements dans votre vie? Sont-ils importants? En avez-vous beaucoup? En achetez-vous fréquemment? Préférez-vous des vêtements chers ou bon marché? Suivez-vous la mode? Expliquez en donnant des détails.
2. De quelle manière vos vêtements reflètent-ils votre personnalité et votre caractère?

YSL: l'innovation dans la mode

«Je n'ai qu'un regret, ne pas avoir inventé le jean», dira-t-il. Ce grand couturier est né à Oran, en Algérie, où il passe toute son enfance. Il commence sa carrière dans la haute couture comme styliste pour Christian Dior. À la mort de celui-ci en 1957, Yves Saint Laurent, alors âgé de 21 ans, est chargé de sauver la maison Dior de la ruine. Il obtient un grand succès avec sa robe trapèze qui contraste avec la mode serrée de l'époque, mais il est remplacé à la tête de la maison. Il crée alors sa propre maison de couture en 1962. Saint Laurent est un innovateur à l'origine de nombreuses révolutions dans la mode comme la robe transparente, la saharienne (*safari jacket*) et le smoking (*tuxedo*) féminin. Il veut donner de cette façon plus de pouvoir aux femmes en leur offrant la possibilité de porter des vêtements dits masculins comme le pantalon. Il introduit les couleurs vives (*bright*), le noir, qui n'est plus réservé aux cérémonies, et l'univers oriental. La simplicité et l'originalité caractérisent depuis le début la maison YSL.

2. Compréhension Répondez par des phrases complètes.

1. Quel vêtement a apporté son premier grand succès à Yves Saint Laurent?
2. Citez trois autres vêtements créés par Saint Laurent qui montrent son désir d'innovation.
3. Pourquoi est-ce qu'on peut dire que Saint Laurent a donné plus de pouvoir aux femmes?
4. Qu'est-ce qui caractérise la maison YSL?

3. Discussion Discutez en groupes puis avec la classe.

Pensez-vous que la mode soit une forme d'art au même titre que les beaux-arts, la musique, la littérature ou le cinéma? Discutez de cette question et justifiez vos opinions.

4. Application Mode et monde

Selon la lecture, Saint Laurent a donné plus de pouvoir aux femmes en leur offrant la possibilité de porter des vêtements masculins. Cherchez des images de vêtements de la maison YSL, surtout ceux qui étaient innovants. Ensuite, cherchez des images de vêtements qui sont très à la mode actuellement. Préparez une présentation dans laquelle vous comparez leurs styles. Qu'est-ce que ces vêtements disent sur les changements dans la société et dans les attitudes? Parlez des rôles des hommes, des femmes et des jeunes.

Structures

Communicative Goal Express suggestions, desires, and feelings using the subjunctive

6.1 The subjunctive: impersonal expressions; will, opinion, and emotion

—*Je ne **veux** pas **que tu sois** triste.*

Forms of the present subjunctive

- You have already been using verb tenses in the indicative mood. You can also use French verbs in the *subjunctive* mood, which is used to express an attitude, an opinion, or personal will, or to imply hypothesis or doubt.

- To form the present subjunctive of most verbs, take the **ils/elles** stem of the present indicative and add the subjunctive endings. For **nous** and **vous**, use their **imparfait** forms.

The present subjunctive

	parler	finir	attendre
	parl**ent**	finiss**ent**	attend**ent**
que je/j'	parle	finisse	attende
que tu	parles	finisses	attendes
qu'il/elle/on	parle	finisse	attende
que nous	parlions	finissions	attendions
que vous	parliez	finissiez	attendiez
qu'ils/elles	parlent	finissent	attendent

> **À noter**
>
> To review **imparfait** forms, see **Fiche de grammaire 3.5, p. 384**.

- Use the same pattern to form the subjunctive of verbs with spelling or stem changes.

acheter	achète, achètes, achète, achetions, achetiez, achètent
croire	croie, croies, croie, croyions, croyiez, croient
prendre	prenne, prennes, prenne, prenions, preniez, prennent
recevoir	reçoive, reçoives, reçoive, recevions, receviez, reçoivent

- Some verbs are irregular in the present subjunctive.

aller	aille, ailles, aille, allions, alliez, aillent
avoir	aie, aies, ait, ayons, ayez, aient
être	sois, sois, soit, soyons, soyez, soient
faire	fasse, fasses, fasse, fassions, fassiez, fassent
pouvoir	puisse, puisses, puisse, puissions, puissiez, puissent
savoir	sache, saches, sache, sachions, sachiez, sachent
vouloir	veuille, veuilles, veuille, voulions, vouliez, veuillent

Impersonal expressions and verbs of will and emotion

- Sentences calling for the subjunctive fit the pattern [*main clause*] + **que** + [*subordinate clause*]. In each case, the subjects of the two clauses are different and **que** is used to connect the clauses. Note that although the word *that* is optional in English, the word **que** *cannot* be omitted in French.

MAIN CLAUSE	CONNECTOR	SUBORDINATE CLAUSE
Il **est** étonnant	**que**	Thierry ne **connaisse** pas ses parents.
It is surprising	*(that)*	*Thierry doesn't know his parents.*

- The subjunctive is used after many impersonal expressions that state an opinion.

Impersonal expressions followed by the subjunctive	
Ce n'est pas la peine que… *It is not worth the effort…*	Il est indispensable que… *It is essential that…*
Il est bon que… *It is good that…*	Il est nécessaire que… *It is necessary that…*
Il est dommage que… *It is a shame that…*	Il est possible que… *It is possible that…*
Il est essentiel que… *It is essential that…*	Il est surprenant que… *It is surprising that…*
Il est étonnant que… *It is surprising that…*	Il faut que… *One must… / It is necessary that…*
Il est important que… *It is important that…*	Il vaut mieux que… *It is better that…*

- When the main clause of a sentence expresses will or emotion, use the subjunctive in the subordinate clause.

Expressions of will	Expressions of emotion
demander que… *to ask that…*	aimer que… *to like that…*
désirer que… *to desire that…*	avoir peur que… *to be afraid that…*
exiger que… *to demand that…*	être content(e) que… *to be happy that…*
préférer que… *to prefer that…*	être désolé(e) que… *to be sorry that…*
proposer que… *to propose that…*	être étonné(e) que… *to be surprised that…*
recommander que… *to recommend that…*	être fâché(e) que… *to be mad that…*
souhaiter que… *to hope that…*	être fier/fière que… *to be proud that…*
suggérer que… *to suggest that…*	être ravi(e) que… *to be delighted that…*
vouloir que… *to want that…*	regretter que… *to regret that…*

Notre grand-père **désire qu'**on lui **rende** visite cet été.
Our grandfather wants us to visit him this summer.

Je **suis** ravie **que** nous **allions** chez notre oncle.
I'm delighted that we're going to our uncle's house.

- Although the verb **espérer** expresses emotion, it does not trigger the subjunctive.

J'**espère** que le nouveau prof n'**est** pas trop strict.
I hope that the new teacher isn't too strict.

Nous **espérons** qu'ils **vont** respecter leurs grand-parents.
We hope they will respect their grandparents.

Unité 6

À noter

If there is no change of subject in the sentence, an infinitive is used after the main verb and **que** is omitted. To learn more about using infinitives in place of the subjunctive, see **Structures 8.1, pp. 274–275**.

Boîte à outils

Some verbs used only in the third person singular, including some used in impersonal expressions, have irregular present subjunctive forms.

valoir (*to be worth it*): qu'il **vaille**

falloir (*to be necessary*): qu'il **faille**

pleuvoir (*to rain*): qu'il **pleuve**

Je ne pense pas que ça en vaille la peine.
I don't think it's worth the effort.

Boîte à outils

The verb **demander** is often used with an indirect object + **de** + [*infinitive*].

Papa nous demande de rentrer avant minuit.
Dad is asking us to come home before midnight.

 Vérifiez

Les générations qui bougent

Structures

6.1 Mise en pratique

1 **À lier** Reliez les éléments de chaque colonne pour former des phrases cohérentes.

_____ 1. Ils sont étonnés que vous…   a. parler avec ton amie au téléphone?
_____ 2. Il est impossible qu'ils…   b. remerciions le prof.
_____ 3. Il est bon que nous…   c. finissent à temps.
_____ 4. As-tu fini de…   d. sois si insupportable?
_____ 5. Vous souhaitez que je/j'…   e. ayez encore vos arrière-grands-parents.
_____ 6. Faut-il que tu…   f. apprenne plus de langues.

2 **Vacances à Djerba** Complétez l'e-mail que Géraldine écrit à son agent de voyages. Mettez au présent du subjonctif les verbes entre parenthèses.

> **De:** Géraldine Lastricte <géraldine.lastricte@email.fr>
> **Pour:** Marion Cantou <marion.cantou@email.fr>
> **Sujet:** Recommandations
>
> Madame,
> J'espère que vous avez bien pris en considération les souhaits (*wishes*) que j'ai formulés pour mon voyage à Djerba. Je vous les rappelle, au cas où. Il est évidemment essentiel que je (1) _____ (voyager) en première classe. Il faut que mon hôtel (2) _____ (être) situé près de la plage et que ma chambre (3) _____ (avoir) vue sur la mer. Je désire que tout le monde à l'hôtel (4) _____ (connaître) mes goûts. Je préférerais que le quartier (5) _____ (être) vivant, mais pas trop bruyant. Je veux, bien sûr, qu'une voiture (6) _____ (venir) me chercher à l'aéroport, et dites à la compagnie de limousine qu'il vaut mieux pour elle que je n' (7) _____ (attendre) pas. Je tiens à ajouter qu'il serait dommage que vous ne (8) _____ (pouvoir) pas répondre à ces simples souhaits.
> Cordialement,
> Géraldine Lastricte

3 **Une journée idéale** Vous êtes en vacances au Liban avec votre meilleur(e) ami(e) et vous planifiez une excursion d'une journée à Byblos. Regardez les images et, avec les éléments de la liste, dites à votre ami(e) ce que vous devez faire pour prévoir une journée idéale.

il est nécessaire que	il vaut mieux que	recommander que
il est possible que	préférer que	suggérer que
il faut que	proposer que	vouloir que

les ruines anciennes   les rues touristiques   le port

Cultures

Djerba Connue dans le monde entier pour ses plages, cette île au large des côtes tunisiennes est la première destination touristique du pays. Les touristes viennent surtout d'Italie, d'Allemagne et de France. Bien que (*Although*) très tournée vers le tourisme, l'île est restée traditionnelle: on y compte plus de 300 mosquées.

- Croyez-vous que l'île de Djerba serait aussi appréciée des touristes si elle était moins traditionnelle?

Connections

Byblos est la première ville construite par le peuple phénicien. Ce port envoyait le bois du Liban vers l'Égypte et le papyrus d'Égypte, ou «byblos» en grec, vers le reste du monde méditerranéen. La ville a alors hérité du nom qui, plus tard, sera à l'origine du mot «livre» en grec, et du mot «Bible». C'est à Byblos qu'est né l'ancêtre de l'alphabet occidental.

- Pourquoi, selon vous, l'alphabet occidental a-t-il ses origines à Byblos?

Communication

4 Rêve et réalité À deux, faites des comparaisons entre ce que vous avez et ce que vous rêvez d'avoir. Aidez-vous des éléments de la liste. N'oubliez pas d'utiliser le présent du subjonctif si nécessaire.

Modèle —As-tu une chambre?
—Oui, j'ai une chambre, mais j'aimerais qu'elle soit plus grande.

aimer que	parents
chambre	préférer que
enfance	regretter que
être content(e) que	relation
frère(s)/sœur(s)	souhaiter que
ordinateur	vouloir que

5 Recherche... À deux, regardez les deux annonces et imaginez que vous soyez d'abord la personne qui vende le chiot, puis les touristes qui cherchent un guide. Écrivez la suite des annonces à l'aide du présent du subjonctif. Ensuite, présentez-les à la classe.

Modèle Il est indispensable que la famille adoptive soit gentille.
Il est important que notre guide habite à Alger.

La famille Ouagued vend un chiot (puppy) de la race des épagneuls. Voici une photo de sa mère...

Touristes français recherchent un guide pour leur séjour en Algérie...

6 Dialogue parents-enfant Par groupes de trois, imaginez une conversation entre des parents et leur enfant adolescent(e). Ensuite, jouez la scène devant la classe. Utilisez le plus possible le présent du subjonctif.

Modèle **MÈRE** Il faut que tu comprennes que tu passes le bac cette année.
ENFANT Je veux que vous me laissiez tranquille avec mes amis!
PÈRE On préfère que tu ne sortes pas avec eux ce soir.

I CAN express suggestions, desires, and feelings using the subjunctive.

Les générations qui bougent

Structures

Communicative Goal Compare people, places, and objects using demonstrative pronouns

6.2 Demonstrative pronouns

Grammar Tutorial

—**Ce** fut un grand moment de convivialité et de joie.

- The demonstrative pronoun **celui** and its forms mean *this one/that one/the one* or *these/those/the ones*. Use them for pointing something out or indicating a preference.

  Quel **gâteau** préférez-vous? Le **gâteau** au chocolat ou le **gâteau** aux cerises?
  Which cake do you prefer? The chocolate cake or the cherry cake?

  > Quel **gâteau** préférez-vous? **Celui** au chocolat ou **celui** aux cerises?
  > *Which cake do you prefer? The chocolate one or the cherry one?*

- Demonstrative pronouns agree in number and gender with the noun they replace.

Demonstrative pronouns		
	singular	**plural**
masculine	**celui** *this one; that one; the one*	**ceux** *these; those; the ones*
feminine	**celle** *this one; that one; the one*	**celles** *these; those; the ones*

Les deux **épiceries** de mon quartier sont nulles! Et **celles** de ton quartier?
My neighborhood's two grocery stores are lame! And the ones in your neighborhood?

Quels **magazines** est-ce que vous avez achetés hier, **ceux**-ci?
Which magazines did you buy yesterday, these here?

Using demonstrative pronouns

- The demonstrative pronouns above cannot stand alone. They must be followed by one of the three constructions below.

- Add **-ci** and **-là** to distinguish between objects that are closer (**celle-ci**) and farther (**celui-là**), just as you would with demonstrative adjectives.

- You can also use **celui-là** or **celle-là** to refer to someone in a familiar or scornful fashion.

  Le petit ami de Samira? Ah, **celui-là**!
  Samira's boyfriend? Oh, that one!

  Elle croit qu'elle sait tout, **celle-là**?
  Does she think she knows it all, that one?

- Use a form of **celui** and a relative clause to mean *the one(s) that* or *the one(s) whose*.

  On va à ce supermarché-ci ou à **celui qui** ouvre plus tôt?
  Are we going to this supermarket here or the one that opens earlier?

  La pâtisserie Michèle, c'est **celle que** tu aimes bien?
  Is the Michèle pastry shop the one you like?

À noter

To review using **-ci** and **-là** with demonstrative adjectives, see **Fiche de grammaire 4.4, p. 386**.

Boîte à outils

Use a demonstrative pronoun followed by **-ci** or **-là** to express, respectively, the English words *latter* and *former*.

Tu prends les carottes ou les les haricots verts? Celles-ci sont plus fraîches que ceux-là.

Are you having carrots or string beans? The latter is fresher than the former.

À noter

To review relative pronouns, see **Structures 9.1, pp. 312–313**.

Ces enfants sont **ceux dont** l'arrière-grand-père est né en 1910.
These children are the ones whose great-grandfather was born in 1910.

- The third construction that can follow a demonstrative pronoun is a prepositional phrase.

Mes livres et **ceux de** Nathalie sont dans notre chambre.
My books and those of Nathalie are in our bedroom.

Cette jupe en coton est moins chère que **celle en** soie.
This cotton skirt is less expensive than the silk one.

Ceci, cela, ce, and *ça*

- **Ceci** and **cela** are also demonstrative pronouns. Unlike other pronouns, they do not refer to any noun in particular, but rather to an idea. **Ceci** announces that something is about to be said; **cela** refers to something that has already been said.

Je vous dis **ceci**: il ne faut rien regretter.
I say this to you: you must not regret anything.

On évite les préjugés. **Cela** va sans dire.
We avoid prejudices. That goes without saying.

- Both **ceci** and **cela** have a literary tone to them. In everyday French, use **ce** or **ça**. Use **ce/c'** before forms of **être**; use **ça** before other verbs.

c'est / ce n'est pas	**C'est** ta mère? Non, **ce n'est pas** elle. *Is that/this your mother. No, this/that isn't her.*
before **ce sont**	**Ce sont** mes enfants, Abdel et Fatih. *Those/They are my children, Abdel and Fatih.*
ça + any other verb	**Ça** m'énerve! *That annoys me!*

- **C'est** can be used in many constructions.

C'est + name *identifies a person*	**C'est** Ségolène. *That/She is Ségolène.*
C'est + disjunctive pronoun *identifies a person*	**C'est** toi qui as trouvé ce chat? *Are you the one that found this cat?*
C'est + article or adjective + noun *identifies a person or thing*	**C'est** mon arrière-grand-mère. *That/She is my great-grandmother.*
C'est + adjective *describes an idea or expresses an opinion*	Trois semaines de vacances! **C'est** super. *Three weeks of vacation! That's great.*
infinitive + **c'est** + infinitive *states an equivalency between two actions*	Partir, **c'est** mourir un peu. *To leave is to die a little.*

> **Vérifiez**
>
> **Boîte à outils**
>
> Adjectives that modify forms of **celui** must agree with them in number and gender. Past participles should also agree when appropriate.
>
> **Ceux qui sont beaux ne sont pas toujours sympathiques.**
> *Those that are beautiful are not always nice.*
>
> **Leurs soeurs sont celles que nous avons vues ici hier?**
> *Are their sisters the ones we saw here yesterday?*
>
> **À noter**
>
> To review the distinction between **il/elle est** and **c'est**, see **Fiche de grammaire 2.5, p. 380**.
>
> **Vérifiez**

Les générations qui bougent 207

Structures

6.2 Mise en pratique

1 À choisir Choisissez le bon pronom démonstratif pour compléter ces phrases.

1. Je parle de la nièce de mon voisin, tu sais, _____ qui vient de se marier.
   a. ceux   b. celui   c. celle
2. Nous vous avions parlé de _____, mais vous ne nous aviez pas écouté.
   a. ça   b. celui   c. ce
3. Ils ont l'habitude de faire leurs courses à ce marché, _____ qu'on voit depuis (*from*) l'autoroute.
   a. celui   b. celles   c. ceci
4. De quelle personne veux-tu te plaindre au patron? De _____.
   a. ceci   b. celle-là   c. cela
5. J'avais plusieurs surnoms quand j'étais enfant. Voici _____ dont je me souviens: «le peintre», «le fou» et «le gourmet».
   a. ça   b. celui   c. ceux

2 Fès Le grand-père de Mohamed lui parle de sa jeunesse à Fès. Complétez son histoire à l'aide des mots et expressions suivantes.

c'est	cela	celle qui	celui où
ceci	celle dont	celles que	ceux dont

Fès est la quatrième ville du Maroc. C'est (1) _____ m'est la plus chère parce que (2) _____ là où je suis né. Ah, mais tu sais déjà (3) _____. Ta grand-mère et moi, nous habitions dans cette petite rue, (4) _____ je connais bien le marchand de journaux. Mes amis, (5) _____ je t'ai parlé de nombreuses fois, travaillaient avec moi. Nous allions souvent dans ce petit café à la sortie du marché, tu sais, (6) _____ nous jouions aux échecs tous les jours. Je me souviens d'un après-midi où j'ai vu un groupe de jeunes filles, (7) _____ je voyais passer tous les jours à la même heure. Eh bien, je vais te dire (8) _____: j'ai épousé l'une d'elles.

3 Lequel? Répondez aux questions avec le bon pronom démonstratif.

Modèle Les parents de quelle amie travaillent ensemble? (de Salima)
Ceux de Salima travaillent ensemble.

1. Quelle capitale Marc veut-il visiter? (d'Algérie)
2. À quels jours heureux pensez-vous? (de notre jeunesse)
3. Quel manteau avez-vous choisi pour votre femme? (que j'ai vu dans le catalogue)
4. Qui sont ces enfants? (de Béatrice)
5. Quelle voiture tes parents regardent-ils? (que je n'aime pas)
6. Quelles chambres préfères-tu? (qui sont au premier étage)

Cultures

Les villes impériales du Maroc La ville de Fès fait partie des quatre villes impériales du Maroc avec Marrakech, Meknès et Rabat. Elles ont toutes été capitale du Maroc au moins une fois dans leur histoire. On peut découvrir le palais royal et les tanneries à Fès, la grande place Jemaa el-Fna à Marrakech, les ruines d'une antique cité romaine dans la banlieue de Meknès et la grande mosquée Hassan II à Rabat.

- Selon vous, pourquoi la capitale du Maroc a changé de lieu plusieurs fois?

Communication

4 Rencontres Vous venez de rencontrer un(e) ami(e) d'enfance et vous le racontez à un(e) camarade. À deux, imaginez la conversation et écrivez-la à l'aide de pronoms démonstratifs. Ensuite, jouez la scène devant la classe.

Modèle
—Je viens de voir Éric, celui qui posait toujours des questions au prof.
—Celui qui parlait toujours en cours d'histoire?
—Non, celui dont la sœur nous avait montré ses photos de vacances.

5 Qui est qui? La classe se divise en deux équipes. Un des membres de l'équipe A pense à un(e) camarade de classe et donne trois indices (*clues*) sur lui/elle. Après chaque indice, l'équipe B essaye de deviner de qui il est question. Elle gagne trois points si elle devine avec le premier indice, deux points si elle devine avec deux indices et un point si elle devine avec les trois indices. Ensuite, inversez les rôles.

Modèle Je pense à celui/celle qui est autoritaire... Je pense à celui/celle pour qui remercier chaque gentillesse est une obligation... C'est celui/celle dont les parents viennent de faire un voyage en Tunisie.

6 La famille À tour de rôle, décrivez les personnes sur la liste. Utilisez des pronoms démonstratifs. À chaque tour, vos camarades vont vous poser des questions pour en savoir plus.

Modèle
—Ma cousine Sophie est celle dont tout le monde parle dans la famille.
—Pourquoi?
—C'est celle qui est la plus extrovertie.

- vos parents
- vos grands-parents
- vos cousin(e)s
- vos frères/sœurs
- votre meilleur(e) ami(e)
- votre professeur

I CAN compare people, places, and objects using demonstrative pronouns.

Structures

Communicative Goal Discuss family relationships using irregular -re verbs

6.3 Irregular -re verbs

Grammar Tutorial

—*Elle savait bien que sa petite fille ne pouvait pas tout* **comprendre** *aujourd'hui...*

- You can see patterns in irregular **-re** verbs, but it is best to learn each verb individually.

	boire	croire	dire	écrire
je/j'	bois	crois	dis	écris
tu	bois	crois	dis	écris
il/elle/on	boit	croit	dit	écrit
nous	buvons	croyons	disons	écrivons
vous	buvez	croyez	dites	écrivez
ils/elles	boivent	croient	disent	écrivent
past participle	bu	cru	dit	écrit

	lire	prendre	craindre (to fear)	se plaindre
je	lis	prends	crains	me plains
tu	lis	prends	crains	te plains
il/elle/on	lit	prend	craint	se plaint
nous	lisons	prenons	craignons	nous plaignons
vous	lisez	prenez	craignez	vous plaignez
ils/elles	lisent	prennent	craignent	se plaignent
past participle	lu	pris	craint	plaint(e)(s)

Mon neveu **a bu** trois verres de lait.
My nephew drank three glasses of milk.

Mais **dis** quelque chose!
Well, say something!

Mes petits-enfants ne m'**écrivent** jamais.
My grandchildren never write me.

Est-ce que vous **comprenez** votre oncle?
Do you understand your uncle?

Je **crains** qu'elle ne m'aime plus.
I'm afraid she doesn't love me anymore.

Nous **nous sommes plaints** du service.
We complained about the service.

- The verb **plaire** (*to please*) is often used in the third person and usually takes an indirect object. Its past participle is **plu**. The English verb *to like* is typically used to translate it.

Cette fromagerie **leur plaît**.
They like this cheese shop.

Les produits bio **vous plaisent**?
Do you like organic food?

Le repas **lui a plu**.
She liked the meal.

Boîte à outils

Croire à + [*noun*] means *to believe in something*; **croire en** + [*noun*] means *to believe in someone.*

Blaise Pascal croyait-il en Dieu?
Did Blaise Pascal believe in God?

Décrire and **s'inscrire** (*to enroll*) are conjugated like **écrire**.

Remember that **apprendre** and **comprendre** are conjugated like **prendre**.

 Vérifiez

Unité 6

	mettre	suivre	vivre
je/j'	mets	suis	vis
tu	mets	suis	vis
il/elle/on	met	suit	vit
nous	mettons	suivons	vivons
vous	mettez	suivez	vivez
ils/elles	mettent	suivent	vivent
past participle	mis	suivi	vécu

	rire	conduire	connaître
je	ris	conduis	connais
tu	ris	conduis	connais
il/elle/on	rit	conduit	connaît
nous	rions	conduisons	connaissons
vous	riez	conduisez	connaissez
ils/elles	rient	conduisent	connaissent
past participle	ri	conduit	connu

Nous **avons mis** un pull pour sortir.
We put on sweaters to go out.

Mes ancêtres **ont vécu** à Abidjan.
My ancestors lived in Abidjan.

Mes petits-enfants me **sourient** quand je chante pour eux.
My grandchildren smile at me when I sing to them.

Mon grand-père ne **conduit** plus.
My grandfather no longer drives.

Vous ne me **reconnaissez** pas?
Do you not recognize me?

Mon grand-oncle **a disparu** pendant la guerre.
My great uncle disappeared during the war.

- **Se mettre**, when followed by **à** + [*infinitive*], means *to start* (doing something).

    Elle **s'est mise à pleurer**!
    She started crying!

    À six heures, je **me mets à faire** la cuisine.
    At 6 o'clock, I start cooking.

- Note the double **i** spelling in the **nous** and **vous** forms of **rire** and **sourire** in the **imparfait**.

    Nous **riions** beaucoup à l'école.
    We used to laugh a lot at school.

    Vous **souriiez** quand votre tante téléphonait.
    You used to smile when your aunt called.

- The verb **naître**, conjugated like **connaître** in the present, is rarely used in this tense. Remember that the past participle agrees with the subject in compound tenses such as the **passé composé** and **plus-que-parfait**.

    Ma grand-mère est **née** en 1935.
    My grandmother was born in 1935.

    Les jumeaux étaient-ils **nés** à cette époque?
    Had the twins been born at that time?

Boîte à outils

Remember that **permettre** and **promettre** are conjugated like **mettre**.

Survivre is conjugated like **vivre**.

Use the expression **suivre un/des cours** to say *to take a class*.

Je suis un cours d'histoire des États-Unis.
I'm taking a course in U.S. history.

Sourire is conjugated like **rire**.

Remember that **construire**, **détruire**, **produire**, **réduire**, and **traduire** are conjugated like **conduire**.

Disparaître, **paraître**, and **reconnaître** are conjugated like **connaître**.

Paraître is often used in the third person with an indirect object to say that something seems a certain way.

Ça me paraît difficile.
That seems difficult to me.

À noter

For a review on how **connaître** differs from **savoir**, see **Fiche de grammaire 9.4, p. 406**.

Vérifiez

Les générations qui bougent

Structures

6.3 Mise en pratique

1 Un repas authentique Claudia passe des vacances à Tunis, dans une famille. Ils voudraient préparer un repas traditionnel. Complétez la conversation logiquement.

apprendre	croire	plaire
comprendre	mettre	prendre
connaître	se plaindre	rire

MÈRE Alors, Claudia, quels plats tunisiens (1) _____-tu?

CLAUDIA Une fois, dans un resto maghrébin, je/j'(2) _____ du couscous.

PÈRE Je/J' (3) _____ que ça ferait un bon repas authentique.

GRAND-MÈRE Je ne/n' (4) _____ pas — j'adore le couscous!

Plus tard dans la cuisine...

CLAUDIA Je ne/n' (5) _____ pas cette recette. Peux-tu la traduire en anglais?

FILLE Non, moi non plus. Nous avons bien lu la recette. Nous (6) _____ tous les ingrédients dans le bol. Maman, ce n'est pas drôle! Pourquoi est-ce que tu (7) _____?

MÈRE Désolée, mais apparemment vous deux, vous ne/n' (8) _____ jamais _____ à cuisiner!

2 Autrement dit Réécrivez chaque phrase et remplacez le(s) mot(s) souligné(s) par un verbe irrégulier en **-re**. Ajoutez d'autres mots, si nécessaire.

1. Ma demi-sœur <u>est venue au monde</u> en 2010.
   _____

2. Tu n'aimes pas ton plat? Appelle le serveur et <u>dis-lui que tu n'es pas satisfait</u>!
   _____

3. <u>Avez-vous peur des</u> gens rebelles?
   _____

4. Ma famille <u>pense</u> que je n'ai pas assez d'amour-propre.
   _____

3 Phrases logiques

A. Écrivez cinq ou six phrases à l'aide des éléments de chaque colonne. Employez les verbes à des temps différents.

A	B	C
Mes parents	construire	une nouvelle maison…
Je	craindre	faire du mal à…
Le fossé des générations	disparaître	dans quelles circonstances?
Les gens bien élevés	écrire	des cartes de remerciement…
Mon arrière-grand-mère/père	naître	où et quand?
…?	survivre	…?

B. À deux, créez un dialogue qui inclut au moins trois de vos phrases de la partie A.

Cultures

Tunis À Tunis, capitale et centre administratif de la Tunisie, la ville moderne et la médina (vieille ville) offrent un contraste saisissant (*striking*). D'un côté, on peut admirer les grandes villas des quartiers résidentiels. De l'autre, on peut entrer dans la médina par de vieilles portes, vestiges des fortifications qui entouraient autrefois la ville. On trouve dans la médina des souks (marchés) et des monuments historiques.

• Préféreriez-vous visiter la ville moderne ou la médina de Tunis? Pourquoi?

Communication

4 **Questions spécifiques** À deux, répondez aux questions par des phrases complètes.

1. Combien de textos écris-tu chaque jour? Combien en lis-tu?
2. Écris-tu des cartes de vœux? Ça te plaît? Pourquoi?
3. Quel genre de littérature lis-tu le plus souvent?
4. Quel membre de ta famille se plaint le plus? Et qui rit le plus?
5. T'es-tu déjà plaint(e) de ton père ou de ta mère? Pourquoi?
6. Connais-tu quelqu'un qui vit dans une région francophone? Si oui, laquelle?
7. As-tu déjà conduit une voiture? Si oui, quel âge avais-tu?
8. Tes parents te permettent-ils toujours de suivre les cours que tu veux?

5 **Une famille unie** Même les membres d'une famille unie ne s'entendent pas toujours parfaitement bien. À deux, posez des questions et décrivez cette scène à l'aide des verbes de la liste. Ensuite, écrivez une conversation entre les membres de la famille sur la photo.

Modèle —Où vivent-ils?
—Je crois qu'ils vivent aux États-Unis.

apparaître	craindre	permettre
boire	croire	se plaindre
(se) comprendre	dire	plaire
contredire	écrire	prendre

6 **Bien s'entendre** Imaginez que vous travaillez pour un magazine destiné aux parents. Par petits groupes, discutez de ce qu'il faut faire pour avoir de bonnes relations entre les membres de la famille. Ensuite, écrivez un article qui inclut vos suggestions et au moins huit verbes irréguliers en **-re**.

Prenez le temps en famille!

Ne prenez pas les choses trop au sérieux; riez souvent!
Ce qu'il faut faire pour bien s'entendre...

I CAN discuss family relationships using irregular **-re** verbs.

Structures

Synthèse

Petites annonces

Mariage toujours

Recherchons organisateur/organisatrice de mariages rapide et efficace. Nous retiendrons celui ou celle qui ne craint pas les obstacles, qui plaît et sourit aux clients. Contactez Samira à samira.alhafta@mariage.toujours.tn

Petits anges à garder

Un(e) baby-sitter est demandé(e) pour garder° deux enfants. Ceux-ci sont bien élevés et obéissants°. Il est indispensable que cette personne connaisse au moins une langue étrangère pour la leur enseigner. Appelez le 62.74.02.16.

garder *to look after*

obéissants *obedient*

À TABLE!

Un restaurant trois étoiles recherche un chef cuisinier qui connaisse la gastronomie maghrébine. Il est nécessaire que le candidat sache accommoder viandes et poissons avec les saveurs orientales. Il est recommandé que la personne ne se plaigne jamais. Celui dont les qualités correspondent à ces critères doit téléphoner au 78.96.29.54.

Appart' à partager

Jeunes filles recherchent un(e) colocataire° pour partager un appartement au centre-ville. Il est essentiel que celui/celle qu'on choisira ne soit pas égoïste et rie souvent. Toute personne stricte et insupportable s'abstenir! Contactez-nous au 96.08.21.17.

colocataire *roommate*

1 Des annonces Votre ami(e) n'a pas pu acheter son journal aujourd'hui et vous demande de lui donner les détails des annonces. À deux, alternez les rôles.

Modèle Deux filles ont un appartement à partager. Elles veulent que leur colocataire rie souvent!

2 Mise en scène Vous avez répondu à l'une des quatre annonces ci-dessus et maintenant les choses vont mal. À deux, imaginez la scène pour une de ces situations et jouez les rôles. Utilisez le présent du subjonctif et des pronoms démonstratifs.

Situation A: Le couple pour qui vous organisez le mariage est insupportable.

Situation B: Les petits anges sont en fait de petits démons.

Situation C: Les aide-cuisiniers qui travaillent pour vous sont incompétents.

Situation D: Les jeunes filles font trop la fête et vous dérangent souvent.

3 Besoin de travail Vous avez besoin de travailler cette année. Écrivez votre propre annonce dans laquelle vous expliquez les critères que vous cherchez dans un travail.

Modèle Il faut que je puisse travailler le soir après 18 heures...

Communicative Goal Identify and reflect on marriage customs in Algeria and other cultures.

Culture

Préparation

Glossaire de la lecture

les affaires (*f.*) belongings
affronter to face
confier to confide; to entrust
débuter to begin
se dérouler to take place
faire une demande en mariage to propose
les fiançailles (*f.*) engagement
une mariée bride
nécessiter to require

Vocabulaire utile

une alliance wedding ring
une bague de fiançailles engagement ring
le bouquet de la mariée bouquet
un marié groom
une robe de mariée wedding gown
un témoin witness; best man; maid of honor

C'est *Jour de mariage!* On vous invite à un mariage algérien traditionnel. Vous ne verrez le couple ensemble qu'un peu plus tard...

1 **Le mariage** Vous allez vous marier et vous lisez un livre pour tout savoir sur les éléments-clés de la cérémonie. Trouvez le titre de chaque chapitre.

Sommaire

Chapitre 1: _____ 7
Vous êtes fiancés? Félicitations! C'est pendant cette période que vous préparez votre mariage.

Chapitre 2: _____ 15
C'est le symbole de votre union. Comment la choisir?

Chapitre 3: _____ 21
Ils sont à côté de vous pendant la cérémonie. Qui choisir? Quel cadeau leur offrir? Tout ce qu'il faut faire.

Chapitre 4: _____ 28
C'est la journée de la mariée! Les hommes seront beaux dans leur costume, mais tout le monde s'intéressera à ce qu'elle portera! Voici notre sélection

Chapitre 5: _____ 35
Qu'est-ce qu'un mariage sans fleurs? Il faut choisir avec soin cet accessoire très important pour la mariée! Lisez nos conseils.

2 **Célébrations** Répondez aux questions et comparez avec un(e) camarade.

1. Dans votre famille, les traditions du mariage sont-elles similaires à celles mentionnées dans l'activité 1? En avez-vous d'autres? Décrivez-les.
2. Vos traditions incluent-elles une demande en mariage officielle? Offre-t-on une bague de fiançailles?
3. Quelles sont les étapes de la cérémonie du mariage?
4. Célébrez-vous d'une manière particulière d'autres étapes marquantes de la vie? Lesquelles? Comment les célébrez-vous?

Les générations qui bougent

Culture

Jour de mariage

Hier, vendredi, j'étais invité au mariage d'un charmant couple algérien, Yasmina et Salim. Pour moi, Occidental, ce fut l'occasion d'ouvrir les yeux sur des traditions et un monde différents. Un peu perdu dans cette succession de cérémonies, j'ai posé des
5 questions au jeune couple.

PAUL Quels ont été les grands moments de la journée?

SALIM Tout a commencé en fin d'après-midi. Yasmina est arrivée chez moi, où elle est restée dans une pièce avec ses amies. La fête a vraiment débuté quand je suis arrivé pour la cérémonie avec les hommes, en marchant° au rythme de la musique. Tu as vu que les hommes et les femmes, et notre couple, sont restés séparés pendant toute la fête. Tout était fait pour rendre plus intense le moment où Yasmina et moi nous retrouverions en fin de soirée. Après le repas, les hommes, les femmes âgées et les enfants ont dansé. D'ailleurs°, je t'ai vu danser avec eux. Tu avais l'air de bien t'amuser. Puis, plus tard dans la soirée, la hennayat a tatoué mon index° avec du henné° pour me porter bonheur°. J'ai reçu de l'argent des invités, et j'ai enfin pu rejoindre Yasmina.

PAUL On m'a dit que «le mariage d'une nuit nécessite une année de préparation». Est-ce que cela a été le cas pour le vôtre?

YASMINA À peu près°. Il y a une semaine, Salim et moi sommes allés à la mosquée pour recevoir la bénédiction de l'imam, puis à la mairie pour signer les documents officiels. Deux jours avant la cérémonie du vendredi, j'ai célébré la fête de l'«Outia» qui symbolise le début de la préparation de la mariée. C'est aussi «la nuit du henné», la troisième et dernière nuit où on m'a tatoué les mains au henné. Ce produit végétal a une valeur spirituelle et protectrice. Plus le tatouage est foncé, plus il est beau et plus il a de la valeur. Il faut que le produit soit appliqué° trois fois pour qu'il imprègne la peau. Jeudi, j'ai envoyé toutes mes affaires chez Salim, et j'ai passé la journée à me reposer, afin d'affronter le rythme effréné° du lendemain.

Plus tard, on m'a expliqué que Salim avait fait une demande en mariage traditionnelle qu'on appelle la «shart». Il y a deux mois, il est venu demander la main

Le henné

Le henné est une plante qu'on trouve au **Maghreb**. Les femmes, mais aussi les hommes, se servent de cette poudre comme produit de tatouage, après l'avoir mélangée avec de l'eau. La «**hennayat**», ou tatoueuse, l'applique parfois avec de la dentelle pour créer de jolis motifs. C'est aussi une substance qui sert à la teinture des cheveux.

de Yasmina à ses parents et leur a offert la somme habituelle, équivalente à 1.500 $. Une semaine après, ils ont fêté la «djeria», les fiançailles. La hennayat a appliqué du henné et un Louis d'or° sur la paume de la main de Yasmina, et Salim a offert à sa fiancée un tailleur° blanc pour le mariage.

Salim m'a confié que toute cette effervescence lui a rappelé la cérémonie de sa circoncision. Il avait six ans. Il a vécu là un moment capital de son existence: Il faut passer par ce rite pour devenir musulman. En général, un garçon est circoncis entre la naissance et l'âge de six ans. Quand le garçon est plus âgé, le rite prend plus d'importance, parce qu'il se rend compte de sa signification et il reçoit plein de cadeaux.

Ces fêtes maghrébines ont au moins un point commun. Toutes les femmes mariées de la famille se réunissent dans la maison où vont se dérouler les festivités. Elles procèdent toujours au même rituel: le roulage°, étape importante dans la préparation du couscous. C'est toujours le plat principal des fêtes familiales, en Afrique du Nord.

Je me souviendrai de l'ambiance et des odeurs envoûtantes° qui m'auront fait découvrir un autre univers. Pendant un moment, j'étais à l'autre bout de la Terre. Me voilà de retour. Dommage°... ■

Culture

Analyse

1 Compréhension Répondez aux questions par des phrases complètes.

1. À quelle cérémonie l'auteur a-t-il été invité?
2. Où sont Yasmina et Salim pendant la fête?
3. Quelles sont quatre traditions de la fête?
4. Où va le couple pour officialiser son union?
5. Qu'est-ce que le henné?
6. Quel est le rôle de la hennayat dans la cérémonie?
7. Qu'est-ce que la «shart»?
8. Comment appelle-t-on les fiançailles algériennes? Quand ont-elles lieu?
9. Quelle autre cérémonie traditionnelle le marié mentionne-t-il? Que signifie cette cérémonie?
10. En Afrique du Nord, quel plat fait toujours partie des fêtes familiales?

2 Traditions Dans l'article, vous avez vu qu'au Maghreb les fêtes sont basées sur un rituel qui peut durer plusieurs jours. Ces grandes cérémonies sont l'essence même de la société maghrébine. À deux, répondez à ces questions.

1. Ce genre de grande cérémonie existe-t-il dans votre famille? Sinon, aimeriez-vous qu'elle joue un plus grand rôle dans votre vie? Pourquoi?
2. Connaissez-vous d'autres cultures qui ont cette caractéristique? Lesquelles?

3 Mariage plus vieux, mariage heureux Aujourd'hui, on se marie de plus en plus tard. Par groupes de trois, discutez de ces questions.

- Comment expliquez-vous ce phénomène?
- Pensez-vous que si on se marie plus vieux, on a vraiment de meilleures chances d'avoir un mariage heureux?

4 Les grands événements de la vie

A. Quels sont les événements les plus importants de votre vie? Ajoutez quatre autres événements au tableau, puis classez-les (*rank them*) par ordre d'importance.

	Classement
Entrer au lycée	
Passer son permis de conduire	
Partir en vacances sans ses parents	
?	
?	
?	
?	

B. Pensez-vous que vos parents, quand ils étaient jeunes, ont donné la même importance que vous à ces événements? Par groupes de trois, discutez-en.

I CAN identify and reflect on marriage customs in Algeria and other cultures.

Littérature

Communicative Goal Analyze the relationship between family members in a novel excerpt

Préparation

À propos de l'auteur

Saphia Azzedine (1979–) est née au Maroc d'une mère française d'origine marocaine et d'un père marocain. Sa famille déménage à Ferney-Voltaire, en France, lorsqu'elle a neuf ans. D'un milieu modeste, la famille et la culture ont toujours été primordiales dans son éducation ainsi que l'indépendance de la femme en général. Romancière franco-marocaine, elle est aussi scénariste, actrice et réalisatrice. Elle sort avec succès son premier roman *Confidences à Allah* en 2008, *Mon père est une femme de ménage* en 2009, et en 2020, *Mon père en doute encore*. Ses romans reflètent avec humour, sensibilité et réalité, les conflits intérieurs entre deux mondes et deux cultures: d'un côté celui d'une femme musulmane et de l'autre d'une occidentale, d'une émigrée marocaine et d'une citoyenne française.

Dans cet écrit de Saphia Azzedine, une jeune femme, la narratrice, reflète sur le rôle que son père a tenu durant toute son enfance, pendant une conversation avec lui au téléphone.

Glossaire de la lecture

aimant(e) loving
s'emporter to lose one's temper
errer to wander
être délaissé(e) to be abandoned; to be neglected
grandir to grow up
un patriarche patriarch
recueillir quelqu'un to take someone in
redouter to fear
savourer to relish; to savor
la veille day before
vieillir to grow old

Vocabulaire utile

auparavant formerly; in the old days
avoir le cafard to feel down
l'éducation (f.) parentale parenting
laisser tomber to let go of; to abandon
supporter to bear; to put up with

1 Définitions Faites correspondre chaque mot à sa définition.

____ 1. le jour précédent   a. errer
____ 2. affectueux, sensible, tendre   b. un patriarche
____ 3. craindre fortement quelqu'un ou quelque chose   c. aimant
____ 4. abandonné, négligé   d. la veille
____ 5. aller sans but précis   e. redouter
____ 6. l'homme chef de famille   f. délaissé

2 Préparation À deux, répondez à ces questions et discutez-en.

1. D'où vient votre famille? De quels états ou pays? Quelles sont vos origines?
2. Quelles sont les raisons pour lesquelles votre famille s'est installée dans cette région ou ville?
3. Quels points positifs poussent les immigrés à s'installer en Europe? Sont-ils les mêmes points qui les poussent à s'installer dans votre pays?

3 Sondage Vous faites un sondage pour le journal de votre école sur les relations entre parents et adolescents. Posez ces questions à plusieurs élèves de la classe.

- Avez-vous de bonnes ou de mauvaises relations avec vos parents?
- Avez-vous déjà été puni(e)? Pourquoi?
- Voudriez-vous changer des choses quand vous serez parents? Lesquelles?
- La perspective de l'éducation parentale change-t-elle quand on devient jeune adulte? Comment?

Comparez les réponses que vous avez obtenues avec la classe.

Comparisons

L'Immigration Il y a en France 6,7 millions d'immigrés, soit 9,9% de la population totale. Parmi ces immigrés, 46,5% sont nés en Afrique et 33,3% en Europe. Les pays les plus fréquents d'où viennent les immigrés sont l'Algérie, le Maroc, le Portugal, la Tunisie, l'Italie, la Turquie et l'Espagne. Il est souvent difficile pour ces nouveaux citoyens français de s'adapter et de s'intégrer.

- Quelle population immigrée est la plus importante dans votre pays? Pourquoi?

Les générations qui bougent

Littérature

Mon père en doute encore

Saphia Azzeddine

Paris aujourd'hui

—Salut Papa, comment ça va aujourd'hui?

—Eh bin° ma chérie, je me sens comme une particule sans grand pouvoir d'achat° qui erre entre la rue des Belles-Feuilles et la rue Marguerite.

Avec les r roulés°, sa réponse résonne° dans ma tête comme un appel au secours.

Mon père ne sait pas s'en tenir aux choses°. Il est incapable de répondre par oui ou par non. Un «mais» ou un «parce que» rallongent° toujours ses phrases pour qu'il y ait plus à dire qu'il n'y a eu à faire. Ce qu'il veut mon père, c'est que je ne raccroche° pas. Que je lui demande s'il a besoin de quelque chose pour me répondre, *Non ma chérie, tu en fais déjà beaucoup.* C'est vrai que j'en fais beaucoup. Je l'ai cru longtemps. Et puis, à l'âge où l'on ne grandit plus mais où l'on vieillit seulement, on se rend compte que nos parents, pour ceux qui en ont eu des formidables, en ont fait bien plus encore. Même si c'était n'importe comment°.

Il aurait voulu être un patriarche. Il n'a été qu'un bon père.

Il aurait voulu être un patriarche. Il n'a été qu'un° bon père. Au fond de lui sommeille° un petit dictateur qu'il aurait aimé nourrir pour devenir le genre d'homme que l'on craint déjà derrière la porte. Cette assurance° que le pouvoir confère et qu'annonce un pas souverain° avant d'entrer dans une pièce. Ceux qu'on redoute même quand ils sourient. Il aurait voulu être plus tout et moins quelque chose. Plus riche et moins pauvre en fait.

Son père est mort dans une mine à la frontière algérienne quand il avait deux ans. Il devint° un orphelin de luxe puisqu'une demi-douzaine de bras de femmes affectueux le recueillirent dans la maison familiale à Figuig, dans ce Maroc fier et délaissé par le roi pour des raisons d'opinion. J'oublie souvent que mon papa n'a pas eu de papa. J'oublie aussi qu'il a été un enfant. Avec des chagrins et tout le reste. J'oublie parce que je ne l'imagine pas. Il n'y a aucune photo de lui. Je ne sais pas à quoi il ressemblait. Je pense qu'il avait déjà un nez fin et pointu, un lobe d'oreille allongé et des dents marron. Il nous a longtemps culpabilisés° avec elles, nous les chanceux qui accumulions bagues°, détartrages° et appareils dentaires au rythme des rentrées scolaires. Il nous disait que sa mère était tellement pauvre qu'elle n'avait pas les moyens d'acheter du lait si bien qu'il a bu des biberons° de thé vert durant toute son enfance. Il nous disait cela avec la mine° répressive qu'on réserve aux enfants privilégiés et qu'on ne veut pas entendre se plaindre parce que ça fait mal ou parce que c'est désagréable. *Tu sais, moi...*

Oui, je sais, toi Papa si tu avais eu la chance d'aller chez le dentiste, tu aurais des dents blanches et alignées. Et tu n'aurais pas honte de rire à pleine bouche devant d'autres pères qui y sont allés, eux. Et qui ne savent pas non plus quelle chance ils ont eue.

La chance est mal répartie° en ce bas monde. J'évite de trop penser à la mienne pour ne pas m'embarrasser° mais un père aimant, encombrant°, sentimental, sévère, défiant et impliqué° est de loin la plus grande bénédiction de ma vie. Les poètes persans, passés et contemporains, de Rûmî à Forough Farrokhzad l'ont, à chaque étape de sa vie, guidé me dit-il et c'est dans leurs pas° qu'il a trouvé sa mesure et sa noblesse. Deux qualités qui se manifestent à la moindre occasion°, même dans la réponse à un texto banal d'une fille qui s'est un peu emportée la veille à un déjeuner de famille:

Papa, je voulais te demander pardon pour hier. Bisous. S.

Je connais ton fond ma Zénobie, c'est ton dard° de scorpion sentimental qui a parlé. Tu masques ta gentillesse et ta générosité mais la sauvegarde° de ta famille est ton sixième pilier, je le sais. Ma fille, la libération de mon cœur dépend de ton rayonnement°, ne l'oublie jamais. À présent, je retourne à mes chansons mélancoliques pour placer mon espoir en orbite. Ton père.

Je lis sa réponse sur l'écran de mon téléphone, assise dans la salle d'attente d'un opérateur téléphonique devant un écran, plus large, qui retransmet une émission de télé-réalité où les gens sont orange, tatoués et au bord d'une piscine à débordement°. Je relis le message de mon père qui aurait toute sa place dans un recueil° de poèmes jaunis par le temps et je savoure d'autant plus ses mots, comme un appel à la résistance contre la médiocrité, un anachronisme bienvenu au moment où j'entends, à la télévision, un si, suivi du futur antérieur. ■

Littérature

Analyse

1 **Compréhension** Répondez aux questions.
1. Comment se sent le père au début de la conversation?
2. Quel âge donnez-vous aux deux personnages du passage?
3. Quelle est la réaction du papa à chaque fois que sa fille communique avec lui?
4. Comment aurait voulu (*would have liked*) être son père auparavant?
5. Comment a été l'enfance du père?
6. Quelle place a la narratrice dans le cœur de son papa?
7. Pourquoi la narratrice savoure-t-elle les mots de son père?
8. Pourquoi ce titre?

2 **Associations** Avec un(e) partenaire, regardez cette liste d'adjectifs et décidez si chaque mot décrit le père, la fille ou les deux. Justifiez vos réponses en donnant des exemples précis du texte.
- mélancolique
- sentimental(e)
- coupable
- aimant(e)
- pauvre

3 **Les rapports** Par groupes de trois, discutez des rapports entre le père et sa fille.
1. Comment sait-on qu'ils s'aiment beaucoup?
2. À quel moment du récit ressentez-vous de la nostalgie provenant du père ou de sa fille?
3. À votre avis, est-ce que les deux personnages ont le mal du pays? Pourquoi?

4 **Discussion** En petits groupes, choisissez un des thèmes suivants et discutez-en. Trouvez des exemples pour illustrer vos arguments. Ensuite présentez vos idées au reste de la classe.
- Notre enfance influence notre façon d'élever nos enfants.
- Les traditions de notre culture influencent notre façon d'élever nos enfants.
- Notre perspective de nos parents change avec le temps.

5 **Rédaction** Dans le texte, l'auteur et son père ressentent des émotions fortes l'un pour l'autre. Ressentez-vous les mêmes émotions par rapport à vos parents? Explorez les relations parents-enfants de votre génération. Suivez le plan de rédaction.

PLAN

1 **Organisation** Pensez à votre famille. Faites une liste des points positifs et des points négatifs de votre relation parents-enfants.

2 **Point de vue** Que pensez-vous de vos rapports avec vos parents? Écrivez deux paragraphes. Dans le premier paragraphe, expliquez les différences ou difficultés que vous percevez et, dans le deuxième paragraphe, les côtés positifs et faciles de votre relation.

3 **Conclusion** Résumez ces différences et concluez en donnant votre opinion sur ce que vous ressentez.

I CAN analyze the relationship between family members in a novel excerpt.

Vocabulaire

En famille

Les mots apparentés

un(e) adolescent(e)
adopter
permissif/permissive
la maturité
regretter
respecter
strict(e)
survivre

Les membres de la famille

un(e) arrière-grand-père/mère great-grandfather/grandmother
un beau-fils/-frère/-père son-/brother-/father-in-law; stepson/father
une belle-fille/-sœur/-mère daughter-/sister-/mother-in-law; stepdaughter/mother
un compagnon/une compagne companion
un(e) demi-frère/-sœur half brother/sister; stepbrother/sister
un(e) enfant/fille/fils unique only child
un époux/une épouse spouse; husband/wife
un(e) grand-oncle/-tante great-uncle/-aunt
des jumeaux/jumelles twin brothers/sisters
un neveu/une nièce nephew/niece
un(e) orphelin(e) orphan
un(e) parent(e) relative
un père/une mère célibataire single father/mother
un petit-fils/une petite-fille grandson/granddaughter
un(e) proche close friend/family member

La vie familiale

une famille monoparentale/nombreuse/recomposée single-parent/large/blended family
un ménage household
la garde des enfants (child) custody
un surnom nickname

déménager to move
élever (des enfants) to raise (children)
gâter to spoil
gronder to scold
punir to punish
remercier to thank
ressembler (à) to resemble, to look like
surmonter to overcome

uni(e)/lié(e) close-knit

La personnalité

l'amour-propre (m.) self-esteem
le caractère character, personality

autoritaire bossy
bien/mal élevé(e) well-/bad-mannered
compréhensif/compréhensive understanding
égoïste selfish
exigeant(e) demanding
insupportable unbearable
rebelle rebellious
soumis(e) submissive

Les étapes de la vie

l'âge (m.) adulte adulthood
l'enfance (f.) childhood
la jeunesse youth
la mort death
la naissance birth
la vieillesse old age

La communauté

le fossé des générations generation gap
la patrie homeland
une racine root
un rapport/une relation relation/relationship

bouleverser to upset
hériter to inherit

Impersonal expressions followed by the subjunctive

See p. 203.

Expressions of will

demander que... to ask that...
désirer que... to desire that...
exiger que... to demand that...
préférer que... to prefer that...
proposer que... to propose that...
recommander que... to recommend that...
souhaiter que... to wish that...
suggérer que... to suggest that...
vouloir que... to want that...

Expressions of emotion

aimer que... to like that...
avoir peur que... to be afraid that...
être content(e) que... to be happy that...
être désolé(e) que... to be sorry that...
être étonné(e) que... to be surprised that...
être fâché(e) que... to be mad that...
être fier/fière que... to be proud that...
être ravi(e) que... to be delighted that...
regretter que... to regret that...

Demonstrative pronouns

See pp. 206–207.

Irregular -re verbs

See pp. 210–211.

Court métrage

Le Monde du petit monde See p. 190.

Culture

Jour de mariage See p. 214.

Littérature

Mon père en doute encore See p. 217.

Les générations qui bougent

Pour commencer

Les nouvelles technologies et les découvertes scientifiques ouvrent de nouveaux horizons. Mais que penser de leur mise en application? Est-elle vraiment toujours celle que les scientifiques avaient prévue?

- Que voyez-vous sur cette photo?
- À quoi servent ces objets, à votre avis?
- Comment cette technologie affecte-t-elle l'humanité?

À la recherche du progrès | Unité 7

Destination:
BELGIQUE, SUISSE ET LUXEMBOURG

Essential Question

What are the advantages and disadvantages of technological advances?

Can-Do Goals

By the end of this unit I will be able to:

- Talk about science and technology
- Understand the main idea in a short film about hope, imagination, and inventions
- Express thoughts and feelings about changes in the future

Skills

- **Reading:** Understanding the details of a news article about an innovator in robotics
- **Conversation:** Debating a controversial scientific technology
- **Writing:** Writing a creative dialogue involving an eccentric inventor

Culture

Also, I will learn about and reflect on:

- The people, attractions, and language of Belgium, Switzerland, and Luxembourg
- The European Organization for Nuclear Research (CERN)
- Swiss researchers' contributions to robotics

Unité 7 Integrated Performance Assessment

A Swiss university is offering a STEM scholarship to international students. To apply, you will need to submit an essay explaining a current everyday problem and how technology could help. First, you will watch a video clip about artificial intelligence. Next, you will discuss the video and your ideas for a new use of technology. Finally, you will present your application essay to the class.

Contextes

Communicative Goal
Talk about science and technology

Le progrès et la recherche

Les mots apparentés

un(e) astronaute
un(e) biologiste
explorer

un gène
la gravité
inventer

une invention
un(e) mathématicien(ne)
révolutionnaire

spécialisé(e)
un télescope
une théorie

La technologie

un correcteur orthographique spell checker
des données (f.) data
un fil (social media) feed; (discussion) thread
une mise à jour update
un mot de passe password
un moteur de recherche search engine
un outil tool
un pseudo(nyme) username
une puce (électronique) (electronic) chip

s'abonner (à) to subscribe (to)
actualiser to update; to refresh (a page/feed)
lancer to open (an application/program)
planter to crash
sauvegarder to save
supprimer to delete
télécharger to download; to upload

avancé(e) advanced
innovant(e) innovative

Les inventions et la science

l'ADN (m.) DNA
un brevet d'invention patent
une cellule cell
une découverte (capitale) (breakthrough) discovery
une expérience experiment
la génétique genetics
la recherche research

cloner to clone
contribuer (à) to contribute
créer to create
guérir to cure; to heal
prouver to prove
soigner to treat; to look after (someone)

biochimique biochemical
contraire à l'éthique unethical
éthique ethical

L'univers et l'astronomie

l'espace (m.) space
une étoile (filante) (shooting) star
un(e) extraterrestre alien
un ovni U.F.O.
la survie survival

atterrir to land

Les gens dans les sciences

un(e) astronome astronomer
un(e) chercheur/chercheuse researcher
un(e) chimiste chemist
un(e) ingénieur(e) engineer
un(e) scientifique scientist

des chercheurs scientifiques

PARLONS FRANÇAIS!

L'ingénieur de demain

La profession d'ingénieur vit une période **révolutionnaire** au Canada. Il y a environ 40 disciplines différentes et 60.000 ingénieurs dans le pays, mais on peut dire que chaque carrière est unique, car les ingénieurs sont maintenant **spécialisés** dans des domaines d'application extrêmement variés. Avec leur grand savoir technique, les ingénieurs peuvent **inventer** ou trouver des solutions aux problèmes de la société, par exemple dans le domaine biomédical, de l'environnement ou des énergies. Ils sont très présents dans la recherche aussi. Quand ils travaillent en collaboration avec des **chercheurs** et des **scientifiques**, ils peuvent **contribuer à créer** des **expériences**, **prouver** des **théories** ou faire des **découvertes** qui sont parfois **capitales**. Aujourd'hui, il y a des ingénieurs dans le sport, dans les arts, dans la **génétique**, dans la cosmétique, dans l'**espace**… La liste des carrières possibles est infinie.

Mise en pratique

1 **Associations** Trouvez le mot de la colonne de droite qui est associé aux termes de la colonne de gauche. Soyez logique!

_____ 1. un extraterrestre, l'espace, atterrir   a. révolutionnaire
_____ 2. une astronome, un biologiste, une chimiste   b. une découverte
_____ 3. actualiser, s'abonner   c. des scientifiques
_____ 4. une nouveauté, une invention, une création   d. un ovni
_____ 5. avancé, innovant   e. ADN
_____ 6. la génétique, un gène   f. un fil

2 **Que faut-il pour…?** À deux, dites ce qu'il vous faut dans chaque cas.

> brevet d'invention | mise à jour | pseudo
> correcteur orthographique | mot de passe | puce électronique
> étoile filante | moteur de recherche | télescope

1. Pour obtenir la dernière version d'un logiciel, il faut installer _____.
2. Pour que votre rêve se réalise, il faut regarder _____ et faire un vœu.
3. Pour accéder à un site web sans utiliser son vrai nom, il faut _____.
4. Pour taper (*type*) sans faire d'erreurs, il faut _____.
5. Pour entrer sur un site web protégé, il faut _____.
6. Pour retirer de l'argent au distributeur automatique, il faut une carte bancaire avec _____.
7. Pour observer les étoiles et les planètes, il faut _____.
8. Pour obtenir le droit exclusif de vendre sa dernière nouveauté, il faut _____.

3 **Parlons français!** À deux, écoutez la conversation entre Thomas et Duran. Ensuite, répondez aux questions.

1. Est-ce que la gravité varie sur Terre?
2. Sur quoi est-ce que Duran aime s'informer et pourquoi?
3. Est-ce que Duran et Thomas ont l'air de s'intéresser à la science un peu, beaucoup ou pas du tout? Expliquez.
4. Est-ce que vous vous intéressez aux découvertes scientifiques? Dans quels domaines? Êtes-vous au courant (*aware*) des découvertes capitales dans les domaines qui vous intéressent moins?

I CAN talk about science and technology.

À la recherche du progrès

Court métrage

Communicative Goal Understand the main idea in a short film about hope, imagination, and inventions

Préparation

Dans ce film de Georges Le Piouffle, le jeune Martin espère que *Le Manie-Tout*, inventeur mystérieux, pourra tout réparer dans son curieux atelier.

Glossaire du court métrage

affolé(e) *distraught*
atterrir *to land*
un cartable *school bag*
un compte à rebours *countdown*
décollage immédiat pour... *immediate take-off for...*
faire bouger quelque chose *to set something in motion*
griller quelqu'un *to pass, to overtake someone*
lancer *to throw*
manier *to handle, to wield*
retenir *to hold something back*
la virgule *comma*

Vocabulaire utile

un atelier *workshop*
effrayant(e) *frightening*
en désordre *messy, untidy*
éternuer *to sneeze*
un fauteuil roulant *wheelchair*
poussiéreux/ poussiéreuse *dusty*
une ruelle *alleyway*
un(e) sorcier/sorcière *sorcerer, wizard*
une vitrine *store window, window display*

1 **Mission pour Mars** Thomas est astronaute. Complétez le récit de son voyage dans l'espace à l'aide du vocabulaire et des expressions ci-dessus.

«(1) _____ Mars!» a annoncé le capitaine du vaisseau spatial (*spaceship*). (2) _____ a commencé: 5, 4, 3… Je/J' (3) _____ mon souffle (*breath*) et, quelques secondes plus tard, nous étions dans l'espace. J'étais un peu (4) _____ mais la présence de mon ami et collègue, Gustave, m'a rassuré. Gustave était un personnage étrange: il était paralysé des deux jambes et se déplaçait dans (5) _____, mais il prétendait avoir des pouvoirs surnaturels, un peu comme (6) _____. Il disait qu'il pouvait (7) _____ les objets avec son esprit, comme un chevalier Jedi. À ses pieds, il avait toujours un vieux (8) _____ en cuir noir rempli de documents (9) _____, sans aucune logique d'organisation. Cette mallette (*briefcase*) était toujours (10) _____, comme s'il l'avait laissée sur une étagère pendant des années, et je ne pouvais m'empêcher d' (11) _____ bruyamment (*loudly*) chaque fois qu'il l'ouvrait. Le voyage était assez long, alors nous avons traîné dans (12) _____, au milieu des outils (*tools*) et des robots. Finalement, nous sommes arrivés sur Mars. Notre vaisseau était difficile à (13) _____ mais le capitaine a réussi à (14) _____. Quand nous sommes descendus, nous avons fait la connaissance d'un petit extraterrestre vert très amical et avec un excellent sens de l'humour!

2 Innovations Associez chaque découverte avec le problème qu'elle a résolu (*solved*). Vous ne pouvez pas associer la même innovation à plus d'un problème.

_____ 1. On ne pouvait pas conserver le lait trop longtemps.
_____ 2. On était tout le temps malade.
_____ 3. Les boissons étaient tout le temps chaudes.
_____ 4. La recherche d'informations nécessitait une encyclopédie.
_____ 5. C'était très fatigant d'aller au dernier étage d'un immeuble.
_____ 6. Les personnes handicapées ou blessées ne pouvaient pas se déplacer.

a. le fauteuil roulant
b. les vaccins
c. la pasteurisation
d. l'ascenseur
e. l'Internet
f. le réfrigérateur

3 L'espoir Répondez à chaque question avec un(e) partenaire.

1. Pensez-vous que la science soit la clé du progrès?
2. Comment définissez-vous le progrès? Est-il toujours une bonne chose?
3. Y a-t-il des innovations scientifiques, médicales ou technologiques que vous espérez voir se matérialiser dans le futur?
4. Êtes-vous le genre de personne qui espère ou qui agit (*acts*)? Donnez des exemples concrets.

4 Personnellement Répondez aux questions avec un(e) partenaire.

1. Êtes-vous déjà allé(e) dans un lieu inconnu par simple curiosité? Où et quand? Que s'est-il passé? Qu'y avez-vous trouvé?
2. La dernière fois qu'un membre de votre famille a eu un sérieux problème de santé, qu'avez-vous fait pour l'aider? Y a-t-il quelque chose que vous auriez espéré pouvoir faire pour lui ou elle?
3. Quand vous êtes à l'école, avez-vous parfois l'impression que le temps passe plus vite que d'ordinaire? Plus lentement? Expliquez quand et pourquoi.
4. Connaissez-vous un inventeur ou une inventrice dans votre entourage? Qu'a-t-il/elle inventé?

5 Anticipez Regardez ces trois photographies tirées du court métrage et décrivez ce que vous y voyez. À quel genre de film vous attendez-vous? Selon vous, que va-t-il se passer?

Court métrage

Scènes

MÈRE L'avion de 8h30 vient d'atterrir... Nous informons Martin qu'il ferait bien de se dépêcher...

MANIE-TOUT Comment tu t'appelles?
MARTIN Martin.
MANIE-TOUT Et ton cartable, il s'appelle comment?
MARTIN Mais il n'a pas de nom, c'est un cartable.
MANIE-TOUT Chaque chose a un nom... Il suffit de le trouver. Orcus! Allez hop, Orcus!

MARTIN Allez, Orcus, allez viens.

MARTIN C'est qui qui est devant?
BASILE C'est moi.
MARTIN Oh tu es là?
BASILE Ouais, je te grille.
MARTIN C'est toujours toi qui gagnes.
LE PÈRE Allez, ça suffit les extra-terrestres. Allez, décollage immédiat pour Uranus, le compte-à-rebours a commencé: 4, 3, 2, 1…

MARTIN Ouais, allez viens Orcus! Je t'assure, je l'ai vu marcher!
BASILE Tu es sûr qu'il s'appelle Arcus?
MARTIN Non, c'est Orcus.

MARTIN Et vous pouvez tout faire bouger?
MANIE-TOUT Tout ce qui a un nom.
MARTIN Tout ce qui a un nom…

INTRIGUE *Sur le chemin de l'école, le jeune Martin découvre le mystérieux atelier du Manie-Tout au détour d'une ruelle.*

Comparisons

Le «**grand manitou**» Dans la culture des Algonquins, une tribu indigène d'Amérique, le manitou est une entité surnaturelle, une sorte de divinité. Dans le français courant, un «grand manitou» désigne de nos jours une personne importante, avec beaucoup d'influence. Insinuer que quelqu'un se prend pour le «grand manitou» peut également être une critique si vous estimez que cette personne est prétentieuse.

- Connaissez-vous des mots anglais qui ont été empruntés à des langues indigènes d'Amérique?

À la recherche du progrès

Court métrage

Analyse

1 Compréhension Répondez aux questions par des phrases complètes.
1. Pourquoi est-ce que la mère de Martin lui dit de se dépêcher au début du film?
2. Dans un premier temps (*At first*), qu'est-ce qui peut laisser Martin penser que l'atelier est abandonné?
3. Que voit Martin à l'intérieur de l'atelier, par la fenêtre?
4. Quel type d'activité est-ce que Martin fait à l'école?
5. Après l'école, Martin retourne à l'atelier du vieil homme puis s'enfuit en courant. Mais il doit y retourner encore une fois. Pourquoi?
6. À la grande surprise de Martin, que peut faire son cartable?
7. Quand Martin rentre chez lui en fin de journée, sa mère n'est pas très contente. De quoi est-ce qu'elle l'accuse?
8. D'après le Manie-Tout, qu'est-ce qu'il peut faire bouger?

2 Interprétation Répondez aux questions avec un(e) partenaire.
1. Comment interprétez-vous l'annonce d'aéroport qu'entend Martin quand sa mère lui parle au début du film?
2. À quel moment est-ce qu'on découvre que Basile est paralysé? Y a-t-il d'autres indications de son handicap avant cette scène?
3. «Maman, elle dit que tous ses muscles, ils sont dans sa tête.» Que veut dire la mère des deux garçons à propos de Basile? Expliquez avec vos propres mots.
4. Comment interprétez-vous la fenêtre de l'atelier qui se fêle (*cracks*) quand Martin la frappe à la fin du film?
5. Au début, Martin a peur du Manie-Tout. Est-ce que le personnage du vieil homme et son atelier sont vraiment effrayants? Qu'est-ce qui accentue la tension dans ce court métrage et crée une atmosphère inquiétante (*unsettling*)?

3 Point commun Regardez les quatre photos tirées du court métrage ci-dessous. Avec un partenaire, déterminez ce que ces quatre scènes ont en commun.

4 Jeu de mots Dans la ruelle, Martin découvre une étrange boutique qui s'appelle «Au Manie-Tout». Après avoir lu l'explication du terme «grand manitou» à la page 229, discutez avec un(e) partenaire du rapport entre le titre du court métrage, le nom de l'atelier et le personnage du vieil homme qui y travaille. Vous comparerez ensuite votre analyse à celle d'une autre paire.

5 Citations Quand Martin pénètre dans l'atelier, le court métrage s'éloigne de la réalité et prend des allures de conte (*tale*). En petits groupes, lisez les citations suivantes et expliquez comment chacune d'entre elles peut s'appliquer au court métrage «Le Manie-Tout».

> «Mais qu'est-ce qu'un conte, sinon une vision différente de la réalité?»
> —**Jean Van Hamme**
>
> «La vie est un conte de fée qui perd ses pouvoirs magiques lorsque nous grandissons.»
> —**Robert Lalonde**
>
> «Le conte est difficile à croire; Mais tant que dans le monde on aura des enfants, des mères et des mères-grands, on en gardera la mémoire.»
> —**Charles Perrault**
>
> «La vie ressemble à un conte; ce qui importe, ce n'est pas sa longueur, mais sa valeur.»
> —**Sénèque**
>
> «Les génies n'existent que dans les contes pour enfants.»
> —**Marc Gendron**

6 C'est pas sorcier! Avec un(e) partenaire, vous allez écrire un dialogue dans lequel un inventeur un peu «sorcier» trouve une solution innovante à une situation problématique qu'on vient de lui exposer. L'un de vous jouera le rôle de l'inventeur et l'autre celui de la personne qui lui explique le problème. Soyez prêt(e)s à jouer cette scène devant la classe.

7 Changer le monde Martin aimerait tellement pouvoir faire quelque chose pour son frère handicapé. Y a-t-il une cause humanitaire, scientifique ou médicale qui vous touche particulièrement? Formez de petits groupes et présentez la cause qui vous est chère à vos camarades. Puis dites ce que vous faites actuellement pour changer les choses. Finalement, dites de quelle manière vous espérez contribuer au progrès dans ce domaine quand vous serez plus âgé(e)s.

 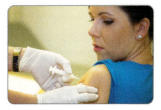 

I CAN understand the main idea in a short film about hope, imagination, and inventions.

Imaginez

Communicative Goal Identify and reflect on the people, attractions, and language of Belgium, Switzerland, and Luxembourg.

la Grand-Place, à Bruxelles

IMAGINEZ
La Belgique, la Suisse et le Luxembourg

Des cités cosmopolites

Découvrir l'**Europe** francophone, c'est aussi partir à la rencontre de la **Belgique**, du **Luxembourg** et de la **Suisse**.

En Belgique, on parle le français dans la partie sud du pays, dans la région de la **Wallonie**, et à **Bruxelles**, qui est la capitale du royaume°. Elle abrite° le siège du **Conseil**, de la **Commission** et du Parlement européens. Des gens de toute l'Europe viennent donc vivre et travailler à Bruxelles. Cette partie-là de la ville est très moderne. Tout autour de la **Grand-Place**, Bruxelles a aussi une partie historique. Le **Manneken-Pis** et l'**Atomium** en sont sans doute les deux plus grandes attractions. Le Manneken-Pis est le **Belge** le plus célèbre du monde: c'est la petite statue en bronze d'un jeune garçon qui urine dans une fontaine. Il représente l'indépendance d'esprit des Bruxellois. L'**Atomium** est une construction géante de 102 mètres de haut, en forme de molécule de fer° qui a été assemblée pour l'**Exposition universelle** de 1958. De son «atome» le plus élevé, on peut admirer le panorama de la ville entière.

Plus au sud, il y a le **Luxembourg** et sa capitale qui porte le même nom. À l'image de Bruxelles, la population y est très cosmopolite: on dit que 60% seulement des habitants sont luxembourgeois d'origine. La ville, mondialement connue pour son système bancaire, est aussi réputée pour le shopping de luxe et ses magasins. Il y a également beaucoup de musées dédiés à l'art, à la culture, à l'industrie ou à la nature. La partie historique de Luxembourg et les fortifications sont classées au patrimoine mondial de l'**UNESCO**. Pour aller au café ou au restaurant, il faut se diriger vers sa splendide **place d'Armes**. Après avoir bien profité des terrasses, on peut se balader dans les rues piétonnes et admirer l'architecture.

Certains de ces traits se retrouvent aussi à **Genève**, la plus grande ville francophone de **Suisse**. C'est le siège de nombreuses multinationales et d'organisations internationales et non gouvernementales, dont l'**ONU**° et la **Croix-Rouge**°. C'est également un grand centre bancaire, comme le Luxembourg. La rade° est connue pour son jet d'eau° illuminé, mais aussi pour ses quais° fleuris, ses jardins botaniques et ses maisons historiques. Les bains publics des

Unité 7

Galerie de Créateurs

Un horloger travaille sur une montre suisse.

Pâquis sont une véritable institution. Tous s'y réunissent dans une atmosphère typiquement genevoise pour profiter de la plage, des saunas et des plongeoirs°. Sur la rive gauche de la rade, il y a aussi le **Jardin anglais** et sa célèbre **horloge° fleurie**, en référence à la spécialité d'horlogerie° de luxe de la ville. Enfin, Genève est la capitale culinaire de la Suisse. Sa spécialité: le filet de perche° du **lac Léman**.

En somme, ces trois métropoles marient parfaitement leur art de vivre traditionnel et leur grande modernité.

royaume *kingdom* **abrite** *houses* **fer** *iron* **ONU** *UNO* **Croix-Rouge** *Red Cross*
rade *harbor* **jet d'eau** *fountain* **quais** *wharves* **plongeoirs** *diving boards*
horloge *clock* **horlogerie** *clock- and watch-making* **perche** *perch*

LE FRANÇAIS LOCAL

Les belgicismes

le bassin de natation	la piscine
blinquer	briller; *shine*
un essuie	une serviette
une heure de fourche	une heure de libre
octante	quatre-vingts
savoir	pouvoir

La Suisse

c'est bonnard!	c'est sympa!
un cheni	un désordre
une chiclette	un chewing-gum
un cornet	un sac plastique
fais seulement!	je t'en prie!
huitante	quatre-vingts
un linge	une serviette de bain
un natel	un téléphone portable
poutser	nettoyer

En Suisse et en Belgique

le déjeuner	le petit-déjeuner
le dîner	le repas de midi
nonante	quatre-vingt-dix
septante	soixante-dix

DÉCOUVREZ

la Belgique, le Luxembourg et la Suisse

La montagne de Bueren Ce n'est pas une montagne, mais un escalier monumental, à **Liège**, en Belgique. Ses **374 marches°** ont été construites en 1875 pour faciliter l'ascension des soldats vers la citadelle et on leur a donné le nom d'un défenseur historique de Liège, **Vincent de Bueren**. La montée est dure, mais on peut se reposer sur les bancs installés sur des paliers°, et en haut, la vue est magnifique!

Le chocolat belge Qualité et tradition ont fait la réputation du chocolat belge. L'histoire commence avec **Jean Neuhaus** en 1857, qui vendait du chocolat amer° dans sa pharmacie, à **Bruxelles**. Avec son fils, il invente ensuite les **confiseries°**. En 1912, son petit-fils crée la **praline**, le premier chocolat fourré° puis le **ballotin°** à offrir.  Aujourd'hui, cette tradition belge est bien vivante. **Léonidas**, la fameuse compagnie belge, est un des leaders mondiaux de la vente de pralines.

Banques luxembourgeoises Le Luxembourg est un paradis bancaire. On compte plus de **140 banques** sur le territoire, et le secret bancaire y est garanti par la constitution. Environ 30% de l'économie du pays dépend des banques et de leur rôle financier international. Résultat: le PNB° par habitant est l'un des plus élevés du monde, et les **Luxembourgeois** bénéficient d'un excellent niveau de vie.

Bertrand Piccard Ce fils et petit-fils d'inventeurs suisses a réalisé en 1999 le premier tour du monde en ballon° en 20 jours, avec son coéquipier° **Brian Jones**. En 2003, il se lance dans le développement d'un avion solaire avec l'École polytechnique fédérale de Lausanne et le pilote André Borschberg.  Et, en 2015–2016, il réalise donc de nouveau un tour du monde, mais à bord de° son avion solaire, Solar Impulse. Ayant à cœur° la promotion des énergies propres°, il fonde, à travers la Fondation Solar Impulse, l'organisme international Alliance mondiale pour les technologies propres.

marches *steps* **paliers** *landings* **amer** *bitter* **confiseries** *confectioneries*
fourré *filled* **ballotin** *box of chocolates* **PNB** *GNP* **ballon** *hot air balloon*
coéquipier *teammate* **à bord de** *on board* **à cœur** *at heart* **propres** *clean*

À la recherche du progrès 235

Imaginez

Qu'avez-vous appris?

1 Vrai ou faux? Indiquez si ces affirmations sont vraies ou fausses. Corrigez les fausses.

1. La Belgique, le Luxembourg et la Suisse font partie de l'Europe francophone.
2. On parle le français en Flandre, la partie sud de la Belgique.
3. Bruxelles abrite le siège du Conseil, de la Commission et du Parlement européens.
4. Seuls des Belges vivent à Bruxelles.
5. Le quartier historique et les fortifications de Bruxelles sont classés au patrimoine mondial de l'UNESCO.
6. L'ONU et la Croix-Rouge sont situées à Zurich.
7. La montagne de Bueren est un grand escalier de 374 marches.
8. Le chocolat belge est réputé pour sa qualité.

2 Complétez Complétez chaque phrase logiquement.

1. L'Atomium est… qui a été assemblée pour l'Exposition universelle de 1958.
2. … fait référence à la spécialité d'horlogerie de luxe de la Suisse.
3. Le filet de perche est …
4. La famille Neuhaus de Bruxelles a inventé…
5. Les marches de la montagne de Bueren ont été construites pour…
6. Le Luxembourg est un paradis bancaire car…
7. Avec Brian Jones, Bertrand Piccard est le premier homme à…
8. Le dernier projet de Piccard est…

3 Discussion Avec un(e) partenaire, remplissez le tableau pour donner au moins un exemple pour chaque catégorie. Ensuite, dites quel endroit vous aimeriez visiter le plus et pourquoi.

Pays	Villes	Attractions	Détails intéressants
la Belgique			
le Luxembourg			
la Suisse			

PROJET

Les chocolats

Imaginez que vous soyez journaliste et que vous vouliez faire un reportage sur l'importance du chocolat à Bruxelles. Ensuite préparez votre reportage d'après les critères suivants et présentez-le à la classe.

- Choisissez des lieux à visiter à Bruxelles pour mieux connaître l'histoire et la culture du chocolat.
- Trouvez des photos montrant (*showing*) sa fabrication.
- Choisissez une compagnie en particulier dont vous allez faire un portrait.
- Trouvez la recette d'une ou deux spécialités de Bruxelles et faites des recherches sur les aspects techniques de leur fabrication.

I CAN identify and reflect on the people, attractions, and language of Belgium, Switzerland, and Luxembourg.

Communicative Goal Discuss a report about a robotic invention and its application

Unité 7

Le Zapping

vhlcentral | ▶ Le Zapping

L'intelligence artificielle au service de la raclette

Les robots arrivent partout dans nos vies.

1 Préparation Répondez aux questions.

1. Dans quels domaines de votre vie quotidienne (*daily*) utilisez-vous ou voyez-vous des robots?
2. Comment est-ce que les robots apprennent à faire des choses? Est-ce qu'ils ont toujours besoin de caméras?

La recherche robotique en Suisse

La Suisse est un pays très innovant où la recherche en technologies robotiques est particulièrement avancée. Certains comparent la Suisse à une sorte de «Silicon Valley de la robotique» à cause du nombre des publications et des inventions des chercheurs. L'Institut de recherche Idiap est un des divers pôles° suisses de recherche. C'est une fondation basée à Martigny et spécialisée dans l'intelligence artificielle. Deux de ses sujets de recherche principaux sont l'étude des interactions homme-machine et le «machine learning», c'est-à-dire° la manière dont les robots apprennent.

pôles *centers* **c'est-à-dire** *in other words*

Vocabulaire utile

affiner le fromage	to age cheese
copier	to copy
un geste	gesture
programmer	to program
servir à	to be used for

2 Compréhension Répondez aux questions.

1. À quoi sert le robot dans le reportage?
2. Comment est-ce que le robot apprend à faire les bons gestes?
3. Est-ce que les clients du restaurant sont satisfaits du résultat?
4. De quelle autre manière utilise-t-on les robots lors de la production du fromage à raclette?

3 Discussion Discutez à deux.

1. Que pensez-vous de ce robot? Est-il utile? Est-ce qu'il apprend facilement?
2. Et dans le domaine médical, peut-il servir à faire d'autres choses intéressantes? Lesquelles?

4 Réflexion La mission principale de l'Idiap est de mettre l'intelligence artificielle au service de la société. En quoi est-ce que le robot du reportage répond à cette mission? Utilisez des arguments précis pour donner votre opinion.

5 Application En petits groupes, pensez aux problèmes que vous avez observés dans votre communauté ou culture et trouvez d'autres utilisations pour ce robot. Ensemble, faites une liste d'utilisations possibles, puis évaluez-les et rangez-les par ordre d'importance.

☑ **I CAN** discuss a report about a robotic invention and its application.

À la recherche du progrès

Structures

Communicative Goal Compare objects, events, and people using specific details

7.1 The comparative and superlative of adjectives and adverbs

—Mon vaisseau est **plus** rapide **que** le tien!

Adjectives

- To make comparisons between people or things, place **plus** (*more*), **moins** (*less*), or **aussi** (*as*) before the adjective, and **que** (*than* or *as*) after it.

   Cette invention est **plus** innovante **que** la précédente.
   This invention is more innovative than the previous one.

   Les planètes Uranus et Neptune sont **moins** lumineuses **que** les étoiles.
   The planets Uranus and Neptune are less bright than stars.

   Ce moteur de recherche est **aussi** efficace **que** celui-là.
   This search engine is as efficient as that one.

- Form the superlative by using the appropriate definite article along with **plus** or **moins** and the adjective.

   C'est l'ordinateur **le moins cher** sur le marché.
   It is the least expensive computer on the market.

   C'est elle qui a proposé **les** théories **les plus révolutionnaires.**
   She proposed the most revolutionary theories.

- The preposition **de** following the superlative means *in* or *of*.

Voici **la meilleure** invention **du** monde.

- When using the superlative of an adjective that precedes the noun it modifies, the superlative form precedes the noun as well.

   Vous travaillez sur **le plus petit** ordinateur du lycée.
   You're working on the smallest computer in the high school.

   As-tu visité **les plus beaux** monuments de la ville?
   Did you visit the most beautiful monuments in town?

Grammar Tutorial

Boîte à outils

Remember that **que** becomes **qu'** before a vowel sound.

Caroline est plus jeune qu'Ousmane.

À noter

For a review of adjectives that are placed in front of the nouns they modify, see **Structures 2.2, pp. 56–57.**

- The adjectives **bon** and **mauvais** have irregular comparative and superlative forms.

Adjective	Comparative	Superlative
bon(ne)(s) *good*	**meilleur(e)(s)** *better*	**le/la/les meilleur(e)(s)** *the best*
mauvais(e)(s) *bad*	**pire(s)** or **plus mauvais(e)(s)** *worse*	**le/la/les pire(s)** or **le/la/les plus mauvais(e)(s)** *the worst*

Djamel a acheté un télescope de **meilleure** qualité (que le mien.)
Djamel bought a better quality telescope (than mine).

Charlotte a écrit **le plus mauvais** discours de la classe.
Charlotte wrote the worst speech in the class.

Adverbs

- When comparing adverbs, place **plus**, **moins**, or **aussi** before the adverb and **que** after it.

Romane surfe sur le web **plus** rapidement **qu'**Émilie.
Romane surfs the Web faster than Émilie.

Ce moteur de recherche va **moins** vite **que** l'autre.
This search engine works less quickly than the other one.

- Because adverbs are invariable, the definite article used in the superlative is always **le**.

C'est Laure et moi qui travaillons **le plus sérieusement**.
Laure and I work the most seriously.

C'est mon frère qui conduit **le moins patiemment**.
My brother drives the least patiently.

- The adverbs **bien** and **mal** have irregular comparative and superlative forms.

Adverb	Comparative	Superlative
bien *well*	**mieux** *better*	**le mieux** *the best*
mal *badly*	**plus mal** or **pis** (seldom used) *worse*	**le plus mal** or **le pis** (seldom used) *the worst*

Cet outil-ci marche **mieux que** celui-là.
This tool works better than that one.

C'est cet outil-là qui marche **le plus mal**.
That tool works the worst.

Unité 7

Vérifiez

À noter

To review adverbs, see **Structures 2.3, pp. 60–61.**

Boîte à outils

Be careful not to confuse the adjectives **bon** (*good*) and **mauvais** (*bad*) with the adverbs **bien** (*well*) and **mal** (*badly*).

La chanson est bonne/mauvaise.
The song is good/bad.

Elle chante bien/mal.
She sings well/badly.

Vérifiez

*C'est Éva qui joue **le mieux** du violon.*

À la recherche du progrès

Structures

7.1 Mise en pratique

1 Le meilleur Patricia et Fabrice parlent des moyens de transport et ils ne sont pas d'accord. Complétez leur dialogue à l'aide des éléments de la liste.

| aussi | le pire | mieux | plus |
| la plus | le plus | moins | que |

PATRICIA Je refuse de prendre l'avion. J'ai trop peur.
FABRICE Mais l'avion est le transport (1) _____ sûr du monde!
PATRICIA Peut-être, mais c'est (2) _____ agréable de prendre le train, parce que tu peux regarder le paysage. Et puis, le train est (3) _____ cher.
FABRICE Mais voler, c'est la façon de voyager (4) _____ avantageuse! Tu peux regarder des films et on te sert à manger.
PATRICIA Et l'attente à l'aéroport? C'est (5) _____ moment du voyage.
FABRICE Eh bien, je trouve qu'attendre à l'aéroport est toujours (6) _____ que passer des jours à voyager pour arriver à la même destination.
PATRICIA Je t'assure que je ne suis toujours pas convaincue que l'avion soit (7) _____ pratique (8) _____ le train. Alors, je propose que tu prennes l'avion et moi le train, et on se retrouve à l'hôtel.

Comparisons

Les compagnies aériennes
La compagnie aérienne nationale belge, la Sabena, est créée en 1923 et disparaît en 2001. Swissair était la compagnie aérienne nationale suisse. Elle est créée en 1931 et fusionne avec Crossair en 2002, sous le nom de Swiss. En 1934, Swissair est la première à engager (*hire*) des hôtesses de l'air.

- Existe-t-il une compagnie aérienne nationale dans votre pays? Pourquoi, à votre avis?

2 À former

A. Utilisez le superlatif pour faire des phrases complètes avec les éléments proposés.

Modèle L'avion est le mode de transport le plus sûr du monde.

l'avion	le mode de transport	sûr	du monde
Einstein	scientifique	connu	du 21e siècle
Genève	ville	cosmopolite	de Suisse
Jacques Brel	chanteur	célèbre	de Belgique
Harry Potter	livre	populaire	du moment

B. Maintenant, faites des phrases avec le comparatif.

Modèle L'avion est plus sûr que la voiture.

3 La technologie Les appareils électroniques sont merveilleux, mais ils ne marchent pas toujours comme il faut. À deux, employez des comparatifs et des superlatifs pour écrire une liste de frustrations ou de problèmes technologiques qui vous sont arrivés. Aidez-vous des mots de la liste ou d'autres de votre choix.

Modèle Depuis une semaine, mon ordinateur plante plus souvent que d'habitude.

lancer	planter	sauvegarder
mot de passe	pseudo	supprimer
moteur de recherche	puce	télécharger

Communication

4 **Plus ou moins** Avec un(e) camarade de classe, comparez ces éléments à tour de rôle. Soyez inventifs.

Modèle
—L'écran de mon ordinateur fait 17 pouces.
—Le mien fait 15 pouces. Il est moins grand que le tien.
—Ton écran est le moins grand des deux.

- vos animaux
- votre famille
- votre téléphone portable
- votre maison/appartement
- votre ordinateur
- vos parents
- votre vie sociale
- votre film préféré
- votre connexion Internet
- ?

5 **Au musée des Sciences** Vos camarades et vous êtes au musée des Sciences où vous découvrez les progrès technologiques des derniers siècles. Par groupes de trois, imaginez la vie aux périodes proposées et faites trois comparaisons pour chacune.

Modèle Au Moyen Âge, la vie était plus difficile sans le radiateur.

au Moyen Âge (*Middle Ages*)	à la création des États-Unis	au début du 20e siècle	il y a vingt ans

6 **Et votre vie à vous?** Par groupes de trois, discutez des aspects de votre vie quotidienne qui bénéficient des progrès technologiques. Comment était la vie avant l'arrivée de ces technologies? Comment est-elle aujourd'hui? Employez des comparatifs et des superlatifs.

I CAN compare objects, events, and people using specific details.

À la recherche du progrès

Structures

Communicative Goal Discuss what changes the future holds

7.2 The *futur simple*

—*Et vous **pourrez** le faire marcher après?*

- You have learned to use **aller** + [*infinitive*] to say that something is going to happen in the immediate future (the **futur proche**). To talk about something that will happen further ahead in time, use the **futur simple**.

Futur proche	Futur simple
Je **vais supprimer** la dernière phrase avant de sauvegarder mon essai. *I'm going to delete the last sentence before saving my essay.*	Nous **supprimerons** vos données personnelles après avoir fermé votre compte. *We will delete your personal data after closing your account.*

À noter

To review the **futur proche**, see **Structures 1.2, pp. 20–21**.

- Form the simple future of regular **-er** and **-ir** verbs by adding these endings to the infinitive. For regular **-re** verbs, take the **-e** off the infinitive before adding the endings.

	parler	réussir	attendre
je/j'	parler**ai**	réussir**ai**	attendr**ai**
tu	parler**as**	réussir**as**	attendr**as**
il/elle/on	parler**a**	réussir**a**	attendr**a**
nous	parler**ons**	réussir**ons**	attendr**ons**
vous	parler**ez**	réussir**ez**	attendr**ez**
ils/elles	parler**ont**	réussir**ont**	attendr**ont**

- Spelling-change **-er** verbs undergo the same change in the future tense as they do in the present.

je me promène	→	je me promènerai
j'emploie		j'emploierai
j'essaie *or* j'essaye		j'essaierai *or* j'essayerai
j'appelle		j'appellerai
je projette		je projetterai

- Verbs with an **é** before the infinitive ending, such as **espérer**, **préférer**, and **répéter**, do not undergo a spelling change in the future tense.

Nous **suggérerons** à Fatih qu'il reste chez nous. — *We will suggest to Fatih that he stay with us.*

 Vérifiez

- The following verbs have an irregular future stem.

infinitive	stem	future	infinitive	stem	future
aller	ir-	j'irai	pleuvoir	pleuvr-	il pleuvra
avoir	aur-	j'aurai	pouvoir	pourr-	je pourrai
courir	courr-	je courrai	recevoir	recevr-	je recevrai
devoir	devr-	je devrai	savoir	saur-	je saurai
envoyer	enverr-	j'enverrai	tenir	tiendr-	je tiendrai
être	ser-	je serai	valoir	vaudr-	il vaudra
faire	fer-	je ferai	venir	viendr-	je viendrai
falloir	faudr-	il faudra	voir	verr-	je verrai
mourir	mourr-	je mourrai	vouloir	voudr-	je voudrai

- Verbs in the simple future are usually translated with *will* or *shall* in English.

  Un jour, on pourra se promener sur la planète Mars.
  One day, we will be able to walk on Mars.

- Use the future tense instead of the imperative to make a command sound more forceful.

  Vous ferez passer le message à votre professeur.
  You'll pass along the message to your teacher.

- After **dès que** (*as soon as*) or **quand** put the verb in the future tense if the action takes place in the future. The verb in the main clause should be in the future or the imperative. Note that in English, the verb that directly follows *as soon as* or *when* is usually in the present tense.

	FUTURE	MAIN CLAUSE: FUTURE OR IMPERATIVE
Dès que	vous **aurez** un brevet,	vous **pourrez** vendre votre invention.
As soon as	*you have a patent*	*you will be able to sell your invention.*
Quand	tu **seras** dans l'ovni,	**pose** des questions aux extraterrestres!
When	*you are in the UFO*	*ask the extraterrestials questions.*

- The same kind of structure can be used with the conjunctions **aussitôt que** (*as soon as*), **lorsque** (*when*), and **tant que** (*as long as*). Note that in English, the verb following them is most often in the present tense.

  Nous vous recevrons aussitôt que vous arriverez au laboratoire.
  We will welcome you as soon as you arrive at the laboratory.

  Tant qu'ils seront curieux, les astronomes étudieront l'origine de l'univers.
  As long as they're curious, astronomers will study the universe's origin.

- To talk about events that might occur in the future, use a **si...** (*if...*) construction. Use the present tense in the **si** clause and the **futur proche**, **futur simple**, or imperative in the main clause. Remember that **si** and **il** contract to become **s'il**.

  S'il y a un problème avec ta tablette, dis-le-moi.
  If there's a problem with your tablet, tell me.

  Si Aïcha achète un nouveau smartphone, elle me donnera son ancien.
  If Aïcha buys a new smartphone, she'll give me her old one.

 Boîte à outils

Apercevoir has a future stem like that of **recevoir**. Similarly, **devenir** and **revenir** are like **venir**, and **maintenir** and **retenir** are like **tenir**.

J'apercevrai.
Vous reviendrez.
Ils maintiendront.

 **Vérifiez**

 Boîte à outils

In spoken French, the present tense is used sometimes to express future actions.

On se retrouve au café.
We're meeting at the café.

À noter

To learn how to use **si** clauses to express contrary-to-fact situations, see **Structures 10.3, pp. 356–357.**

 **Vérifiez**

Structures

7.2 Mise en pratique

1 **Horoscope chinois** Lisez les prédictions de l'horoscope chinois pour le signe du dragon. Mettez les verbes au futur simple.

TRAVAIL Cette semaine, vous (1) _____ (devoir) travailler beaucoup. Vous ne (2) _____ (pouvoir) pas vous reposer, parce que votre patron (3) _____ (être) très exigeant. Mais ça (4) _____ (valoir) la peine. On vous (5) _____ (donner) une augmentation et vos collègues (6) _____ (être) jaloux.

ARGENT Dès que vous (7) _____ (comprendre) qu'il ne faut pas trop dépenser, votre situation financière (8) _____ (aller) mieux. Pour devenir millionnaire, il vous (9) _____ (falloir) beaucoup de volonté et de patience. Mais vous (10) _____ (tenir) bon. Peut-être que vous (11) _____ (recevoir) l'héritage d'une tante éloignée.

SANTÉ Vous (12) _____ (avoir) des problèmes respiratoires. Mais vous (13) _____ (savoir) y faire face. Des membres de votre famille vous (14) _____ (suggérer) sûrement des moyens de combattre ce trouble.

AMOUR Quelqu'un (15) _____ (vouloir) faire votre connaissance et (16) _____ (réussir) à vous rendre heureux/heureuse.

2 **Votre horoscope vietnamien** À deux, écrivez l'horoscope de votre camarade de classe. Utilisez les éléments de la liste. Ensuite, comparez vos horoscopes à ceux du reste de la classe.

aller	devoir	finir	quand	si
créer	être	maintenir	réussir	tant que
dès que	faire	prouver	savoir	venir

Dragon: Né(e) en 2000, 2012
Serpent: Né(e) en 2001, 2013 
Cheval: Né(e) en 2002, 2014 
Chèvre: Né(e) en 2003, 2015 

Singe: Né(e) en 2004, 2016
Coq: Né(e) en 2005, 2017 
Chien: Né(e) en 2006, 2018 
Cochon: Né(e) en 2007, 2019 

Rat: Né(e) en 2008, 2020
Buffle: Né(e) en 2009, 2021 
Tigre: Né(e) en 2010, 2022 
Chat: Né(e) en 2011, 2023 

3 **Vos projets** Comment passerez-vous l'été? Répondez à ces questions avec des verbes au futur simple. Comparez vos réponses avec celles d'un(e) camarade de classe.

1. Est-ce que vous travaillerez? Où?
2. Sortirez-vous le soir et le week-end?
3. Suivrez-vous des cours? Lesquels?
4. Partirez-vous en vacances? Où?

Communication

4 Invention

A. Avec un(e) camarade de classe, vous devez vous préparer pour une conférence de presse où vous présenterez votre invention. À l'aide du tableau, imaginez ce que vous direz à la presse. Employez le futur simple.

Titre de l'invention	
À quoi servira-t-elle?	
À qui sera-t-elle destinée?	
Comment fonctionnera-t-elle?	
Améliorera-t-elle la vie quotidienne?	

B. Ensuite, présentez votre invention à la classe, sans dire exactement ce que c'est. Vos camarades doivent poser des questions pour deviner de quelle sorte d'objet il s'agit. Utilisez le futur simple.

Modèle À quel moment de la journée s'en servira-t-on?

5 Que se passera-t-il? Tout change avec le temps. À deux, discutez de l'avenir des éléments suivants.

- les réseaux sociaux
- les villes
- les sites de streaming
- les livres
- les jeux vidéo
- le clonage
- la conquête spatiale
- l'humanité
- le gouvernement
- les relations

6 Dans 20 ans Par petits groupes, faites une liste de cinq personnes ou compagnies célèbres dans le domaine de la science et la technologie, et décrivez comment elles seront dans 20 ans.

7 Situations À deux, choisissez un de ces thèmes et inventez une conversation au futur simple entre les deux personnes décrites.

- Deux étudiant(e)s viennent d'obtenir leur diplôme scientifique et parlent de ce qu'ils/elles feront pour devenir riches et célèbres.
- Deux astronautes se dirigent vers la planète Mars. Ils/Elles sont les premiers/premières à faire ce voyage et discutent de ce qu'ils/elles feront une fois sur place.
- Deux chercheurs/chercheuses scientifiques viennent de faire une découverte capitale et parlent de ce qu'elle apportera au monde.
- Deux développeurs/développeuses créent une appli et parlent de ses avantages comparés à ceux d'une appli de la concurrence (*competition*).

Connections

Les inventions belges et suisses La Belgique et la Suisse sont à l'origine de certains objets qui font partie de notre quotidien: de Belgique, les patins à roulette de Jean-Joseph Merlin et le saxophone d'Adolphe Sax; de Suisse, le velcro de Georges de Mestral et le moteur à explosion de François Isaac de Rivaz. Cette dernière invention a révolutionné notre monde parce qu'on s'en sert tous les jours pour faire fonctionner nos moyens de transport.

- Est-ce que nos moyens de transport se serviront toujours du moteur à explosion dans 50 ans? Pourquoi?

I CAN discuss what changes the future holds.

Structures

Communicative Goal Express doubts and concerns about plans and experiences in the future

7.3 The subjunctive with expressions of doubt and conjunctions; the past subjunctive

—Je doute que tu **te sois dépêché** de rentrer...

The subjunctive with expressions of doubt

- Use the subjunctive in subordinate clauses after expressions of doubt or uncertainty.

  Il est peu probable qu'il **soit** astronaute.
  It's unlikely that he's an astronaut.

  Il est possible qu'on **atterrisse** en avance.
  It's possible that we're landing early.

- These expressions of doubt or uncertainty are typically followed by the subjunctive.

douter que...	to doubt that...	Il n'est pas évident que...	It's not obvious that...
Il est douteux que...	It's doubtful that...	Il n'est pas sûr que...	It's not sure that...
Il est impossible que...	It's impossible that...	Il n'est pas vrai que...	It's not true that...
Il est peu probable que...	It's unlikely that...	Il semble que...	It seems that...
Il est possible que...	It's possible that...	Il se peut que...	It's possible that...

À noter

To review other expressions that are used with the subjunctive, see **Structures 6.1, pp. 202–203.**

- Some expressions trigger the subjunctive when negated because they express uncertainty or doubt. The indicative is used when they are affirmative.

Subjunctive	Indicative
Je ne suis pas sûr qu'elle **vienne** demain.	Je suis sûr qu'elle **vient** aujourd'hui.
I'm not sure she's coming tomorrow.	*I'm sure she's coming today.*

- The verbs **croire, espérer,** and **penser** in negative statements or in questions also require the subjunctive in the subordinate clause. In affirmative statements, the verb in the subordinate clause is in the indicative.

Subjunctive	Subjunctive	Indicative
Je ne crois pas qu'elle **parte**.	Croyez-vous qu'elle **parte**?	Je crois qu'elle **part**.
I don't believe she's leaving.	*Do you believe she's leaving?*	*I believe she's leaving.*

Boîte à outils

Not all questions containing **croire**, **espérer**, or **penser** require the subjunctive. In a negative question, the subordinate clause takes the indicative.

Ne penses-tu pas que c'est une découverte capitale?

Don't you think it's a breakthrough discovery?

The subjunctive after conjunctions

- The subjunctive is also required after these conjunctions.

à condition que	on the condition that	en attendant que	waiting for
à moins que	unless	jusqu'à ce que	until
afin que	in order that	pour que	so that
avant que	before	pourvu que	provided that
bien que	although	quoique	although
de peur que	for fear that	sans que	without

Bien que ses intentions **soient** bonnes, elle se trompe souvent.
Although her intentions are good, she is often mistaken.

Ils expliquent leur recherche pour que nous en **connaissions** les conséquences.
They explain their research so that we know the consequences.

Boîte à outils

If the subject of the main clause is the same as the subject of the subordinate clause, these conjunctions are followed by the infinitive instead of the subjunctive: **à condition de, à moins de, afin de, avant de, de peur de, en attendant de, pour,** and **sans**.

On arrivera en retard à moins de prendre le train.
We'll arrive late unless we take the train.

Vérifiez

The past subjunctive

- If the action in a subordinate clause following a subjunctive trigger took place in the past, use the past subjunctive.

- Like the **passé composé** and the **plus-que-parfait**, the past subjunctive is formed by combining a helping verb (**avoir** or **être**) with a past participle. In the past subjunctive, the helping verb is in the present subjunctive.

Il se peut qu'ils **aient oublié** la réunion de neuf heures.
It's possible that they forgot the 9 o'clock meeting.

Nous ne sommes pas certains qu'elle **soit arrivée** avant nous.
We are not certain that she arrived before us.

- If a verb takes the helping verb **avoir** in the **passé composé** or **plus-que-parfait**, it also takes **avoir** in the past subjunctive.

j'ai téléchargé	que j'aie téléchargé
tu as téléchargé	que tu aies téléchargé
il/elle/on a téléchargé	qu'il/elle/on ait téléchargé
nous avons téléchargé	que nous ayons téléchargé
vous avez téléchargé	que vous ayez téléchargé
ils/elles ont téléchargé	qu'ils/elles aient téléchargé

Boîte à outils

The expressions **à moins que, de peur que, de crainte que, sans que,** and **avant que** are often accompanied by the **ne explétif**. The word **ne** is placed before the subjunctive form of the verb; it is not a negation and adds no meaning to the statement.

Les élèves arrivent avant que le professeur ne commence son cours.
The students arrive before the teacher starts his class.

- If a verb takes the helping verb **être** in the **passé composé** or **plus-que-parfait**, it also takes **être** in the past subjunctive.

je me suis adapté(e)	que je me sois adapté(e)
tu t'es adapté(e)	que tu te sois adapté(e)
il/elle/on s'est adapté(e)	qu'il/elle/on se soit adapté(e)
nous nous sommes adapté(e)s	que nous nous soyons adapté(e)s
vous vous êtes adapté(e)(s)	que vous vous soyez adapté(e)(s)
ils/elles se sont adapté(e)s	qu'ils/elles se soient adapté(e)s

Vérifiez

Structures

7.3 Mise en pratique

1 Au labo Choisissez la forme correcte du verbe pour compléter les phrases.

1. Il est évident que l'idée _____ (n'est pas venue / ne soit pas venue) de lui.
2. Il faut y croire jusqu'à ce qu'on _____ (réussit / réussisse).
3. Nous sommes sûrs que tu _____ (vas mettre au point / ailles mettre au point) ton invention.
4. Vous avez visité tous les laboratoires sans qu'elles _____ (se soient reposées / se sont reposées) une seule fois?
5. Il est impossible que vous _____ (avez lu / ayez lu) le rapport; on n'a pas encore terminé de l'écrire.
6. Va dire au directeur qu'on _____ (prend / prenne) une pause.
7. Quoique nous n' _____ (ayons pas rendu / avons pas rendu) justice à ces questions, nous avons beaucoup avancé.
8. Ils vont m'aider pour que je _____ (finis / finisse) le travail plus tôt.

2 Le Thalys Complétez cet e-mail avec les formes correctes des verbes entre parenthèses.

De:	Caroline <caroline.romain@email.fr>
Pour:	Stéphane <stéphane.Bertaud@email.fr>
Sujet:	Qu'en penses-tu?

Je prévois d'aller à Bruxelles la semaine prochaine. Avant de confirmer ma réservation sur le Thalys, je veux m'assurer que c'est une bonne idée. J'ai écrit un e-mail à un ami qui habite là-bas, mais il est peu probable qu'il l' (1) _____ (lire). Je sais qu'il (2) _____ (être) très occupé et je crois qu'il n' (3) _____ (avoir) jamais le temps de répondre à ses e-mails. Alors il se peut que j'y (4) _____ (arriver) sans que sa famille et lui le (5) _____ (savoir). Alors, de peur que je ne (6) _____ (visiter) cette ville toute seule, pourrais-tu m'y accompagner pour que je ne me (7) _____ (sentir) pas isolée?

Réponds-moi vite!
Caroline

Comparisons

Thalys est le nom du train qui relie (*links*) Paris à Bruxelles. Le voyage dure (*lasts*) en général une heure et 20 minutes, pour une distance d'environ 300 km. Il est le prolongement du système ferroviaire (*railway*) français qui utilise le TGV. Bien que Bruxelles soit la principale gare du Thalys, cette ville n'est pas sa seule destination depuis Paris. Le train va jusqu'à Amsterdam, aux Pays-Bas, et jusqu'à Cologne, en Allemagne.

- Croyez-vous que votre région ou pays ait la technologie nécessaire pour développer un système ferroviaire comme ceux de la Belgique et de la France?

3 Logique ou illogique? Par groupes de trois, dites si les phrases sont logiques ou illogiques et employez le subjonctif, si nécessaire, pour justifier votre opinion.

Modèle Il n'est pas certain que la technologie rende la vie plus facile.
C'est illogique! Il est sûr que la technologie rend la vie plus facile.

	Logique	Illogique
1. Il est évident que les voyages sur la Lune sont inutiles.	☐	☐
2. Il est douteux qu'on puisse améliorer les ordinateurs.	☐	☐
3. Il est vrai que deux astronautes ont marché sur la planète Vénus.	☐	☐
4. Il est possible que les scientifiques aient commencé à cloner des êtres humains.	☐	☐
5. Il est peu probable que nous connaissions les conséquences de la recherche génétique.	☐	☐

Communication

4 Conseils Voici Bernard. Il déteste les sciences, mais il veut quand même devenir astronaute. À deux, utilisez ces éléments pour lui dire ce que vous en pensez.

Modèle —Il est possible que tu deviennes astronaute, mais tu devras d'abord avoir de meilleures notes en maths.
—Tu y arriveras, à condition que tu fasses tes devoirs tous les jours.

à condition que	Il est vrai que
afin que	Il se peut que
croire	jusqu'à ce que
(ne pas) douter que	penser
Il est possible que	pour que

5 L'avenir Par groupes de trois, imaginez comment sera l'avenir en 2050 et en 2100. Discutez des thèmes suivants et utilisez le subjonctif. Présentez vos idées à la classe.

Modèle Il est peu probable que les pays arrêtent de faire la guerre.

- la population
- les relations internationales
- la technologie
- la conquête de l'espace

6 Voyage dans l'espace Imaginez que vous fassiez un voyage dans l'espace pour fonder une nouvelle civilisation sur une autre planète. Par groupes de trois, employez le subjonctif pour discuter de vos craintes et de nouvelles possibilités. Notez vos idées principales dans un tableau comme celui-ci.

Craintes concernant la survie	Nouvelles possibilités
_____	_____
_____	_____
_____	_____
_____	_____

I CAN express doubts and concerns about plans and experiences in the future.

Structures

Synthèse

Le clonage

Pascal va bientôt hériter d'une grande fortune. Il se rend compte qu'il pourra réaliser ses rêves les plus fous. Cependant°, son seul rêve est de devenir immortel. D'après lui, le seul procédé° capable de répondre à cette demande, c'est le clonage. Mais le clonage humain est interdit dans de nombreux pays. Il décide d'en parler à un ami, Gérard, qui est scientifique. Celui-ci va alors tout faire pour convaincre Pascal de ne pas se lancer dans cette entreprise, qui est l'idée la moins intelligente qu'il ait eue.

However
technique

GÉRARD D'un point de vue éthique, c'est un concept qui dérange°. L'ONU et l'UNESCO ont déclaré la manipulation de l'ADN à des fins reproductives contraire à l'éthique. De plus, être cloné ne rend pas immortel. Ensuite, du point de vue scientifique, l'expérience a montré que ces progrès avaient leurs limites. Les cellules clonés

disturbs

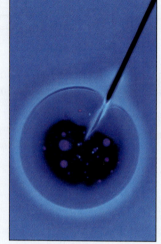

des animaux présentaient des anomalies. Il n'est donc pas évident que le clonage d'un humain puisse marcher. Je doute que cela soit possible un jour.

PASCAL Mais il est possible qu'ils aient fait des erreurs. Et le clonage n'est pas forcément mauvais; il sert aussi à soigner.

GÉRARD Il est vrai que, d'un autre côté, les chercheurs qui ont fait cette découverte capitale ont permis d'inventer d'autres moyens de guérir. Mais ce dont tu rêves est différent. En résumé, la génétique n'est pas une chose à prendre à la légère. Tu réussiras mieux ta vie si tu arrêtes de penser à ça.

Finalement, bien que cela ait été son désir le plus cher, Pascal se rend compte que c'était une excentricité de sa part. Il décide d'oublier l'idée du clonage et de dépenser son argent autrement. ■

---

1 Compréhension Répondez aux questions à l'aide des nouvelles structures.
1. Quel est le rêve le plus cher de Pascal?
2. Qu'est-ce que Gérard va essayer de faire?
3. Gérard pense-t-il que le clonage humain soit possible?
4. D'après Gérard, comment Pascal réussira-t-il mieux sa vie?

2 Votre double À deux, imaginez que votre camarade et vous ayez été cloné(e)s. À deux, créez une conversation où vous essayez de vérifier si l'autre est vraiment «l'original(e)». Utilisez les nouvelles structures de cette unité.

Modèle —Il est impossible que tu sois l'original(e), il/elle est plus aimable que toi.
—Je serai toujours l'original(e).

3 Pour ou contre? Êtes-vous pour ou contre le clonage? Par groupes de trois, discutez de ce sujet a l'aide des structures de cette unité. Considérez ces éléments:
- l'aspect éthique
- l'aspect biologique
- l'aspect économique
- l'aspect pratique

Communicative Goal Identify and reflect on key information from a text about CERN

Culture

Préparation

Glossaire de la lecture

l'antimatière (*m.*) antimatter
c'est-à-dire that is to say; i.e
de pointe cutting edge
envisager to envision
fondamental(e) basic
la mise en marche start-up
une particule particle
porter plainte to file a complaint
prédire predict
repousser les limites to push boundaries
un trou noir black hole

Vocabulaire utile

constater to observe, notice
faire une expérience to conduct an experiment
une innovation innovation
un(e) physicien(ne) physicist
la recherche appliquée applied research

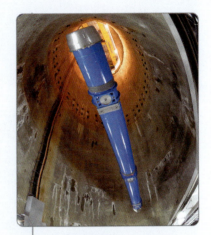

Les recherches que le CERN (Conseil européen pour la recherche nucléaire) effectue en Suisse sont-elles l'avenir de la science ou bien représentent-elles un danger pour la planète? Partons à la découverte d'un univers particulier.

1 Complétez Utilisez le vocabulaire qui convient pour compléter les phrases.

1. Un chimiste doit _____ pour avoir un résultat.
2. Certains scientifiques disent qu'ils peuvent _____ le futur en étudiant (*studying*) le passé.
3. Manon est arachnophobe, _____ qu'elle a peur des araignées (*spiders*).
4. La _____ d'une machine précède toujours son extinction.
5. Si quelqu'un pouvait inventer un robot capable de faire la cuisine, ce serait _____ révolutionnaire!
6. La technologie de nos jours a tendance à _____ du possible.
7. Vous pouvez _____ si les expériences faites par un centre scientifique sont dangereuses pour la communauté.
8. Mon frère voudrait être ingénieur dans une industrie _____ comme l'informatique ou l'aérospatiale.

2 La science dans le monde Répondez aux questions et comparez vos réponses avec celles d'un(e) camarade.

1. Aimez-vous les sciences? Expliquez.
2. Aimeriez-vous être un(e) scientifique? Dans quel domaine?
3. La science joue-t-elle un rôle dans votre vie de tous les jours? Si oui, de quelle manière? Comment est-ce que la recherche scientifique pourrait améliorer votre quotidien?
4. Y a-t-il des inventions ou des nouvelles technologies qui ont rendu votre vie quotidienne plus facile?
5. Que pensez-vous du travail en équipe? Quels en sont les avantages?
6. Est-ce que la recherche scientifique vous inquiète dans certains domaines?

3 L'union fait la force L'article que vous allez lire évoque la collaboration scientifique entre différents pays. Par groupes de trois ou quatre, imaginez que vous êtes des scientifiques internationaux qui décident de s'associer dans un but commun. Quel mystère voulez-vous percer (*unravel*)? Comment avez-vous l'intention de procéder? Discutez-en.

À la recherche du progrès

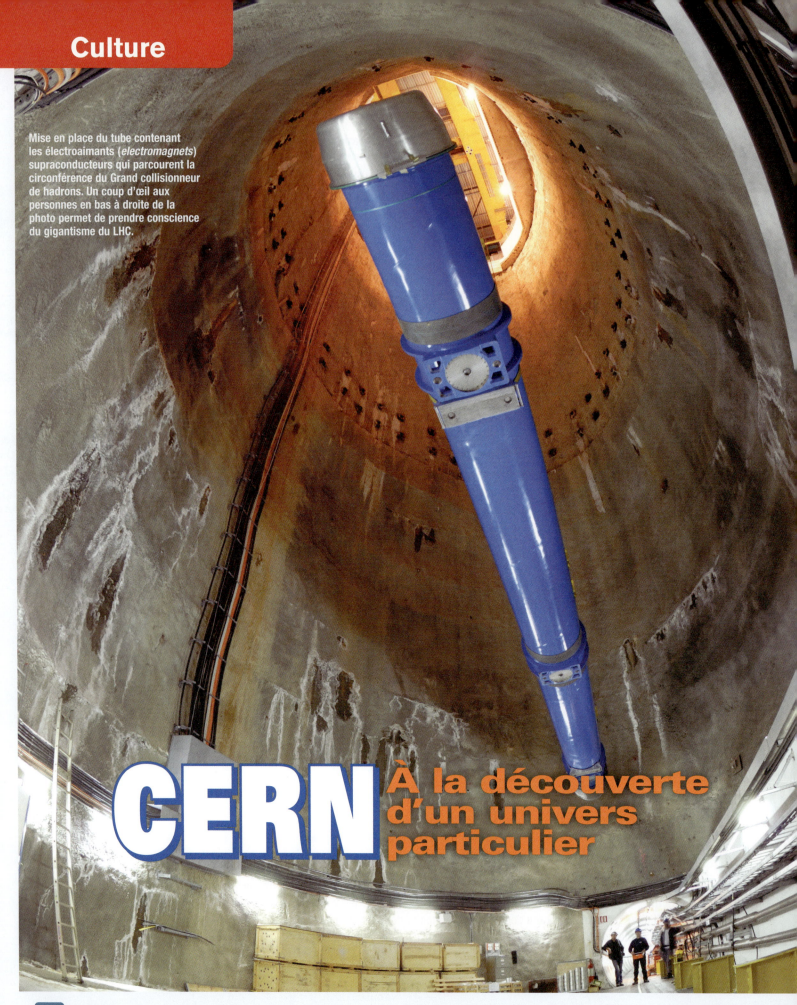

CERN À la découverte d'un univers particulier

Mise en place du tube contenant les électroaimants (*electromagnets*) supraconducteurs qui parcourent la circonférence du Grand collisionneur de hadrons. Un coup d'œil aux personnes en bas à droite de la photo permet de prendre conscience du gigantisme du LHC.

Big Bang!

C'est ce que certains avaient prédit qu'il arriverait à l'automne 2008. La terre devait exploser ou être engloutie° dans un trou noir! Pourquoi? À cause du LHC du CERN. Toutefois°, rien de ce que les scientifiques craignaient° ne s'est produit. Mais qu'est-ce que le CERN exactement? Et le LHC?

Le CERN est l'Organisation européenne pour la recherche nucléaire. Créé en 1954, le CERN se trouve à la frontière franco-suisse, à proximité de Genève. Il regroupe° près de 12.000 scientifiques de plus de 100 nationalités différentes qui travaillent ensemble. Il compte 23 états membres°.

La vocation du CERN est l'étude de «la physique fondamentale [et] la découverte des constituants et des lois de l'Univers». Ses scientifiques étudient surtout la physique des particules fondamentales de la matière. Si trouver des réponses aux grandes questions de l'univers et repousser les limites de la technologie font bien sûr partie des missions essentielles du CERN, le centre espère aussi rassembler les nations du monde autour de la science et former les scientifiques de demain.

La recherche fondamentale, c'est-à-dire sans but économique initial, est la raison d'être du CERN. Une des plus fameuses innovations issues de la recherche fondamentale du CERN est le World Wide Web. Eh, oui! Imaginez le monde sans la «toile°»! Mais qui se souvient encore de son origine? C'est pourtant au CERN que l'idée du Web a germé° dans la tête de Tim Berners-Lee et de son collègue Robert Cailliau. Leur idée était d'élaborer un système puissant et convivial alliant° les technologies des ordinateurs personnels, des réseaux informatiques et de l'hypertexte pour permettre aux scientifiques du monde entier de partager des informations. C'est ainsi que le premier site Web a vu le jour en 1991. Et, le 30 avril 1993, le CERN annonçait que le Web serait gratuit pour tout le monde.

Plus tard, le CERN a fait la une des journaux en raison de la mise en marche de son Grand collisionneur de hadrons (Large Hadron Collider — LHC). Le LHC est un gigantesque accélérateur de particules. Grâce à cet anneau° de 27 km, les physiciens espèrent pouvoir étudier les plus petites particules connues, les trous noirs et l'antimatière, et peut-être ainsi en savoir plus sur la formation de l'univers. Pendant des mois avant sa mise en marche, nombreux étaient ceux qui prédisaient la destruction de la terre, aspirée° dans un trou noir produit par le LHC. Un des arguments avancés était qu'en apprenant comment le monde avait été créé, on risquait de le détruire par la même occasion°. Ainsi, deux Américains ont même porté plainte auprès d'° un juge à Hawaii dans l'espoir d'empêcher la mise en marche du LHC. Or°, le jour de sa mise en marche, il ne s'est rien passé de catastrophique.

> (…) en apprenant comment le monde avait été créé, on risquait de le détruire par la même occasion.

Aujourd'hui, le CERN continue à jouer un rôle clé dans le développement des technologies du futur. Il tient aussi un rôle primordial dans l'enseignement des technologies de pointe. Et, malgré° les doutes et les inquiétudes de certains, il est désormais° aussi difficile d'envisager l'avenir sans le CERN que d'imaginer le monde moderne sans le World Wide Web! ■

Culture

Analyse

1 Compréhension Répondez aux questions par des phrases complètes.
1. Qu'est-ce qu'on craignait à l'automne 2008? Pourquoi?
2. Qu'est-ce que le CERN?
3. Quels sont les objectifs du CERN?
4. Quel est la raison d'être du CERN?
5. Quelle invention du CERN est la plus connue et la plus utilisée au quotidien?
6. Qu'est-ce que le Grand Collisionneur de Hadrons?
7. À quoi est supposé servir le LHC?
8. Quel rôle clé joue le CERN aujourd'hui?

2 La science utile À quelles questions le CERN essaie-t-il de répondre? Est-ce que trouver des réponses à des questions théoriques est plus important que d'essayer de résoudre des problèmes pratiques de la vie sur Terre? À deux, faites une liste des problèmes pratiques ainsi que des questions théoriques auxquels vous espérez que la science puisse un jour apporter une réponse. Classez cette liste selon vos priorités et comparez-la à celle d'une autre paire.

3 La science fiction Certains sont préoccupés par les recherches effectuées par le CERN. Est-ce que leurs inquiétudes deviendront un jour une réalité, ou, au contraire, est-ce que le CERN sauvera la planète? Avec un(e) partenaire, utilisez votre imagination pour écrire une histoire courte de science-fiction qui se déroule au CERN et qui traite de ces possibilités extraordinaires ou bien catastrophiques.

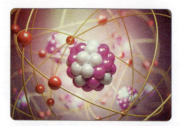

4 Sciences et francophonie En petits groupes, choisissez une innovation technologique ou scientifique issue de la recherche effectuée dans un pays francophone. Préparez une présentation sur cette technologie ou cette avancée scientifique et expliquez comment elle améliore le quotidien de chacun. Vous pourriez par exemple parler des inventions suivantes:

- le TGV (France)
- le cinématographe (France)
- le Velcro® (Suisse)
- l'anti-histamine (Suisse)
- le moteur à combustion interne (Belgique)
- …

I CAN identify and reflect on key information from a text about CERN.

Communicative Goal Understand the details of a news article about an innovator in robotics

Littérature

Préparation

À propos de l'inventrice

Née à Lausanne, en Suisse, **Aude Billard** (1971–) est devenue une innovatrice dans le développement des hommes-robots. Après avoir reçu son master en physique à l'École polytechnique fédérale de Lausanne (l'EPFL) en 1995, elle obtient un doctorat en intelligence artificielle à l'Université d'Édimbourg trois ans plus tard. Directrice du Laboratoire d'algorithmes et systèmes d'apprentissage (*learning systems*) à l'EPFL depuis 2003, Aude Billard développe le contrôle et la fabrication de systèmes robotiques et essaie de mieux comprendre l'intelligence artificielle.

Dans cet article d'Anouch Seydtaghia, publié dans le journal suisse *Le Temps*, la physiciste Aude Billard nous emmène dans l'univers robotique qu'elle développe dans son laboratoire à Lausanne.

Glossaire de la lecture

un algorithme *algorithm*
alléger *to lessen; to lighten*
une charge *load*
réduire *to reduce*
la robotique *robotics*
soulager *to relieve*
soulever *to lift*

Vocabulaire utile

hasardeux/euse *risky; hazardous*
un(e) innovateur/innovatrice *innovator, pioneer*
un logiciel *software, program*
mettre à jour *to update*
une tâche *task*

1 Énigmes Associez un terme des listes de vocabulaire ci-dessus à chaque phrase.
1. Vous l'êtes si vous découvrez ou créez une nouveauté.
2. On peut l'utiliser pour écrire une rédaction, écouter de la musique ou jouer à un jeu vidéo.
3. C'est ce qu'il faut faire à vos applications pour actualiser leurs données.
4. C'est un domaine important de recherche.
5. Une personne paresseuse a du mal à la compléter.
6. Vous pouvez le trouver dans un livre de mathématiques ou dans une ligne de code.
7. Si vous n'arrivez pas à la soulever, il faut l'alléger.

2 Une tâche hasardeuse À deux, répondez aux questions. Expliquez vos réponses.
1. Avez-vous déjà effectué une tâche dangereuse ou très difficile dans votre vie? Quelle était cette tâche et pourquoi était-elle difficile?
2. Qu'avez-vous fait pour résoudre le problème?
3. Est-il possible de pouvoir rendre cette tâche plus facile ou moins dangereuse à l'avenir? Comment?

3 Discussion Regardez la photo de l'article. Ensuite, par groupes de trois, répondez aux questions et discutez de vos idées.
- Que pensez-vous que ces mains robotiques peuvent faire?
- Où peuvent-elles être installées?
- Qui ou que peuvent-elles remplacer?
- D'après vous, peuvent-elles avoir un rôle positif dans la société? Pourquoi?

Communities

L'École polytechnique fédérale de Lausanne est une université suisse spécialisée en sciences et technologie. Ses étudiants et chercheurs représentent plus de 120 nationalités et ont déposé (*filed*) plus de mille brevets d'invention depuis 2010. Situé près du lac Léman, son campus principal est aussi le site du festival Balélec, un festival de musique qui a lieu chaque année au mois de mai.

- Aimeriez-vous étudier à l'EPFL? Pourquoi?

À la recherche du progrès

Littérature

Aude Billard, au cœur des robots qui devraient bientôt soulager les humains

Anouch Seydtaghia

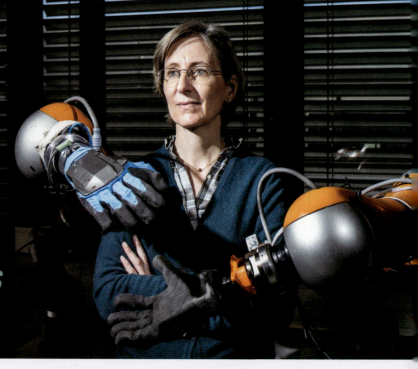

Nous voici au cœur de l'EFPL, dans les entrailles° du Laboratoire d'algorithmes et systèmes d'apprentissage, le LASA. C'est ici l'univers d'Aude Billard, qui dirige° ce labo depuis 2003. Ici, les doctorants s'affairent° dans plusieurs salles parsemées de° robots, certains à l'aspect humanoïde, d'autres plus abstraits, constitués avant tout de bras articulés, de plusieurs tailles sur leurs écrans d'ordinateur, des lignes de code, à l'infini. «Malheureusement, je n'ai plus le temps de programmer moi-même les robots, sourit Aude Billard. Mais je suis derrière tous les premiers développements mathématiques en préparant, avec les doctorants, les équations initiales. C'est un travail collaboratif passionnant, nous réfléchissons ensemble aux idées et aux solutions à trouver.»

Il y a une dizaine de robots dans le laboratoire, qui compte une vingtaine de personnes. Mais des robots… pour quoi faire? «Notre mission, c'est de faire progresser les contrôleurs dits° intelligents pour la robotique, lance° la professeure. En clair, le but, c'est de réduire la charge de travail pour l'homme en transférant à la machine des activités pénibles, voire° dangereuses.» Revenons aux deux bras articulés qui ont enlacé° Aude Billard. «Pour le moment, ils ne sont capables de soulever que des charges légères, d'un kilo environ. Et ils le font en collaboration avec un homme, chacun soulevant le poids° d'un côté. Mais nous pourrions rapidement développer des machines capables de transporter des charges de plusieurs dizaines de kilos… Les algorithmes sont les mêmes.»

> **En clair, le but, c'est de réduire la charge de travail pour l'homme en transférant à la machine des activités pénibles, voire dangereuses.**

Alléger le travail humain

Ses robots, Aude Billard rêve de les voir à l'œuvre sur des chantiers°. «Malgré° l'aide des machines actuelles, les hommes portent encore des charges très lourdes, dans un environnement bruyant et souvent dangereux. Je suis convaincue qu'ils pourront alléger leur travail et qu'ils pourront collaborer.»

Les algorithmes qui les alimentent° sont terriblement complexes. Car les machines doivent être capables de se mouvoir° de manière semi-autonome et de travailler en bonne intelligence avec des humains. «Elles doivent avoir une très bonne perception de leur environnement immédiat et aussi adapter leur comportement en fonction d'événements imprévus°... C'est compliqué mais passionnant.», sourit la professeure.

Aude Billard l'affirme, ses machines ne vont pas remplacer les hommes. Mais elles pourraient, à terme, améliorer sensiblement notre qualité de vie. «Dans l'idéal, j'aimerais réduire notre temps de travail tout en conservant nos salaires actuels. Grâce à la technologie, nous n'avons pas arrêté de le faire ces dernières années. Nous passions, il y a longtemps, quatorze heures par jour à travailler dans les champs pour vivre, puis ce temps s'est réduit grâce à la mécanisation. Pourquoi ne pas envisager des journées de quatre heures en confiant° une partie du travail pénible et répétitif à des machines?»

La professeure le concède, les attentes° sont très fortes envers les robots. Et cela l'inquiète aussi. «Beaucoup imaginent que les robots sont déjà très performants et que nous pouvons les déployer dans toutes les usines. Mais cela prend du temps. Et j'ai un peu peur que les gens se lassent° d'attendre. Pourtant, d'ici quelques années, de nombreux jobs pourraient être physiquement beaucoup moins exigeants. Et nos robots peuvent être utiles dans tant de domaines, comme en chirurgie° pour assister les médecins.»

Et la relève féminine?

En attendant, Aude Billard court. Conseillère communale° à Lausanne sous la bannière socialiste, mère de trois filles, elle parcourt° aussi l'Europe pour animer des conférences et s'investit dans des projets de recherche au niveau du continent. Également à l'origine de trois entreprises, Pomelo, Didel et AICA, la professeure s'engage pour la relève féminine° à l'EPFL. «Mais dans mon domaine, ce n'est vraiment pas facile. Dès qu'une doctorante avec les compétences requises° postule, je l'engage°, sourit-elle. Mais c'est rare. Les étudiantes ne sont hélas pas très attirées par la robotique.»

Dotée d'une formation° en physique, Aude Billard apprécie la diversité des profils actifs dans son laboratoire. «Chaque jour, j'apprends quelque chose de nouveau et c'est passionnant, détaille-t-elle. La robotique est un domaine très vaste, qui comprend° aussi les neurosciences et les sciences cognitives.» Ses collaborateurs sont actifs au niveau de la théorie comme de la pratique, que ce soit pour développer une chaise roulante° autonome, permettant à une personne de se tenir ensuite debout°, ou des applications industrielles.

Et qui dit robot pense forcément à la société américaine Boston Dynamics, dont les machines, très agiles, suscitent° autant la crainte que l'admiration. «Cette société est à la pointe°, notamment pour la mécanique: être capable de faire sauter des robots° requiert une puissance très importante, analyse la professeure. Je pense que cette entreprise, qui bénéficie en partie de financements publics, devrait partager ses travaux de recherche. Boston Dynamics aura toujours de l'avance°. Mais si elle devait disparaître, ses travaux risqueraient aussi de s'évanouir°, ce qui serait regrettable.» ■

Littérature

Analyse

1 Compréhension Répondez aux questions.
1. Où travaille Aude Billard?
2. Que crée son laboratoire? Décrivez-le.
3. Quel est le but de ses recherches?
4. Quel est le rêve de l'inventrice?
5. Comment les machines du LASA fonctionnent-elles? Quelles sont leurs limitations?
6. Combien d'heures par jour travailleront peut-être les humains à l'avenir?
7. Quels domaines scientifiques sont importants dans la recherche en robotique?
8. Quels sont des exemples d'application de la recherche du LASA?

2 Interprétation À deux, répondez par des phrases complètes.
1. Selon Aude Billard, quelle relation y a-t-il entre la mécanisation et la qualité de la vie dans notre société? Expliquez.
2. Aude Billard mentionne que «les machines, très agiles, suscitent autant la crainte que l'admiration». Comment interprétez-vous cette déclaration?

3 Opinions Par groupes de trois, répondez à ces questions.
1. Êtes-vous d'accord avec l'inventrice lorsqu'elle visualise les humains ne travaillant que quatre heures par jour? Aimez-vous cette idée? Expliquez.
2. Selon Aude Billard, «les étudiantes ne sont hélas pas très attirées par la robotique». Pourquoi, d'après vous, les jeunes femmes ne sont-elles pas séduites par cette profession? Croyez-vous que ce phénomène changera?
3. Pensez-vous, comme Aude Billard, que les compagnies comme Boston Dynamics devraient partager leur recherche avec d'autres firmes semblables? Et vous, seriez-vous prêt(e) à partager vos propres recherches avec d'autres élèves de votre lycée? Pourquoi?

4 À vous de décider Imaginez que votre professeur de français puisse être remplacé par un robot humanoïde d'ici 10 ans si votre communauté vote en sa faveur. En groupes de trois, comparez les points positifs et négatifs de cette substitution. Discutez de ces points en différenciant l'aspect humain et l'aspect robotique. À la fin de votre discussion, dites qui gagne: le professeur humain ou le professeur humanoïde, et pourquoi.

5 Rédaction Pensez-vous que les robots puissent dominer l'humanité? Pourquoi? Écrivez un essai pour répondre à cette question. Utilisez le futur simple et le subjonctif.

PLAN

1. **Organisation** Faites une liste des avantages et des inconvénients des robots.
2. **Point de vue** Dans un paragraphe, donnez les raisons pour lesquelles, selon vous, les robots domineront l'humanité et, dans un autre paragraphe, pourquoi ils ne la domineront pas.
3. **Conclusion** Pour finir, donnez votre opinion finale sur le sujet.

I CAN understand the details of a news article about an innovator in robotics.

Vocabulaire

Le progrès et la recherche

vhlcentral

Les mots apparentés

un(e) astronaute	un gène	une invention	spécialisé(e)
un(e) biologiste	la gravité	un(e) mathématicien(ne)	un télescope
explorer	inventer	révolutionnaire	une théorie

La technologie

un correcteur orthographique spell checker
des données (*f.*) data
un fil (social media) feed; (discussion) thread
une mise à jour update
un mot de passe password
un moteur de recherche search engine
un outil tool
un pseudo(nyme) username
une puce (électronique) (electronic) chip

s'abonner (à) to subscribe (to)
actualiser to update; to refresh (a page/feed)
lancer to open (an application/program)
planter to crash
sauvegarder to save
supprimer to delete
télécharger to download; to upload

avancé(e) advanced
innovant(e) innovative

Les inventions et la science

l'ADN (*m.*) DNA
un brevet d'invention patent
une cellule cell
une découverte (capitale) (breakthrough) discovery
une expérience experiment
la génétique genetics
la recherche research

cloner to clone
contribuer (à) to contribute
créer to create
guérir to cure; to heal
prouver to prove
soigner to treat; to look after (someone)

biochimique biochemical
contraire à l'éthique unethical
éthique ethical

L'univers et l'astronomie

l'espace (*m.*) space
une étoile (filante) (shooting) star
un(e) extraterrestre alien
un ovni U.F.O.
la survie survival

atterrir to land

Les gens dans les sciences

un(e) astronome astronomer
un(e) chercheur/chercheuse researcher
un(e) chimiste chemist
un(e) ingénieur(e) engineer
un(e) scientifique scientist

The comparative and superlative of adjectives and adverbs

See pp. 238–239.

The futur simple

See pp. 242–243.

The subjunctive with expressions of doubt

douter que... to doubt that...
Il est douteux que... It's doubtful that...

Il est impossible que... It's impossible that...
Il est peu probable que... It's unlikely that...
Il est possible que... It's possible that...
Il n'est pas évident que... It's not obvious that...
Il n'est pas sûr que... It's not sure that...
Il n'est pas vrai que... It's not true that...
Il semble que... It seems that...
Il se peut que... It's possible that...

The subjunctive after conjunctions

à condition que on the condition that
à moins que unless

afin que in order that
avant que before
bien que although
de peur que for fear that
en attendant que waiting for
jusqu'à ce que until
pour que so that
pourvu que provided that
quoique although
sans que without

The past subjunctive

See p. 247.

Court métrage

Le Manie-Tout See p. 228.

Culture

CERN: À la découverte d'un univers particulier See p. 251.

Littérature

Aude Billard, au cœur des robots qui devraient bientôt soulager les humains See p. 255.

Pour commencer

Pourquoi des gens risquent-ils leur vie pour s'amuser? D'autres prennent leur sport préféré très au sérieux. Mais que se passe-t-il quand le jeu n'est plus que compétition ou quand un loisir devient une raison de vivre?

- Quelle activité voyez-vous sur cette photo?
- Croyez-vous que l'évasion et l'amusement soient des besoins fondamentaux?

S'évader et s'amuser | Unité 8

Essential Question
How does culture influence our perception of leisure time?

Can-Do Goals
By the end of this unit I will be able to:
- Talk about sports, leisure activities, and the arts
- Understand events that explain the reactions of a family in a short film
- Talk about living in and traveling between cities, islands, regions, countries, and continents
- Discuss hypothetical situations

Skills
- **Reading:** Understanding a short story about kids playing soccer
- **Conversation:** Describing and answering questions about past and future recreation
- **Writing:** Recounting a humorous story from childhood

Culture
Also, I will learn about and reflect on:
- The people, attractions, and language of francophone islands in the Indian Ocean
- The work of Mauritian poet and director Khal Torabully
- Extreme sports on the island of Réunion

Unité 8 Integrated Performance Assessment
You will read an article about amusement parks in France. Then, you and a classmate will discuss how you each spend your free time and the influences on your choices. Finally, you will write a story about your free time experiences as a child.

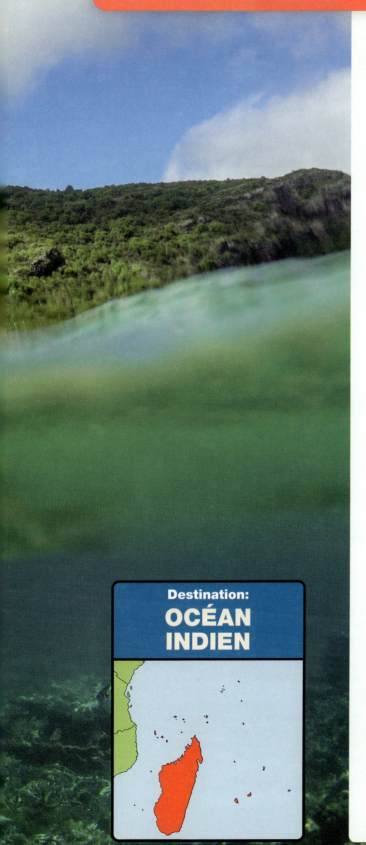

Destination: OCÉAN INDIEN

Contextes

Communicative Goal Talk about sports, leisure activities, and the arts

Les passe-temps

vhlcentral

Les mots apparentés

admirer	une comédie	un(e) musicien(ne)	un supporter (de)
applaudir	un(e) fan (de)	un(e) spectateur/spectatrice	un ticket

Le sport

l'alpinisme (*m.*) mountain climbing
un arbitre referee
un club sportif sports club
une course race
une patinoire skating rink
le saut à l'élastique bungee jumping
le ski alpin/de fond downhill/ cross-country skiing

(se) blesser to injure (oneself); to get hurt
s'étonner to be amazed
faire match nul to tie (a game)
jouer au bowling to go bowling
marquer (un but/un point) to score (a goal/a point)
siffler to whistle (at)

Le temps libre

le billard pool
les boules (*f.*)/la pétanque petanque

une partie de pétanque

les cartes (*f.*) (à jouer) (playing) cards
les fléchettes (*f.*) darts
un jeu vidéo/de société video/board game
des loisirs (*m.*) leisure; recreation
un parc d'attractions amusement park
un rabat-joie killjoy; party pooper

bavarder to chat
se divertir to have a good time
faire passer to spread (the word)
porter un toast (à quelqu'un) to propose a toast
se promener to take a stroll/walk
valoir la peine to be worth it

Les arts et le théâtre

un billet ticket
une exposition exhibition; art show
un groupe musical group/band
une pièce (de théâtre) (theater) play
un spectacle show; performance
un tableau painting
un vernissage art exhibit opening

faire la queue to wait in line
obtenir (des billets) to get (tickets)

complet sold out
divertissant(e) entertaining
émouvant(e) moving

PARLONS FRANÇAIS!

les Lions Indomptables

DURAN Au Cameroun, mon sport préféré est le foot. On y joue beaucoup et partout: au lycée, le week-end, en vacances, en famille, avec les copains, avec les voisins, etc... Seuls les **rabat-joie** ne sont pas **fans** de foot au Cameroun! Le foot camerounais, c'est aussi super **divertissant** à regarder entre copains ou en famille. Je ne vous dis pas l'ambiance à la maison quand les Lions Indomptables, notre équipe nationale, **marquent un but** ou que l'**arbitre siffle** un penalty. Ma famille qui regarde un match, c'est un vrai **spectacle**! En Suisse, j'ai trouvé des **clubs sportifs** de foot, bien sûr, mais j'ai surtout découvert les sports d'hiver et la montagne, avec par exemple l'**alpinisme** quand il fait beau. C'est génial! L'hiver, aller à la **patinoire**, ce n'est pas pour moi. Je tombe et j'ai peur de **me blesser**. Mais le **ski alpin**, ça **vaut la peine** d'essayer au moins une fois dans sa vie! Ça donne des sensations de liberté incroyables.

Mise en pratique

1 Conversation Complétez la conversation entre ces trois amis.

GAVIN Alors, qu'est-ce que vous faites cet été? Du sport?

JOCELYNE Lundi prochain, je pars à la montagne pour faire de (1) _____ toute la semaine!

COLLINE Toute seule?

JOCELYNE Mais non, je préfère en faire avec des amis. Je vous invite. Faites (2) _____! Parlez-en aux copains.

COLLINE Moi, je ne peux pas y aller. Mercredi, mon ami le sculpteur va avoir son premier (3) _____ au musée d'Art moderne.

GAVIN Moi non plus, j'ai un engagement: mon (4) _____ donne un concert jeudi soir.

COLLINE Génial! Comment est-ce que j'obtiens (5) _____?

GAVIN Tu ne peux plus en (6) _____. C'est (7) _____ en fait.

COLLINE Dommage… mais tant mieux pour ton (8) _____!

JOCELYNE Allons au café. Il faut fêter tous ces événements!

2 Parlons français Écoutez Malina et Zineb parler de leurs loisirs. Ensuite, à deux, répondez aux questions.

1. Dans quelle famille y a-t-il beaucoup de supporters de foot?
2. Quelle famille a beaucoup d'artistes?
3. Chez vous, quels sont les passe-temps ou les loisirs familiaux?
4. À quelle famille est-ce que la vôtre ressemble le plus, d'après ce que vous venez d'entendre? À celle de Duran, de Malina ou de Zineb? Expliquez.

3 Conversez À deux, posez-vous ces questions. Ensuite, discutez de vos réponses.

1. À quoi préfères-tu occuper ton temps libre? Quels sont tes loisirs préférés?
2. De quels sports es-tu fan? Lequel aimes-tu le mieux?
3. T'es-tu déjà blessé(e) quand tu pratiquais un sport ou une autre activité?
4. Quel est le spectacle que tu as trouvé le plus émouvant récemment? Pourquoi?
5. Est-ce que quelqu'un t'a déjà traité(e) de (*called*) rabat-joie? Pour quelle raison?
6. Qu'est-ce que vous faites pour vous évader de votre quotidien? Avez-vous souvent besoin de vous évader? Pourquoi?

4 Du temps libre Imaginez que vous et un groupe d'amis avez une semaine de libre. Pour en profiter autant que possible, vous faites des projets. Quelles activités pratiquerez-vous? Où irez-vous? Discutez de vos idées avec trois camarades de classe.

I CAN talk about sports, leisure activities, and the arts.

Court métrage

Communicative Goal Understand events that explain the reactions of a family in a short film

Préparation

Dans *Le Ballon prisonnier* du réalisateur français Cyril Gelblat, un jeune garçon, Dylan, veut réaliser un jour son rêve et devenir footballeur professionnel. Mais ce rêve est-il vraiment le sien?

Glossaire du court métrage

avoir les jambes coupées *to have legs like lead*
un ballon *ball*
bourrer le crâne à quelqu'un *to fill someone's head*
un capitaine *captain*
un centre de formation *sports training school*
un club *team*
un coup franc *free kick*
un duel *one-on-one*
en pointe *forward, up front*
un entraîneur *coach*
faire un dessin à quelqu'un *to spell it out for someone*
une faute *foul*
lâcher *to let go*
sortir du lot *to stand out*
une revanche *revenge*
la veille *day before*

Vocabulaire utile

un maillot *jersey*
un terrain (de foot) *(soccer) field*
les vestiaires (*m.*) *locker room*
vivre quelque chose par l'intermédiaire de quelqu'un *to live something vicariously through someone*
vivre (quelque chose) par procuration *to live (something) vicariously*

1. **Logique ou illogique?** Décidez si ces phrases sont logiques ou illogiques et corrigez celles qui sont illogiques.
   1. J'ai les jambes coupées d'avoir couru si vite.
   2. Leur entraîneur est un enfant de trois ans.
   3. Ce terrain de foot est en mauvais état.
   4. Le match de demain aura lieu dans les vestiaires.
   5. Il a bourré le crâne à son maillot.
   6. C'est le capitaine qui va tirer le coup franc.
   7. Voilà! Vous avez enfin réalisé votre rêve de vous battre en duel!
   8. Tu vas la lâcher, la faute, oui ou non?

2. **Vivre par procuration** Lisez les phrases suivantes et décidez si oui ou non elles décrivent des situations où les gens vivent par procuration.

	oui	non
1. En ce moment, mes amis d'enfance vivent des choses formidables et j'adore entendre parler de ce qui leur arrive.	☐	☐
2. Toute la famille a fait une partie (*game*) de foot ensemble.	☐	☐
3. Michel lit beaucoup de blogs de voyage, mais ne part jamais.	☐	☐
4. Elle vit devant son poste de télévision.	☐	☐
5. Mme Vendel voulait devenir joueuse professionnelle de tennis, et aujourd'hui, elle est heureuse, car son fils a peut-être une carrière devant lui dans ce sport.	☐	☐
6. Nous avons toujours rêvé de vivre ailleurs, et maintenant, c'est fait.	☐	☐

3 Enquête Demandez à des camarades quels sont les loisirs ou les sports qu'ils pratiquent et pourquoi. À deux, discutez des résultats. Y a-t-il une activité qui est pratiquée plus que les autres? Pour quelles raisons vos camarades la pratiquent-ils?

Loisirs	Sports

4 Préparation À deux, répondez aux questions. N'oubliez pas d'ajouter des détails.

1. Avez-vous les mêmes goûts que vos parents en matière de sports ou de loisirs?
2. Quel âge aviez-vous quand vous avez commencé votre sport préféré ou votre activité préférée?
3. Pourquoi avez-vous décidé d'arrêter ou de continuer cette activité?
4. Qu'est-ce qui vous influence le plus dans le choix d'une activité?

5 Devenir pro Par groupes de quatre, discutez des questions suivantes.

1. Peut-on faire des études et du sport, sans sacrifier l'un ou l'autre?
2. Les parents doivent-ils soutenir leurs enfants coûte que coûte (*at all costs*)? Vaut-il mieux qu'ils soient réalistes et les encouragent à choisir une autre voie?
3. Parfois, les parents cherchent à vivre un rêve par l'intermédiaire de leurs enfants. Que pensez-vous de cette attitude?

6 Que se passe-t-il? Par petits groupes, regardez les images du film et décrivez ce que vous voyez. Ensuite, imaginez ce qui va se passer.

1.

2.

3.

4.

Court métrage

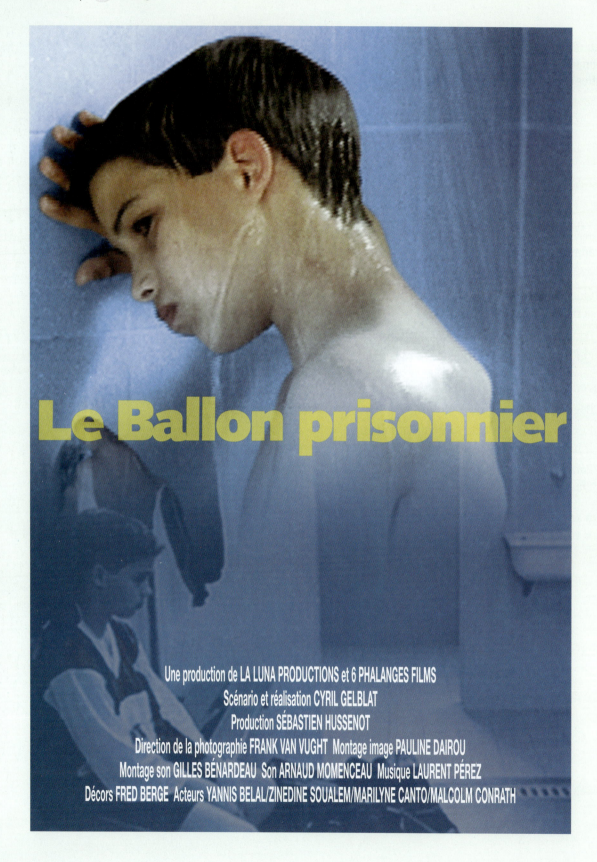

Scènes

Unité 8

INTRIGUE
Le jeune Dylan souhaite réaliser le rêve de son père et devenir footballeur professionnel.

DYLAN Il a le ballon… Zidane qui passe à Dylan Belgazi… qui accélère et… but! *(Il imite un commentateur)* … — Dylan, Dylan… on parle de vous dans les plus grands clubs. — Oui, c'est vrai. Il y a des contacts…

DYLAN Maman, je peux avoir du poulet?
PÈRE Tu fais exprès ou quoi? Les veilles de matchs, c'est féculents° et sucres lents°, sinon tu as les jambes coupées. Demain, c[e n]'est pas des rigolos° en face.

MÈRE Tu ne veux pas arrêter de lui bourrer le crâne avec ça? Il y en a combien, un sur cent qui finit professionnel.
PÈRE Je n'ai pas dit que je voulais qu'il soit professionnel, j'ai juste dit qu'on allait tout faire pour, c'est tout. Demain, il y aura tous les recruteurs.

ENTRAÎNEUR Salut les gars! Vous savez contre qui on joue aujourd'hui. Dylan, tu joues en pointe. Leur libero°, il est pour toi. Il monte souvent sur les corners. Tu [ne] le lâches pas, Dylan.

ENTRAÎNEUR Dylan, tu le prends!
PÈRE Allez! Allez! Allez!… Mets le pied°! Cours! Cours! Dylan! Ne le lâche pas! Qu'est-ce que tu fais? Tu regardes!

ENTRAÎNEUR Qu'est-ce qui se passe en attaque, là? Il faut provoquer! Bon, Jeff, tu vas remplacer Dylan en pointe. Allez, on y va! On se motive, là!

Comparisons

L'argent dans le foot Pour beaucoup, le foot est un ascenseur social. C'est le sport qui reste de loin le mieux payé de France. Au plus haut niveau, le salaire médian des joueurs est de 35.000 euros par mois. Les meilleurs joueurs gagnent tous des salaires supérieurs au million d'euros.

- Quel est le sport le mieux payé dans votre pays? Est-il aussi un «ascenseur social»?

féculents *starches* **sucres lents** *carbohydrates* **rigolos** *jokers* **libero** *sweeper* **Mets le pied!** *Get your foot in there!*

S'évader et s'amuser

Court métrage

Analyse

1 Compréhension Répondez aux questions par des phrases complètes.

1. Qu'est-ce que Dylan imagine quand il joue tout seul au foot?
2. Qu'est-ce que Dylan imagine quand il s'arrête de jouer?
3. Pendant le repas, qu'est-ce que son père conseille à Dylan?
4. Que fait Dylan avec sa mère après le dîner?
5. Le père croit connaître la vraie raison pour laquelle Djibrill est numéro dix. Quelle est cette raison?
6. Que font les joueurs avant que l'entraîneur arrive dans les vestiaires?
7. À quel poste joue Dylan?
8. Qu'est-ce que Dylan doit faire pendant le match?
9. Qu'est-ce qui arrive à Dylan après la première partie du match?
10. Qui gagne le match?

2 Interprétation À deux, répondez aux questions et expliquez vos réponses.

1. Pourquoi la mère n'est-elle pas contente quand le père offre à Dylan des photos de joueurs pour son album?
2. Est-ce que Dylan écoute les conseils de son père? Donnez des exemples.
3. Quelle est l'attitude du père pendant le match?
4. Pourquoi Dylan pleure-t-il?
5. Que ressent le père quand il voit Dylan pleurer?
6. Que ressent chaque personnage à la fin, dans la voiture?

3 Et les parents? Par petits groupes, répondez aux questions.

1. Que pensez-vous du père et de la mère? D'après vous, lequel des deux a la meilleure approche? Justifiez votre réponse.
2. Avez-vous déjà été témoin ou avez-vous déjà entendu parler d'une situation comme celle qui est présentée dans le film? Où cela?
3. Comment les parents devraient-ils se comporter pendant une compétition à laquelle leur enfant participe?
4. Pensez-vous que les enfants soient motivés par l'attitude des parents?
5. Quelles devraient être les raisons pour lesquelles un enfant pratique un sport ou participe à une activité?

4 Les thèmes du film Par groupes de trois, réfléchissez aux thèmes du film. Choisissez chacun un thème et expliquez ce qui le relie à l'histoire. Ensuite, décidez quel est le thème principal du film. N'hésitez pas à en suggérer d'autres.

- La fascination pour le monde du football
- Vivre par procuration
- Réaliser un rêve
- Pousser un enfant à la compétition
- Donner à quelqu'un la possibilité de réussir

5 Monologues À deux, écrivez un petit monologue où chaque personnage du film se présente et raconte son histoire.

Modèle   Bonjour. Je m'appelle Dylan…

6 Moi, si… Et si vous pouviez changer l'histoire? À deux, pensez à deux ou trois scènes du film et modifiez-les en fonction de vos envies. Comparez votre nouveau scénario avec celui d'un autre groupe.

Modèle   DYLAN   Maman, je peux avoir du poulet?
　　　　　　PÈRE   Tu peux, Dylan, mais rappelle-toi que tu as un match demain. Il y aura tous les recruteurs.

7 La conversation À deux, imaginez la conversation entre Dylan et son père une fois qu'ils sont arrivés à la maison. Présentez votre dialogue à la classe.

- Qui parle le premier?
- Quel est le ton de la conversation?
- Que font-ils à la fin de la conversation?

✓ I CAN   understand events that explain the reactions of a family in a short film

Imaginez

Communicative Goal Identify and reflect on the people, attractions, and language of francophone islands in the Indian Ocean

des danseuses de séga

IMAGINEZ
L'océan Indien

D'ailleurs…

Madagascar peut produire plus de 3.000 tonnes de vanille par an. Comme la fleur n'est pas originaire de cette île, il n'existe pas d'insecte capable de la féconder°. La culture de la vanille se fait donc entièrement à la main.

Dépaysement garanti!

Les îles francophones de l'**océan Indien** ont tout pour charmer le voyageur.

Madagascar, l'«**Île Rouge**», située à 400 km à l'est du **Mozambique**, est la plus grande île de cette région du monde. Les habitants, les **Malgaches**, vous saluent d'un «tonga soa» qui signifie «bienvenue» en malgache. L'île est connue pour ses parcs naturels, mais elle vit aussi de la production d'épices comme la cannelle°, le poivre et la **vanille**, dont elle est le premier producteur mondial. À l'origine la vanille vient du Mexique. Les conquistadors espagnols en ont rapporté en Espagne. Et ce sont des colons français qui l'ont importée à Madagascar. La vanille est en fait le fruit d'une orchidée grimpante°, la seule qui produise des fruits.

Dans le **canal du Mozambique**, qui sépare Madagascar du continent africain, on trouve **Mayotte**, département d'outre-mer française, et l'archipel des **Comores**. Le **lagon de Mayotte**, qui entoure l'île, est l'un des plus grands du monde avec plus de 250 espèces de coraux° et 750 espèces de poissons. Et seulement 4% des récifs° ont été explorés! Aux **Comores**, à l'ouest de Mayotte, on trouve l'ilang-ilang, plante dont on se sert en parfumerie. L'archipel en est le premier producteur du monde. On peut y voir aussi une faune unique: les makis, de grands lémuriens venus de Madagascar, et les margouillats, petits lézards de couleur verte dévoreurs d'insectes. Faire de la voile° aux **Seychelles** est le meilleur moyen de découvrir les 115 îles qui composent cet archipel, situé au nord-est de Madagascar. Réputées pour leur climat tropical et leurs plages idylliques, les Seychelles vivent essentiellement du tourisme.

L'**île de la Réunion**, à l'est de Madagascar, se distingue par ses paysages volcaniques époustouflants°. Pour vraiment l'apprécier, il faut l'explorer à pied et faire de longues randonnées autour de ses pitons° volcaniques et de ses cirques. Après l'effort, les visiteurs pourront déguster un cari° au son du **séga** et du **maloya**, chants° et danses

Unité 8

la colline de Chamarel, à l'île Maurice

typiques de l'océan Indien dont le rythme varie d'une île à l'autre. À 250 kilomètres de la Réunion, on trouve l'**île Maurice**. La **colline°** de Chamarel, mosaïque bleue, verte, jaune et rouge, est une curiosité de la nature à voir absolument. Ces couleurs étonnantes seraient dues à l'érosion de roches volcaniques.

Oui, pour celui qui est prêt à faire le voyage, il y a tout un monde à découvrir.

cannelle *cinnamon* **grimpante** *climbing* **coraux** *coral* **récifs** *reefs* **Faire de la voile** *Sailing* **époustouflants** *breathtaking* **pitons** *peaks* **cari** *curry* **chants** *songs* **colline** *hill* **féconder** *pollinate*

LE FRANÇAIS LOCAL

Mots

un baba	un bébé
une eau sucrée	une boisson au citron
un gazon	une boule de riz ou de maïs *(corn)* froide
l'île sœur	L'Île Maurice
la langue zoreille	le français
une magination	une pensée; *thought*
une tortue bon-dieu	une coccinelle; *ladybug*

Expressions

à coup de main	à la main
débasculer une porte	ouvrir une porte
ouvrir le linge	étendre le linge; *to hang out the laundry*
partager un grain de sel	se connaître, avoir une relation
prendre pied	s'installer chez quelqu'un

DÉCOUVREZ

Des merveilles de la nature

Le piton de la Fournaise Il appartient à un grand massif volcanique qui couvre le sud-est de l'île de la Réunion. Son  sommet° est à 2.632 mètres. À côté, se trouve le piton des Neiges à 3.071 mètres. Le piton de la Fournaise est moins haut, mais c'est le volcan actif de l'île. Malgré ses éruptions régulières, il n'est pas considéré comme dangereux car ses laves° sont liquides.

L'île d'Aldabra C'est un îlot° isolé et sauvage des Seychelles, et c'est un véritable paradis terrestre pour les tortues géantes. Des espèces qui vivaient à la Réunion, à Madagascar ou sur l'île Maurice ont disparu, mais sur Aldabra, on compte plus de 150.000 individus.
Ces tortues sont les plus grosses du monde: elles peuvent peser jusqu'à 300 kilogrammes et vivre jusqu'à 150 ans!

Le jardin de Pamplemousses Pierre Poivre, botaniste royal, 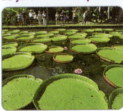 a créé ce jardin sur l'île Maurice en 1767. Avec ses 95 variétés de palmiers°, ce jardin est une invitation au voyage. Le jardin de Pamplemousses° abrite° de vrais trésors botaniques, comme de nombreuses plantes tropicales, des nénuphars° géants et le tallipot, un palmier aux feuilles immenses qui fleurit une fois dans sa vie, quand il a entre 30 et 80 ans.

Le dodo Gros oiseau gris, le dodo est proche du pigeon, avec un bec recourbé°. Il pesait 20 kilogrammes et pouvait vivre jusqu'à 30 ans. Le dodo habitait l'île Maurice à l'époque de sa découverte par le Portugais Alfonso de Albuquerque, en 1598. Comme
il ne volait° pas, les marins° le chassaient° pour le manger et il a été rapidement exterminé. Aujourd'hui, on peut en voir une reproduction au musée d'Histoire naturelle de Port-Louis, la capitale.

sommet *summit* **laves** *lava* **îlot** *petite île* **palmiers** *palm trees* **Pamplemousses** *Grapefruits* **abrite** *houses* **nénuphars** *lily pads* **bec recourbé** *curved beak* **volait** *fly* **marins** *sailors* **chassaient** *hunted*

Imaginez

Qu'avez-vous appris?

1 Associez Faites correspondre les mots et les noms avec les définitions.

1. _____ Séga et maloya
2. _____ Les Comores
3. _____ Le lagon de Mayotte
4. _____ Les colons français
5. _____ L'île Maurice
6. _____ L'île d'Aldabra
7. _____ La colline de Chamarel
8. _____ La cannelle et le poivre
9. _____ L'île de Madagascar

a. C'est la plus grande île de l'Océan Indien.
b. On y trouve des makis et des margouillats.
c. Un îlot qui est un véritable paradis terrestre pour les tortues géantes.
d. Les chants et danses typiques de l'océan Indien.
e. Madagascar les produit avec la vanille.
f. L'érosion de roches volcaniques serait la cause de ses couleurs variées.
g. Une île où se trouve le jardin de Pamplemousses.
h. On y recense plus de 250 espèces de coraux et 750 espèces de poissons.
i. Ce sont eux qui ont importé la vanille à Madagascar.

2 Questions Répondez aux questions.

1. Que faut-il faire pour vraiment apprécier la Réunion?
2. Quel est le produit principal de Madagascar?
3. Combien de kilomètres séparent la Réunion de l'île Maurice?
4. Où se trouve le piton de la Fournaise?
5. Qui a créé le jardin de Pamplemousses et quand?
6. À quoi ressemblait le dodo?
7. Comment s'appellent les habitants de Madagascar?
8. Quelle plante utilisée pour faire des parfums trouve-t-on aux Comores?
9. Pourquoi la culture de la vanille se fait-elle à la main à Madagascar?

3 Discussion Avec un(e) partenaire, remplissez le tableau avec des détails pour chaque catégorie, d'après ce que vous avez lu sur l'océan Indien et sa nature. Ensuite, dites lesquels de ces lieux vous aimeriez visiter et expliquez pourquoi.

Eau	Animaux	Plantes	Géographie

PROJET

Une croisière dans l'océan Indien

Organisez une croisière dans l'océan Indien. Recherchez toutes les informations dont vous avez besoin pour créer votre itinéraire. Ensuite, préparez votre voyage d'après les critères suivants:

- Choisissez quatre destinations et explorez un port ou un lieu par île.
- Écrivez une description de chaque visite dans votre journal.
- Racontez vos aventures à la classe et montrez des photos de chaque lieu visité. Expliquez où vous êtes allé(e), ce que vous avez vu et parlez de ce que vous avez aimé.

I CAN identify and reflect on the people, attractions, and language of francophone islands in the Indian Ocean.

Galerie de Créateurs

Littérature/Cinéma: Khaleel «Khal» Torabully (1956–)

1 Préparation Répondez à ces questions sur l'expression individuelle.

1. Avez-vous une passion? Laquelle? Que révèle cette passion au sujet de votre histoire personnelle et de vos valeurs fondamentales?
2. Comment est-ce que vous partagez vos valeurs et vos idées avec les autres?
3. De quels clubs ou groupes est-ce que vous êtes membre? Pourquoi? Quelles actions de ces groupes correspondent à vos valeurs et à vos idées?

Khal Torabully: défenseur de la «coolitude»

Né à l'île Maurice, Khal Torabully est un poète et un réalisateur qui a étudié en France. Son œuvre abondante raconte l'histoire de son île et de la population mauricienne. Il aime jouer avec les rythmes et les mots. Il révèle dans sa poésie son concept de la «coolitude», le fait de voir au-delà de (*beyond*) l'époque colonialiste et de créer des ponts entre les peuples, entre les continents et entre les cultures. Il se base sur l'histoire de son peuple pour s'interroger (*wonder*) sur le monde contemporain. Avec deux autres auteurs, Khal Torabully est à l'origine de la fondation d'une association littéraire, l'Internationale des Poètes. L'idée de cette association est née au moment de la parution de *La Cendre des mots*, recueil de poèmes écrits à la suite de l'incendie qui a détruit la bibliothèque de Bagdad, pendant la guerre en Irak, en 2003.

2 Compréhension Répondez par des phrases complètes.

1. Que raconte l'œuvre de Khal Torabully?
2. Qu'est-ce qu'il aime faire dans sa poésie?
3. Qu'est-ce que la «coolitude»?
4. Qu'est-ce que *La Cendre des mots*?
5. Qu'est-ce que l'Internationale des Poètes?

3 Discussion Discutez avec un(e) partenaire et puis avec la classe.

Khal Torabully veut créer des ponts entre les peuples et les cultures par l'intermédiaire de la littérature et du cinéma. Pensez-vous que cela soit possible? Expliquez votre opinion personnelle en utilisant des exemples.

4 Application Créer des ponts

D'après la lecture, Torabully a rejoint d'autres poètes pour exprimer son message et améliorer la vie des autres. Préparez une présentation dans laquelle (a) vous définissez un message que vous voudriez exprimer aux autres, (b) vous expliquez le moyen que vous allez utiliser pour exprimer ce message et (c) vous citez des personnes ou des groupes qui pourraient vous aider dans cette mission.

KHAL TORABULLY

DICTIONNAIRE FRANCOPHONE DE POCHE

LE POUVOIR DES MOTS SUR LE MOUVOIR DES PEAUX

Structures

Communicative Goal Express wishes, expectations, and perceptions using infinitives

8.1 Infinitives

—*Je ne veux rien voir passer!*

- An infinitive can follow many conjugated verbs directly.

aimer *to like to*	**devoir** *to have to/must*	**prétendre** *to claim to*
compter *to expect to*	**espérer** *to hope to*	**regarder** *to watch*
croire *to believe to be (doing something)*	**laisser** *to allow to*	**savoir** *to know how to*
désirer *to want to*	**oser** *to dare to*	**sembler** *to appear to*
détester *to hate to*	**paraître** *to seem to*	**souhaiter** *to wish to*
écouter *to listen to*	**penser** *to intend to*	**venir** *to come to*
entendre *to hear*	**pouvoir** *to be able to/can*	**voir** *to see*
	préférer *to prefer to*	**vouloir** *to want to*

Nous **comptons obtenir** des billets.
We're expecting to get tickets.

Il **ne prétend pas être** un fan de l'équipe.
He doesn't claim to be a fan of the team.

- Many verbs are used with a preposition, usually **à** or **de**, before an infinitive.

Tu **arriveras à finir**?
Will you manage to finish?

Ils **n'oublient jamais d'applaudir**.
They never forget to applaud.

- **Il faut...** and **Il vaut mieux...** can be directly followed by an infinitive, while impersonal expressions like **Il est...** + [*adjective*] are followed by **de** + [*infinitive*].

Il faut se détendre après le travail.
One has to relax after work.

Il est important de faire de la gym.
It is important to work out.

Pronoun placement and negation

- Place pronouns before the verb of which they are the object. Do not contract the prepositions **à** and **de** with the direct object pronouns **le** and **les**.

Je **l'ai entendue chanter** une fois.
I heard her sing once.

Tu te souviendras **de le faire**?
You'll remember to do it?

- Some verbs followed by **de** + [*infinitive*] take an indirect object. Such verbs include **commander, conseiller, demander, dire, permettre, promettre,** and **suggérer**. Place an indirect object pronoun directly before these verbs.

Maman **lui a demandé d'acheter** les billets.
Mom asked him to buy the tickets.

Nous **leur permettons de rentrer** à onze heures.
We let them come home at 11 o'clock.

---

vhlcentral

▶ Grammar Tutorial

Boîte à outils

Remember that **aller** + [*infinitive*] describes actions occurring in the near future and **venir de** + [*infinitive*] describes actions that have or had *just* occurred.

Ils vont marquer un but!
They're going to score a goal!

Il venait de fêter son 100ᵉ anniversaire quand il est mort.
He had just celebrated his 100th birthday when he died.

À noter

For a list of verbs accompanied by a preposition and an infinitive, see **Fiche de grammaire 8.4, p. 402.**

- To negate an infinitive after a conjugated verb, place both **ne** and **pas** directly before the infinitive. Place **ne** and **pas** directly before any pronouns that accompany the infinitive.

  Le prof a décidé de **ne pas venir**.
  The teacher decided not to come.

  Vous préférez **ne pas leur en parler**?
  You prefer not to speak to them about it?

Other uses of the infinitive

- Infinitives can be used as nouns in French. In these cases, English uses the present participle.

  Être un enfant n'est pas toujours facile.
  Being a child is not always easy.

  Voir, c'est **croire**.
  Seeing is believing.

- Infinitives are often used to give instructions or commands, as in recipes or on public signs.

  Mettre au four pendant 15 minutes.
  Put in the oven for 15 minutes.

  Ne pas **toucher**!
  Do not touch!

- You can use a preposition, such as **après**, followed by the infinitive of **avoir** or **être** and the past participle of the main verb to form the past infinitive.

  Après avoir crié pendant deux heures au match, j'avais mal à la gorge.
  After shouting for two hours at the game, my throat hurt.

  Hier soir, ils ont décidé de voir une pièce **après être sortis**.
  Last night, they decided to see a play after going out.

- A past participle used with the past infinitive agrees just as it would if the helping verb were conjugated. Place object pronouns before the helping verb.

  On n'aimait plus la comédie **après l'avoir vue** cinq fois.
  We didn't like the comedy any more after seeing it five times.

  Après s'être promenée sous la pluie, elle a attrapé un rhume.
  After walking in the rain, she caught a cold.

- Use an infinitive instead of the subjunctive when there is no change of subject between clauses or with impersonal expressions that have a general meaning and no true subject.

Subjunctive: subject change between clauses	Infinitive: no subject change between clauses
Papa désire que **nous allions** à la plage. *Dad wants us to go to the beach.*	**Papa désire aller** à la plage. *Dad wants to go to the beach.*
Stéphanie et Lionel préfèrent que **leurs enfants ne regardent pas** trop la télévision. *Stéphanie and Lionel prefer that their children do not watch too much television.*	**Stéphanie et Lionel préfèrent ne pas trop regarder** la télévision. *Stéphanie and Lionel prefer to not watch too much television.*
Il vaut mieux qu'**elle mette** un anorak pour faire du ski. *She should wear a parka to go skiing.*	**Il vaut mieux mettre** un anorak pour faire du ski. *It's best to wear a parka to go skiing.*

Unité 8

Vérifiez

À noter

The **faire causatif**, formed with **faire** + [*infinitive*], means *to have (someone) do something*. For an explanation of this construction, see **Fiche de grammaire 9.5, p. 408**.

À noter

To review past participle agreement, see **Fiche de grammaire 5.5, p. 392**.

Vérifiez

S'évader et s'amuser

Structures

8.1 Mise en pratique

1 À compléter Complétez les phrases avec la forme correcte des verbes entre parenthèses.

1. Veux-tu _____ (venir) avec moi à la plage?
2. _____ (nager) dans la mer, c'est toujours sympa.
3. Nous aimons _____ (regarder) les gens qui _____ (marcher) dans le sable.
4. Nathalie ne veut pas _____ (lire) ce livre; il est trop difficile à _____ (comprendre).
5. Vous désirez _____ (participer) aux Jeux des îles de l'océan Indien?
6. J'ai besoin que tu _____ (faire) les valises aujourd'hui.
7. La réception de l'hôtel m'a suggéré d' _____ (attendre) un peu après _____ (avoir) descendu les baggages.
8. Il semble que vous _____ (avoir peur) de peu de choses.

Connections

Les Jeux des îles de l'océan Indien, ou les JIOI, sont des jeux «olympiques» exclusivement réservés aux habitants des îles de l'océan Indien. C'est l'île de la Réunion qui en est à l'origine. Elle a organisé les premiers jeux en 1979.

- Pouvez-vous deviner les sept pays et régions qui participent aux JIOI?

2 À relier Formez des phrases complètes à l'aide des éléments donnés.

1. les enfants / aimer / manger / des glaces
2. nous / venir de / participer / à une course nautique
3. tu / ne pas / oser / jouer / aux fléchettes
4. mes parents / se coucher / après / être arriver / sur l'île
5. je / ne pas / avoir / vouloir / sortir / hier soir
6. il / désirer / vous / aller / voir / le spectacle
7. le guide / souhaiter / faire / visiter / les maisons coloniales
8. vous / aller / bavarder / avec les amis / après le travail

3 Projets de week-end Mathilde et Chloé se racontent ce qu'elles prévoient de faire le week-end prochain. Complétez la conversation à l'aide des éléments de la liste.

compter faire	falloir faire	paraître	préférer rester
à découvrir	avoir l'intention de	penser faire	à préparer
entendre dire	laisser cuire	avoir peur de	vouloir

CHLOÉ Alors? Tu (1) _____ quoi ce week-end?

MATHILDE Eh bien, je/j' (2) _____ faire un tour à la campagne.

CHLOÉ Et tu sais où exactement?

MATHILDE Je/J' (3) _____ que la forêt de l'Est est (4) _____. On y trouve pleins de lémuriens (*lemurs*).

CHLOÉ Oui, c'est vrai. Il (5) _____ qu'il y en a beaucoup.

MATHILDE Et toi? Que (6) _____ -tu _____?

CHLOÉ Oh, je/j' (7) _____ à la maison. J'ai une tonne de choses (8) _____ pour la fête de samedi soir et je/j' (9) _____ ne pas avoir le temps de tout faire.

MATHILDE Eh! (10) _____ , c'est pouvoir! Bon. Maintenant, il (11) _____ ce gâteau. Que dit la recette?

CHLOÉ «(12) _____ la pâte pendant 5 minutes.»

Communication

4 Sortir! À deux, créez une conversation pendant laquelle vous parlez d'aller voir une exposition. Discutez de l'exposition que vous comptez voir et expliquez pourquoi elle vous intéresse. Dites quand vous pensez y aller et ce que vous allez faire après l'avoir vue. Utilisez l'infinitif. Ensuite, jouez la scène devant la classe.

Modèle —Quelle exposition as-tu envie de voir?
—Je ne sais pas. Il y en a plusieurs que j'aimerais voir...

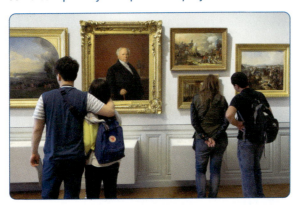

5 Votre opinion Que pensez-vous de ces formes de loisirs? À deux, faites part de votre opinion à l'aide de l'infinitif.

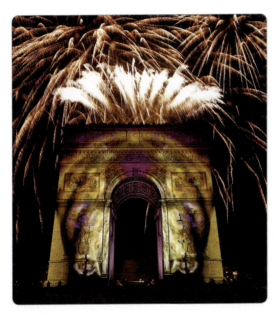

- fêter le Nouvel An à Paris
- le saut à l'élastique
- l'alpinisme
- le ski de fond
- aller à un concert de hard rock
- le ski nautique
- faire une croisière (*cruise*)

6 Vos projets Que souhaitez-vous faire la prochaine fois qu'il y aura un long week-end? Par petits groupes, expliquez vos projets à vos camarades de classe qui vont vous poser des questions pour en savoir plus. Utilisez l'infinitif le plus possible.

Modèle Le long week-end prochain, j'espère aller faire du camping avec ma famille...

I CAN express wishes, expectations, and perceptions using infinitives.

Structures

Communicative Goal Talk about living in and traveling between cities, islands, regions, countries, and continents

8.2 Prepositions with geographical names

vhlcentral

 Grammar Tutorial

*Dylan et ses parents habitent **à Nice**.*

Gender of geographical names

- Like other French nouns, geographical place names have gender. Countries that end in **-e** are usually feminine. Some exceptions are **le Belize**, **le Cambodge**, **le Mexique**, **le Mozambique**, and **le Zimbabwe**, which are masculine. Countries that do not end in **-e** are generally masculine.

Masculine countries		Feminine countries	
l'Afghanistan	Afghanistan	l'Algérie	Algeria
le Brésil	Brazil	l'Allemagne	Germany
le Cambodge	Cambodia	l'Angleterre	England
le Canada	Canada	l'Argentine	Argentina
le Danemark	Denmark	la Belgique	Belgium
l'Iran	Iran	la Colombie	Colombia
l'Irak	Iraq	la Côte d'Ivoire	Ivory Coast
le Japon	Japan	l'Espagne	Spain
le Luxembourg	Luxembourg	la France	France
le Maroc	Morocco	la Grèce	Greece
le Mexique	Mexico	l'Italie	Italy
le Pérou	Peru	la Russie	Russia
le Sénégal	Senegal	la Suisse	Switzerland
le Viêt-nam	Vietnam	la Turquie	Turkey

Boîte à outils

In French, **Mexico** is a false cognate. It means Mexico City, not Mexico.

- Some country names are plural: **les États-Unis** and **les Pays-Bas** (*the Netherlands*).

- Provinces and regions generally follow the same rules as countries: **la Bretagne**, **le Manitoba**, **la Normandie**, **la Provence**, **le Québec**.

- States that end in **-e** are usually feminine: **la Floride**, **la Louisiane**, **la Géorgie**, **la Virginie (occidentale)**, **la Californie**, **la Pennsylvanie**, and **la Caroline du Nord/du Sud**. **Le Maine**, **le Tennessee**, and **le Nouveau-Mexique** are exceptions. States that do not end in **-e** are masculine: **le Kansas**, **le Michigan**, **l'Oregon**, **le Texas**, etc.

- All of the continents, except **l'Antarctique**, are feminine: **l'Afrique**, **l'Amérique du Nord**, **l'Amérique du Sud**, **l'Asie**, **l'Australie**, and **l'Europe**.

When to eliminate the article

- Masculine islands like **Chypre**, **Cuba**, **Haïti**, **Madagascar**, **Malte**, and **Maurice** never take an article.

- Do not use an article with a city unless the article is a part of the name, such as **Le Caire**, **Le Havre**, **Le Mans**, **La Nouvelle-Orléans**, and **La Rochelle**.

Vérifiez

Prepositions with place names

- The gender of a place name usually determines the preposition you use. Use this chart to determine which preposition to use to say *to*, *in*, or *at*.

With...	use:
cities	à
continents	en
feminine countries and provinces	en
masculine countries and provinces	au
masculine countries and provinces that begin with a vowel	en
plural countries	aux
feminine states	en
most masculine states	dans le/l' *or* dans l'état de/d'/du/de l'

Boîte à outils

To say someone is *in*, *at*, or going *to* a masculine state, you can use either **dans le** or **dans l'état de/du/de l'**. With **Texas** and **Nouveau-Mexique**, use **au**.

Chicago est dans (l'état de) l'Illinois.
Chicago is in (the state of) Illinois.

but

Nous sommes au Texas.
We are in Texas.

Vous allez **à** Londres?
Are you going to London?

Je vais **au** Maroc.
I'm going to Morocco.

La France est **en** Europe.
France is in Europe.

Ils sont **aux** Pays-Bas.
They are in the Netherlands.

Vérifiez

- Use this chart to determine which preposition to use to say *from*.

With...	use:
cities	de/d'
continents	de/d'
feminine countries and provinces	de/d'
masculine countries and provinces	du
masculine countries and provinces that begin with a vowel	d'
plural countries	des
feminine states	de/d'
masculine states	du/de l'

Boîte à outils

If the definite article is part of a city name, include the article along with the preposition. In this case, form the usual contractions with **à** and **de**.

Ils sont au Caire.
They are in Cairo.

Il vient de La Nouvelle-Orléans.
He is from New Orleans.

Nous arrivons **de** New York.
We are arriving from New York.

Tu es **d'**Asie?
Are you from Asia?

Nous sommes **des** États-Unis.
We are from the United States.

Elle est **du** Japon.
She is from Japan.

Vérifiez

- The prepositions used with certain islands are exceptions to these rules.

With...	to say *to*, *in*, or *at*, use:	to say *from*, use:
Cuba	à	de
Haïti	en	d'
Madagascar	à	de
Martinique	à la	de *or* de la

Elle rêve d'aller **à la Martinique.**
She dreams of going to Martinique.

S'évader et s'amuser

Structures

8.2 Mise en pratique

1 Où? Choisissez la bonne réponse parmi celles proposées.

1. _____ Alaska est à l'ouest _____ Canada.
   a. La… de   b. L'… du   c. Le… de la

2. Dans quelle ville es-tu? _____ Saint-Denis?
   a. En   b. À   c. Au

3. Je vais souvent _____ Madagascar et _____ la Réunion pour mes vacances.
   a. à… à   b. en… à   c. au… au

4. _____ Groenland appartient _____ Danemark.
   a. Le… au   b. Le… en   c. La… dans le

5. Mes parents habitent _____ Pierre, _____ Dakota du Sud.
   a. en… en   b. à… dans le   c. à… au

6. Il s'est perdu quelque part _____ Pérou, _____ Amérique du Sud.
   a. dans le… dans l'   b. dans le… à l'   c. au… en

2 L'océan Indien Louis envoie une carte postale à son frère. Choisissez les bonnes prépositions pour compléter le texte.

Salut Juju!

Mercredi soir, nous avons fêté notre anniversaire de mariage (1) _____ Port-Louis. Au bout de quelques jours, nous avons pris l'avion pour aller (2) _____ la Réunion. Ensuite, nous avons pu admirer la somptueuse île de Madagascar, et surtout l'art de la marqueterie, (3) _____ Ambositra, une ville située (4) _____ Fianarantsoa, une province dans les hautes terres (highlands). Et voilà! Aujourd'hui, nous sommes (5) _____ Seychelles où le temps est magnifique. Nous sommes arrivés hier matin (6) _____ Madagascar. L'archipel des Seychelles est merveilleux. Demain, nous avons prévu d'aller (7) _____ Mahé, l'île principale. L'année prochaine, nous souhaitons aller (8) _____ Afrique. Quand nous pensons au temps pluvieux qu'il doit faire (9) _____ Havre, nous n'avons pas envie de rentrer (10) _____ France.

À +
Louis et Carole

Julien Lacour
74, rue Vendôme
76600 Le Havre
France

Connections

Les Français dans l'océan Indien Des personnalités françaises du 18e siècle sont à l'origine du nom de certains endroits, dans l'océan Indien. Jean Moreau de Séchelles, contrôleur des finances sous Louis XV, a donné son nom à l'archipel des Seychelles, et le navigateur Bertrand-François Mahé de La Bourdonnais à son île principale, Mahé, après que les Français ont découvert l'archipel en 1756. Les noms sont restés depuis, même sous domination britannique.

- Quels autres endroits dans le monde portent le nom d'un(e) Français(e)? Pourquoi?

3 À vous d'écrire Créez des phrases complètes à l'aide des éléments de chaque colonne. Ensuite, à deux, écrivez une conversation avec les phrases que vous venez de créer.

aller	à	Caire
arriver	au(x)	Europe
se divertir	dans le/l'	Massachusetts
être	de(s)/d'	Portugal
se promener	de l'	Saint-Pétersbourg
venir	du	Seychelles
?	en	?

Communication

4 Votre rêve Passez dans la classe et demandez à dix camarades à quel endroit précis de la planète ils rêvent d'habiter. Collectez les informations sur une feuille de papier, puis présentez-les à la classe. N'oubliez pas d'écrire les prépositions correspondantes.

	Ville	Pays	Continent
Emma	à Florence	en Italie	en Europe

5 Un tour du monde À deux, créez l'itinéraire d'un fabuleux tour du monde. Donnez les détails de la localisation de chaque étape: la ville, la région ou l'état (si c'est le cas), le pays et le continent.

Modèle Jour 1: départ d'Albany, dans l'état de New York, aux États-Unis, en Amérique du Nord et arrivée à Mexico, au Mexique.

Jour 2: départ de Mexico, au Mexique, en Amérique du Nord et arrivée à Buenos Aires, en Argentine, en Amérique du Sud.

6 Et vous? Racontez vos dernières vacances. À quel endroit êtes-vous allé(e)? Quel était votre itinéraire? Montrez-le sur une carte pour aider vos camarades de classe à visualiser votre voyage. Ensuite, vos camarades vous posent des questions pour savoir ce que vous avez fait.

Modèle Je suis allé(e) à San Diego, en Californie, pour voir mes grands-parents. Ensuite, je suis allé(e) à Tijuana, au Mexique…

I CAN talk about living in and traveling between cities, islands, regions, countries, and continents.

Structures

Communicative Goal Discuss hypothetical situations

8.3 The *conditionnel*

—*Il y en a combien, un sur cent qui finit professionnel. Pourquoi ce **serait** lui?*

- The **conditionnel** is used to soften a request, to indicate that a statement might be contrary to reality, or to show that an action was going to happen at some point in the past. It is often translated into English as *would...* or *could...*

- The **conditionnel** is formed with the same stems as the **futur simple**. The endings for the **conditionnel** are the same as those for the **imparfait**.

The *conditionnel* of regular verbs			
	parler	réussir	attendre
je/j'	parlerais	réussirais	attendrais
tu	parlerais	réussirais	attendrais
il/elle/on	parlerait	réussirait	attendrait
nous	parlerions	réussirions	attendrions
vous	parleriez	réussiriez	attendriez
ils/elles	parleraient	réussiraient	attendraient

- Any **-er** verbs with spelling changes in their **futur simple** stem have the same changes in the **conditionnel**.

je me promènerai	je me promènerais
j'emploierai	j'emploierais
j'essaierai *or* j'essayerai	j'essaierais *or* j'essayerais
j'appellerai	j'appellerais
je projetterai	je projetterais

- Verbs that have an irregular stem in the **futur simple** have the same stem in the **conditionnel**.

infinitive	conditional	infinitive	conditional	infinitive	conditional
aller	j'irais	faire	je ferais	savoir	je saurais
avoir	j'aurais	falloir	il faudrait	tenir	je tiendrais
courir	je courrais	mourir	je mourrais	valoir	il vaudrait
devoir	je devrais	pleuvoir	il pleuvrait	venir	je viendrais
envoyer	j'enverrais	pouvoir	je pourrais	voir	je verrais
être	je serais	recevoir	je recevrais	vouloir	je voudrais

vhlcentral
▶ Grammar Tutorial

À noter

To review formation of the **futur simple**, see **Structures 7.2, pp. 242–243.**

Vérifiez

Using the conditional

- Use the **conditionnel** to describe hypothetical events.

    Vous **pourriez** venir à cinq heures.
    You could come at 5 o'clock.

    Un jour, j'**aimerais** visiter les Seychelles.
    One day, I'd like to visit the Seychelles.

- The **conditionnel** can be used to make polite requests. The verbs most often used in this manner are **aimer**, **pouvoir**, and **vouloir**.

    Nous **aimerions** vous poser des questions.
    We would like to ask you some questions.

    Est-ce que je **pourrais** parler à Bertrand?
    May I speak to Bertrand?

    Je **voudrais** porter un toast.
    I would like to make a toast.

    Pardon, monsieur, **auriez**-vous l'heure?
    Pardon, sir, would you have the time?

- Conditional forms of **devoir** followed by an infinitive tell what *should* or *ought to* happen. Conditional forms of **pouvoir** followed by an infinitive tell what *could* happen.

    Tu **devrais sortir** plus souvent.
    You should go out more often.

    On **pourrait passer** la matinée au parc.
    We could spend the morning at the park.

- Another use for the **conditionnel** is in a clause after **au cas où** (*in case*). Note that English uses the indicative for these phrases.

    Apportez de l'argent **au cas où** il y **aurait** encore des tickets à vendre.
    Bring some money in case there are still tickets for sale.

    Je mettrai des baskets **au cas où** on **irait** à pied au vernissage.
    I'll wear sneakers in case we go to the art opening on foot.

- In some cases, the **conditionnel** is used to express uncertainty about a fact.

    Selon le journal, il y **aurait** plus de 100 parcs au Texas.
    According to the newspaper, there are more than 100 parks in Texas.

    Le film dit que nous n'**aurions** plus le temps de sauver la planète.
    The movie is saying that we don't have any more time to save the planet.

- The **conditionnel** is used sometimes in the context of the past to indicate what was to happen in the future. This usage is called the *future in the past*.

    Pépé a dit qu'il **fêterait** son 95ᵉ anniversaire dans un parc d'attractions.
    Gramps said he would celebrate his 95th birthday at an amusement park.

    Je pensais que maman **mettrait** mes affaires dans ma chambre, mais elle les a mises dehors.
    I thought Mom would put my things in my room, but she put them outside.

- You also use the **conditionnel** as well as the **imparfait** in contrary-to-fact statements to indicate *what would happen* if something else *were to occur*.

    Si j'étais toi, je **mettrais** des baskets pour aller me promener.
    If I were you, I would put on sneakers to take a walk.

    On **pourrait** arriver avant l'ouverture **si** Jean-Yves **faisait** la queue pour nous.
    We could arrive before the opening if Jean-Yves stood in line for us.

Boîte à outils

To indicate that an event was going to happen in the past, you can also use the verb **aller** in the **imparfait** plus an infinitive.

M. LeFloch a dit qu'il allait bavarder avec un ami.

Mr. LeFloch said he was going to chat with a friend.

À noter

To review **si** clauses, see **Structures 10.3, pp. 356–357.**

Vérifiez

Structures

8.3 Mise en pratique

1 **À compléter** Complétez la conversation qu'Aurélie a avec ses copains. Employez le conditionnel du verbe le plus logique. Vous pouvez utiliser certains verbes plus d'une fois.

| aller | avoir | dire | être | hurler | pouvoir |
| appeler | devoir | se divertir | faire | mettre | vouloir |

GAVIN Qu'est-ce que tu (1) _____ faire pour fêter ton anniversaire?
AURÉLIE Je ne sais pas… Que (2) _____-vous à ma place?
LEENA Moi, j' (3) _____ jouer au bowling avec des copains.
AURÉLIE Je suis nulle au bowling. Je ne me (4) _____ pas.
GAVIN Nous (5) _____ passer une journée au parc d'attractions!
AURÉLIE Non, mes parents m'ont dit que j' (6) _____ si peur des montagnes russes (*roller coasters*) que je (7) _____ sans arrêt. Mes amis ne (8) _____ rien faire pour me calmer.
GAVIN Je vois. Je (9) _____ que tu n'en as pas de bons souvenirs.
LEENA Faisons un pique-nique—ce (10) _____ plus simple.
AURÉLIE Quelle bonne idée! Au cas où il (11) _____ frais, on (12) _____ apporter un gilet (*sweater*).

2 **Si vous étiez là…** Quelle activité pratiqueriez-vous si vous étiez à ces endroits?

Modèle **jouer**

Si j'étais dans un gymnase, je jouerais au basket.

1. **regarder**

2. **prendre**

3. **acheter**

4. **patiner**

5. **faire**

6. **aller voir**

3 **Le loto** Imaginez que vous gagniez à la loterie. Que feriez-vous avec cet argent? Expliquez votre réponse en huit à dix phrases. Utilisez le conditionnel dans chaque phrase.

Communication

4 **Un voyage**

A. Un de vos amis projette de faire avec sa famille un voyage à Madagascar, que vous avez visité l'an dernier. Il vous demande des conseils sur le logement, la meilleure date de départ et sur les activités possibles là-bas. À deux, jouez les rôles à l'aide des éléments ci-dessous et des informations données dans *Connections*.

Modèle —Où devrions-nous rester?

—Je pense que vous devriez rester à Antananarivo.

aimer	aller au musée	prendre une chambre à l'hôtel
devoir	faire une randonnée	visiter des sites historiques
pouvoir	faire du camping	?
vouloir	nager en piscine/dans l'océan	

Ma sœur, Julie, adore les animaux sauvages et les sciences, surtout la biologie.

Moi, c'est Mike, j'adore l'histoire, l'art, et j'aime aussi beaucoup lire et écrire.

Ma mère, Suzanne, n'aime pas rester dehors trop longtemps parce qu'elle déteste les insectes.

B. Imaginez que d'autres membres de la famille voyagent avec Mike, sa sœur et sa mère. Qu'aiment-ils faire? Qu'aimeraient-ils faire et voir à Madagascar?

5 **Que feriez-vous?** Pensez à ce que vous feriez dans ces situations. Discutez de chacune par petits groupes.

Connections

Madagascar Le meilleur moment pour venir visiter Madagascar, c'est en hiver et au printemps, entre juillet et octobre. Pendant cette période, il ne fait pas trop chaud et il pleut moins. Avec sa faune et sa flore uniques au monde, on y appréciera les randonnées, le camping, les parcs nationaux et les réserves naturelles. Pour ceux qui préfèrent l'art et l'histoire, il y a le Palais de la reine à Antananarivo, la capitale. On peut y visiter plusieurs autres musées et sites historiques, par exemple, le Musée d'art et d'archéologie et le Palais de justice.

- Pourquoi la faune et la flore de Madagascar sont-elles si différentes de celles d'autres régions du monde?

I CAN discuss hypothetical situations.

Structures

Synthèse

Points de vue

1 Sport ou loisir? Quand un loisir devient-il un sport? Certains, comme en Russie et dans d'autres pays d'Europe, considèrent que la gymnastique et le patinage artistique sont des sports et ils aimeraient voir cette idée plus généralement acceptée. Pour d'autres, ce sont des loisirs. De même, le poker, le golf et le bowling peuvent être vus comme de simples passe-temps ou des sports à part entière.

2 Légitime ou illégitime? Depuis le début du 21e siècle, aux États-Unis comme ailleurs, le téléchargement illégal de logiciels et de films sur Internet a eu un impact néfaste° sur les industries des logiciels et du cinéma. D'après certains défenseurs de cette pratique, la raison en est que les produits originaux sont devenus trop chers. D'autres disent que le piratage est inévitable parce que tout le monde peut télécharger des fichiers piratés confortablement installé chez soi.

harmful

3 Violence et divertissement La violence dans les médias est parfois choquante. Beaucoup de personnes sont préoccupées par l'impact que ces divertissements peuvent avoir sur les enfants et les adultes et voudraient que leur utilisation ait des limites. Leurs créateurs veulent se défendre en disant que ces produits n'influencent ni le comportement de l'utilisateur ni celui du spectateur.

4 Le sport électronique Les tournois° «e-sport» (la pratique professionnelle de jeux vidéo) attirent des millions de spectateurs à travers le monde. Beaucoup de ces fans aimeraient voir l'«e-sport» aux Jeux olympiques, afin d'attirer les jeunes. D'autres prétendent qu'une activité non physique n'a pas sa place aux Jeux olympiques.

tournaments

1 Qu'avez-vous compris? Répondez aux questions par des phrases complètes.
1. Qu'aimeraient certaines personnes pour la gymnastique et le patinage artistique?
2. Quels sont les causes du piratage d'après certains?
3. Que voudraient certaines personnes concernant la violence dans les médias?
4. Pourquoi certains désirent-ils voir des événements «e-sport» aux Jeux olympiques?

2 À votre avis? Par groupes de trois, donnez votre opinion sur les sujets traités dans le texte. Ensuite, défendez-la à l'aide des structures de cette unité.

3 Vos suggestions Avec le même groupe, choisissez un de ces sujets. Jouez une scène entre trois personnages: deux ont une opinion différente, le troisième est indécis.

Modèle —Pour moi, toutes les activités qui font bouger sont des sports.
—Non, je ne suis pas d'accord. Beaucoup trop d'activités deviendraient des sports, alors.
—Je dois dire que je ne sais pas quoi penser.

Communicative Goal Identify and reflect on extreme sports practiced on the island of Réunion

Culture

Préparation

Glossaire de la lecture

escalader to climb, to scale
glisser to glide
grimper à to climb
le parapente paragliding
parcourir to go across
la roche rock
sauter to jump
tenter to attempt; to tempt
un(e) vacancier/vacancière vacationer
voler to fly
un VTT (vélo tout terrain) mountain bike

Vocabulaire utile

un casse-cou daredevil
se dépasser to go beyond one's limits
un frisson thrill
lézarder au soleil to bask in the sun
une montée d'adrénaline adrenaline rush
vaincre ses peurs to confront one's fears

L'article *La Réunion, île intense* vous fera découvrir qu'une île lointaine n'est pas toujours synonyme de sieste sur la plage. En fait, l'île de la Réunion est un vrai paradis pour les amateurs de sports extrêmes.

1 Journal de vacances Patrick, un jeune Français qui est en vacances à la Réunion avec des amis, tient un journal (*keeps a diary*). Complétez cet extrait à l'aide des mots de vocabulaire.

> mercredi 12 juillet
> Nous voici à la Réunion depuis une semaine. C'est assez calme car il n'y a pas trop de (1) _____ en ce moment. L'île est tellement belle qu'en arrivant, nous avons abandonné l'idée de voyager en bus. Nous avons décidé de (2) _____ l'île en (3) _____ pour mieux profiter des paysages. Véritable (4) _____ qui n'a peur de rien, Gilles a voulu tenter (5) _____ et il a réussi à me convaincre d'essayer aussi. Quelle expérience! On a vraiment l'impression de (6) _____ comme un oiseau. Demain, nous allons escalader le piton de la Fournaise, un des volcans les plus actifs du monde! Après tout ça, je pense qu'on va avoir envie d'aller sur la plage pour (7) _____!

2 Les sports extrêmes Répondez aux questions et comparez vos réponses avec celles d'un(e) camarade.

1. Qu'est-ce que c'est pour vous un sport extrême? Donnez quelques exemples de sports que vous considérez extrêmes.
2. Avez-vous déjà essayé ou bien pratiquez-vous régulièrement un sport extrême? Si oui, lequel? Sinon, aimeriez-vous essayer? Expliquez.
3. Connaissez-vous des endroits dans le monde qui sont réputés pour la pratique des sports extrêmes? Lesquels? Quels sports y pratique-t-on?

3 À l'écran Vous regardez des séries TV? Vous allez souvent au cinéma? Par groupes de trois, faites une liste de quatre films ou séries TV dans lesquels figurent des sports extrêmes. Notez les sports pratiqués et dans quel contexte ils sont pratiqués. Comparez vos idées avec celles des autres groupes.

S'évader et s'amuser

Culture

La Réunion, île intense

Aaah! La plage! Les cocotiers°! Les bains de soleil! Des vacances de rêve sur une île de l'océan Indien! Qui ne serait pas tenté? Mais… et s'il y avait autre chose à faire sur l'île de la Réunion? Si vous aimez marcher, grimper, escalader, sauter, glisser, voler… c'est bien à la Réunion, à 800 kilomètres à l'est de Madagascar, qu'il faut aller passer vos prochaines vacances. D'ailleurs, ce n'est certainement pas par hasard qu'on la surnomme «l'île intense».

Il ne fait aucun doute que l'Indiana Jones qui sommeille° en vous aura envie de pratiquer les nombreuses activités sportives, souvent extrêmes, présentes sur l'île. Il y en a pour tous les goûts.

L'océan, les rivières, les cascades… l'eau est omniprésente. Côté océan, le fly surf ou kite surf est devenu très à la mode. On se sert d'un immense cerf-volant° pour surfer autant sur l'eau que dans les airs. Côté rivières et cascades, les aventuriers trouveront leur bonheur avec le canyoning. Il existe sur l'île plus de 70 canyons praticables. Certains diront que le canyon du Trou blanc, situé à l'ouest de l'île, est celui qu'il faut absolument essayer. C'est ce qu'on appelle un aqualand naturel, fait de nombreux toboggans° formés dans la roche. Par contre, les intrépides tenteront de descendre le Trou de Fer, canyon grandiose, situé dans la partie nord de l'île. Il faut deux à trois jours pour le parcourir.

La Réunion est aussi un vrai paradis pour les amateurs de courses d'endurance. Depuis quelques années, elle est le théâtre de plusieurs courses à pied extrêmes. La plus impressionnante est sans aucun doute le Grand Raid, surnommée la Diagonale des Fous. Il s'agit de traverser l'île de part en part°. Le parcours équivaut à huit marathons classiques. Entre 2.000 et 3.000 concurrents doivent «survivre» à un dénivelé° de presque 10.000 mètres formé par cinq sommets dont le plus haut atteint 2.411 mètres. Les trois quarts des participants finissent la course et gagnent alors le fameux t-shirt jaune, «J'ai survécu».

La Mégavalanche est une autre épreuve sportive° qui est de plus en plus en vogue. Imaginez quelques 200 concurrents qui descendent à grande vitesse une montagne en VTT. Le départ est à 2.200 mètres d'altitude et l'arrivée au bord de la mer.

L'île est un lieu idéal pour ceux qui rêvent de voler. Il y a plusieurs choix possibles, dont le parapente, le saut à l'élastique et la tyrolienne. Celle-ci compte de plus en plus d'amateurs. Les gens aiment la sensation que leur procure° la traversée d'un ravin à 100 km/h (*65 mph*), attachés à un câble. Ils ont le sentiment extraordinaire de voler.

Enfin, les fous de vulcanologie, aussi bien que les vacanciers en manque de sensations fortes, seront ravis° de leur ascension du piton de la Fournaise. Mais attention aux éruptions! C'est l'un des quatre volcans les plus actifs du monde et l'un des plus impressionnants.

Les 2.500 km² de l'île, soit deux fois la taille de la ville de New York, offrent une succession de paysages aussi divers que ceux d'un continent. Cela explique le grand nombre d'activités sportives et de sports extrêmes qu'on peut y pratiquer. Alors, cette petite île perdue au milieu de l'océan Indien mérite le détour, non? Allez! Patience! Plus que quelques heures d'avion, et vous y serez! ∎

> **Ce n'est certainement pas par hasard qu'on la surnomme «l'île intense».**

Culture

Analyse

1 Compréhension Répondez aux questions par des phrases complètes.
1. Où se trouve l'île de la Réunion?
2. Pourquoi l'île de la Réunion est-elle surnommée «l'île intense»?
3. Quelle activité mélange l'escalade et l'eau?
4. Quel sport extrême se fait avec un énorme cerf-volant?
5. Qu'est-ce que c'est, le Grand Raid?
6. À quelle course les fans de VTT peuvent-ils participer? Décrivez-la en une phrase.
7. Pour quel sport faut-il utiliser un câble? Décrivez-le.
8. Si on s'intéresse à la vulcanologie, qu'est-ce qu'on peut faire à la Réunion?

2 En voyage Répondez aux questions et comparez vos réponses avec celles d'un(e) camarade.
1. L'article vous donne-t-il envie de visiter l'île de la Réunion? Pourquoi?
2. Quand vous voyagez, préférez-vous pratiquer des activités sportives — qu'elles soient extrêmes ou non — ou lézarder au soleil? Pourquoi?
3. Quelles sont les trois choses qui déterminent le plus le choix de votre destination (le climat, l'histoire, les musées, les logements, les restaurants, les prix, les magasins, etc.)? Expliquez.

3 Le sport en évolution? La pratique des sports extrêmes est un phénomène grandissant. Aujourd'hui en effet, ils sont de plus en plus populaires, surtout auprès (*with*) des jeunes, et on peut en pratiquer presque partout. Pourquoi, à votre avis? Par petits groupes, discutez de cette évolution.

4 Pourquoi visiter... Par petits groupes, choisissez un endroit que vous connaissez et qui offre un grand choix d'activités (sportives ou non). Faites une liste de tout ce qu'on peut y faire et écrivez un article de trois paragraphes. Puis, présentez ce lieu à la classe et expliquez pourquoi il est, à votre avis, l'endroit idéal.

Endroit idéal	Activités
_____	1. _____
	2. _____
	3. _____
	4. _____

I CAN identify and reflect on extreme sports practiced on the island of Réunion.

Communicative Goal Summarize a short story and compare and contrast its characters

Littérature

Préparation

À propos des auteurs

Jean-Jacques Sempé (1932–) est né à Bordeaux, en France. En 1955, il crée avec René Goscinny une bande dessinée, *Les Aventures du petit Nicolas*. Ensemble, ils publieront cinq romans du petit Nicolas. Depuis 1960, Sempé publie ses propres recueils de dessins humoristiques, comme *Les musiciens* en 1979. C'est aussi en 1979 qu'il commence à dessiner régulièrement pour la couverture du magazine *The New Yorker*. Depuis plus de 60 ans, Sempé crée des œuvres à l'humour subtil pour les enfants et les adultes.

René Goscinny (1926–1977) est né à Paris, mais a passé toute son enfance à Buenos Aires, en Argentine. En 1945, il est allé s'installer avec sa mère, aux États-Unis où il a travaillé comme traducteur. Pendant sa carrière, en collaboration avec plusieurs artistes, il a écrit les scénarios de bandes dessinées célèbres, comme *Lucky Luke* avec Morris, *Le Petit Nicolas* avec Jean-Jacques Sempé, *Astérix et Obélix* avec Albert Uderzo. C'est un des scénaristes les plus connus d'Europe. Il est mort à Paris, à l'âge de 51 ans.

Dans *Le Football*, une histoire extraite du livre *Le Petit Nicolas*, de Sempé et Goscinny, une bande de copains essaie d'organiser un match de foot. Pas facile, car tout le monde a son mot à dire!

Glossaire de la lecture

se battre to fight
chouette great, cool
déchirer to tear
de nouveau again
dedans inside
un mouchoir handkerchief
une partie game, match
sauf except
un sifflet whistle
souffler to blow
surveiller to keep an eye on

Vocabulaire utile

la concurrence competition
le personnage character (in a story or play)

Comparisons

Le Petit Nicolas Il y a 222 aventures du Petit Nicolas écrites par René Goscinny et illustrées par Sempé. Pour écrire ces histoires, Goscinny s'est servi du langage plein de charme des enfants. D'ailleurs, beaucoup de jeunes Français connaissent le petit Nicolas et ses aventures. Ils connaissent aussi: Alceste, son meilleur copain; Agnan, le chouchou de la maîtresse (*teacher's pet*); Geoffroy, dont le papa est très riche; Rufus, fils d'un agent de police; Eudes; Clotaire et les autres.

- D'après vous, quels sont des exemples du «langage plein de charme des enfants» en français? Et en anglais?

1 **Définitions** Faites correspondre chaque mot à sa définition.

_____ 1. se disputer   a. surveiller
_____ 2. un objet dont se sert l'arbitre   b. de nouveau
_____ 3. un match   c. se battre
_____ 4. regarder de près   d. une partie
_____ 5. encore une fois   e. un sifflet
_____ 6. super, excellent   f. chouette

2 **Préparation** À quels jeux jouiez-vous avec vos ami(e)s quand vous étiez petit(e)? Quelles sortes de problèmes se présentaient pendant le jeu? Discutez-en avec un(e) camarade de classe.

3 **Discussion** Quel sera le thème de cette lecture? Par groupes de trois, discutez de vos idées.
- Réfléchissez au titre.
- Regardez les illustrations.
- Donnez votre opinion sur ce qui va se passer.

Littérature

Le Football

Sempé-Goscinny

Il a fallu décider comment former les équipes, pour qu'il y ait le même nombre de joueurs de chaque côté.

Alceste nous a donné rendez-vous, à un tas de° copains de la classe, pour cet après-midi dans le terrain vague°, pas loin de la maison. Alceste c'est mon ami, il est gros, il aime bien manger, et s'il nous a donné rendez-vous, c'est parce que son papa lui a offert un ballon de football tout neuf° et nous allons faire une partie terrible°. Il est chouette, Alceste.

Nous nous sommes retrouvés sur le terrain à trois heures de l'après-midi, nous étions dix-huit. Il a fallu décider comment former les équipes, pour qu'il y ait le même nombre de joueurs de chaque côté.

Pour l'arbitre, ça a été facile. Nous avons choisi Agnan. Agnan c'est le premier de la classe, on ne l'aime pas trop, mais comme il porte des lunettes on ne peut pas lui taper dessus°, ce qui, pour un arbitre, est une bonne combine°. Et puis, aucune équipe ne voulait d'Agnan, parce qu'il est pas très fort pour le sport et il pleure trop facilement. Là où on a discuté, c'est quand Agnan a demandé qu'on lui donne un sifflet. Le seul qui en avait un, c'était Rufus, dont le papa est agent de police.

«Je ne peux pas le prêter, mon sifflet à roulette, a dit Rufus, c'est un souvenir de famille°.» Il n'y avait rien à faire. Finalement, on a décidé qu'Agnan préviendrait° Rufus et Rufus sifflerait à la place d'Agnan.

«Alors? On joue ou quoi? Je commence à avoir faim, moi!» a crié Alceste.

Mais là où c'est devenu compliqué, c'est que si Agnan était arbitre, on n'était plus que dix-sept joueurs, ça en faisait un de trop pour le partage. Alors, on a trouvé le truc: il y en a un qui serait arbitre de touche° et qui agiterait un petit drapeau, chaque fois que la balle sortirait du terrain. C'est Maixent qui a été choisi. Un seul arbitre de touche, ce n'est pas beaucoup pour

beaucoup de

vacant lot

nouveau
fantastique

frapper
clever trick

heirloom
would tell

linesman

Littérature

surveiller tout le terrain mais Maixent court très vite, il a des jambes très longues et toutes maigres, avec de gros genoux sales. Maixent, il ne voulait rien savoir, il voulait jouer au ballon, lui, et puis il nous a dit qu'il n'avait pas de drapeau. Il a tout de même accepté d'être arbitre de touche pour la première mi-temps°. Pour le drapeau, il agiterait son mouchoir qui n'était pas propre, mais bien sûr, il ne savait pas en sortant de chez lui que son mouchoir allait servir de drapeau.

«Bon, on y va?» a crié Alceste.

Après, c'était plus facile, on n'était plus que seize joueurs.

Il fallait un capitaine pour chaque équipe. Mais tout le monde voulait être capitaine. Tout le monde sauf Alceste, qui voulait être goal, parce qu'il n'aime pas courir. Nous, on était d'accord, il est bien, Alceste, comme goal; il est très large et il couvre bien le but. Ça laissait tout de même quinze capitaines et ça en faisait plusieurs de trop.

«Je suis le plus fort, criait Eudes, je dois être capitaine et je donnerai un coup de poing° sur le nez de celui qui n'est pas d'accord!

—Le capitaine c'est moi, je suis le mieux habillé!» a crié Geoffroy, et Eudes lui a donné un coup de poing sur le nez.

C'était vrai, que Geoffroy était bien habillé, son papa, qui est très riche, lui avait acheté un équipement complet de joueur de football, avec une chemise rouge, blanche et bleue.

«Si c'est pas moi le capitaine, a crié Rufus, j'appelle mon papa et il vous met tous en prison!»

Moi, j'ai eu l'idée de tirer au sort° avec une pièce de monnaie. Avec deux pièces de monnaie, parce que la première s'est perdue dans l'herbe et on ne l'a jamais retrouvée. La pièce, c'était Joachim qui l'avait prêtée et il n'était pas content de l'avoir perdue; il s'est mis à la chercher, et pourtant Geoffroy lui avait promis que son papa lui enverrait un chèque pour le rembourser. Finalement, les deux capitaines ont été choisis: Geoffroy et moi.

«Dites, j'ai pas envie d'être en retard pour le goûter, a crié Alceste. On joue?»

Après, il a fallu former les équipes. Pour tous, ça allait assez bien, sauf pour Eudes. Geoffroy et moi, on voulait Eudes, parce que, quand il court avec le ballon, personne ne l'arrête. Il ne joue pas très bien, mais il fait peur. Joachim était tout content parce qu'il avait retrouvé sa pièce de monnaie, alors on la lui a demandée pour tirer Eudes au sort, et on a perdu la pièce de nouveau. Joachim s'est remis à la chercher, vraiment fâché, cette fois-ci, et c'est à la courte paille° que Geoffroy a gagné Eudes. Geoffroy l'a désigné comme gardien de but, il s'est dit que personne n'oserait s'approcher de la cage et encore moins° mettre le ballon dedans. Eudes se vexe facilement. Alceste mangeait des biscuits, assis entre les pierres qui marquaient son but. Il n'avait pas l'air content. «Alors, ça vient, oui?» il criait.

On s'est placés sur le terrain. Comme on n'était que sept de chaque côté, à part les gardiens de but, ça n'a pas été facile. Dans chaque équipe on a commencé à discuter. Il y en avait des tas qui voulaient être avant-centres°. Joachim voulait être arrière-droit°, mais c'était parce que la pièce de monnaie était tombée dans ce coin et il voulait continuer à la chercher tout en jouant°.

center forwards
right back
while still playing

Dans l'équipe de Geoffroy ça s'est arrangé très vite, parce que Eudes a donné des tas de coups de poing et les joueurs se sont mis à leur place sans protester et en se frottant° le nez. C'est qu'il frappe dur, Eudes!

while rubbing

Dans mon équipe, on n'arrivait pas à se mettre d'accord°, jusqu'au moment où Eudes a dit qu'il viendrait nous donner des coups de poing sur le nez à nous aussi: alors, on s'est placés.

to come to an agreement

Agnan a dit à Rufus: «Siffle!» et Rufus, qui jouait dans mon équipe, a sifflé le coup d'envoi°. Geoffroy n'était pas content. Il a dit: «C'est malin°! Nous avons le soleil dans les yeux! Il n'y a pas de raison que mon équipe joue du mauvais côté du terrain!»

kick-off
Nice going!

Moi, je lui ai répondu que si le soleil ne lui plaisait pas, il n'avait qu'à fermer les yeux, qu'il jouerait peut-être même mieux comme ça. Alors, nous nous sommes battus. Rufus s'est mis à souffler dans son sifflet à roulette.

«Je n'ai pas donné l'ordre de siffler, a crié Agnan, l'arbitre c'est moi!» Ça n'a pas plu à Rufus qui a dit qu'il n'avait pas besoin de la permission d'Agnan pour siffler, qu'il sifflerait quand il en aurait envie, non mais tout de même. Et il s'est mis à siffler comme un fou. «Tu es méchant, voilà ce que tu es!» a crié Agnan, qui a commencé à pleurer.

«Eh, les gars!°» a dit Alceste, dans son but.

guys

Mais personne ne l'écoutait. Moi, je continuais à me battre avec Geoffroy, je lui avais déchiré sa belle chemise rouge, blanche et bleue, et lui il disait: «Bah, bah, bah! Ça ne fait rien! Mon papa, il m'en achètera des tas d'autres!» Et il me donnait des coups de pied°, dans les chevilles. Rufus courait après Agnan qui criait: «J'ai des lunettes! J'ai des lunettes!» Joachim, il ne s'occupait de personne, il cherchait sa monnaie, mais il ne la trouvait toujours pas. Eudes, qui était resté tranquillement dans son but, en a eu assez et il a commencé à distribuer des coups de poing sur les nez qui se trouvaient le plus près de lui, c'est-à-dire sur ceux de son équipe. Tout le monde criait, courait. On s'amusait vraiment bien, c'était formidable!

kicks

«Arrêtez, les gars!» a crié Alceste de nouveau.

Alors Eudes s'est fâché. «Tu étais pressé de jouer, il a dit à Alceste, eh! bien, on joue. Si tu as quelque chose à dire, attends la mi-temps!»

«La mi-temps de quoi? a demandé Alceste. Je viens de m'apercevoir que nous n'avons pas de ballon, je l'ai oublié à la maison!» ■

> **Tout le monde criait, courait. On s'amusait vraiment bien, c'était formidable!**

Littérature

Analyse

1. Compréhension Répondez aux questions.

1. Pourquoi les enfants sont-ils allés sur le terrain vague? Qu'est-ce qui leur a donné cette idée?
2. Qui ont-ils choisi pour arbitre? Pourquoi?
3. Qu'est-ce qui servait de drapeau? Comment était cet objet?
4. Qui voulait être capitaine?
5. Pourquoi Alceste ne voulait-il pas être capitaine?
6. Comment ont-ils choisi les deux capitaines?
7. Quels garçons ont été choisis pour être capitaines?
8. Pourquoi les garçons n'ont-ils pas pu faire une partie de football après tout?

2. Les personnages À deux, décrivez le caractère de ces personnages de l'histoire. Comment sont-ils? Qu'est-ce qui les distingue les uns des autres? Ensuite, comparez vos descriptions avec celles de la classe.

1. Alceste
2. Agnan
3. Maixent
4. Geoffroy
5. Eudes
6. Nicolas

3. Interprétation À deux, racontez l'essentiel de cette histoire en huit à dix phrases. Utilisez au moins huit verbes de la liste. Comparez votre résumé avec ceux de la classe.

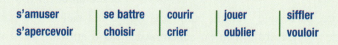

| s'amuser | se battre | courir | jouer | siffler |
| s'apercevoir | choisir | crier | oublier | vouloir |

4. Discussion Par groupes de trois, répondez aux questions suivantes pour donner votre opinion sur les personnages principaux.

1. Quel est le personnage que vous aimez le mieux? Pourquoi vous plaît-il?
2. Quel est le personnage que vous aimez le moins? Pourquoi ne vous plaît-il pas?
3. Avez-vous connu des personnes qui ressemblaient aux personnages de cette histoire? Étaient-ce des enfants ou des adultes? Expliquez.
4. Avec quel personnage de l'histoire vous identifiez-vous? Pourquoi?

5. Rédaction Racontez une histoire drôle de votre enfance. Suivez le plan de rédaction.

PLAN

1. **Organisation** Choisissez l'histoire que vous allez raconter. Faites une liste des événements et mettez-les dans l'ordre chronologique.
2. **Histoire** Racontez les événements dans un paragraphe. Utilisez le discours direct (*direct quotations*) pour ajouter de l'humour à votre histoire.
3. **Conclusion** Terminez votre histoire par une phrase qui en sera la chute (*punch line*).

I CAN summarize a short story and compare and contrast its characters.

Vocabulaire

Les passe-temps

vhlcentral

Les mots apparentés

admirer	une comédie	un(e) musicien(ne)	un supporter (de)
applaudir	un(e) fan (de)	un(e) spectateur/spectatrice	un ticket

Le sport

l'alpinisme (*m.*) mountain climbing
un arbitre referee
un club sportif sports club
une course race
une patinoire skating rink
le saut à l'élastique bungee jumping
le ski alpin/de fond downhill/
   cross-country skiing

(se) blesser to injure (oneself); to get hurt
s'étonner to be amazed
faire match nul to tie (a game)
jouer au bowling to go bowling
marquer (un but/un point) to score
   (a goal/a point)
siffler to whistle (at)

Le temps libre

le billard pool
les boules (*f.*)/la pétanque petanque
les cartes (*f.*) (à jouer) (playing) cards
les fléchettes (*f.*) darts
un jeu vidéo/de société video/board game
des loisirs (*m.*) leisure; recreation
un parc d'attractions amusement park
un rabat-joie killjoy; party pooper

bavarder to chat
se divertir to have a good time
faire passer to spread (the word)
porter un toast (à quelqu'un)
   to propose a toast
se promener to take a stroll/walk
valoir la peine to be worth it

Les arts et le théâtre

un billet ticket
une exposition exhibition; art show
un groupe musical group/band
une pièce (de théâtre) (theater) play
un spectacle show; performance
un tableau painting
un vernissage art exhibit opening

faire la queue to wait in line
obtenir (des billets) to get (tickets)

complet sold out
divertissant(e) entertaining
émouvant(e) moving

Verbs followed by the infinitive

aimer to like to
compter to expect to
croire to believe to be (doing something)
désirer to want to
détester to hate to
devoir to have to/must
écouter to listen
entendre to hear
espérer to hope to
laisser to allow to

oser to dare to
paraître to seem to
penser to intend to
pouvoir to be able to/can
préférer to prefer to
prétendre to claim to
regarder to watch
savoir to know how to
sembler to appear to
souhaiter to wish to
venir to come to
voir to see
vouloir to want to

Prepositions with geographical names

See pp. 278–279.

The conditionnel

See pp. 282–283.

Court métrage

Le Ballon prisonnier See p. 264.

Culture

La Réunion, île intense See p. 287.

Littérature

Le Football See p. 291.

Pour commencer

Après avoir fait des études, on est souvent plein d'ambition. On veut réussir sa carrière professionnelle. Mais qu'est-ce que cela veut dire? Faire ce qu'on aime? Avoir un impact positif sur les autres?

- Pensez-vous qu'il est plus facile d'atteindre ses objectifs en travaillant en équipe?
- Quelles autres qualités sont nécessaires pour réussir?

Perspectives de travail | Unité 9

Destination: AFRIQUE CENTRALE

Essential Question

What must an individual do to be successful in the global economy?

Can-Do Goals

By the end of this unit I will be able to:

- Talk about work and finances
- Understand a short film about work stress and career ambitions
- Link ideas together in complex sentences
- Describe simultaneous actions

Skills

- **Reading:** Understanding a humorous memoir about the job of a cashier
- **Conversation:** Reminiscing about a first job or a first day of school
- **Writing:** Creating an article with photographs for a nature magazine

Culture

I will learn about and reflect on:

- The people, attractions, and language of Central Africa
- A start-up that helps young people find employment in Madagascar
- Women entrepreneurs and micro-financing in Africa

Unité 9 Integrated Performance Assessment

You will read an article about labor strikes in France. Then, you and a classmate will discuss the article. Finally, you will prepare a presentation describing your dream job, the advantages or disadvantages of the job, and the possibility of strikes in this field of work.

Contextes

Communicative Goal Talk about work and finances

Le travail et les finances

Les mots apparentés

un budget	un(e) consultant(e)	investir	un(e) membre
(in)compétent(e)	un(e) employé(e)	à long terme	une taxe

Le monde du travail

une augmentation (de salaire) *raise (in salary)*
le chômage *unemployment*
un(e) chômeur/chômeuse *unemployed person*
un entrepôt *warehouse*
une entreprise (multinationale) *(multinational) company*
un(e) fainéant(e) *lazybones*
une formation *training*
un grand magasin *department store*
un poste *position, job*
une réunion *meeting*
le salaire minimum *minimum wage*
un syndicat *labor union*
le temps de travail *work schedule*

avoir des relations (f.) *to have connections*
démissionner *to quit*
embaucher *to hire*
être promu(e) *to be promoted*
être sous pression (f.) *to be under pressure*
exiger *to demand*
gagner sa vie *to earn a living*
gérer/diriger *to manage; to run*
harceler *to harass*
licencier *to lay off; to fire*
poser sa candidature à/pour *to apply for*
solliciter un emploi *to apply for a job*
au chômage *unemployed*
en faillite *bankrupt*

Les finances

la banqueroute *bankruptcy*
une carte bancaire/de crédit *debit/credit card*
un chiffre *figure; number*
un compte chèques *checking account*
un compte d'épargne *savings account*
la crise économique *economic crisis*
une dette *debt*
un distributeur automatique *ATM*
des économies (f.) *savings*
un marché (boursier) *(stock) market*
la pauvreté *poverty*
les recettes (f.) et les dépenses (f.) *income and expenses*

avoir des dettes *to be in debt*
déposer *to deposit*
économiser *to save*
profiter de *to take advantage of; to benefit from*
toucher *to get; to receive (a salary)*
à court terme *short-term*
disposé(e) (à) *willing (to)*
épuisé(e) *exhausted*
financier/financière *financial*
prospère *successful; flourishing*

Les gens au travail

un(e) adhérent(e) *member*
un cadre *executive*
un(e) comptable *accountant*
un(e) conseiller/conseillère *advisor*
un(e) gérant(e)/un(e) responsable *manager*
un homme/une femme d'affaires *businessman/woman*
un(e) propriétaire *owner*
un(e) vendeur/vendeuse *salesman/woman*

PARLONS FRANÇAIS!

Vous cherchez votre premier emploi? Vous **êtes** peut-être **sous pression** parce que vous devez commencer à **gagner votre vie**. Vous pensez que vous n'avez pas le choix. C'est faux! Il est important de bien choisir son premier emploi, de **solliciter** les bons **postes** et de **poser sa candidature** au bon endroit. Cela vous aidera à **court terme** et à **long terme**. Choisissez l'environnement qui vous intéresse. N'essayez pas de travailler dans un **entrepôt** si vous aimez l'ambiance de bureau. Faites attention à la taille de l'**entreprise** qui va vous **embaucher**. Être **vendeur** dans un **grand magasin** est très différent d'être vendeur dans une boutique spécialisée. Quel est le **temps de travail**? Qui sont les **gérants**? Est-ce que des **formations** sont proposées? Si vous **avez des relations** dans le domaine, **profitez-en** et interrogez-les. Soyez **disposé(e)** à écouter leurs conseils. Tout cela vous aidera à bien choisir votre premier emploi.

Mise en pratique

1 Au travail Choisissez le meilleur terme pour compléter chaque phrase.

| adhérent | compte d'épargne | fainéant | licencier | promu |
| comptable | dettes | gérant | pression | syndicats |

1. Je suis _____ d'un magasin, je le dirige.
2. Ma patronne m'a _____, je suis donc au chômage.
3. Je dépense plus d'argent que je n'en touche, alors j'ai des _____.
4. Pour économiser, mon ami dépose souvent de l'argent sur son _____.
5. Je veux devenir _____ parce que j'aime travailler avec les chiffres.
6. J'étais heureux d'être _____ avec une augmentation de salaire.
7. Je l'ai licencié parce que c'était un _____.
8. Une femme d'affaires est souvent sous _____.

2 Parlons français! À deux, écoutez la conversation entre Zineb et Thomas. Ensuite, répondez aux questions.

1. Quel genre de conseils intéressent le plus Thomas?
2. Qu'est-ce que Zineb va faire jeudi prochain?
3. Est-ce que chercher son premier emploi est difficile, d'après vous? Pourquoi?
4. Quel serait le premier emploi idéal? Décrivez-le et expliquez pourquoi.

3 Les solutions Discutez de ces problèmes à deux. Ensuite, trouvez des solutions.

A. Après avoir terminé mes études de finances, j'ai obtenu mon premier emploi à la bourse. J'ai perdu ce travail et j'ai de plus en plus de dettes. Je sollicite toutes sortes d'emplois, mais personne ne m'embauche. Faut-il avoir des relations bien placées?

B. Je dirige une entreprise très prospère, et j'ai donc beaucoup d'argent sur mon compte d'épargne. J'ai envie de faire des investissements, mais je ne comprends pas comment ça fonctionne. Quels profits pourrais-je en tirer?

I CAN talk about work and finances.

Court métrage

Communicative Goal Understand a short film about work stress and career ambitions

Préparation

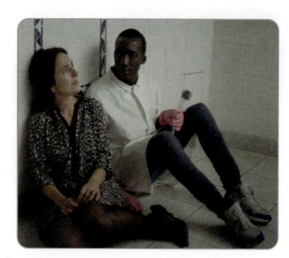

Deux employés se retrouvent par hasard et pour des raisons différentes dans les sanitaires de l'immeuble où ils travaillent. Stéphane veut devenir comédien et Carole rêve d'avoir une augmentation. Y réussiront-ils, et comment? Regardez et découvrez le film *La Répétition* de Léa Fréteval.

Glossaire du court métrage

un(e) comédien(ne) *actor*
un cours d'impro *improv class*
se débrouiller *to figure it out; to manage*
un(e) DRH *head of human resources*
faire semblant (de) *to pretend (to)*
un(e) gamin(e) *kid*
des heures (f.) supplémentaires *overtime*
un(e) homme/femme de ménage *cleaner*
un(e) patron(ne) *boss*
rebondir *to bounce back*
récurer *to scrub*
rendre service (à quelqu'un) *to help (someone) out; to do (someone) a favor*
reprendre *to start over; to pick up again*
un(e) stagiaire *intern; trainee*

Vocabulaire utile

s'accrocher *to hang on*
bosser *(informal) to work*
un entretien (d'embauche) *job interview*
être viré(e) *(informal) to be fired*
faire carrière (dans) *to pursue a career (in)*
métro, boulot, dodo *daily grind (metro, work, sleep)*

1 **Au bureau** Complétez les phrases à l'aide des mots de vocabulaire.
1. Parfois, cet employé ne travaille pas vraiment; il _____ d'accomplir une tâche.
2. Monsieur Dupont arrive tous les jours en retard à son bureau. Il va _____ s'il ne change pas d'attitude.
3. Je dois passer un long _____ avec le patron avant d'avoir ce nouvel emploi.
4. Cet été, nous aurons une jeune _____ dans notre équipe.
5. De nos jours, beaucoup d'étudiants _____ dans l'informatique.
6. Avec la crise, mon amie Louise doit _____ pour pouvoir garder son entreprise.

2 **Associations** À deux, reliez les éléments des deux colonnes. Soyez logiques!

_____ 1. Si vous n'avez pas le temps de nettoyer, ...
_____ 2. Vous serez bien payée; ...
_____ 3. Puisque (*since*) vous avez beaucoup d'imagination, ...
_____ 4. Vous êtes très jeune; ...
_____ 5. Si toi et ta collègue avez des problèmes de salaire, ...
_____ 6. C'est toujours la même routine toute la semaine; ...

a. vous êtes encore une gamine.
b. vous avez fait des heures supplémentaires.
c. allez voir la DRH.
d. prenez un homme de ménage.
e. métro, boulot, dodo.
f. vous devriez suivre un cours d'impro.

3 Le travail En petits groupes, répondez aux questions.

1. Pensez-vous qu'il soit important d'aimer son travail? Expliquez.
2. Les gens autour de vous aiment-ils leur travail en général? Qu'est-ce qui rend leur profession plus ou moins agréable?
3. D'après vous, quels sont les problèmes que les gens rencontrent le plus souvent dans leur travail?
4. Comment imaginez-vous votre vie professionnelle? Dans quel domaine allez-vous essayer de faire carrière et pourquoi?
5. Voudriez-vous garder un emploi que vous n'aimez pas? Pourquoi? Quels éléments pourraient vous pousser à le garder?
6. Est-ce que l'âge ou l'expérience font de vous un(e) meilleur(e) employé(e)? Expliquez.

4 Enquête Qu'est-ce que c'est, l'emploi idéal? À deux, demandez à votre camarade d'évaluer l'importance des critères ci-dessous. Utilisez cette échelle (*scale*): 1 = pas du tout important; 2 = assez important; 3 = très important. Ensuite, commentez les résultats.

Critères

- Un bon salaire
- La flexibilité au travail
- Des projets motivants et variés
- Un bureau ou un équipement moderne
- De bons horaires
- Des possibilités d'avancement
- Un(e) patron(ne) compréhensif/compréhensive
- Des collègues sympas
- Des vacances
- Un plan de placement boursier et un plan de retraite
- Une bonne assurance maladie
- Autres (précisez)

5 Les lycéens et l'emploi À deux, posez-vous ces questions. Si vous ne pouvez pas répondre personnellement à certaines questions, parlez d'une de vos connaissances.

1. As-tu actuellement (*currently*) un job après l'école et/ou pendant le week-end? Si oui, que fais-tu? As-tu eu des difficultés à obtenir ce travail? Si non, quel job aimerais-tu avoir prochainement et pourquoi?
2. As-tu déjà été candidat(e) à un emploi pour lequel tu n'as pas été sélectionné(e)? Si oui, comment expliques-tu ce rejet? Que ferais-tu pour l'obtenir la prochaine fois?
3. Est-il facile ou difficile de trouver un emploi dans ta ville? Quels facteurs semblent jouer un rôle dans le processus de sélection? Quels types d'emploi sont généralement accessibles aux lycéen(ne)s dans ta région?

6 Anticipez En petits groupes, décrivez les images. Imaginez la vie de ces trois personnes et ce qu'elles font. Quels sentiments ces personnages vous inspirent-ils? Pensez-vous qu'ils soient heureux?

Court métrage

Scènes

MARCO C'est quoi, ça?
STÉPHANE C'est pour mon cours d'impro.
MARCO La prochaine fois tu laisses ça chez toi.

CAROLE Excusez-moi, monsieur. Non, je ne dois pas m'excuser, je n'ai rien fait de mal. Monsieur, ça fait des mois que je fais des heures supplémentaires... Et je pense que je mérite un salaire plus...

CAROLE Pourquoi vous vous tournez?
STÉPHANE Parce que je suis sûrement en train de faire croire à une stagiaire qu'elle peut avoir un CDI°.

CAROLE Ça fait des mois que je rentre tard chez moi le soir, que je ne vois pas ma fille, que je n'ai pas de vie sociale...
STÉPHANE Allez droit au but°, mon petit.
CAROLE Je veux une augmentation, monsieur.

CAROLE Je n'y arriverai jamais. Je suis toute seule avec ma gamine. Je n'ai même pas le temps pour rencontrer quelqu'un. Je ne ressemble plus à rien°. Je suis épuisée.

STEPHANE Il faut se dire que ça ne va pas durer. Que ce que vous vivez là, vous le vivez pour autre chose.
CAROLE Je ne comprends pas.
STEPHANE Ben moi, par exemple. Je ne veux pas être homme de ménage toute ma vie.

Unité 9

INTRIGUE
Stéphane encourage Carole à devenir plus sûre d'elle pour convaincre son patron de lui donner une augmentation. Arrivera-t-il à lui redonner confiance en elle?

Cultures

Les femmes et l'emploi Dès 1972, la France a essayé de valorise (*develop the potential of*) la femme en votant une loi qui donne «à même travail un salaire égal» aux hommes et aux femmes. Bien que cette loi protège les salaires féminins, trois postes de directeur d'entreprise sur quatre sont encore détenus (*held*) par les hommes. Il y a encore 9% d'écart (*gap*) de salaires entre hommes et femmes de nos jours en France.

- Pourquoi pensez-vous qu'une telle différence existe encore en France? Quelles solutions proposeriez-vous?

CDI (Contrat à durée indéterminée) *permanent work contract* **Allez droit au but** *Get straight to the point* **Je ne ressemble plus à rien** *I'm a mess*

Court métrage

Analyse

1 **Compréhension** Dites si ces phrases sont vraies ou fausses. Corrigez les phrases fausses.

1. Stéphane est incrit à des cours d'impro.
2. Stéphane travaille comme comédien.
3. Carole essaie de recevoir une augmentation de Stéphane.
4. Carole est heureuse dans son travail.
5. Carole est célibataire.
6. Stéphane veut changer de boulot.
7. Stéphane pense qu'une baguette magique (*magic wand*) peut tout changer.
8. À la fin du film, Stéphane n'a pas aidé Carole.

2 **Méli-mélo** À deux, remettez les événements du court métrage dans le bon ordre. Puis utilisez ces phrases comme point de départ pour faire un résumé plus détaillé de l'histoire.

_____ 1. Stéphane tend la main à Carole.
_____ 2. Carole est épuisée et s'assied sur le sol.
_____ 3. Le gardien demande à Stéphane pourquoi il a une arme.
_____ 4. Carole répète seule son discours pour son patron devant le miroir.
_____ 5. Stéphane est irrité de l'attitude de Carole et s'en va.
_____ 6. Stéphane discute avec Carole, qui comprend son message.
_____ 7. Stéphane met une blouse de protection (*lab coat*).

3 **Interprétation** À deux, répondez aux questions et justifiez vos réponses.

1. Est-ce que le garde fait confiance à Stéphane? Expliquez.
2. Pourquoi Stéphane a-t-il une attitude positive quand il commence son travail?
3. Pour quelles raisons Carole est-elle désagréable envers Stéphane au début?
4. Pourquoi Carole a-t-elle tant de mal à demander une augmentation? Expliquez.
5. Comment Stéphane arrive-t-il à changer l'attitude de Carole? Justifiez votre réponse.

4 **Les personnages** En petits groupes, réfléchissez aux différences qui existent entre Carole et Stéphane. Quelles attitudes ont-ils dans leur vie professionnelle et personnelle? Quels sont leurs traits de caractère?

5 **Le dilemme** En petits groupes, discutez de la situation de Carole.
- Comprenez-vous les raisons pour lesquelles elle veut avoir une augmentation?
- Que feriez-vous si vous étiez à sa place?
- Pourquoi certaines personnes gardent-elles parfois des postes qu'elles n'aiment pas?

6 **Le futur en perspective** Imaginez le futur des deux personnages de l'histoire. Est-ce qu'ils réussiront à faire face à leurs difficultés professionnelles et personnelles?

A. À deux, imaginez que vous êtes Carole et demandez une augmentation à votre patron. Préparez une petite scène où l'un est Carole et l'autre le/la patron(ne). Donnez quatre arguments pour convaincre le/la directeur/directrice de vous augmenter. Soyez prêt(e)s à jouer la scène pour la classe.

B. Écrivez une conversation entre Stéphane et Carole, qui se rencontrent deux mois plus tard par hasard. Carole a-t-elle eu son augmentation? Et Stéphane, travaille-t-il toujours comme homme de ménage? Présentez votre dialogue à la classe.

7 **Le travail en poésie**

A. En petits groupes, lisez cette fable de Jean de La Fontaine. Identifiez son message principal avant de simplifier vos propres mots ce que veut dire le poète.

> *Le Laboureur et ses Enfants* par Jean de La Fontaine
>
> Travaillez, prenez de la peine:
> C'est le fonds qui manque le moins.
> Un riche Laboureur (*farmer*), sentant sa mort prochaine,
> Fit venir ses enfants, leur parla sans témoins.
> Gardez-vous (*Refrain*), leur dit-il, de vendre l'héritage
> Que nous ont laissé nos parents.
> Un trésor est caché dedans.
> Je ne sais pas l'endroit; mais un peu de courage
> Vous le fera trouver, vous en viendrez à bout (*you'll succeed in the end*).
> Remuez (*Stir up*) votre champ dès qu'on aura fait l'août (*harvest*).
> Creusez (*Dig*), fouillez (*scour*), bêchez (*spade*); ne laissez nulle place
> Où la main ne passe et repasse.
> Le père mort, les fils vous retournent (*turn over*) le champ
> Deçà, delà, partout; si bien qu'au bout de l'an
> Il en rapporta davantage (*It yielded more*).
> D'argent, point (*none*) de caché. Mais le père fut sage
> De leur montrer avant sa mort
> Que le travail est un trésor.

B. Organisez un débat sur le thème: Qu'est-ce qui est le plus important, réaliser ses rêves professionnels ou donner priorité à sa famille et à sa santé? Divisez la classe en deux camps et utilisez le poème, le court métrage et votre expérience personnelle pour trouver des arguments.

I CAN understand a short film about work stress and career ambitions.

Imaginez

Communicative Goal Identify and reflect on the people, attractions, and language of Central Africa

une vendeuse d'huile de palmier, sur le Congo

IMAGINEZ
L'Afrique Centrale

Brazzaville et Kinshasa

D'ailleurs…

Ensemble, Brazzaville et Kinshasa forment la plus grande agglomération urbaine d'Afrique subsaharienne. Cette grande métropole totalise plus de 17.000.000 d'habitants, ce qui en fait aussi le plus grand centre urbain du monde francophone, devant Paris.

Imaginez un fleuve majestueux en plein cœur de l'Afrique et deux cités qui se dressent° de part et d'autre°. Ce fleuve, c'est le **Congo**, et ces villes, ce sont **Brazzaville** et **Kinshasa**. Sur la rive droite, Brazzaville, la capitale de la **République du Congo**. Sur la rive gauche, Kinshasa, la capitale de la **République démocratique du Congo** ou **RDC**. Pour différencier ces deux pays, on les appelle souvent **Congo-Brazzaville** et **Congo-Kinshasa**. Leur histoire est parallèle, mais pas identique: durant la période coloniale, le Congo-Brazzaville appartenait à la **France**, alors que le Congo-Kinshasa était **belge**. À l'époque, la capitale du Congo-Kinshasa se nommait **Léopoldville**. Pendant une quinzaine d'années, le Congo-Kinshasa s'est aussi appelé **Zaïre**. Brazzaville et Kinshasa ont donc en commun leur culture francophone. Elles sont aussi réunies par le Congo, qu'on peut facilement traverser en bateau. Les jeunes **Brazzavillois** par exemple préfèrent souvent étudier à Kinshasa. Comme les **Kinois** sont beaucoup plus nombreux, ils font aussi souvent le trajet en sens inverse.

Brazzaville a été fondée en 1880 par un explorateur français et a su préserver son patrimoine architectural historique. Pensez à visiter la **basilique sainte Anne du Congo**, dont la toiture° verte change de couleur avec la lumière, la **Case des messageries fluviales**, une très belle case° coloniale sur pilotis° qui abritait les bureaux des messageries fluviales, et le **port des pêcheurs de Yoro**, le site du village précolonial. Brazzaville est aussi intéressante pour ses marchés très animés. Près de la poste, vous trouverez de l'artisanat: sculptures en cuivre° ou en bois, vannerie°, bijoux… Goûtez aussi à un plat typique, comme le **saka-saka**, à base de feuilles de manioc°, ou le poulet en sauce à la noix de palme°. De l'autre côté du fleuve, Kinshasa offre plusieurs points de vue splendides sur le Congo. La **promenade de la Raquette**, promenade plantée d'arbres qui borde le fleuve, est réputée pour ses magnifiques couchers de soleil°. Un autre quartier agréable est celui de la résidence présidentielle, sur le **Mont Ngaliema**. On peut y voir des jardins fleuris, des fontaines, un théâtre de verdure°

vhlcentral | *Galerie de Créateurs*

la ville de Brazzaville

et même un zoo. Tout près, toujours dans la commune de **Ngaliema**, se trouve le quartier du **Mont Fleury**, qui doit° son nom de «**Beverly Hills de Kinshasa**» à ses riches villas. Parmi les sites historiques de Kinshasa, citons le «**Wenge**» de **Selembau**, un arbre plusieurs fois centenaire°. Si vous aimez l'art, rendez-vous à l'**Académie des beaux-arts**, fondée en 1943, où les artistes vendent leurs œuvres. Mais que vous passiez par Kinshasa ou par Brazzaville, surtout ne limitez pas votre visite à ces deux villes: beaucoup de surprises vous attendent aussi aux alentours°!

se dressent *stand* **de part et d'autre** *de chaque côté* **toiture** *roofing* **case** *maison* **pilotis** *stilts* **cuivre** *copper* **vannerie** *basketry* **feuilles de manioc** *cassava leaves* **noix de palme** *palm nut* **couchers de soleil** *sunsets* **théâtre de verdure** *théâtre en plein air* **doit** *owes* **centenaire** *âgé de cent ans* **alentours** *surroundings*

LE FRANÇAIS LOCAL

Brazzaville

À tout moment!	À la prochaine!
une coiffe	une coupe de cheveux; *haircut*
méchant	fort
mystique	bizarre
la neige	une pluie très fine
varier	s'énerver

Kinshasa

un américain	un original, non-conformiste
casser le bic	ne plus faire d'études
un chiklé	un chewing-gum
griffé(e)	bien habillé(e)
le palais	la maison
le radio-trottoir	la rumeur
le retour	la monnaie

Unité 9

DÉCOUVREZ

l'Afrique Centrale

Écrans noirs Depuis sa création à **Yaoundé**, au **Cameroun**, en 1997, le festival **Écrans noirs** est devenu une manifestation importante pour les cinéphiles d'**Afrique Centrale**. Il contribue surtout à la promotion et à la diffusion du cinéma africain, mais aussi du cinéma d'auteur peu distribué, venant° de pays non africains. Cette rencontre est également l'occasion de séminaires et de débats. Depuis 2008, le festival est compétitif, et, entre autres prix, l'**Écran d'or** couronne° le meilleur long métrage.

BDEAC La **Banque de développement des États de l'Afrique Centrale** a été créée en 1975 par le Cameroun, la République Centrafricaine, le Congo, le Gabon, la Guinée-Équatoriale et le Tchad. Sa mission est d'aider au développement social et économique de ces pays. La banque finance aussi parfois les projets d'États africains non-membres. Elle intervient donc dans des secteurs très variés, aussi bien publics que privés, comme les infrastructures, l'agriculture ou l'industrie.

Les forêts tropicales du Gabon Le **Gabon** a de vastes forêts tropicales. Malgré une exploitation intensive, les deux tiers° des forêts existent encore. L'arbre le plus exploité de cette forêt est l'**okoumé**, qui ne pousse° qu'au Gabon, en Guinée et au Congo. On l'a utilisé dans la construction de la **Bibliothèque nationale de Paris** et du train **Eurostar**, et on en fait aussi du contreplaqué°.

Esther Kamatari C'est une femme à plusieurs facettes°. Elle est née et a grandi au **Burundi**. En 1964, son père, le prince, est assassiné et en 1970, elle s'exile en France, où elle sera le premier mannequin° noir à y travailler. La princesse Kamatari participe activement à plusieurs associations humanitaires et en 2004, elle se présente aux élections présidentielles du Burundi. En 2015, elle devient la nouvelle ambassadrice de la Maison Guerlain.

venant *coming* **couronne** *crowns* **tiers** *third* **pousse** *grows* **contreplaqué** *plywood* **à plusieurs facettes** *multi-faceted* **mannequin** *model*

Perspectives de travail

Imaginez

Qu'avez-vous appris?

1 Associez Indiquez quelles définitions de la colonne de droite correspondent aux mots et aux noms de la colonne de gauche.

1. _____ Kinshasa
2. _____ Brazzaville
3. _____ Brazzaville et Kinshasa
4. _____ Académie des beaux-arts
5. _____ la BDEAC
6. _____ l'okoumé

a. l'arbre le plus exploité de la forêt gabonaise
b. la plus grande agglomération d'Afrique subsaharienne
c. les artistes y vendent leurs œuvres
d. une institution qui aide au développement social et économique des pays d'Afrique Centrale
e. la capitale de la République du Congo
f. la capitale de la République démocratique du Congo

2 Complétez Complétez chaque phrase logiquement.

1. Les deux capitales Brazzaville et Kinshasa ont en commun…
2. … sont des plats congolais typiques.
3. On peut trouver différents types d'artisanat à Brazzaville comme…
4. Parmi les sites historiques de Kinshasa, il y a…
5. Le festival Écrans noirs contribue à…
6. À Kinshasa, être griffé signifie…

3 Discussion À deux, comparez les lieux congolais du tableau à des lieux dans votre pays.

Lieu congolais	Caractéristiques	Lieu dans mon pays	Différences
Quartier de la résidence présidentielle	Quartier agréable avec jardins fleuris, fontaines et un zoo	La Maison-Blanche	Elle n'est pas sur un mont. Il n'y a ni théâtre de verdure ni zoo.
Basilique sainte Anne du Congo			
Le port des pêcheurs de Yoro			
La promenade de la Raquette			
Mont Fleury			
Académie des beaux-arts			

PROJET

Un reportage photo

Imaginez que vous soyez photographe pour une grande revue géographique. Recherchez toutes les informations dont vous avez besoin pour écrire un article sur la nature en Afrique Centrale.

- Choisissez trois sites naturels exceptionnels.
- Trouvez des photos qui représentent le patrimoine naturel de ces sites.
- Montrez ces photos à la classe et expliquez pourquoi vous les avez choisies.

I CAN identify and reflect on the people, attractions, and language of Central Africa.

Communicative Goal Discuss how start-ups can respond to the needs of a community

Unité 9

vhlcentral | ▶ Le Zapping

Madagascar: 21 ans et cheffe d'entreprise, le secret de ma réussite

Être une jeune femme entrepreneur, c'est compliqué.

1 Préparation Répondez aux questions.

1. Qu'est-ce qu'un entrepreneur, pour vous? Donnez votre définition.
2. Connaissez-vous des entrepreneurs? Dans quels domaines travaillent-ils?

Le marché du travail à Madagascar

Le marché du travail à Madagascar connaît des difficultés: il y a beaucoup de chômage et les emplois qui paient bien sont rares. La population malgache est aussi touchée° de manières différentes. En général, les femmes ont accès à de moins bons postes et sont moins bien payées que les hommes. Les jeunes éprouvent° des difficultés pour suivre des formations adéquates° et ne se sentent pas assez compétents pour solliciter l'emploi qu'ils veulent ou pour réussir. Dans ces conditions, les centres de formation et tous les organismes qui facilitent l'accès à l'emploi jouent un rôle primordial.

touchée impacted **éprouvent** experience **adéquates** appropriate

Vocabulaire utile

un(e) développeur/développeuse	(software) developer
le financement participatif	crowdfunding
former	to train
malgache	from Madagascar
placer	to place

2 Compréhension Répondez aux questions.

1. Qu'est-ce qui est très compliqué, d'après Matina?
2. Comment s'appelle l'entreprise de Matina?
3. Comment Matina appelle-t-elle les étudiants qui sont formés par sa start-up?
4. Quel est l'objectif de Matina?
5. Quel est le premier conseil donné par Matina?

3 Discussion Discutez en petits groupes.

1. D'après vous, Matina a-t-elle les qualités et la personnalité d'une entrepreneuse? Expliquez.
2. Quels sont les trois conseils de Matina pour réussir? Qu'en pensez-vous? Êtes-vous d'accord avec elle?

4 Réflexion Réfléchissez au fonctionnement de Sayna, puis expliquez pourquoi cette start-up a bien réussi jusqu'à présent, d'après vous. Utilisez ces questions pour vous aider dans votre réflexion: Sayna a-t-elle répondu à un besoin important de sa communauté? Est-ce que Sayna offre des solutions faciles à utiliser et efficaces (*efficient*)?

5 Application En petits groupes, créez une start-up pour aider les jeunes de votre communauté à s'intégrer dans le monde du travail plus facilement. Identifiez un ou plusieurs problèmes que les jeunes doivent surmonter pour trouver un travail et commencer leur carrière, puis réfléchissez à des solutions. Présentez votre start-up à la classe.

 discuss how startups respond to the needs of a community.

Perspectives de travail

Structures

Communicative Goal Link ideas together in complex sentences

9.1 Relative pronouns

—*C'est bien **ce que** je pensais.*

- Relative pronouns link two clauses containing a common element to form a single complex sentence. The relative pronoun used depends on the grammatical function of the noun it replaces. This noun is called the *antecedent*.

Qui, que, dont, and *où*

- In the sentences below, the common element, or antecedent, is **l'employé**. Because **l'employé** is the subject of the second sentence, the relative pronoun **qui** replaces it.

On a renvoyé **l'employé**.	**L'employé** était un fainéant.	On a renvoyé l'employé **qui** était un fainéant.
They fired the employee.	*The employee was lazy.*	*They fired the employee who was lazy.*

- The relative pronoun **que** replaces a direct object.

Le poste est excellent.	J'ai trouvé **le poste**.	Le poste **que** j'ai trouvé est excellent.
The job is excellent.	*I found the job.*	*The job that I found is excellent.*

- A past participle that follows the relative pronoun **que** agrees in gender and number with its antecedent.

  La tarte **que** tu as **faite** était délicieuse.
  The pie that you made was delicious.

- The relative pronoun **dont** replaces an object of the preposition **de**.

On a eu **la réunion**.	Je t'ai parlé **de la réunion**.	On a eu la réunion **dont** je t'ai parlé.
We had the meeting.	*I talked to you about the meeting.*	*We had the meeting (that) I talked to you about.*

- Since the preposition **de** can indicate possession, **dont** can mean *whose*.

  La femme **dont** le mari est soldat est arrivée en avance.
  The woman, whose husband is a soldier, arrived early.

---

 vhlcentral

Grammar Tutorial

Boîte à outils

In English, relative pronouns can sometimes be omitted. Relative pronouns cannot be omitted in French.

Le chat que j'ai perdu est noir et blanc.

The cat (that) I lost is black and white.

- The relative pronoun **où** can stand for a place or a time, so it can mean *where* or *when*.

    C'est un musée **où** on peut voir de l'art moderne.
    It's a museum where you can see modern art.

    Téléphone-moi au moment **où** elle arrive.
    Call me the moment that (when) she arrives.

Lequel, laquelle, lesquels, lesquelles

- Use **lequel** as a relative pronoun to replace the object of a preposition. Note that the preposition is retained and always precedes the relative pronoun.

    J'ai un outil **avec lequel** je peux réparer ta voiture.
    I have a tool with which I can fix your car.

    C'est la raison **pour laquelle** je suis venu.
    This is why (the reason for which) I came.

- Remember that **lequel** and its forms **laquelle**, **lesquels**, and **lesquelles** agree in gender and number with the objects they represent. Remember, too, that when **lequel** combines with **à** or **de**, contractions may be formed.

With *à*	With *de*
auquel	duquel
auxquels	desquels
auxquelles	desquelles

- The relative pronoun **lequel** usually does not refer to people. If the object of the preposition is human, use the relative pronoun **qui** along with the preposition.

    C'est l'ordinateur **sur lequel**   C'est la femme **avec qui**
    je travaille.   *but*   je travaille.
    This is the computer on which   *This is the woman with whom*
    I work.   *I work.*

Indefinite relative pronouns: *ce qui, ce que,* and *ce dont*

- If a relative pronoun refers to an unspecified antecedent, use **ce que**, **ce qui**, or **ce dont**, which often mean *what*.

    Le problème **qui** m'inquiète,   **Ce qui** m'inquiète, c'est
    c'est le chômage.   le chômage.
    The problem that worries me   *What worries me*
    is unemployment.   *is unemployment.*

    Le sport **que** je préfère, c'est le ski. **Ce que** je préfère, c'est le ski.
    The sport that I prefer is skiing.   *What I prefer is skiing.*

    Le chien **dont** elle a peur, c'est   **Ce dont** elle a peur, c'est
    un caniche.   un caniche.
    The dog that she's afraid of is   *What she's afraid of is*
    a poodle.   *a poodle.*

À noter

To review all the forms of **lequel**, see **Structures 1.3, pp. 24–25.**

Unité 9

Perspectives de travail 313

Structures

9.1 Mise en pratique

1 À choisir Choisissez le bon mot pour compléter la phrase.

1. Je viens de voir le chef d'entreprise _____ a le plus d'employés dans la ville.
   a. qui   b. que   c. dont
2. La banque _____ j'avais mis toutes mes économies a brûlé!
   a. laquelle   b. dont   c. où
3. Le directeur commercial _____ l'entreprise a embauché est incompétent.
   a. que   b. duquel   c. auquel
4. C'est la réunion pendant _____ Margot a parlé de son projet.
   a. qui   b. que   c. laquelle
5. Nous avons dépensé l'argent _____ nous devions payer le loyer.
   a. que   b. avec lequel   c. lequel
6. Cette femme cadre _____ on nous a parlé avant-hier sera bientôt licenciée.
   a. dont   b. laquelle   c. qui

2 À compléter Complétez le paragraphe à l'aide des pronoms relatifs de la liste. Un des pronoms est utilisé deux fois.

auquel	dont	où	que
avec qui	duquel	pour laquelle	qui

Notre compagnie, (1) _____ s'occupe d'import-export, nous a demandé d'aller voir un client à Kinshasa. Le patron souhaitait que nous fassions connaissance avec ce client. C'est la raison (2) _____ il nous a envoyés à Kinshasa, le mois dernier. Après avoir travaillé, nous avons fait un tour de bateau sur le fleuve Congo. Les collègues (3) _____ je suis monté sur le bateau ont eu peur de tomber à l'eau. Mais nous avons tous été enchantés de cette journée en plein air. L'hôtel (4) _____ nous étions descendus avait un restaurant (5) _____ la cuisine était délicieuse. J'ai choisi le plat (6) _____ mon amie congolaise m'avait recommandé avant le départ. Le meilleur moment, (7) _____ nous pensons encore mes collègues et moi, est celui (8) _____ nous avons tous été pris en photo, au restaurant, avec notre client congolais.

3 À lier Liez (*Connect*) les deux phrases avec le bon pronom relatif.

> **Modèle** L'entreprise est prospère. Je dirige l'entreprise.
> L'entreprise que je dirige est prospère.

1. J'ai beaucoup d'économies. J'ai gardé mes économies à la maison.
2. La vendeuse a déménagé hier. Elle habitait à côté de chez moi.
3. Mes collègues ont suivi une formation en informatique. J'avais envie de suivre cette formation.
4. Le poste est encore libre. Je rêve de ce poste.
5. Cette entreprise est en faillite. Ils s'occupent de cette entreprise.
6. Ce projet est un succès. J'ai travaillé sur ce projet.

Connections

Le fleuve Congo Ce fleuve, qui prend sa source à 1.435 mètres d'altitude, est le deuxième fleuve d'Afrique par sa longueur, après le Nil. Il est aussi le deuxième du monde par son débit (*flow rate*), après l'Amazone. Il traverse six pays d'Afrique Centrale: principalement le Congo et la RDC, mais aussi l'Angola, le Cameroun, la République Centrafricaine, la Zambie et la Tanzanie.

- Connaissez-vous d'autres fleuves ou rivières qui traversent plusieurs pays ou états? Lesquels?

Communication

4 Une future rencontre Vous avez fini vos études il y a quelques années et vous rencontrez un(e) ancien(ne) camarade de classe dans la rue. Vous parlez de ce qui est arrivé depuis votre dernière rencontre. À deux, créez la conversation à l'aide des éléments de la liste.

avec lequel	dont	que
de laquelle	où	qui

Modèle —Tu te souviens de Romain? Il est propriétaire d'une entreprise dont les profits n'arrêtent pas d'augmenter!
—Et as-tu revu Nina? Elle est gérante du grand magasin qui vient d'ouvrir au centre-ville.

5 Vos camarades Sur une feuille de papier, notez les noms de quelques camarades de classe. Pour chacun(e), écrivez une phrase pour le/la décrire à l'aide d'un pronom relatif. Ensuite, partagez vos phrases avec le reste de la classe.

Jade	Jade appartient au groupe d'élèves avec qui je sors souvent.

6 Votre premier travail Par petits groupes, décrivez votre premier travail à l'aide de ces éléments. Vos camarades de classe vous poseront des questions qui contiennent des pronoms relatifs. Vous n'avez jamais eu d'emploi? Parlez de votre premier jour à l'école.

Modèle —Quelle est la personne dont tu te souviens le mieux?
—Mon patron. C'était la personne avec qui je m'entendais le mieux.

Au travail:
- votre patron(ne)
- vos collègues
- votre temps de travail
- vos clients

À l'école:
- votre professeur
- vos camarades
- votre emploi du temps
- vos devoirs

I CAN link ideas together in complex sentences.

Structures

Communicative Goal Describe cause-and-effect and simultaneous actions using the present participle

9.2 The present participle

—*Je fais **semblant** de ne pas vous entendre.*

- To form the present participle, drop the **-ons** ending from the **nous** form of the present tense of a verb and replace it with **-ant**.

Present participles of some common verbs		
Infinitive	*Nous* form	Present participle
aller	all~~ons~~	allant
boire	buv~~ons~~	buvant
choisir	choisiss~~ons~~	choisissant
écrire	écriv~~ons~~	écrivant
faire	fais~~ons~~	faisant
lire	lis~~ons~~	lisant
parler	parl~~ons~~	parlant
prendre	pren~~ons~~	prenant
sortir	sort~~ons~~	sortant
vendre	vend~~ons~~	vendant
venir	ven~~ons~~	venant

- There are only three irregular present participles in French. They are considered irregular because they are *not* based upon the **nous** forms of the present tense.

Infinitive	Present participle
être	étant
avoir	ayant
savoir	sachant

***Étant** très sociable, elle a présenté son cousin à son petit ami.*

---

vhlcentral

▶ Grammar Tutorial

À noter

To find the **nous** forms of the present tense of other verbs, consult the verb tables at the end of the book.

◀ **Vérifiez**

Uses of present participles

- Present participles are usually the equivalent of English verbs ending in *-ing*. They are typically preceded by the preposition **en**, meaning *while* or *by*.

    Il lui a indiqué le chemin **en regardant** le plan du quartier.
    He gave her directions while looking at the map of the neighborhood.

- Use the present participle to say what caused something or how something occurred.

    Gérard s'est cassé le bras **en tombant** du toit.
    Gérard broke his arm by falling off of the roof.

- **En** + [*present participle*] can also mean that something is done *as soon as* something else happens. In this case, it is often the equivalent of the English expression *upon* + the *-ing* form of a verb.

    Il va téléphoner **en arrivant** à la gare.
    He's going to call upon arriving at the station.

- Use the expression **tout en** to emphasize that two unrelated actions are taking place simultaneously.

    Il conduit **tout en mangeant** un sandwich.
    He's driving while eating a sandwich.

- When a present participle is used as an adjective, it agrees in gender and number with the noun it modifies.

    Nous n'avons pas d'eau **courante**!   Ces filles sont **charmantes**.
    We don't have any running water!   *These girls are charming.*

- Present participles used as adjectives usually correspond to English words ending in *-ing*. Depending on the interpretation of the adjective, however, this is not always the case.

    Nous avons vu un film **amusant**.
    We saw a funny (amusing) movie.

- Present participles can sometimes be used as nouns. These nouns are often professions or other words that refer to a person who engages in a particular activity.

    consulter (*to consult*) → **un(e) consultant(e)** (*consultant*)
    gérer (*to manage*) → **un(e) gérant(e)** (*manager*)

Boîte à outils

The present participle does not correspond to all *-ing* forms of English verbs. Remember, the present tense in French can have several meanings.

Je parle.

I speak. / I do speak. / I am speaking.

To say that something is happening in the present time, use the present tense, not a present participle.

Vérifiez

Structures

9.2 Mise en pratique

1 À choisir Mettez au participe présent les verbes entre parenthèses.

1. Charlotte a mangé son repas tout en _____ (lire) le rapport.
2. Mon père a fêté sa retraite en _____ (danser) toute la nuit.
3. _____ (Avoir) une réunion de travail à Yaoundé, Mamadou attend son train à la gare.
4. En _____ (écouter) ce qu'il a à dire, nous trouverons de meilleurs arguments.
5. Antoine gagne sa vie en _____ (investir).
6. En _____ (demander) une augmentation de salaire, j'aimerais améliorer ma situation financière.
7. Il vient d'être licencié. _____ (Être) maintenant au chômage, il a le temps de jouer sur son ordinateur toute la journée.
8. Nous finirons le projet tout en _____ (savoir) que nous ne serons pas toujours d'accord!

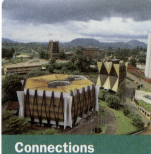

Connections

Le Cameroun Yaoundé est la capitale du Cameroun. Le Cameroun est souvent appelé «l'Afrique en miniature» en raison de sa diversité géologique et culturelle.

- Quels genres de paysages vous attendriez-vous à voir en voyageant à travers le Cameroun?

2 À trouver Complétez les phrases. Servez-vous du participe présent des verbes de la liste comme adjectifs ou comme noms. Faites tous les changements nécessaires.

| amuser | émigrer | gagner | tomber |
| charmer | exiger | imposer | toucher |

1. En France on peut voir de grands monuments _____.
2. La classe a lu des histoires _____ sur des enfants malades.
3. Cette ville est remplie de beaux princes _____.
4. On n'a pas encore annoncé les _____ du concours (*contest*).
5. La formation que vous faites est très _____, mais elle est indispensable.
6. Nous avons passé deux journées _____ au parc d'attractions.
7. Les _____ ont quitté leur pays pour commencer une nouvelle vie.
8. Nous sommes rentrés à la maison, à la nuit _____.

3 Autrement dit Liez (*Connect*) ces phrases à l'aide d'un participe présent.

Modèle Louna fait des photocopies. Elle chante *La vie en rose*.

Louna fait des photocopies tout en chantant *La vie en rose*.

1. La secrétaire parle au téléphone. Elle écrit rapidement.
2. Ces hommes d'affaires préparent le budget de l'année prochaine. Ils discutent des investissements.
3. Ces femmes achètent ce qui leur plaît. Elles dépensent sans compter.
4. Je travaille beaucoup. Je profite des vacances que l'entreprise offre.
5. Ma collègue me raconte son week-end. Elle sait que je ne l'écoute pas.
6. Le nouveau retraité pleure. Il finit son discours d'adieu (*farewell*).

Communication

4 **Première journée de travail** Aujourd'hui, c'était la première journée de travail de Noémie. Par groupes de trois, imaginez ce qu'elle a fait. Employez le participe présent des verbes de la liste.

Modèle Noémie est restée calme tout en étant sous pression.

assister à une réunion	être sous pression
découvrir son bureau	profiter de sa pause
déjeuner avec des collègues	rencontrer le syndicat
écouter des conseils	répondre au téléphone
être épuisée	?

5 **Qu'est-il arrivé?** Par groupes de quatre, choisissez trois événements de la liste et, pour chacun, racontez quelque chose qui est arrivé pendant que vous y étiez. Comment avez-vous réagi? Utilisez le participe présent dans vos discussions.

Modèle Tout en conduisant pendant l'examen du permis, je me suis aperçu que je n'avais pas attaché ma ceinture.

- un bal de fin d'année
- une cérémonie de remise de diplômes (*graduation*)
- un accident que vous avez eu ou auquel vous avez assisté
- un entretien d'embauche
- le premier jour au lycée
- le moment où vous avez reçu une lettre d'acceptation
- l'examen du permis de conduire
- un anniversaire mémorable

Connections

Les francs CFA D'abord appelé le franc des «Colonies Françaises d'Afrique» (CFA) en 1945, la monnaie des pays africains francophones devient, en 1958, le franc de la «Communauté Française d'Afrique». Il existe deux sortes de francs CFA: le franc de la Communauté Financière d'Afrique pour les pays d'Afrique de l'Ouest et le franc de la Coopération Financière en Afrique Centrale pour les pays d'Afrique Centrale, les deux monnaies étant distinctes l'une de l'autre.

- Aimeriez-vous pouvoir utiliser une monnaie commune tout en traversant plusieurs pays? Pourquoi?

6 **Entretien d'embauche** Kemajou sollicite un poste à la banque du Cameroun. Il passe un entretien avec la cheffe du personnel, Madame Koua. À deux, imaginez la conversation en employant le participe présent.

Modèle —Connaissez-vous l'équivalence en euros pour gérer des comptes en francs CFA?

—Oui, madame. Dans mon ancien emploi, j'ai appris à gérer les équivalences en travaillant avec des clients étrangers.

I CAN describe cause-and-effect and simultaneous actions using the present participle.

Structures

Communicative Goal Express opinions using irregular *-oir* verbs

9.3 Irregular *-oir* verbs

Grammar Tutorial

—Il **faut** se dire que ça ne va pas durer.

- French verbs that end in **-oir** are irregular. They do not all follow the same pattern.

- The verbs **vouloir** and **pouvoir** follow a similar pattern. Note the stem change in the **nous** and **vous** forms.

pouvoir (*to be able*)		vouloir (*to want*)	
je **peux**	nous **pouvons**	je **veux**	nous **voulons**
tu **peux**	vous **pouvez**	tu **veux**	vous **voulez**
il/elle/on **peut**	ils/elles **peuvent**	il/elle/on **veut**	ils/elles **veulent**
past participle: **pu**		past participle: **voulu**	

- Like **pouvoir** and **vouloir**, the singular forms of **valoir** end in **-x**, **-x**, and **-t**. Note the stem in the plural forms.

valoir (*to be worth*)	
je **vaux**	nous **valons**
tu **vaux**	vous **valez**
il/elle/on **vaut**	ils/elles **valent**
past participle: **valu**	

Ces bijoux **valent** beaucoup d'argent.

Boîte à outils

Because the verb **valoir** means *to be worth* (*money, effort, etc.*), its subject is most often an inanimate object rather than a human being. The most common forms encountered are the third-person singular and plural forms.

- The verbs **voir** and **devoir** follow similar patterns. They also have stem changes in the **nous** and **vous** forms.

voir (*to see*)		devoir (*to have to, must; to owe*)	
je **vois**	nous **voyons**	je **dois**	nous **devons**
tu **vois**	vous **voyez**	tu **dois**	vous **devez**
il/elle/on **voit**	ils/elles **voient**	il/elle/on **doit**	ils/elles **doivent**
past participle: **vu**		past participle: **dû**	

Boîte à outils

The prefix **re-** usually means *to do something again*. For example, the verb **revoir** means *to see again*. **Revoir** is conjugated like **voir**.

J'ai revu le film.
I saw the film again.

- Like **voir** and **devoir**, the singular forms of **savoir** end in **-s**, **-s**, and **-t**. Note the different stems in the singular and plural forms.

savoir (to know)	
je **sais**	nous **savons**
tu **sais**	vous **savez**
il/elle/on **sait**	ils/elles **savent**

past participle: **su**

*Ils **savent** danser.*

À noter
Remember that French has two different verbs that mean *to know*: **savoir** and **connaître**. To review their different uses, see **Fiche de grammaire 9.4, p. 406.**

- The verbs **recevoir**, **apercevoir**, and **percevoir** follow the same pattern. Note the **ç** in all forms except for **nous** and **vous**.

recevoir (to receive)		apercevoir (to perceive)	
je **reçois**	nous **recevons**	j'**aperçois**	nous **apercevons**
tu **reçois**	vous **recevez**	tu **aperçois**	vous **apercevez**
il/elle/on **reçoit**	ils/elles **reçoivent**	il/elle/on **aperçoit**	ils/elles **aperçoivent**

past participle: **reçu** — past participle: **aperçu**

Boîte à outils
The verbs **apercevoir** and **percevoir** both mean *to perceive*, but they are not interchangeable. **Apercevoir** usually refers to visual perception, as in *to see* or *to notice*. **Percevoir** usually refers to more general perception, as in *to detect* or *to sense*.

- Due to their meanings, the verbs **pleuvoir** and **falloir** have only third-person singular forms.

pleuvoir (to rain)	falloir (to be necessary, to have to, must)
il **pleut**	il **faut**
past participle: **plu**	past participle: **fallu**

Il **pleut** souvent au printemps.
It often rains in the spring.

Il **faut** prendre le train.
It's necessary to take the train.

Boîte à outils
You can use **il faut** to refer to a variety of subjects. Depending upon the context, it can mean *I must*, *you must*, *one must*, *they must*, and so on. Regardless of meaning, the subject is always **il**.

- The verb **s'asseoir** is very irregular. Like other reflexive verbs, it is accompanied by a reflexive pronoun and takes the helping verb **être** in the **passé composé**.

s'asseoir (to sit)	
je **m'assieds**	nous nous **asseyons**
tu **t'assieds**	vous vous **asseyez**
il/elle/on **s'assied**	ils/elles **s'asseyent**

past participle: **assis(e/es)**

*Ils **se sont assis** par terre.*

Vérifiez

Structures

9.3 Mise en pratique

1 Mini-dialogues Complétez logiquement chaque dialogue à l'aide des verbes de la liste.

| s'asseoir | pleuvoir | savoir | voir |
| falloir | recevoir | valoir | vouloir |

—J'aime sortir par tous les temps: quand il fait soleil, quand il y a du vent… même quand il (1) _____!

—Pas vrai! Je te/t' (2) _____ hier quand ton parapluie s'est cassé. Tu étais vraiment de mauvaise humeur.

—(3) _____-tu qu'on a changé la date de la réunion?

—Non, je ne le savais pas. (4) _____-il choisir une nouvelle date?

—Est-ce que nous (5) _____ le coup de téléphone de notre entrepôt en Chine?

—Oui, ils disent que, si on détruit les marchandises, on sera en faillite. Elles (6) _____ trop cher.

—(7) _____-toi sur cette chaise. Il faut que je te parle.

—D'accord, de quoi (8) _____-tu me parler?

2 Un nouveau règlement L'entreprise pour laquelle vous travaillez vient de changer de direction (*management*). Voici quelques règles que votre nouveau patron veut mettre en application. Complétez ces phrases à l'aide de verbes en **-oir**.

> **Nouveau règlement:**
> 1. Vous ne _____ plus varier votre temps de travail.
> 2. Il _____ absolument arriver à neuf heures, au plus tard.
> 3. Tous les employés _____ déjeuner entre midi et 13h00.
> 4. Sur le marché boursier, il _____ mieux investir dans l'entreprise.
> 5. Si quelqu'un _____ un collègue qui en harcèle un autre, dites-le-moi tout de suite.
> 6. Si vous _____ téléphoner à un(e) ami(e), attendez 17h00.
> 7. Même si nous _____ des salaires différents, il faut nous respecter mutuellement.
> 8. Pour être promu, un employé _____ suivre toutes ces règles.

3 Conseils Jules, votre frère aîné, est sous pression au bureau. Sa vie privée est un désastre. À deux, trouvez cinq conseils à lui donner en utilisant des verbes en **-oir**.

Modèle Tu peux démissionner et chercher un autre emploi.

Communication

4 Questions personnelles À deux, posez-vous ces questions et soyez créatifs pour expliquer vos réponses.

La vie scolaire

Que doivent faire les élèves pour réussir aux examens?

Qu'as-tu fait la dernière fois qu'il a plu pendant le cours de sport?

Les relations personnelles

Que reçois-tu d'habitude pour ton anniversaire? De la part de qui? Qu'as-tu reçu pour ton dernier anniversaire? De la part de qui?

Quand quelqu'un s'intéresse à toi, t'en aperçois-tu facilement?

L'argent et le travail

À qui peux-tu emprunter de l'argent? Dois-tu de l'argent à quelqu'un en ce moment?

Combien vaut ton bien (*possession*) le plus précieux?

Sais-tu quel travail tu aimerais faire après tes études? Lequel?

Faut-il toucher un salaire élevé pour se sentir riche?

5 À propos de vos camarades Par groupes de quatre, devinez pour quel membre de votre groupe ces observations sont vraies. Si vous n'êtes pas d'accord avec l'opinion que vos camarades ont de vous, expliquez-leur votre point de vue.

Modèle   **vouloir: devenir cadre**

—David, tu veux devenir cadre dans une entreprise après l'université, non?

—Pas du tout! Je voulais l'année dernière, mais je ne sais plus. C'est toi, Audrey, qui devrais devenir cadre. Tu peux diriger un groupe.

1. s'apercevoir: que la richesse ne remplace pas forcément le bonheur
2. s'asseoir: au premier rang
3. devoir: poser sa candidature pour un poste à la bibliothèque
4. ne pas pouvoir: économiser d'argent
5. recevoir: plus de 100 textos par jour
6. revoir: son film préféré plus de trois fois

6 Au syndicat À deux, imaginez que vous soyez des travailleurs membres du même syndicat. Jouez les rôles de ces deux collègues qui ne sont jamais d'accord, en utilisant des verbes en **-oir**.

Modèle   —Il faut demander une augmentation de salaire.

—On ne doit pas en demander une. Tu sais qu'ils ne peuvent pas nous la donner.

Cultures

Les syndicats français Les syndicats sont des associations de travailleurs qui se regroupent pour défendre des intérêts communs. Les personnes à la tête d'un syndicat négocient auprès d'un employeur toutes les questions contractuelles comme les salaires, les horaires, les avantages sociaux, la sécurité au travail, etc. En France, il y a cinq confédérations syndicales principales, dont les manifestations atteignent souvent des milliers de participants.

• Pourquoi les participants des syndicats français sont-elles aussi grandes, à votre avis?

I CAN express opinions using irregular **-oir** verbs.

Structures

Synthèse

La philosophie d'Alain

Le philosophe français, Alain (1868–1951), né sous le nom d'Émile-Auguste Chartier, est connu pour ses idées pacifistes et libérales. Profondément marqué par les horreurs de la Première Guerre mondiale, il écrit des articles en faveur du pacifisme tout en combattant les autoritarismes. Étant professeur, il exerce une grande influence sur ses élèves, dont certains deviennent célèbres et lui doivent leur carrière de philosophe. Dans les citations suivantes on voit que ses idées sur le travail sont assez révolutionnaires pour l'époque°.

l'époque *time*

> Ce qui console d'un travail difficile, c'est qu'il est «difficile».
>
> La loi suprême de l'invention humaine est que l'on n'invente qu'en travaillant.
>
> La vie est un travail qu'il faut faire debout°.
>
> *Alain*

debout *standing up*

1 Compréhension Répondez à ces questions.
1. Quel travail faisait Alain tout en gagnant sa vie comme professeur?
2. Que faisait Alain en même temps qu'il écrivait des articles sur le pacifisme?
3. Que peut-on dire de ses idées sur le travail?
4. Comment Alain décrit-il la vie dans une de ses citations?

2 Réactions Que pensez-vous des trois citations d'Alain? Discutez de chacune avec un(e) camarade, en réfléchissant aux idées ci-dessous.
- Pensez à trois situations dans lesquelles chaque citation vous inspirerait.
- Trouvez des liens entre les pensées d'Alain sur le travail et celles sur la liberté et le pacifisme.
- Dites si vous êtes d'accord ou pas avec chaque citation. Expliquez pourquoi.

3 À vous de citer Par petits groupes, imaginez que vous soyez philosophe (si vous ne l'êtes pas déjà!). Écrivez une phrase qui explique vos pensées sur le travail et son influence sur la vie du travailleur. Pour vous aider, utilisez votre imagination, les citations d'Alain et les structures de cette unité.

Communicative Goal Identify and reflect on the impact of microfinancing for women in Africa

Culture

Préparation

Glossaire de la lecture

un(e) chef(fe) d'entreprise head of a company
l'entraide (f.) mutual aid
entreprendre to undertake
évoquer to evoke
inhabituel(le) unusual
monter une entreprise to create a company
obtenir un prêt to secure a loan
la précarité lack of financial security
un revenu income

Vocabulaire utile

demander un prêt to apply for a loan
l'encadrement (m.) supervisory staff
s'entourer de to surround oneself with
faire un emprunt to take out a loan
rembourser to reimburse
retirer (un profit, un revenu) de
    to get (benefit, income) out of

L'article, *Des Africaines entrepreneuses*, pulvérise les préjugés au sujet des femmes en Afrique. Grâce au micro-financement, un grand nombre d'entre elles peuvent créer leur propre entreprise.

1 Le bon leader Complétez ce petit texte à l'aide des mots de la liste de vocabulaire.

Qu'est-ce qui caractérise (1) _____ exceptionnel(le)? D'abord ses qualités personnelles, car il /elle doit avoir ambition et volonté. Un bon leader saura aussi s'entourer d' (2) _____ performant et de haut niveau. Il prendra soin de l'ensemble de ses employés pour les protéger de (3) _____ et les motiver. Il encouragera (4) _____ au sein de l'entreprise. Il aura aussi de bonnes relations avec sa banque, pour pouvoir faire (5) _____ quand c'est nécessaire. Un bon dirigeant saura (6) _____ ses dettes à temps. Grâce à lui, l'entreprise se développera et (7) _____ des profits de son activité.

2 Aux enfants Vous devez expliquer ces concepts à des enfants. À deux, trouvez des définitions simples et utilisez des exemples.

Concepts	Définitions/Exemples
le/la chef(fe) d'entreprise	
s'entourer de	
entreprendre	
inhabituel	
un prêt	
un revenu	

3 À votre avis? Que pensez-vous de ces affirmations? Discutez-en par groupes de trois. Puis choisissez les trois plus utiles pour réussir sa carrière professionnelle.

- Il est nécessaire d'entreprendre pour espérer et de persévérer pour réussir.
- Il n'y a pas un caractère d'entrepreneur, mais il faut du caractère pour en être un.
- La raison d'être d'une entreprise est de trouver des clients et de les garder.
- Les entreprises qui réussissent sont celles qui ont une âme.
- Travailler, c'est bon pour ceux qui n'ont rien à faire.
- Rien de plus simple que de vieillir jeune (*stay young*): il suffit de travailler dans la joie.

Perspectives de travail

Culture

Des Africaines entrepreneuses

La confiote. Qu'est-ce que c'est? Pour certains, ce mot familier évoque simplement de la confiture. Mais posez la question à Robertine Bounkeu, et elle vous répondra que c'est toute sa vie. «Les Confiotes» est le nom de l'entreprise qu'elle a montée au Cameroun. Une entreprise alléchante°: la fabrication de produits haut de gamme° à base de fruits, comme des sirops, des confitures ou «confiotes» et des liqueurs. Mais pour celui qui connaît la société camerounaise, y voir une femme devenir cheffe d'entreprise est inhabituel. En Afrique Centrale, comme sur tout le continent africain, la précarité touche tout particulièrement les femmes, pour des raisons sociales, économiques et juridiques. Quel est donc le secret de la réussite de Robertine Bounkeu? L'Association pour le soutien et l'appui à la femme entrepreneur ou ASAFE. Cette association en est une parmi beaucoup d'autres du même genre qui fleurissent° au Cameroun depuis les années 1990. Les organisations non gouvernementales participent à cet effort, principalement au moyen d'aides financières.

appétissante
top of the line

se multiplient

Ces associations ont pour but d'améliorer la condition des femmes en les rendant maîtresses de leur destinée. Elles leur proposent donc une aide financière à court terme, des conseils et une formation comme des cours d'informatique. C'est un concept révolutionnaire dans une Afrique où la majorité des femmes reste encore dépendante de l'homme. Dans le cas de Robertine Bounkeu, c'est le programme «Femme Crédit Épargne» (FCE) qui lui a permis d'obtenir un prêt. Ce système encourage l'entraide entre les femmes: celles-ci forment de petits groupes de soutien pour améliorer leurs chances de succès. Robertine Bounkeu dit que «c'est difficile de se lancer dans une telle activité avec peu de moyens et seulement la rage° de réussir». Adhérer à l'ASAFE lui a donc «permis de passer progressivement du stade° de hobby épisodique° à la petite entreprise de plus en plus structurée».

zeal

stage / occasional

Les confitures d'Afrique

Dans certains pays, la fabrication de confitures pour l'exportation existe depuis plus de cinquante ans. Elles sont à l'ananas, à la banane, à la goyave (*guava*), à la papaye. Leur goût exotique est très apprécié dans les pays occidentaux.

Comme elle, beaucoup de femmes se lancent dans la fondation d'entreprise. L'agriculture est leur principale occupation, mais les revenus ne sont pas suffisants. Elles se tournent alors vers d'autres possibilités. C'est là qu'entrent en scène les organisations et associations destinées à aider les femmes en quête de réussite sociale. Parmi ces organisations, les instituts de microfinance forment la base fondamentale du lancement° d'un projet. D'ailleurs, le microfinancement s'est rapidement propagé sur le continent. L'Africa Microfinance Network (AFMIN) regroupe plus de 1.000 organisations qui participent quotidiennement à la création d'entreprises. Grâce à leur collaboration, des femmes courageuses font naître une Afrique nouvelle.

Robertine Bounkeu ne compte pas s'arrêter là. Elle a pour ambition de développer son entreprise, et elle a déjà amélioré son matériel pour répondre à la demande qui s'amplifie. Ses «confiotes» n'ont pas fini de faire des heureux ni des émules°. On ne peut décidément pas arrêter un esprit qui aime entreprendre.

En Afrique, comme partout dans le monde, les femmes sont essentielles à la vie de la communauté. Elles éduquent et nourrissent. Quoi de mieux pour l'avenir de l'Afrique que leur émancipation et l'élargissement de leurs pouvoirs? ∎

launching

imitateurs

Culture

Analyse

1 **Compréhension** Répondez aux questions par des phrases complètes.
  1. Quelles sortes de confitures sont faites en Afrique?
  2. Que fabrique l'entreprise «Les Confiotes»?
  3. Qu'est-ce qui n'est pas typique dans le cas de Robertine Bounkeu et de son entreprise?
  4. Quelle association a aidé Robertine Bounkeu à monter son entreprise?
  5. Que propose ce genre d'association aux femmes africaines?
  6. Comment fonctionne le programme «Femme Crédit Épargne»?
  7. Pourquoi beaucoup de femmes se lancent-elles dans la fondation d'entreprise?
  8. Le micro-financement est-il important pour l'Afrique? Pourquoi?
  9. Robertine Bounkeu a-t-elle déjà réalisé tous ses projets?
  10. Pourquoi les femmes cheffes d'entreprises sont-elles une bonne chose pour l'Afrique?

2 **Citation à commenter** À deux, expliquez et commentez cette citation d'Alphonse Allais, écrivain et humoriste français du 19ᵉ siècle.

> On ne prête qu'aux riches, et on a raison, les pauvres remboursent plus difficilement.

  1. Que dit Alphonse Allais dans cette citation? Y voyez-vous une forme d'humour?
  2. Quels liens y a-t-il entre cette citation et l'article que vous venez de lire?
  3. Êtes-vous d'accord avec ce que dit Alphonse Allais? Expliquez.

3 **Le slogan** À deux, inspirez-vous de la citation ci-dessus pour créer un slogan en faveur du (*in favor of*) micro-financement. Servez-vous du vocabulaire de la lecture et du chapitre en général.

4 **Création d'entreprise** Par groupes de trois, choisissez une idée d'entreprise dans la liste ci-dessous ou créez votre propre idée. Créez une conversation entre un jeune entrepreneur et deux banquiers. Utilisez les mots du vocabulaire pour décrire votre projet et demander un prêt. Ensuite, jouez la scène devant la classe.

- un café-laverie
- un service de transport en bateau
- une entreprise de fabrication de snowboards
- un restaurant spécialisé dans les desserts
- un service de décoration d'intérieur
- ?

> **Modèle**
> **Élève 1:** Je voudrais faire un emprunt pour développer ma nouvelle idée: un café-laverie.
> **Élève 2:** Vous allez vous entourer de serveurs sympathiques?
> **Élève 3:** Il faudra rembourser le prêt d'ici trois ans.

I CAN identify and reflect on the impact of microfinancing for women in Africa.

Communicative Goal Understand a humorous memoir about the job of a cashier

Littérature

Préparation

À propos de l'auteure

Anna Sam (1979–) est une auteure française au parcours original. Diplômée en littérature, elle a eu du mal à trouver un emploi. Pendant huit ans, elle a ainsi travaillé comme caissière dans une grande surface. C'est pendant ces années passées dans la grande distribution qu'elle a eu l'idée de partager des anecdotes de sa vie quotidienne, tout d'abord dans un blog, puis dans un premier livre sorti en 2008, *Les Tribulations d'une caissière*. Ce livre a été un grand succès auprès du public et il a d'ailleurs été adapté au cinéma en 2011. Aujourd'hui, Anna Sam poursuit sa carrière littéraire tout en étant chroniqueuse à la radio et consultante dans la grande distribution.

Avec beaucoup d'humour, Anna Sam nous montre, dans *Les Tribulations d'une caissière*, le quotidien d'une diplômée derrière une caisse de supermarché.

Glossaire de la lecture

une caisse cash register
une caissière cashier
un caisson money drawer
un chariot shopping cart
décrocher (slang) to land, to get
la grande distribution large retailers
une grande surface supermarket, hypermarket
une hôtesse de caisse cash register attendant, hostess

Vocabulaire utile

le chômage des jeunes youth unemployment
l'épanouissement (*m.*) fulfillment
être surdiplômé(e) to be overqualified
s'expatrier to emigrate, to go live abroad
précaire precarious, uncertain

1 **Qu'est-ce que c'est?** Indiquez les mots qui correspondent aux définitions.
1. ce que l'on ressent quand on est heureux dans son travail: _____
2. le fait de réussir à obtenir quelque chose: _____
3. instable, fragile: _____
4. l'endroit où on paie ses courses dans un magasin: _____
5. le nom donné à l'ensemble des grands groupes commerciaux: _____
6. ce que l'on utilise pour transporter ses courses: _____

2 **Préparation** Répondez individuellement à ces questions, puis discutez-en à deux.
1. Comment imaginez-vous le travail d'un employé dans la grande distribution?
2. Quels sont les aspects positifs et les aspects négatifs de ce genre d'emploi?
3. Connaissez-vous quelqu'un qui est surdiplômé pour son travail? Quelles études a-t-il/elle faites? Quel emploi exerce-t-il/elle?
4. Que feriez-vous si vous aviez des difficultés à trouver un emploi plus tard?

3 **Débat** Que pensez-vous de cette déclaration? En petits groupes, défendez votre point de vue. N'oubliez pas de penser à des exemples qui soutiennent votre point de vue.

Il est préférable d'exercer un emploi pour lequel on est surdiplômé(e) et dans lequel on ne ressent pas d'épanouissement que d'être au chomage.

Comparisons

Les jeunes et le chômage En France, ce sont les 15-24 ans qui sont les plus impactés par le chômage. En effet, si le taux (*rate*) est proche de 9% pour l'ensemble de la population, il touche plus de 20% des jeunes. Même les jeunes diplômés ne sont pas épargnés (*spared*) et ce n'est pas rare qu'ils restent de longs mois à la recherche de leur premier emploi. Cette précarité a des conséquences sur leurs vies personnelles et nombreux sont les jeunes qui doivent rester vivre chez leurs parents. Certains sont obligés d'accepter des postes pour lesquels ils sont surdiplômés tandis que d'autres préfèrent quitter la France pour tenter leur chance à l'étranger.

• Quels effets le chômage a-t-il sur les jeunes de votre pays?

Perspectives de travail

Littérature

Les Tribulations d'une caissière

Anna Sam

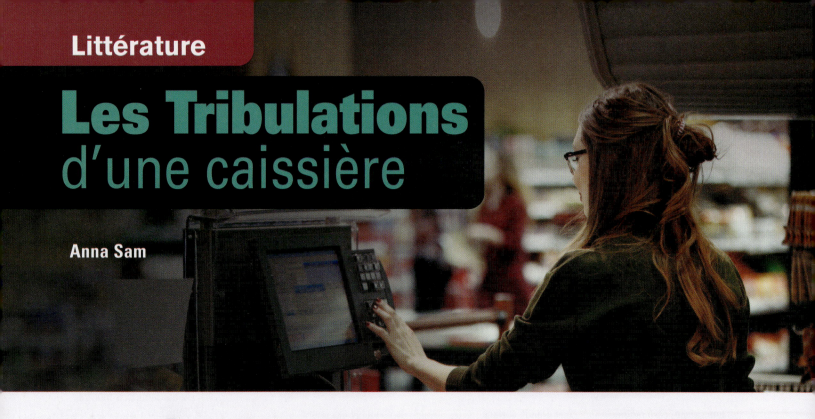

Je m'appelle Anna, j'ai vingt-huit ans, un diplôme universitaire littéraire en poche° et une expérience de la vie à la fois particulière et banale. J'ai travaillé huit ans en grande surface, d'abord pour financer mes études et obtenir mon indépendance financière et puis, faute de° trouver un emploi dans ma branche°, j'y suis restée pour devenir comme on dit si bien: hôtesse de caisse.

Une caisse. Voilà qui ne permet pas de grands échanges, hormis° les bips qu'elle émet régulièrement quand on scanne les différents articles. À force d'écouter ce doux bruit, j'aurais pu finir par me prendre moi-même pour un robot. D'ailleurs, les rencontres fugaces° avec les clients n'aident pas vraiment à se sentir vivant. Mais, heureusement, le contact entre collègues nous a toujours permis de nous rappeler notre statut d'humain.

Et puis un jour, j'ai pris la décision de raconter mon travail et de noter les menus° incidents qui surviennent chaque jour dans la vie d'une caissière lambda°. Du coup, j'ai observé différemment la population qui défile° derrière le tapis de caisse, j'ai regardé l'univers de la grande distribution avec d'autres lunettes, j'ai découvert un monde infiniment plus varié que je ne pensais.

Il y a les clients faciles et les moins faciles, les riches et les pauvres, les complexés et les vantards°, ceux qui vous traitent comme si vous étiez transparente et ceux qui vous disent bonjour, les acharnés° qui trépignent° en attendant l'ouverture du magasin et ceux qui font systématiquement la fermeture. Il y en a qui vous draguent°; d'autres qui vous insultent. Qui dira qu'il ne se passe rien dans la vie d'une caissière?

À force de vivre ces situations, j'ai eu envie de les partager.

Voici quelques-unes de ces histoires, celles qui m'ont le plus touchée.

Mais il est temps de prendre votre chariot et d'entrer dans la grande surface. Les grilles° sont déjà en train de se lever!

Bonne balade.

Bienvenue dans la grande distribution— le métier de votre vie

Félicitations! Vous avez enfin décroché un entretien et vous avez même été embauchée.

Bienvenue dans la belle famille de la grande distribution. Vous voici donc devenue caissière... pardon! hôtesse de caisse. Vous vous sentez tout de suite beaucoup plus sexy, non? L'entretien d'embauche n'aura duré que quelques minutes histoire de vous faire répéter ce qu'il y a déjà sur votre CV et de vous demander un RIB°.

Des tests psychotechniques? Un peu de calcul mental?

Et puis quoi encore?!... Pourquoi pas un test de graphologie°!

Vous devenez caissière, pas notaire°!

C'est votre premier jour...

…et déjà il va falloir être rentable°. Alors pas de temps à perdre. Formation sur-le-champ°.

Pas de panique. Une «ancienne°» va vous prendre sous son aile au moins… un quart d'heure ou… une matinée, si c'est votre jour de chance, ou… deux jours, si vous avez un responsable sympa (ça existe encore, je vous le jure). Il n'y a aucune règle.

On commence par le tour du magasin (vite fait, hein, y a pas que ça à faire non plus). Vous allez découvrir les vestiaires°, la salle de pause, la casse – ou la poubelle si vous préférez: tous les produits devenus invendables° finissent là; vous aurez la chance de vous y rendre souvent –, la caisse centrale où vous récupérez votre caisson et… et c'est tout.

Vous connaissez dorénavant suffisamment le magasin pour commencer à bosser. Pour découvrir votre lieu de travail? Vous aurez tous vos temps de pause et cela agrémentera vos coupures° de manière festive.

La première fois que vous traversez la ligne de caisse avec votre superbe uniforme Chanel ou Dior… ou votre blouse super moche (tout dépend du magasin, du style de clientèle visée) et votre caisson sous le bras rempli de fric° (l'équivalent de plusieurs jours de salaire quand même), il y a de grandes chances que vous soyez un peu intimidée.

Respirez un bon coup, ça va passer.

Ça y est, vous avez trouvé votre caisse, posé votre caisson, tout installé, vous êtes très concentrée, super motivée, l'«ancienne» est à côté de vous, vos oreilles sont grandes ouvertes. Vous êtes prête à travailler. Pas trop tôt.

Les grandes lignes à retenir: scanner les articles (un coup d'œil au passage pour voir si le prix n'est pas aberrant), faire le sous-total, indiquer le montant au client, demander la carte fidélité°, prendre le moyen de paiement, rendre la monnaie, la pièce d'identité si c'est un chèque, le ticket de caisse. Le tout avec le sourire le plus sincère. Bien sûr. Et hop: «AuRevoirBonnejournée» et client suivant. Je reprends?

Au début ça risque d'aller vite, trop vite. Surtout si vous commencez un jour où il y a beaucoup de monde. Pourtant, très vite aussi vos gestes vont devenir machinaux et vous n'allez plus vraiment faire attention à ce que vous faites. Un mois suffira pour vous donner l'impression de ne faire plus qu'uns° avec votre caisse.

Vous n'avez pas vu le temps passer et déjà l'«ancienne» vous donne de moins en moins de conseils. Ça rentre. Vous êtes en train de devenir une experte du passage d'article minute et du rendu monnaie.

Bravo!

En fait, c'est pas du tout sorcier° ce boulot…

Suffit de connaître les gestes et le reste vient tout seul.

Ça y est, l'«ancienne» vous laisse seule aux manettes°. Vous pouvez passer en totale autonomie les premiers articles de votre vie. Houahou! La frime°.

Ouais, ben, en fait, à part le biiiip du scanner, c'est pas si excitant… Heureusement, il reste le contact humain avec le client (mais patience, cela fera l'objet de plein d'autres chapitres).

Ah oui, si, j'allais oublier. C'est pas facile mais drôlement intéressant. Faut apprendre par cœur° tous les numéros de code des aliments qui se vendent à l'unité: le citron, la salade verte, le thym, les artichauts, etc. Pas de panique. Il n'y en a pas tant que ça et en cas de trou de mémoire°, vous avez un pense-bête° sur la caisse. Et puis, il y a les collègues, Isabelle, Nadine, Marie, Nicole … qui ne sont jamais loin (oui, là par contre, faut pas avoir oublié leurs prénoms, un sacré sport quand on a cent collègues).

Votre première journée est déjà bientôt terminée… Les derniers clients s'en vont, le magasin ferme.

Alors, vos premières impressions? En fait, c'est marrant° comme métier. On passe plein d'articles (et on découvre au passage tout un tas d'objets dont on ne soupçonnait ni l'utilité ni même l'existence), on cause° avec plein de gens, on rencontre des collègues sympas, on écoute de la musique toute la journée, on est au chaud.

Un métier de rêve.

Enfin, presque. ◼

Littérature

Analyse

1 **Compréhension** Répondez aux questions.

1. Quel est le profil d'Anna?
2. Comment décrit-elle son travail à la caisse, d'un point de vue relationnel?
3. Comment sont les clients qui passent à sa caisse?
4. Comment s'est passé le premier jour d'Anna à la grande surface?
5. En quoi consiste son travail exactement?
6. Comment sont les gestes des caissières, d'après Anna? Comment décrit-elle sa relation avec sa caisse?
7. De quoi les caissières doivent-elles aussi se souvenir?
8. Que dit Anna au sujet de ses premières impressions de ce métier?

2 **Interprétation** À deux, répondez par des phrases complètes.

1. Anna mentionne que son travail doit être fait «avec le sourire le plus sincère» avant de passer au client suivant. Comment interprétez-vous cette déclaration?
2. À la fin de l'extrait, quand Anna donne un résumé de ses impressions du métier de caissière, pensez-vous qu'elle soit sincère? Donnez des exemples du texte pour justifier votre réponse.
3. Comment la narratrice utilise-t-elle l'humour et le sarcasme pour décrire le métier de caissière? Trouvez des exemples précis dans le texte et expliquez pourquoi ils sont humoristiques ou sarcastiques.

3 **Jeu de rôles** À deux, imaginez et écrivez la première conversation entre Anna et «l'ancienne» quand elles ont fait le tour de la grande surface le premier jour d'Anna. De quoi ont-elles parlé? Comment «l'ancienne» a-t-elle décrit leur travail? Quelles questions Anna a-t-elle posées? Jouez la conversation entre les deux femmes.

4 **Discussion** Par groupes de trois, discutez des thèmes de l'extrait.

- Discutez de la difficulté d'exercer un travail qui n'est pas en rapport avec ses compétences. Citez des exemples du texte.
- Discutez du thème de l'épanouissement personnel au travail. Citez des exemples du texte.
- Quand on se retrouve dans une situation comme celle d'Anna, faut-il essayer de voir les choses avec humour? Expliquez.

5 **Rédaction** Explorez une profession de votre choix. Suivez le plan de rédaction.

PLAN

1. **Organisation** Pensez à une profession. Faites une liste des avantages et des inconvénients de ce travail.
2. **Point de vue** Écrivez deux paragraphes. Dans le premier paragraphe, expliquez les avantages de la profession. Dans le deuxième paragraphe, expliquez ses inconvénients.
3. **Conclusion** Expliquez s'il y a plus d'avantages que d'inconvénients ou vice versa. Aimeriez-vous exercer cette profession? Pourquoi?

I CAN understand a humorous memoir about the job of a cashier.

Vocabulaire

Le travail et les finances

vhlcentral

Les mots apparentés

un budget	un(e) consultant(e)	investir	un(e) membre
(in)compétent(e)	un(e) employé(e)	à long terme	une taxe

Le monde du travail

une augmentation (de salaire) raise (in salary)
le chômage unemployment
un(e) chômeur/chômeuse unemployed person
un entrepôt warehouse
une entreprise (multinationale) (multinational) company
un(e) fainéant(e) lazybones
une formation training
un grand magasin department store
un poste position, job
une réunion meeting
le salaire minimum minimum wage
un syndicat labor union
le temps de travail work schedule

avoir des relations (f.) to have connections
démissionner to quit
embaucher to hire
être promu(e) to be promoted
être sous pression (f.) to be under pressure
exiger to demand
gagner sa vie to earn a living
gérer/diriger to manage; to run
harceler to harass
licencier to lay off; to fire
poser sa candidature à/pour to apply for
solliciter un emploi to apply for a job

au chômage unemployed
en faillite bankrupt

Les finances

la banqueroute bankruptcy
une carte bancaire/de crédit debit/credit card
un chiffre figure; number
un compte chèques checking account
un compte d'épargne savings account
la crise économique economic crisis
une dette debt
un distributeur automatique ATM
des économies (f.) savings
un marché (boursier) (stock) market
la pauvreté poverty
les recettes (f.) et les dépenses (f.) income and expenses

avoir des dettes to be in debt
déposer to deposit
économiser to save
profiter de to take advantage of; to benefit from
toucher to get/receive (a salary)

à court terme short-term
disposé(e) (à) willing (to)
épuisé(e) exhausted
financier/financière financial
prospère successful; flourishing

Les gens au travail

un cadre executive
un(e) comptable accountant
un(e) conseiller/conseillère advisor
un(e) gérant(e) un(e) responsable manager
un homme/une femme d'affaires businessman/woman
un(e) membre/un(e) adhérent(e) member
un(e) propriétaire owner
un(e) vendeur/vendeuse salesman/woman

Relative pronouns
See pp. 312–313.

The present participle
See pp. 316–317.

Irregular -oir verbs
See pp. 320–321.

Court métrage
La Répétition See p. 302.

Culture
Des Africaines entrepreneuses See p. 325.

Littérature
Les Tribulations d'une caissière See p. 329.

Pour commencer

On ne parle jamais assez des richesses naturelles de la planète et de leur protection. Reste-t-il encore des paysages intacts? Est-il encore possible de les protéger?

- Quelles sensations ressentez-vous en regardant cette photo?
- Croyez-vous que ce paysage soit en voie d'extinction?

Les richesses naturelles | Unité 10

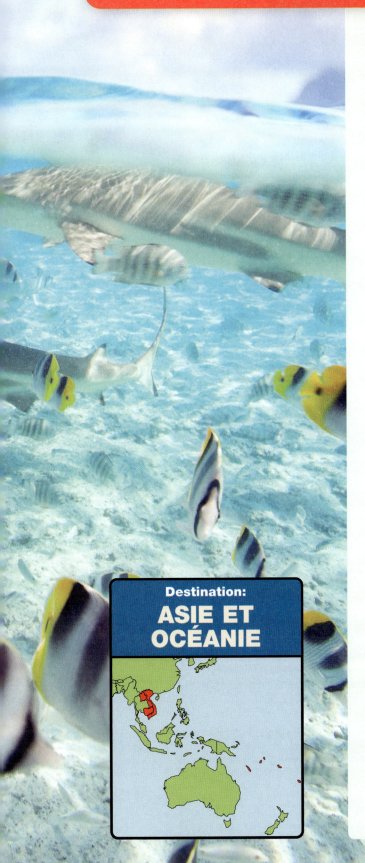

Destination: ASIE ET OCÉANIE

Essential Question

How can we live in harmony with nature and protect the environment?

Can-Do Goals

By the end of this unit I will be able to:

- Talk about nature as well as its preservation and destruction
- Understand a short documentary film about sustainable forestry in Gabon
- Express regrets and give excuses for things that happened in the past
- Discuss how life and environmental issues will have changed in the future

Skills

- **Reading:** Understanding a written poem about the strength found in traditional values and community
- **Conversation:** Discussing the impact of consumers on sustainable development and the future of the world
- **Writing:** Writing a poem following a predetermined format

Culture

Also, I will learn about and reflect on:

- The people, attractions, and language of francophone Asia and Oceania
- The films of Cambodian filmmaker Rithy Panh
- The natural wonders of New Caledonia and French Polynesia

Unité 10 Integrated Performance Assessment

You will watch a video about the negative effects of social media-inspired tourism on natural sites in Canada and other countries. Then, you and a classmate will discuss the video. Finally, you will prepare a presentation related to the topic.

Contextes

Communicative Goal Talk about nature as well as its preservation and destruction

Notre monde

vhlcentral

Les mots apparentés

un danger	l'érosion (f.)	préserver	un tigre
la déforestation	un lion	une ressource	toxique
l'environnement (m.)	la pollution	une source d'énergie	urbaniser

La nature

un arc-en-ciel rainbow
un archipel archipelago
une barrière/un récif de corail
    barrier/coral reef
une chaîne montagneuse mountain range
un fleuve/une rivière river
une forêt (tropicale) (rain) forest
la Lune Moon
la mer sea
un paysage landscape; scenery
le soleil sun
une superficie surface area; territory
une terre land

en plein air outdoors
insuffisant(e) insufficient
potable drinkable
protégé(e) protected
pur(e) pure; clean
sec/sèche dry

Les animaux

une araignée spider
un cochon pig
un mouton sheep
un ours bear
un poisson fish
un singe monkey

Les phénomènes naturels

un incendie fire
une inondation flood
un ouragan hurricane
une pluie acide acid rain
le réchauffement climatique
    global warming
la sécheresse drought
un tremblement de terre earthquake

Se servir de la nature ou la détruire

le bien-être well-being
un combustible fuel

la consommation d'énergie
    energy consumption
la couche d'ozone ozone layer
les déchets (m.) trash
le gaspillage waste
un nuage de pollution smog
chasser to hunt
empirer to get worse
épuiser to use up
être contaminé(e) to be contaminated
gaspiller to waste
jeter to throw away
menacer to threaten
nuire à to harm
polluer to pollute
prévenir to prevent; to tell; to warn
protéger to protect
résoudre to solve
respirer to breathe
supporter to put up with
tolérer to tolerate

en voie d'extinction endangered
jetable disposable
nuisible harmful
renouvelable renewable

PARLONS FRANÇAIS!

une ferme de poissons

ZINEB J'ai une bonne nouvelle sur **l'environnement**! Les émissions mondiales de dioxyde de carbone ont diminué l'année dernière. La situation arrête d'**empirer**. Super! Et bientôt, les énergies **renouvelables** seront la première source d'électricité. Comme ces énergies sont moins **nuisibles**, on va pouvoir mieux **respirer** et **résoudre** le problème du **réchauffement climatique**…

THOMAS Moi, je sais que les 15 pays qui possèdent 40% du littoral mondial ont signé un accord pour **protéger** les populations de **poissons** qu'on **épuise** avec trop de pêche… et aussi pour arrêter de **polluer** leurs eaux avec du plastique. **Jeter** moins de plastiques dans les océans va aider à **préserver** la vie partout sur notre planète.

Mise en pratique

1. Bonjour de Polynésie Complétez cette carte postale que Viana a écrite à son copain Loïc. Ajoutez l'article qui convient et faites les accords nécessaires.

| araignée | bien-être | en voie d'extinction | insuffisant | protéger | soleil |
| archipel | déforestation | inondation | préserver | singe | tropicale |

Cher Loïc,

Comment vas-tu? J'espère qu'il fait bon chez toi. Ici, il fait un temps merveilleux! Je suis bien bronzée parce que (1) _____ est brûlant. Par contre, on a eu des pluies torrentielles la semaine dernière et j'ai eu peur qu'il y ait (2) _____.

Hier, j'ai enfin réalisé mon rêve de faire une randonnée près de Mangaréva, l'île principale de (3) _____ des Gambier. J'ai observé toutes sortes d'animaux dans la forêt (4) _____: différentes espèces de (5) _____, comme des orangs-outans et des chimpanzés, et j'ai vu une grosse (6) _____ de six centimètres! Ce n'était pas grave parce que je n'ai pas peur des arachnides. Malheureusement, quelques espèces sont (7) _____, alors il faut bien (8) _____ la biodiversité! Le guide m'a dit que (9) _____ risque de détruire la forêt et que les animaux risquent de disparaître. J'ai envie de me joindre au groupe de gens qui veulent (10) _____ cette belle région, riche en ressources naturelles.

Écris-moi un e-mail pour me donner de tes nouvelles, dès que tu auras un instant. Tu me manques!

Gros bisous,
Viana

Loïc Duperray

2 bis, rue de la Tannerie

40990 St-Paul les Dax

France

2. Parlons français! À deux, écoutez la conversation entre Malina et Duran. Ensuite, répondez aux questions.

1. Que fait le plastique dans les océans, d'après Malina?
2. Qu'est-ce qui préoccupe (*worries*) Duran au sujet du Cameroun?
3. Et pour vous, qu'est-ce qui menace le plus votre pays? Et la vie sur Terre?
4. Avez-vous de bonnes nouvelles à partager sur l'environnement? Est-ce qu'il est important de s'intéresser aux nouvelles positives dans ce domaine, d'après vous?

3. Soyons proactifs! Imaginez qu'une usine locale pollue la région dans laquelle vous habitez. Par petits groupes, écrivez aux responsables un e-mail dans lequel vous expliquez le problème, faites part de votre inquiétude et donnez des conseils pour améliorer la situation et protéger la nature et les animaux concernés.

I CAN talk about nature as well as its preservation and destruction.

Court métrage

Communicative Goal Understand a short documentary film about sustainable forestry in Gabon

Préparation

Dans *Un héros de la nature gabonaise*, Yann Arthus-Bertrand part à la rencontre d'un militant écologiste gabonais devenu forestier dans une exploitation de bois certifiée.

Glossaire du court métrage

bouffer *to eat*
le braconnage *poaching*
un bûcheron *lumberjack*
un dispensaire *clinic*
l'exploitation (f.) *commercial development*
un(e) forestier/forestière *logger*
un(e) géant(e) *giant*
l'industrie (f.) **forestière** *logging industry*
un meuble *piece of furniture*
un(e) militant(e) *activist*
une ONG (organisation non gouvernementale) *NGO (non-governmental organization)*
la potabilisation de l'eau *water purification*
râler *to complain*
tomber en faillite *to go bankrupt*
vendre son âme au diable *to sell one's soul to the devil*

Vocabulaire utile

abattre *to cut down*
bâtir *to build*
la construction *construction*
exploiter *to use; to harvest*
la fabrication *manufacture*
le mobilier *furniture*

---

1 **Définitions** Associez chaque mot ou expression avec sa définition.

____ 1. ce qu'on fait quand on n'est pas satisfait de quelque chose
____ 2. l'activité associée au travail en usine
____ 3. une personne qui défend une cause
____ 4. les divers objets qu'on trouve dans les pièces d'une maison
____ 5. la personne qui coupe les arbres dans une forêt
____ 6. couper
____ 7. un lieu où on peut aller se faire soigner quand on est malade
____ 8. ce qui risque d'arriver par manque d'argent

a. la fabrication
b. le mobilier
c. un dispensaire
d. râler
e. un bûcheron
f. un(e) militant(e)
g. tomber en faillite
h. abattre

2 **Complétez** Complétez les phrases avec les mots et les expressions de vocabulaire. Faites les changements nécessaires.

1. Mon oncle est forestier; donc il est employé dans _____.
2. Nous _____ cette maison en moins de trois mois grâce à l'aide de toute notre famille.
3. Pour ton salon, tu préfères _____ ancien ou moderne?
4. Ma fille est partie travailler comme volontaire pour _____ qui s'occupe de la protection de l'environnement en Afrique.
5. Cette girafe mesure plus de six mètres. C'est une véritable _____!
6. Il y avait beaucoup de _____ hier à la manifestation contre la déforestation.
7. Le fils des Lafarge est médecin dans _____ en Asie, non?

3 Préparation Répondez aux questions par groupes de trois.

1. Vous sentez-vous concerné(e) par le problème de la déforestation? Pourquoi ou pourquoi pas?
2. Avez-vous beaucoup de meubles et d'objets en bois chez vous? Savez-vous d'où ils proviennent ou comment ils ont été produits?
3. Pensez-vous qu'il soit possible de couper des arbres tout en respectant les forêts? Sous quelles conditions?
4. Comment imaginez-vous une forêt africaine?
5. D'après vous, quel genre de personnes qualifierait-on de «héros de la nature»?

4 Description Avec un(e) camarade, décrivez les trois images ci-dessous et discutez des sentiments qu'elles évoquent en vous.

5 Prédictions D'après les images ci-dessus, essayez de deviner de quel type de documentaire il va s'agir. Écrivez un paragraphe d'environ huit phrases dans lequel vous présentez vos prédictions. Considérez aussi ces éléments:

- le vocabulaire donné à la page précédente
- le poster du film à la page suivante
- le titre du film

6 Enquête Demandez à des camarades de décrire le personnage le plus extraordinaire qu'ils aient rencontré dans leur vie. Par petits groupes, discutez des résultats. Parmi les personnes mentionnées, qui aimeriez-vous rencontrer et pourquoi?

Court métrage

Scènes

ARTHUS-BERTRAND Le Gabon est le premier exportateur de bois au monde. Le bois, on ne peut pas s'en passer, mais peut-on au moins produire sans détruire les forêts? J'ai eu envie de voir une exploitation certifiée qui a reçu le label FSC.

M'BINA Ça a un rôle, la forêt. Le rôle économique est assez important. Elle a son rôle écologique, qui est très important pour l'humanité, et elle a son rôle social qui est très important pour les populations qui y vivent. On ne peut pas lui enlever un de ses trois rôles.

ARTHUS-BERTRAND Sur cette petite parcelle de trente hectares, vous allez couper combien d'arbres?
M'BINA Une moyenne de vingt, moins d'un arbre à l'hectare est en fait exploité; tous les trente ans.

ARTHUS-BERTRAND Tous ces arbres ont un numéro. On sait d'où ils viennent et comment ils ont été coupés.
M'BINA C'est ça qu'on appelle la traçabilité. Une fois de plus, on met l'acheteur face à ses responsabilités.

ARTHUS-BERTRAND En Afrique, la forêt disparaît deux fois plus vite qu'ailleurs. Quatre millions d'hectares sont rasés° chaque année pour le bois, le charbon de bois° et le papier, l'équivalent d'un pays comme la Suisse.

ARTHUS-BERTRAND Mais les choses bougent sous la pression des consommateurs. À chaque fois que nous achetons, nous décidons de l'avenir du monde. [...] On oublie trop que notre désir légitime de payer moins se traduit souvent par des injustices.

rasés cleared **charbon de bois** charcoal

Unité 10

INTRIGUE
Dans Un héros de la nature gabonaise, *Yann Arthus-Bertrand nous fait découvrir une exploitation de bois certifiée au Gabon.*

Connections

Le parc national d'Ivindo Ce parc, d'une superficie de 3.000 kilomètres carrés, situé entre les provinces de l'Ogooué-Ivindo et de l'Ogooué-Lolo au Gabon, a été créé en 2002. Il est composé de forêts très anciennes et on y trouve aussi d'immenses chutes d'eau, dont celle de la Djidji qui a une hauteur de 80 mètres. Le parc national d'Ivindo est réputé pour sa biodiversité exceptionnelle. On peut notamment y rencontrer des gorilles, des chimpanzés, des antilopes, des buffles, ainsi que plus de 350 espèces d'oiseaux.
• Pourquoi pensez-vous que ce parc national permet tant de biodiversité?

Les richesses naturelles

Court métrage

Analyse

1 Compréhension Répondez aux questions par des phrases complètes.

1. Quel est le but du voyage de Yann Arthus-Bertrand au Gabon?
2. Qui rencontre-t-il au Gabon? Que faisait cet homme avant son travail actuel? Et aujourd'hui, que fait-il?
3. Pourquoi l'arbre que Christian M'Bina «présente» à Yann Arthus-Bertrand ne sera-t-il pas coupé?
4. Combien d'arbres vont être coupés par l'équipe de Christian M'Bina?
5. À quoi faut-il faire attention en abattant les arbres?
6. Comment les arbres abattus sont-ils transportés?
7. Où vont partir ces arbres? Que va-t-on en faire?
8. Quels sont les types d'engagements nécessaires de la part des exploitations forestières pour pouvoir devenir certifiées?
9. Qu'est-ce que la traçabilité permet aux consommateurs?
10. D'après le documentaire, pourquoi est-il important que les forestiers et les gens comme Christian M'Bina travaillent ensemble?

2 Interprétation Répondez aux questions avec un(e) camarade.

1. Êtes-vous d'accord avec l'idée qu'on ne peut pas se passer de bois? Y a-t-il d'autres alternatives à l'utilisation du bois pour la construction, le mobilier et la fabrication d'objets divers, à votre avis? Lesquelles?
2. Que pensez-vous de la coopération entre des forestiers et des organismes (*organizations*) qui ont pour but la protection de l'environnement? Leur travail est-il compatible? Complémentaire? Expliquez votre opinion.
3. Êtes-vous surpris(e) par le fait que seulement 5% des surfaces confiées aux forestiers soient gérées de manière durable actuellement au Gabon? Pourquoi? Que pourrait-on faire pour améliorer ce chiffre?
4. En tant que consommateurs, que pouvons-nous faire pour participer à la lutte contre la déforestation, d'après vous?
5. Avec des initiatives comme celle présentée dans le documentaire, comment imaginez-vous l'avenir des forêts du monde? Êtes vous plutôt optimiste ou pessimiste en ce qui les concerne?

3 Des présentations inhabituelles Comment Christian M'Bina présente-t-il l'immense arbre qu'on voit sur cette image à Yann Arthus-Bertrand? Que dit-il au sujet de ce «géant»? Décrivez sa relation avec les arbres et la forêt en général en utilisant cette scène comme point de référence.

4 Les rôles de la forêt Dans le documentaire, Christian M'Bina parle de trois rôles de la forêt. Quels sont ces rôles? Donnez des exemples concrets pour illustrer chacun de ces rôles. Lequel est le plus important, d'après vous? Pourquoi? Discutez de vos idées avec un(e) camarade, puis partagez vos réflexions avec deux autres camarades.

Rôle	Exemples
1.	
2.	
3.	

5 Traçabilité et qualité Pensez-vous que la traçabilité des produits soit quelque chose de bénéfique pour le consommateur? Est-ce plus important dans certains domaines que dans d'autres? Faites-vous attention à l'origine et aux modes de production des produits que vous achetez? Pourquoi ou pourquoi pas? Discutez de ces questions par petits groupes.

6 Une contradiction? Quand ils sont sur les troncs d'arbres à Port-Gentil, Yann Arthus-Bertrand fait la remarque ci-dessous à Christian M'Bina. Comment répondriez-vous à ce commentaire si vous étiez Christian M'Bina? Écrivez un paragraphe dans lequel vous répondez à Yann Arthus-Bertrand. Inspirez-vous des propos et arguments de Christian M'Bina dans le documentaire.

> Christian, c'est impressionnant, cette forêt morte qui flotte, tous ces cadavres. On marche sur des cadavres d'arbres. Tu n'as pas l'impression d'avoir vendu ton âme au diable en travaillant pour un forestier, toi qui es un écolo?

7 Recherches et présentation Le label FSC (*Forest Stewardship Council*), qui est mentionné dans le documentaire, est un écolabel qui garantit que du bois a été produit suivant des procédés d'exploitation responsable. Par petits groupes, faites des recherches sur Internet pour en apprendre plus sur les principes de ce label ainsi que sur ses conditions d'obtention. Faites une présentation orale à la classe pour résumer ce que vous avez appris.

8 Discussion À votre avis, en tant que consommateurs, avons-nous réellement un impact sur l'avenir du monde? Le fait de vouloir toujours payer moins est-il compatible avec le développement durable? Discutez de ces idées par petits groupes.

✓ I CAN understand a short documentary film about sustainable forestry in Gabon.

Imaginez

Communicative Goal Identify and reflect on the people, attractions, and language of francophone Asia and Oceania

la baie d'Along, au Viêt-Nam

IMAGINEZ
la Polynésie française, la Nouvelle-Calédonie, l'Asie

D'ailleurs…

Les paysages du Viêt-Nam, du Laos et du Cambodge sont très variés, mais les rizières° sont partout présentes. Au Cambodge, elles occupent 70% des terres cultivées, au Viêt-Nam 75% et au Laos 80%. Les espèces de riz du Laos sont les plus diverses; elles ont plus de 3.000 noms différents. Il y a même des rizières au centre de Vientiane, sa capitale.

Fascinante Asie

«Un jour, j'irai là-bas, un jour, dire bonjour à mon âme
Un jour, j'irai là-bas, te dire bonjour, Vietnam»

Ces vers sont tirés de la chanson *Bonjour Vietnam* que **Marc Lavoine** (1962–), auteur interprète français, a écrite pour la chanteuse belge d'origine vietnamienne, **Pham Quynh Anh** (1987–). Avec ses paroles émouvantes, cette chanson, qui a été diffusée sur Internet au début de l'année 2006, a su toucher le cœur de milliers de Vietnamiens.

Le Viêt-Nam, le Cambodge et le Laos composaient l'**Indochine française**, colonie de l'**Asie du Sud-Est** continentale de 1887 à 1954. Durant cette période, la population d'origine française n'a jamais été très nombreuse, 35.000 personnes au maximum. La France s'intéressait surtout à l'**exploitation économique** du territoire, et non à son peuplement°. Dans les années 1930, les colons français possédaient encore d'immenses plantations et la société était très divisée. Malgré ce passé douloureux, des relations d'amitié se sont créées et des liens culturels se sont tissés°.

Si comme Pham Quynh Anh vous rêvez d'aller un jour au Viêt-Nam, il y a plusieurs endroits à ne pas manquer. La **baie d'Along**, dans le **golfe du Tonkin**, au nord du pays, est connue pour sa beauté, avec ses 2.000 îles et îlots de calcaire° qui émergent des eaux couleur émeraude. Elle doit aussi son charme à ses villages de pêcheurs et à leurs maisons flottantes.

Un tour en cyclopousse° du vieux quartier ou de l'un des nombreux petits lacs bordés° de pagodes révélera tout le charme d'**Hanoï**, capitale du Viêt-Nam, Fondée il y a trois mille ans, Hanoï est le centre culturel du Viêt-Nam. Le **delta du Mékong** et **Hô Chi Minh-Ville**, anciennement **Saïgon**, la capitale coloniale, sont aussi des étapes incontournables. La moitié des produits

Angkor Vat, le plus grand temple d'Angkor, au Cambodge

agricoles du pays proviennent du delta. Et à Hô Chi Minh-Ville, de nombreux monuments rappellent la présence française, comme la Grande poste conçue par **Gustave Eiffel**.

Les voyageurs francophones connaissent moins bien le **Laos** et le **Cambodge**, mais c'est en train de changer. Au Laos, les visiteurs doivent s'arrêter à **Vientiane**, la capitale fondée au 16e siècle, dont certains monuments rappellent la France, comme le **Patouxai** qui ressemble à l'**Arc de Triomphe**. **Luang Prabang**, magnifique cité royale avec sa trentaine de temples bouddhistes, est un exemple remarquable de fusion entre architecture traditionnelle et urbanisme européen. Le Cambodge, «pays du sourire», est réputé pour son hospitalité. On y trouve **Angkor**, célèbre site de la culture **Khmer**, dont les merveilles d'architecture occupent plus de 400 km². Dans ces deux pays, la francophonie a moins d'influence qu'au Viêt-Nam, mais le français y est encore parlé.

Des classes bilingues existent partout dans cette partie de l'Asie, pour assurer l'enseignement de la langue aux jeunes générations. Alors, si en visite là-bas, on vous accueille avec un «Bonjour et bienvenue», ne soyez pas étonnés!

peuplement *population* **se sont tissés** *were forged* **calcaire** *limestone* **cyclopousse** *rickshaw pulled by a bicycle* **bordés** *lined* **rizières** *rice fields*

LE FRANÇAIS LOCAL

Des mots utilisés au Viêt-Nam, au Cambodge et au Laos

une jonque	une barque; *boat*
une pagode	un temple
un pousse-pousse	*rickshaw*
un sampan	une barque en bois

Le français parlé en Nouvelle-Calédonie

avoir la boulette	être en forme; *to feel great*
C'est choc!	C'est super!
les claquettes	les tongs; *flip-flops*
feinter	blaguer; *to joke*
Il est bon?	Ça va?
pète-claquettes	ennuyeux, casse-pieds; *bore*
Va baigner!	Va-t-en!; *Go away!*

Unité 10

DÉCOUVREZ

l'Asie et le Pacifique francophones

Heiva C'est la fête populaire la plus importante de **Tahiti**. Elle a lieu en juillet et on y organise beaucoup de concours

sportifs traditionnels: courses de pirogues° ou de porteurs de fruits, lancer du javelot°, lever de pierre, tressage°, préparation du coprah à base de noix de coco° et ascension de cocotiers. Il y a aussi beaucoup de costumes, de danses et de chants traditionnels.

Pondichéry et Chandernagor
Au 17e siècle, la France a colonisé une partie de l'Inde. **Pondichéry** et **Chandernagor** étaient ses deux comptoirs° les plus importants et ce, jusque dans les années 1950. Chandernagor, sur les rives° du **Gange**, et Pondichéry, sur la côte

sud-est, sont aujourd'hui des villes indiennes où on peut voir des traces de la présence française. Par exemple à Pondichéry, certains noms de rues sont indiqués en français et les policiers portent des képis° rouges.

Le nickel Le nickel est rare sur terre et la **Nouvelle-Calédonie** en est un des premiers producteurs mondiaux.

C'est la plus grande richesse de l'île, environ 80% de ses exportations. Excellent conducteur, le nickel résiste bien aux produits chimiques et s'oxyde peu. Il est donc très utile dans les industries chimique, navale ou automobile, le bâtiment et l'électroménager°. Il sert aussi à fabriquer les pièces de 1 et 2 euros.

Tahiti Pearl Regatta La Tahiti Pearl Regatta est le rendez-vous annuel des amateurs de voile° en **Polynésie**. C'est d'abord une course de trois jours, où les participants naviguent en pleine mer° ou dans des lagons et doivent traverser des passes°. Mais c'est aussi une vraie

fête. Plongée, pirogues, jeux polynésiens et pétanque sont au programme. Le soir, les participants se retrouvent autour du tamaara'a géant, un grand repas traditionnel.

courses de pirogues *canoe races* **javelot** *spear* **tressage** *weaving* **noix de coco** *coconut* **comptoirs** *trading posts* **rives** *banks* **képis** *French military caps* **électroménager** *home appliances* **voile** *sailing* **pleine mer** *deep sea* **passes** *channels*

Les richesses naturelles 345

Imaginez

Qu'avez-vous appris?

1 Vrai ou faux? Indiquez si les affirmations sont vraies ou fausses, et corrigez les fausses.
1. Marc Lavoine a écrit la chanson *Bonjour Vietnam* pour Pham Quynh Anh.
2. Pham Quynh Anh est une chanteuse française d'origine tahitienne.
3. Mékong est l'ancienne capitale coloniale du Viêt-Nam.
4. Il existe un monument conçu par Gustave Eiffel à Hô Chi Minh-ville.
5. À Vientiane, le Patouxai est un monument qui ressemble à la Tour Eiffel.
6. Au Laos, la cité royale de Luang Prabang possède une trentaine de temples bouddhistes.
7. La francophonie a moins d'influence au Viêt-Nam qu'au Cambodge.
8. Des classes bilingues existent en Asie pour assurer l'enseignement du français aux jeunes Vietnamiens, Laotiens et Cambodgiens.
9. Le Heiva est fêté en Inde.
10. La Nouvelle-Calédonie est un gros producteur d'argent.

2 Questions Répondez aux questions.
1. Quels pays composaient l'Indochine française?
2. Quand l'Indochine française a-t-elle disparu?
3. À quoi s'intéressait surtout la France en Indochine?
4. Où se trouve le golfe du Tonkin?
5. Que trouve-t-on dans le golfe du Tonkin?
6. Quelle est la capitale du Viêt-Nam et quand a-t-elle été fondée?
7. Quelles sortes de concours sont organisés pour le Heiva?
8. Où se trouve Chandernagor?
9. Qu'est-ce que la Tahiti Pearl Regatta?

3 Discussion Considérez les effets du colonialisme. Par groupes de trois, discutez de toutes ses conséquences sur la population colonisée. Prenez en compte les thèmes ci-dessous.
- l'économie
- la culture
- la langue
- l'industrie
- la nourriture
- les arts (musique, théâtre, peinture)

PROJET

Voyage culinaire

Imaginez que vous soyez guide et que vous organisiez un circuit à la découverte de la cuisine vietnamienne, laotienne ou cambodgienne. Faites des recherches pour créer votre itinéraire. Ensuite, préparez votre circuit d'après les critères suivants:

- Choisissez trois ou quatre lieux à visiter en rapport avec votre sujet.
- Sélectionnez des plats typiques ou des ingrédients locaux.
- Trouvez des photos des plats, des ingrédients et des lieux que vous avez choisis.
- Montrez les photos et décrivez votre circuit à la classe. Expliquez pourquoi vous avez choisi ces étapes.

I CAN identify and reflect on the people, attractions, and language of francophone Asia and Oceania.

Communicative Goal Discuss ways of sharing tragic experiences in order to heal and grow from them

Unité 10

Galerie de Créateurs

Cinéma: Rithy Panh (1964–)

1 Préparation Répondez à ces questions sur le partage des expériences. Pensez à une tragédie ou à une difficulté personnelle qui vous a fait souffrir. Avec qui est-ce que vous l'avez partagée? Comment l'avez-vous partagée? Expliquez en quoi vos émotions ont changé en partageant votre expérience.

Rithy Panh: survivant des Khmers rouges

En 1975, les Khmers rouges internent dans un camp de travail Rithy Panh et sa famille. Il y perd ses parents et une partie de sa famille. Puis, en 1980, Rithy Panh se réfugie à Paris où il suit des études de cinéma et obtient son diplôme. Le génocide, dans lequel une partie de sa famille a péri (*perished*), forge depuis le début l'inspiration de ce réalisateur cambodgien. En 1994, *Les gens de la rizière* raconte la lutte pour la survie d'une famille rurale cambodgienne, après le génocide. En 2002, dans le documentaire *S21, la machine de mort khmère rouge*, Rithy Panh met en scène des gardiens de prison et les trois survivants du S21, centre de détention, de torture et d'exécution jusqu'en 1979. Des années après la fermeture du camp, il a demandé à ces gardiens de refaire les gestes mécaniques qu'ils faisaient. Par ces images, le réalisateur arrive à rendre présents tous les prisonniers qui sont absents du film. En 2012, il aborde de nouveau le thème du génocide cambodgien dans *Duch, le maître des forges de l'enfer*. Le film donne voix à un ex-tortionnaire Khmer pour qu'il explique ses actes. *L'Image manquante* a été nommé aux Oscars 2014 dans la catégorie meilleur film en langue étrangère. À l'aide de ses films, Rithy Panh s'efforce (*tries hard*) de ressusciter la culture de son pays.

2 Compréhension Répondez par des phrases complètes.
1. Pourquoi Rithy Panh a-t-il quitté son pays natal?
2. Quel est le sujet des films de Rithy Panh?
3. Qu'est-ce que c'est, le S21?
4. Comment Rithy Panh a-t-il rendu les prisonniers du S21 présents dans son documentaire?
5. Quel est l'objectif du film *Duch, le maître des forges de l'enfer*?

3 Discussion Discutez en groupes et puis avec la classe.

Selon la lecture, Panh a mis en scène des gardiens du S21 et leur a demandé de refaire leurs gestes dans le film. Il voulait ainsi aider les Cambodgiens à «guérir» des atrocités commises par les Khmers rouges. Êtes-vous d'accord avec cette idée? Pourquoi? Comment est-ce que les victimes d'une telle tragédie peuvent s'exprimer et «guérir»? Discutez de ces questions et justifiez vos réponses.

4 Application Comment «guérir» les cœurs

Pensez à une tragédie qui a fait souffrir un peuple, une culture, une personne ou vous-même. Comment peut-on partager cette expérience avec le reste du monde afin qu'elle ne se répète pas? Comment peut-on aider les cœurs des victimes à en «guérir»? Préparez une présentation sur ce sujet.

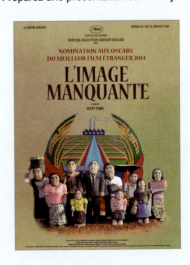

I CAN discuss ways of sharing tragic experiences in order to heal and grow from them.

Structures

Communicative Goal Express regrets and give excuses for things that happened in the past

10.1 The past conditional

Grammar Tutorial

*Qui **aurait pu** imaginer qu'un ancien militant écolo travaillerait un jour dans une exploitation forestière?*

- Use the past conditional (**le conditionnel passé**) to express an action that *would have occurred* in the past.

À noter

To review formation and use of the **conditionnel**, see **Structures 8.3, pp. 282–283**.

Conditionnel	Past conditional
Sans les nuages de pollution, on **respirerait** mieux.	Sans les nuages de pollution, nos ancêtres **auraient** mieux **respiré**.
Without smog, we'd breathe better.	*Without smog, our ancestors would have breathed better.*

- The past conditional is formed with a **conditionnel** form of **avoir** or **être** and the past participle of the main verb. Use the same helping verb as you would for any other compound tense, such as the **passé composé**, the **plus-que-parfait**, or the future perfect.

	faire	partir	se lever
je/j'	aurais fait	serais parti(e)	me serais levé(e)
tu	aurais fait	serais parti(e)	te serais levé(e)
il/elle/on	aurait fait	serait parti(e)	se serait levé(e)
nous	aurions fait	serions parti(e)s	nous serions levé(e)s
vous	auriez fait	seriez parti(e)(s)	vous seriez levé(e)(s)
ils/elles	auraient fait	seraient parti(e)s	se seraient levé(e)s

- Verbs in the past conditional follow the same patterns as they do in other compound tenses for negation, adverb and pronoun placement, and past participle agreement.

Il y a cent ans, **personne ne** nous aurait parlé du changement climatique.
100 years ago, no one would have talked to us about climate change.

Je ne trouve pas **les clés que** vous auriez **vues** hier dans la cuisine.
I cannot find the keys that you might have seen in the kitchen yesterday.

Nathalie aurait **bien** ri si elle avait entendu cette blague.
Nathalie would have laughed a lot if she had heard that joke.

Nous serions **déjà** partis si cela avait été possible.
We would have already left if it had been possible.

 Vérifiez

Uses of the conditional

- Use the past conditional with certain verbs to express regret or reproach. In the past conditional, **aimer** + [*infinitive*] means *would have liked to*; **devoir** + [*infinitive*] means *should have*; **pouvoir** + [*infinitive*] means *could have*; and **vouloir** + [*infinitive*] means *would have liked to*.

Vous **auriez dû étudier** un peu plus longtemps.
You should have studied a little longer.

Nous **aurions aimé regarder** un film différent.
We would have liked to watch a different film.

Tu **aurais** quand même **pu m'appeler** hier soir.
You could have at least called me last night.

J'**aurais voulu lire** l'article sur les sources d'énergie.
I would have liked to read the article about energy sources.

- Use the **conditionnel** or the past conditional with the expression **au cas où** (*in case*).

Prends ton portable **au cas où** le train **arriverait** en retard.
Bring your cell phone in case the train arrives late.

Prends ton portable **au cas où** le train **serait** déjà **parti** quand vous arriverez à la gare.
Bring your cell phone in case the train has already left when you arrive at the station.

À noter

To review the *future in the past* use of the **conditionnel**, see **Structures 8.3, pp. 282–283**.

- You have learned that the **conditionnel** can express a future action when talking about the past. The past conditional can act as a *future perfect in the past*, describing events that were to have taken place at a later point.

Maman nous a dit qu'elle **rentrerait** avant minuit.
Mom told us that she would come home before midnight.

Maman nous avait dit qu'elle **serait rentrée** avant minuit, mais elle n'a pas pu.
Mom had told us that she would come home before midnight, but she couldn't.

- Just as the **conditionnel** can express uncertainty about events in the present, the past conditional can express uncertainty about events in the past.

Selon le journal, il y **aurait** une centaine d'habitants dans ce village.
According to the newspaper, there might be a hundred or so inhabitants in this town.

Selon le journal, il y **aurait eu** une centaine de manifestants samedi.
According to the newspaper, there might have been a hundred or so protesters on Saturday.

Vérifiez

Structures

10.1 Mise en pratique

1 **À compléter** Employez le conditionnel passé des verbes entre parenthèses.

1. Selon mon oncle, l'ouragan _____ (détruire) un centaine de bâtiments.
2. Les journaux ont annoncé qu'à cause d'une demande inhabituelle, nous _____ (épuiser) nos réserves de combustibles.
3. Je _____ (s'acheter) la plus grande voiture, mais j'avais peur qu'elle nuise à l'environnement.
4. Je/J' _____ (vouloir voir) moins de pollution, mais j'ai dû rester longtemps dans la capitale.
5. Tu as dit aux représentants de la société de recyclage que tu _____ (ne pas gaspiller) les produits non-renouvelables.

2 **Qu'aurait-elle fait?** Malika a passé ses vacances en famille, mais elle aurait aimé les passer avec ses amis. Dites ce qu'elle aurait préféré faire en leur compagnie.

> **Modèle** Malika et sa famille sont allés dans un musée de peintures. (au centre commercial)
>
> Malika, elle, serait allée au centre commercial.

1. Ils ont dormi à l'hôtel. (chez sa copine Manon)
2. Ils ont emporté des jeux de société. (son ordinateur portable)
3. Ils ont souvent mangé dans une crêperie. (dans une pizzeria)
4. Ils ont joué à la pétanque. (au tennis)
5. Ils sont sortis un soir sur trois. (tous les soirs)
6. Ils ont bronzé dans leur jardin. (à la plage)
7. Le premier jour, ils sont partis à 6 heures du matin. (à midi)
8. Ils sont rentrés un dimanche. (un vendredi)

3 **Y est-il vraiment allé?** Michel a passé des vacances à Tahiti, et ses amis lui demandent comment ça s'est passé. Mais il leur répond évasivement. Employez le conditionnel passé pour répondre comme Michel. Soyez créatif/créative.

> **Modèle** Tu as visité les quartiers intéressants de Papeete?
>
> Je les aurais visités, mais je n'avais pas le plan de la ville.

1. Alors, tu es allé à la plage?
2. On t'a servi de délicieux fruits tropicaux?
3. Est-ce que les habitants t'ont parlé français?
4. T'es-tu fait de nouveaux amis?
5. Alors, tu as découvert d'autres îles de l'archipel de la Société?
6. L'île évoque au moins les tableaux de Gauguin?

Connections

Les artistes en Polynésie
Tahiti est la plus grande des îles de la Société, un des cinq archipels qui constituent la Polynésie française. De nombreux personnages célèbres sont passés par la Polynésie française, pour des raisons assez diverses. Le peintre français Paul Gauguin y a vécu à la fin du 19e siècle, jusqu'à sa mort en 1903. L'écrivain américain Herman Melville, par contre, a été emprisonné à Papeete en 1842.

• Quelles œuvres de Herman Melville connaissez-vous?

Communication

4 **Qu'auriez-vous fait?** À deux, regardez les illustrations et, à tour de rôle, dites ce que vous auriez fait dans chaque situation. Servez-vous des mots de la liste, si nécessaire.

Modèle Moi, je me serais fâché contre le garçon avec la glace.

acheter	crier	un médecin
appeler	se fâcher	salir
un costume	une glace	téléphoner

5 **Des excuses** Arthur, votre meilleur ami, est allé en vacances à Tahiti. Vous lui demandez s'il (*if he*) a fait toute une liste de choses, mais il a toujours une bonne excuse pour expliquer que non. Avec un(e) partenaire, jouez tour à tour le rôle d'Arthur et imaginez la conversation. Soyez créatifs/créatives!

Modèle nager dans l'océan Pacifique
— Vous avez nagé dans l'océan Pacifique?
— J'aurais nagé dans l'océan, mais c'était trop dangereux!

- bronzer sur la plage
- voir la Tahiti Pearl Regatta
- nous acheter des cadeaux
- visiter des musées
- assister au Heiva
- rencontrer des Tahitiens

6 **Des regrets?** Qu'est-ce que vous n'avez pas fait dans la vie parce que vous avez choisi de faire autre chose? Le regrettez-vous? Par groupes de trois, employez le conditionnel passé des verbes **aimer**, **devoir**, **pouvoir** et **vouloir** pour parler de vos choix à vos camarades.

Modèle J'aurais pu visiter l'Europe l'été dernier, mais j'ai choisi de passer deux semaines chez ma grand-mère, qui fêtait son 80e anniversaire.

Qu'auriez-vous...
- aimé faire?
- dû faire?
- pu faire?
- voulu faire?

Qu'avez-vous fait à la place?

I CAN express regrets and give excuses for things that happened in the past.

Structures

Communicative Goal Discuss how life and environmental issues will have changed in the future

10.2 The future perfect

*Quand l'équipe de Christian M'Bina coupera à nouveau des arbres ici, il se **sera passé** trente ans.*

- Use the future perfect (**le futur antérieur**) tense to describe an action that *will have occurred* before another action in the future.

  Quand il arrivera, Martine **sera** déjà **partie**.
  By the time he arrives, Martine will have already left.

  Je prendrai une décision quand vous m'**aurez donné** plus d'informations.
  I'll make a decision when you have given me more information.

- Verbs in the future perfect are formed with a **futur simple** form of **avoir** or **être** and the past participle of the main verb. Use the same helping verb as for other compound tenses, such as the **passé composé** and the **plus-que-parfait**.

	faire	partir	se lever
je/j'	aurais fait	serais parti(e)	me serais levé(e)
tu	aurais fait	serais parti(e)	te serais levé(e)
il/elle/on	aurait fait	serait parti(e)	se serait levé(e)
nous	aurions fait	serions parti(e)s	nous serions levé(e)s
vous	auriez fait	seriez parti(e)(s)	vous seriez levé(e)(s)
ils/elles	auraient fait	seraient parti(e)s	se seraient levé(e)s

- Verbs in the future perfect follow the same patterns as they do in other compound tenses for negation, adverb and pronoun placement, and past participle agreement.

| Negation | Cette espèce **n'**aura **pas** entièrement disparu en 2040, j'espère.
This species won't have completely disappeared by 2040, I hope. |
|---|---|
| Adverb placement | Il aura **déjà** passé deux jours à Papeete quand il viendra nous chercher à l'aéroport.
He will have already spent two days in Papeete when he comes to pick us up at the airport. |
| Pronoun placement | Nous **lui** aurons déjà parlé quand nous arriverons en classe demain.
We will have already talked to her when we get to class tomorrow. |
| Past participle agreement | À minuit, elles se seront déjà **couchées**.
By midnight, they will have already gone to bed. |

---

vhlcentral

 Grammar Tutorial

À noter

To review the forms of the **futur simple**, see **Structures 7.2, pp. 242–243**.

À noter

To review…
- negation, see **Structures 4.2, pp. 130–131**.
- pronoun order, see **Structures 5.3, pp. 170–171**.
- past participle agreement, see **Fiche de grammaire 5.5, p. 392**.

 Vérifiez

Uses of the future perfect

- You may contrast two clauses —one with a verb in the future perfect and one with a verb in the **futur simple**— in order to establish that one event will happen before another.

First event	Second event
Quand tu **auras fait** tes courses,	je **viendrai** te chercher en voiture.
When you've run your errands,	*I'll come pick you up in the car.*

Dès qu'elle **sera arrivée** à Paris,   elle **s'installera** à son hôtel.
As soon as she has arrived in Paris,   she'll settle in at her hotel.

Boîte à outils

In the main clause, an imperative can appear in the place of a verb in the **futur simple**.

Quand tu auras fait les courses, téléphone-moi.
When you've run your errands, call me.

- You learned that you can use the **futur simple** after the conjunctions **aussitôt que** (*as soon as*), **dès que** (*as soon as*), **lorsque** (*when*), **quand** (*when*), and **tant que** (*as long as*), if they describe a future event. They can also be followed by a verb in the future perfect, which is the tense almost always used after **après que** (*after*) and **une fois que** (*once*).

Il partira **après qu'**on **aura mangé**.
He'll leave after we've eaten.

Tu m'appelleras **dès que** tu **seras rentré**?
Will you call me as soon as you've returned?

Aussitôt qu'elle **aura trouvé** un nouvel appartement, elle nous invitera.
As soon as she's found a new apartment, she'll invite us over.

Vous visiterez le zoo **une fois qu'**on **aura ouvert** l'exposition sur les ours.
You'll visit the zoo once they've opened the bear exhibit.

À noter

To review the use of the **futur simple** with certain conjunctions, see **Structures 7.2, pp. 242–243**.

- When connecting two clauses, note the subtle distinction in meaning between a sentence that uses the **futur simple** after one of these conjunctions and one that uses the future perfect. In neither case are the English equivalents of these conjunctions followed by *will*.

Quand j'**aurai** des nouvelles, je vous **écrirai**.
When I have some news, I'll write you.

but

Quand j'**aurai eu** des nouvelles, je vous **écrirai**.
When I've had some news, I'll write you.

- Use **après que** with a conjugated verb when the subject of a subordinate clause is different from that of the main clause. Use **après** with the past infinitive when the subjects of both clauses are the same.

Different subjects	Same subjects
Mémé viendra nous rendre visite **après qu'**on **aura fait** le ménage.	Nous sortirons, mais seulement **après avoir fait** le ménage.
Grandma will come visit us after we've done the housework.	*We'll go out, but only after having done the housework.*

À noter

To review formation and use of the past infinitive, see **Structures 8.1, pp. 274–275**.

Vérifiez

Structures

10.2 Mise en pratique

1 **À compléter…** Mettez les verbes entre parenthèses au futur antérieur.

1. Quand le soleil _____ (réapparaître) après l'inondation, le niveau des eaux commencera à baisser.
2. Mesdames et messieurs, vous pourrez admirer la chaîne montagneuse lorsque vous _____ (arriver) au bout du sentier.
3. Le réchauffement de la planète, s'il continue, _____ (tuer) beaucoup de récifs de corail.
4. Après que nous _____ (finir) de sauver les forêts tropicales, les températures de la planète se stabiliseront.
5. Dès que le nuage de pollution _____ (se lever), je ferai du jogging.
6. On consommera moins de combustibles quand les habitants des grandes villes _____ (apprendre) à se servir des transports en commun.
7. Grâce aux nouveaux styles de construction, les tremblements de terre _____ (détruire) moins de bâtiments au cours de ce siècle.
8. Je dépenserai beaucoup d'argent pour l'électricité tant que je _____ (ne pas jeter) mon vieux chauffe-eau (*water heater*), qui gaspille trop d'énergie.

2 **Avant le départ** Monsieur Arnal et sa famille vont partir demain pour Nouméa. Mettez les verbes entre parenthèses au futur antérieur ou à l'infinitif passé.

Demain, ma famille et moi devons partir tôt pour l'aéroport, et nous n'aurons pas de temps à perdre. Après que ma femme (1) _____ (se lever), j'irai réveiller les enfants. Ils devront s'habiller rapidement après (2) _____ (prendre) leur petit-déjeuner. Moi, après (3) _____ (se brosser) les dents, je ferai la vaisselle. Ma femme prendra sa douche aussitôt que je (4) _____ (sortir) de la salle de bains. Après (5) _____ (s'habiller), nous téléphonerons à mes parents pour leur dire au revoir. Enfin, après (6) _____ (chercher) les passeports, ma femme donnera la clé de la maison aux voisins, qui vont la surveiller pendant notre absence.

3 **Dialogue** Ali énerve souvent son frère, Kamil, parce qu'il fait beaucoup de promesses, mais ne fait jamais rien. À deux, complétez le dialogue.

KAMIL Mais quand est-ce que tu vas ranger tes livres?
ALI Aussitôt que je/j' (1) _____, je rangerai mes livres.
KAMIL Tes amis ont mangé dans la cuisine et sont partis sans la nettoyer.
ALI D'accord! Ils la nettoieront dès qu'ils (2) _____.
KAMIL Et mes jeux vidéo? Pourquoi est-ce que vous les avez pris?
ALI Nous te les rendrons une fois que nous (3) _____.
KAMIL Ah, et il n'y a plus de bonbons!
ALI Je passerai au supermarché demain quand tu (4) _____.
KAMIL Et j'en ai marre de tes vêtements par terre.
ALI Je les rangerai aussitôt que je/j' (5) _____.
KAMIL Des promesses, toujours des promesses!

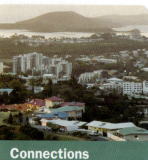

Connections

Nouméa Capitale de la Nouvelle-Calédonie, collectivité française d'outre-mer (*overseas*), Nouméa est une des villes les plus industrialisées du Pacifique Sud. La ville prend pourtant des mesures pour préserver les richesses naturelles, et est aujourd'hui un exemple de l'harmonie entre nature et urbanisation.

• Que peut-on faire pour préserver la nature dans une ville?

Communication

4 En 2050 À deux, dites comment ces problèmes écologiques auront évolué en 2050. Ensuite, présentez vos prédictions à la classe.

> **Modèle** la pollution de l'air
> Nous aurons résolu le problème de la pollution de l'air en 2050. Les usines, les voitures et les fermes auront arrêté de polluer l'atmosphère.

- le réchauffement de la planète
- les sécheresses
- la consommation d'énergie
- la disparition des espèces
- la déforestation
- ?

5 Et vous en 2050? Par groupes de trois, dites ce qui aura changé dans votre vie personnelle, en 2050. Ensuite, expliquez à la classe ce qui aura changé dans la vie de vos camarades.

> **Modèle** vos relations avec vos parents
> Mes parents et moi, nous aurons appris à mieux nous entendre en 2050.

- vos finances
- votre carrière
- vos loisirs
- vos relations avec vos amis
- vos connaissances en français
- ?

6 Les plus brillant(e)s Deux écologistes, chacun(e) se croyant plus brillant(e) que l'autre, parlent de ce qu'ils/elles auront fait à la fin de leur carrière pour sauver l'environnement et recevoir le prix Nobel de la paix. À deux, inventez le dialogue à l'aide du futur antérieur et des éléments donnés.

Votre pays d'origine	
Le problème sur lequel vous aurez travaillé	
La solution que vous aurez proposée	
Le moyen que vous aurez trouvé pour financer vos recherches	
Les procédures que vous aurez mises en place (*implemented*)	

I CAN discuss how life and environmental issues will have changed in the future.

Structures

Communicative Goal Explain what I would do if a certain situation happened

10.3 Si clauses

—**Si** une exploitation forestière **veut** obtenir le label FSC, elle **doit** respecter le code forestier.

Grammar Tutorial

- **Si** (*If*) clauses express a condition or event upon which another event depends. The **si** clause is the subordinate clause, and the result clause is the main clause.

Si clauses with the present tense

- When the condition expressed in the **si** clause might be fulfilled or is true, the verb in the **si** clause is in the present tense. The verb in the main clause may be in the present, **futur** (**proche** or **simple**), or the imperative.

- Use the present tense in the main clause to express what generally or automatically happens when the condition in the **si** clause occurs.

Si clause: present tense	Main clause: present tense
Si je suis malade,	**je reste** chez moi.
If I am ill,	*I stay at home.*

- Use the **futur proche** or the **futur simple** in the main clause to express what *will* happen if the condition in the **si** clause occurs.

Si clause: present tense		Main clause
Si l'ouragan arrive ce soir,	FUTUR PROCHE	**on va rester** chez nous demain.
If the hurricane arrives tonight,		*we're going to stay home tomorrow.*
S'il continue à pleuvoir,	FUTUR SIMPLE	**il y aura des** inondations.
If it keeps raining,		*there will be floods.*

- Use the imperative in the main clause to tell someone what to do if the condition in the **si**-clause occurs.

Si clause: present tense		Main clause
S'il y a des déchets par terre,	IMPERATIVE	**jetez-les** dans la poubelle.
If there is trash on the ground,		*throw it in the garbage.*

Si clauses with the *imparfait*

- When the condition expressed in the **si** clause is contrary to fact or not true, use a verb in the **imparfait** in the **si** clause and a verb in the **conditionnel** in the main clause.

Si clause: imparfait	Main clause: conditionnel
Si on donnait à manger aux animaux du zoo,	**on mettrait** leur vie en danger.
If we fed the zoo animals,	*we would put their lives in danger.*

Boîte à outils

If the word following **si** is **il** or **ils**, make the contraction **s'il** or **s'ils**.

Boîte à outils

The order of the subordinate and main clauses can vary in any **si** construction.

Si on allait au zoo, on pourrait voir les tigres.
If we went to the zoo, we could see the tigers.

Restez à la maison si l'ouragan passe demain.
Stay at home if the hurricane comes tomorrow.

Vérifiez

- **Si** clauses with the **imparfait** are often used without a main clause to make a suggestion or to express a wish or regret. The main clause may also be omitted in English in these types of expressions.

Suggestion	**Si on allait** au zoo demain? *What if we went to the zoo tomorrow?*
Expression of wish or regret	**Si j'étais** plus grand, plus beau, plus riche! *If only I were taller, more handsome, richer!*

Si clauses with the *plus-que-parfait*

- When the condition expressed in the **si** clause represents how something could have been in the past, but wasn't, use the **plus-que-parfait** in the **si** clause and the **conditionnel passé** in the main clause.

Si clause: plus-que-parfait	Main clause: conditionnel passé
Si nous avions fait du camping, *If we had gone camping,*	**nous aurions économisé** de l'argent. *we would have saved money.*
Si vous étiez arrivés dix minutes plus tôt, *If you had arrived ten minutes earlier,*	**vous n'auriez pas manqué** les bandes-annonces. *you would not have missed the previews.*

- **Si** clauses with the **plus-que-parfait** are often used without a main clause to express regret. These types of expressions in English may also omit the main clause.

Si j'avais su! *If only I had known!*	**Si seulement nous étions arrivés** plus tôt! *If only we had arrived earlier!*

Summary of *si* clauses

	Subordinate clause	Main clause
Probable events	si + present	present
Possible future events	si + present	futur proche
		futur simple
		imperative
Contrary-to-fact events	si + imparfait	conditionnel
	si + plus-que-parfait	conditionnel passé

*Si on **utilisait** moins de bois, on ne **serait** pas obligé d'abattre autant d'arbres.*

Boîte à outils

The **conditionnel présent** can also be used in the main clause when the **si** clause contains the **plus-que-parfait**.

S'il avait fait tous ses devoirs, il **partirait** en vacances demain.
If he had done all his homework, he'd leave for vacation tomorrow.

À noter

To review…

- the **futur proche**, see **Structures 1.2, pp. 20–21**.
- the **imperative**, see **Fiche de grammaire 1.5, p. 376**.
- the **imparfait**, see **Fiche de grammaire 3.5, p. 384**.
- the **conditionnel**, see **Structures 8.3, pp. 282–283**.
- the **plus-que-parfait**, see **Structures 4.1, pp. 128–129**.
- the **conditionnel passé**, see **Structures 10.1, pp. 348–349**.

Structures

10.3 Mise en pratique

1 Situations Complétez les phrases.

A. Situations possibles dans le futur

1. Si Thérèse n'_____ (arriver) pas bientôt, nous devrons faire la queue.
2. Si vous _____ (continuer) à chasser les ours, cette espèce va finir par être en voie d'extinction.

B. Situations hypothétiques dans le présent

3. Le trou dans la couche d'ozone _____ (être) encore plus grand si on utilisait encore certains produits nuisibles.
4. Si les gens _____ (recycler) plus souvent, il n'y aurait pas autant de déchets par terre (*on the ground*).

C. Situations hypothétiques dans le passé

5. S'il _____ (ne pas pleuvoir), nous n'aurions pas vu cet arc-en-ciel.
6. Le prix des combustibles _____ (baisser) si nous avions choisi d'utiliser d'autres sources d'énergie.

2 Il faut être optimiste Carole et Laëtitia travaillent pour Sauveterre, une organisation environnementale. Employez les temps qui conviennent pour compléter le dialogue.

CAROLE Si nous (1) _____ (travailler) jusqu'à dix heures ce soir, nous pourrons finir les nouvelles brochures sur le réchauffement de l'atmosphère.

LAËTITIA Penses-tu que les gens vont les jeter à la poubelle? S'ils s'inquiétaient vraiment pour l'environnement, les fleuves (2) _____ (être) moins pollués et nous ne (3) _____ (gaspiller) pas autant d'énergie.

CAROLE C'est vrai. Mais si le public ne (4) _____ (s'intéresser) pas du tout à l'environnement et ne (5) _____ (faire) pas d'efforts pour le protéger, nous respirerions un air encore plus impur et les forêts (6) _____ (disparaître) plus vite.

LAËTITIA Tu as raison. Je ne me pose plus de questions. Alors si nous (7) _____ (voir) quelqu'un jeter sa brochure à la poubelle, recyclons-la et (8) _____ (être) optimistes!

3 Si j'étais À deux, imaginez votre vie si vous faisiez une de ces carrières. Ensuite, à tour de rôle, présentez vos idées à la classe.

Modèle guide touristique

Si j'étais guide touristique, je travaillerais à Tahiti.

- garde forestier/forestière (*park ranger*)
- photographe
- pilote d'avion
- politicien(ne)
- scientifique
- urbaniste (*city/town planner*)
- ?

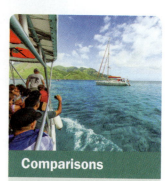

Comparisons

Le tourisme à Tahiti L'île de Tahiti est très connue pour sa beauté tropicale. L'une de ses principales sources de revenu est le tourisme. Beaucoup de touristes sont attirés par ses plages, ses cascades et ses montagnes.

- Le tourisme est-il important dans votre région? Pourquoi?

Communication

4 **Que se passerait-il?** Par groupes de trois, dites à vos camarades, à tour de rôle, ce que vous feriez dans les situations suivantes.

Modèle Si tu étais un(e) athlète célèbre

Si j'étais un(e) athlète célèbre, je donnerais une partie de mon salaire à mon ancien lycée.

1. Si tu étais un(e) chanteur/chanteuse célèbre
2. Si tu gagnais un voyage autour du monde
3. Si les cours étaient annulés pendant une semaine
4. Si tu trouvais une valise pleine d'argent
5. Si tu pouvais devenir invisible

5 **Que feriez-vous?** À deux, regardez ces scènes et demandez-vous ce que vous feriez si vous étiez dans ces situations-là. Soyez créatifs!

Modèle —Qu'est-ce que tu ferais si quelqu'un te payait un voyage en Polynésie?

—Si quelqu'un me payait un voyage en Polynésie, je prendrais le premier avion.

6 **Trop peu!** Vous parlez à un expert en écologie, qui vous explique pourquoi l'environnement est en danger malgré (*despite*) tous les efforts faits pour le protéger. À deux, dites ce que vous ferez s'il est vrai que certains problèmes existent encore.

Modèle Si le réchauffement climatique est encore un problème, je ne roulerai plus en voiture, mais je ferai du vélo.

✓ I CAN explain what I would do if a certain situation happened.

Structures

Synthèse

vhlcentral

La météo

	Aujourd'hui	Demain	Après-demain
Bruxelles	Max. / Min. 4° C / –1° C	Max. / Min. 8° C / 5° C	Max. / Min. 6° C / 4° C
Dakar	Max. / Min. 22° C / 22° C	Max. / Min. 24° C / 21° C	Max. / Min. 26° C / 23° C
Montréal	Max. / Min. –2° C / –8° C	Max. / Min. 0° C / –4° C	Max. / Min. 4° C / 1° C
Nouméa	Max. / Min. 30° C / 25° C	Max. / Min. 28° C / 24° C	Max. / Min. 31° C / 22° C
Papeete	Max. / Min. 28° C / 24° C	Max. / Min. 26° C / 22° C	Max. / Min. 30° C / 25° C

1   Les prévisions météo Vous partez en vacances avec un(e) camarade et vous choisissez un endroit parmi (*among*) les villes présentées dans ces prévisions météo. Employez des phrases avec **si** pour dire vos préférences.

Modèle —J'irais bien à Nouméa, s'il ne pleuvait pas autant.
—S'il y fait moins chaud la semaine prochaine, partons pour Papeete.

2   Quelle impatience! Votre camarade et vous avez fait vos choix, et vous partez demain. Maintenant vous comptez impatiemment les secondes avant le départ. À tour de rôle, employez le futur antérieur pour dire dix choses que vous aurez faites dans une semaine.

Modèle Dans une semaine, nous aurons déjà nagé dans l'océan Pacifique.

3   Catastrophe! Vous et votre camarade venez de rentrer. Vos vacances se sont très mal passées! Dites chacun(e) cinq choses qui auraient pu les améliorer.

Modèle S'il n'avait pas plu tous les jours, nous serions sortis de l'hôtel.

Communicative Goal Identify and reflect on the natural wonders of New Caledonia and French Polynesia

Culture

Préparation

Glossaire de la lecture

abriter *to shelter, provide a home for*
le corail (les coraux) *coral*
l'épanouissement (*m.*) *development*
une ferme *farm*
une huître *oyster*
un lagon *lagoon*
une perle *pearl*
récolter *to harvest*
un requin *shark*
une tortue *turtle*

Vocabulaire utile

un dauphin *dolphin*
faire de la plongée (sous-marine/ avec tuba) *to dive; to snorkel*
un filet (de pêche) *(fishing) net*
pêcher *to fish*
une récolte *harvest*

Dans l'article, *Les Richesses du Pacifique*, nous voyons que les plus grandes richesses naturelles des îles du Pacifique se trouvent sous l'eau.

1 La rencontre Un journaliste faisant un reportage en Nouvelle-Calédonie rencontre un pêcheur sur la plage. Complétez leur dialogue à l'aide du vocabulaire fourni dans le tableau.

JOURNALISTE   Ça fait longtemps que vous êtes pêcheur?

PÊCHEUR   Depuis tout petit. Mon père (1) _____ au harpon sur la barrière de corail. Moi, je préfère utiliser (2) _____.

JOURNALISTE   C'est un métier difficile et dangereux?

PÊCHEUR   Difficile, oui, dangereux, pas tellement. De temps en temps, on entend parler d'une attaque de (3) _____, mais c'est plutôt rare.

JOURNALISTE   Vous travaillez dans ce grand (4) _____?

PÊCHEUR   Oui, il (5) _____ une grande variété d'espèces. Et puis, mon frère a (6) _____ marine où il élève des (7) _____ pour les perles. Cette année, (8) _____ a été très abondante.

JOURNALISTE   Bon, je vous remercie, et bonne continuation.

2 Les fautes Vous avez fait un voyage à Tahiti avec un(e) ami(e). Maintenant vous êtes à une soirée où il/elle explique tout ce qui s'est passé. Corrigez ses fautes de vocabulaire.

   Modèle   — Nous avons mangé des *coraux*. C'était délicieux.
            — Non, nous avons mangé des huîtres! C'était délicieux.

1. — J'ai passé toute la journée à *pêcher pour* étudier la vie marine.
   _____

2. — Nous avons vu deux fois des *dauphins* marcher sur la plage.
   _____

3. — Les Tahitiens élèvent les huîtres pour leur *corail*.
   _____

4. — Les lagons *récoltent* des milliers d'espèces de poissons.
   _____

3 La nature et vous À deux, répondez aux questions et expliquez vos réponses.

1. Aimez-vous la nature? Pourquoi?
2. Quels endroits naturels sont connus pour leur flore ou faune très diverse?
3. Avez-vous déjà visité un de ces endroits? Si oui, comment était-ce? Sinon, aimeriez-vous en visiter un?
4. Faut-il s'inquiéter de ce qui menace l'environnement dans une autre région du monde?

Les richesses naturelles

Culture

Les Richesses DU PACIFIQUE

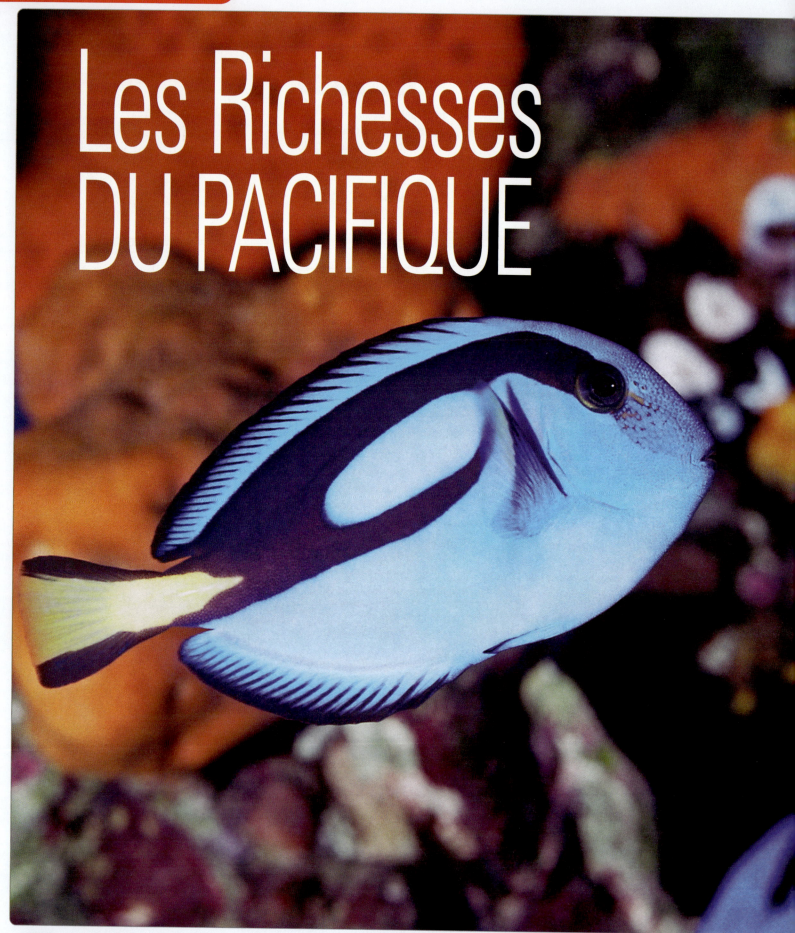

Vous avez sans doute entendu parler de la Grande Barrière de corail, en Australie. Mais vous ne savez peut-être pas qu'il en existe une autre, très belle aussi, autour de la Nouvelle-Calédonie. Cette île de l'Océanie peut se vanter° d'avoir le lagon le plus vaste du monde. Ce trésor inestimable est connu pour être le deuxième plus grand ensemble corallien du monde. Il mesure 1.600 kilomètres (*1.000 miles*) de long et abrite plus de 15.000 espèces végétales et animales. C'est l'un des temples de la biodiversité marine mondiale: il y a plus d'espèces dans le lagon sur un espace de 200 km² (kilomètres carrés) que dans toute la Méditerranée, et de nouvelles espèces y sont régulièrement découvertes. C'est, par exemple, l'un des principaux habitats de la tortue verte, la tortue marine la plus rapide. Elle peut nager à plus de 30 km/h (*20 mph*).

De nombreux dangers menacent le plein épanouissement de la barrière corallienne, en particulier la pollution et la vente de coraux. Cependant, la barrière autour de la Nouvelle-Calédonie est encore en très bon état de préservation. C'est pour protéger cette richesse écologique que le ministère français de l'Aménagement du territoire et de l'environnement° a proposé que la barrière corallienne soit classée au patrimoine mondial de l'UNESCO en 2008. Ce site est ainsi le premier du domaine de l'Outre-mer français° à obtenir cette reconnaissance.

Et Tahiti? Quel est à votre avis le premier produit d'exportation de cette île paradisiaque? Les fruits de mer? Pas du tout! C'est la perle noire de culture qui arrive en tête des exportations de la Polynésie française, où on compte aujourd'hui plus de 800 fermes perlières. Environ 5.000 personnes vivent de cette industrie. La periculture connaît un développement prodigieux depuis les années 1980. Les exportations sont passées de 86 kilogrammes par an en 1980 à plus de 12 tonnes en 2018, en générant un profit de 7,7 milliards de F.CFP°. Les «richesses» du patrimoine océanique sont donc aussi des richesses au sens propre du terme°.

Les étapes de la periculture

La periculture compte six étapes. Ce sont des procédés très complexes et très délicats. Une fois que l'huître est fécondée° et greffée°, on l'élève pendant dix-huit mois pour qu'elle produise des perles qui sont ensuite récoltées.

Les beautés naturelles sous-marines sont encore mal connues du grand public. C'est pourquoi il existe des endroits en Polynésie française où l'on fait découvrir aux touristes la faune et la flore d'un lagon. Ce sont les lagoonariums, des réserves aquatiques en milieu naturel. Dans l'archipel de la Société, il en existe deux, à Tahiti et à Bora Bora. Ces aquariums géants ont des bassins° dans lesquels évoluent presque toutes les espèces aquatiques de cette région du monde. On a la possibilité d'assister au repas des requins donné à la main. Si on veut vivre une expérience inoubliable, le lagoonarium de Bora Bora propose même à ses visiteurs de nager parmi la faune marine.

«L'émerveillement° est le premier pas vers le respect», affirme l'écologiste Nicolas Hulot, président de la fondation écologique qui porte son nom. Il est essentiel de comprendre notre environnement aquatique pour l'admirer et le respecter. Jacques-Yves Cousteau fut un pionnier dans ce domaine en nous faisant découvrir ce monde du silence, dès les années 1950. Préservons notre patrimoine naturel. N'est-ce pas notre plus grande richesse? ■

Culture

Analyse

1 **Compréhension** Répondez aux questions par des phrases complètes.
1. Quelles sont les deux plus grandes barrières de corail du monde?
2. Quelle est la caractéristique du lagon de la Nouvelle-Calédonie?
3. Pourquoi le lagon de la Nouvelle-Calédonie est-il considéré comme un temple de la biodiversité marine?
4. Que sait-on de la tortue verte?
5. Quelles sont les deux choses qui menacent la barrière corallienne de la Nouvelle-Calédonie?
6. Quelle initiative le gouvernement français a-t-il prise pour aider à sa préservation?
7. Quel est le premier produit d'exportation de Tahiti?
8. La periliculture est-elle facile?
9. Comment obtient-on une perle?
10. Qu'est-ce qu'un lagoonarium et que peut-on y faire?

2 **Les citations** À deux, lisez ces deux citations et répondez aux questions.

> La terre n'est pas un don de nos parents, ce sont nos enfants qui nous la prêtent.
> — Proverbe indien

> Après moi, le déluge (flood).
> — attribué à Louis XV, roi de France de 1715 à 1774.

- Que veut dire le proverbe indien? Est-ce un concept qui vous est familier?
- Que dit Louis XV? Pensez-vous qu'il soit sérieux?
- Êtes-vous d'accord avec ces citations? Expliquez.
- D'après vos observations, les gens autour de vous vivent-ils plutôt en accord avec le proverbe indien ou à la Louis XV?

3 **Nos richesses naturelles** À deux, faites la liste des richesses naturelles de votre région et dites si vous les considérez comme menacées. Pensez aux animaux, aux plantes, aux paysages, aux richesses du sous-sol (*subsoil*), etc. Puis, comparez votre liste avec celle d'un autre groupe.

4 **Enquête** Demandez à des camarades de classe quelle est, d'après eux/elles, la source d'énergie du futur et celle qui devrait être développée le plus rapidement. Notez leurs arguments. Ensuite, présentez vos résultats à la classe.

- l'énergie solaire
- l'huile végétale
- l'hydrogène
- l'énergie hydraulique
- le nucléaire
- l'énergie éolienne (*wind*)

I CAN identify and reflect on the natural wonders of New Caledonia and French Polynesia.

Communicative Goal Understand a written poem about the strength found in traditional values and community

Littérature

Préparation

À propos de l'auteur

Jean-Baptiste Tati-Loutard (1938–2009) est né dans la région de Pointe-Noire, en République du Congo. Il a fait des études à Bordeaux, en France, puis il a enseigné la littérature à l'Université de Brazzaville. Il a écrit plusieurs recueils de poèmes, dont *Les Feux de la planète* (1977), et des nouvelles, comme *Nouvelles Chroniques congolaises* (1980). Il a obtenu plusieurs prix, y compris le Grand Prix littéraire de l'Afrique Noire en 1987. C'est un style simple et classique qui caractérise ses œuvres, dans lesquelles il parle du contact de son pays avec la modernité. En 1975, Tati-Loutard est aussi entré en politique et il a servi comme ministre des Hydrocarbures de 1997 à 2009.

Le poète Jean-Baptiste Tati-Loutard évoque, dans son poème *Baobab*, un élément-clé de la nature en Afrique.

Glossaire de la lecture

agiter to shake
se balancer to swing
doucement gently
exhorter to urge
faiblir to weaken
mêler to mix
noueux/noueuse gnarled
puiser to draw from
raffermi(e) strengthened
remuer to move
se retourner to turn over

Vocabulaire utile

la modernité modernity
la nostalgie nostalgia
un sens figuré/littéral figurative/literal sense
le ton tone

1 Vocabulaire Combinez les syllabes du tableau pour former sept mots du nouveau vocabulaire. Ensuite, écrivez sept phrases originales avec ces mots.

douce	re	a	ment
pui	gi	mê	nou
mu	ser	er	fai
eux	blir	ler	ter

2 La République du Congo Que savez-vous de la République du Congo? À deux, répondez à autant de questions de la liste que possible. Ensuite, comparez vos connaissances avec celles de la classe.

1. Où, en Afrique, se trouve la République du Congo?
2. Quels pays l'entourent?
3. Quelle est sa capitale?
4. Quelles langues y parle-t-on?

3 Préparation Pour parler de poésie, il faut être sensible aux symboles qui permettent la représentation abstraite d'objets ou de concepts. Dans la littérature, les écrivains emploient parfois des symboles pour enrichir leurs poèmes ou leur prose et en élargir l'interprétation. Réfléchissez à ces symboles. Que représentent-ils pour vous? Comparez vos idées avec celles de vos camarades de classe.

1. un drapeau
2. une croix (*cross*)
3. une colombe (*dove*)
4. une ampoule électrique (*light bulb*)
5. un serpent
6. une balance (*scale*)
7. un cygne (*swan*)
8. une étoile

Les richesses naturelles **365**

Littérature

Baobab

Jean-Baptiste Tati-Loutard

Unité 10

> **Et je me sens raffermi
> quand ton sang fort
> Passe dans mon sang.**

Baobab!° Je suis venu replanter mon être près de toi

a broad-trunked tree found primarily in Africa

Et mêler mes racines à tes racines d'ancêtre;

Je me donne en rêve tes bras noueux

Et je me sens raffermi quand ton sang° fort *blood*

5 Passe dans mon sang.

Baobab! «l'homme vaut ce que valent ses armes°». *weapons*

C'est l'écriteau° qui se balance à toute porte de ce monde. *small sign*

Où vais-je puiser tant de forces° pour tant de luttes *strength*

Si à ton pied je ne m'arc-boute°? *brace myself against*

10 Baobab! Quand je serai tout triste

Ayant perdu l'air° de toute chanson, *tune*

Agite pour moi les gosiers° de tes oiseaux *gullets*

Afin qu'à vivre ils m'exhortent.

Et quand faiblira le sol° sous mes pas° *ground/steps*

15 Laisse-moi remuer la terre à ton pied:

Que doucement sur moi elle se retourne! ∎

Les richesses naturelles

Littérature

Analyse

1 Compréhension Répondez aux questions.
1. Ce poème s'adresse à qui ou à quoi?
2. Le narrateur s'identifie avec quoi dans le poème?
3. À quoi sert le baobab pour le narrateur?
4. Que veut dire «l'homme vaut ce que valent ses armes»?
5. Qu'est-ce que le narrateur demande au baobab?

2 Interprétation À deux, regardez cette liste de symboles utilisés dans le poème puis discutez de ce qu'ils représentent.
- le baobab
- les racines
- le sang
- l'écriteau
- la chanson

3 Expliquez Quels sentiments ce poème évoque-t-il? Faites-en une liste d'au moins cinq. Ensuite, écrivez un paragraphe qui explique les sentiments exprimés dans ce poème.

4 Discussion D'après Tati-Loutard, «Le poète ne regarde jamais les choses; il se regarde dans les choses.» Par groupes de trois, discutez de la façon dont cette idée s'applique à ce poème. Ensuite présentez vos idées à la classe.

5 Rédaction Écrivez un poème. Suivez le plan de rédaction.

PLAN

1 Organisation Pensez à un élément de la nature:
- un animal
- une plante
- une formation géographique
- ?

À quoi vous fait-il penser? Faites une liste de vos idées. Ensuite, faites une liste d'adjectifs qui le décrivent. Utilisez un bon dictionnaire, si nécessaire.

2 Votre poème Écrivez un poème sur le sujet que vous avez choisi selon cette formule.

Premier vers: Nommez votre sujet.
Deuxième vers: Décrivez-le à l'aide de trois adjectifs.
Troisième vers: Décrivez-le à l'aide de deux verbes.
Quatrième vers: Décrivez-le à l'aide d'une phrase complète.
Cinquième vers: Décrivez-le à l'aide d'un seul mot.

3 Conclusion Donnez un titre à votre poème puis lisez-le à la classe.

I CAN understand a written poem about the strength found in traditional values and community.

Vocabulaire

Notre monde

Les mots apparentés

un danger	l'érosion (f.)	préserver	un tigre
la déforestation	un lion	une ressource	toxique
l'environnement (m.)	la pollution	une source d'énergie	urbaniser

La nature

un arc-en-ciel rainbow
un archipel archipelago
une barrière/un récif de corail barrier/coral reef
une chaîne montagneuse mountain range
un fleuve/une rivière river
une forêt (tropicale) (rain) forest
la Lune Moon
la mer sea
un paysage landscape; scenery
le soleil sun
une superficie surface area; territory
une terre land

en plein air outdoors
insuffisant(e) insufficient
potable drinkable
protégé(e) protected
pur(e) pure; clean
sec/sèche dry

Les animaux

une araignée spider
un cochon pig
un mouton sheep
un ours bear
un poisson fish
un singe monkey

Les phénomènes naturels

un incendie fire
une inondation flood
un ouragan hurricane
une pluie acide acid rain
le réchauffement climatique global warming
la sécheresse drought
un tremblement de terre earthquake

Se servir de la nature ou la détruire

le bien-être well-being
un combustible fuel
la consommation d'énergie energy consumption
la couche d'ozone ozone layer
les déchets (m.) trash
le gaspillage waste
un nuage de pollution smog

chasser to hunt
empirer to get worse
épuiser to use up
être contaminé(e) to be contaminated
gaspiller to waste
jeter to throw away
menacer to threaten
nuire à to harm
polluer to pollute
prévenir to prevent; to tell; to warn
protéger to protect
résoudre to solve
respirer to breathe
supporter to put up with
tolérer to tolerate

en voie d'extinction endangered
jetable disposable
nuisible harmful
renouvelable renewable

The past conditional
See pp. 348–349.

The future perfect
See pp. 352–353.

Si clauses
See pp. 356–357.

Court métrage
Un héros de la nature gabonaise See p. 338.

Culture
Les Richesses du Pacifique See p. 361.

Littérature
Baobab See p. 365.

Table des matières

Fiches de grammaire
pages 371–413

Appendice A
Tables de conjugaison
pages 414–424

Appendice B
Vocabulaire
    Français-Anglais
    pages 425–454
    Anglais-Français
    pages 455–484
    Thematic Vocabulary
    pages 485–489

Appendice C
Grammar Index
page 490–491

Credits
pages 492–494

FICHES de GRAMMAIRE

Supplementary Grammar Coverage
for **Chemins 4**

Fiches de grammaire

The **Fiches de grammaire** section is an invaluable tool for both instructors and students of intermediate French. It contains two additional grammar concepts not covered within the core units of **Chemins 4**, as well as corresponding practice activities.

Some of these concepts are correlated to the lessons in **Structures** by means of the **À noter** sidebars, which provide the exact page numbers where additional concepts are taught in the **Fiches**.

This special supplement allows for great flexibility in planning and tailoring your course to suit the needs of whole classes and/or individual students. It also serves as a useful and convenient reference tool for students who wish to review previously learned material.

Fiches de grammaire

Table des matières

Unité 1
1.4 Present tense of regular **-er**, **-ir**, and **-re** verbs.................. 374
1.5 The imperative... 376

Unité 2
2.4 Nouns and articles.. 378
2.5 **Il est** and **c'est**... 380

Unité 3
3.4 Possessive adjectives..................................... 382
3.5 The **imparfait**: formation and uses....................... 384

Unité 4
4.4 Demonstrative adjectives................................. 386
4.5 The **passé simple**.. 388

Unité 5
5.4 Object pronouns.. 390
5.5 Past participle agreement................................. 392

Unité 6
6.4 Disjunctive pronouns..................................... 394
6.5 Possessive pronouns..................................... 396

Unité 7
7.4 Past participles used as adjectives........................ 398
7.5 Expressions of time...................................... 400

Unité 8
8.4 Prepositions with infinitives............................... 402
8.5 The subjunctive after indefinite antecedents
    and in superlative statements............................ 404

Unité 9
9.4 **Savoir** vs. **connaître**................................... 406
9.5 **Faire causatif**... 408

Unité 10
10.4 Indirect discourse....................................... 410
10.5 The passive voice....................................... 412

Fiches de grammaire

1.4 Present tense of regular -er, -ir, and -re verbs

- Most French verbs that end in **-er** follow the same pattern.

parler	
je parl**e**	nous parl**ons**
tu parl**es**	vous parl**ez**
il/elle/on parl**e**	ils/elles parl**ent**

Elle **parle** au téléphone.

- Hundreds of verbs follow this pattern. Here are some more regular **-er** verbs.

aimer	to like, to love	donner	to give	oublier	to forget
arriver	to arrive	écouter	to listen to	penser	to think
chercher	to look for	habiter	to live in	regarder	to watch
compter	to count	inviter	to invite	travailler	to work

À noter
The present tense of spelling-change **-er** verbs is explained in **Structures 1.1, pp. 16–17**.

- Most verbs that end in **-ir** follow this pattern.

finir	
je fin**is**	nous fin**issons**
tu fin**is**	vous fin**issez**
il/elle/on fin**it**	ils/elles fin**issent**

Elle **finit** ses devoirs.

- Here are some more regular **-ir** verbs.

choisir	to choose	maigrir	to lose weight	réfléchir	to think (about)
grossir	to gain weight	obéir (à)	to obey	réussir (à)	to succeed

À noter
A handful of **-ir** verbs are irregular. To find out more about irregular **-ir** verbs, see **Structures 4.3, pp. 136–137**.

- Most verbs that end in **-re** follow this pattern.

vendre	
je vend**s**	nous vend**ons**
tu vend**s**	vous vend**ez**
il/elle/on vend	ils/elles vend**ent**

Elle **vend** un pantalon.

- Here are some more regular **-re** verbs.

attendre	to wait (for)	descendre	to go down	perdre	to lose
défendre	to defend	entendre	to hear	répondre	to answer

À noter
Irregular **-re** verbs are explained in **Structures 6.3, pp. 210–211**.

Mise en pratique

1 **À compléter** Employez la forme correcte des verbes entre parenthèses.

1. Tu _____ (jouer) au tennis samedi après-midi?
2. Mon cousin _____ (obéir) toujours à ses parents.
3. Nous _____ (habiter) à New York.
4. On _____ (grossir) quand on mange trop de pâtes.
5. Mes frères _____ (partager) un bel appartement.
6. Vous _____ (vendre) votre vélo?
7. Ces élèves _____ (s'entendre) bien.
8. Je _____ (compter) sur ma meilleure amie.

2 **À choisir** Choisissez les verbes qui complètent logiquement ces paragraphes. Faites tous les changements nécessaires. Chaque verbe n'est utilisé qu'une seule fois.

agacer	écouter	finir	quitter
aimer	énerver	oublier	réussir
attendre	entendre	perdre	rêver
se disputer	étudier	poser	téléphoner

A. Nicolas, avant d'aller au cinéma, tu (1) _____ tes devoirs. D'accord? Tu (2) _____ toujours la dernière minute. Tu (3) _____ ton temps et ça m' (4) _____! Je ne suis pas contente. Est-ce que tu m' (5) _____? Pourquoi est-ce que tu ne m' (6) _____ jamais? Les élèves qui n' (7) _____ pas ne (8) _____ pas au bac, tu sais!

B. J'en ai marre de mon petit ami. Il est charmant, mais il (9) _____ toujours nos rendez-vous. Je ne peux pas vous dire combien il m' (10) _____! Nous (11) _____ souvent parce qu'il me (12) _____ des lapins et qu'il ne me (13) _____ pas. Je l' (14) _____ toujours, mais je (15) _____ d'un petit ami plus sensible. Alors, c'est décidé. Ce week-end, je le (16) _____.

3 **Assemblez** Assemblez les éléments des trois colonnes pour créer des phrases. Ajoutez tous les mots nécessaires.

A	B	C
je	aimer	appartement
le prof	arriver	chocolat
mes camarades de classe	choisir	cours
ma sœur	descendre	devoirs
mon ami(e)	écouter	gare
mon frère	finir	hôtel
mes parents	habiter	montre
mon/ma petit(e) ami(e)	perdre	musique
nous	répondre	sac
tu	rester	question
?	vendre	voiture
	?	?

Fiches de grammaire

1.5 The imperative

- Use the imperative to give a command or make a suggestion.

    Attends le bus! **Attendons** le bus! **Attendez** le bus!
    Wait for the bus! *Let's wait for the bus!* *Wait for the bus!*

- The imperative forms of **-ir** and **-re** verbs are the same as the present tense forms.

finir		répondre	
Present	Imperative	Present	Imperative
Tu finis.	Finis!	Tu réponds.	Réponds!
Nous finissons.	Finissons!	Nous répondons.	Répondons!
Vous finissez.	Finissez!	Vous répondez.	Répondez!

- Form the **tu** command of **-er** verbs by dropping the **-s** from the present tense form. The **nous** and **vous** forms are the same as the present tense forms.

danser	
Present	Imperative
Tu danses.	Danse!
Nous dansons.	Dansons!
Vous dansez.	Dansez!

- The imperative forms of **être**, **avoir**, and **savoir** are irregular.

avoir:	aie	ayons	ayez
être:	sois	soyons	soyez
savoir:	sache	sachons	sachez

Sois sage! **Ayons** de la patience! **Sachez** que nous fermons.
Be good! *Let's have patience!* *Be advised that we're closing.*

- In negative commands, place **ne... pas** around the verb.

    Ne sois **pas** nerveux! **N'**oubliez **pas** notre rendez-vous!
    Don't be nervous! *Don't forget our date!*

- In affirmative commands, object pronouns and reflexive pronouns follow the verb and are joined by a hyphen. In negative commands, pronouns are placed in front of the verb with no hyphen.

    Donnez-**les-moi**! Ne **me les** donnez pas!
    Give them to me! *Don't give them to me!*

    Lève-**toi**! Ne **te** lève pas!
    Get up! *Don't get up!*

Boîte à outils

Although **aller** is irregular, like other **-er** verbs, it has no **-s** on the **tu** command form.

Va au marché!
Go to the market!

Boîte à outils

Do not drop the **-s** from the **tu** form of a command when it is followed by a pronoun that begins with a vowel.

Vas-y!
Go (there)!

Manges-en!
Eat some!

À noter

To review pronoun order, see **Structures 5.3, pp. 172–173.**

Mise en pratique

1 Que fait-on? Employez l'impératif pour donner des ordres ou pour faire des suggestions.

> **Modèle** Vous parlez à votre meilleur(e) ami(e): vous téléphoner
> Téléphone-moi!

Vous parlez à...		
votre petit(e) ami(e):	de nouveaux élèves:	un(e) ami(e) de ce que vous pouvez faire ensemble:
1. aller à la bibliothèque _____	6. faire attention aux profs _____	11. aller au cinéma _____
2. compter sur vous _____	7. se lever tôt _____	12. aller se promener _____
3. écrire souvent _____	8. aller aux cours _____	13. écouter de la musique _____
4. me donner la main _____	9. avoir confiance _____	14. nager à la piscine _____
5. vous attendre après le cours _____	10. ne pas sortir le samedi _____	15. ne pas rester à la maison _____

2 De bons conseils Que dites-vous dans ces situations? Utilisez l'impératif.

1. Votre frère cadet refuse de boire son jus d'orange.
2. Vous étudiez et vos frères et sœurs parlent très fort.
3. Vous demandez à vos parents de vous donner de l'argent.
4. Votre meilleur ami part en vacances.
5. Il est dix heures du soir et votre petite sœur ne veut pas se coucher.
6. Vous et votre ami(e) avez faim.

3 Que disent-ils? Écrivez une phrase à l'impératif qui convient à chaque image.

1.

2.

3.

4.

Fiches de grammaire 377

Fiches de grammaire

2.4 Nouns and articles

- Definite and indefinite articles agree in gender and number with the nouns they modify.

	Definite articles		Indefinite articles	
	singular	plural	singular	plural
masculine	le musicien	les musiciens	un musicien	des musiciens
feminine	la musicienne	les musiciennes	une musicienne	des musiciennes

- The gender of nouns that refer to people typically matches the gender of the person: **un garçon** / **une fille**; **un chanteur** / **une chanteuse**; **un enfant** / **une enfant**.

- Certain noun endings provide clues to their gender.

Typical masculine endings

-age	le voyage	-asme	le sarcasme	-if	le tarif
-ail	le travail	-eau	le bureau	-in	le bassin
-ain	l'écrivain	-ent	l'argent	-isme	le surréalisme
-al	le journal	-et	le bonnet	-ment	le dépaysement
-as	le repas	-ier	le clavier	-oir	le pouvoir

Typical feminine endings

-ace	la place	-ère	la boulangère	-sion	l'expression
-ade	la charade	-esse	la tristesse	-té	la responsabilité
-aine	la laine	-ette	l'assiette	-tié	l'amitié
-ance	la chance	-euse	la chanteuse	-tion	l'addition
-ée	la journée	-ie	la pâtisserie	-trice	l'actrice
-ence	la compétence	-ière	la cuisinière	-ture	la rupture

Boîte à outils

There are several exceptions to these gender rules. When in doubt, use a dictionary.

l'eau (f.)	la fin
le génie	le lycée
la main	le musée
la peau	la plage

- To form the plural of most French nouns, add an **-s**. If a singular noun ends in **-s**, **-x**, or **-z**, its plural form remains the same: **le gaz → les gaz**; **le pays → les pays**; **la voix → les voix**.

- If a singular noun ends in **-au**, **-eau**, **-eu**, or **-œu**, its plural form usually ends in **-x**. If a singular noun ends in **-al**, drop the **-al** and add **-aux**.

le chapeau	le jeu	le cheval
les chapeaux	les jeux	les chevaux

- A few nouns have very irregular plural forms: **l'œil → les yeux**; **le ciel → les cieux**; **le monsieur → les messieurs**.

Boîte à outils

Here are a few exceptions.

le bijou (*jewel*)	les bijoux
le caillou (*pebble*)	les cailloux
le carnaval	les carnavals
le festival	les festivals
le récital	les récitals
le pneu	les pneus
le travail	les travaux

Mise en pratique

1 **Masculin ou féminin?** Ajoutez les articles indéfinis.

1. _____ acteur
2. _____ charcuterie
3. _____ appartement
4. _____ nation
5. _____ parade
6. _____ cahier
7. _____ pharmacienne
8. _____ adresse
9. _____ château
10. _____ miroir
11. _____ tarif
12. _____ changement
13. _____ animal
14. _____ lundi
15. _____ chance
16. _____ coiffeuse
17. _____ compétition
18. _____ idée
19. _____ million
20. _____ mariage

2 **Les pluriels** Dans les phrases suivantes, mettez au pluriel les noms soulignés. Faites tous les autres changements nécessaires.

1. On a volé <u>mon bijou</u>!

2. <u>Ce mois</u> passe rapidement.

3. L'aspirine n'est pas bonne pour <u>son mal</u> de ventre.

4. Hélène aime <u>son</u> nouveau <u>chapeau</u>.

5. <u>Le chat</u> a fait beaucoup de bruit.

6. C'est papa qui a préparé <u>le repas</u>.

7. Tu as acheté <u>la chemise</u> noire?

8. <u>La couleur</u> de cet arbre est très belle en automne.

9. As-tu connu <u>le fils</u> de Monsieur Sévigny?

10. <u>Le feu</u> a commencé à cause d'une allumette.

3 **Ma ville idéale** Employez des articles définis et indéfinis pour parler de votre ville idéale. Utilisez le vocabulaire de l'Unité 2 autant que possible.

Modèle Les embouteillages ne me gênent pas, mais la vie nocturne doit être animée.

Fiches de grammaire

2.5 *Il est* and *c'est*

- **C'est** and **il/elle est** can both mean *it is* or *he/she is*. **Ce sont** and **ils/elles sont** mean *they are*. All of these expressions can refer to people or things.

- Use **c'est** and **ce sont** to identify people or things.

    C'est mon stylo.   **Ce sont** mes amis.
    It's my pen.   *They are my friends.*

C'est la famille Delorme.

- Use **il/elle est** and **ils/elles sont** to describe specific people or things that have been previously mentioned.

    Essayez ce pain au chocolat!   Voici Madame Duval et sa fille.
    Il est vraiment délicieux!   **Elles sont** bilingues.
    Try this chocolate croissant.   *Here are Mrs. Duval and her daughter.*
    It's really delicious!   *They are bilingual.*

- When stating a person's nationality, religion, political affiliation, or profession, **il/elle est** and **c'est un/une**, and their respective plural forms **ils/elles sont** and **ce sont des**, are both correct. If you include an adjective, you can only use **c'est un/une** or **ce sont des**.

    Il est journaliste.   **C'est un** journaliste.   **C'est un** journaliste célèbre.
    He's a journalist.   *He's a journalist.*   *He's a famous journalist.*

- To describe an idea or concept expressed as an infinitive rather than a noun, use the impersonal construction **il est** + [*adjective*] + **de** (**d'**) + [*infinitive*].

    Il est important de se brosser   **Il est essentiel d'apprendre**
    les dents après les repas.   une langue étrangère à l'école.
    It is important to brush one's   *It is essential to learn*
    teeth after meals.   *a foreign language at school.*

- Use **c'est** + [*adjective*] + **à** + [*infinitive*] if the object of the infinitive is not stated immediately after it or not stated at all. Compare these sentences.

    Il est facile de vendre   Une maison, **c'est facile**   **C'est facile**
    une maison.   **à vendre**.   **à vendre**!

    It's easy to sell   *A house is easy*   *It's easy*
    a house.   *to sell.*   *to sell!*

- Use **c'est** + [*adjective*] to describe an idea or concept that has already been mentioned or stated earlier in a sentence.

    Se brosser les dents après les repas,   J'apprends une langue étrangère à l'école.
    c'est important.   **C'est** vrai!
    Brushing one's teeth after meals   *I'm learning a foreign language at school.*
    is important.   *It's true!*

Boîte à outils

Note that no definite article is used with **il/elle est** and **ils/elles sont**.

Il est médecin.
He is a doctor.

Elles sont socialistes.
They are socialists.

Boîte à outils

Because infinitives and concepts typically have no gender, use only **il est** or **c'est** with them, never **elle est**. An adjective following **il est** or **c'est** is always in the masculine singular form.

Mise en pratique

1 **À compléter** Complétez les phrases suivantes à l'aide des expressions de la liste.

| c'est | il est | ils sont |
| ce sont | elle est | elles sont |

1. _____ mon ami, Jacques. _____ lycéen. _____ un très bon ami.
2. _____ les parents de Jean-Marc. _____ canadiens. Son père, _____ infirmier et sa mère, _____ avocate.
3. _____ notre chien, Rufus. _____ un berger allemand (*German shepherd*). _____ génial!
4. _____ Louise et Michèle. _____ camarades de classe. Louise, _____ timide et tranquille. Michèle, _____ plutôt mélancolique.
5. _____ mon bureau. _____ grand et confortable. _____ facile d'y travailler.

2 **Descriptions** Répondez aux questions. Ensuite, présentez vos descriptions à la classe.
1. Votre meilleur(e) ami(e): Qui est-ce? Comment est-il/elle physiquement? Quel genre de personnalité a-t-il/elle?
2. Une personne célèbre: Qui est-ce? Que fait-il/elle dans la vie? Comment est-il/elle physiquement? Est-ce que vous l'aimez bien? Pourquoi?
3. Une personne que vous admirez: Qui est-ce? Que fait-il/elle dans la vie? Quel genre de personnalité a-t-il/elle? Pourquoi l'admirez-vous?
4. La voiture de vos rêves: Qu'est-ce que c'est? Comment est-elle? Pourquoi vous plaît-elle?

3 **Qui est-ce?** Inventez une identité pour chaque personne. Identifiez-les et décrivez-les. Écrivez au moins trois phrases par photo.

Modèle C'est Francine. Elle est reporter. Elle est très professionnelle.

1.

2.

Fiches de grammaire

3.4 Possessive adjectives

- Possessive adjectives are used to express ownership or possession.

English meaning	masculine singular	feminine singular	plural
my	mon	ma	mes
your (familiar and singular)	ton	ta	tes
his, her, its	son	sa	ses
our	notre	notre	nos
your (formal or plural)	votre	votre	vos
their	leur	leur	leurs

- Possessive adjectives are placed before the nouns they modify.

    C'est **ta** radio? Non, mais c'est **ma** télévision.
    Is that your radio? *No, but that's my television.*

- Unlike English, French possessive adjectives agree in gender and number with the object owned rather than the owner.

    mon magazine **ma** bande dessinée **mes** journaux
    my magazine *my comic strip* *my newspapers*

- **Notre** and **votre** are used with singular nouns whether they are masculine or feminine.

    notre neveu **notre** nièce **votre** oncle **votre** tante
    our nephew *our niece* *your uncle* *your aunt*

- Regardless of gender, the plural forms of **notre** and **votre** are **nos** and **vos**.

    nos cousins **nos** cousines **vos** frères **vos** sœurs
    our cousins *our (female) cousins* *your brothers* *your sisters*

- The possessive adjectives **son**, **sa**, and **ses** reflect the gender and number of the noun possessed, not the owner. Context should tell you whether they mean *his* or *her*.

    son père **sa** mère **ses** parents
    his/her father *his/her mother* *his/her parents*

- Use **mon**, **ton**, and **son** before a feminine singular noun or adjective that begins with a vowel sound.

    mon amie Nathalie **but** **ma** meilleure amie Nathalie
    my friend Nathalie *my best friend Nathalie*

    son ancienne publicité **but** **sa** publicité
    his/her/its former advertisement *his/her/its advertisement*

> **Boîte à outils**
>
> Remember, you cannot use *'s* to express relationship or to show possession in French. Use **de** or **d'** along with the noun instead.
>
> **la maison de ma mère**
> *my mother's house*

Mise en pratique

1 **À choisir** Pour chaque phrase, choisissez l'adjectif possessif qui convient.
1. Le photographe a perdu (son / sa / ses) appareil photo!
2. Est-ce que c'est (ton / ta / tes) ordinateur?
3. Je vous présente (mon / ma / mes) parents.
4. Ils ont oublié (leur / leurs) parapluie?
5. Vous aimez ce magazine? Ma sœur adore (son / ses / sa) rubrique société.
6. Cette annonce est nulle! Voilà (mon / ma / mes) opinion!
7. (Votre / Vos) amis sont sympathiques.
8. La vedette n'a pas assisté à la première de (son / sa / ses) film.
9. Les critiques ont beaucoup aimé (notre / nos) documentaire.
10. Tu es sorti avec (ton / ta / tes) petite amie?

2 **À compléter** Trouvez le bon adjectif possessif.
1. (my) _____ copain habite un grand immeuble en ville.
2. (his) _____ femme est critique de cinéma.
3. (her) _____ opinion est toujours impartiale.
4. (their) _____ cousins sont arrivés hier soir.
5. (your, fam.) _____ cours sont intéressants?
6. (our) _____ moyens de communication sont modernes.
7. (its) _____ sous-titres sont en anglais.
8. (your, formal) _____ voisin est animateur de radio?

3 **C'est ton...?** Pour chaque groupe de mots, écrivez la question et répondez-y par oui ou par non. Employez les adjectifs possessifs qui correspondent.

   Modèle   tu / cahier / elle
   —C'est ton cahier?
   —Non, c'est son cahier.

1. vous / parents / nous
   _____
   _____
2. ils / voiture / nous
   _____
   _____
3. je / devoirs / tu
   _____
   _____
4. elle / télévision / je
   _____
   _____
5. tu / vedette préférée / il
   _____
   _____
6. nous / professeur / vous
   _____
   _____

Fiches de grammaire

3.5 The *imparfait*: formation and uses

- The **imparfait** is used to talk about what used to happen or to describe conditions in the past.

  Ils regardaient le feuilleton tous les jours.
  They used to watch the soap opera every day.

  Ce journaliste **avait** une bonne réputation.
  This journalist had a good reputation.

- To form the **imparfait**, drop the **-ons** from the **nous** form of the present tense, and add these endings.

	penser (nous pensons)	finir (nous finissons)	vendre (nous vendons)
je	pensais	finissais	vendais
tu	pensais	finissais	vendais
il/elle/on	pensait	finissait	vendait
nous	pensions	finissions	vendions
vous	pensiez	finissiez	vendiez
ils/elles	pensaient	finissaient	vendaient

- Irregular verbs, too, follow this pattern: **j'allais, j'avais, je buvais, je faisais, je sortais**, etc.
- Only the verb **être** is irregular in the **imparfait**.

The imparfait of être	
j'étais	nous étions
tu étais	vous étiez
il/elle/on était	ils/elles étaient

Elle **était** fatiguée.

- The **imparfait** is used to talk about actions that took place repeatedly or habitually.

  Nous **faisions** du jogging le matin.
  We went jogging every morning.

  Je **lisais** toujours mon horoscope.
  I always used to read my horoscope.

- When narrating a story in the past, the **imparfait** is used to set the scene, such as describing the weather, what was going on, the time frame, and so on.

  Il **faisait** froid.
  It was cold.

  Il n'y **avait** personne dans le parc.
  There was no one in the park.

- The **imparfait** is used to describe states of mind that continued over an unspecified period of time in the past.

  Nous **avions** peur.
  We were afraid.

  Je **voulais** partir.
  I wanted to leave.

Boîte à outils

The **imparfait** and the **passé composé** are both used to talk about the past, but they are not interchangeable. Use the **passé composé** to talk about completed actions or events in the past. To review the **passé composé** vs. the **imparfait**, see **Structures 3.3, pp. 98–99**.

Boîte à outils

Verbs that end in **-ger** add an **e** before all endings except in the **nous** and **vous** forms. Similarly, the **c** in verbs that end in **-cer** becomes **ç** before all endings except in the **nous** and **vous** forms.

je mangeais *but* **nous mangions**

il commençait *but* **vous commenciez**

Mise en pratique

1 À compléter Mettez les verbes à l'imparfait pour compléter ce paragraphe.

Quand j' (1) _____ (être) petit, j' (2) _____ (avoir) beaucoup de copains. Nous (3) _____ (faire) du vélo et nous (4) _____ (jouer) dans le parc, en face de notre école. J' (5) _____ (être) un élève assez sérieux. L'après-midi, mon meilleur ami et moi, nous (6) _____ (étudier) ensemble. Je ne (7) _____ (regarder) pas trop la télé parce que mes parents (8) _____ (penser) que les publicités (9) _____ (être) mauvaises pour les enfants. Mais j' (10) _____ (aimer) aller au cinéma avec mon frère. Il (11) _____ (être) plus fort que moi. Il me (12) _____ (protéger) contre les garçons trop agressifs et il me (13) _____ (permettre) de sortir avec lui quelquefois. Il n' (14) _____ (être) pas toujours gentil, mais je l' (15) _____ (adorer) quand même.

2 Il y a dix ans Comparez ces deux scènes. C'était comment il y a dix ans? C'est comment aujourd'hui?

Il y a dix ans

Aujourd'hui

3 Quand j'avais huit ans Utilisez les éléments donnés pour dire comment vous étiez à l'âge de huit ans.

> **Modèle** avoir peur des monstres sous son lit
> J'avais peur des monstres.
> J'appelais mes parents au milieu de la nuit!

1. avoir peur des monstres sous son lit
2. manger beaucoup de bonbons
3. jouer au football
4. offrir des cadeaux à ses parents
5. lire des bandes dessinées
6. ranger souvent sa chambre
7. aider sa mère ou son père
8. embêter son frère ou sa sœur
9. jouer à des jeux vidéo
10. faire du vélo

Fiches de grammaire

4.4 Demonstrative adjectives

- Demonstrative adjectives specify a noun to which a speaker is referring. They mean *this/these* or *that/those*. They can refer to people or things.

Ce cadeau est pour toi.

Demonstrative adjectives		
	singular	plural
masculine (before a consonant)	ce	
masculine (before a vowel sound)	cet	ces
feminine	cette	

Ce drapeau est bleu, blanc et rouge.
This (That) flag is blue, white, and red.

Cette croyance est absurde, à mon avis.
That (This) belief is absurd, in my opinion.

Ces droits sont très importants.
These (Those) rights are very important.

- A noun must be masculine singular and begin with a vowel sound in order to use **cet**.

Cet homme était victorieux.
This (That) man was victorious.

Cet avocat défend les minorités.
This (That) lawyer defends minorities.

- **Ce**, **cet**, **cette**, and **ces** can refer to a noun that is near (*this/these*) or far (*that/those*). Context will usually make the meaning clear.

- To distinguish between two different nouns of the same kind, add **-ci** (*this/these*) or **-là** (*that/those*) to the noun.

Ce parti politique**-ci** est libéral.
This political party is liberal.

Ce parti politique**-là** est conservateur.
That political party is conservative.

- The suffixes **-ci** and **-là** can also be used together to distinguish between similar items that are near and far.

Je voudrais **ce** gâteau**-ci**, s'il vous plaît, pas **ce** gâteau**-là**.
I would like this cake (here), please, not that cake (there).

On a lu **ces** magazines**-ci** et **ces** magazines**-là** aussi.
We read these magazines (here) and those magazines (there) too.

Boîte à outils

Use **cet** before an adjective that begins with a vowel sound and precedes a masculine singular noun.

cet ancien professeur de littérature

this former literature professor

Do not use **cet** before an adjective that begins with a consonant, even if the noun is masculine singular and begins with a vowel sound.

ce jeune homme

this young man

These exceptions occur with adjectives that are placed before the nouns they modify. Most adjectives go after the noun.

Mise en pratique

1 **À remplacer** Remplacez le singulier par le pluriel et vice versa.

    Modèle Cette voiture est vieille.
                Ces voitures sont vieilles.

1. Ces politiciens sont puissants. _____

2. Ce juge est juste. _____

3. Ces criminels sont analphabètes. _____

4. Ces voleuses veulent fuir. _____

5. Ce terroriste désire faire la guerre. _____

6. Ces activistes sont fâchés. _____

2 **Je déteste mon quartier!** Ajoutez les adjectifs démonstratifs qui conviennent.

Je déteste habiter dans (1) _____ quartier. On entend toujours du bruit à cause de (2) _____ commissariat de police et de (3) _____ caserne de pompiers. Et regardez (4) _____ place! (5) _____ palais de justice est trop moderne, à mon avis. (6) _____ autres édifices sont vraiment laids! (7) _____ jardin public n'est jamais propre parce que (8) _____ poubelle est trop petite. Vous voyez (9) _____ circulation et (10) _____ embouteillages? Quelle horreur! En plus, (11) _____ rue n'a même pas de trottoir et (12) _____ arrêt de bus n'a pas d'abri.

3 **Préférences** À l'aide du vocabulaire de la liste, dites quelles sont vos préférences et expliquez pourquoi. Employez des adjectifs démonstratifs.

    Modèle J'aime le musée du Louvre. J'aime ce musée parce que...

chiens	passe-temps
dessert	réalisateur/réalisatrice
film	restaurant
jardin public	saison
légumes	sports
magasin	station de radio
musée	voiture
parti politique	?

Fiches de grammaire

Fiches de grammaire

4.5 The *passé simple*

- The **passé simple** is the literary equivalent of the **passé composé**. Like the **passé composé**, it denotes actions and events that have been completed in the past.

Passé composé	Passé simple
Elle a lu le livre. *She read the book.*	Elle lut le livre. *She read the book.*

- To form the stem of the **passé simple**, you usually drop the **-er**, **-re**, or **-ir** ending from the infinitive. Then add these endings for regular verbs.

-er verbs: donner		-ir verbs: choisir		-re verbs: rendre	
je	donnai	je	choisis	je	rendis
tu	donnas	tu	choisis	tu	rendis
il/elle/on	donna	il/elle	choisit	il/elle	rendit
nous	donnâmes	nous	choisîmes	nous	rendîmes
vous	donnâtes	vous	choisîtes	vous	rendîtes
ils/elles	donnèrent	ils/elles	choisirent	ils/elles	rendirent

> **Boîte à outils**
>
> Because the **passé simple** is a literary tense, it is not usually spoken unless a person is reading a text aloud. It is most important that readers be able to recognize and understand it.

> **Boîte à outils**
>
> Although **aller** is an irregular verb, in the **passé simple** it is like other **-er** verbs.
>
> | | |
> |---|---|
> | j'allai | nous allâmes |
> | tu allas | vous allâtes |
> | il/elle/on alla | ils/elles allèrent |

- Here are the **passé simple** forms of some common irregular verbs.

	être	avoir	faire	venir
je/j'	fus	eus	fis	vins
tu	fus	eus	fis	vins
il/elle/on	fut	eut	fit	vint
nous	fûmes	eûmes	fîmes	vînmes
vous	fûtes	eûtes	fîtes	vîntes
ils/elles	furent	eurent	firent	vinrent

> **Boîte à outils**
>
> Several verbs have very irregular forms in the **passé simple**, such as **naître**: **naqui-** and **mourir**: **mouru-**. Look verbs up in a dictionary or use the verb conjugation tables in the appendix until you learn to recognize them.

- The **passé simple** stems of many irregular verbs are based on their past participles.

	boire (bu)	lire (lu)	partir (parti)	rire (ri)
je/j'	bus	lus	partis	ris
tu	bus	lus	partis	ris
il/elle/on	but	lut	partit	rit
nous	bûmes	lûmes	partîmes	rîmes
vous	bûtes	lûtes	partîtes	rîtes
ils/elles	burent	lurent	partirent	rirent

> **Boîte à outils**
>
> The **passé simple** stems of these verbs are also based on their past participles: **connaître**, **croire**, **devoir**, **fuir**, **mettre**, **plaire**, **pouvoir**, **savoir**, **sortir**, and **vivre**.

Mise en pratique

1 **À identifier** Identifiez l'infinitif de ces verbes puis donnez leur passé composé.

Modèle je vendis
vendre: j'ai vendu

1. nous fîmes
2. vous eûtes
3. je chantai
4. il alla
5. tu vins
6. Michel finit
7. je dus
8. elles connurent
9. vous rendîtes
10. elle fut

2 **À transformer** Mettez ces phrases au passé composé.

1. Ils allèrent en Asie.

2. Je mangeai une pizza et je bus un coca.

3. Vous fîtes un voyage en Australie.

4. Nous vînmes avec Stéphanie et Paul.

5. Il eut un accident de voiture.

6. Tu vendis ta maison.

7. Lise et Luc finirent leurs devoirs.

8. Catherine fit sa valise.

3 **Un scandale** Remplacez le passé simple par le passé composé.

> Un homme kidnappa la femme d'un député. Il téléphona au député au milieu de la nuit et le menaça. Il demanda la liberté de quelques terroristes emprisonnés. Heureusement, le criminel était plutôt bête parce qu'on sut tout de suite son numéro de téléphone et on l'arrêta le lendemain. Quand il se présenta devant le tribunal, le juge prononça une sentence assez sévère. L'homme passa 15 ans en prison.

Fiches de grammaire

Fiches de grammaire

5.4 Object pronouns

- Direct and indirect object pronouns generally precede the verbs of which they are objects. In a simple tense, such as the present, the **futur**, or the **imparfait**, the object pronoun is placed in front of the verb.

Philippe **me** téléphone quelquefois.

Direct object pronouns		Indirect object pronouns	
me / m'	nous	me / m'	nous
te / t'	vous	te / t'	vous
le / la / l'	les	lui	leur

- Direct object pronouns directly receive the action of a verb.

  Je **l'**aime.
  I love him/her.

  Elles **nous** voient.
  They see us.

- Indirect object pronouns identify *to* whom or *for* whom an action is done.

  Tu **me** parles?
  Are you speaking to me?

  Elle **vous** a acheté une robe bleue?
  She bought a blue dress for you?

- When a pronoun is the object of a compound tense, such as the **passé composé**, it is placed in front of the helping verb.

  Vous **l'**avez attendu?
  Did you wait for him/it?

  Je **lui** ai envoyé une lettre.
  I sent him/her a letter.

- When a pronoun is the object of an infinitive, it is placed in front of the infinitive.

  Nous voudrions **t'**inviter chez nous.
  We would like to invite you to our place.

  Elle va **leur** écrire une carte postale.
  She is going to write them a postcard.

Boîte à outils

In the third person, singular direct object pronouns have gender. The indirect object pronoun **lui** does not. **Lui** and **leur** refer only to people and animals. Direct object pronouns **le**, **la**, and **les** refer to people, animals, or things.

Nous le voyons.
We see him/it.

Nous la voyons.
We see her/it.

Nous lui parlons.
We are speaking to him/her.

Boîte à outils

In most negative sentences, place **ne... pas** around the object pronoun and the conjugated verb.

Il ne m'aime pas.
He doesn't like me.

Je ne t'ai pas vu(e).
I didn't see you.

In sentences with infinitives, **ne... pas** goes around the conjugated verb, but the object pronoun usually goes before the infinitive.

Tu ne vas pas l'écouter.
You are not going to listen to it.

Mise en pratique

1 **À réécrire** Réécrivez ces phrases et remplacez les mots soulignés par des pronoms d'objet direct ou indirect.

1. Nous avons répondu <u>au professeur</u>.
   _____

2. J'ai perdu <u>mon sac</u>.
   _____

3. Vous avez regardé <u>le film</u> avec Aurélie?
   _____

4. Elle parle <u>à ses parents et à moi</u>.
   _____

5. Ils ont modifié <u>les frontières</u> après la guerre.
   _____

2 **À compléter** Remplacez l'objet par un pronom d'objet direct ou indirect.

1. —Tu as pris l'autobus?
   —Oui, je _____ ai pris.
2. —Nous allons expliquer la situation à ses parents?
   —Oui, vous allez _____ expliquer la situation.
3. —Vous m'avez invité à votre fête?
   —Oui, nous _____ avons invité.
4. —Il va nous attendre à la gare?
   —Non, il va _____ attendre chez lui.
5. —Elle a parlé à Jules?
   —Oui, elle _____ a parlé ce matin.

3 **À l'aéroport** Utilisez les verbes de la liste et des pronoms d'objet direct ou indirect pour décrire ce que font les personnages et expliquer pourquoi.

Modèle Sylvie lit le livre. Elle le lit parce qu'elle s'ennuie.

acheter	avoir	demander	écouter	parler	trouver
apporter	chercher	donner	lire	porter	?

Mélanie   M. Sylvain   Olivier   M. Heudier

Mme Sylvain   Sylvie   Mathieu

Fiches de grammaire

5.5 Past participle agreement

- Past participle agreement occurs in French for several different reasons.

Vous êtes **allés** au théâtre.

- When the helping verb is **être**, the past participle agrees with the *subject*.

    Anne est **partie** à six heures. Nous sommes **arrivés** en avance.
    Anne left at 6 o'clock. *We arrived early.*

- Verbs that take **être** as the helping verb usually do not have direct objects. When they do, they take the helping verb **avoir**, in which case there is no past participle agreement.

    Elle **est sortie**. Elle **a sorti** la poubelle.
    She went out. *She took out the trash.*

- Reflexive verbs take the helping verb **être** in compound tenses such as the **passé composé** and **plus-que-parfait**. The past participle agrees with the reflexive pronoun if the reflexive pronoun functions as a direct object.

    Nous **nous** sommes **habillées**. Michèle **s'était réveillée**.
    We got dressed. *Michèle had woken up.*

- If a direct object *follows* the past participle of a reflexive verb, no agreement occurs.

    Nadia s'est **coupée**. **but** Nadia s'est **coupé** le doigt.
    Nadia cut herself. *Nadia cut her finger.*

- If an object pronoun is indirect, rather than direct, the past participle does not agree. This also means there is no past participle agreement with several common reciprocal verbs, such as **se demander**, **s'écrire**, **se parler**, **se rendre compte**, and **se téléphoner**.

    Elle nous a **téléphoné**. Nous nous sommes **téléphoné**.
    She called us. *We called each other.*

- In compound tenses with **avoir**, past participles agree with preceding direct object pronouns.

    J'ai **mis** les fleurs sur la table. Je les ai **mises** sur la table.
    I put the flowers on the table. *I put them on the table.*

- In structures that use the relative pronoun **que**, past participles agree with their direct objects.

    Voici les pommes **que** j'ai **achetées**. Il parle des buts **qu'**il a **atteints**.
    Here are the apples that I bought. *He's talking about the goals he reached.*

À noter

To review the **passé composé** with **être** and with reflexive and reciprocal verbs, see **Structures 3.2, pp. 94–95**.

Boîte à outils

While the rules pertaining to past participle agreement may seem complex, just keep these two general points in mind: Past participles agree with direct objects when the object is placed in front of the verb for *any* reason. Past participles do not agree with indirect objects.

Mise en pratique

1 **À compléter** Faites les accords, si nécessaire. S'il n'y a pas d'accord, mettez un X.

1. Marie est né____ en Belgique.
2. Voici les hommes que j'ai vu____ en ville.
3. Céline a visité____ le musée du Louvre.
4. Mon ami et moi, nous sommes resté____ à l'hôtel.
5. Nos tantes se sont écrit____ beaucoup de lettres.
6. Sa copine et sa sœur sont allé____ au Canada.
7. Je me suis lavé____ les mains.
8. Grégoire et Inès se sont couché____ tôt hier soir.
9. Ces poires? Je les ai acheté____ au marché.
10. Tu as passé____ l'examen de français?

2 **Mini-dialogues** Reconstituez les questions et inventez les réponses. Employez le passé composé et faites les accords nécessaires.

Modèle où / vous / naître
—Où est-ce que vous êtes né(e)?
—Je suis né(e) à Dakar.

1. à quelle heure / tu / se coucher / samedi

2. quand / le président Kennedy / mourir

3. pourquoi / vous / ne pas sortir

4. avec quoi / elle / se brosser / les dents

5. chez qui / ils / rester

3 **Mon enfance** Écrivez au passé composé un paragraphe sur votre enfance. Utilisez au moins huit verbes de la liste. Faites tous les accords nécessaires.

aller	habiter	rester
arriver	finir	se trouver
avoir	naître	venir
faire	rentrer	voyager

Fiches de grammaire

Fiches de grammaire

6.4 Disjunctive pronouns

- Disjunctive pronouns correspond to subject pronouns. Compare their meanings:

Subject pronouns	Disjunctive pronouns	Subject pronouns	Disjunctive pronouns
je *(I)*	moi *(me)*	nous *(we)*	nous *(us)*
tu *(you)*	toi *(you)*	vous *(you)*	vous *(you)*
il *(he)*	lui *(him)*	ils *(they)*	eux *(them)*
elle *(she)*	elle *(her)*	elles *(they)*	elles *(them)*

- Disjunctive pronouns have several uses. For example, they are used after most prepositions.

  Ma nièce dîne chez **lui**.
  My niece has dinner at his house.

  Tu veux jouer au tennis avec **eux**?
  Do you want to play tennis with them?

- Use them with **être** when identifying people and after **que** in comparisons.

  Qui sonne à la porte? C'est **toi**?
  Who is at the door? Is it you?

  Ma belle-mère est plus âgée que **vous**.
  My stepmother is older than you.

- Use disjunctive pronouns to express contrast.

  Moi, j'ai peur des chiens, mais **lui**, il n'en a pas peur.
  Me, I'm afraid of dogs, but he isn't afraid of them.

  Mamie ne vous parle pas à **vous**.
  Elle nous parle à **nous**.
  Grandma is not talking to you. She's talking to us.

- When **-même(s)** is added to a disjunctive pronoun, it means *myself, yourself,* etc.

  Mon neveu la répare **lui-même**.
  My nephew repairs it himself.

  Elles remercient leur tante **elles-mêmes**.
  They thank their aunt themselves.

- Normally, indirect object pronouns take the place of **à** + [*person*]. With certain verbs, however, disjunctive pronouns are typically used instead.

s'adresser à *to address*	s'habituer à *to get used to*
être à *to belong to*	s'intéresser à *to be interested in*
faire attention à *to pay attention to*	penser à *to think about, to have on one's mind*

  Cette montre est à **moi**.
  This watch belongs to me.

  Personne ne s'intéresse à **elle**.
  No one is interested in her.

- Whereas indirect object pronouns are placed in front of the verb and replace both the preposition and the noun, disjunctive pronouns follow the preposition and replace only the noun.

Indirect object pronoun	Disjunctive pronoun
Je **vous** ai téléphoné.	J'ai pensé à **vous**.
I called you.	*I thought about you.*

Boîte à outils

In English, to emphasize the subject or object of a verb, you can pronounce the pronoun with added stress. In French, add a disjunctive pronoun.

Tu n'en sais rien, **toi**!
You don't know anything about it.

On ne les a pas punis, **eux**.
We didn't punish them.

Boîte à outils

Penser de means *to think of*, as in *to have an opinion*. It is not interchangeable with **penser à**. Use disjunctive pronouns after **penser de**.

Qu'est-ce que tu penses d'**eux**?
What do you think of them?

Mise en pratique

1 **À compléter** Trouvez les pronoms disjoints correspondants pour compléter les phrases.

1. Olivier a visité le musée avec _____ (*them*).
2. Maman est allée à la pharmacie pour _____ (*her*).
3. Ma copine connaît ce quartier mieux que _____ (*me*).
4. Je me suis assis derrière _____ (*them*, fem.).
5. Ma nièce a couru après _____ (*him*).
6. C'est _____ (*you*, fam.) qui as préparé les tartes, n'est-ce pas?
7. Voici Robert et Lise. Vous vous souvenez d'_____ (*them*)?
8. Caroline est française, mais _____ (*us*), nous sommes suisses.
9. Est-ce qu'on va aller chez _____ (*you*, formal)?
10. Ma demi-sœur n'a que trois ans, mais elle peut s'habiller _____ (*herself*).

2 **À remplacer** Remplacez les mots soulignés par des pronoms disjoints.

1. Je suis allée à la fête avec Jean-Pierre.
2. Tu as étudié chez Denise?
3. Qui vient avec ton époux et toi?
4. Elle partage un appartement avec ses sœurs jumelles.
5. C'est Paul qui n'a plus vingt ans.
6. Il faut faire attention à tes parents.
7. Ces chiens sont à Michèle et à moi.
8. Mon beau-fils s'intéresse à Mireille.

3 **Votre famille** Parlez de votre famille à l'aide des prépositions de la liste et des pronoms disjoints.

Modèle Ma mère est toujours occupée, alors je fais souvent des courses pour elle.

à	entre
à côté de	pour
avec	sans
chez	?
de	

Fiches de grammaire

6.5 Possessive pronouns

- Whereas possessive adjectives modify nouns, possessive pronouns replace them.

Possessive adjective	Possessive pronoun
—C'est **mon** frère qui t'a téléphoné?	—Non, c'est **le mien** qui m'a téléphoné.
—Is it my brother who called you?	—No, it's mine who called me.

Tu m'as déjà donné mon cadeau. Voici **le tien**.

- Possessive pronouns agree in gender and number with the nouns they replace. Like possessive adjectives, they also change forms according to the possessor.

	singular		plural	
	masculine	feminine	masculine	feminine
mine	le mien	la mienne	les miens	les miennes
yours	le tien	la tienne	les tiens	les tiennes
his, hers, its	le sien	la sienne	les siens	les siennes
ours	le nôtre	la nôtre	les nôtres	les nôtres
yours	le vôtre	la vôtre	les vôtres	les vôtres
theirs	le leur	la leur	les leurs	les leurs

- **Le sien**, **la sienne**, **les siens**, and **les siennes** can mean *his*, *hers*, or *its*. The form is determined by the gender and number of the noun possessed, not the possessor.

- Notice that possessive pronouns include definite articles. When combined with the prepositions **à** and **de**, the usual contractions must be formed.

    Mme Michelin a parlé à mes parents et **aux tiens**.
    Mme Michelin spoke to my parents and to yours.

    Je me souviens de mon premier chien. Vous souvenez-vous **du vôtre**?
    I remember my first dog. Do you remember yours?

- Possessive pronouns can also replace possessive structures with **de**.

    Les voitures des voisins sont belles.
    The neighbors' cars are beautiful.

    Les leurs sont belles.
    Theirs are beautiful.

    La grand-mère d'Ahmed a 92 ans.
    Ahmed's grandmother is 92 years old.

    La sienne a 92 ans.
    His is 92 years old.

> **Boîte à outils**
>
> Notice the **accent circonflexe** on **nôtre(s)** and **vôtre(s)**, which indicates that the **ô** is pronounced as a closed **o**, like **-eau** in the word **beau**. The **o** in the possessive adjectives **votre** and **notre**, however, is pronounced as an open **o**, like the **o** in the word **donne**.

Mise en pratique

1 **À transformer** Donnez le pronom possessif qui correspond.

Modèle le beau-frère de Suzanne
le sien.

1. les parents de mes cousins
2. mon enfance
3. votre caractère
4. tes ancêtres
5. nos neveux
6. l'épouse de Franck
7. mes jumelles
8. leur voiture

2 **À compléter** Employez des pronoms possessifs pour compléter ces phrases.

Modèle J'habite avec mes grands-parents, mais tu n'habites pas avec _____.

1. Tu as ton vélo et j'ai _____.
2. Elle s'occupe de ses enfants et nous nous occupons _____.
3. On peut prendre mon camion ou vous pouvez prendre _____.
4. Nous avons besoin de nos congés et eux, ils ont besoin _____.
5. Je m'entends bien avec ma famille. Tu t'entends bien avec _____?
6. Moi, j'aime bien mon professeur, mais Valérie, elle n'aime pas _____.

3 **À qui est...?** Écrivez des questions et répondez-y par oui ou par non à l'aide des éléments donnés. Utilisez des pronoms possessifs.

Modèle vous / disques compacts / elle
— Ces disques compacts sont à vous?
— Non, ce sont les siens.

1.  tu / photos / je
_____

2.  nous / ordinateur / elles
_____

3. je / voiture / tu
_____

4. ils / valises / nous
_____

Fiches de grammaire

Fiches de grammaire

7.4 Past participles used as adjectives

- You may have noticed that the past participles of verbs can function as adjectives.

Nous sommes **mariés**.

- When a past participle is used as an adjective, it agrees in gender and number with the noun it modifies. Notice the different adjective forms based on the past participle of **construire**.

   Cet immeuble est **construit** en briques.
   This building is built out of bricks.

   Ces immeubles sont **construits** en briques.
   These buildings are built out of bricks.

   Cette maison est **construite** en briques.
   This house is built out of bricks.

   Ces maisons sont **construites** en briques.
   These houses are built out of bricks.

- Like other adjectives, past participles may follow a form of the verb **être** or they may be placed after the noun they modify.

   La porte est **ouverte**.
   The door is open.

   Fermez cette porte **ouverte**.
   Close that open door.

- Compare the meanings of these verbs with their past participles when used as adjectives. Notice that past participles often correspond to English words ending in *-ed*.

Infinitive		Past participle	
s'agenouiller	to kneel	agenouillé(e)	kneeling
s'asseoir	to sit	assis(e)	seated
couvrir	to cover	couvert(e)	covered
décevoir	to disappoint	déçu(e)	disappointed
écrire	to write	écrit(e)	written
fatiguer	to tire	fatigué(e)	tired
fermer	to close	fermé(e)	closed
se fiancer	to become engaged	fiancé(e)	engaged
se marier	to marry	marié(e)	married
ouvrir	to open	ouvert(e)	open
payer	to pay	payé(e)	paid
peindre	to paint	peint(e)	painted
prendre	to take	pris(e)	taken
préparer	to prepare	préparé(e)	prepared
réparer	to repair	réparé(e)	repaired
terminer	to finish	terminé(e)	finished

Boîte à outils

In certain expressions, some past participles are used as prepositions. In this case, they are placed in front of the noun and are invariable.

attendu	considering
étant donné	given
excepté	except
passé	past, beyond
vu	given, in view of
y compris	including

Vu toutes les solutions possibles, on atteindra le but.

Given all the possible solutions, we'll reach the goal.

Mise en pratique

1 **À compléter** Utilisez le participe passé des verbes entre parenthèses pour compléter ces phrases. Faites les accords nécessaires.

1. Pardon, madame, est-ce que cette chaise est _____ (prendre)?
2. Quand Mylène a entendu les nouvelles, elle a été _____ (décevoir).
3. Après la tempête, nos maisons étaient _____ (couvrir) de neige.
4. Delphine et Rachid sont _____ (marier).
5. Il est sept heures et le magasin est _____ (fermer).
6. Cette lettre est _____ (écrire) à la main.
7. Marc était _____ (s'agenouiller) quand il lui a demandé de l'épouser.
8. Je suis heureux parce que toutes mes dettes sont _____ (payer)!

2 **Descriptions** Décrivez ces photos à l'aide du participe passé des verbes suivants.

| s'asseoir | se fiancer | réparer |
| fatiguer | préparer | terminer |

1. Ces lycéens sont _____.

2. Cet homme et cette femme sont _____.

3. Il est 10h00. Ce cours est _____.

4. Micheline est très _____.

5. Les plats ont été _____ et sont sur la table.

6. Votre voiture est _____, monsieur.

Fiches de grammaire 399

Fiches de grammaire

7.5 Expressions of time

- To say someone has been doing something *for* an amount of time or *since* a certain point in time, you can use the present tense along with **depuis**.

    Leyla étudie le français **depuis** un an.
    Leyla has been studying French for one year.

    Nous habitons Nice **depuis** 2005.
    We have lived in Nice since 2005.

- When combined with **que**, these expressions can be used instead of **depuis** to convey similar meanings. Notice the different word order.

    Ça fait deux semaines **que** Chantal est serveuse.
    Il y a deux semaines **que** Chantal est serveuse.
    Voilà deux semaines **que** Chantal est serveuse.
    Chantal has been a waitress for two weeks.

> **Boîte à outils**
>
> Note that unlike English, to talk about something that *has gone on* or *has been going on* in the past and is *still* going on, French uses the present tense.

- When talking about the past, **il y a** + [*time expression*] means *ago*.

    Corinne a visité Paris **il y a six mois**.
    Corinne visited Paris six months ago.

    Il y a 20 ans, cette frontière n'existait pas.
    Twenty years ago, this border didn't exist.

- To talk about something that occurred in the past *for* a certain amount of time, but is no longer occurring, use **pendant** + [*time expression*].

    Elle a habité chez Karine **pendant six mois**.
    She lived at Karine's for six months.

    Pendant neuf ans ils ont étudié ces étoiles.
    For nine years they studied those stars.

- To ask for how long something that is no longer going on took place in the past, use **pendant combien de temps?** (*for how long?*). In this case, the verb is in the **passé composé**.

    Pendant combien de temps a-t-il travaillé pour vous?
    For how long did he work for you?

    Il est resté dans le laboratoire **pendant combien de temps**?
    For how long did he stay in the lab?

- To ask for how long something *has gone on* or *has been going on* that is *still going on*, use **depuis quand?** (*since when?*) or **depuis combien de temps?** (*for how long?*). The verb should be in the present tense.

    Depuis quand est-ce que tu as cet ordinateur portable?
    Since when have you had that laptop?

    Depuis combien de temps assistes-tu à ce cours?
    For how long have you attended this class?

> **Boîte à outils**
>
> The prepositions **depuis**, **pendant**, and **pour** can each mean *for*, but they are not interchangeable. Use **pour** with the present tense to talk about the planned duration of an action.
>
> **Il part pour six mois.**
> *He's leaving for six months..*

- The **passé composé** may be used with **depuis** to say that something has *not* occurred for an amount of time.

    Mon copain ne m'a pas téléphoné **depuis** quatre jours.
    My friend has not called me for four days.

    Nous n'avons pas regardé la télé **depuis** le week-end dernier.
    We haven't watched TV since last weekend.

Mise en pratique

1 **À compléter** Complétez ces phrases. Employez les expressions **depuis**, **pendant**, **il y a** ou **pour**.

1. _____ un an que j'ai cet appareil photo numérique.
2. Mes parents ont acheté des vêtements _____ mon frère et moi.
3. Calista a vécu en France _____ cinq ans.
4. _____ son arrivée, Florent est déprimé.
5. Nous avons écouté de la musique _____ trois heures, hier soir.
6. Manger léger (*light*), c'est bon _____ la santé.
7. Ma fille n'a pas été malade _____ un an!
8. Cet été, je pars à Bruxelles _____ trois mois.

2 **Depuis quand?** Parlez des thèmes suivants à l'aide des expressions de la liste.

Modèle habiter cette ville
Ça fait trois ans que j'habite cette ville.

il y a   ça fait   voilà

1. habiter cette ville
2. être lycéen(ne) ici
3. avoir un permis de conduire
4. connaître son/sa meilleur(e) ami(e)
5. étudier le français

3 **Et hier?** Parlez des activités suivantes. Utilisez le mot **pendant** dans vos réponses.

Modèle étudier
J'ai étudié pendant deux heures.

1. étudier
2. être sur le portable
3. regarder la télévision
4. surfer sur le web
5. faire du sport

4 **Et quoi d'autre?** Quels sont vos passe-temps? Depuis quand? Qu'avez-vous fait par le passé? Pendant combien de temps? Parlez de vos centres d'intérêt.

Modèle jouer au football
Je joue au football depuis six ans.

1. jouer au football, au basket, au volley...
2. chanter dans un chœur
3. jouer du piano, du violon, de la guitare...
4. se spécialiser dans...
5. sortir avec...

Fiches de grammaire

8.4 Prepositions with infinitives

- You are already familiar with many verbs that can be followed directly by another verb. Only the first verb in a clause is conjugated. The rest are in the infinitive form.

    J'**aime jouer** à la pétanque.　　　Tu **vas aller faire** un bowling?

    I like to play petanque.　　　*Are you going to go bowling?*

- Several verbs require the preposition **à** before an infinitive.

    Marithé **apprend à** faire de l'alpinisme.　　Ils **se mettent à** jouer aux fléchettes.
    Marithé learns to mountain climb.　　*They begin to play darts.*

- These verbs take the preposition **à** before an infinitive.

aider à	to help to	**s'habituer à**	to get used to
s'amuser à	to pass time by	**hésiter à**	to hesitate to
apprendre à	to learn to; to teach to	**inviter à**	to invite to
arriver à	to manage to	**se mettre à**	to begin to
commencer à	to begin to	**réussir à**	to succeed in
continuer à	to continue to	**tenir à**	to insist on
encourager à	to encourage to		

À noter

To review verbs that can be followed directly by an infinitive, see **Structures 8.1, pp. 274–275**.

- Several verbs require the preposition **de** before an infinitive.

accepter de	to accept to	**finir de**	to finish
arrêter de	to stop	**s'occuper de**	to take care of
choisir de	to choose to	**oublier de**	to forget to
conseiller de	to advise to	**permettre de**	to permit to
décider de	to decide to	**promettre de**	to promise to
demander de	to ask to	**refuser de**	to refuse to
dire de	to tell to	**rêver de**	to dream about
empêcher de	to prevent from	**risquer de**	to risk
essayer de	to try to	**se souvenir de**	to remember to
être obligé(e) de	to be required to	**venir de**	to have just

Il **refuse de** s'**arrêter de** fumer.　　Attention! Vous **risquez de** tomber!
He refuses to stop smoking.　　*Careful! You risk falling!*

Boîte à outils

Do not confuse the preposition **à** that precedes indirect objects with the prepositions **à** and **de** required before an infinitive.

On apprend à nager à Claude.
We're teaching Claude to swim.

Mes parents défendent à mon frère de conduire.
My parents forbid my brother to drive.

- Several expressions with **avoir** also take the preposition **de** before an infinitive.

avoir besoin de	to need to	**avoir peur de**	to be afraid to
avoir envie de	to feel like	**avoir raison de**	to be right to
avoir hâte de	to be impatient to	**avoir tort de**	to be wrong in (doing something)
avoir l'intention de	to intend to		

Mise en pratique

1 **À compléter** Complétez ce paragraphe. Ajoutez les prépositions qui conviennent. S'il ne faut pas de préposition, mettez un X.

La semaine dernière, ma cousine Julie a reçu un appel de Florence, sa copine mauricienne. Florence l'a invitée (1) _____ venir visiter l'île Maurice. Mon oncle et ma tante lui ont permis (2) _____ y aller et Julie n'a pas hésité (3) _____ accepter l'invitation. Elle s'est tout de suite mise (4) _____ faire des projets pour le voyage. Elle adore (5) _____ voyager et elle rêve (6) _____ visiter un pays francophone depuis longtemps. Maintenant, elle n'arrête pas (7) _____ parler de son voyage. Elle m'a promis (8) _____ me rapporter un beau souvenir. Alors, j'essaie (9) _____ être compréhensive, mais je commence (10) _____ en avoir marre! J'aimerais bien (11) _____ aller en vacances, moi aussi. Je suis peut-être un peu jalouse, mais il faut (12) _____ penser aux autres quand même!

2 **À inventer** Faites des phrases originales à l'aide des éléments de chaque colonne. N'oubliez pas d'ajouter des prépositions, s'il le faut.

A	B	C
je	apprendre	aller au parc d'attractions
tu	avoir peur	applaudir
les élèves	essayer	bavarder
mes amis et moi	finir	faire de l'alpinisme
mes parents	rêver	faire de la sculpture
mon/ma meilleur(e) ami(e)	réussir	faire du sport
	souhaiter	se promener
	vouloir	siffler
?	?	voyager à l'étranger
		?

3 **Questions** Répondez à ces questions.

1. Qu'est-ce que vos parents vous encouragent à faire?
2. Qu'est-ce que vous avez promis à vos parents de ne jamais faire?
3. Qu'est-ce que vos professeurs vous ont demandé de faire cette semaine?
4. Qu'est-ce qu'on vous a invité(e) à faire ce week-end?
5. Qu'est-ce que vous rêvez de faire un jour?
6. Qu'est-ce que vous avez appris à faire récemment?
7. Qu'est-ce que vous êtes obligé(e) de faire la semaine prochaine?
8. Qu'est-ce que vous allez commencer à faire ce week-end?

Fiches de grammaire

8.5 The subjunctive after indefinite antecedents and in superlative statements

The subjunctive after indefinite antecedents

- Use the subjunctive in a subordinate clause when the antecedent in the main clause is unknown or nonexistent. If the antecedent is known and specific, use the indicative.

Subjunctive: non-specific		Indicative: specific
Je cherche un ordinateur qui **puisse** ouvrir mes documents plus vite. *I'm looking for a computer that can open my documents faster.*	but	Voici l'ordinateur qui **peut** ouvrir mes documents plus vite. *Here's the computer that can open my documents faster.*
L'équipe a besoin de joueurs qui **aient** déjà été professionnels. *The team needs players who have already been professionals.*	but	L'équipe vient de trouver cinq joueurs qui **ont** déjà été professionnels. *The team just found five players who have already been professionals.*

> **Boîte à outils**
>
> Remember that an antecedent is a noun that another sentence element, such as a pronoun, follows and to which it refers.
>
> **Ces joueurs de foot? Je les admire.**
>
> *Those soccer players? I admire them.*
>
> In this example, **Ces joueurs de foot** is the antecedent of the direct object pronoun **les**.

- The subjunctive is used in indefinite structures that correspond to several English words ending in *-ever*.

quoi que...	whatever...
où que...	wherever...
qui que...	who(m)ever...

Quoi que tu fasses, n'oublie pas d'obtenir des billets.
Whatever you do, don't forget to get tickets.

Qui que ce soit au téléphone, ne répondez pas encore.
Whoever it is on the phone, don't answer it yet.

The subjunctive in superlative statements

- In subordinate clauses following superlative statements, use the subjunctive when expressing an opinion. When stating a fact, use the indicative.

L'île de la Réunion a les plages **les plus agréables que nous ayons visitées**. *Reunion Island has the most pleasant beaches that we visited.*	but	La tour Eiffel est **le plus grand** monument **qu'on a construit** à Paris. *The Eiffel Tower is the tallest monument ever built in Paris.*

- Some absolute statements are considered superlatives. Use the subjunctive in the subordinate clause after a main clause containing one of these expressions: **le/la/les seul(e)(s)** (*the only*), **ne... personne** (*nobody*), **ne... rien** (*nothing*), and **ne... que** (*only*).

Il **n'**y a **personne qui puisse** m'étonner.
There's nobody who can surprise me.

Houda est **la seule qui fasse** du ski.
Houda is the only one who skis.

Mise en pratique

1 À compléter Complétez les phrases à l'aide des expressions de la liste.

> où que (qu')   qui que (qu')   quoi que (qu')

1. _____ ce soit qui sonne à la porte, n'ouvrez pas!
2. _____ nous cherchions, nous ne trouvons pas nos clés.
3. _____ il fasse, son chien ne vient pas quand il l'appelle.
4. _____ tu dises, il ne faut pas porter de bermuda au restaurant.
5. _____ vous alliez au Louvre, vous verrez toujours de grandes œuvres d'art.

2 Subjonctif ou indicatif? Choisissez la forme du verbe qui convient le mieux.

1. «Papa» est le seul mot que ma fille (a / ait) dit jusqu'à maintenant.
2. Nous aimons bien le nouvel hypermarché qui (vend / vende) une plus grande variété de légumes.
3. La Suisse est le pays le plus propre qu'il y (a / ait) en Europe.
4. Elles cherchent un restaurant qui (sert / serve) de la cuisine japonaise.
5. Mon frère Henri est la seule personne qui me (comprend / comprenne).
6. Tu vas lire le roman d'Alexandre Jardin qui (est / soit) sorti cette semaine?
7. Vous voudriez élire un maire qui (sait / sache) prendre de bonnes décisions pour votre ville.
8. Il n'y a personne qui (connaît / connaisse) la bonne réponse.

3 Mon opinion Donnez votre opinion pour compléter chaque phrase.

Modèle _____ est le meilleur plat (que / qu' / qui) _____.
Le poisson est le meilleur plat qu'on serve au restaurant.

1. _____ est le plus mauvais film (que / qu' / qui) _____.
2. _____ est la seule personne (que / qu' / qui) _____.
3. _____ est le cours le moins intéressant (que / qu' / qui) _____.
4. _____ est la plus jolie actrice (que / qu' / qui) _____.
5. _____ sont les vêtements les plus confortables (que / qu' / qui) _____.
6. _____ est le plus beau pays (que / qu' / qui) _____.
7. _____ est le meilleur professeur (que / qu' / qui) _____.
8. _____ sont les voitures les plus rapides (que / qu' / qui) _____.
9. _____ est le styliste le plus chic (que / qu' / qui) _____.
10. _____ est la plus forte équipe de basket (que / qu' / qui) _____.

Fiches de grammaire

9.4 Savoir vs. connaître

- **Savoir** and **connaître** both mean *to know*, but they are used differently.

savoir	
je **sais**	nous **savons**
tu **sais**	vous **savez**
il/elle/on **sait**	ils/elles **savent**

Mon oncle est vendeur dans une épicerie, tu **sais**.

connaître	
je **connais**	nous **connaissons**
tu **connais**	vous **connaissez**
il/elle/on **connaît**	ils/elles **connaissent**

Vous **connaissez** Natifah? Elle est propriétaire de ce restaurant.

- **Savoir** means *to know a fact* or *to know how to do something*.

  Il **sait** économiser.
  He knows how to save.

  Savez-vous où se trouve le distributeur?
  Do you know where the ATM is located?

- **Connaître** means *to know* or *to be familiar with a person, place, or thing*.

  Marc **connaît** un bon comptable.
  Marc knows a good accountant.

  Nous **connaissons** bien ce grand magasin.
  We know this department store well.

- In the **passé composé**, **se connaître** means *met for the first time*.

  Ils **se sont connus** en mai.
  They met in May.

  Nous **nous sommes connues** au bureau.
  We met at the office.

- In the **passé composé**, **savoir** means *found out*.

  Nous **avons su** qu'il avait beaucoup de dettes.
  We found out that he had a lot of debts.

  Elles **ont su** que leur père était au chômage.
  They found out their father was unemployed.

- Note the meaning of **savoir** when it is negated in the **conditionnel**. In this context, **ne** is often used without **pas**. This particular usage is used mostly in literary French.

  Il **ne saurait** vivre sans toi!
  He wouldn't know how to live without you!

  Je **ne saurais** vous le dire.
  I couldn't tell you.

Boîte à outils

The verb **reconnaître** (*to recognize*) is conjugated like **connaître**: je reconnais, tu reconnais, il/elle reconnaît, nous reconnaissons, vous reconnaissez, ils/elles reconnaissent. Its past participle is **reconnu**.

Mise en pratique

1 **À compléter** Décidez s'il faut employer **savoir** ou **connaître**.

1. Est-ce que vous _____ où se trouve la bibliothèque?
2. François _____ conduire.
3. Nous nous sommes _____ il y a deux ans.
4. _____-tu la date de son anniversaire?
5. Ils _____ jouer à la pétanque.
6. Nous _____ où Marc habite.
7. Vous _____ bien la ville?
8. Tu ne _____ pas pourquoi il est venu?
9. Christian _____ bien Bruxelles.
10. Quand est-ce qu'elle a _____ ce qui s'était passé?
11. Est-ce que tu _____ quelqu'un qui habite en Afrique?
12. Mon frère ne _____ pas passer l'aspirateur.

2 **À assembler** Faites des phrases en assemblant les éléments des colonnes.

A	B	C
je	connaître	parler français
tu	ne pas connaître	la ville de Washington
mon prof de français	savoir	faire une mousse au chocolat
mon/ma meilleur(e) ami(e)	ne pas savoir	faire le ménage
mon/ma frère/sœur		jouer de la guitare
le président		nager
mes parents		bien chanter
?		une personne célèbre
		naviguer sur Internet
		ce quartier
		?

3 **Qui et quoi** Choisissez la forme de **savoir** ou de **connaître** qui convient pour décrire votre famille, vos amis ou des personnes célèbres.

Modèle faire la cuisine
Mes frères savent faire la cuisine.

1. faire du ski
2. parler une langue étrangère
3. réparer une voiture
4. une actrice célèbre
5. un politicien
6. danser
7. un bon restaurant
8. cette ville
9. jouer au billard
10. où se trouve un centre commercial
11. à quelle heure ferme la bibliothèque
12. bien étudier

Fiches de grammaire

9.5 Faire causatif

- The verb **faire** is often used as a helping verb along with an infinitive to mean *to have something done*.

    J'**ai fait réparer** ma voiture.
    I had my car repaired.

- **Faire causatif** can also mean *to cause something to happen* or *to make someone do something*.

    Ce film me **fait pleurer**.
    This movie makes me cry.

    Nous vous **faisons perdre** votre temps?
    Are we making you waste your time?

- When the infinitive that follows the verb **faire** takes only one object, it is always a direct object. Note, however, that pronouns are placed before the form of **faire**, rather than the infinitive.

    Le propriétaire **fait travailler son fils**.
    The owner makes his son work.

    Le propriétaire **le fait travailler**.
    The owner makes him work.

    Tu **fais manger la soupe à tes enfants**.
    You make your children eat the soup.

    Tu **la leur fais manger**.
    You make them eat it.

- The reflexive verb **se faire** means *to have something done for* or *to oneself*.

    Tu **t'es fait couper** les cheveux!
    You had your hair cut!

Boîte à outils

In the **faire causatif** construction, the infinitive phrase introduced by **faire** functions as its direct object. Therefore, the past participle **fait** never agrees with a preceding direct object pronoun.

Il a fait licencier les employés.
He had the employees laid off.

Il les a fait licencier.
He had them laid off.

- **Faire causatif** often has idiomatic meanings that do not translate literally as *to do* or *to make*.

faire bouillir	to boil	faire savoir	to inform
faire circuler	to circulate	faire sortir	to show someone out
faire cuire	to cook	faire suivre	to forward
faire entrer	to show someone in	faire tomber	to drop
faire fondre	to melt	faire venir	to summon
faire remarquer	to point out	faire voir	to show, to reveal

- While **faire** is used with verbs to mean *to make someone do something*, it is not used with adjectives. Use **rendre** with adjectives.

    Cette crise économique me **rend** triste.
    This economic crisis makes me sad.

    Les dettes **rendent** la vie difficile.
    Debts make life difficult.

Mise en pratique

1 Les phrases Assemblez les éléments pour faire des phrases.

Modèle Nous étudions. / le professeur
Le professeur nous fait étudier.

1. Leurs employés travaillent. / les gérants
2. Je pleure. / Élodie
3. L'entreprise signe des contrats. / la consultante
4. Mes sœurs font la cuisine. / mes parents
5. Nous avons vu ses photos. / Séverine
6. Tu as remarqué le problème. / Daniel
7. Je suis entré dans le salon. / tu
8. Il tape des lettres. / le cadre
9. Je suis venu. / la présidente de l'université
10. Tu fais la vaisselle. / ta mère

2 À compléter Décidez s'il faut employer **faire** ou **rendre**.

1. Les films romantiques me _____ heureuse.
2. Les histoires tristes me _____ pleurer.
3. Leur patron les _____ furieux.
4. Cet article me _____ réfléchir.
5. Cette bande dessinée me _____ rire.
6. Toi, tu me _____ fou!

3 Questions Répondez à ces questions.

1. Qui vous fait étudier?
2. Qu'est-ce qui vous fait rire?
3. Qu'est-ce qui vous rend triste?
4. Qu'est-ce qui vous fait éternuer?
5. Qu'est-ce qui vous rend malade?
6. Qu'est-ce qui vous fait perdre patience?
7. Qu'est-ce qui vous rend heureux/heureuse?
8. Vous coupez-vous les cheveux vous-même ou vous les faites-vous couper?
9. Réparez-vous votre voiture vous-même ou la faites-vous réparer?
10. Si vous en aviez la possibilité, que feriez-vous faire à votre professeur de français?

Fiches de grammaire

10.4 Indirect discourse

- To tell what someone else says or said, you can use a direct quote or you can use indirect discourse.

Direct discourse	Indirect discourse
Marc dit: «Je ne veux pas chasser.»	Marc dit qu'il ne veut pas chasser.
Marc says, "I don't want to hunt."	*Marc says that he doesn't want to hunt.*

- Indirect discourse usually includes a verb related to speech, such as **crier**, **demander**, **dire**, **expliquer**, **répéter**, or **répondre**.

> Solange **explique** que l'ouragan a causé des inondations.
> *Solange is explaining that the hurricane caused flooding.*

- When relating what someone said *in the past*, the tense of the verb in the indirect statement differs from that of the verb in the direct statement.

Direct: present tense	Indirect: imparfait
Abdel a dit: «La rivière **est** polluée.»	Abdel a dit que la rivière **était** polluée.
Abdel said, "The river is polluted."	*Abdel said that the river was polluted.*

Direct: passé composé	Indirect: plus-que-parfait
Tu as crié: «Un singe **a pris** mon appareil photo!»	Tu as crié qu'un singe **avait pris** ton appareil photo.
You yelled, "A monkey took my camera!"	*You yelled that a monkey had taken your camera.*

Direct: futur simple	Indirect: conditionnel
Ils ont répété: «Une sécheresse **menacera** les poissons.»	Ils ont répété qu'une sécheresse **menacerait** les poissons.
They repeated, "A drought will threaten the fish."	*They repeated that a drought would threaten the fish.*

- Even when the introductory statement is in the past, if the **imparfait** or the **plus-que-parfait** is used in the direct statement, then it is also used in the indirect statement.

Direct: imparfait	Indirect: imparfait
Houda a dit: «J'**utilisais** des produits renouvelables.»	Houda a dit qu'elle **utilisait** des produits renouvelables.
Houda said, "I used to use renewable products."	*Houda said that she used to use renewable products.*

Direct: plus-que-parfait	Indirect: plus-que-parfait
Nous avons demandé: «Vous **aviez vu** des lions?»	Nous avons demandé si vous **aviez vu** des lions.
We asked, "Had you seen lions?"	*We asked if you had seen lions.*

Boîte à outils

If the introductory statement is in the present, the **futur simple**, the imperative, or the **conditionnel**, the tense of the verb in the indirect statement is the same as that of the verb in the direct statement.

Vous direz: «L'ouragan est imminent.»
You will say, "The hurricane is imminent."

Vous direz que l'ouragan est imminent.
You will say that the hurricane is imminent..

Boîte à outils

Note that a question reported through indirect discourse includes a clause that begins with **si** instead of **que**.

On demande toujours: «Économisez-vous de l'énergie?»
People always ask, "Do you save energy?"

On demande toujours si nous économisons de l'énergie.
People always ask if we save energy..

Mise en pratique

1 **Direct ou indirect?** Ces phrases sont-elles écrites au discours direct ou indirect?

1. Samuel répond toujours que tout va bien.
2. Caroline répétait: «Je ne comprends pas la question.»
3. Le prof nous a dit que le cours commencerait à une heure.
4. Tante Habiba a crié: «Bonjour les enfants!»
5. Coralie m'a demandé si j'avais dix euros.

2 **À transformer** Transformez ces phrases en les mettant au discours indirect.

Modèle Michèle dit: «Je suis malade.
Michèle dit qu'elle est malade.

1. Françoise dit: «Je vois une araignée!»
2. Mariam me demande: «Tu gardes ta sœur?»
3. Louise expliquera: «Ces singes habitaient dans la forêt tropicale.»
4. Édouard dit: «Vous n'aurez pas faim.»
5. Mes parents répondront: «Tu as fait attention à la consommation d'énergie.»
6. Nadège répète: «Je n'aime pas les cochons.»

3 **Au passé** Transformez ces phrases en les mettant au discours indirect. Cette fois, vous parlez de choses qui ont été dites hier.

Modèle Michèle a dit: «Je suis malade.»
Michèle a dit qu'elle était malade.

1. Isabelle a dit: «J'ai déjà mangé.»
2. Karine a crié: «J'ai faim!»
3. Manon a demandé: «Où sont les toilettes?»
4. Daniel a expliqué: «Ils seront en retard ce soir.»
5. Nos amis ont répété: «Nous avons déjà vu ce film!»
6. Nathalie a répondu: «Je ne sais pas où sont les clés.»

Fiches de grammaire

10.5 The passive voice

- The passive voice consists of a form of **être** followed by a past participle which agrees in gender and number with the subject.

  Active voice
  Les ours mangent les poissons.
  Bears eat fish.

  Passive voice
  Les poissons sont mangés par les ours.
  Fish are eaten by bears.

- In the active voice, word order is normally [*subject*] + [*verb*] + [*object*].

SUBJECT	VERB	OBJECT
L'incendie	**a détruit**	**les forêts.**
The fire	*destroyed*	*the forests.*

- The passive voice places the focus on what happened rather than on the agent (the person or thing that performs an action). Word order changes to [*subject*] + [*verb*] + [*agent*], and the direct object of an active sentence becomes the subject in the passive voice.

SUBJECT	VERB	AGENT
Les forêts	**ont été détruites**	**par l'incendie.**
The forests	*were destroyed*	*by the fire.*

- The verb **être** can be used in different tenses with the passive voice. Note that the past participle always agrees with the subject of **être**.

  L'eau **est contaminée** par l'usine.
  The water is contaminated by the factory.

  L'eau **a été contaminée** par l'usine.
  The water was contaminated by the factory.

  L'eau **sera contaminée** par l'usine.
  The water will be contaminated by the factory.

- In a passive sentence, the agent is not necessarily mentioned at all.

  La forêt **a été détruite**.
  The forest was destroyed.

  Les poissons **seront mangés**.
  The fish will be eaten.

- If you want to mention the agent, you usually use **par** (*by*).

  La couche d'ozone est menacée **par** la pollution.
  The ozone layer is threatened by pollution.

- With certain verbs that convey a state resulting from an event or that express a feeling or a figurative sense, use **de** instead of **par**. Such verbs include **admirer**, **aimer**, **couvrir**, **craindre**, **détester**, and **entourer**.

  Le toit était couvert **de** neige.
  The roof was covered with snow.

  Les peintures sont admirées **des** visiteurs.
  The paintings are admired by the visitors.

> **Boîte à outils**
>
> The passive voice is not appropriate in some types of formal writing. Nevertheless, it has some useful applications, such as when you want to place emphasis on the event rather than on the agent or when the agent is unknown. Journalists and scientists often use the passive voice.

> **Boîte à outils**
>
> You can avoid mentioning an agent without using the passive voice by using the pronoun **on**.
>
> **On protège l'environnement.**
>
> *The environment is protected (by someone).*

Mise en pratique

1 Voix active ou passive? Ces phrases sont-elles à la voix active ou passive?

1. Le village a été détruit par un tremblement de terre.
2. Les policières ont prévenu le public.
3. Les hommes ont chassé les lions.
4. Les pluies acides sont causées par la pollution.
5. La forêt est protégée par les écologistes.
6. Jamel et Philippe ont vu le film.
7. On chasse les ours.
8. Le château est entouré d'un mur.

2 À transformer Transformez ces phrases en les mettant à la voix passive.

1. Tom Selleck interprète Dwight Eisenhower dans un film.
2. Léonard de Vinci a peint ces magnifiques tableaux.
3. On a détruit le mur de Berlin en 1989.
4. Alexander Fleming a découvert la pénicilline.
5. On a célébré le bicentenaire des États-Unis en 1976.
6. Jonas Salk a mis au point un vaccin contre la polio.

3 Et les femmes? Transformez ces phrases en les mettant à la voix active.

1. La Résistance a été soutenue par l'action de Joséphine Baker.
2. Certains avions ont été pilotés par Amelia Earhart.
3. La série *Harry Potter* a été écrite par J. K. Rowling.
4. Helen Keller a été aidée par Anne Sullivan.
5. Beaucoup de matchs sont gagnés par Serena Williams.
6. Des thèmes vietnamiens sont choisis par Nguyen Dieu Thuy pour ses peintures.

Appendice A

Guide to the Verb List and Tables

The list of verbs below includes irregular, reflexive, and spelling-change verbs introduced as active vocabulary in **Chemins 4**. Each verb is followed by a model verb that has the same conjugation pattern. The number in parentheses indicates where in the verb tables (pages 416–424) you can find the model verb. Regular -**er**, -**ir**, and -**re** verbs are conjugated like **parler** (1), **finir** (2) and **vendre** (3), respectively. The phrase "**p.c.** with **être**" after a verb means that it is conjugated with **être** in the **passé composé** and other compound tenses. Reminder: All reflexive (pronominal) verbs use **être** as their auxiliary verb, and they are alphabetized under the non-reflexive infinitive.

accueillir like ouvrir (34)
s'acharner like se laver (4)
acheter (7)
s'adapter like se laver (4)
s'adresser like se laver (4)
agacer like commencer (9)
aller (13); **p.c.** with **être**
s'améliorer like se laver (4)
amener like acheter (7)
s'amuser like se laver (4)
apercevoir like recevoir (40)
s'apercevoir like recevoir (40) except **p.c.** with **être**
appartenir like tenir (48)
appeler (8)
apprendre like prendre (39)
s'appuyer like employer (10) except **p.c.** with **être**
s'arrêter like se laver (4)
arriver like parler (1) except **p.c.** with **être**
s'asseoir (14); **p.c.** with **être**
s'assimiler like se laver (4)
s'associer like se laver (4)
atteindre like éteindre (26)
s'attendre like vendre (3) except **p.c.** with **être**
avancer like commencer (9)
avoir (5)
se balancer like commencer (9) except **p.c.** with **être**
balayer like employer (10) except **y** to **i** change optional

se battre (15); **p.c.** with **être**
se blesser like se laver (4)
boire (16)
se brosser like se laver (4)
se casser like se laver (4)
célébrer like préférer (12)
se coiffer like se laver (4)
combattre like se battre (15) except **p.c.** with **avoir**
commencer (9)
se comporter like se laver (4)
comprendre like prendre (39)
conduire (17)
connaître (18)
se connecter like se laver (4)
se consacrer like se laver (4)
considérer like préférer (12)
construire like conduire (17)
convaincre like vaincre (49)
se coucher like se laver (4)
se couper like se laver (4)
courir (19)
couvrir like ouvrir (34)
craindre like éteindre (26)
croire (20)
se croiser like se laver (4)
déblayer like essayer (10)
se débrouiller like se laver (4)
se décourager like manger (11) except **p.c.** with **être**
découvrir like ouvrir (34)
décrire like écrire (23)

se demander like se laver (4)
déménager like manger (11)
se dépasser like se laver (4)
se dépêcher like se laver (4)
se déplacer like commencer (9)
déranger like manger (11)
se dérouler like se laver (4)
descendre like vendre (3) except **p.c.** with **être**; **p.c.** with **avoir** if takes a direct object
se déshabiller like se laver (4)
se détendre like vendre (3) except **p.c.** with **être**
détruire like conduire (17)
devenir like venir (51); **p.c.** with **être**
devoir (21)
dire (22)
diriger like manger (11)
disparaître like connaître (18)
se disputer like se laver (4)
se divertir like finir (2) except **p.c.** with **être**
divorcer like commencer (9)
dormir like partir (35) except **p.c.** with **avoir**
se douter like se laver (4)
écrire (23)
effacer like commencer (9)
élever like acheter (7)
élire like lire (30)
s'embrasser like se laver (4)
emménager like manger (11)

emmener like acheter (7)
émouvoir (24)
employer (10)
s'endormir like partir (35); **p.c.** with **être**
enlever like acheter (7)
s'énerver like se laver (4)
s'enfoncer like commencer (9) except **p.c.** with **être**
s'engager like manger (11) except **p.c.** with **être**
ennuyer like employer (10)
s'ennuyer like employer (10) except **p.c.** with **être**
s'enrichir like finir (2) except **p.c.** with **être**
s'entendre like vendre (3) except **p.c.** with **être**
s'étonner like se laver (4)
s'entourer like se laver (4)
entreprendre like prendre (39)
entrer like parler (1) except **p.c.** with **être**
entretenir like tenir (48)
s'entretenir like tenir (48) except **p.c.** with **être**
envoyer (25)
épeler like appeler (8)
espérer like préférer (12)
essayer like employer (10) except **y** to **i** change optional
essuyer like employer (10)
s'établir like finir (2) except **p.c.** with **être**

Tables de conjugaison

éteindre (26)
s'étendre like vendre (3) except p.c. with être
être (6)
s'excuser like se laver (4)
exiger like manger (11)
se fâcher like se laver (4)
faire (27)
falloir (28)
se fiancer like commencer (9) except p.c. with être
finir (2)
forcer like commencer (9)
se fouler like se laver (4)
fuir (29)
s'habiller like se laver (4)
s'habituer like se laver (4)
harceler like acheter (7)
s'informer like se laver (4)
s'inquiéter like préférer (12) except p.c. with être
s'inscrire like écrire (23) except p.c. with être
s'installer like se laver (4)
interdire like dire (22) except vous interdisez (present) and interdisez (imperative)
s'intégrer like préférer (12) except p.c. with être
s'intéresser like se laver (4)
s'investir like finir (2) except p.c. with être
jeter like appeler (8)
se lancer like commencer (9) except p.c. with être
se laver (4)
lever like acheter (7)
se lever like acheter (7) except p.c. with être
se libérer like se laver (4)
lire (30)
loger like manger (11)
maintenir like tenir (48)
manger (11)
se maquiller like se laver (4)
se marier like se laver (4)
se méfier like se laver (4)
menacer like commencer (9)
mener like acheter (7)

mentir like partir (35) except p.c. with avoir
mettre (31)
se mettre like mettre (31) except p.c. with être
monter like parler (1) except p.c. with être; p.c. with avoir if takes a direct object
se moquer like se laver (4)
mourir (32); p.c. with être
nager like manger (11)
naître (33); p.c. with être
nettoyer like employer (10)
nuire like conduire (17)
obtenir like tenir (48)
s'occuper like se laver (4)
offrir like ouvrir (34)
s'orienter like se laver (4)
ouvrir (34)
paraître like connaître (18)
parcourir like courir (19)
parler (1)
partager like manger (11)
partir (35); p.c. with être
parvenir like venir (51)
passer like parler (1) except p.c. with être
payer like employer (10) except y to i change optional
se peigner like se laver (4)
percevoir like recevoir (40)
permettre like mettre (31)
peser like acheter (7)
placer like commencer (9)
se plaindre like éteindre (26) except p.c. with être
plaire (36)
pleuvoir (37)
plonger like manger (11)
posséder like préférer (12)
pouvoir (38)
prédire like dire (22) except vous prédisez (present) and prédisez (imperative)
préférer (12)
prendre (39)
prévenir like venir (51) except p.c. with avoir

prévoir like voir (53)
produire like conduire (17)
projeter like appeler (8)
se promener like acheter (7) except p.c. with être
promettre like mettre (31)
protéger like préférer (12) except takes e between g and vowels a and o
provenir like venir (51)
ranger like manger (11)
rappeler like appeler (8)
se rappeler like appeler (8) except p.c. with être
se raser like se laver (4)
se rassurer like se laver (4)
se rebeller like se laver (4)
recevoir (40)
se réconcilier like se laver (4)
reconnaître like connaître (18)
réduire like conduire (17)
régner like préférer (12)
rejeter like appeler (8)
rejoindre (41)
se relever like acheter (7) except p.c. with être
remplacer like commencer (9)
renouveler like appeler (8)
rentrer like parler (1) except p.c. with être
renvoyer like envoyer (25)
répéter like préférer (12)
se reposer like se laver (4)
reprendre like prendre (39)
résoudre (42)
ressentir like partir (35) except p.c. with avoir
rester like parler (1) except p.c. with être
retenir like tenir (48)
retourner like parler (1) except p.c. with être
se retourner like se laver (4)
retransmettre like mettre (31)
se réunir like finir (2) except p.c. with être
se réveiller like se laver (4)
revenir like venir (51); p.c. with être

revoir like voir (53)
se révolter like se laver (4)
rire (43)
rompre (44)
savoir (45)
se sécher like préférer (12) except p.c. with être
séduire like conduire (17)
sentir like partir (35) except p.c. with avoir
servir like partir (35) except p.c. with avoir
se servir like partir (35); p.c. with être
sortir like partir (35); p.c. with être
se soucier like se laver (4)
souffrir like ouvrir (34)
soulager like manger (11)
soulever like acheter (7)
sourire like rire (43)
soutenir like tenir (48)
se souvenir like venir (51); p.c. with être
subvenir like venir (51) except p.c. with avoir
suffire like lire (30)
suggérer like préférer (12)
suivre (46)
surprendre like prendre (39)
survivre like vivre (52)
se taire (47)
télécharger like manger (11)
tenir (48)
tomber like parler (1) except p.c. with être
traduire like conduire (17)
se tromper like se laver (4)
se trouver like se laver (4)
vaincre (49)
valoir (50)
vendre (3)
venir (51); p.c. with être
vivre (52)
voir (53)
vouloir (54)
voyager like manger (11)

Appendice A

Regular verbs

Infinitive Present participle Past participle Past infinitive	Subject Pronouns	INDICATIVE Present	Passé simple	Imperfect	Future	CONDITIONAL Present	SUBJUNCTIVE Present	IMPERATIVE
1 parler (to speak) parlant parlé avoir parlé	je tu il/elle/on nous vous ils/elles	parle parles parle parlons parlez parlent	parlai parlas parla parlâmes parlâtes parlèrent	parlais parlais parlait parlions parliez parlaient	parlerai parleras parlera parlerons parlerez parleront	parlerais parlerais parlerait parlerions parleriez parleraient	parle parles parle parlions parliez parlent	 parle parlons parlez
2 finir (to finish) finissant fini avoir fini	je tu il/elle/on nous vous ils/elles	finis finis finit finissons finissez finissent	finis finis finit finîmes finîtes finirent	finissais finissais finissait finissions finissiez finissaient	finirai finiras finira finirons finirez finiront	finirais finirais finirait finirions finiriez finiraient	finisse finisses finisse finissions finissiez finissent	 finis finissons finissez
3 vendre (to sell) vendant vendu avoir vendu	je tu il/elle/on nous vous ils/elles	vends vends vend vendons vendez vendent	vendis vendis vendit vendîmes vendîtes vendirent	vendais vendais vendait vendions vendiez vendaient	vendrai vendras vendra vendrons vendrez vendront	vendrais vendrais vendrait vendrions vendriez vendraient	vende vendes vende vendions vendiez vendent	 vends vendons vendez

Reflexive (Pronominal)

Infinitive Present participle Past participle Past infinitive	Subject Pronouns	INDICATIVE Present	Passé simple	Imperfect	Future	CONDITIONAL Present	SUBJUNCTIVE Present	IMPERATIVE
4 se laver (to wash oneself) se lavant lavé s'être lavé(e)(s)	je tu il/elle/on nous vous ils/elles	me lave te laves se lave nous lavons vous lavez se lavent	me lavai te lavas se lava nous lavâmes vous lavâtes se lavèrent	me lavais te lavais se lavait nous lavions vous laviez se lavaient	me laverai te laveras se lavera nous laverons vous laverez se laveront	me laverais te laverais se laverait nous laverions vous laveriez se laveraient	me lave te laves se lave nous lavions vous laviez se lavent	 lave-toi lavons-nous lavez-vous

Tables de conjugaison

Auxiliary verbs: *avoir* and *être*

Infinitive Present participle Past participle Past infinitive	\multicolumn{5}{c}{INDICATIVE}	CONDITIONAL	SUBJUNCTIVE	IMPERATIVE
	Subject Pronouns	Present	Passé simple	Imperfect	Future	Present	Present	
5 avoir (to have) ayant eu avoir eu	j' tu il/elle/on nous vous ils/elles	ai as a avons avez ont	eus eus eut eûmes eûtes eurent	avais avais avait avions aviez avaient	aurai auras aura aurons aurez auront	aurais aurais aurait aurions auriez auraient	aie aies ait ayons ayez aient	 aie ayons ayez
6 être (to be) étant été avoir été	je (j') tu il/elle/on nous vous ils/elles	suis es est sommes êtes sont	fus fus fut fûmes fûtes furent	étais étais était étions étiez étaient	serai seras sera serons serez seront	serais serais serait serions seriez seraient	sois sois soit soyons soyez soient	 sois soyons soyez

Compound tenses

	\multicolumn{3}{c}{INDICATIVE}	CONDITIONAL	SUBJUNCTIVE
Subject pronouns	Passé composé	Pluperfect	Future perfect	Past	Past
j' tu il/elle/on nous vous ils/elles	ai as a avons avez ont } parlé / fini / vendu	avais avais avait avions aviez avaient } parlé / fini / vendu	aurai auras aura aurons aurez auront } parlé / fini / vendu	aurais aurais aurait aurions auriez auraient } parlé / fini / vendu	aie aies ait ayons ayez aient } parlé / fini / vendu
je (j') tu il/elle/on nous vous ils/elles	suis es est sommes êtes sont } allé(e)(s)	étais étais était étions étiez étaient } allé(e)(s)	serai seras sera serons serez seront } allé(e)(s)	serais serais serait serions seriez seraient } allé(e)(s)	sois sois soit soyons soyez soient } allé(e)(s)

Appendice A

Verbs with spelling changes

Infinitive		INDICATIVE				CONDITIONAL	SUBJUNCTIVE	IMPERATIVE
Present participle Past participle Past infinitive	Subject Pronouns	Present	Passé simple	Imperfect	Future	Present	Present	
7 acheter	j'	achète	achetai	achetais	achèterai	achèterais	achète	
(to buy)	tu	achètes	achetas	achetais	achèteras	achèterais	achètes	achète
	il/elle/on	achète	acheta	achetait	achètera	achèterait	achète	
achetant	nous	achetons	achetâmes	achetions	achèterons	achèterions	achetions	achetons
acheté	vous	achetez	achetâtes	achetiez	achèterez	achèteriez	achetiez	achetez
avoir acheté	ils/elles	achètent	achetèrent	achetaient	achèteront	achèteraient	achètent	
8 appeler	j'	appelle	appelai	appelais	appellerai	appellerais	appelle	
(to call)	tu	appelles	appelas	appelais	appelleras	appellerais	appelles	appelle
	il/elle/on	appelle	appela	appelait	appellera	appellerait	appelle	
appelant	nous	appelons	appelâmes	appelions	appellerons	appellerions	appelions	appelons
appelé	vous	appelez	appelâtes	appeliez	appellerez	appelleriez	appeliez	appelez
avoir appelé	ils/elles	appellent	appelèrent	appelaient	appelleront	appelleraient	appellent	
9 commencer	je	commence	commençai	commençais	commencerai	commencerais	commence	
(to begin)	tu	commences	commenças	commençais	commenceras	commencerais	commences	commence
	il/elle/on	commence	commença	commençait	commencera	commencerait	commence	
commençant	nous	commençons	commençâmes	commencions	commencerons	commencerions	commencions	commençons
commencé	vous	commencez	commençâtes	commenciez	commencerez	commenceriez	commenciez	commencez
avoir commencé	ils/elles	commencent	commencèrent	commençaient	commenceront	commenceraient	commencent	
10 employer	j'	emploie	employai	employais	emploierai	emploierais	emploie	
(to use; to employ)	tu	emploies	employas	employais	emploieras	emploierais	emploies	emploie
	il/elle/on	emploie	employa	employait	emploiera	emploierait	emploie	
employant	nous	employons	employâmes	employions	emploierons	emploierions	employions	employons
employé	vous	employez	employâtes	employiez	emploierez	emploieriez	employiez	employez
avoir employé	ils/elles	emploient	employèrent	employaient	emploieront	emploieraient	emploient	
11 manger	je	mange	mangeai	mangeais	mangerai	mangerais	mange	
(to eat)	tu	manges	mangeas	mangeais	mangeras	mangerais	manges	mange
	il/elle/on	mange	mangea	mangeait	mangera	mangerait	mange	
mangeant	nous	mangeons	mangeâmes	mangions	mangerons	mangerions	mangions	mangeons
mangé	vous	mangez	mangeâtes	mangiez	mangerez	mangeriez	mangiez	mangez
avoir employé	ils/elles	mangent	mangèrent	mangeaient	mangeront	mangeraient	mangent	
12 préférer	je	préfère	préférai	préférais	préférerai	préférerais	préfère	
(to prefer)	tu	préfères	préféras	préférais	préféreras	préférerais	préfères	préfère
	il/elle/on	préfère	préféra	préférait	préférera	préférerait	préfère	
préférant	nous	préférons	préférâmes	préférions	préférerons	préférerions	préférions	préférons
préféré	vous	préférez	préférâtes	préfériez	préférerez	préféreriez	préfériez	préférez
avoir préféré	ils/elles	préfèrent	préférèrent	préféraient	préféreront	préféreraient	préfèrent	

Tables de conjugaison

Irregular verbs

Infinitive Present participle Past participle Past infinitive	Subject Pronouns	INDICATIVE Present	Passé simple	Imperfect	Future	CONDITIONAL Present	SUBJUNCTIVE Present	IMPERATIVE
13 aller (to go) allant allé être allé(e)(s)	je (j') tu il/elle/on nous vous ils/elles	vais vas va allons allez vont	allai allas alla allâmes allâtes allèrent	allais allais allait allions alliez allaient	irai iras ira irons irez iront	irais irais irait irions iriez iraient	aille ailles aille allions alliez aillent	 va allons allez
14 s'asseoir (to sit down, to be seated) s'asseyant assis s'être assis(e)(s)	je tu il/elle/on nous vous ils/elles	m'assieds t'assieds s'assied nous asseyons vous asseyez s'asseyent	m'assis t'assis s'assit nous assîmes vous assîtes s'assirent	m'asseyais t'asseyais s'asseyait nous asseyions vous asseyiez s'asseyaient	m'assiérai t'assiéras s'assiéra nous assiérons vous assiérez s'assiéront	m'assiérais t'assiérais s'assiérait nous assiérions vous assiériez s'assiéraient	m'asseye t'asseyes s'asseye nous asseyions vous asseyiez s'asseyent	 assieds-toi asseyons-nous asseyez-vous
15 se battre (to fight) se battant battu s'être battu(e)(s)	je tu il/elle/on nous vous ils/elles	me bats te bats se bat nous battons vous battez se battent	me battis te battis se battit nous battîmes vous battîtes se battirent	me battais te battais se battait nous battions vous battiez se battaient	me battrai te battras se battra nous battrons vous battrez se battront	me battrais te battrais se battrait nous battrions vous battriez se battraient	me batte te battes se batte nous battions vous battiez se battent	 bats-toi battons-nous battez-vous
16 boire (to drink) buvant bu avoir bu	je tu il/elle/on nous vous ils/elles	bois bois boit buvons buvez boivent	bus bus but bûmes bûtes burent	buvais buvais buvait buvions buviez buvaient	boirai boiras boira boirons boirez boiront	boirais boirais boirait boirions boiriez boiraient	boive boives boive buvions buviez boivent	 bois buvons buvez
17 conduire (to drive; to lead) conduisant conduit avoir conduit	je tu il/elle/on nous vous ils/elles	conduis conduis conduit conduisons conduisez conduisent	conduisis conduisis conduisit conduisîmes conduisîtes conduisirent	conduisais conduisais conduisait conduisions conduisiez conduisaient	conduirai conduiras conduira conduirons conduirez conduiront	conduirais conduirais conduirait conduirions conduiriez conduiraient	conduise conduises conduise conduisions conduisiez conduisent	 conduis conduisons conduisez
18 connaître (to know, to be acquainted with) connaissant connu avoir connu	je tu il/elle/on nous vous ils/elles	connais connais connaît connaissons connaissez connaissent	connus connus connut connûmes connûtes connurent	connaissais connaissais connaissait connaissions connaissiez connaissaient	connaîtrai connaîtras connaîtra connaîtrons connaîtrez connaîtront	connaîtrais connaîtrais connaîtrait connaîtrions connaîtriez connaîtraient	connaisse connaisses connaisse connaissions connaissiez connaissent	 connais connaissons connaissez
19 courir (to run) courant couru avoir couru	je tu il/elle/on nous vous ils/elles	cours cours court courons courez courent	courus courus courut courûmes courûtes coururent	courais courais courait courions couriez couraient	courrai courras courra courrons courrez courront	courrais courrais courrait courrions courriez courraient	coure coures coure courions couriez courent	 cours courons courez

Appendice A

Irregular verbs (continued)

Infinitive Present participle Past participle Past infinitive	Subject Pronouns	INDICATIVE Present	Passé simple	Imperfect	Future	CONDITIONAL Present	SUBJUNCTIVE Present	IMPERATIVE
20 croire	je	crois	crus	croyais	croirai	croirais	croie	
(to believe)	tu	crois	crus	croyais	croiras	croirais	croies	crois
	il/elle/on	croit	crut	croyait	croira	croirait	croie	
croyant	nous	croyons	crûmes	croyions	croirons	croirions	croyions	croyons
cru	vous	croyez	crûtes	croyiez	croirez	croiriez	croyiez	croyez
avoir cru	ils/elles	croient	crurent	croyaient	croiront	croiraient	croient	
21 devoir	je	dois	dus	devais	devrai	devrais	doive	
(to have to;	tu	dois	dus	devais	devras	devrais	doives	dois
to owe)	il/elle/on	doit	dut	devait	devra	devrait	doive	
devant	nous	devons	dûmes	devions	devrons	devrions	devions	devons
dû	vous	devez	dûtes	deviez	devrez	devriez	deviez	devez
avoir dû	ils/elles	doivent	durent	devaient	devront	devraient	doivent	
22 dire	je	dis	dis	disais	dirai	dirais	dise	
(to say, to tell)	tu	dis	dis	disais	diras	dirais	dises	dis
	il/elle/on	dit	dit	disait	dira	dirait	dise	
disant	nous	disons	dîmes	disions	dirons	dirions	disions	disons
dit	vous	dites	dîtes	disiez	direz	diriez	disiez	dites
avoir dit	ils/elles	disent	dirent	disaient	diront	diraient	disent	
23 écrire	j'	écris	écrivis	écrivais	écrirai	écrirais	écrive	
(to write)	tu	écris	écrivis	écrivais	écriras	écrirais	écrives	écris
	il/elle/on	écrit	écrivit	écrivait	écrira	écrirait	écrive	
écrivant	nous	écrivons	écrivîmes	écrivions	écrirons	écririons	écrivions	écrivons
écrit	vous	écrivez	écrivîtes	écriviez	écrirez	écririez	écriviez	écrivez
avoir écrit	ils/elles	écrivent	écrivirent	écrivaient	écriront	écriraient	écrivent	
24 émouvoir	j'	émeus	émus	émouvais	émouvrai	émouvrais	émeuve	
(to move)	tu	émeus	émus	émouvais	émouvras	émouvrais	émeuves	émeus
	il/elle/on	émeut	émut	émouvait	émouvra	émouvrait	émeuve	
émouvant	nous	émouvons	émûmes	émouvions	émouvrons	émouvrions	émouvions	émouvons
ému	vous	émouvez	émûtes	émouviez	émouvrez	émouvriez	émouviez	émouvez
avoir ému	ils/elles	émeuvent	émurent	émouvaient	émouvront	émouvraient	émeuvent	
25 envoyer	j'	envoie	envoyai	envoyais	enverrai	enverrais	envoie	
(to send)	tu	envoies	envoyas	envoyais	enverras	enverrais	envoies	envoie
	il/elle/on	envoie	envoya	envoyait	enverra	enverrait	envoie	
envoyant	nous	envoyons	envoyâmes	envoyions	enverrons	enverrions	envoyions	envoyons
envoyé	vous	envoyez	envoyâtes	envoyiez	enverrez	enverriez	envoyiez	envoyez
avoir envoyé	ils/elles	envoient	envoyèrent	envoyaient	enverront	enverraient	envoient	
26 éteindre	j'	éteins	éteignis	éteignais	éteindrai	éteindrais	éteigne	
(to turn off)	tu	éteins	éteignis	éteignais	éteindras	éteindrais	éteignes	éteins
	il/elle/on	éteint	éteignit	éteignait	éteindra	éteindrait	éteigne	
éteignant	nous	éteignons	éteignîmes	éteignions	éteindrons	éteindrions	éteignions	éteignons
éteint	vous	éteignez	éteignîtes	éteigniez	éteindrez	éteindriez	éteigniez	éteignez
avoir étient	ils/elles	éteignent	éteignirent	éteignaient	éteindront	éteindraient	éteignent	

Tables de conjugaison

Infinitive Present participle Past participle Past infinitive	Subject Pronouns	INDICATIVE Present	Passé simple	Imperfect	Future	CONDITIONAL Present	SUBJUNCTIVE Present	IMPERATIVE
27 faire	je	fais	fis	faisais	ferai	ferais	fasse	
(to do; to make)	tu	fais	fis	faisais	feras	ferais	fasses	fais
	il/elle/on	fait	fit	faisait	fera	ferait	fasse	
faisant	nous	faisons	fîmes	faisions	ferons	ferions	fassions	faisons
fait	vous	faites	fîtes	faisiez	ferez	feriez	fassiez	faites
avoir fait	ils/elles	font	firent	faisaient	feront	feraient	fassent	
28 falloir	il	faut	fallut	fallait	faudra	faudrait	faille	
(to be necessary)								
fallu								
avoir fallu								
29 fuir	je	fuis	fuis	fuyais	fuirai	fuirais	fuie	
(to flee)	tu	fuis	fuis	fuyais	fuiras	fuirais	fuies	fuis
	il/elle/on	fuit	fuit	fuyait	fuira	fuirait	fuie	
fuyant	nous	fuyons	fuîmes	fuyions	fuirons	fuirions	fuyions	fuyons
fui	vous	fuyez	fuîtes	fuyiez	fuirez	fuiriez	fuyiez	fuyez
avoir fui	ils/elles	fuient	fuirent	fuyaient	fuiront	fuiraient	fuient	
30 lire	je	lis	lus	lisais	lirai	lirais	lise	
(to read)	tu	lis	lus	lisais	liras	lirais	lises	lis
	il/elle/on	lit	lut	lisait	lira	lirait	lise	
lisant	nous	lisons	lûmes	lisions	lirons	lirions	lisions	lisons
lu	vous	lisez	lûtes	lisiez	lirez	liriez	lisiez	lisez
avoir lu	ils/elles	lisent	lurent	lisaient	liront	liraient	lisent	
31 mettre	je	mets	mis	mettais	mettrai	mettrais	mette	
(to put)	tu	mets	mis	mettais	mettras	mettrais	mettes	mets
	il/elle/on	met	mit	mettait	mettra	mettrait	mette	
mettant	nous	mettons	mîmes	mettions	mettrons	mettrions	mettions	mettons
mis	vous	mettez	mîtes	mettiez	mettrez	mettriez	mettiez	mettez
avoir mis	ils/elles	mettent	mirent	mettaient	mettront	mettraient	mettent	
32 mourir	je	meurs	mourus	mourais	mourrai	mourrais	meure	
(to die)	tu	meurs	mourus	mourais	mourras	mourrais	meures	meurs
	il/elle/on	meurt	mourut	mourait	mourra	mourrait	meure	
mourant	nous	mourons	mourûmes	mourions	mourrons	mourrions	mourions	mourons
mort	vous	mourez	mourûtes	mouriez	mourrez	mourriez	mouriez	mourez
être mort(e)(s)	ils/elles	meurent	moururent	mouraient	mourront	mourraient	meurent	
33 naître	je	nais	naquis	naissais	naîtrai	naîtrais	naisse	
(to be born)	tu	nais	naquis	naissais	naîtras	naîtrais	naisses	nais
	il/elle/on	naît	naquit	naissait	naîtra	naîtrait	naisse	
naissant	nous	naissons	naquîmes	naissions	naîtrons	naîtrions	naissions	naissons
né	vous	naissez	naquîtes	naissiez	naîtrez	naîtriez	naissiez	naissez
être né(e)(s)	ils/elles	naissent	naquirent	naissaient	naîtront	naîtraient	naissent	

Appendice A

Irregular verbs (continued)

Infinitive Present participle Past participle Past infinitive	Subject Pronouns	INDICATIVE Present	Passé simple	Imperfect	Future	CONDITIONAL Present	SUBJUNCTIVE Present	IMPERATIVE
34 ouvrir	j'	ouvre	ouvris	ouvrais	ouvrirai	ouvrirais	ouvre	
(to open)	tu	ouvres	ouvris	ouvrais	ouvriras	ouvrirais	ouvres	ouvre
	il/elle/on	ouvre	ouvrit	ouvrait	ouvrira	ouvrirait	ouvre	
ouvrant	nous	ouvrons	ouvrîmes	ouvrions	ouvrirons	ouvririons	ouvrions	ouvrons
ouvert	vous	ouvrez	ouvrîtes	ouvriez	ouvrirez	ouvririez	ouvriez	ouvrez
avoir ouvert	ils/elles	ouvrent	ouvrirent	ouvraient	ouvriront	ouvriraient	ouvrent	
35 partir	je	pars	partis	partais	partirai	partirais	parte	
(to leave)	tu	pars	partis	partais	partiras	partirais	partes	pars
	il/elle/on	part	partit	partait	partira	partirait	parte	
partant	nous	partons	partîmes	partions	partirons	partirions	partions	partons
parti	vous	partez	partîtes	partiez	partirez	partiriez	partiez	partez
être parti(e)(s)	ils/elles	partent	partirent	partaient	partiront	partiraient	partent	
36 plaire	je	plais	plus	plaisais	plairai	plairais	plaise	
(to please)	tu	plais	plus	plaisais	plairas	plairais	plaises	plais
	il/elle/on	plaît	plut	plaisait	plaira	plairait	plaise	
plaisant	nous	plaisons	plûmes	plaisions	plairons	plairions	plaisions	plaisons
plu	vous	plaisez	plûtes	plaisiez	plairez	plairiez	plaisiez	plaisez
avoir plu	ils/elles	plaisent	plurent	plaisaient	plairont	plairaient	plaisent	
37 pleuvoir	il	pleut	plut	pleuvait	pleuvra	pleuvrait	pleuve	
(to rain)								
pleuvant								
plu								
avoir plu								
38 pouvoir	je	peux	pus	pouvais	pourrai	pourrais	puisse	
(to be able)	tu	peux	pus	pouvais	pourras	pourrais	puisses	
	il/elle/on	peut	put	pouvait	pourra	pourrait	puisse	
pouvant	nous	pouvons	pûmes	pouvions	pourrons	pourrions	puissions	
pu	vous	pouvez	pûtes	pouviez	pourrez	pourriez	puissiez	
avoir pu	ils/elles	peuvent	purent	pouvaient	pourront	pourraient	puissent	
39 prendre	je	prends	pris	prenais	prendrai	prendrais	prenne	
(to take)	tu	prends	pris	prenais	prendras	prendrais	prennes	prends
	il/elle/on	prend	prit	prenait	prendra	prendrait	prenne	
prenant	nous	prenons	prîmes	prenions	prendrons	prendrions	prenions	prenons
pris	vous	prenez	prîtes	preniez	prendrez	prendriez	preniez	prenez
avoir pris	ils/elles	prennent	prirent	prenaient	prendront	prendraient	prennent	
40 recevoir	je	reçois	reçus	recevais	recevrai	recevrais	reçoive	
(to receive)	tu	reçois	reçus	recevais	recevras	recevrais	reçoives	reçois
	il/elle/on	reçoit	reçut	recevait	recevra	recevrait	reçoive	
recevant	nous	recevons	reçûmes	recevions	recevrons	recevrions	recevions	recevons
reçu	vous	recevez	reçûtes	receviez	recevrez	recevriez	receviez	recevez
avoir reçu	ils/elles	reçoivent	reçurent	recevaient	recevront	recevraient	reçoivent	

Tables de conjugaison

Infinitive		INDICATIVE				CONDITIONAL	SUBJUNCTIVE	IMPERATIVE
Present participle Past participle Past infinitive	Subject Pronouns	Present	Passé simple	Imperfect	Future	Present	Present	
41 rejoindre	je	rejoins	rejoignis	rejoignais	rejoindrai	rejoindrais	rejoigne	
(to join)	tu	rejoins	rejoignis	rejoignais	rejoindras	rejoindrais	rejoignes	rejoins
	il/elle/on	rejoint	rejoignit	rejoignait	rejoindra	rejoindrait	rejoigne	
rejoignant	nous	rejoignons	rejoignîmes	rejoignions	rejoindrons	rejoindrions	rejoignions	rejoignons
rejoint	vous	rejoignez	rejoignîtes	rejoigniez	rejoindrez	rejoindriez	rejoigniez	rejoignez
avoir rejoint	ils/elles	rejoignent	rejoignirent	rejoignaient	rejoindront	rejoindraient	rejoignent	
42 résoudre	je	résous	résolus	résolvais	résoudrai	résoudrais	résolve	
(to solve)	tu	résous	résolus	résolvais	résoudras	résoudrais	résolves	résous
	il/elle/on	résout	résolut	résolvait	résoudra	résoudrait	résolve	
résolvant	nous	résolvons	résolûmes	résolvions	résoudrons	résoudrions	résolvions	résolvons
résolu	vous	résolvez	résolûtes	résolviez	résoudrez	résoudriez	résolviez	résolvez
avoir résolu	ils/elles	résolvent	résolurent	résolvaient	résoudront	résoudraient	résolvent	
43 rire	je	ris	ris	riais	rirai	rirais	rie	
(to laugh)	tu	ris	ris	riais	riras	rirais	ries	ris
	il/elle/on	rit	rit	riait	rira	rirait	rie	
riant	nous	rions	rîmes	riions	rirons	ririons	riions	rions
ri	vous	riez	rîtes	riiez	rirez	ririez	riiez	riez
avoir ri	ils/elles	rient	rirent	riaient	riront	riraient	rient	
44 rompre	je	romps	rompis	rompais	romprai	romprais	rompe	
(to break)	tu	romps	rompis	rompais	rompras	romprais	rompes	romps
	il/elle/on	rompt	rompit	rompait	rompra	romprait	rompe	
rompant	nous	rompons	rompîmes	rompions	romprons	romprions	rompions	rompons
rompu	vous	rompez	rompîtes	rompiez	romprez	rompriez	rompiez	rompez
avoir rompu	ils/elles	rompent	rompirent	rompaient	rompront	rompraient	rompent	
45 savoir	je	sais	sus	savais	saurai	saurais	sache	
(to know)	tu	sais	sus	savais	sauras	saurais	saches	sache
	il/elle/on	sait	sut	savait	saura	saurait	sache	
sachant	nous	savons	sûmes	savions	saurons	saurions	sachions	sachons
su	vous	savez	sûtes	saviez	saurez	sauriez	sachiez	sachez
avoir su	ils/elles	savent	surent	savaient	sauront	sauraient	sachent	
46 suivre	je	suis	suivis	suivais	suivrai	suivrais	suive	
(to follow)	tu	suis	suivis	suivais	suivras	suivrais	suives	suis
	il/elle/on	suit	suivit	suivait	suivra	suivrait	suive	
suivant	nous	suivons	suivîmes	suivions	suivrons	suivrions	suivions	suivons
suivi	vous	suivez	suivîtes	suiviez	suivrez	suivriez	suiviez	suivez
avoir suivi	ils/elles	suivent	suivirent	suivaient	suivront	suivraient	suivent	
47 se taire	je	me tais	me tus	me taisais	me tairai	me tairais	me taise	
(to be quiet)	tu	te tais	te tus	te taisais	te tairas	te tairais	te taises	tais-toi
	il/elle/on	se tait	se tut	se taisait	se taira	se tairait	se taise	
se taisant	nous	nous taisons	nous tûmes	nous taisions	nous tairons	nous tairions	nous taisions	taisons-nous
tu	vous	vous taisez	vous tûtes	vous taisiez	vous tairez	vous tairiez	vous taisiez	taisez-vous
s'être tu(e)(s)	ils/elles	se taisent	se turent	se taisaient	se tairont	se tairaient	se taisent	

Appendice A

Irregular verbs (continued)

Infinitive Present participle Past participle Past infinitive	Subject Pronouns	INDICATIVE Present	INDICATIVE Passé simple	INDICATIVE Imperfect	INDICATIVE Future	CONDITIONAL Present	SUBJUNCTIVE Present	IMPERATIVE
48 tenir *(to hold)* tenant tenu avoir tenu	je tu il/elle/on nous vous ils/elles	tiens tiens tient tenons tenez tiennent	tins tins tint tînmes tîntes tinrent	tenais tenais tenait tenions teniez tenaient	tiendrai tiendras tiendra tiendrons tiendrez tiendront	tiendrais tiendrais tiendrait tiendrions tiendriez tiendraient	tienne tiennes tienne tenions teniez tiennent	 tiens tenons tenez
49 vaincre *(to defeat)* vainquant vaincu avoir vaincu	je tu il/elle/on nous vous ils/elles	vaincs vaincs vainc vainquons vainquez vainquent	vainquis vainquis vainquit vainquîmes vainquîtes vainquirent	vainquais vainquais vainquait vainquions vainquiez vainquaient	vaincrai vaincras vaincra vaincrons vaincrez vaincront	vaincrais vaincrais vaincrait vaincrions vaincriez vaincraient	vainque vainques vainque vainquions vainquiez vainquent	 vaincs vainquons vainquez
50 valoir *(to be worth)* valant valu avoir valu	je tu il/elle/on nous vous ils/elles	vaux vaux vaut valons valez valent	valus valus valut valûmes valûtes valurent	valais valais valait valions valiez valaient	vaudrai vaudras vaudra vaudrons vaudrez vaudront	vaudrais vaudrais vaudrait vaudrions vaudriez vaudraient	vaille vailles vaille valions valiez vaillent	 vaux valons valez
51 venir *(to come)* venant venu être venu(e)(s)	je tu il/elle/on nous vous ils/elles	viens viens vient venons venez viennent	vins vins vint vînmes vîntes vinrent	venais venais venait venions veniez venaient	viendrai viendras viendra viendrons viendrez viendront	viendrais viendrais viendrait viendrions viendriez viendraient	vienne viennes vienne venions veniez viennent	 viens venons venez
52 vivre *(to live)* vivant vécu avoir vécu	je tu il/elle/on nous vous ils/elles	vis vis vit vivons vivez vivent	vécus vécus vécut vécûmes vécûtes vécurent	vivais vivais vivait vivions viviez vivaient	vivrai vivras vivra vivrons vivrez vivront	vivrais vivrais vivrait vivrions vivriez vivraient	vive vives vive vivions viviez vivent	 vis vivons vivez
53 voir *(to see)* voyant vu avoir vu	je tu il/elle/on nous vous ils/elles	vois vois voit voyons voyez voient	vis vis vit vîmes vîtes virent	voyais voyais voyait voyions voyiez voyaient	verrai verras verra verrons verrez verront	verrais verrais verrait verrions verriez verraient	voie voies voie voyions voyiez voient	 vois voyons voyez
54 vouloir *(to want, to wish)* voulant voulu avoir voulu	je tu il/elle/on nous vous ils/elles	veux veux veut voulons voulez veulent	voulus voulus voulut voulûmes voulûtes voulurent	voulais voulais voulait voulions vouliez voulaient	voudrai voudras voudra voudrons voudrez voudront	voudrais voudrais voudrait voudrions voudriez voudraient	veuille veuilles veuille voulions vouliez veuillent	 veuille veuillons veuillez

Appendice B

Vocabulaire

Guide to Vocabulary

This glossary contains the words and expressions listed on the **Vocabulaire** page found at the end of each unit of **Chemins**. The number following an entry indicates the **Chemins** volume and unit where the term was introduced or considered. For example, the first entry in the glossary, **à**, was introduced in **Chemins 1** Unit 4 and covered again in **Chemins 4** Unit 5. Note that III–R refers to the Reprise in **Chemins 3**.

Abbreviations used in this glossary

adj.	adjective	*disj.*	disjunctive	*interj.*	interjection	*p.p.*	past participle	*sing.*	singular
adv.	adverb	*d.o.*	direct object	*interr.*	interrogative	*pl.*	plural	*sub.*	subject
art.	article	*f.*	feminine	*inv.*	invariable	*poss.*	possessive	*super.*	superlative
comp.	comparative	*fam.*	familiar	*i.o.*	indirect object	*prep.*	preposition	*v.*	verb
conj.	conjunction	*form.*	formal	*m.*	masculine	*pron.*	pronoun		
def.	definite	*imp.*	imperative	*obj.*	object	*refl.*	reflexive		
dem.	demonstrative	*indef.*	indefinite	*part.*	partitive	*rel.*	relative		

Français–Anglais

A

à *prep.* at, in, to **I-4, IV-5**
  À bientôt. See you soon. **I-1**
  à ce moment-là *adv.* at that moment **IV-3**
  à condition de *prep.* provided (that) **IV-7**
  à condition que *conj.* on the condition that, provided that **III-5, IV-7**
  à droite (de) *prep.* to the right of **I-3**
  à gauche (de) *prep.* to the left (of) **I-3**
  à … heure(s) at … (o'clock) **I-4**
  à la radio on the radio **III-5**
  à la suite de following **III-R**
  à la télé(vision) on television **III-5**
  à l'étranger abroad, overseas **II-2**
  à mi-temps part-time (job) **III-3**
  à moins de *prep.* unless **IV-7**
  à moins que *conj.* unless **III-5, IV-7**
  à partir de *prep.* from **IV-1, IV-7**
  à plein temps full-time (job) **III-3**
  À plus tard. See you later. **I-1**
  À quelle heure? What time?; When? **I-2**
  À qui? To whom? **I-4**
  À table! Let's eat! Food is ready! **II-4**
  à temps partiel part-time (job) **III-3**
  À tout à l'heure. See you later. **I-1**
  à travers *prep.* throughout **IV-7**
  au bout (de) *prep.* at the end (of) **III-2**
  au fait by the way **I-3**
  au printemps in the spring **I-5**
  Au revoir. Good-bye. **I-1**
  au sein de within, at the center of **III-1**
abattre *v.* to cut down **IV-10**
abîmé(e) *adj.* damaged **IV-9**
abolir *v.* to abolish **III-4**
abonné(e) *m., f.* subscriber **III-1, IV-9**
abonnement *m.* subscription **III-1**
abonner: s'abonner (à) *v.* to subscribe (to) **IV-7**
aborder *v.* to broach **IV-3**
abriter *v.* to provide a habitat for **III-2, IV-10**
absolument *adv.* absolutely **II-2**
abus de pouvoir *m.* abuse of power **IV-4**
abuser *v.* to abuse **IV-4**
accablé(e) *adj.* overwhelmed **IV-1**
accéder *v.* to access **IV-5**
accident *m.* accident **III-1, IV-2**
  avoir un accident *v.* to have/to be in an accident **III-1**
accompagner *v.* to accompany **III-2**
accorder *v.* to grant **III-R**
accrocher: s'accrocher *v.* to hang on **IV-9**
accroître: s'accroître *v.* to rise, to increase **IV-3**
accuser *v.* to accuse **IV-4**
acharner: s'acharner sur *v.* to persist relentlessly (to keep going at in a violent manner) **IV-5**
achat *m.* purchase **III-1**
acheter *v.* to buy **I-5, IV-1**
acteur *m.* actor **I-1**
actif/active *adj.* active **I-3, IV-2**
activement *adv.* actively **II-3**
activiste *m., f.* militant activist **IV-4**
actrice *f.* actress **I-1**
actualisé(e) *adj.* updated **IV-3**
actualiser *v.* to update; to refresh (a page/feed) **IV-7**
actualité *f.* current events **IV-3**
adapter: s'adapter *v.* to adapt **IV-5**
addition *f.* check, bill **I-4**
adhérent(e) *m., f.* member **IV-9**
admirer *v.* to admire **IV-8**
ADN *m.* DNA **IV-7**
ado(lescent)(e) *m., f.* adolescent; teenager **IV-6**
adolescence *f.* adolescence **II-1, III-R**
adopter *v.* to adopt **IV-6**
adorer *v.* to love **I-2, III-1**
  s'adorer *v.* to adore one another **III-1**
  J'adore… I love… **I-2**
adresse *f.* address **III-2**
aéroport *m.* airport **II-2, III-R**
affaires *f., pl.* business **I-3, III-1**; belongings **IV-6**
affectueux/affectueuse *adj.* affectionate **IV-1**
affiche *f.* poster **II-3**
affolé(e) *adj.* distraught **IV-7**
afin de *conj.* in order to **III-2**
afin que *conj.* in order that **IV-7**
agacer *v.* to annoy **IV-1**
âge *m.* age **I-P, II-1**

Appendice B

âge adulte *m.* adulthood II-1, III-R, IV-6
agence de voyages *f.* travel agency II-2, III-R
agent(e) *m.* officer; agent III-1
  agent de police *m.* police officer III-1, IV-2
  agent de voyages *m.* travel agent II-2
  agent immobilier/agente immobilière *m., f.* real estate agent III-3
agglomération *f.* urban area III-2
agiter *v.* to shake IV-10
agréable *adj.* pleasant I-1
agriculteur/agricultrice *m., f.* farmer III-3
s'aider *v.* to help one another III-1
aie (avoir) *imp. v.* have II-2
ail *m.* garlic II-4
aimant(e) *adj.* loving IV-6
aimer *v.* to like; to love I-2, III-1, IV-1
  s'aimer (bien) *v.* to love (like) one another III-1
  aimer mieux *v.* to prefer I-2
  aimer que… to like that… III-4
  J'aime bien… I really like… I-2
  Je n'aime pas tellement… I don't like… very much. I-2
ainsi *adv.* thus IV-2
ainsi que *conj.* as well as III-2
air *m.* air
  en plein air *adj.* outdoor, open-air III-4, IV-10
Algérie *f.* Algeria I-P
algérien(ne) *adj.* Algerian I-P, I-1
algorithme *m.* algorithm IV-7
aliment *m.* (type or kind of) food II-4 IV-6
alimentaire *adj.* related to food IV-6
alléger *v.* to lessen; to lighten IV-7
Allemagne *f.* Germany II-2, III-R
allemand(e) *adj.* German I-1
aller *v.* to go I-4, III-1, III-5, IV-1
  s'en aller *v.* to go/fade away IV-1, IV-2
  aller à fond to go all-out III-3
  aller à la pêche to go fishing I-5
  aller à la pharmacie to go to the pharmacy II-5, III-R
  aller aux urgences to go to the emergency room II-5, III-R
  aller avec to go with II-1
  aller de l'avant to forge ahead IV-5
  aller-retour *adj.* round-trip II-2
  billet aller-retour *m.* round-trip ticket II-2
  Allez. Come on. I-5
  Allons-y! Let's go! I-2
Ça va? What's up?; How are things? I-1

Comment allez-vous? *form.* How are you? I-1
Comment vas-tu? *fam.* How are you? I-1
Je m'en vais. I'm leaving. II-3
Je vais bien/mal. I am doing well/ badly. I-1
J'y vais. I'm going/coming. II-3
allergie *f.* allergy II-5
Allez. Come on. I-5
alliance *f.* wedding ring IV-6
allier *v.* to combine III-2
allô (on the phone) hello I-1, III-3
allumer *v.* to turn on III-1
alors *adv.* so then at that moment I-2 IV-2
alpinisme *m.* mountain climbing IV-8
ambiance *f.* atmosphere IV-2
âme: âme sœur *f.* soul mate IV-1
  vendre son âme au diable to sell one's soul to the devil IV-10
améliorer *v.* to improve III-3, IV-2
  s'améliorer *v.* to better oneself IV-5
amende *f.* fine III-1
amener *v.* to bring (someone) I-5, IV-1
américain(e) *adj.* American I-P, I-1
  football américain *m.* football I-5
ami(e) *m., f.* friend I-1
  petit(e) ami(e) *m., f.* boyfriend/ girlfriend I-3
amical(e) *adj.* friendly I-1
amitié *f.* friendship II-1, IV-1
amour *m.* love II-1, III-R
amoureux: tomber amoureux/ amoureuse (de) to fall in love (with) II-1, III-R, IV-1
amour-propre *m.* self-esteem IV-6
amusant(e) *adj.* fun I-1
amuser *v.* to amuse IV-2
  s'amuser *v.* to play; to have fun II-5, IV-2
  s'amuser à *v.* to pass time by III-1
an *m.* year I-2
  J'ai [nombre] ans. I am [number] years old. I-P
analphabète *adj.* illiterate IV-4
ancêtre *m., f.* ancestor IV-1
ancien(ne) *adj.* ancient, old; former III-R, III-1, III-5, IV-2
ange *m.* angel I-1
anglais *m.* English I-P, I-2
anglais(e) *adj.* English I-1
angle *m.* corner III-2
Angleterre *f.* England II-2, III-R
animal *m.* animal III-4
animateur/animatrice de radio *m., f.* radio presenter IV-3
animé(e) *adj.* lively III-2, IV-2
année *f.* year I-2
  cette année this year I-2
anniversaire *m.* birthday I-P

C'est quand l'anniversaire de…? When is …'s birthday? I-P
C'est quand ton/votre anniversaire? When is your birthday? I-P
annonce *f.* want ad III-3
  lire les annonces to read the want ads III-3
annuler une réservation *v.* to cancel a reservation II-2
anorak *m.* ski jacket, parka II-1, III-R
antimatière *f.* antimatter IV-7
anxieux/anxieuse *adj.* anxious IV-1
août *m.* August I-P, I-5
apercevoir *v.* to catch sight of, to perceive III-2, IV-2, IV-9
aperçu (apercevoir) *p.p.* seen, caught sight of III-2
  s'apercevoir *v.* to notice; to realize III-2, IV-2, IV-8
appareil *m.* telephone III-3
  appareil (électrique/ménager) *m.* (electrical/household) appliance II-3, III-R
  appareil photo (numérique) *m.* (digital) camera IV-7
  C'est M./Mme/Mlle… (à l'appareil). It's Mr./Mrs./ Miss… (on the phone). III-3
  Qui est à l'appareil? Who's calling, please? III-3
appartement *m.* apartment II-3
appartenir (à) *v.* to belong (to) III-R, III-1, III-2, IV-5
appel (vidéo) *m.* (video) call III-1
appeler *v.* to call III-3, IV-1, IV-2
  s'appeler *v.* to be named, to be called II-5
  Comment t'appelles-tu? *fam.* What is your name? I-1
  Comment vous appelez-vous? *form.* What is your name? I-1
  Je m'appelle… My name is… I-P, I-1
applaudir *v.* to applaud III-5, IV-8
applaudissement *m.* applause III-5
appli(cation) *f.* app III-1
  payer par appli mobile *v.* to pay with a phone app III-2
apporter *v.* to bring, to carry (something) I-4
apprendre (à) *v.* to teach; to learn (to do something) I-4, III-1
  apprendre à ses dépens to learn the hard way IV-1
apprentissage *m.* learning III-3, IV-5
appris (apprendre) *p.p., adj.* learned II-1, III-R
approuver une loi *v.* to pass a law IV-4
après *prep.* after I-P, I-2, IV-8

Vocabulaire

après que *conj.* after **IV-7**
après-demain *adv.* day after tomorrow **I-P**
après-midi *m.* afternoon **I-P**
  cet après-midi this afternoon **I-2**
  de l'après-midi in the afternoon **I-2**
  demain après-midi *adv.* tomorrow afternoon **I-2**
  hier après-midi *adv.* yesterday afternoon **II-2**
araignée *f.* spider **IV-10**
arbitre *m.* referee **IV-8**
arbre *m.* tree **III-4**
arc-en-ciel *m.* rainbow **IV-10**
archipel *m.* archipelago **III-R, IV-10**
architecte *m., f.* architect **I-3**
  architecte paysagiste *m., f.* landscape architect **III-1**
argent *m.* money **III-2**
  dépenser de l'argent *v.* to spend money **I-4**
  déposer de l'argent *v.* to deposit money **III-2**
  retirer de l'argent *v.* to withdraw money **III-2**
argent *m.* silver **IV-2**
arme *f.* weapon **IV-4**
armée *f.* army **IV-4**
armoire *f.* armoire, wardrobe **II-3, III-R**
arobase *f.* at symbol **I-P**
arracher *v.* to rip out **IV-4**
arrêt d'autobus (de bus) *m.* bus stop **II-2, III-R, IV-2**
arrêter (de faire quelque chose) *v.* to stop (doing something) **III-1**
  s'arrêter *v.* to stop (oneself) **II-5 IV-2**
arrière-grand-mère *f.* great-grandmother **IV-6**
arrière-grand-père *m.* great-grandfather **IV-6**
arrivée *f.* arrival **II-2**
arriver (à) *v.* to arrive; to manage (to do something) **I-2, III-1, IV-3**
art *m.* art **I-P, I-2**
  beaux-arts *m., pl.* fine arts **III-5**
artifice: feu d'artifice *m.* fireworks display **IV-2**
artisanat *m.* arts and crafts **III-3**
artiste *m., f.* artist **I-3**
asperge *f.* asparagus **IV-6**
aspirateur *m.* vacuum cleaner **II-3**
  passer l'aspirateur to vacuum **II-3, III-R**
aspirine *f.* aspirin **II-5**
asseoir: s'asseoir *v.* to sit **II-5, IV-9**
asservissement *m.* enslavement **IV-4**
Asseyez-vous! (s'asseoir) *imp. v.* Have a seat! **II-5**
assez *adv.* (before adjective or adverb) pretty; quite **II-3 IV-2**

assez (de) (before noun) enough (of) **I-4 IV-5**
  pas assez (de) not enough (of) **I-4**
assiette *f.* plate **II-4**
assimilation *f.* assimilation **IV-5**
assimiler: s'assimiler à *v.* to blend in **IV-1**
assis (s'asseoir) *p.p.; adj.* (used as past participle) sat down; (used as adjective) sitting, seated **II-5**
assister *v.* to attend **I-2**
associer: s'associer à *v.* to join forces with
assurance maladie *f.* health insurance **III-3**
astronaute *m., f.* astronaut **IV-7**
astronome *m., f.* astronomer **IV-7**
atelier *m.* workshop **IV-7**
athlète *m., f.* athlete **I-3**
attacher *v.* to attach **III-1**
  attacher sa ceinture de sécurité *v.* to buckle one's seatbelt **III-1**
attendre *v.* to wait for **II-1, IV-2**
  s'attendre à quelque chose *v.* to expect something **IV-2, IV-3**
attention *f.* attention **I-5**
atterrir *v.* to land **IV-7**
attirer *v.* to attract **III-2, IV-5**
attribuer *v.* to grant **IV-3**
au (à + le) *prep.* to/at the **I-4**
au bout (de) *prep.* at the end (of) **III-2**
au cas où *conj.* in case **IV-10**
auberge de jeunesse *f.* youth hostel **II-2, III-R**
aucun(e): ne… aucun(e) none, not any **III-2**
auditeur/auditrice *m., f.* (radio) listener **IV-3**
augmentation (de salaire) *f.* raise (in salary) **III-3, IV-9**
augmenter *v.* to grow **IV-5**
aujourd'hui *adv.* today **I-P, I-2 IV-2**
auparavant *adv.* formerly; in the old days **IV-6**
auquel (à + lequel) *pron., m., sing.* which one **III-3**
aussi *adv.* too, as well; as **I-1**
  aussi … que (used with an adjective/adverb) as … as **II-4, III-R, IV-7**
  Moi aussi. Me too. **I-1**
aussitôt que *conj.* as soon as **IV-7**
autant *adv.* so much/many **IV-2**
  autant de … que *adv.* (used with noun to express quantity) as much/as many … as **III-4**
auteur(e) *m., f.* author **III-5**
autobus *m.* bus **II-2,**
  arrêt d'autobus *m.* bus stop **II-2, III-R, IV-2**
  prendre un autobus to take a bus **II-2**
autodidacte *adj.* self-taught **III-1**

automatique *adj.* automatic **III-2**
  distributeur (automatique/de billets) *m.* ATM **III-2**
automne *m.* fall **I-5**
  à l'automne in the fall **I-5**
autoritaire *adj.* bossy **IV-6**
autoroute *f.* highway **III-1**
autour (de) *prep.* around **III-2**
autre *adj.* another different; other **IV-2, IV-4**
autrefois *adv.* in the past **II-3**
aux (à + les) to/at the **I-4**
auxquelles (à + lesquelles) *pron., f., pl.* which ones **III-3**
auxquels (à + lesquels) *pron., m., pl.* which ones **III-3**
avance *f.* advance **I-2**
  en avance *adv.* early **I-2**
avancé(e) *adj.* advanced **IV-7**
avancer *v.* to advance, to move forward **IV-1**
avant (de/que) *adv.* before **II-2, III-5, IV-7**
avant-hier *adv.* day before yesterday **II-1**
avec *prep.* with **I-1**
  Avec qui? With whom? **I-4**
avenir *m.* future **III-2**
aventure *f.* adventure **III-5**
  film d'aventures *m.* adventure film **III-5**
avenue *f.* avenue **III-2, IV-2**
avion *m.* airplane **II-2**
  prendre un avion *v.* to take a plane **II-2**
avocat(e) *m., f.* lawyer **I-3 IV-4**
avoir *v.* to have **I-2, IV-1**
  aie *imp. v.* have **I-2**
  avoir l'air to look **II-1**
  avoir besoin (de) to need (something) **I-2**
  avoir chaud to be hot **I-2**
  avoir confiance en soi to be confident **IV-1**
  avoir de bonnes/mauvaises notes to have good/bad grades **I-2**
  avoir de l'influence (sur) to have influence (over) **IV-4**
  avoir de la fièvre to have a fever **II-5, III-R**
  avoir des dettes to be in debt **IV-9**
  avoir des relations to have connections **IV-9**
  avoir du mal à *v.* to have a hard time **IV-2**
  avoir envie (de) to feel like (doing something) **I-2**
  avoir faim to be hungry **I-4**
  avoir froid to be cold **I-2**
  avoir honte (de) to be ashamed (of); to be embarrassed (of) **IV-1**
  avoir le cafard to feel down **IV-6**
  avoir le mal du pays to be homesick **IV-5**

Appendice B

avoir le trac to have stage fright **IV-3**
avoir lieu to take place **III-2**
avoir mal to have an ache **II-5, III-R**
avoir mal au cœur to feel nauseated **II-5**
avoir peur (de/que) to be afraid (of/that) **I-2, III-4, IV-2**
avoir raison to be right **I-2**
avoir soif to be thirsty **I-4**
avoir sommeil to be sleepy **I-2**
avoir tort to be wrong **I-2**
avoir un accident to have/to be in an accident **III-1**
avoir un compte bancaire to have a bank account **III-2**
avoir un sale caractère to have a bad temper **IV-5**
en avoir marre to be fed up **I-3, II-1**
avouer *v.* to admit
avril *m.* April **I-P, I-5**
ayez (avoir) *imp. v.* have **II-2**
ayons (avoir) *imp. v.* let's have **II-2**

B

bac(calauréat) *m.* an important exam taken by high-school students in France **I-2**
bague *f.* ring **IV-3**
   bague de fiançailles *f.* engagement ring **IV-6**
baguette *f.* baguette **I-4**
baignoire *f.* bathtub **II-3, III-R**
bain *m.* bath **II-1**
   maillot de bain *m.* swimsuit, bathing suit **III-R**
   salle de bains *f.* bathroom **II-3, III-R**
   serviette de bain *f.* bath towel **III-R**
baisser *v.* to decrease **IV-5**
balai *m.* broom **II-3**
balancer: se balancer *v.* to swing **IV-10**
balayer *v.* to sweep **II-3, III-R, IV-1**
balcon *m.* balcony **II-3**
ballon *m.* ball **I-P, IV-8**
banane *f.* banana **II-4**
bancaire *adj.* banking **III-2**
   avoir un compte bancaire *v.* to have a bank account **III-2**
   payer par carte bancaire *v.* to pay with a debit card **III-2**
bande *f.* gang **IV-5**
   bande originale *f.* sound track **IV-3**
   bande dessinée (B.D.) *f.* comic strip **I-5**
banlieue *f.* suburb, outskirts **IV-2**
banque *f.* bank **III-2**
banqueroute *f.* bankruptcy **IV-9**

banquier/banquière *m., f.* banker **III-3**
barrière de corail *f.* barrier reef **IV-10**
bas(se) *adj.* low **IV-2**
basculer *v.* to tip over **IV-4**
baseball *m.* baseball **I-5**
basket(-ball) *m.* basketball **I-5**
baskets *f.* tennis shoes **II-1, IV-8**
bateau *m.* boat **II-2, IV-4**
   bateau-mouche *m.* riverboat **II-2**
   prendre un bateau *v.* to take a bus **II-2**
bâtiment *m.* building **III-2**
bâtir *v.* to build **IV-10**
batterie *f.* drums; battery **III-5, IV-2**
   batterie faible/déchargée *f.* low/dead battery **III-1**
   jouer de la batterie *v.* to play the drums **III-5**
battre: se battre (contre) *v.* to fight (against) **IV-5, IV-8**
bavarder *v.* to chat **I-4, IV-8**
beau/belle *adj.* handsome; beautiful **I-3 IV-2**
   Il fait beau. The weather is nice. **I-5**
beauté *f.* beauty **III-2**
   salon de beauté *m.* beauty salon; day spa **III-2**
beaucoup (de) *adv.* a lot (of) **I-4 IV-2**
   Merci (beaucoup). Thank you (very much). **I-1**
beau-fils *m.* son-in-law; stepson **IV-6**
beau-frère *m.* brother-in-law **I-3 IV-6**
beau-père *m.* father-in-law; stepfather **I-3, III-R**
beaux-arts *m., pl.* fine arts **III-5**
belge *adj.* Belgian **I-P, II-2**
Belgique *f.* Belgium **I-P, II-2, III-R**
belle *f.* (feminine form of **beau**) beautiful **I-3**
belle-fille *f.* daughter-in-law; stepdaughter **IV-6,**
belle-mère *f.* mother-in-law; stepmother **I-3, III-R, IV-6**
belle-sœur *f.* sister-in-law **I-3 IV-6**
bénéfice *m.* profit **IV-9**
bénéficier de *v.* to enjoy **IV-5**
besoin *m.* need **I-2**
   avoir besoin (de) *v.* to need (something) **I-2**
bête *adj.* stupid **IV-4**
béton *m.* concrete **IV-2**
beurre *m.* butter **II-4**
bibliothèque *f.* library **I-1**
bien *adv.* well **II-2, II-4, III-R, IV-2**
   bien des *adj.* many **IV-5**
   bien que *conj.* although **IV-7**
   bien sûr *adv.* of course **I-2**
   Je vais bien. I am doing well. **I-1**
   Très bien. Very well. **I-1**
bien-être *m.* well-being **IV-10**
bientôt *adv.* soon **I-1 IV-2**
   À bientôt. See you soon. **I-1**

bienvenu(e) *adj.* welcome **I-1**
bifurquer *v.* to turn off course; to change direction **IV-4**
bijouterie *f.* jewelry store **III-2**
bilingue *adj.* bilingual **IV-1**
billard *m.* pool **IV-8**
billet *m.* (travel) ticket; (money) bills, notes **II-2, III-2, IV-8**
   billet aller-retour *m. m.* round-trip ticket **II-2**
   distributeur (automatique/de billets) *m.* ATM **III-2**
bio(logique) *adj.* organic **IV-6**
biochimique *adj.* biochemical **IV-7**
biologie *f.* biology **I-2**
biologiste *m., f.* biologist **IV-7**
biscuit *m.* cookie **II-1**
blague *f.* joke **I-2**
blanc(he) *adj.* white **I-3, II-1, IV-2**
blessé(e) *m., f.; adj.* injured person; injured **IV-2, IV-1**
blesser: (se) blesser *v.* to injure (oneself); to get hurt **II-5, III-R, IV-8**
blessure *f.* injury, wound **II-5, III-R**
bleu(e) *adj.* blue **I-3, II-1**
blond(e) *adj.* blonde **I-3**
blouson *m.* jacket **II-1, III-R**
bœuf *m.* beef **II-4**
boire *v.* to drink **I-4, IV-3**
bois *m.* woods **III-4**
boisson (gazeuse) *f.* (carbonated) drink/beverage **I-4**
boîte *f.* box; can **II-4, III-2, IV-5**
   boîte aux lettres *f.* mailbox **III-2**
   boîte de conserve *f.* can (of food) **II-4, III-2,**
bol *m.* bowl **II-4**
bon(ne) *adj.* kind; good **I-3 III-R, IV-2**
   bon samaritain *m.* good Samaritan **IV-3**
   Il est bon que… It is good that… **III-4**
bonbon *m.* candy **II-1**
bonheur *m.* happiness **II-1, III-R**
Bonjour. Good morning.; Hello. **I-P, I-1**
Bonsoir. Good evening.; Hello. **I-P, I-1**
bonté *f.* kindness
bosser *v., fam.* to work **IV-9**
bouche *f.* mouth **II-5**
boucherie *f.* butcher's shop **II-4**
boue *f.* mud
bouffer *v., fam.* to eat **IV-10**
bouger *v.* to move **IV-5**
boulangerie *f.* bread shop, bakery **II-4**
boules *f.* petanque **IV-8**
boulevard *m.* boulevard **III-2**
bouleverser *v.* to upset **IV-6**
bouquet de la mariée *m.* bouquet **IV-6**
bourse *f.* scholarship, grant **IV-3** stock market **IV-3**

Vocabulaire

bout *m.* end **III-2**
   au bout (de) *prep.* at the end (of) **III-2**
bouteille (de) *f.* bottle (of) **I-4, IV-5**
boutique *f.* boutique, store **III-2, IV-2**
braconnage *m.* poaching **IV-10**
brancher *v.* to plug in; to connect **III-1**
bras *m.* arm **II-5**
brasserie *f.* restaurant **III-2**
bref/brève *adj.* brief **IV-2**
Brésil *m.* Brazil **II-2, III-R**
brésilien(ne) *adj.* Brazilian **II-2**
brevet d'invention *m.* patent **IV-7**
brièvement *adv.* briefly **IV-2**
brillant(e) *adj.* bright **I-1**
brisé(e) *adj.* broken **IV-3**
brosse (à cheveux/à dents) *f.* (hair/tooth) brush **II-5, III-R**
brosser: se brosser (les cheveux/les dents) *v.* brush one's (hair/teeth) **II-5, III-R, IV-2**
bruit *m.* noise **IV-1**
brun(e) *adj.* (hair) dark **I-3**
bruyamment *adv.* noisily **IV-2**
bruyant(e) *adj.* noisy **IV-2**
bu (boire) *p.p.* drunk **II-1, III-R**
bûcheron *m.* lumberjack **IV-10**
budget *m.* budget **IV-9**
bureau *m.* desk; office **I-1, III-2**
   bureau de poste *m.* post office **III-2**
bus *m.* bus **II-2**
   arrêt d'autobus (de bus) *m.* bus stop **II-2**
   prendre un bus *v.* to take a bus **II-2**
but *m.* goal **IV-5**

C

c'est... it/that is... **I-P, I-1**
   C'est de la part de qui? On behalf of whom? **III-3**
   C'est le 1er (premier) octobre. It is October first. **I-P**
   C'est M./Mme/Mlle... (à l'appareil). It's Mr./Mrs./Miss... (on the phone). **III-3**
   C'est quand l'anniversaire de...? When is ...'s birthday? **I-P**
   C'est quand ton/votre anniversaire? When is your birthday? **I-P**
   Qu'est-ce que c'est? What is it? **I-1**
ça *pron.* that; this; it **I-1**
   Ça dépend. It depends. **I-4**
   Ça suffit. That's enough. **I-5 IV-4**
   Ça va? What's up?; How are things? **I-1**
   ça veut dire that is to say **II-5**
   Comme ci, comme ça. So-so. **I-1**
cadeau *m.* gift **II-1**
   paquet cadeau wrapped gift **II-1**
cadre/femme cadre *m., f.* executive **III-3, IV-9**
café *m.* café; coffee **I-1, I-4**
   cuillère à café *f.* teaspoon **II-4**
   terrasse de café *f.* café terrace **I-4**
cahier *m.* notebook **I-P, I-1**
caisse *f.* cash register **IV-9**
caissière *f.* cashier **IV-9**
caisson *m.* money drawer **IV-9**
calculatrice *f.* calculator **I-P, I-1**
calepin *m.* notebook **IV-2**
caler: se caler sur quelqu'un *v.* to line up with someone **IV-5**
calme *m.* calm **I-1**
camarade de classe *m., f.* classmate **I-1**
camion *m.* truck **III-3**
   chauffeur de camion *m.* truck driver **III-3**
camionnette *f.* small truck or van **III-2, IV-9**
campagne *f.* country(side) **II-2, III-1**
   pain de campagne *m.* country-style bread **I-4**
   pâté de campagne *m.* pâté, meat spread **II-4**
campagne de promotion *f.* promotional campaign **IV-3**
campement de fortune *m.* makeshift camp **IV-4**
camping *m.* camping **I-5**
   faire du camping *v.* to go camping **I-5**
Canada *m.* Canada **I-P, II-2**
canadien(ne) *adj.* Canadian **I-P, I-1, IV-2**
canapé *m.* couch **II-3, III-R**
candidat(e) *m., f.* candidate; applicant **III-3**
cantine *f.* (school) cafeteria **I-2**
capitaine *m.* captain **IV-8**
capitale *f.* capital **1-P, II-2, III-R**
capot *m.* hood **III-1**
capter *v.* to get a signal
car *conj.* or; because **IV-4**
car *m.* bus, coach **I-2**
caractère *m.* character, personality **IV-6**
carafe (d'eau) *f.* pitcher (of water) **II-4**
carie *f.* cavity
carotte *f.* carrot **II-4**
carré(e) *adj.* square **IV-4**
carrefour *m.* intersection **III-2**
carrière *f.* career **III-3, IV-3**
cartable *m.* school bag **IV-7**
carte *f.* map; card; menu **I-P, I-1, I-2, II-4, III-2, IV-8**
   carte bancaire *f.* debit card **III-2**
   carte de crédit *f.* credit card **IV-9**
   carte de retrait *f.* ATM card **IV-9**
   cartes (à jouer) *f., pl.* (playing) cards **I-5, IV-8**
   carte postale *f.* postcard **III-2**
   payer par carte bancaire *v.* to pay with a debit card **III-2**
cas: au cas où *conj.* in case **IV-10**
caserne de pompiers *f.* fire station **IV-2**
casque *m.* helmet **IV-1**
casquette *f.* (baseball) cap **II-1, III-R**
casse-cou *m.* daredevil **IV-8**
casser: se casser (la jambe, le bras) *v.* to break one's (leg, arm) **II-5, III-R**
   se casser... *v.* to break one's... **III-R**
   Casse-toi! *imp. v., fam.* Leave! **IV-4**
catastrophe *f.* catastrophe **III-4**
   catastrophe naturelle *f.* natural disaster **IV-2**
cause *f.* cause **IV-5**
causer *v.* to chat **IV-9**
cave *f.* basement, cellar **II-3**
ce *dem. adj., m., sing.* this; that **II-1**
   ce matin *adv.* this morning **I-2**
   ce mois-ci this month **I-2**
   Ce n'est pas grave. It's okay.; No problem.; Not a problem. **II-1, IV-5, IV-6**
   Ce n'est pas la peine que... It is not worth the effort... **IV-6**
   ce soir *adv.* this evening **I-2**
   ce sont... those are... **I-1**
   ce week-end this weekend **I-2**
ceinture *f.* belt **II-1**
   attacher sa ceinture de sécurité to buckle one's seatbelt **III-1**
célèbre *adj.* famous **III-5**
célibataire *adj.* single **I-3, IV-1**
celle *pron., f., sing.* this one; that one; the one **III-4**
celles *pron., f., pl.* these; those; the ones **III-4**
cellule *f.* cell **IV-7**
celui *pron., m., sing.* this one; that one; the one **III-4**
censure *f.* censorship **IV-3**
cent *m.* one hundred **I-3**
   cent mille *m.* one hundred thousand **I-5**
   cent un *m.* one hundred one **I-5**
   cinq cents *m.* five hundred **I-5**
centième *adj.* hundredth **II-2**
centrale nucléaire *f.* nuclear plant **III-4**
centre commercial *m.* shopping center, mall **I-4**
centre de formation *m.* sports training school **IV-8**
centre-ville *m.* city/town center, downtown **I-4**
cependant *adv.* yet
certain(e) *adj.* certain **II-4 IV-4**
   Il est certain que... It is certain that... **III-5**
   Il n'est pas certain que... It is uncertain that... **III-5**
certainement *adv.* certainly **IV-3**
ces *dem. adj., m., f., pl.* these; those **II-1**

Appendice B

c'est-à-dire that is to say **IV-7**
cet *dem. adj., m., sing.* this; that **II-1**
    cet après-midi this afternoon **I-2**
cette *dem. adj., f., sing.* this; that **II-1**
    cette année this year **I-2**
    cette semaine this week **I-2**
ceux *pron., m., pl.* these; those; the ones **III-4**
chacun(e) *pron.* each one
chagrin *m.* sorrow; affliction **IV-3**
chaîne *f.* channel; range; network **III-1, IV-3**
    chaîne (de télévision) *f.* (television) channel **III-1**
    chaîne montagneuse *f.* mountain range **IV-10**
chaise *f.* chair **I-1**
chamaillerie *f.* squabble **IV-3**
chambre *f.* bedroom **II-3, III-R**
    chambre individuelle *f.* (single hotel) room **II-2**
champ *m.* field **III-4**
champignon *m.* mushroom **II-4**
chance *f.* luck **I-2**
    avoir de la chance *v.* to be lucky **I-2**
changement *m.* change
    changement climatique *m.* climate change **III-4**
chanson *f.* song **III-5**
chantage *m.* blackmail **IV-2**
    faire du chantage to blackmail **IV-4**
chanter *v.* to sing **I-5**
chanteur/chanteuse *m., f.* singer **I-1**
chaos *m.* chaos **IV-5**
chapeau *m.* hat **III-R**
chaque *adj.* each; every; single **II-1, III-2, IV-4**
charcuterie *f.* delicatessen **II-4**
charge *f.* load **IV-7**
chariot *m.* shopping cart **IV-9**
charmant(e) *adj.* charming **I-1 IV-1**
    prince charmant *m.* prince charming **IV-6**
chasse *f.* hunt **III-4**
chasser *v.* to hunt **III-4, IV-10**
chat *m.* cat **I-3**
châtain *adj.* (hair) brown **I-3 IV-2**
chaud *m.* heat **I-2**
    avoir chaud *v.* to be hot **I-2**
    Il fait chaud. (weather) It is hot. **I-5**
chauffeur (de taxi/de camion) *m., f.* (taxi/truck) driver **III-3, IV-2**
chaussette *f.* sock **II-1**
chaussure *f.* shoe **II-1, III-R**
chef/cheffe d'entreprise *m., f.* head of a company **III-3, IV-9**
chef/cheffe du personnel *m., f.* human resources director **III-3**
chef-d'œuvre (chefs-d'œuvre pl.) *m.* masterpiece **III-5**
chemin *m.* way; path; route **III-1, III-2**
chemise (à manches courtes/longues) *f.* (short-/long-sleeved) shirt **II-1, III-R**
chemisier *m.* blouse **II-1, III-R**
compte-chèques *m.* checking account **IV-9**
cher/chère *adj.* dear; expensive **I-4, II-1 IV-2**
    pas cher/chère *adj.* inexpensive **II-1**
chercher *v.* to look for **I-2**
    chercher un/du travail *v.* to look for work/a job **III-3**
chercheur/chercheuse *m., f* researcher **III-3, IV-7**
chéri(e) *adj.* dear, beloved, darling **I-2**
cheval *m.* horse **I-5**
    faire du cheval *v.* to go horseback riding **I-5**
cheveux *m., pl.* hair **II-4**
    brosse à cheveux *f.* hairbrush **II-5, III-R**
    cheveux blonds blond hair **I-3**
    cheveux châtains brown hair **I-3**
    se brosser les cheveux *v.* to brush one's hair **II-4, III-R**
cheville *f.* ankle **II-5**
    se fouler la cheville *v.* to twist/sprain one's ankle **II-5**
chez *prep.* at the place or home of **I-3 IV-5**
    passer chez quelqu'un *v.* to stop by someone's house **I-4**
chic *adj.* chic **I-4**
chien *m.* dog **I-3**
chiffre *m.* figure, number **IV-9**
chimie *f.* chemistry **I-2**
chimiste *m., f.* chemist **IV-7**
Chine *f.* China **II-2, III-R**
chinois(e) *adj.* Chinese **I-1, II-2**
choc culturel *m.* culture shock **IV-1**
chocolat (chaud) *m.* (hot) chocolate **I-4**
chœur *m.* choir, chorus **III-5**
choisir *v.* to choose **I-4, IV-3**
chômage *m.* unemployment **III-3, IV-9**
    au chômage *adj.* unemployed **III-3, IV-9**
    chômage des jeunes youth unemployment **IV-9**
    être au chômage to be unemployed **III-3**
chômeur/chômeuse *m., f.* unemployed person **III-3, IV-9**
chose *f.* thing **I-1**
    quelque chose *m.* something; anything **I-4**
chouette *adj.* great; cool **IV-8**
chronique *f.* column **IV-3**
chrysanthèmes *m., pl.* chrysanthemums **II-4**
-ci (used with demonstrative adjective **ce** and noun or with demonstrative pronoun **celui**) here **II-1**
    ce mois-ci this month **I-2**
ciel *m.* sky **III-4**
cinéma (ciné) *m.* movie theater, movies **I-4**
cinq *m.* five **I-P, I-1**
cinquante *m.* fifty **I-1**
cinquième *adj.* fifth **II-2**
circulation *f.* traffic **III-1, IV-2**
citadin(e) *m., f.; adj.* city/town dweller; urban **III-1, IV-2**
citoyen(ne) *m., f.* citizen **IV-2**
citron *m.; adj.* lemon; lemon **I-4, IV-6, IV-2**
    citron vert *m.* lime **IV-6**
clair(e) *adj.* clear **III-5**
    Il est clair que… It is clear that… **III-5**
classe *f.* (group of students) class **I-1**
    camarade de classe *m., f.* classmate **I-1**
    salle de classe *f.* classroom **I-1**
classique *adj.* classic; classical **III-5**
    musique classique *f.* classical music **III-5**
clavier *m.* keyboard **III-1**
clé *f.* key **II-2**
client(e) *m., f.* client; guest **II-2**
climatique *adj.* climate; climatic **III-4**
    changement climatique *m.* climate change **III-4**
clip vidéo *m.* music video **IV-3**
cloner *v.* to clone **IV-7**
club *m.* team **IV-8**
    club sportif *m.* sports club **IV-8**
cochon *m.* pig **IV-10**
cœur *m.* heart **II-5**
    avoir mal au cœur *v.* to feel nauseated **II-5**
coffre *m.* trunk **III-1**
coiffer: se coiffer *v.* to do one's hair **II-5, III-R**
coiffeur/coiffeuse *m., f.* hairdresser **I-3**
coin *m.* corner **III-2**
    au coin (de) at the corner (of) **III-2**
colère *f.* anger **IV-4**
    se mettre en colère contre to get angry with **IV-1**
colis *m.* package **III-2**
collège *m.* middle school **IV-5**
colocataire *m., f.* roommate (in an apartment); co-tenant **I-1, IV-2**
colon *m.* colonist **IV-4**
colonne vertébrale *f.* spine **IV-1**
combattre *v.* to fight **IV-4**
Combien (de)… ? *adv.* How much/many…? **I-P, I-1**
    Combien coûte… ? How much is…? **I-4**

Vocabulaire

combustible *m.* fuel **IV-10**
comédie (musicale) *f.* (musical) comedy; musical **III-5, IV-8**
comédien(ne) *m., f.* actor **IV-3, IV-9**
commander *v.* to order **II-4**
comme *adv.* how; like, as **I-2 III-1**
    Comme ci, comme ça. So-so. **I-1**
commencer (à) *v.* to begin (to do something) **I-2 III-1, IV-1**
comment *adv.* how **I-4**
    Comment? *adv.* What? **I-4**
    Comment allez-vous? *form.* How are you? **I-1**
    Comment t'appelles-tu? *fam.* What is your name? **I-P, I-1**
    Comment vas-tu? *fam.* How are you? **I-1**
    Comment vous appelez-vous? *form.* What is your name? **I-P, I-1**
commérages *m.* gossip **IV-1**
commerçant(e) *m., f.* shopkeeper **II-4**
commissariat de police *m.* police station **III-2, IV-2**
commode *f.* dresser, chest of drawers **II-3, III-R**
communication *f.* communication **IV-3**
compagne/compagnon *m.* companion **IV-6**
compagnie *f.* company **III-3**
compétent(e) *adj.* competent **IV-9**
complet/complète *adj.* full (no vacancies); complete; sold out **II-2, IV-2, IV-8**
Complètement raté! A huge miss! **IV-3**
comportement *m.* behavior **IV-3**
comporter: se comporter *v.* to behave; to act **IV-3**
composer (un numéro) *v.* to dial (a number) **III-1**
compositeur/compositrice *m., f.* composer **III-5**
compréhensif/compréhensive *adj.* understanding **IV-6**
compréhension *f.* understanding **IV-5**
comprendre *v.* to understand **I-4**
compris (comprendre) *adj.* understood; included **II-1, II-4**
comptable *m., f.* accountant **III-3, IV-9**
compte *m.* account (at a bank) **III-2**
    avoir un compte bancaire *v.* to have a bank account **III-2**
    compte d'épargne *m.* savings account **III-2, IV-9**
    compte en banque *m.* bank account **IV-4**
    compte-chèques *m.* checking account **IV-9**

se rendre compte *v.* to realize **II-5**
compter *v.* to expect to; to include **III-1, IV-8**
    compter sur *v.* to rely on **IV-1**
    compter sur quelqu'un *v.* to count on someone **II-3**
concert *m.* concert **III-5**
concours *m.* contest **III-1**
concurrence *f.* competition **IV-8**
condition *f.* condition
    à condition de *prep.* on the condition that, provided that **III-5, IV-7**
    à condition que *conj.* on the condition that **IV-7**
conducteur/conductrice *m., f.* driver **IV-2**
conduire *v.* to drive **II-1, IV-3**
    permis de conduire *m.* driver's license **III-1**
conduit (conduire) *adj.* driven **II-1**
conduite *f.* behavior; driving **IV-2**
    cours de conduite *m.* driving lessons **III-1**
confiance *f.* confidence **IV-1**
    avoir confiance en soi to be confident **IV-1**
    faire confiance (à quelqu'un) to trust (someone) **IV-1**
confier *v.* to confide; to entrust **IV-6**
confiture *f.* jam **II-4**
conformiste *adj.* conformist **IV-5**
confusément *adv.* confusedly **IV-2**
congé *m.* time off, leave **II-2**
    jour de congé *m.* day off **II-2**
    prendre un congé *v.* to take time off **III-3**
congélateur *m.* freezer **II-3**
connaissance *f.* acquaintance **I-5**
    faire la connaissance de *v.* to meet (someone) **I-5 IV-2**
connaître *v.* to know, to be familiar with **I-1, II-3 IV-3, IV-5**
    se connaître *v.* to know one another **III-1, IV-8**
connecté(e) *adj.* connected **III-1**
    être connecté(e) avec quelqu'un *v.* to be online with someone **II-2**
    montre connectée *f.* smart watch **III-1**
connu (connaître) *adj.* known; famous **II-3 III-2**
consacrer: se consacrer à *v.* to dedicate oneself to **IV-4**
conseil *m.* (piece of) advice **I-5, III-3**
conseiller/conseillère *m., f.* consultant; advisor **III-3, IV-9**
conservateur/conservatrice *adj.* conservative **IV-2, IV-4**
considérer *v.* to consider **I-5, IV-1**
consignes *f., pl.* instructions **IV-5**
console de jeux *f.* game console

consommation d'énergie *f.* energy consumption **IV-10**
constamment *adv.* constantly **II-2**
constater *v.* to notice **IV-3, IV-7** to observe **IV-7**
construction *f.* construction **IV-10**
construire *v.* to build, to construct **II-1, III-2, IV-2**
consultant(e) *m., f.* consultant **IV-9**
consulter *v.* to consult **IV-9**
contaminé(e) *adj.* contaminated **IV-10**
    être contaminé(e) to be contaminated **IV-10**
conte *m.* tale **III-5**
    conte de fée *m.* fairy tale **III-1**
content(e) *adj.* happy **III-4, IV-6**
    être content(e) que *v.* to be happy that… **III-4**
contenu *m.* content **IV-4**
continuer (à) *v.* to continue (doing something) **III-2**
contraire à l'éthique *adj.* unethical **IV-7**
contrarié(e) *adj.* upset **IV-1**
contravention *f.* ticket **III-1**
contre *prep.* against
contribuer (à) *v.* to contribute **IV-7**
controverse *f.* controversy **IV-5**
convivialité *f.* togetherness **IV-6**
copain/copine *m., f.* friend **I-1**
corail (les coraux) *m.* coral **IV-10**
coréen(ne) *adj.* Korean **I-1**
corps *m.* body **II-5**
correcteur orthographique *m.* spell checker **IV-7**
côte *f.* coast **III-4**
cou *m.* neck **II-5**
couche d'ozone *f.* ozone layer **III-4, IV-10**
    trou dans la couche d'ozone *m.* hole in the ozone layer **III-4**
couche sociale *f.* social level **IV-5**
coucher: se coucher *v.* to go to bed **II-5, III-R, III-1, IV-2**
couler *v.* to flow; to run (water)
couleur *f.* color **II-1**
    De quelle couleur… ? What color… ? **II-1**
couloir *m.* hallway; lane **II-3, IV-5**
coup de foudre *m.* love at first sight **IV-1**
coup franc *m.* free kick **IV-8**
coupable *adj.* guilty **IV-4**
couper: se couper *v.* to cut oneself **IV-2**
couple *m.* couple **II-1**
cour *f.* courtyard; court **I-3, III-2**
courage *m.* courage **IV-5**
courageux/courageuse *adj.* courageous, brave **I-3**
couramment *adv.* fluently **II-2**
courir *v.* to run **I-5 IV-3**
courrier *m.* mail **III-2**

Français–Anglais

cours *m.* class, course **I-P, I-2 IV-3**
    cours d'art dramatique *m.* drama course **IV-3**
    cours d'impro *m.* improv class **IV-9**
    cours de conduite *m.* driving lessons **III-1**
course *f.* errand; race **II-4, III-2, IV-1, IV-8**
    faire les courses *v.* to go (grocery) shopping **II-4, III-R**
court(e) *adj.* short **I-3 IV-2**
    à court terme *adj.* short-term **IV-9**
    chemise à manches courtes *f.* short-sleeved shirt **II-1**
couru (courir) *p.p.* run **II-1, III-R**
cousin(e) *m., f.* cousin **I-3, III-R**
couteau *m.* knife **II-4**
coûter *v.* to cost **I-4**,
    coûter cher *v.* to cost a lot **IV-2**
    Combien coûte... ? How much is... ? **I-4**
couvert (couvrir) *p.p.* covered **III-1**
couverture *f.* blanket, cover **II-3 IV-3**
couvrir *v.* to cover **III-1, IV-4**
covoiturage *m.* carpooling **III-4**
craindre *v.* to fear **IV-6**
crainte: de crainte que *conj.* for fear that **IV-7**
cravate *f.* tie **II-1**
crayon *m.* pencil **I-1**
créatif/créative *adj.* creative **I-3**
crédit *m.* credit **III-2**
    payer par carte de crédit *v.* to pay with a credit card **III-2**
créer *v.* to create **IV-7**
crème *f.* cream **II-4, IV-2**,
    crème à raser *f.* shaving cream **II-5, III-R**
crêpe *f.* crêpe **I-4**
crevé(e) *adj.* deflated; blown up **III-1**
    être crevé(e) par le décalage horaire to be jetlagged **IV-1**
    pneu crevé *m.* flat tire **III-1**
crier *v.* to yell
crime *m.* murder; violent crime **IV-4**
criminel(le) *m., f.* criminal **IV-4**
crise *f.* crisis **IV-3, IV-9**
    crise d'hystérie *f.* nervous breakdown
    crise économique *f.* economic crisis **IV-9**
critique *f.* review; criticism **III-5**
croire (que) *v.* to believe (that) **III-2, III-5, IV-3**
    ne pas croire que... not to believe that… **III-5**
croisement *m.* intersection **IV-2**
croissant *m.* croissant **I-4**
croissant(e) *adj.* growing **III-4**
    population croissante *f.* growing population **III-4**
croque-monsieur *m.* a hot ham and cheese sandwich **I-4**,

croyance *f.* belief **IV-4**
cru (croire) *p.p.* believed **III-5**
cruauté *f.* cruelty **IV-4**
cruel(le) *adj.* cruel **I-3 IV-2**
cubain(e) *adj.* Cuban **I-1**
cuillère (à soupe/à café) *f.* (soup/tea)spoon **II-4**
cuisine *f.* cooking; kitchen **I-5, II-3, III-R**
cuisiner *v.* to cook **II-4, III-R**
cuisinier/cuisinière *m., f.* cook, chef **III-3**
cuisinière *f.* stove **II-3, III-R**
cuisse *f.* thigh
curieux/curieuse *adj.* curious **I-3**
curriculum vitæ (CV) *m.* résumé **III-3**
cyclone *m.* hurricane **IV-2**

D

d'abord *adv.* first **II-2 IV-2**
d'accord all right? (tag question); (in statement) okay **I-2**
    être d'accord to be in agreement **I-2**
d'autres *m., f.* others **I-4**
d'habitude *adv.* usually **II-3**
danger *m.* danger, threat **III-4, IV-10**
dangereux/dangereuse *adj.* dangerous **IV-2**
dans *prep.* in; inside **I-3 IV-5**
danse *f.* dance **III-5**
danseur/danseuse *m., f.* dancer **III-5**
date *f.* date **I-P**
    Quelle est la date? What is the date? **I-P**
    Quelle est la date de ton/votre anniversaire? When is your birthday? **I-P**
    Quelle est la date de l'anniversaire de ...? When is …'s birthday? **I-P**
dauphin *m.* dolphin **IV-10**
de l' *part. art., m., f., sing.* some **I-4**
de la *part. art., f., sing.* some **I-4**
de/d' *prep.* from; of **I-1, I-3, IV-7**
    de crainte que *conj.* for fear that **IV-7**
    de l'après-midi in the afternoon **I-2**
    de laquelle *pron., f., sing.* which one **III-3**
    De même. Likewise. **I-P**
    de nouveau *adv.* again **IV-8**
    de peur de *prep.* for fear of **IV-7**
    de peur que *conj.* for fear that **IV-7**
    de pointe cutting edge **IV-7**
    De quelle couleur... ? What color... ? **II-1**
    De rien. You're welcome. **I-1**
    de taille moyenne of medium height **I-3**
    de temps en temps *adv.* from time to time **II-2**

débarrasser la table *v.* to clear the table **II-3, III-R**
débile *adj.* moronic **IV-2**
déboisement *m.* deforestation **III-4**
déborder *v.* to overflow **III-2**
debout *adv.* standing **I-5**
débrouiller: se débrouiller *v.* to figure it out; to manage **III-1, IV-9**
début *m.* beginning; debut **III-5**
débuter *v.* to begin **IV-6**
décédé(e) *adj.* deceased
décembre *m.* December **I-P, I-5**
déchargé(e) *adj.* discharged, empty
    batterie déchargée *f.* dead battery **III-1**
déchets *m.* trash **IV-10**
    déchets toxiques *m., pl.* toxic waste **III-4**
    trier les déchets to sort the trash **III-4**
déchirer *v.* to tear **IV-8**
décider (de) *v.* to decide (to do something) **III-1**
déclencher *v.* to cause
découdre: se découdre avec quelque chose/quelqu'un *v.* to confront something/someone **IV-6**
décourager: se décourager *v.* to lose heart **IV-5**
découvert (découvrir) *p.p.* discovered **III-1**
découverte (capitale) *f.* (breakthrough) discovery **III-1, IV-7**
découvrir *v.* to discover **III-1, IV-4**
décrire *v.* to describe **II-2 IV-6**
décrit (décrire) *adj., pp.* described **II-2**
décrocher *v.* to pick up **III-3** *fam.* to land, to get **IV-9**
décroissance *f.* recession **IV-3**
déçu(e) *adj.* disappointed **IV-4**
dedans *adv.* inside **IV-8**
défaite *f.* defeat **IV-4**
défaut *m.* flaw **IV-3**
défavorisé(e) *adj.* underprivileged **IV-5**
défendre *v.* to defend **IV-4**
défi *m.* challenge **IV-5**
défilé *m.* parade **IV-2**
déforestation *f.* deforestation **IV-10**
Dégage! *imp. v., fam.* Get out of here! **IV-4**
degrés *m., pl.* (temperature) degrees **I-5**
    Il fait ... degrés. (to describe weather) It is ... degrees. **I-5**
dehors *adv.* outside **III-1, IV-2**
déjà *adv.* already **I-5 IV-2**
déjeuner *m.;* *v.* lunch; to eat lunch **I-P, I-4, II-4**
délaissé(e) *adj.* abandoned; neglected **IV-6**

Vocabulaire

délégué(e) de classe *m., f.* student council representative **I-2**
délicieux/délicieuse delicious **II-3**
délinquance *f.* petty crime, delinquency **IV-4**
demain *adv.* tomorrow **I-P, I-2, IV-2**
   À demain. See you tomorrow. **I-1**
   après-demain *adv.* day after tomorrow **I-2**
   demain matin/après-midi/soir *adv.* tomorrow morning/afternoon/evening **I-2**
demande *f.* proposal **IV-6**
   faire une demande en mariage to propose **IV-6**
demander *v.* to ask for **IV-2**
   se demander *v.* to wonder **IV-2**
   demander (à) *v.* to ask (someone), to make a request (of someone) **II-1**
   demander que… *v.* to ask that… **III-4**
   demander un prêt to apply for a loan **IV-9**
démanteler *v.* to dismantle **IV-4**
démarche *f.* approach **IV-3**
démarrer *v.* to start up **III-1**
déménager *v.* to move **II-3, IV-6**
demi(e) half **I-2**
   et demi(e) half past … (o'clock) **I-2**
demi-frère *m.* half-brother, stepbrother **I-3, III-R, IV-6**
demi-sœur *f.* half-sister, stepsister **I-3, III-R, IV-6**
démissionner *v.* to quit, to resign **III-3, IV-9**
démocratie *f.* democracy **IV-4**
dent *f.* tooth **II-4**
   brosse à dents *f.* toothbrush **II-5, III-R**
   se brosser les dents *v.* to brush one's teeth **II-4, III-R**
dentifrice *m.* toothpaste **II-5, III-R**
dentiste *m., f.* dentist **I-3, II-5**
départ *m.* departure **II-2**
dépassé(e) *adj.* outdated **IV-3**
dépasser *v.* to pass; to go over; to surpass **III-1, IV-5, IV-8**
   se dépasser *v.* to go beyond one's limits **IV-8**
dépaysement *m.* change of scenery; disorientation **IV-1**
dépêcher: se dépêcher *v.* to hurry **II-5**
dépense *f.* expenditure, expense **III-2**
dépenser *v.* to spend **I-4**
   dépenser de l'argent *v.* to spend money **I-4**
dépenses *f.* expenses **IV-9**
déplacer: se déplacer *v.* to move (change location) **III-2**
déposer *v.* to deposit; to drop off **III-2, IV-9**

déposer de l'argent *v.* to deposit money **III-2**
déprimé(e) *adj.* depressed **II-5, IV-1**
depuis *adv.* since; for **II-4, III-2**
député(e) *m., f.* deputy (politician); representative **IV-4**
déranger *v.* to bother; to disturb **I-1**
dernier/dernière *adj.* last, final **I-2, IV-2**
   lundi (mardi, etc.) dernier last Monday (Tuesday, etc.) **IV-3**
dernièrement *adv.* lastly, finally **II-2**
dérouler: se dérouler *v.* to take place **IV-6**
derrière *prep.* behind **I-3 IV-5**
des *part. art., m., f., pl.* some **I-4**
des (de + les) *m., f., pl.* of the **I-3**
dès que *adv.* as soon as **III-3, IV-7**
désabonner: se désabonner (de) *v.* to unsubscribe (from) **IV-3**
désabusé(e) *adj.* disillusioned
désagréable *adj.* unpleasant **I-1**
désastreux/désastreuse *adj.* disastrous **IV-1**
descendre *v.* to go down **II-1, III-2, IV-2** to go downstairs **II-1**
   descendre (de) *v.* to get off **II-1, III-2, IV-2** to take down **II-1**
désert *m.* desert **III-4**
désespéré(e) *adj.* desperate
déshabiller: se déshabiller *v.* to undress **II-5, III-R, IV-2**
désirer *v.* to desire **I-5** to want to **IV-8**
   désirer que to want/desire that **III-4**
désolé(e) *adj.* sorry **II-1**
   être désolé(e) que… to be sorry that… **III-4, IV-6**
desquelles (de + lesquelles) *pron., f., pl.* which ones **III-3**
desquels (de + lesquels) *pron., m., pl.* which ones **III-3**
dessert *m.* dessert **II-1**
dessin animé *m.* cartoon **III-5**
dessiner *v.* to draw **I-2**
détendre: se détendre *v.* to relax **II-5, IV-2**
détester *v.* to hate **I-2, III-1, IV-8**
   Je déteste… I hate… **I-2**
détruire *v.* to destroy **III-4, IV-7**
détruit (détruire) *adj.* destroyed **II-1, III-2**
dette *f.* debt **IV-9**
   avoir des dettes to be in debt **IV-9**
deuil *m.* bereavement; grief **IV-1**
deux *m.* two **I-P, I-1**
deuxième *adj.* second **II-2**
devant *prep.* in front of **I-3 IV-5**
développement *m.* development **IV-5**
développer *v.* to develop **III-4**
devenir *v.* to become **II-4 IV-3**
deviner *v.* to guess **IV-5**
devise *f.* currency **IV-3**
devoir *m.* homework **I-2** duty **IV-4**

devoir *v.* to have to, must; to owe **II-4, III-R, III-1, IV-3, IV-9**
diable: vendre son âme au diable to sell one's soul to the devil **IV-10**
dialogue *m.* dialog **IV-5**
dictature *f.* dictatorship **IV-4**
dictionnaire *m.* dictionary **I-P, I-1**
différemment *adv.* differently **II-3**
différence *f.* difference **I-1**
difficile *adj.* difficult **I-2**
diffuser *v.* to broadcast **IV-3**
dimanche *m.* Sunday **I-P**
   le dimanche on Sundays **I-P**
dîner *v.; m* to have dinner; dinner **I-2, II-4**
diplôme *m.* diploma, degree **I-2**
dire *v.* to say **II-2 IV-3**
   ça veut dire that is to say **II-5**
   se dire *v.* to tell one another **III-1**
   dire au revoir *v.* to say goodbye **IV-5**
   dire quelque chose *v.* to ring a bell **IV-3**
   veut dire *v.* means, signifies **II-4**
direct: en direct *adv.* live **IV-3**
diriger *v.* to manage **III-3, IV-9**
discuter *v.* discuss **II-1**
disparu *m.* missing person **IV-2**
dispensaire *m.* clinic **IV-10**
disposé(e) (à) *adj.* willing (to) **IV-9**
disputer: se disputer (avec) *v.* to argue (with); to fight with one another **II-5, III-1**
distance *f.* distance **IV-5**
   formation à distance *f.* distance learning **IV-5**
distributeur (automatique/de billets) *m.* ATM **III-2, IV-9**
dit (dire) *adj.* said **II-2**
diversité *f.* diversity **IV-5**
divertir *v.* to entertain **IV-3**
   se divertir *v.* to have a good time **IV-8**
divertissant(e) *adj.* entertaining **IV-8**
divertissement *m.* entertainment **IV-3**
divorce *m.* divorce **II-1, III-R**
divorcé(e) *adj.* divorced **I-3**
divorcer *v.* to divorce **IV-1**
dix *m.* ten **I-P, I-1**
dix-huit *m.* eighteen **I-P, I-1**
dixième *adj.* tenth **II-2**
dix-neuf *m.* nineteen **I-P, I-1**
dix-sept *m.* seventeen **I-P, I-1**
documentaire *m.* documentary **III-5, IV-3**
doigt *m.* finger **II-5**
doigt de pied *m.* toe **II-5**
domaine *m.* field **III-3**
domicile *m.* home **III-2**
dommage *m.* shame **III-4**
   Il est dommage que… It's a shame that… **III-4**
donc *adv.* so therefore **II-2, IV-2**

Français–Anglais

Appendice B

données *f., pl.* data **IV-7**
donner *v.* to give **IV-2**
  se donner *v.* to give one another **III-1**
  donner des indications *v.* to give directions **IV-2**
donner (à) *v.* to give (to someone) **I-2**
dont *rel. pron.* of which; of whom; whose; that **III-3, IV-9**
dormir *v.* to sleep **I-5 IV-4**
  dormir à la belle étoile to sleep outdoors **IV-2**
dortoir *m.* dormitory **I-3**
dos *m.* back **II-5, III-2**
  sac à dos *m.* backpack **I-1**
douane *f.* customs **II-2**
doucement *adv.* gently **IV-2**
douche *f.* shower **II-3, III-R**
  prendre une douche *v.* to take a shower **II-5, III-R**
doué(e) *adj.* talented; gifted **III-5**
douleur *f.* pain; suffering **II-5, III-R, IV-1**
douloureux/douloureuse *adj.* painful **III-R**
douter (que) *v.* to doubt (that) **III-5, IV-2**
  se douter (de) *v.* to suspect **IV-2, IV-4**
douteux/douteuse *adj.* doubtful **III-5**
  Il est douteux que... It is doubtful that... **III-5**
doux/douce *adj.* sweet; soft **IV-2**
douze *m.* twelve **I-P, I-1**
draguer *v.* to flirt **IV-1**
dramaturge *m.* playwright **III-5**
drame psychologique *m.* psychological drama **III-5**
drapeau *m.* flag **1-P, IV-4**
draps *m., pl.* sheets **II-3**
DRH *m., f.* head of human resources **IV-9**
droit *adj.; m.* straight; right
  droits de l'homme *m.* human rights **IV-4**
  tout droit straight ahead **III-2**
droite *f.* the right (side) **I-3**
  à droite (de) *prep.* to the right (of) **I-3**
drôle *adj.* funny **I-3**
du *part. art.,m., sing.* some **I-4**
  du (de + le) *m., sing.* of the **I-3**
dû (devoir) *p.p.* had to (must); owed **III-R**
dû/due à *adj.* due to **IV-5**
duel *m.* one-on-one **IV-8**
duper *v.* to trick **IV-2**
duquel (de + lequel) *pron., m., sing.* which one **III-3**
dur(e) *adj.* hard **I-2**
durée *f.* length **III-R**
  durée moyenne *f.* average length **III-R**
durer *v.* to last **III-1**

E

eau (minérale) *f.* (mineral) water **I-4**
  carafe d'eau *f.* pitcher of water **II-4**
écart *m.* discrepancy gap **IV-5**
écharpe *f.* scarf **II-1**
échouer *v.* to fail **I-2**
éclair *m.* éclair **I-4**
écœurer: s'écœurer *v.* to sicken oneself; to become nauseated **IV-1**
école *f.* school **I-2**
écologie *f.* ecology **III-4**
écologique *adj.* ecological **III-4**
économe *adj.* thrifty **IV-1**
économie *f.* economics **I-2**
économies *f.* savings **IV-9**
économiser *v.* to save **IV-9**
écotourisme *m.* ecotourism **III-4**
écouter *v.* to listen (to) **I-2, IV-8**
écouteurs *m.* headphones **III-1**
écran *m.* screen **III-1, IV-3**
écraser *v.* to crush; to run over
écrire *v.* to write **II-2, IV-3**
  s'écrire *v.* to write one another **III-1**
écrit (écrire) *adj.* written **II-2**
écrivain(e) *m., f.* writer **III-5**
écureuil *m.* squirrel **III-4**
édifice *m.* building **IV-2**
éditeur/éditrice *m., f.* publisher **IV-3**
éducation parentale *f.* parenting **IV-6**
éducation physique *f.* physical education **I-2**
effacer *v.* to erase **I-1, III-1**
effet de serre *m.* greenhouse effect **III-4**
effets spéciaux *m.* special effects **IV-3**
efficace *adj.* efficient **IV-5**
effort *m.* effort **IV-5**
effrayant(e) *adj.* frightening **IV-7**
égal(e) *adj.* equal **IV-4**
égaler *v.* to equal **I-3**
égalité *f.* equality **IV-4**
église *f.* church **I-4**
égocentrique *adj.* egocentric **IV-3**
égoïste *adj.* selfish **I-1, IV-6**
Eh! *interj.* Hey! **I-2**
élection *f.* election **IV-4**
  gagner/perdre les élections to win/lose elections **IV-4**
électricien/électricienne *m., f.* electrician **III-3**
électrique *adj.* electric **II-3**
  appareil électrique/ménager *m.* electrical/household appliance **II-3, III-R**
élégant(e) *adj.* elegant **I-1**
élevé *adj.* high **III-R, III-3**
  un salaire élevé *m.* high salary **III-3**
élève *m., f.* pupil, student **I-P, I-1**
élevé(e) *p.p.* raised
  bien/mal élevé(e) *adj.* well/bad-mannered **IV-6**
élever (des enfants) *v.* to raise (children) **IV-6**
élire *v.* to elect **IV-4**
elle *pron., f.* she; it her **I-P, I-3**
  elle est... she/it is... **I-P, I-1**
elles *pron., f.* they; them **I-P, I-3**
  elles sont... they are... **I-P, I-1**
éloigné(e) *adj.* faraway **III-1**
e-mail *m.* e-mail **III-1**
emballage en plastique *m.* plastic wrapping/packaging **III-4**
embarquer *v.* to take away, steal **IV-4**
embaucher *v.* to hire **III-3, IV-9**
embouteillage *m.* traffic jam **IV-2**
embrasser: s'embrasser *v.* to kiss one another **III-1**
embrayage *m.* (automobile) clutch **III-1**
émigré(e) *m., f.* emigrant **IV-5**
émigrer *v.* to emigrate **IV-1**
émission (de télévision) *f.* (television) program **III-5**
emménager *v.* to move in **II-3**
emmener *v.* to take (someone) **I-5, IV-1**
émouvant(e) *adj.* moving **IV-8**
émouvoir *v.* to move **IV-3**
empêcher (de) *v.* to stop; to keep from (doing something) **IV-2**
empirer *v.* to get worse **IV-10**
emploi *m.* job **III-1, III-3, IV-9**
  emploi à mi-temps/à temps partiel *m.* part-time job **III-3**
  emploi à plein temps *m.* full-time job **III-3**
  emploi du temps *m.* schedule **I-P**
employé(e) *m., f.* employee **I-5, III-3, IV-9**
emporter: s'emporter *v.* to lose one's temper **IV-6**
emprisonner *v.* to imprison **IV-4**
emprunt *m.* loan **IV-9**
  faire un emprunt to take out a loan **IV-9**
emprunter *v.* to borrow **III-2**
en *pron.* some of it/them; about it/them; of it/them; from it/them **II-5, III-R**
en *prep.* in; at **I-3, IV-5**
  en attendant de *prep.* waiting to **IV-7**
  en attendant que *conj.* waiting for **IV-7**
  en automne in the fall **I-5**
  en avance *adv.* early **I-2**
  en avoir marre to be fed up **I-3, II-1**
  en désordre messy, untidy **IV-7**
  en direct *adv.* live **IV-3**
  en été in the summer **I-5**
  en face (de) *prep.* facing, across (from) **I-3**
  en faillite *adj.* bankrupt **IV-9**

Vocabulaire

en fait in fact **II-2**
en général *adv.* in general **II-2**
en hiver in the winter **I-5**
en outre *adv.* in addition
en plein air *adj.* outdoor, open-air **III-4, IV-10**
en pointe *adv.* forward, up front **IV-8**
en retard *adv.* late **I-2**
en revanche on the other hand **III-R**
en sécurité *adj.* sure **IV-2**
en streaming streaming **III-5**
en tout cas in any case **II-1**
en vacances on vacation **II-2**
en voie d'extinction *adj.* endangered **IV-10**
en vouloir (à) to have a grudge **IV-5**
être en ligne (avec) to be online/on the phone (with) **III-1**
encadrement *m.* supervisory staff **IV-9**
Enchanté(e). Delighted. **I-P, I-1**
encouragement *m.* encouragement **IV-5**
encore *adv.* again; still **I-3, IV-2**
endormir: s'endormir *v.* to fall asleep, to go to sleep **II-5, III-R**
endroit *m.* place **I-4**
énergie *f.* energy **IV-10**
    énergie éolienne *f.* wind power **III-4**
    énergie (nucléaire/solaire) *f.* (nuclear/solar) energy **III-4**
énerver *v.* to annoy **IV-1**
    s'énerver *v.* to get worked up, to become upset **II-5**
enfance *f.* childhood **II-1, III-R, IV-6**
enfant *m., f.* child **I-3**
    enfant unique *m., f.* only child **I-3 IV-6**
enfin *adv.* finally, at last **II-2, IV-2**
enfler *v.* to swell **II-5**
enfoncer: s'enfoncer *v.* to drown
engager: s'engager (envers quelqu'un) *v.* to commit (to someone) **IV-1**
engloutir *v.* to swallow **IV-2**
enjeu *m.* stake **IV-5**
enlever *v.* to kidnap **IV-4**
enlever la poussière *v.* to dust **II-3, III-R**
ennuyer *v.* to bore; to bother **IV-1, IV-2**
ennuyeux/ennuyeuse *adj.* boring **I-3**
énorme *adj.* enormous, huge **I-2**
énormément *adv.* enormously **IV-2**
enquête *f.* investigation
enquêter (sur) *v.* to research; to investigate **IV-3**
enregistrer *v.* to record **III-1, IV-3**
enrichir: s'enrichir *v.* to become rich **IV-5**

enseignement *m.* education **III-2, IV-5**
enseigner *v.* to teach **I-2**
enseignant(e) *m., f.* teacher **I-1**
ensemble *adv.* together **II-1**
ensuite *adv.* then, next **II-2, IV-2**
entendre *v.* to hear **II-1, IV-2**
    s'entendre bien (avec) *v.* to get along well (with one another) **II-5, III-1, IV-1**
    entendre parler de *v.* to hear about **IV-3**
enthousiaste *adj.* enthusiastic; excited **IV-1**
entourer *v.* to surround **III-1**
    s'entourer de *v.* to surround oneself with **IV-9**
entracte *m.* intermission **III-5**
entraide *f.* mutual aid **IV-9**
entraîner: s'entraîner *v.* to train **IV-5**
entraîneur *m.* coach **IV-5, IV-8**
entre *prep.* between **I-3**
entrée *f.* appetizer, starter **II-4**
entrepôt *m.* warehouse **IV-9**
entreprendre *v.* to undertake **IV-9**
entrepreneur/entrepreneuse *m., f.* entrepreneur **IV-9**
entreprise (multinationale) *f.* (multinational) company, firm, business **III-3, IV-9**
    chef/cheffe d'entreprise *m., f.* head of a company **III-3**
    monter une entreprise to create a company **IV-9**
entrer *v.* to enter **II-2, IV-3**
entretenir: s'entretenir (avec) *v.* to talk; to convince **IV-2**
entretenu(e) *adj.* cared for **III-2**
entretien *m.* interview **IV-3**
    entretien (d'embauche) *m.* job interview **III-3 IV-9**
    passer un entretien to have an interview **III-3**
enveloppe *f.* envelope **III-2**
envie *f.* desire, envy **I-2**
    avoir envie (de) to feel like (doing something) **I-2**
environ *adv.* around; about **III-2**
environnement *m.* environment **III-4, IV-10**
envisager *v.* to envision **IV-7**
envoyé(e) spécial(e) *m., f.* correspondent **IV-3**
envoyer (à) *v.* to send (to someone) **I-5, IV-1**
    s'envoyer (des textos/des SMS) *v.* to send each other (text messages) **III-1**
éolienne *adj.* wind **III-4**
    énergie éolienne *f.* wind power **III-4**
épais(se) *adj.* thick **IV-9**
épanouissement *m.* fulfillment development **IV-10**
épargne *f.* savings **III-2**

compte d'épargne *m.* savings account **III-2, IV-9**
épargner *v.* to spare **IV-4**
épatant(e) *adj.* amazing **IV-3**
épeler *v.* to spell **IV-1**
épinards *m.* spinach **IV-6**
épouvantable *adj.* dreadful **I-5**
    Il fait un temps épouvantable. The weather is dreadful. **I-5**
époux/épouse *m., f.* spouse; husband, wife **IV-6**
épuisé(e) *adj.* exhausted **IV-3, IV-9**
épuiser *v.* to use up **IV-10**
équipe *f.* team **I-5**
érosion *f.* erosion **IV-10**
errer *v.* to wander **IV-6**
escalader *v.* to climb; to scale **IV-8**
escalier *m.* staircase **II-3**
escargot *m.* escargot, snail **I-P, II-4**
esclavage *m.* slavery **III-2, IV-4**
esclave *m., f.* slave **III-2, IV-4**
espace *m.* space, area **III-4, IV-7**
Espagne *f.* Spain **II-2, III-R**
espagnol *m.* Spanish **I-P, I-2**
espagnol(e) *adj.* Spanish **I-1**
espèce (menacée) *f.* (endangered) species **III-4**
espérer *v.* to hope **I-5, III-1, IV-1**
espionner *v.* to spy **IV-4**
esprit *m.* spirit **IV-1**
    avoir l'esprit critique *v.* to think critically
    libérer l'esprit *v.* to free the mind **III-3**
essayer *v.* to try **I-5, IV-1**
essence *f.* gas **III-1**
    voyant d'essence *m.* gas warning light **III-1**
essentiel(le) *adj.* essential **III-4, IV-6**
    Il est essentiel que… It is essential that… **III-4**
essuie-glace (essuie-glaces pl.) *m.* windshield wiper(s) **III-1**
essuyer (la vaisselle/la table) *v.* to wipe (the dishes/the table) **II-3, III-R**
est *m.* east **III-2**
Est-ce que… ? (used in forming questions) **I-2**
estivaux *adj.* summer **III-R**
estropié(e) *m., f.* cripple
et *conj.* and **I-1**
    et demi(e) half past… (o'clock) **I-2**
    et quart a quarter after… (o'clock) **I-2**
    Et toi? *fam.* And you? **I-P, I-1**
    Et vous? *form.* And you? **I-P, I-1**
établir: s'établir *v.* to settle **IV-5**
étage *m.* floor **II-2**
étagère *f.* shelf **II-3, III-R**
étape *f.* stage **II-1**
état d'âme *m.* qualm; feeling **IV-1**
États-Unis *m., pl.* United States **I-P, II-2**
été *m.* summer **I-5**

Français–Anglais

Appendice B

en été in the summer **I-5**
été (être) *p.p.* been **II-1, III-R**
éteindre *v.* to turn off **III-1**
étendre: s'étendre *v.* to spread **IV-2**
éternuer *v.* to sneeze **II-5, IV-7**
éthique *adj.* ethical **IV-7**
étoile *f.* star **III-4**
    étoile (filante) *f.* (shooting) star **IV-7**
étonnant(e) *adj.* surprising **IV-6**
étonné(e) *adj.* surprised **IV-6**
étonner: s'étonner *v.* to be amazed **IV-8**
étranger *m.* (places that are) abroad, overseas **II-2**
    à l'étranger abroad, overseas **II-2**
étranger/étrangère *m., f.* foreigner; stranger **IV-2**
    langues étrangères *f., pl.* foreign languages **I-2**
être *v.* to be **I-P, I-1, III-R, IV-1**
    être à to belong to; to be someone's **III-5**
    être à bout to be exhausted **IV-5**
    être (mal) à l'aise to be (un)comfortable **IV-1**
    être à l'antenne to be on the air **IV-3**
    être au chômage to be unemployed **III-3, IV-9**
    être au courant to be informed; to be aware **IV-3**
    être au régime to be on a diet **II-4**
    être bien/mal payé(e) to be well/badly paid **III-3**
    être connecté(e) avec quelqu'un to be online with someone **II-2,**
    être contaminé(e) to be contaminated **IV-10**
    être content(e) que to be happy that… **III-4**
    être crevé(e) par le décalage horaire to be jetlagged **IV-1**
    être d'accord to be in agreement **I-2**
    être de bonne/mauvaise humeur to be in a good/bad mood **II-3**
    être délaissé(e) to be abandoned; to be neglected **IV-6**
    être désolé(e) (que) to be sorry (that) **III-4, IV-6**
    être en bonne/mauvaise santé to be in good/bad health **II-5, III-R**
    être en ligne (avec) to be online/on the phone (with) **III-1**
    être en pleine forme to be in good shape **II-5**
    être en télétravail to work remotely **III-3**
    être furieux/furieuse que to be furious that… **III-4**
    être heureux/heureuse que … to be happy that… **III-4**
    être malade to be sick **III-R**
    être perdu(e) to be lost **III-2, IV-2**
    être promu(e) to be promoted **IV-9**
    être propre à to be specific to **IV-3**
    être sous pression to be under pressure **IV-9**
    être surdiplômé(e) to be overqualified **IV-9**
    être surpris(e) que… to be surprised that… **III-4**
    être triste que… to be sad that… **III-4**
    être viré(e) to be fired **IV-9**
étudiant(e) *m., f.* student **I-1**
étudier *v.* to study **I-2**
    J'étudie I study **I-P**
    Tu étudies You study **I-P**
    Il/Elle étudie He/She studies **I-P**
eu (avoir) *p.p.* had **II-1, III-R**
eux *disj. pron., m., pl.* they, them **I-3**
évadé(e) *adj.* escaped **IV-4**
événement *m.* event **IV-3**
évidemment *adv.* obviously, evidently; of course **II-2**
évident: Il est évident que It is evident that… **III-5**
évier *m.* sink **II-3, III-R**
éviter (de) *v.* to avoid (doing something) **II-5, III-1**
évoluer *v.* to evolve
évoquer *v.* to make think of **IV-9**
exactement *adv.* exactly **II-4**
examen *m.* exam; test **I-1**
    être reçu(e) à un examen *v.* to pass an exam **I-2**
    passer un examen *v.* to take an exam **I-2**
exclu(e) *adj.* excluded **IV-5**
Excuse-moi. *fam.* Excuse me. **I-1**
exercice *m.* exercise **II-5**
    faire de l'exercice *v.* to exercise **II-5**
exhorter *v.* to urge **IV-10**
exigeant(e) *adj.* demanding **III-3, IV-6**
    profession (exigeante) *f.* (demanding) profession **III-3**
exiger *v.* to demand **III-4, IV-9**
    exiger (que) *v.* to demand (that) **III-4**
exigu(ë) *m., f.* small **IV-2**
expatrier: s'expatrier *v.* to emigrate, to go live abroad **IV-9**
expérience *f.* experiment **IV-7**
    expérience professionnelle *f.* professional experience **III-3**
expliquer *v.* to explain **I-2**
exploitation *f.* commercial development **IV-10**
exploiter *v.* to use; to harvest **IV-10**
explorer *v.* to explore **I-4, IV-7**
exposition *f.* exhibition; art show **III-5, IV-8**
exprès *adv.* on purpose **IV-4**

faire exprès to do it on purpose **IV-4**
expulser *v.* to evict **IV-4**
extinction *f.* extinction **III-4**
    en voie d'extinction *adj.* endangered **IV-10**
extrait *m.* excerpt **IV-3**
extraterrestre *m., f.* alien **IV-7**

F

fâché(e) *adj.* angry, mad **IV-1**
fâcher: se fâcher (contre) *v.* to get angry (with) **IV-2**
facile *adj.* easy **I-2**
facilement *adv.* easily **II-3**
facteur/factrice *m.* mail carrier **III-2**
fabrication *f.* manufacture **IV-10**
faible *adj.* weak **I-3**
    une batterie faible *f.* low battery **III-1**
faiblir *v.* to weaken **IV-10**
faillite: en faillite *adj.* bankrupt **IV-9**
faim *f.* hunger **I-4**
    avoir faim *v.* to be hungry **I-4**
fainéant(e) *m., f.* lazybones **IV-9**
faire *v.* to do; to make **I-5, IV-1**
    faire carrière (dans) *v.* to pursue a career (in) **IV-9**
    faire confiance (à quelqu'un) *v.* to trust (someone) **IV-1**
    faire de l'exercice *v.* to exercise **II-5**
    faire de la gym *v.* to work out **I-5**
    faire de la musique *v.* to play music **III-5**
    faire de la peinture *v.* to paint **III-5**
    faire de la plongée (sous-marine/avec tuba) *v.* to dive/snorkel **IV-10**
    faire des projets *v.* to make plans **III-3**
    faire du camping *v.* to go camping **I-5**
    faire du chantage *v.* to blackmail **IV-4**
    faire du cheval *v.* to go horseback riding **I-5**
    faire du kayak *v.* to go kayaking **I-5**
    faire du jogging *v.* to go jogging **I-5**
    faire du shopping *v.* to go shopping **I-5, II-2**
    faire du skate(board) *v.* to go skateboarding **I-5**
    faire du ski *v.* to go skiing **I-5**
    faire du sport *v.* to do sports **I-5**
    faire du télétravail *v.* to work remotely **III-3**
    faire du vélo *v.* to go bike riding **I-5**
    faire du yoga *v.* to do yoga **I-5**

Vocabulaire

faire ses devoirs to do homework **I-5**
faire exprès *v.* to do it on purpose **IV-4**
faire la fête *v.* to celebrate **II-1**
faire la lessive *v.* to do the laundry **II-3, III-R**
faire la poussière *v.* to dust **II-3, III-R**
faire la queue *v.* to wait in line **III-2, IV-8**
faire la une *v.* to make the front page **IV-3**
faire la vaisselle *v.* to do the dishes **II-3, III-R**
faire le grand saut *v.* to take the plunge **IV-6**
faire le lit *v.* to make the bed **II-3, III-R**
faire le ménage *v.* to do the housework **II-3, III-R**
faire le plein *v.* to fill the tank **III-1**
faire les courses *v.* to go (grocery) shopping **II-4, III-R**
faire les musées *v.* to go to museums **III-5**
faire les valises *v.* to pack one's bags **II-2**
faire mal *v.* to hurt **II-5**
faire match nul *v.* to tie (a game) **IV-8**
faire passer *v.* to spread (the word) **IV-8**
faire sa toilette *v.* to wash up **II-5, III-R**
faire sans *v.* to do without **IV-5**
faire semblant (de) *v.* to pretend (to) **IV-9**
faire un effort *v.* to make an effort **IV-5**
faire un emprunt *v.* to take out a loan **IV-9**
faire un séjour *v.* to spend time (somewhere) **II-2**
faire un selfie *v.* to take a selfie **III-1**
faire une bonne action *v.* to do a good deed **IV-3**
faire une croix sur *v.* to forget about **IV-3**
faire une déclaration d'amour *v.* to declare one's love **IV-1**
faire une demande en mariage *v.* to propose **IV-6**
faire une expérience *v.* to carry out an experiment **IV-7**
faire une piqûre *v.* to give a shot **II-5**
faire une promenade *v.* to go for a walk **I-5**
faire une randonnée *v.* to go for a hike **I-5**
faire une surprise à quelqu'un *v.* to surprise someone **II-1**
faire visiter *v.* to give a tour **II-3**
fait *m.* fact **IV-4**
faits divers *m.* news items **IV-3**
fait (faire) *p.p., adj.* done; made **II-1, III-R**
falaise *f.* cliff **III-4**
falloir *v.* to be necessary; to have to **II-2, IV-6, IV-9**
  Il fallait… One had to… **II-3**
  Il faut que… One must…/It is necessary that… **III-4, IV-6**
  Il faut que je file. I have to run/leave. **IV-5**
fallu (falloir) *p.p.* (used with infinitive) had to… **II-1, III-R**
  Il a fallu... It was necessary to… **II-1**
famille *f.* family **I-3**
famille monoparentale/nombreuse/recomposée single-parent/large/blended family **IV-6**
fan (de) *m., f.* fan (of) **IV-8**
fanfare *f.* marching band **IV-2**
farine *f.* flour **III-R, III-3**
fascinant(e) *adj.* fascinating **IV-9**
faut: il faut (used with infinitive) it is necessary to… **I-5, II-1**
  Il faut que… One must…/It is necessary that… **III-4, IV-6**
  Il faut que je file. I have to run/leave. **IV-5**
faute *f.* foul **IV-8**
fauteuil *m.* armchair **II-3, III-R**
  fauteuil roulant *m.* wheelchair **IV-7**
faux/fausse *adj.* false, wrong **IV-2,**
favori(te) *adj.* favorite **I-3, IV-2**
femme *f.* woman; wife **I-1, III-R**
  femme au foyer *f.* housewife **III-3**
  femme cadre *f.* executive **III-3**
  femme d'affaires *f.* businesswoman **I-3, IV-9**
  femme de ménage *f.* cleaner **IV-9**
  femme peintre *f.* painter **III-5**
fenêtre *f.* window **I-1**
férié(e) *adj.* holiday
  jour férié *m.* holiday **II-1**
ferme *f.* farm **IV-10**
fermé(e) *adj.* closed **III-2**
fermer *v.* to close; to shut off **III-1**
festival (festivals pl.) *m.* festival **III-5**
fête *f.* party, celebration **II-1**
  fête foraine *f.* carnival **IV-2**
  faire la fête *v.* to celebrate **II-1**
fêter *v.* to celebrate **II-1, IV-8**
fétiche *adj.* favorite **IV-1**
feu (tricolore) *m.* traffic light **IV-2**
  feu de signalisation (feux pl.) *m.* traffic light **III-2**
  feu rouge (jaune, vert) *m.* red (yellow, green) light **III-1**
  feu d'artifice *m.* fireworks display **IV-2**
feuille de papier *f.* sheet of paper **I-1**
feuilleton *m.* soap opera **III-5, IV-3**
février *m.* February **I-P, I-5**
fiançailles *f.* engagement **IV-6**
fiancé(e) *m., f.* fiancé; fiancée **II-1, III-R**
fiancé(e) *adj.* engaged **I-3**
fiancer: se fiancer *v.* to get engaged **IV-1**
fichier *m.* file **III-1**
fidèle *adj.* faithful **IV-1**
fier/fière *adj.* proud **I-3, IV-2**
fierté *f.* pride
fièvre *f.* fever **II-5, III-R**
  avoir de la fièvre *v.* to have a fever **II-5, III-R**
fil *m.* (social media) feed; (discussion) thread **IV-7**
filet (de pêche) *m.* (fishing) net **IV-10**
fille *f.* girl; daughter **I-P, I-1, III-R**
  fille unique *f.* only child **IV-6**
film *m.* movie **IV-3**
  film (d'aventures, d'horreur, policier, de science-fiction) *m.* (adventure, horror, crime, science fiction) film **III-5**
  regarder (un film/une vidéo) en streaming *v.* to stream (a film/a video) **III-1**
  sortir un film *v.* to release a movie **IV-3**
fils *m.* son **I-3, III-R**
  fils unique *m.* only child **IV-6**
fin *f.* end **III-5**
finalement *adv.* finally **II-2, IV-3**
financier/financière *adj.* financial **IV-9**
fini (finir) *adj.* finished, done, over **I-4**
finir (de) *v.* to finish (doing something) **I-4, III-1**
fléchettes *f.* darts **IV-8**
fleur *f.* flower **II-4**
  parterre de fleurs *m.* flower bed **III-2**
fleuve *m.* river **III-4, IV-10**
flou(e) *adj.* blurry **IV-3**
foire *f.* fair **III-1, IV-2**
fois *f.* time **II-3**
  Il était une fois… Once upon a time… **IV-6**
  une/deux fois *adv.* once/twice **II-3, IV-3**
  une fois que *conj.* once **IV-10**
fonctionner *v.* to work, to function **III-1**
fondamental(e) *adj.* basic **IV-7**
fonder une famille *v.* to start a family **IV-6**
fonds *m.* funds
fontaine *f.* fountain **III-2**
foot(ball) *m.* soccer **I-5**
  football américain *m.* football **I-5**
force *f.* strength **III-R**

Français–Anglais

forcer *v.* to force **IV-1**
forestier/forestière *m., f.* logger **IV-10**
forêt (tropicale) *f.* (rain)forest **III-4, IV-10**
formation *f.* education; training **III-3, IV-9**
   formation à distance *f.* distance learning **IV-5**
forme *f.* shape; form **II-5**
   être en pleine forme *v.* to be in good shape **II-5**
formidable *adj.* great **II-2**
formulaire *m.* form **III-2**
   remplir un formulaire to fill out a form **III-2**
fort(e) *adj.* strong **I-3**
fossé des générations *m.* generation gap **IV-6**
fou/folle *adj.* crazy **I-3, IV-2**
foudre *f.* lightning **IV-1**
   coup de foudre *m.* love at first sight **IV-2**
foudroyé(e) *adj.* struck by lightning **IV-1**
foule *f.* (the) masses; crowd, mob **IV-4**
fouler: se fouler (la cheville) *v.* to twist/to sprain one's (ankle) **II-5**
four (à micro-ondes) *m.* (microwave) oven **II-3, III-R**
fourchette *f.* fork **II-4**
foyer *m.* home, household **III-3**
   homme/femme au foyer *m., f.* househusband/housewife **III-3**
fracasser *v.* to break **IV-4**
frais/fraîche *adj.* fresh; cool **I-5, III-2, IV-2**
   Il fait frais. (weather) It is cool. **I-5**
fraise *f.* strawberry **II-4**
franc/franche *adj.* frank **IV-2**
français *m.* French **I-P, I-2**
français(e) *adj.* French **I-P, I-1**
France *f.* France **I-P, II-2**
franchement *adv.* frankly, honestly **II-2**
frappant(e) *adj.* striking **IV-3**
frapper *v.* to knock; to hit
freiner *v.* to brake **III-1**
freins *m., pl.* brakes **III-1**
fréquenté(e) *adj.* busy **III-R**
fréquenter *v.* to frequent; to visit **I-4**
frère *m.* brother **I-3, III-R**
   beau-frère *m.* brother-in-law **I-3, IV-6**
   demi-frère *m.* half-brother, stepbrother **I-3, IV-6**
frigo *m.* refrigerator **II-3, III-R**
frisé(e) *adj.* curly **I-3**
frisson *m.* thrill **IV-8**
frites *f., pl.* French fries **I-4**
froid *m.* cold **I-2**
   avoir froid *v.* to be cold **I-2**
   Il fait froid. (weather) It is cold. **I-5**
fromage *m.* cheese **I-4**
fromagerie *f.* cheese store **IV-6**

front *m.* forehead
frontière *f.* border **IV-5**
fruit *m.* fruit **II-4**
fruits de mer *m., pl.* seafood **II-4**
fuir *v.* to flee **IV-1**
fumé(e) *adj.* smoked **IV-6**
funérailles *f., pl.* funeral **II-4**
furieux/furieuse *adj.* furious **III-4**
   être furieux/furieuse que *v.* to be furious that... **III-4**
futur *m.* future **III-2**

G

gâcher *v.* to ruin **IV-1**
gagnant(e) *m., f.* winner **IV-5**
gagner *v.* to win; to earn **I-5, III-3, IV-4**
   gagner les élections *v.* to win elections **IV-4**
   gagner sa vie *v.* to earn a living **IV-9**
gamin(e) *m., f.* kid **IV-9**
gant *m.* glove **II-1**
garage *m.* garage **II-3**
garanti(e) *adj.* guaranteed **I-5**
garçon *m.* boy **I-P, I-1**
garde des enfants *f.* (child) custody **IV-6**
garder la ligne *v.* to stay slim **II-5**
gare (routière) *f.* train station (bus station) **II-2, III-R**
garer: se garer *v.* to park **III-1**
gars *m., fam.* guy **IV-5**
gaspillage *m.* waste **III-4, IV-10**
gaspiller *v.* to waste **III-4, IV-10**
gâteau *m.* cake **II-1**
gâter *v.* to spoil **IV-6**
gauche *f.* the left (side) **I-3**
   à gauche (de) *prep.* to the left (of) **I-3**
gazeux/gazeuse *adj.* carbonated, fizzy **I-4**
   boisson gazeuse *f.* carbonated drink/beverage **I-4**
géant(e) *m., f.* giant **IV-10**
gène *m.* gene **IV-7**
gêné(e) *adj.* embarrassed **IV-2**
gêner *v.* to bother; to embarrass **IV-1**
généreux/généreuse *adj.* generous **I-3**
génétique *f.* genetics **IV-7**
génial(e) *adj.* great terrific **I-3, IV-1**
genou *m.* knee **II-5**
genre *m.* genre **III-5**
gens *m., pl.* people **II-2**
gentil(le) *adj.* nice **I-3, IV-2**
gentiment *adv.* nicely kindly **II-3, IV-2**
géographie *f.* geography **I-P, I-2**
gérant(e) responsable *m., f.* manager **IV-9**
gérer *v.* to manage, to run **IV-9**
glace *f.* ice cream **II-1**

glaçon *m.* ice cube **I-4, II-1**
glissement de terrain *m.* landslide **III-4**
glisser *v.* to glide **IV-8**
golf *m.* golf **I-5**
gomme *f.* eraser **I-1**
gorge *f.* throat **II-5**
goût *m.* taste; flavor **III-2**
goûter *m., v.* afternoon snack; to taste **II-4**
gouvernement *m.* government **III-4, IV-4**
gouverner *v.* to govern **IV-4**
grâce à *prep.* thanks to **III-2, IV-1**
grand(e) *adj.* big; tall; great **I-3, IV-2**
   grand magasin *m.* department store **I-4, IV-9**
   grande distribution *f.* large retailers **IV-9**
   grande surface *f.* supermarket, hypermarket **IV-9**
   grand-mère *f.* grandmother **I-3, III-R**
   grand-oncle *m.* great-uncle **IV-6**
   grand-père *m.* grandfather **I-3, III-R**
   grands-parents *m., pl.* grandparents **I-3**
   grand-tante *f.* great-aunt **IV-6**
grandir *v.* to grow up **IV-6**
gras/grasse *adj.* fat, plump **IV-4**
gratin *m.* gratin **II-4**
gratte-ciel *m.* skyscraper **IV-2**
gratuit(e) *adj.* free **I-4, III-5**
grave *adj.* serious **II-5**
   Ce n'est pas grave. It's okay.; No problem. **II-1, IV-5**
gravité *f.* gravity **IV-7**
grec/grecque *adj.* Greek **IV-2**
grève *f.* strike **III-3**
grillé(e) *adj.* grilled; broiled **IV-6**
grille-pain *m.* toaster **II-3**
grimper à *v.* to climb **IV-8**
grippe *f.* flu **II-5, III-R**
gris(e) *adj.* gray **I-3, II-1**
gronder *v.* to scold **IV-6**
gros(se) *adj.* fat **I-3, IV-2**
grossir *v.* to gain weight **I-4**
groupe *m.* band; musical group **III-5, IV-8**
guérir *v.* to get better; to cure, to heal **II-5, IV-7**
guerre *f.* war
   guerre (civile) *f.* (civil) war **IV-4**
   guerre de Sécession *f.* American Civil War **IV-4**
   Seconde Guerre mondiale *f.* World War II **III-1**
guitare *f.* guitar **III-5**
   jouer de la guitare *v.* to play the guitar **III-5**
gym *f.* exercise **I-5**
   faire de la gym *v.* to work out **I-5**
gymnase *m.* gym **I-4**

Vocabulaire

H

habiller: s'habiller *v.* to get dressed **II-5, III-R, IV-2**
habitat *m.* habitat **III-4**
  sauvetage des habitats *m.* habitat preservation **III-4**
habitation *f.* housing **IV-2**
habiter (à) *v.* to live (in/at) **I-2**
habituer: s'habituer à *v.* to get used to **IV-2**
haine *f.* hatred **IV-4**
Haïti *f.* Haiti **I-P**
haïtien(ne) *adj.* Haitian **I-P**
hamburger *m.* hamburger **I-4**
harceler *v.* to harass **IV-9**
haricots verts *m., pl.* green beans **II-4**
hasardeux/hasardeuse *adj.* risky; hazardous **IV-7**
hausse *f.* rise **III-2** gain **IV-3**
haut(e) *adj.* high **III-2, IV-2**
hebdomadaire *m.* weekly magazine **IV-3**
hébergement *m.* accommodation **III-R**
hégémonie *f.* hegemony
Hein? *interj.* Huh?; Right? **I-3**
herbe *f.* grass **III-4**
hériter *v.* to inherit **IV-6**
hésiter (à) *v.* to hesitate (to do something) **III-1**
heure(s) *f.* hour, o'clock; time **I-2**
  heures supplémentaires *f., pl.* overtime **IV-9**
  à … heure(s) at … (o'clock) **I-4**
  À quelle heure? What time?; When? **I-2**
  À tout à l'heure. See you later. **I-1**
  Quelle heure avez-vous? *form.* What time do you have? **I-2**
  Quelle heure est-il? What time is it? **I-2**
heureusement *adv.* fortunately, happily **II-3, IV-2**
heureux/heureuse *adj.* happy **I-3, IV-2**
  être heureux/heureuse que… to be happy that… **III-4**
  Ils vécurent heureux. They lived happily ever after. **IV-6**
hier (matin/après-midi/soir) *adv.* yesterday (morning/afternoon/evening) **I-P, II-2, IV-2, IV-3**
  avant-hier *adv.* day before yesterday **II-2**
histoire *f.* history; story **I-P, I-2, IV-1**
hiver *m.* winter **I-5**
  en hiver in the winter **I-5**
hockey *m.* hockey **I-5**
homme *m.* man **I-1**
  homme au foyer *m.* househusband **III-3**
  homme d'affaires *m.* businessman **I-3, IV-9**
  homme de ménage *m.* cleaner **IV-9**
honnête *adj.* honest **IV-1**
honte *f.* shame **I-2, IV-1**
  avoir honte (de) *v.* to be ashamed (of); to be embarrassed (of) **I-2, IV-1**
hôpital *m.* hospital **I-4**
horaire *m.* schedule **IV-9**
horloge *f.* clock **I-P, I-1**
horreur *f.* horror **III-5**
  film d'horreur *m.* horror film **III-5**
hors-d'œuvre *m.* hors d'œuvre, starter, appetizer **II-4**
hôte/hôtesse *m., f.* host **II-1**
  hôtesse de caisse cash register attendant, hostess **IV-9**
hôtel *m.* hotel **II-2, III-R, IV-2**
hôtel de ville *m.* city/town hall **IV-2**
huile *f.* oil **II-4, III-1** automobile oil **III-1**
  huile d'olive *f.* olive oil **II-4**
  vérifier l'huile to check the oil **III-1**
  voyant d'huile *m.* oil warning light **III-1**
huit *m.* eight **I-P, I-1**
huitième *adj.* eighth **II-2**
huître *f.* oyster **IV-10**
humain(e) *adj.* human **IV-1**
humanité *f.* humankind **IV-5**
humeur *f.* mood **II-3**
  être de bonne/mauvaise humeur *v.* to be in a good/bad mood **II-3**
hypermarché *m.* large supermarket **IV-6**

I

ici *adv.* here **I-1, IV-2**
idéaliste *adj.* idealistic **IV-1**
idée *f.* idea **I-3**
identifiant *m.* username **III-1**
il *sub. pron.* he; it **I-P, I-1**
  il est… he/it is… **I-1**
  Il était une fois… Once upon a time… **IV-6**
  Il n'y a pas de quoi. It's nothing.; You're welcome. **I-1**
  Il vaut mieux que… It is better that… **III-4, IV-6**
il faut (falloir) *v.* (used with infinitive) it is necessary to… **I-5, II-1**
  Il faut que… One must…/It is necessary that… **III-4, IV-6**
  Il faut que je file. I have to run/leave. **IV-5, IV-6**
illustration *f.* illustration **I-P**
il y a there is/are **I-P, I-1, II-4**
  il y a eu there was/were **IV-1**
  il y avait there was/were **II-3**
  il y a… (used with an expression of time) … ago **II-4**
île *f.* island **III-R, III-1, III-4**
ils *sub. pron., m., pl.* they **I-1**
  ils sont… they are **I-1**
  Ils vécurent heureux. They lived happily ever after. **IV-6**
immédiatement *adv.* immediately **IV-3**
immeuble *m.* building **II-3**
immigration *f.* immigration **IV-5**
immigré(e) *m., f.* immigrant **IV-5**
immigrer *v.* to immigrate **IV-1**
immobilier *m.* property; real estate
  agent immobilier/agente immobilière *m., f.* real estate agent **III-3**
impartial(e) *adj.* impartial; unbiased **IV-3**
impatient(e) *adj.* impatient **I-1**
imperméable *m.* rain jacket **I-5**
impoli(e) *adj.* impolite **I-1**
important(e) *adj.* important **IV-6**
  Il est important que… It is important that… **III-4**
impossible *adj.* impossible **III-5, IV-7**
  Il est impossible que… It is impossible that… **III-5**
imprimante *f.* printer **III-1**
imprimer *v.* to print **III-1**
impuissant(e) *adj.* powerless **IV-3**
inaction *f.* lack of action **IV-4**
inattendu(e) *adj.* unexpected **IV-2**
incendie *m.* fire **III-4, IV-10**
  prévenir l'incendie to prevent a fire **III-4**
incertitude *f.* uncertainty **IV-5**
incompétent(e) *adj.* incompetent **IV-9**
incontournable *adj.* inevitable; not to be missed **III-1, III-2**
indépendamment *adv.* independently **II-3**
indépendant(e) *adj.* independent **I-1**
indications *f.* directions **III-2, IV-2**
  donner des indications to give directions **IV-2**
indice *m.* clue, indication **IV-6**
indien(ne) *adj.* Indian **I-1**
indigner: s'indigner *v.* to be angered **IV-4**
indiquer *v.* to indicate **I-5**
indispensable *adj.* essential, indispensable **III-4**
  Il est indispensable que… It is essential that… **III-4**
individualité *f.* individuality **IV-5**
  perte de l'individualité *f.* loss of individuality **IV-5**
individuel(le) *adj.* single, individual **II-2**
  chambre individuelle *f.* single (hotel) room **II-2**
industrie forestière *f.* logging industry **IV-10**
inégal(e) *adj.* unequal **IV-4**

Français–Anglais

inégalité *f.* inequality **IV-4**
inférieur(e) *adj.* inferior **IV-2**
infidèle *adj.* unfaithful **IV-1**
infirmier/infirmière *m., f.* nurse **II-5**
influence *f.* influence **IV-4**
   avoir de l'influence (sur) to have influence (over) **IV-4**
influent(e) *adj.* influential **IV-3**
informations (infos) *f., pl.* news **III-5**
informatique *f.* computer science **I-P, I-2**
informer: s'informer (par les médias) to keep oneself informed (through the media) **IV-3**
ingénieur(e) *m., f.* engineer **I-3, IV-7**
ingrat(e) *adj.* thankless **IV-9**
inhabituel(le) *adj.* unusual **IV-9**
injuste *adj.* unfair **IV-4**
injustice *f.* injustice **IV-4**
innovant(e) *adj.* innovative **IV-7**
innovateur/innovatrice *m., f.* innovator, pioneer **IV-7**
innovation *f.* innovation **IV-7**
inondation *f.* flood **IV-10**
inoubliable *adj.* unforgettable **IV-1**
inquiet/inquiète *adj.* worried **I-3, IV-1, IV-2**
inquiéter: s'inquiéter *v.* to worry **II-5, IV-2**
inscrire: s'inscrire *v.* to enroll; to register **III-2, IV-1, IV-6**
insensible *adj.* insensitive **IV-2**
instabilité *f.* instability **IV-5**
installer: s'installer *v.* to settle **IV-5**
instaurer *v.* to establish **III-R**
instrument *m.* instrument **I-1**
insuffisant(e) *adj.* insufficient **IV-10**
insupportable *adj.* unbearable **IV-6**
intégration *f.* integration **IV-5**
intégrer *v.* to join **IV-5**
   s'intégrer (à un groupe) *v.* to belong (to a group) **IV-1**
intellectuel(le) *adj.* intellectual **I-3, IV-2**
intelligent(e) *adj.* intelligent **I-1**
interdire *v.* to forbid, to prohibit **III-4**
intéressant(e) *adj.* interesting **I-1**
intéresser: s'intéresser (à) *v.* to be interested (in) **II-5, IV-2**
interro(gation) *f.* test **I-P**
intervenir *v.* to intervene, to get involved **IV-3**
interview *f.* interview **IV-3**
inutile *adj.* useless **I-2**
inventer *v.* to invent **IV-7**
inventeur/inventrice *m., f.* inventor **III-1**
invention *f.* invention **IV-7**
investir *v.* to invest **IV-9**
   s'investir *v.* to put oneself into **IV-9**
invité(e) *m., f.* guest **II-1**
inviter *v.* to invite **I-4**

irlandais(e) *adj.* Irish **I-2, II-2**
Irlande *f.* Ireland **II-2**
Italie *f.* Italy **II-2, III-R**
italien(ne) *adj.* Italian **I-1**

J

jaloux/jalouse *adj.* jealous **I-3, IV-1**
jamais *adv.* never **I-5, III-2, IV-2**
   ne… jamais never, not ever **III-2**
jambe *f.* leg **II-5**
jambon *m.* ham **I-4**
janvier *m.* January **I-P, I-5**
Japon *m.* Japan **II-2, III-R**
japonais(e) *adj.* Japanese **I-1**
jardin *m.* garden; yard **II-3, III-R**
   jardin public *m.* public garden **IV-2**
jardinier/jardinière *m., f.* gardener **III-1**
jaune *adj.* yellow **II-1**
   feu jaune *m.* yellow light **III-1**
je/j' *sub. pron.* I **I-P, I-1**
   Je vous en prie. *form.* Please.; You're welcome. **I-1**
jean *m., sing.* jeans **II-1**
jetable *adj.* disposable **IV-10**
jeter *v.* to throw; to throw away **III-4, IV-10**
jeu *m.* game **I-P, I-5, IV-8**
   jeu de société *m.* board game **IV-8**
   jeu de mots *m.* play on words **IV-3**
   jeu télévisé *m.* game show **III-5**
   jeu vidéo (des jeux vidéo) *m.* video game(s) **I-5**
jeudi *m.* Thursday **I-P**
   le jeudi on Thursdays **I-P**
jeune *adj.* young **I-3, IV-2**
   jeunes mariés *m., pl.* newlyweds **II-1, III-R**
jeunesse *f.* youth **II-1, III-R, IV-6**
   auberge de jeunesse *f.* youth hostel **II-2, III-R**
job *m.* job **III-3**
jogging *m.* jogging **I-5**
   faire du jogging *v.* to go jogging **I-5**
joie *f.* joy
joli(e) *adj.* handsome; beautiful; pretty **I-3, IV-2**
jouer (à/de) *v.* to play (a sport/a musical instrument) **I-5**
   jouer au bowling to go bowling
   jouer de la batterie to play the drums **III-5**
   jouer de la guitare to play the guitar **III-5**
   jouer du piano to play the piano **III-5**
   jouer du violon to play the violin **III-5**
   jouer un rôle *v.* to play a role **III-5**
joueur/joueuse *m., f.* player **I-5**
jour *m.* day **I-2**
   jour de congé *m.* day off **II-2**

jour férié *m.* holiday **II-1**
   Quel jour sommes-nous? What day is it? **I-2**
journal *m.* newspaper; journal **IV-3**
   marchand de journaux *m.* newsstand **III-2**
journaliste *m., f.* journalist **I-3, IV-3**
journée *f.* day **I-2**
juge *m., f.* judge **IV-4**
juger *v.* to judge **IV-4**
juillet *m.* July **I-5**
juin *m.* June **I-P, I-5**
jumeaux/jumelles *m., f.* twin brothers/sisters **IV-6**
jungle *f.* jungle **III-4**
jupe (plissée) *f.* (pleated) skirt **II-1, III-R**
juré(e) *m., f.* juror **IV-4**
jus (d'orange/de pomme) *m.* (orange/apple) juice **I-4**
jusqu'à (ce que) *prep.* until **III-2, IV-7**
juste *adv.* just; right **IV-4**
   juste à côté right next door **I-3**
justice *f.* justice **IV-4**

K

karate *m.* karate **I-P**
kidnapper *v.* to kidnap **IV-4**
kilo(gramme) *m.* kilo(gram) **II-4, IV-5**
kilomètre (carré) *m.* (square) kilometer **III-R**
kiosque *m.* kiosk **I-4**

L

l' *def. art., m., f. sing.; d.o. pron., m., f.* the; him; her; it **I-1, I-7**
la *def. art., f. sing. d.o. pron., f.* the, her; it **I-1, II-2**
-là (used with demonstrative adjective **ce** and noun or with demonstrative pronoun **celui**) there **II-1**
là(-bas) (over) there **I-1, IV-2**
laboratoire *m.* laboratory
lac *m.* lake **III-4**
lâcher *v.* to let go (of); to give up (on) **IV-5, IV-8**
lagon *m.* lagoon **IV-10**
laid(e) *adj.* ugly **I-3**
laisser *v.* to let, to allow **IV-8**
   laisser tomber *v.* to let go (of); to abandon **IV-6**
   laisser tranquille *v.* to leave alone **II-5**
   laisser un message *v.* to leave a message **III-3**
   laisser un pourboire *v.* to leave a tip **I-4**
lait *m.* milk **I-4**
laitue *f.* lettuce **II-4**
lampe *f.* lamp **II-3**

Vocabulaire

lancement *m.* launch
lancer *v.* to throw; to launch, to open (an application/program) **III-5, IV-5, IV-7,**
langue *f.* language **I-P, IV-5**
  langue maternelle *f.* native language **IV-5**
  langue officielle *f.* official language **IV-5**
  langues étrangères *f., pl.* foreign languages **I-2**
langueur *f.* listlessness **IV-1**
lapin *m.* rabbit **III-4, IV-1**
  poser un lapin (à quelqu'un) to stand (someone) up **IV-1**
laquelle *pron., f., sing.* which one **III-3**
  à laquelle *pron., f., sing.* which one **III-3**
  de laquelle *pron., f., sing.* which one **III-3**
large *adj.* loose; big **II-1**
larme *f.* tear **IV-1**
las(se) *adj.* weary
lavabo *m.* bathroom sink **II-3 III-R**
lave-linge *m.* washing machine **II-3, III-R**
laver *v.* to wash **II-3, III-R**
  se laver (les mains) *v.* to wash oneself (one's hands) **II-5, III-R, IV-2**
laverie *f.* laundromat **III-2**
lave-vaisselle *m.* dishwasher **II-3, III-R**
le *def. art., m., sing.* the; **I-1** *d.o. pron., m., sing.* him; it **II-2**
le/la meilleur(e) *adj.* the best **III-R, IV-7**
légume *m.* vegetable **II-4**
lendemain *m.* next day
lent(e) *adj.* slow **I-3**
lentement *adv.* slowly **II-2**
  rouler lentement to drive slowly **III-1**
lequel *pron., m., sing.* which one **III-3**
  auquel (à + lequel) *pron., m., sing.* which one **III-3**
  duquel (de + lequel) *pron., m., sing.* which one **III-3**
les *def. art., m., f., pl.* the **I-1;** *d.o. pron. m., f., pl.* them **II-2**
lesquelles *pron., f., pl.* which ones **III-3**
  auxquelles (à + lesquelles) *pron., f., pl.* which ones **III-3**
  desquelles (de + lesquelles) *pron., f., pl.* which ones **III-3**
lesquels *pron., m., pl.* which ones **III-3**
  auxquels (à + lesquels) *pron., m., pl.* which ones **III-3**
  desquels (de + lesquels) *pron., m., pl.* which ones **III-3**

lessive *f.* laundry **II-3**
  faire la lessive *v.* to do the laundry **II-3, III-R**
lettre *f.* letter **III-2**
  boîte aux lettres *f.* mailbox **III-2**
  lettre de motivation *f.* letter of application **III-3**
  lettre de recommandation *f.* letter of reference/recommendation **III-3**
  poster une lettre *v.* to mail a letter **III-3**
lettres *f., pl.* humanities **I-2**
leur *i.o. pron., m., f., pl.* them **II-1**
leur(s) *poss. adj., m., f.* their **I-3**
lever *v.* to lift **IV-1,**
  se lever *v.* to get up, to get out of bed **II-5, III-R, IV-2**
lézarder au soleil *v.* to bask in the sun **IV-8**
liaison *f.* affair; relationship
libéral(e) *adj.* liberal **IV-4**
libérer: se libérer *v.* to free oneself **IV-4**
  libérer l'esprit *v.* to free the mind **III-3**
liberté *f.* freedom **IV-4**
  liberté de la presse *f.* freedom of the press **IV-3**
librairie *f.* bookstore **I-1, III-2**
libre *adj.* available **II-2**
licencier *v.* to lay off, to fire **IV-9**
lié(e) *adj.* close-knit **IV-6**
lien *m.* link; connection **III-1**
lieu *m.* place **I-4**
  avoir lieu *v.* to take place **III-2**
ligne *f.* figure, shape **II-5**
  garder la ligne *v.* to stay slim **II-5**
limitation de vitesse *f.* speed limit **III-1**
limonade *f.* lemon soda **I-4**
linge *m.* laundry **II-3**
  lave-linge *m.* washing machine **II-3**
  sèche-linge *m.* clothes dryer **II-3**
lion *m.* lion **IV-10**
liquide *m.* cash **III-2, IV-4**
  payer en liquide *v.* to pay in cash **III-2**
lire *v.* to read **II-2, IV-3**
  lire les annonces to read the want ads **III-3**
lit *m.* bed **II-2**
  faire le lit *v.* to make the bed **II-3, III-R**
litre *m.* liter **IV-5**
littéraire *adj.* literary **III-5**
littérature *f.* literature **I-P, I-1**
livre *m.* book **I-P, I-1**
logement *m.* housing **II-3, IV-2**
logiciel *m.* software, program **III-1, IV-7**
loi *f.* law **III-4, IV-4**
  approuver une loi *v.* to pass a law **IV-4**

loin de *prep.* far from **I-3**
lointain(e) *adj.* distant
loisir *m.* leisure activity **I-5**
  loisirs *m., pl.* leisure; recreation **IV-8**
long(ue) *adj.* long **I-3, IV-2**
  à long terme *adj.* long-term **IV-9**
  chemise à manches longues *f.* long-sleeved shirt **II-1**
longtemps *adv.* for a long time **I-5, IV-3**
lorsque *conj.* when **IV-7**
loyer *m.* rent **II-3**
lu (lire) *p.p.* read **II-2**
lui *pron., sing. i.o. pron.* he; him; (attached to imperative) to him/her **I-1, I-3, II-1, II-4**
lumière *f.* light **III-R**
lundi *m.* Monday **I-P**
  le lundi on Mondays
Lune *f.* Moon **III-4, IV-10**
lunettes (de soleil) *f., pl.* (sun)glasses **II-1, III-R**
lutte *f.* fight **IV-3**
lutter *v.* to fight; to struggle **IV-5**
luxe *m.* luxury **IV-5**
lycée *m.* high school **I-1**
lycéen(ne) *m., f.* high school student **I-2**

M

ma *poss. adj., f., sing.* my **I-3**
macaron *m.* macaroon **I-4**
Madame *f.* Ma'am; Mrs. **I-P, I-1**
Mademoiselle *f.* Miss **I-P, I-1**
magasin *m.* store **I-4**
  grand magasin *m.* department store **I-4, IV-9**
magazine *m.* magazine **III-5**
mai *m.* May **I-P, I-5**
maigre *adj.* thin, scrawny **IV-4**
maigrir *v.* to lose weight **I-4**
maillot *m.* jersey **IV-8**
maillot de bain *m.* swimsuit, bathing suit **II-1, III-R**
main *f.* hand **I-5**
  sac à main *m.* purse, handbag **II-1**
maintenant *adv.* now **I-5, IV-2**
maintenir *v.* to maintain **II-4, IV-4**
maire *m.* mayor **IV-2**
mairie *f.* town/city hall; mayor's office **III-2**
mais *conj.* but **I-1**
mais non (but) of course not; no **I-2**
maison *f.* house **I-P, I-4**
  rentrer (à la maison) *v.* to return (home) **I-2, IV-3**
maïs *m.* corn **III-R**
mal *m.* illness; ache, pain **II-5**
  Je vais mal. I am doing badly. **I-1**
  le plus mal *super. adv.* the worst **II-4, IV-7**

se porter mal *v.* to be doing badly **II-5**
mal *adv.* badly **II-2, III-R, IV-2**
   avoir mal to have an ache **II-5, III-R**
   avoir mal au cœur to feel nauseated **II-5**
   faire mal *v.* to hurt **II-5**
malade *adj.* sick, ill **II-5**
   tomber/être malade *v.* to get sick **II-5, III-R**
maladie (incurable) *f.* (incurable) disease **III-3, IV-6**
   assurance maladie *f.* health insurance **III-3**
maladroit(e) *adj.* awkward **IV-6**
malgré *prep.* despite **III-2**
malheureusement *adv.* unfortunately, unhappily **II-2**
malheureux/malheureuse *adj.* unhappy **I-3**
malhonnête *adj.* dishonest **IV-1**
Mali *m.* Mali **I-P**
malien(ne) *adj.* Malian **I-P**
maltraitance *f.* abuse **IV-5**
manager *m.* manager **III-3**
manche *f.* sleeve **II-1**
   chemise à manches courtes/ longues *f.* short-/long-sleeved shirt **II-1**
mangeable *adj.* edible **IV-4**
manger *v.* to eat **I-2, IV-1**
   salle à manger *f.* dining room **II-3, III-R**
manier *v.* to handle, to wield **IV-7**
manifestation *f.* demonstration **IV-2**
manque *m.* lack **IV-4, IV-5**
manquer à *v.* to miss **IV-5**
manteau *m.* coat **II-1, III-R**
maquillage *m.* makeup **II-5, III-R**
maquiller: se maquiller *v.* to put on makeup **II-5, III-R, IV-2**
marchand de journaux *m.* newsstand **III-2**
marché *m.* market **I-4, IV-9** deal **IV-2**
   bon marché *adj.* inexpensive **II-1**
   marché boursier *m.* stock market **IV-9**
marcher *v.* to walk (person); to work (thing), to function **I-5, III-1**
mardi *m.* Tuesday **I-P**
   le mardi on Tuesdays
mari *m.* husband **I-3, III-R**
mariage *m.* marriage; wedding (ceremony) **II-1, III-R, IV-1**
   faire une demande en mariage to propose **IV-6**
marié *m.* groom **IV-6**
marié(e) *adj.* married **I-3**
mariée *f.* bride **IV-6**
   robe de mariée *f.* wedding gown **IV-6**
marier: se marier avec *v.* to marry **IV-1**
mariés *m., pl.* married couple **II-1**

jeunes mariés *m., pl.* newlyweds **II-1, III-R**
Maroc *m.* Morocco **I-P**
marocain(e) *adj.* Moroccan **I-P, I-1**
marquant(e) *adj.* striking **IV-3**
marque *f.* brand; make **III-1, III-2,**
marquer (un but/un point) *v.* to score (a goal/a point) **IV-8**
marre: en avoir marre (de) to be fed up (with) **IV-1**
marron *m.* chestnut **IV-2**
marron *adj., inv.* (not for hair) brown **I-3, II-2, IV-2**
mars *m.* March **I-P, I-5**
martiniquais(e) *adj.* from Martinique **I-1**
match *m.* game **I-5**
matériau *m.* material
maternel(le) *adj.* maternal
mathématicien(ne) *m., f.* mathematician **IV-7**
mathématiques (maths) *f., pl.* mathematics **I-P, I-2**
matière *f.* subject; material; substance **I-P, III-3**
   matière première *f.* raw material
matin *m.* morning **I-P, I-2**
   ce matin this morning **I-2**
   demain matin *adv.* tomorrow morning **I-2**
   hier matin *adv.* yesterday morning **II-2**
matinée *f.* morning **I-2**
mauvais(e) *adj.* bad **I-3, III-R, IV-2**
   Il fait mauvais. The weather is bad. **I-5**
   le/la plus mauvais(e) *super. adj.* the worst **II-4, III-R, IV-7**
   plus mauvais(e) *comp., adj.* worse **II-4, III-R, IV-7**
mayonnaise *f.* mayonnaise **II-4**
me/m' *pron., sing.* me; myself **II-1**
mécanicien(ne) *m., f.* mechanic **III-1**
méchant(e) *adj.* mean **I-3**
médecin *m.* doctor **I-3**
médias *m.* media **IV-3**
médicament (contre/ pour) *m.* medication (against/ for) **II-5, III-R**
méfier: se méfier de *v.* to be distrustful/wary of, to distrust **IV-2,**
meilleur(e) *comp..adj.* better **II-4, III-R, IV-2**
   le/la meilleur(e) *super., adj.* the best **II-4, IV-7**
mélancolique *adj.* melancholic
mélange *m.* mix **IV-1**
mêler *v.* to mix **IV-10**
membre *m.* member **III-5, IV-9**
même *adj.* even same very **I-5, III-2, IV-2**
-même(s) *pron.* -self/-selves **II-1**
menace *f.* threat **IV-4**
menacé(e) *adj.* endangered **III-4**

espèce menacée *f.* endangered species **III-4**
menacer *v.* to threaten **IV-1**
ménage *m.* household **II-3, IV-6**
   faire le ménage *v.* to do the housework **II-3, III-R**
   homme/femme de ménage *m., f.* cleaner **IV-9**
ménager/ménagère *adj.* household **II-3**
   appareil ménager *m.* household appliance **II-3, III-R**
   tâche ménagère *f.* household chore **II-3**
mener *v.* to lead **IV-5**
mensuel *m.* monthly magazine **IV-3**
mental: sur le plan mental mentally **IV-5**
mentir *v.* to lie **IV-1**
menu *m.* menu **II-4**
mer *f.* sea **II-2, III-R, IV-10**
Merci (beaucoup). Thank you (very much). **I-1**
mercredi *m.* Wednesday **I-P**
   le mercredi on Wednesdays **I-P**
mère *f.* mother **I-3, III-R**
   belle-mère *f.* mother-in-law; stepmother **I-3, IV-6**
mériter *v.* to deserve; to be worth **IV-1**
mes *poss. adj., m., f., pl.* my **I-3**
message *m.* message **III-3**
   laisser un message *v.* to leave a message **III-3**
   message publicitaire *m.* advertisement **IV-3**
mesure: prendre des mesures pour to take action to
métaphore *f.* metaphor **IV-4**
météo *f.* weather **III-5**
métier *m.* profession **III-3**
métro *m.* subway **II-2, IV-2**
   métro, boulot, dodo metro, work, sleep; daily grind **IV-9**
   rame de métro *f.* subway train **IV-2**
   station de métro *f.* subway station **II-2, III-R, IV-2**
metteur/metteuse en scène *m., f.* director (of a play) **III-5**
mettre *v.* to put, to place **II-1, IV-2**
   se mettre *v.* to put (something) on (oneself) **II-5**
   mettre à jour *v.* to update **IV-7**
   mettre la table to set the table **II-3, III-R**
   se mettre à *v.* to begin **II-5, IV-2**
   se mettre en colère contre to get angry with **IV-1**
meuble *m.* piece of furniture **II-3, III-R, IV-10**
mexicain(e) *adj.* Mexican **I-1**
Mexique *m.* Mexico **II-2, III-R**
Miam! *interj.* Yum! **I-2, I-5**
micro-onde *m.* microwave oven **II-3**
   four (à micro-ondes) *m.* (microwave) oven **II-3**

Vocabulaire

midi *m.* noon **I-2**
   après-midi *m.* afternoon **I-2**
mieux *adv.* better **II-4, III-R, IV-2**
   aimer mieux *v.* to prefer **I-2**
   Il vaut mieux que It is better that... **IV-6**
   le mieux *super. adv.* the best **II-4, III-R, IV-7**
   se porter mieux *v.* to be doing better **II-5**
mignon(ne) *adj.* cute **IV-2**
militant(e) *m., f.* activist **IV-4, IV-10**
mille *m.* one thousand **I-5**
   cent mille *m.* one hundred thousand **I-5**
million, un *m.* one million **I-5**
   deux millions *m.* two million **I-5**
minuit *m.* midnight **I-2**
miroir *m.* mirror **II-3**
mis (mettre) *p.p.* put, placed **II-1**
mise à jour *f.* update **IV-7**
mise en marche *f.* start-up **IV-7**
miser sur *v.* to count on
misère *f.* poverty **IV-4**
mobilier *m.* furniture **IV-10**
mode *f.* fashion **I-2**
modéré(e) *adj.* moderate **IV-4**
modernité *f.* modernity **IV-10**
modeste *adj.* modest **III-3**
   un salaire modeste *m.* modest salary **III-3**
mœurs *f.* customs habits **IV-4**
moi *disj. pron., sing.; pron.* I, me (attached to an imperative) to me, to myself **I-3, II-1, II-4**
   Moi aussi. Me too. **I-1**
   Moi non plus. Me neither. **I-2**
moins *adv.* before … (o'clock) **I-2** less **IV-7**
   à moins de *prep.* unless **IV-7**
   à moins que *conj.* unless **III-5, IV-7**
   moins (de) *adv.* less (of); fewer (of) **I-4**
   le/la moins *super. adv.* (used with verb or adverb) the least **II-4, III-R**
   le moins de… (used with noun to express quantity) the least… **III-4**
   moins de… que… (used with noun to express quantity) less… than… **III-4**
   moins… que (used with adjective/adverb) more/less … than **III-R**
mois *m.* month **I-2**
   ce mois-ci this month **I-2**
moitié *f.* half **IV-5**
moment *m.* moment **I-1**
mon *poss. adj., m., sing.* my **I-3**
monarchie absolue *f.* absolute monarchy **IV-4**
monde *m.* world **II-2**
mondialisation *f.* globalization **IV-5**

monnaie *f.* change, coins; money **III-2**
   pièces de monnaie *f., pl.* coins **III-2**
Monsieur *m.* Sir; Mr. **I-P, I-1**
montée d'adrénaline *f.* adrenaline rush **IV-8**
monter *v.* to go up, to come up; to get in/on, to ascend **II-2, III-2, IV-3**
monter (dans une voiture, dans un train) *v.* to get (in a car, on a train) **IV-2**
monter une entreprise *v.* to create a company **IV-9**
montre *f.* watch **II-1**
   montre connectée *f.* smart watch **III-1**
montrer (à) *v.* to show (to someone) **II-1**
monument *m.* monument **IV-2**
morale *f.* moral **IV-4**
morceau (de) *m.* piece, bit (of) **I-4**
mort *f.* death **II-1, III-R, IV-6**
mort (mourir) *p.p; adj.* (as past participle) died; (as adjective) dead **II-2, III-R**
mot de passe *m.* password **III-1, IV-7**
moteur *m.* engine **III-1**
   moteur de recherche *m.* search engine **IV-7**
motiver *v.* to motivate **I-5**
mouchoir m. handkerchief **IV-8**
mourir *v.* to die **II-2, IV-3**
moutarde *f.* mustard **II-4**
mouton *m.* sheep **IV-10**
moyen(ne) *adj.* medium **I-3**
   de taille moyenne of medium height **I-3**
   durée moyenne *f.* average length **III-R**
moyens de communication *m.* media **IV-3**
muet(te) *adj.* mute **IV-2**
mur *m.* wall **II-3**
mûr(e) *adj.* mature **IV-1**
musée *m.* museum **I-4**
   faire les musées *v.* to go to museums **III-5**
musical(e) *adj.* musical **III-5**
   comédie musicale *f.* musical comedy **III-5**
musicien(ne) *m., f.* musician **I-3, IV-8**
musique *f.* music **I-P**
   faire de la musique *v.* to play music **III-5**
   musique classique *f.* classical music **III-5**
   musique pop *f.* pop music **III-5**
   musique rock *f.* rock music **III-5**

N

nager *v.* to swim **I-4**
naïf/naïve *adj.* naïve **I-3, IV-2**
naissance *f.* birth **II-1, III-R, IV-6**

naître *v.* to be born **II-2, IV-3**
nappe *f.* tablecloth **II-4**
natalité *f.* birthrate **IV-5**
natation *f.* swimming **I-P**
nationalité *f.* nationality **I-P, I-1**
   Je suis de nationalité… I am of … nationality **I-1**
   Quelle est ta nationalité? *fam.* What is your nationality? **I-1**
   Quelle est votre nationalité? *fam., pl., form.* What is your nationality? **I-1**
nature *f.* nature **III-4**
naturel(le) *adj.* natural **III-4**
   ressource naturelle *f.* natural resource **III-4**
   catastrophe naturelle *f.* natural disaster **IV-2**
naturellement *adv.* naturally **IV-2**
navette spatiale *f.* space shuttle
naviguer sur Internet/le web to search the Web **IV-3**
né (naître) *p.p., adj.* born **II-2, III-R**
ne/n' no, not **I-1**
   ne… aucun(e) none, not any **III-2**
   ne… jamais never, not ever **III-2**
   ne… ni… ni… neither… nor… **III-2**
   ne… pas so, not **I-2**
   ne… personne nobody, no one **III-2**
   ne… plus no more, not anymore **III-2**
   ne… que only **III-2**
   ne… rien nothing, not anything **III-2**
N'est-ce pas? (tag question) Isn't it? **I-2**
nécessaire *adj.* necessary **III-4, IV-6**
   Il est nécessaire que… It is necessary that… **III-4**
nécessiter *v.* to require **IV-6**
neiger *v.* to snow **I-5**
   Il neige. It is snowing. **I-5**
nerveusement *adv.* nervously **II-3**
nerveux/nerveuse *adj.* nervous **I-3**
net(te) *adj.* clean **IV-2**
nettoyer *v.* to clean **II-3, IV-1**
neuf *m.* nine **I-P, I-1**
neuvième *adj.* ninth **II-2**
neveu *m.* nephew **I-3, III-R, IV-6**
nez *m.* nose **II-5**
ni nor **III-2**
   ne… ni… ni… neither… nor… **III-2**
nièce *f.* niece **I-3, III-R, IV-6**
niveau de vie *m.* standard of living **IV-5**
noblesse *f.* nobility **IV-4**
noir(e) *adj.* black **I-3, II-1**
nom *m.* last name **I-P**
nombreux/nombreuse *adj.* numerous **III-2**
non no **I-P, I-2**

Français–Anglais 443

mais non (but) of course not; no I-2
non-conformiste adj. nonconformist IV-5
nord m. north III-2
Norvège f. Norway III-R
nos poss. adj., m., f., pl. our I-3
nostalgie f. nostalgia IV-10
note f. (academics) grade I-2
notre poss. adj., m., f., sing. our I-3
noueux/noueuse adj. gnarled IV-10
nourrir v. to feed
nourriture f. food, sustenance II-4
nous pron. we; us; ourselves I-P, I-1, II-5
Nous y allons. We're going/coming. II-4
nouveau/nouvelle adj. new I-3,
nouveauté f. development
nouvelle vague f. new wave IV-1
nouvelles f., pl. news
  nouvelles locales/internationales f. local/international news IV-3
novembre m. November I-P, I-5
nuage de pollution m. pollution cloud; smog III-4, IV-10
nuageux/nuageuse adj. cloudy I-5
  Le temps est nuageux. It is cloudy. I-5
nucléaire adj. nuclear III-4
  centrale nucléaire f. nuclear plant III-4
  énergie nucléaire f. nuclear energy III-4
nuire à v. to harm IV-10
nuisible adj. harmful IV-10
nuit f. night I-2
nul(le) adj. useless I-2
nulle part adv. nowhere IV-2
numérique m. digital technology IV-5
  appareil photo (numérique) m. (digital) camera IV-7
numéro m. (telephone) number III-1
  composer un numéro v. to dial a number III-1
  numéro de téléphone m. telephone number III-3
  recomposer un numéro v. to redial a number III-1

O

objet m. object I-1
obtenir v. to get, to obtain III-3
  obtenir des billets v. to get (tickets) IV-8
  obtenir un prêt v. to secure a loan IV-9
occupé(e) adj. busy I-1
occuper v. to take care (of something), to see to II-5
  s'occuper (de) v. to take care of, to see to III-1
octobre m. October I-P, I-5
œil (les yeux pl.) m. eye (eyes) II-5

œuf m. egg II-4
œuvre (d'art) f. (art)work, piece(of art) III-5
  chef-d'œuvre (chefs-d'œuvre pl.) m. masterpiece III-5
  hors-d'œuvre m. hors d'œuvre, starter, appetizer II-4
offert (offrir) p.p. offered III-1
office du tourisme m. tourist office III-2
offrir v. to offer III-1, IV-4
oignon m. onion II-4
oiseau m. bird I-3
olive f. olive II-4
  huile d'olive f. olive oil II-4
omelette f. omelette I-4
on sub. pron., sing. one; we I-1
oncle m. uncle I-3, III-R
ONG (organisation non gouvernementale) f. NGO (non-governmental organization) IV-10
onze m. eleven I-P, I-1
onzième adj. eleventh II-2
opéra m. opera III-5
opprimé(e) adj. oppressed IV-4
optimiste adj. optimistic I-1
or m. gold IV-2
orageux/orageuse adj. stormy I-5
  Le temps est orageux. It is stormy. I-5
orange adj. inv.; f. orange II-1, II-4, IV-2
orchestre m. orchestra III-5
ordinateur m. computer, portable laptop I-P, I-1
ordonnance f. prescription II-5
ordre public m. public order IV-4
ordures f., pl. trash III-4
  ramassage des ordures m. garbage collection III-4
oreille f. ear II-5
oreiller m. pillow II-3
organisation non gouvernmentale (ONG) f. non-governmental organization (NGO) IV-10
orgueilleux/orgueilleuse adj. proud IV-1
orienter: s'orienter v. to get one's bearings III-2
origine f. heritage I-1
  Je suis d'origine… I am of… heritage. I-1
orphelin(e) m., f. orphan IV-6
orteil m. toe II-5
oser v. to dare to IV-8
ou or I-3
où adv., rel. pron. where, when I-4, III-3, IV-9
ouais adv. yeah I-2
oublier (de) v. to forget (to do something) I-2 III-1
ouest m. west III-2
oui adv. yes I-P, I-2

ouragan m. hurricane IV-10
ours m. bear IV-10
outil m. tool IV-3, IV-7
outre-mer adj. overseas III-1
ouvert (ouvrir) p.p.; adj. (as past participle) opened; (as adjective) open III-1, III-2
ouverture f. opening III-1
ouvrier/ouvrière m., f. worker, laborer III-3
ouvrir v. to open III-1, IV-3
ovni m. U.F.O. IV-7
ozone m. ozone III-4
  couche d'ozone f. ozone layer III-4, IV-10
  trou dans la couche d'ozone m. hole in the ozone layer III-4

P

pacifique adj. peaceful IV-4
page sportive f. sports page IV-3
pain (de campagne) m. (countrystyle) bread I-4
paix f. peace IV-4
palais de justice m. courthouse IV-2
paniquer v. to panic
panne f. breakdown, malfunction III-1
  tomber en panne v. to break down III-1
panneau m. road sign IV-2
  panneau d'affichage m. billboard IV-2
pantalon m., sing. pants II-1, III-R
papeterie f. stationery store III-2
papier m. paper I-1
  feuille de papier f. sheet of paper I-1
  papiers d'expulsion m., pl. eviction notice IV-4
paquet m. package IV-5
  paquet cadeau wrapped gift II-1
par prep. by, through; on I-3
  par jour/semaine/mois/an per day/week/month/year I-5
  par rapport à prep. compared to
  par terre on the ground IV-1
paraître v. to seem, to appear
parapente m. paragliding IV-8
parapluie m. umbrella I-5
parc m. park I-4
  parc d'attractions m. amusement park IV-8
parce que conj. because I-2
parcourir v. to go across IV-8
parcours m. career
Pardon. Pardon (me). I-1
Pardon? What? I-4
pare-brise (des pare-brise pl.) m. windshield III-1
pare-chocs (des pare-chocs pl.) m. bumper III-1
pareil(le) adj. similar; alike IV-5

Vocabulaire

parent(e) *m., f.* relative **IV-6**
parents *m., pl.* parents **I-3**
paresseux/paresseuse *adj.* lazy **I-3**
parfait(e) *adj.* perfect **I-4**
parfois *adv.* sometimes **I-5, II-3, IV-2**
parking *m.* parking lot **III-1**
parler (à) *v.* to speak (to) **I-1, I-2, II-1**
   parler (au téléphone) *v.* to speak (on the phone) **I-2**
   parler bas/fort *v.* to speak loudly/softly **IV-2**
   entendre parler de *v.* to hear about **IV-3**
   se parler *v.* to speak to one another **III-1**
parmi among **III-1**
paroles *f., pl.* lyrics **IV-3**
partage des richesses *m.* distribution of wealth **IV-5**
partager *v.* to share **I-2, IV-1**
parterre de fleurs *m.* flower bed **III-2**
parti politique *m.* political party **IV-4**
partial(e) *adj.* partial; biased **IV-3**
particule *f.* particle **IV-7**
particulier/particulière *m., f.* individual **III-2**
partie *f.* game, match **IV-8**
partiel(le) *adj.* partial; part-time
   emploi à temps partiel *m.* part-time job **III-3**
partir *v.* to leave **I-5, IV-3**
   à partir de *prep.* from **IV-1**
   partir en vacances *v.* to go on vacation **II-2**
partout *adv.* everywhere **III-2, IV-2**
parvenir à *v.* to attain; to achieve **IV-5**
pas (de) *adv.* no, none **III-2**
   ne… pas no, not **I-2**
   pas du tout not at all **I-2**
   pas encore not yet **II-3**
   Pas mal. Not badly. **I-1**
passage piéton *m.* crosswalk **IV-2**
passager/passagère *m., f.; adj.* passenger; fleeting **II-2, IV-1, IV-2**
passeport *m.* passport **II-2**
passer *v.* to pass by; to spend time; to play **II-2, III-1, IV-3**
   passer (devant) *v.* to go past **IV-2**
   passer chez quelqu'un *v.* to stop by someone's house **I-4**
   passer l'aspirateur *v.* to vacuum **II-3, III-R**
   passer un entretien *v.* to have an interview **III-3**
   passer un examen *v.* to take an exam **I-2**
passe-temps *m.* pastime, hobby **IV-6**
passionnant(e) *adj.* exciting **IV-4**
pâté (de campagne) *m.* pâté, meat spread **II-4**
paternel(le) *adj.* paternal
pâtes *f., pl.* pasta **II-4**
patiemment *adv.* patiently **II-3, IV-2**

patient(e) *m., f.; adj.* patient; patient **I-1, I-2, II-5**
patienter *v.* to wait (on the phone), to be on hold **III-3**
patinoire *f.* skating rink **IV-8**
pâtisserie *f.* pastry shop, bakery, pastry **II-4**
patriarche *m.* patriarch **IV-6**
patrie *f.* homeland **IV-6**
patrimoine culturel/mondial *m.* cultural/world heritage **III-R, III-2, IV-5**
patron(ne) *m., f.* boss **III-3, IV-9**
patte *f.* paw **IV-4**
pauvre *adj.* poor, unfortunate **IV-2**
pauvreté *f.* poverty **IV-4, IV-9**
payé (payer) *p.p., adj.* paid **III-3**
   être bien/mal payé(e) to be well/badly paid **III-3**
payer *v.* to pay **I-5, IV-1**
   payer en liquide *v.* to pay in cash **III-2**
   payer par appli mobile *v.* to pay with a phone app **III-2**
   payer par carte (bancaire/de crédit) *v.* to pay with a (debit/credit) card **III-2, IV-9**
pays *m.* country **I-P, II-2**
paysage *m.* landscape; scenery **IV-10**
peau *f.* skin **II-5**
   peau de chamois *f.* chamois leather **IV-1**
pêche *f.* fishing; peach **I-5, II-4**
   aller à la pêche *v.* to go fishing **I-5**
pêcher *v.* to fish **IV-10**
peigne *m.* comb **II-5, III-R**
peigner: se peigner *v.* to comb **IV-2**
peine *f.* sorrow; grief **IV-1**
   Ce n'est pas la peine que… It is not worth the effort… **IV-6**
peintre/femme peintre *m., f.* painter **III-5**
peinture *f.* painting **III-5**
   faire de la peinture *v.* to paint **III-5**
pendant (que) *prep.* during, while **II-2**
   pendant (with time expression) *prep.* for **II-4**
   pendant une heure (un mois, etc.) *adv.* for an hour (a month, etc.) **IV-3**
pénible *adj.* tiresome **I-3**
penser (que) *v.* to think (that) **I-2, III-5** to intend to **IV-8**
   ne pas penser que… not to think that… **III-5**
percevoir *v.* to perceive **IV-9**
perdre *v.* to lose **II-1, IV-4**
   perdre les élections to lose elections **IV-4**
   perdre son temps to lose/to waste time **II-1**
perdu(e) *adj.* lost **III-2**

être perdu(e) to be lost **III-2, IV-2**
père *m.* father **I-3, III-R**
   arrière-grand-père *m.* great-grandfather **IV-6**
   beau-père *m.* father-in-law; stepfather **I-3**
   grand-père *m.* grandfather **I-3**
   père célibataire *m.* single father **IV-6**
périphérie *f.* outskirts **III-2**
perle *f.* pearl **IV-10**
permettre (de) *v.* to allow (to do something) **II-1, III-1**
permis *m.* permit; license **III-1**
   permis de conduire *m.* driver's license **III-1**
   permis (permettre) *p.p., adj.* permitted, allowed **II-1**
permissif/permissive *adj.* permissive **IV-6**
personnage *m.* character (in a story or play) **IV-8**
   personnage (principal) *m.* (main) character **III-5**
personne *f. pron.* person; no one **I-1, I-2, III-2**
   ne… personne nobody, no one **III-2**
personnel *m.* staff **III-3**
   chef du personnel *m.* human resources director **III-3**
personnifier *v.* to personify **IV-4**
perte *f.* loss **IV-9**
   perte de l'individualité *f.* loss of individuality **IV-5**
peser *v.* to weigh **IV-1**
pessimiste *adj.* pessimistic **I-1**
pétanque *f.* petanque **I-5 IV-8**
petit(e) *adj.* small; short (stature) **I-3 IV-2**
   petit(e) ami(e) *m., f.* boyfriend/girlfriend **I-1**
   petite-fille *f.* granddaughter **I-3, III-R, IV-6**
   petit-fils *m.* grandson **I-3, III-R, IV-6**
   petits-enfants *m., pl.* grand-children **I-3**
petit-déjeuner *m.* breakfast **II-4**
petits pois *m., pl.* peas **II-4**
peu *adv.* little; not much (of) **I-2, IV-2**
   peu (de) *m.* few a little (of) **IV-5**
   peu mûr(e) *adj.* immature **IV-1**
peuple *m.* people **IV-3**
peuplé(e) *adj.* populated **IV-2**
   (peu/très) peuplé(e) *adj.* (sparsely/densely) populated **IV-2**
peupler *v.* to populate **IV-2**
peur *f.* fear **I-2, IV-4**
   avoir peur (de/que) *v.* to be afraid (of/that) **I-2, III-4, IV-2**
   de peur de *prep.* for fear of **IV-7**
   de peur que *conj.* for fear that **IV-7**

Français–Anglais

Appendice B

vaincre ses peurs to confront one's fears **IV-8**
peut-être *adv.* maybe, perhaps **I-2, IV-2**
phares *m., pl.* headlights **III-1**
pharmacie *f.* pharmacy **I-4, II-5**
   aller à la pharmacie *v.* to go to the pharmacy **III-R**
pharmacien(ne) *m., f.* pharmacist **II-5**
philosophie *f.* philosophy **I-2**
photo(graphie) *f.* photo(graph) **I-3**
   appareil photo (numérique) *m.* (digital) camera **IV-7**
   prendre une photo(graphie) *v.* to take a photo(graph) **III-1**
photographe *m., f.* photographer **IV-3**
physique *f.* physics **I-2**
piano *m.* piano **III-5**
   jouer du piano *v.* to play the piano **III-5**
pièce *f.* room **II-3, III-R**
pièce de théâtre *f.* play **III-5, IV-8**
pièces de monnaie *f., pl.* coins **III-2**
pied *m.* foot **II-5**
piégé(e) *adj.* trapped **IV-2**
pierre *f.* stone **III-4**
piéton(ne) *m., f.* pedestrian **III-1, III-2, IV-2**
   passage piéton *m.* crosswalk **IV-2**
pilule *f.* pill **II-5**
pique-nique *m.* picnic **III-4**
piquer un somme *v., fam.* to take a nap **IV-5**
piqûre *f.* shot, injection **II-5**
   faire une piqûre *v.* to give a shot **II-5**
pire *adv.* worse **II-4, III-R**
   le/la pire *adv.* the worst **II-4, III-R**
pis *adv.* worse **IV-7**
   le pis *adv.* the worst **IV-7**
piscine *f.* pool **I-4**
pizza *f.* pizza **I-4**
placard *m.* closet; cupboard **II-3, III-R**
place *f.* square; place; plaza; seat **I-4, III-5**
placer *v.* to place
plage *f.* beach **I-5, II-2, III-R**
plaindre: se plaindre *v.* to complain **III-3 IV-2**
plainte: porter plainte to file a complaint **IV-7**
plaire (à) *v.* to please, delight **IV-1, IV-6**
plan *m.* map **II-2**
   sur le plan mental mentally **IV-5**
   utiliser un plan *v.* to use a map **II-2**
planète *f.* planet **III-4**
   sauver la planète *v.* to save the planet **III-4, IV-4**
plante *f.* plant **III-4**
planter *v.* to crash **IV-7**
plastique *m.* plastic **III-4**

emballage en plastique *m.* plastic wrapping/packaging **III-4**
plat principal *m.* main dish **II-4**
plein air *m.* outdoor, open-air **III-4**
   en plein air *adj.* outdoor, open-air **III-4**
plein(e) *adj.* full **IV-2**
   emploi à plein temps *m.* full-time job **III-3**
   faire le plein *v.* to fill the tank **III-1**
pleine forme *f.* good shape, good state of health **II-5**
   être en pleine forme to be in good shape **II-5**
pleurer *v.* to cry **IV-1**
pleuvoir *v.* to rain **I-5, IV-3**
   Il pleut. It is raining. **I-5**
plombier *m.* plumber **III-3**
plonger *v.* to dive **IV-1**
pluie acide *f.* acid rain **III-4, IV-10**
plupart *f., pron.* most (of them); majority **III-R, III-1 IV-4**
plus *adv.* (used in comparatives, superlatives, and expressions of quantity) more **I-4, IV-7**
   le/la plus… *super. adv.* (used with adjective) the most… **II-4, III-R**
   le/la plus mauvais(e) *super. adj.* the worst **II-4, III-R, IV-7**
   le plus *super. adv.* (used with verb or adverb) the most **II-4**
   le plus de… (used with noun to express quantity) the most… **III-4**
   le plus mal *super. adv.* the worst **II-4, III-R, IV-7**
   les plus vifs those who reacted the fastest **IV-2**
   ne… plus no more, not anymore **III-2**
   plus de more of **I-4**
   plus de… que (used with noun to express quantity) more… than **III-4**
   plus mal *adv.* worse **II-4, III-R, IV-7**
   plus mauvais(e) *comp., adj.* worse **II-4, III-R, IV-7**
   plus/moins … que (used with adjective) more/less … than **II-4**
   plus/moins de … que (used with noun to express quantity) more/less … than **III-4**
   Plus on est de fous, plus on rit. The more the merrier. **IV-6**
   plus… que (used with adjective/adverb) more… than **II-4, III-R**
plusieurs *adj.; pron.* several; several (of them) **I-4, IV-4**
plutôt *adv.* rather **I-2**
PME *f.* small business **IV-3**
pneu (crevé) *m.* (flat) tire **III-1**

vérifier la pression des pneus *v.* to check the tire pressure **III-1**
podcast *m.* podcast **IV-3**
poème *m.* poem **III-5**
poète/poétesse *m., f.* poet **III-5**
pointe: en pointe *adv.* forward, up front **IV-8**
   de pointe cutting edge **IV-7**
poire *f.* pear **II-4**
poisson *m.* fish **I-3, IV-10**
poissonnerie *f.* fish shop **II-4**
poitrine *f.* chest **II-5**
poivre *m.* (spice) pepper **II-4**
poivron *m.* (vegetable) pepper **II-4**
polémique *f.* controversy **IV-5**
poli(e) *adj.* polite **I-1**
police *f.* police (force) **III-1, IV-2**
   agent de police *m.* police officer **III-1, IV-2**
   commissaire de police *m.* police commissioner **IV-5**
   commissariat de police *m.* police station **III-2, IV-2**
   préfecture de police *f.* police headquarters **IV-2**
policier/policière *m. f.* police officer **III-1**
   film policier *m.* detective film **III-5**
poliment *adv.* politely **II-3, IV-2**
politicien(ne) *m., f.* politician **III-3, IV-4**
politique *adj.* political **I-2**
   sciences politiques (sciences po) *f., pl.* political science **I-2**
politique *f.* policy; politics **IV-4**
polluer *v.* to pollute **III-4, IV-10**
pollution *f.* pollution **III-4, IV-10**
   nuage de pollution *m.* pollution cloud; smog **III-4, IV-10**
polonais(e) *adj.* Polish **I-1**
portugais(e) *adj.* Portugese **I-1**
polyglotte *adj.* multilingual **IV-5**
pomme *f.* apple **II-4**
pomme de terre *f.* potato **II-4**
pompier *m.* firefighter **III-3**
pont *m.* bridge **III-2, IV-2**
pop *m.* pop (music) **III-5**
   musique pop *f.* pop music **III-5**
population croissante *f.* growing population **III-4**
porc *m.* pork **II-4**
portable *m.* cell phone **I-P, III-1, IV-7**
porte *f.* door **I-1**
porter *v.* to carry; to wear **I-3, II-1**
   se porter mal/mieux to be ill/better **II-5**
   porter plainte to file a complaint with the police **IV-4**
   porter un toast (à quelqu'un) to propose a toast (to someone) **IV-8**

Vocabulaire

portière *f.* car door **III-1**
portrait *m.* portrait
poser *v.* to pose
   poser sa candidature à/pour apply for **IV-9**
   poser un lapin (à quelqu'un) to stand (someone) up **IV-1**
   poser une question (à) to ask (someone) a question **II-1**
posséder *v.* to possess, to own **I-5, IV-1**
possible *adj.* possible **III-4, IV-6**
   Il est possible que… It is possible that… **III-4**
poste *f.* postal service; post office **III-2**
   bureau de poste *m.* post office **III-2**
poste *m.* position; job **III-3, IV-9**
poster (sur) *v.* to post **III-1**
poster une lettre *v.* to mail a letter **III-2**
postuler *v.* to apply **III-3**
potable *adj.* drinkable **IV-10**
potabilisation de l'eau *f.* water purification **IV-10**
pote *m., f.* friend, buddy **III-2**
poubelle *f.* trash
   sortir la/les poubelle(s) *v.* to take out the trash **III-R**
poulet *m.* chicken **II-4**
pour *prep.* for; in order to **I-5, IV-7**,
   pour que *conj.* so that **III-5, IV-7**
   pour qui? for whom? **I-4**
   pour rien for no reason **I-4**
pourboire *m.* tip **I-4**
   laisser un pourboire *v.* to leave a tip **I-4**
pourquoi? *adv.* why? **I-2**
pourvu que *conj.* provided that **IV-7**
poussière *f.* dust **II-3**
   enlever/faire la poussière *v.* to dust **II-3, III-R**
poussiéreux/poussiéreuse *adj.* dusty **IV-7**
pouvoir *m.; v.* power; to be able to, can **II-4, III-R, III-1, III-5, IV-3**
   abus de pouvoir *m.* abuse of power **IV-4**
   Il se peut que… It's possible that… **IV-7**
pratiquer *v.* to play regularly; to practice **I-5**
précaire *adj.* precarious, uncertain **IV-9**
précarité *f.* insecurity, instability **IV-4** lack of financial security **IV-9**
précisément *adv.* precisely **IV-2**
prédire *v.* to predict **IV-7**
préfecture de police *f.* police headquarters **IV-2**
préféré(e) *adj.* favorite, preferred **I-2**
préférer *v.* to prefer **I-5, IV-1**
   préférer que *v.* to prefer that **III-4**

préjugé *m.* prejudice **IV-4, IV-5** bias **IV-4**
   avoir des préjugés to be prejudiced **IV-5**
premier *m.* the first (day of the month) **I-5**
   C'est le 1er (premier) octobre. It is October first. **I-P**
premier/première *adj.* first **I-2, IV-2**
première *f.* premiere **IV-3**
prendre *v.* to take; to have **I-4, IV-3**
   prendre des mesures pour *v.* to take action to
   prendre la relève *v.* to take over, take the baton **III-3**
   prendre (un) rendez-vous *v.* to make an appointment **III-3**
   prendre sa retraite *v.* to retire **II-1, III-R**
   prendre un congé *v.* to take time off **III-3**
   prendre une douche *v.* to take a shower **II-5, III-R**
   prendre une photo(graphie) *v.* to take a photo(graph) **III-1**
   prendre un train/avion/taxi/ autobus/bateau *v.* to take a train/plane/taxi/bus/boat **II-2**
   prendre un verre *v.* to have a drink **IV-8**
prénom *m.* first name **I-P**
préparer *v.* to prepare (for) **I-2**,
   se préparer (à) *v.* to get ready; to prepare (to do something) **II-5, III-R, III-1**
près (de) *prep.* close (to), near **I-3**
   tout près (de) very close by, very close (to) **I-3, III-R**
présenter *v.* to present, to introduce **III-5**
   Je te présente… *fam.* I would like to introduce… to you. **I-1**
   Je vous présente… *form.* I would like to introduce… to you. **I-1**
préservation *f.* protection **III-4**
préserver *v.* to preserve **III-4, IV-10**
président(e) *m., f.* president **IV-4**
presque *adv.* almost **I-2, IV-3**
presse *f.* press **IV-3**
   liberté de la presse *f.* freedom of the press **IV-3**
   presse à sensation *f.* tabloid(s) **IV-3**
pressé(e) *adj.* hurried **II-4**
pression *f.* pressure **III-1, IV-9**
   être sous pression to be under pressure **IV-9**
   vérifier la pression des pneus *v.* to check the tire pressure **III-1**
prêt *m.* loan **IV-9**
   demander un prêt to apply for a loan **IV-9**
   obtenir un prêt *v.* to secure a loan **IV-9**
prêt(e) *adj.* ready **I-3**

prétendre *v.* to claim to **IV-8**
prêter (à) *v.* to lend (to someone) **II-1**
prévenir *v.* to prevent; to tell; to warn **IV-10**
   prévenir l'incendie to prevent a fire **III-4**
prévoir *v.* to predict
prévu(e) *adj.* intended; planned **IV-5**
prime *f.* bonus
principal(e) *adj.* main, principal **II-4**
   personnage principal *m.* main character **III-5**
   plat principal *m.* main dish **II-4**
prince charmant *m.* prince charming **IV-6**
princesse *f.* princess **IV-6**
principes *m.* principles **IV-5**
printemps *m.* spring **I-5**
   au printemps in the spring **I-5**
pris (prendre) *p.p.; adj.* taken **II-1, III-R**
prise de conscience *f.* realization
privé(e) *adj.* private **IV-2**
prix *m.* price **I-4**
probable: peu probable *adj.* unlikely **IV-7**
probablement *adv.* probably **IV-2**
problème *m.* problem **I-1**
   problème de société societal issue **IV-4**
procédé *m.* process
prochain(e) *adj.* next; following **I-2, IV-2**
proche *m., f.* close friend/family member **III-R, III-2**
produit *m.* product **III-4**
produit (produire) *p.p., adj.* produced **II-1**
professeur *m., f.* teacher, professor **I-P, I-1**
profession (exigeante) *f.* (demanding) profession **III-3**
professionnel(le) *adj.* professional **III-3**
   expérience professionnelle *f.* professional experience **III-3**
profit *m.* benefit **IV-9**
   retirer un profit de to get benefit out of **IV-9**
profiter (de) *v.* to take advantage (of); to enjoy; to benefit from **III-5, IV-9**
   profiter de la vie *v.* to live life to the fullest
   profiter de quelque chose *v.* to take advantage of/to enjoy something **III-5**
profondément *adv.* profoundly **IV-2**
programme *m.* program **III-5**
   programme spatial *m.* space program
projet *m.* project **III-3**
   faire des projets *v.* to make plans **III-3**
projeter *v.* to plan **IV-5**

Français–Anglais

Appendice B

promenade *f.* walk, stroll **I-5**
  faire une promenade *v.* to go for a walk **I-5**
promener: se promener *v.* to take a stroll/walk **II-5, IV-8**
promettre *v.* to promise **II-1**
promis (promettre) *adj.* promised **II-1**
promotion *f.* promotion **III-3**
promu(e): être promu(e) to be promoted **IV-9**
proposer (que) *v.* to propose (that) **III-4, IV-6**
  proposer une solution *v.* to propose a solution **III-4**
propre *adj.* own; clean **II-3, IV-2**
propriétaire *m., f.* owner **II-3, IV-9**
prospère *adj.* successful; flourishing **IV-9**
protecteur/protectrice *adj.* protective **IV-2**
protection *f.* protection **III-4**
protégé(e) *adj.* protected **IV-10**
protéger *v.* to protect **I-5, IV-10**
prouver *v.* to prove **IV-7**
prudent(e) *adj.* prudent **IV-1**
pseudo(nyme) *m.* username **IV-7**
psychologie *f.* psychology **I-2**
psychologique *adj.* psychological **III-5**
  drame psychologique *m.* psychological drama **III-5**
psychologue *m., f.* psychologist **III-3**
pu (pouvoir) *p.p.* (used with infinitive) was able to **II-4, III-R**
public/publique *adj.* public **IV-2**
publicité (pub) *f.* advertisement; advertising **III-5, IV-3**
publier *v.* to publish **III-5, IV-3**
puce (électronique) *f.* (electronic) chip **IV-7**
puis *adv.* then **II-2**
puiser *v.* to draw from **IV-10**
puisque *conj.* since
puissant(e) *adj.* powerful **IV-4**
pull *m.* sweater **II-1, III-R**
punir *v.* to punish **IV-6**
punition *f.* punishment **IV-4**
pur(e) *adj.* pure; clean **III-4, IV-10**

Q

quand *adv.* when **I-4, III-3**
  C'est quand l'anniversaire de …? When is …'s birthday? **I-P**
  C'est quand ton/votre anniversaire? When is your birthday? **I-P**
quand *conj.* when **IV-7**
  quand même nevertheless, anyway; still **III-R**
quant à as for **III-R**
quarante *m.* forty **I-1**
quart *m.* quarter **I-2**
  et quart a quarter after… (o'clock) **I-2**
quartier *m.* area, neighborhood **II-3, IV-2**
quatorze *m.* fourteen **I-P, I-1**
quatre *m.* four **I-P, I-1**
quatre-vingt-dix *m.* ninety **I-3**
quatre-vingts *m.* eighty **I-3**
quatrième *adj.* fourth **II-2**
que *adv.* only **III-2**
  ne… que only **III-2**
que/qu' *rel. pron. conj.* that; which; than **II-4, III-2, III-3, III-4, III-5, IV-9**
  plus/moins … que (used with adjective/adverb) more/less … than **II-4, III-R**
  plus/moins de … que (used with noun to express quantity) more/less … than **III-2**
que/qu'…? *interr. pron.* what? **I-4**
  Qu'est-ce que c'est? What is it? **I-P, I-1**
  Qu'est-ce qu'il y a? What is it?; What's wrong? **I-P, I-1**
québécois(e) *adj.* from Quebec **I-1**
quel(le)(s)? *interr. adj.* which? what? **I-4,**
  À quelle heure? What time?; When? **I-2**
  Quel âge as-tu? *fam.* How old are you? **I-P**
  Quel âge avez-vous? *form.* How old are you? **I-P**
  Quel jour sommes-nous? What day is it? **I-P**
  Quel temps fait-il? What is the weather like? **I-5**
  Quelle est la date? What is the date? **I-P**
  Quelle est ta nationalité? *fam.* What is your nationality? **I-1**
  Quelle est votre nationalité? *fam., pl., form.* What is your nationality? **I-1**
  Quelle heure est-il? What time is it? **I-2**
  Quelle température fait-il? (weather) What is the temperature? **I-5**
quelque *adj.* some **IV-4**
quelque chose *m.* something; anything **I-4, III-2, IV-4**
  dire quelque chose to ring a bell **IV-3**
  Quelque chose ne va pas. Something's not right. **I-5**
quelque part *adv.* somewhere **IV-2**
quelquefois *adv.* sometimes **II-2**
quelques-un(e)s *pron.* some, a few (of them) **I-4, IV-4**
quelqu'un *pron.* someone **III-2, IV-4**
question *f.* question **I-P, II-1**
  poser une question (à) to ask (someone) a question **II-1**

queue *f.* line **III-2**
  faire la queue to wait in line **III-2**
qui *rel. pron.* who; whom; that; which **III-3, IV-9**
qui? *interr. pron.; rel. pron.* who?; whom?; who, that **I-4, III-3**
  à qui? to whom? **I-4**
  Avec qui? With whom? **I-4**
  C'est de la part de qui? On behalf of whom? **III-3**
  Qui est à l'appareil? Who's calling, please? **III-3**
  Qui est-ce? Who is it? **I-1**
quinze *m.* fifteen **I-P, I-1**
quitter *v.* to leave **I-4** to leave behind **IV-5**
  Ne quittez pas. Please hold. **III-3**
  se quitter *v.* to leave one another **III-1**
  quitter la maison to leave the house **I-4**
  quitter quelqu'un to leave someone **IV-1**
quoi? *interr. pron.* what? **I-1**
  Il n'y a pas de quoi. It's nothing.; You're welcome. **I-1**
quoique *conj.* although **IV-7**
quotidien(ne) *adj.* daily **IV-2**

R

rabat-joie *m.* killjoy, party pooper **IV-8**
raccrocher *v.* to hang up **III-3**
racine *f.* root **IV-6**
radio *f.* radio **I-P, III-5, IV-3**
  à la radio on the radio **III-5**
  animateur/animatrice de radio *m., f.* radio presenter **IV-3**
  station de radio *f.* radio station **IV-3**
raffermi(e) *adj.* strengthened **IV-10**
raffoler de *v.* to be crazy about **IV-5**
raide *adj.* straight **I-3**
raisin *m.* grape **IV-6**
  raisin sec *m.* raisin **IV-6**
raison *f.* reason; right **I-2**
ralentir *v.* to slow down **III-1**
râler *v.* to complain **IV-10**
ramassage des ordures *m.* garbage collection **III-4**
rame de métro *f.* subway train **IV-2**
rancard *m.* date **IV-1**
randonnée *f.* hike **I-5**
  faire une randonnée *v.* to go for a hike **I-5**
ranger *v.* to tidy up, to put away **II-3, III-R, IV-1**
rapide *adj.* fast **I-3**
rapidement *adv.* quickly **II-3**
rappeler *v.* to recall; to call back **IV-1**
rapport *m.* relation **IV-6**
rarement *adv.* rarely **I-5, IV-2**
raser: se raser *v.* to shave **II-5, II-R, IV-2**

Vocabulaire

crème à raser *f.* shaving cream **III-R**
rasoir *m.* razor **II-5, III-R**
rassembler *v.* to gather **IV-2**
Rassurez-vous. *imp. v.* Reassure yourself. (Put your mind at rest.) **IV-2**
rater *v.* to miss; to fail **IV-5**
Ravi(e). *adj.* Delighted. **I-P, IV-6**
réalisateur/réalisatrice *m., f.* director (of a movie) **III-5, IV-3**
réaliser (un rêve) *v.* to fulfill (a dream) **IV-5**
rebelle *adj.* rebellious **IV-6**
rebondir *v.* to bounce back **IV-9**
récemment *adv.* recently **IV-3**
récent(e) *adj.* recent **III-5**
réception *f.* reception desk **II-2**
recettes et dépenses *f.* receipts and expenses **IV-9**
recevoir *v.* to receive **III-2, IV-3**
recharger *v.* to charge (a battery) **III-1**
réchauffement climatique *m.* global warming **IV-10**
  réchauffement de la Terre *m.* global warming **III-4**
recherche *f.* research **III-1, IV-7**
  recherche appliquée *f.* applied research **IV-7**
  recherche fondamentale *f.* basic research **IV-7**
récif de corail *m.* coral reef **IV-10**
récolte *f.* harvest **IV-10**
récolter *v.* to harvest **IV-10**
recommandation *f.* recommendation **III-3**
  lettre de recommandation *f.* letter of reference/recommendation **III-3**
recommander *v.* to recommend **IV-6**
  recommander (que) *v.* to recommend (that) **III-4**
recomposer (un numéro) *v.* to redial (a number) **III-1**
reconnaître *v.* to recognize **II-3, IV-6**
reconnu (reconnaître) *adj.* recognized **II-3**
reçu (recevoir) *p.p., adj.; m.* received; receipt **II-2, III-2**
  être reçu(e) à un examen *v.* to pass an exam **I-2**
recueillir quelqu'un *v.* to take someone in **IV-6**
récupérer *v.* to recover; to rest **III-2, III-3, III-4, III-5**
récurer *v.* to scrub **IV-9**
recyclage *m.* recycling **III-4**
recycler *v.* to recycle **III-4**
rédacteur/rédactrice *m., f.* editor **IV-3**
reddition *f.* surrender **IV-3**
redémarrer *v.* to restart **III-1**
redouter *v.* to fear **IV-6**
réduire *v.* to reduce **IV-7**

référence *f.* reference **III-3**
réfléchir (à) *v.* to think (about), to reflect (on) **I-4**
refuser (de) *v.* to refuse (to do something) **III-1**
regarder *v.* to watch **I-2, IV-8**
  se regarder *v.* to look at oneself **II-5, III-R**, to look at each other **III-1**
  regarder (un film/une vidéo) en streaming *v.* to stream (a film/a video) **III-1**
régime *m.* diet **II-5**
  être au régime *v.* to be on a diet **II-4**
régime totalitaire *m.* totalitarian regime **IV-4**
région *f.* region **III-4**
règle *f.* rule **IV-5**
regretter (que) *v.* to regret (that) **III-4, IV-6**
rejeter *v.* to reject **IV-5**
relancer *v.* to renew **III-2**
relation *f.* relationship
  avoir des relations to have connections **IV-9**
relever: se relever *v.* to get up again **II-5**
rembourser *v.* to reimburse **IV-9**
remercier *v.* to thank **IV-6**
remplacer *v.* to replace **II-4**
remplir (un formulaire) *v.* to fill out (a form) **III-2**
remuer *v.* to move **IV-10**
rémunérer *v.* to pay
rencontrer *v.* to meet **I-1, I-2**
  se rencontrer *v.* to meet one another (make an acquaintance) **III-1**
rendez-vous *m.* date; appointment **II-1, IV-1**
  prendre (un) rendez-vous *v.* to make an appointment **III-3**
rendre (à) *v.* to give back, to return (to) **II-1**
  se rendre compte *v.* to realize **II-5, IV-1**
  rendre service (à quelqu'un) *v.* to help (someone) out; to do (someone) a favor **IV-9**
  rendre visite (à) *v.* to visit **II-1**
renouvelable *adj.* renewable **IV-10**
renouveler *v.* to renew **IV-1**
rentrer (à la maison) *v.* to return (home) **I-2, IV-3**
  rentrer (dans) *v.* to hit (another car) **III-1**
renverser *v.* to overthrow **IV-4**
renvoyer *v.* to dismiss, to let go **III-3**
réparer *v.* to repair **III-1**
repas *m.* meal **II-4**
répéter *v.* to repeat; to rehearse **I-5, IV-1**
répondre (à) *v.* to respond, to answer (to) **II-1**

reportage *m.* news report **IV-3**
reporter *m.* reporter (male or female) **IV-3**
reposer: se reposer *v.* to rest **II-5, IV-2**
repousser les limites to push boundaries **IV-7**
reprendre *v.* to start over; to pick up again **IV-9**
requin *m.* shark **IV-10**
rescapé *m.* survivor **IV-2**
réseau (social) *m.* (social) network **III-R**
réservation *f.* reservation **II-2**
  annuler une réservation *v.* to cancel a reservation **II-2**
réservé(e) *adj.* reserved **I-1**
réserver *v.* to reserve **II-2**
résoudre *v.* to resolve **IV-3** to solve **IV-10**
respecter *v.* to respect **IV-6**
respirer *v.* to breathe **IV-10**
responsabilité *f.* responsibility **IV-1, IV-4**
responsable *m., f.* manager, supervisor **III-3**
ressembler (à) *v.* to resemble, to look like **IV-6**
ressentir *v.* to feel **IV-1**
ressource *f.* resource **IV-10**
  ressource naturelle *f.* natural resource **III-4**
restaurant *m.* restaurant **I-4**
rester *v.* to stay **II-2, IV-3**
retenir *v.* to keep, to retain **II-4** to hold something back **IV-7**
retirer (de l'argent) *v.* to withdraw (money) **III-2**
retirer (un profit, un revenu) de *v.* to get (benefit, income) out of **IV-9**
retournement *m.* turnaround, change of heart **IV-6**
retourner *v.* to return **II-2, IV-3**
  se retourner *v.* to turn over **IV-10**
retraite *f.* retirement **II-1**
  prendre sa retraite *v.* to retire **II-1, III-R**
retraité(e) *m., f.* retired person **III-3**
retransmettre *v.* to broadcast **IV-3**
retrouver *v.* to find (again); to meet up with **I-2**
  se retrouver *v.* to meet one another (planned) **III-1**
rétroviseur *m.* rear-view mirror **III-1**
réunion *f.* meeting **III-3, IV-9**
réunir: se réunir *v.* to get together **IV-2**
réussir (à) *v.* to succeed (in doing something) **I-4, III-1, IV-7**
réussite *f.* success **III-3, IV-9**
revanche *f.* revenge **IV-8**
  en revanche on the other hand **III-R**
rêve *m.* dream **IV-5**
réveil *m.* alarm clock **II-5**

réveiller: se réveiller *v.* to wake up **II-5, III-R, IV-2**
revendication *f.* demand **IV-9**
revendiquer *v.* to demand **IV-5**
revenir *v.* to come back **II-4, IV-3**
revenu *m.* income **IV-9**
rêver (de) *v.* to dream (about) **III-1, IV-1**
rêveur/rêveuse *adj.* full of dreams **IV-2**
revoir *v.* to see again **III-2, IV-9**
   Au revoir. Good-bye. **I-1**
   dire au revoir to say goodbye **IV-5**
révolter: se révolter *v.* to rebel
révolutionnaire *adj.* revolutionary
revu (revoir) *p.p.* seen again **III-2**
rez-de-chaussée *m.* ground floor **II-2**
rhume *m.* cold **II-5, III-R**
ri (rire) *p.p.* laughed **II-1**
richesses *f.* wealth
   partage des richesses *m.* distribution of wealth **IV-5**
rideau *m.* curtain **II-3**
rien *m.* nothing **III-2**
   De rien. You're welcome. **I-1**
   ne… rien nothing, not anything **III-2**
   ne servir à rien *v.* to be good for nothing **II-4**
rigoler *v.* to joke (about) **IV-4**
rire *v.* to laugh **II-1, III-3**
rivière *f.* river **III-4, IV-10**
riz *m.* rice **II-4**
rizière *f.* rice paddy **III-R**
robe *f.* dress **II-1, III-R**
   robe de mariée *f.* wedding gown **IV-6**
robotique *f.* robotics **IV-7**
roche *f.* rock **IV-8**
rock *m.* rock (music) **III-5**
   musique rock *f.* rock music **III-5**
rôle *m.* part, role **III-5, IV-3**
   jouer un rôle *v.* to play a role **III-5**
roman *m.* novel **III-5**
rompre *v.* to break up **IV-1**
rond-point *m.* rotary, roundabout **IV-2**
rose *adj.* pink **II-1**
roue (de secours) *f.* (spare) tire **III-1**
rouge *adj.* red **II-1**
   feu rouge *m.* red light **III-1**
rouler (en voiture) *v.* to drive **II-2, IV-2**
   rouler lentement/vite *v.* to drive slowly/fast **III-1**
route *f.* road
roux/rousse *adj.* red-haired **IV-2**
royaume *m.* kingdom **IV-6**
rubrique société *f.* lifestyle section **IV-3**
rue *f.* street **III-1, IV-2**
ruelle *f.* alleyway **IV-7**
rupture *f.* breakup
russe *adj.* Russian **I-1**

S

S'il te plaît. *fam.* Please. **I-1**
S'il vous plaît. *form.* Please. **I-1**
sa *poss. adj., f., sing.* his; her; its **I-3**
sable *m.* sand
sac *m.* bag **I-1**
   sac à dos *m.* backpack **I-1**
   sac à main *m.* purse, handbag **II-1**
sain(e) *adj.* healthy **II-5**
saison *f.* season **I-5**
salade *f.* salad **II-4**
salaire (élevé/modeste) *m.* (high/low) salary **III-3, IV-9**
   augmentation de salaire *f.* raise in salary **III-3, IV-9**
   salaire minimum *m.* minimum wage **IV-9**
salarié(e) *m., f.* employee **III-R**
sale *adj.* dirty **II-3**
salir *v.* to soil, to make dirty **II-3**
salle *f.* room **II-3**
   salle à manger *f.* dining room **II-3, III-R**
   salle de bains *f.* bathroom **II-3, III-R**
   salle de classe *f.* classroom **I-1**
   salle de séjour *f.* living/family room **II-3, III-R**
salon *m.* formal living room, sitting room **II-3, III-R**
   salon de beauté *m.* beauty salon; day spa **III-2**
Salut! Hi!; Bye! **I-P, I-1**
samedi *m.* Saturday **I-P**
   le samedi on Saturdays **I-P**
sandwich *m.* sandwich **I-4**
sans *prep.* without **II-3, IV-7**
   sans doute *adv.* no doubt **IV-2**
   sans que *conj.* without **III-5, IV-7**
   sans-abri homeless person **IV-2**
santé *f.* health **II-5, III-R**
   être en bonne/mauvaise santé *v.* to be in good/bad health **II-5, III-R**
saucisse *f.* sausage **II-4**
sauf *adv.* except **IV-8**
saumon *m.* salmon **IV-6**
saut à l'élastique *m.* bungee jumping **IV-8**
sauter *v.* to jump **IV-8**
sauvegarder *v.* to save **III-1, IV-7**
sauver (la planète) *v.* to save (the planet) **III-4, IV-4**
sauvetage des habitats *m.* habitat preservation **III-4**
savoir *v.* to know (facts), to know how to do something **II-3, III-1, III-5, IV-3**
   savoir (que) *v.* to know (that) **III-5**
savoir-faire *m.* expertise **III-3**
savon *m.* soap **II-5, III-R**
savourer *v.* to relish; to savor **IV-6**
scandale *m.* scandal **IV-4**

science-fiction *f.* science fiction **III-5**
   film de science-fiction *m.* science fiction film **III-5**
sciences *f., pl.* science **I-P, I-2**
   sciences politiques (sciences po) *f., pl.* political science **I-2**
scientifique *m., f.* scientist **IV-7**
sculpteur/sculptrice *m., f.* sculptor **III-5**
sculpture *f.* sculpture **III-5**
se/s' *pron., sing., pl.* (used with reflexive verb) himself; herself; itself; (used with reciprocal verb) each other **II-5, III-1**
séance *f.* show; screening **III-5**
sec/sèche *adj.* dry **IV-10**
sèche-linge *m.* clothes dryer **II-3**
sécher: se sécher *v.* to dry oneself **II-5, III-R**
sécheresse *f.* drought **III-4, IV-10**
secours *m.* emergency, spare **III-1**
   roue de secours *f.* spare tire **III-1**
secousses *f.* tremors **IV-2**
sécurité *f.* security safety **IV-4**
   attacher sa ceinture de sécurité to buckle one's seatbelt **III-1**
   en sécurité *adj.* sure **IV-2**
séduire *v.* to seduce; to captivate **IV-3, IV-6**
séduisant(e) *adj.* attractive **IV-1**
sein *m.* center
   au sein de within, at the center of **III-1**
seize *m.* sixteen **I-P, I-1**
séjour *m.* stay **II-2**
   faire un séjour *v.* to spend time (somewhere) **II-2**
   salle de séjour *f.* living room **II-3, III-R**
sel *m.* salt **II-4**
sélectionneur *m.* scout **IV-5**
semaine *f.* week **I-P**
   cette semaine this week **I-2**
sembler *v.* to appear to **IV-8**
   Il semble que… It seems that… **IV-7**
Sénégal *m.* Senegal **I-P**
sénégalais(e) *adj.* Senegalese **I-P, I-1**
sens *m.* sense
   sens figuré/littéral *m.* figurative/literal sense **IV-10**
   sens unique *m.* one-way **III-2**
sensible *adj.* sensitive **IV-1**
sentier *m.* path **III-4**
sentir: se sentir *v.* to feel **II-5, III-R**
   sentir bon/mauvais *v.* to smell good/bad **IV-2**
séparé(e) *adj.* separated **I-3**
sept *m.* seven **I-P, I-1**
septembre *m.* September **I-P, I-5**
septième *adj.* seventh **II-2**
série (télévisée) *f.* (television) series **III-5**

Vocabulaire

sérieux/sérieuse *adj.* serious **I-3**
serpent *m.* snake **III-4**
serre *f.* greenhouse **I-3, III-4**
   effet de serre *m.* greenhouse effect **III-4**
serré(e) *adj.* tight **II-1**
serveur/serveuse *m., f.* server **I-4**
serviette *f.* napkin **II-4**
serviette (de bain) *f.* (bath) towel **II-5, III-R**
servir *v.* to serve **IV-2**
   ne servir à rien *v.* to be good for nothing **II-4**
ses *poss. adj., m., f., pl.* his; her; its **I-3**
seul(e) *adj.* only **IV-2** alone **IV-2, IV-5**
seulement *adv.* only **II-3, III-R**
shampooing *m.* shampoo **II-5, III-R**
shopping *m.* shopping **I-5**
   faire du shopping *v.* to go shopping **II-2**
short *m., sing.* shorts **II-1**
si *conj.* if **III-3, IV-7**
si *adv.* (when contradicting a negative statement or question) yes **I-2**
siècle *f.* century **III-R, III-2**
siffler *v.* to whistle (at) **IV-8**
sifflet *m.* whistle **IV-8**
signalisation *f.* signal
   feu de signalisation (feux *pl.***)** *m.* traffic light(s) **III-2**
signer *v.* to sign **III-2**
sincère *adj.* sincere **I-1**
singe *m.* monkey **IV-10**
site de rencontres *m.* dating website **IV-1**
site Internet/web *m.* website **III-1, IV-3**
six *m.* six **I-P, I-1**
sixième *adj.* sixth **II-2**
ski *m.* skiing, ski (equipment) **I-5, IV-8**
   faire du ski *v.* to go skiing **I-5**
   ski alpin/de fond *m.* downhill/cross-country skiing **IV-8**
   station de ski *f.* ski resort **II-2, III-R**
skier *v.* to ski **I-5**
smartphone *m.* smartphone **III-1**
SMS *m.* text message **III-1**
   s'envoyer des SMS to send each other text messages **III-1**
sociable *adj.* sociable **I-1**
social(e) *adj.* social
   réseau (social) *m.* (social) network **III-1**
sociologie *f.* sociology **I-1**
sœur *f.* sister **I-3, III-R**
   âme sœur *f.* soul mate **IV-1**
   belle-sœur *f.* sister-in-law **I-3 IV-6**
   demi-sœur *f.* half-sister, stepsister **I-3, IV-6**
soif *f.* thirst **I-4**

soigner *v.* to treat; to look after (someone) **IV-7**
soin *m.* care
soir *m.* evening **I-P**
soirée *f.* evening **I-2**
sois (être) *imp. v.* be **I-2**
soixante *m.* sixty **I-1**
soixante-dix *m.* seventy **I-3**
solaire *adj.* solar **III-4**
   énergie solaire *f.* solar energy **III-4**
soldat *m.* soldier **IV-1**
soldes *f., pl.* sales **II-1**
   être en solde to be on sale **II-1**
soleil *m.* sun **I-5, IV-10**
   lunettes de soleil *f., pl.* sunglasses **III-R**
solliciter *v.* to solicit **IV-2**
   solliciter un emploi to apply for a job **IV-9**
solution *f.* solution **III-4**
   proposer une solution to propose a solution **III-4**
sommeil *m.* sleep **I-2**
son *poss. adj., m., sing.* his; her; its **I-3**
sonner *v.* to ring **III-1**
sorcier/sorcière *m., f.* magician, wizard **IV-7**
sorte *f.* sort, kind **III-5**
sortie *f.* exit **II-2**
   sortie dans l'espace *f.* space walk **IV-7**
sortir *v.* to go out, to leave; to take out **I-5, II-3**
   sortir avec *v.* to go out with **IV-1**
   sortir la/les poubelle(s) *v.* to take out the trash **II-3, III-R**
   sortir un film to release a movie **IV-3**
sou *m.* penny **IV-9**
soudain *adv.* suddenly **II-3, IV-2**
souffler *v.* to blow **IV-8**
souffrance *f.* suffering **IV-4**
souffrir *v.* to suffer **IV-4**
souhaiter (que) *v.* to wish (that) **III-4** to hope (that) **IV-6** to wish to **IV-8**
soulager *v.* to relieve **IV-7**
soulever *v.* to lift **IV-7**
soumis(e) *adj.* submissive **IV-6**
soupçonneux/soupçonneuse *adj.* suspicious **IV-3**
soupe *f.* soup **I-4**
source d'énergie *f.* energy source **IV-10**
sourd(e) *adj.* deaf **IV-5**
souris *f.* mouse **III-1**
sous *prep.* under **I-3**
sous-sol *m.* basement **II-3**
sous-titres *m.* subtitles **IV-3**
soutenir (une cause) *v.* to support (a cause) **IV-5**
soutien *m.* support **IV-2**

souvenir: se souvenir de *v.* to remember **II-5, IV-2**
souvent *adv.* often **I-5, II-3, IV-2**
soyez (être) *imp. v.* be **II-2**
soyons (être) *imp. v.* let's be **II-2**
spécialisé(e) *adj.* specialized **IV-7**
spectacle *m.* show, performance **I-5, IV-8, IV-6, IV-10**
spectateur/spectatrice *m., f.* spectator **III-5, IV-8**
sport *m.* sport(s) **I-5**
   faire du sport *v.* to do sports **I-5**
sportif/sportive *adj.* athletic **I-3**
spot publicitaire *m.* advertisement **IV-3**
stade *m.* stadium **I-5**
stage *m.* internship; professional training **III-3**
   stage (rémunéré) *m.* (paid) training course
stagiaire *m., f.* intern; trainee **IV-9**
station (de métro) *f.* (subway) station **II-2, III-R, IV-2**
   station balnéaire *f.* seaside resort **III-R**
   station de radio *f.* radio station **IV-3**
   station de ski *f.* ski resort **II-2, III-R**
   station spatiale *f.* space station
   station-service *f.* service station **III-1**
statue *f.* statue **III-2, IV-2**
steak *m.* steak **II-4**
stimulant(e) *adj.* challenging **IV-9**
stratégie commerciale *f.* marketing strategy
strict(e) *adj.* strict **IV-6**
studio *m.* studio (apartment) **II-3**
stylo *m.* pen **I-P, I-1**
su (savoir) *p.p.* known **II-3**
subventionner *v.* to subsidize **IV-3**
sucre *m.* sugar **I-4**
sud *m.* south **III-2**
suggérer (que) *v.* to suggest (that) **III-4, IV-6**
Suisse *f.* Switzerland **I-P, II-2, III-R**
suisse *adj.* Swiss **I-P, I-1**
suite *f.* rest; sequel **III-R**
   à la suite de following **III-R**
suivre *v.* to follow **III-2, IV-3**
supérette *f.* mini-market **IV-6**
superficie *f.* surface area; territory **IV-10,**
supermarché *m.* supermarket **II-4**
supplémentaire: heures supplémentaires *f., pl.* overtime **IV-9**
supporter (de) *m.* fan, supporter (of) **IV-8**
supporter *v.* to bear, to put up with **IV-6, IV-10**
sur *prep.* on **I-3, IV-5**

sur le plan mental mentally **IV-5**
sûr(e) *adj.* sure, certain **II-4** safe **IV-2**
   bien sûr *adv.* of course **I-2**
   Il est sûr que... It is sure that... **III-5**
   Il n'est pas sûr que... It is not sure that... **III-5**
sûrement *adv.* surely **IV-3**
sûreté publique *f.* public safety **IV-4**
surgelé *adj.* frozen **III-2**
surmonter *v.* to overcome **IV-5, IV-6**
surnom *m.* nickname **IV-6**
surpeuplé(e) *adj.* overpopulated **IV-5**
surpopulation *f.* overpopulation **III-4, IV-5**
surprenant(e) *adj.* surprising **IV-6**
surpris (surprendre) *adj.* surprised **II-1**
   être surpris(e) que... to be surprised that... **III-4**
   faire une surprise à quelqu'un *v.* to surprise someone **II-1**
surtout *adv.* especially; above all **IV-2**
surveiller *v.* to keep an eye on **IV-8**
survie *f.* survival **IV-7**
survivre *v.* to survive **III-2, IV-6**
sympa(thique) *adj.* nice **I-1**
symptôme *m.* symptom **II-5, III-R**
syndicat *m.* (trade) union **III-3, IV-9**
système féodal *m.* feudal system **IV-4**

T

ta *poss. adj., f., sing.* your **I-3**
table *f.* table **I-P, I-1**
   À table! Let's eat! Food is ready! **II-4**
   débarrasser la table *v.* to clear the table **II-3, III-R**
   essuyer la table *v.* to wipe the table **II-3, III-R**
   mettre la table *v.* to set the table **II-3, III-R**
tableau *m.* black/white board **I-P, I-1** picture, painting **I-1, III-5, IV-8**
tablette (tactile) *f.* tablet **I-P, I-1, III-1**
tâche *f.* task **IV-7, IV-9**
   tâche ménagère *f.* household chore **II-3**
tactile *adj.* tactile **III-1**
   tablette (tactile) *f.* tablet **I-P, I-1, III-1**
taille *f.* size; waist **II-1**
   de taille moyenne of medium height **I-3**
tandis que while **III-1**
tant de... *adv.* so many...
   tant que *conj.* as long as **IV-7**
tante *f.* aunt **I-3, III-R**
tapis *m.* rug **II-3**
tard *adv.* late **I-2, IV-2**
   À plus tard. See you later. **I-1**

tare *f.* defect **IV-4**
tarte *f.* pie; tart **II-4**
tas de *m.* a lot of **IV-5**
T'as pas fini. *fam.* You're not done yet. **IV-3**
tasse (de) *f.* cup (of) **I-4, IV-5**
taxe *f.* tax **IV-9**
taxi *m.* taxi **II-2**
   chauffeur de taxi *m., f.* taxi driver **III-3**
   prendre un taxi *v.* to take a taxi **II-2**
te/t' *pron., sing., fam.* you, yourself **II-2, II-5, III-1**
technopôle *f.* science and technology park **III-1**
tee-shirt *m.* tee shirt **II-1**
tel(le) *adj.* such a(n) **IV-5**
télécharger *v.* to download; to upload **III-1, IV-7**
télécommande *f.* remote control **III-1**
téléphone *m.* telephone **I-2**
   numéro de téléphone *m.* telephone number **III-3**
   parler au téléphone *v.* to speak on the phone **I-2**
téléphoner (à) *v.* to telephone (someone) **I-2**
   se téléphoner *v.* to phone one another **III-1**
télescope *m.* telescope **IV-7**
téléspectateur/téléspectatrice *m., f.* television viewer **IV-3**
télévision *f.* television **I-P**
   chaîne de télévision *f.* television channel **III-1**
   émission de télévision *f.* television program **III-5**
tellement *adv.* so much **I-2**
témoin *m.* witness; best man; maid of honor **IV-6**
température *f.* temperature **I-5**
   Quelle température fait-il? (weather) What is the temperature? **I-5**
temps *m., sing.* weather **I-5**
   Il fait un temps épouvantable. The weather is dreadful. **I-5**
   Le temps est nuageux. It is cloudy. **I-5**
   Le temps est orageux. It is stormy. **I-5**
   Quel temps fait-il? What is the weather like? **I-5**
temps *m., sing.* time **I-5, IV-2**
   de temps en temps *adv.* from time to time **II-2**
   emploi à mi-temps/à temps partiel *m.* part-time job **III-3**
   emploi à plein temps *m.* full-time job **III-3**
   temps de travail *m.* work schedule **IV-9**
   temps libre *m.* free time **I-5**

tendresse *f.* affection
Tenez! (tenir) *imp. v.* Here! **II-4**
tenir *v.* to hold **II-4, IV-4**
tennis *m.* tennis **I-P, I-5**
tennis *f.* sneakers, tennis shoes **IV-8**
tenter *v.* to attempt, to tempt **IV-8**
terrain (de foot) *m.* (soccer) field **IV-8**
   glissement de terrain *m.* landslide **III-4**
terrasse (de café) *f.* (café) terrace **I-4**
Terre *f.* Earth **III-4**
   réchauffement de la Terre *m.* global warming **III-4**
terre *f.* land **III-2, IV-10**
terrorisme *m.* terrorism **IV-4**
terroriste *m., f.* terrorist **IV-4**
tes *poss. adj., m., f., pl.* your **I-3**
tête *f.* head **II-5**
texto *m.* text message **III-1**
   s'envoyer des textos to send each other text messages **III-1**
thé (glacé) *m.* (iced) tea **I-4**
théâtre *m.* theater **III-5, IV-8**
   pièce de théâtre *f.* play **III-5**
théorie *f.* theory **IV-7**
thon *m.* tuna **II-4**
TIC (Technologies de l'Information et de la Communication) ICT (Information and Communication Technologies) **IV-5**
ticket de bus/métro *m.* bus/subway ticket **II-2**
Tiens! (tenir) *imp. v.* Here! **II-4**
tigre *m.* tiger **IV-10**
timbre *m.* stamp **III-2**
timide *adj.* shy **I-1, IV-1**
titre *m.* headline **IV-3**
toi *refl. pron., sing., fam.* (attached to imperative) yourself **I-3**
toi *disj. pron., sing., fam.* you **I-3, II-1, II-4, III-1**
   toi non plus you neither **I-2**
toilette *f.* washing up, grooming **II-5, III-R**
   faire sa toilette *v.* to wash up **II-5**
toilettes *f., pl.* restroom(s) **II-3, III-R**
toit *m.* roof **IV-1**
tolérer *v.* to tolerate **IV-10**
tomate *f.* tomato **II-4**
tomber *v.* to fall **II-2**
   tomber amoureux/amoureuse (de) to fall in love (with) **II-1, III-R, IV-1**
   tomber en faillite *v.* to go bankrupt **IV-10**
   tomber en panne *v.* to break down **III-1**
   tomber/être malade *v.* to get sick **II-5, III-R**
   tomber sur quelqu'un *v.* to run into someone **II-2**
ton *poss. adj., m., sing.* your **I-3**
ton *m.* tone **IV-3, IV-4, IV-10**

Vocabulaire

tort *m.* wrong **I-2, IV-4**; harm **I-2**
   avoir tort to be wrong **I-2**
tortue *f.* turtle **III-R, IV-10**
tôt *adv.* early **I-2, IV-2**
toucher *v.* to get/receive (a salary) **IV-9**
toujours *adv.* always **II-3, III-2, IV-2**
tourisme *m.* tourism **III-2**
   écotourisme *m.* ecotourism **III-4**
   office du tourisme *m.* tourist office **III-2**
touriste *m., f.* tourist **IV-2**
tourner *v.* to turn **III-2**
   tourner autour de to revolve around **IV-3**
tousser *v.* to cough **II-5**
tout *pron.* everything **IV-4**
tout(e) *adv.* (before adjective or adverb) very, really **I-3**
   À tout à l'heure. See you later. **I-1**
   tout à coup *adv.* all of a sudden, suddenly **II-2, IV-3**
   tout de suite *adv.* right away **II-2, IV-3**
   tout droit straight ahead **III-2**
   tout près (de) very close by, very close (to) **I-3, III-2**
   tout(e)/tous/toutes (les) *adj.* every, all **IV-4**
   tout le monde everyone **II-4**
   tous les jours *adv.* every day **I-2, II-3**
toux *f.* cough **II-5**
toxique *adj.* toxic **III-4, IV-10**
   déchets toxiques *m., pl.* toxic waste **III-4**
trac *m.* stage fright **IV-3**
   avoir le trac to have stage fright **IV-3**
tragédie *f.* tragedy **III-5**
trahison *f.* betrayal **IV-1**
train *m.* train **II-2, IV-2**
   monter dans un train to get on a train **IV-2**
traite des Noirs *f.* slave trade **IV-4**
traiter *v.* to treat; to deal with
trajectoire *f.* path **IV-4**
trajet *m.* trip, journey
tranquille *adj.* calm; quiet; serene **II-5, IV-1**
   laisser tranquille *v.* to leave alone **II-5**
tranquillité de l'esprit *f.* peace of mind **IV-3**
transports en commun *m.* public transportation **III-1, IV-2**
travail *m.* work **III-3**
   chercher un/du travail *v.* to look for a job/work **III-2**
   être en/faire du télétravail *v.* to work remotely **III-3**
   travail à la journée day labor **IV-4**
   travail manuel *m.* manual labor **IV-5**
   trouver un/du travail *v.* to find a job/work **III-3**
travailler *v.* to work **I-2**
   travailler dur *v.* to work hard **IV-2**
travailleur/travailleuse *adj.* hardworking **I-3, IV-2**
travaux *m.* construction **IV-2**
travers: à travers *prep.* throughout **IV-3**
traverser *v.* to cross **III-2**
treize *m.* thirteen **I-P, I-1**
tremblement de terre *m.* earthquake **IV-10**
trembler *v.* to shake **IV-2**
trempé(e) *adj.* soaked **IV-1**
trente *m.* thirty **I-P, I-1**
très *adv.* (before adjective or adverb) very, really **II-3, IV-2**
   Très bien. Very well. **I-1**
tressaillement du sol *m.* earth tremor **IV-2**
tribunal *m.* court **IV-4**
trier *v.* to sort **III-4**
   trier les déchets *v.* to sort the trash **III-4**
triste *adj.* sad **I-3**
   être triste que... *v.* to be sad that... **III-4**
tristesse *f.* sadness
trois *m.* three **I-P, I-1**
troisième *adj.* third **II-2**
tromper *v.* to deceive **IV-2**
   se tromper (de) *v.* to be mistaken (about) **II-5**
trop *adv.* too many/much **I-4, IV-2**
   trop de too much of **IV-5**
tropical(e) *adj.* tropical **III-4**
   forêt tropicale *f.* tropical forest **III-4, IV-10**
trottoir *m.* sidewalk **IV-2**
trou (dans la couche d'ozone) *m.* hole (in the ozone layer) **III-4**
trou noir *m.* black hole **IV-7**
troupe *f.* company, troupe **III-5**
trousse *f.* pencil case **I-1**
trouver *v.* to find; to think **I-2**
   se trouver *v.* to be located **II-5, IV-2**
   trouver un/du travail *v.* to find work/a job **III-3**
truc *m.* thing **II-2**
tu *sub. pron., sing., fam.* you **I-P, I-1**
tuer *v.* to kill **IV-4**
Tunisie *f.* Tunisia **I-P**
tunisien(ne) *f.* Tunisian **I-P**
type *m.* guy **IV-1**

U

un *m.* (number) one **I-P, I-1**
un(e) *indef. art.* a; an **I-P, I-1**
   faire la une *v.* to make the front page **IV-3**
uni(e) *adj.* close-knit **IV-6**
unique *adj.* only **I-3**
   sens unique *m.* one-way **III-2, IV-6**
unir *v.* to unite **IV-2**
univers *m.* universe **I-P**
urbaniser *v.* to urbanize **IV-10**
urbanisme *m.* city/town planning **IV-2**
urgences *f., pl.* emergency room **II-5**
   aller aux urgences *v.* to go to the emergency room **II-5, III-R**
usine *f.* factory **III-4**
utile *adj.* useful **I-2**
utiliser (un plan) *v.* to use (a map) **II-2**

V

vacances *f., pl.* vacation **II-2**
   partir en vacances *v.* to go on vacation **II-2**
vacancier/vacancière *m., f.* vacationer **III-R, IV-8**
vache *f.* cow **III-4**
vague *f.* wave **I-5**
vaincre *v.* to defeat **IV-4, IV-5**
   vaincre ses peurs to confront one's fears **IV-8**
vaisselle *f.* dishes **II-3**
   essuyer la vaisselle *v.* to dry the dishes **III-R**
   faire la vaisselle *v.* to do the dishes **II-3, III-R**
   lave-vaisselle *m.* dishwasher **II-3**
valeur *f.* value **IV-5**
valise *f.* suitcase **II-2**
   faire les valises *v.* to pack one's bags **II-2**
vallée *f.* valley **III-4**
valoir *v.* to be worth **IV-6**
   valoir la peine to be worth it **IV-8**
variétés *f., pl.* popular music **III-5**
vaut (valoir): Il vaut mieux que... *v.* It is better that... **III-4**
vedette (de cinéma) *f.* (movie) star **IV-3**
veille *f.* day before **IV-6, IV-8**
veiller sur quelqu'un *v.* to look after someone **IV-6**
vélo *m.* bicycle **I-5**
   faire du vélo *v.* to go bike riding **I-5**
vendeur/vendeuse *m., f.* salesman/woman **II-1, IV-9**
vendre *v.* to sell **II-1**
   vendre son âme au diable to sell one's soul to the devil **IV-10**
vendredi *m.* Friday **I-P**
   le vendredi on Fridays **I-P**
vengeance *f.* revenge **IV-5**
venir *v.* to come **II-4, IV-3**
   venir de *v.* (used with an infinitive) to have just **II-4, III-R, III-1**
vent *m.* wind **I-5**
   Il fait du vent. It is windy. **I-5**

ventre *m.* stomach **II-5**
vérifier (l'huile/la pression des pneus) *v.* to check (the oil/the tire pressure) **III-1**
vernissage *m.* art exhibit opening **IV-8**
verre (de) *m.* glass (of) **I-4, IV-5**
   prendre un verre to have a drink **IV-8**
vers *adv.* about **I-2**
vert(e) *adj.* green **I-3, II-1**
   feu vert *m.* green light **III-1**
   haricots verts *m., pl.* green beans **II-4**
vertébral(e): colonne vertébrale *f.* spine **IV-1**
vestiaires *m.* locker room **IV-8**
vêtements *m., pl.* clothing **II-1**
   sous-vêtement *m.* underwear **II-1**
vétérinaire *m., f.* veterinarian **III-3**
veuf/veuve *adj.* widowed **I-3, IV-1** *m., f.* widower, widow **IV-1**
veut dire (vouloir dire) *v.* means, signifies **II-4**
viande *f.* meat **II-4**
victime *f.* victim **IV-4**
victoire *f.* victory **IV-4**
victorieux/victorieuse *adj.* victorious **IV-4**
vide *adj.* empty **IV-2**
vidéo *f.* video
   appel vidéo *m.* video call **III-1**
   jeu vidéo (des jeux vidéo) *m.* video game(s) **I-5**
   regarder (un film/une vidéo) en streaming *v.* to stream (a film) **III-1**
vidéoclip *m.* music video **IV-3**
vie *f.* life **II-1**
   gagner sa vie to earn a living **IV-9**
   niveau de vie *m.* standard of living **IV-5**
   vie nocturne *f.* nightlife **IV-2**
vieille *f.* (feminine form of **vieux**) old **I-3**
vieillesse *f.* old age **II-1, III-R, IV-6**
vieillir *v.* to grow old **IV-6**
Viêt-Nam *m.* Vietnam **I-P**
vietnamien(ne) *adj.* Vietnamese **I-P, I-1**
vieux/vieille *adj.* old **I-3, IV-2**
ville *f.* city; town **I-4**
vingt *m.* twenty **I-P, I-1**
vingtième *adj.* twentieth **II-2**
violence *f.* violence **IV-4**
violet(te) *adj.* purple; violet **II-1**
violon *m.* violin **III-5, IV-2**
   jouer du violon to play the violin **III-5**
virer *v., fam.* to fire; to kick out **IV-4**
virgule *f.* comma **IV-7**
visage *m.* face **II-5**
visite *f.* visit **II-1**
visiter *v.* to visit (a place) **I-2**
   faire visiter *v.* to give a tour **II-3**

vite *adv.* fast **II-2**
   rouler vite to drive fast **III-1**
vitesse *f.* speed **III-1**
   limitation de vitesse *f.* speed limit **III-1**
vitrine *f.* store window, window display **IV-7**
vivre *v.* to live **II-3, IV-1**
   vivre (quelque chose) par procuration to live (something) vicariously **IV-8**
   vivre quelque chose par l'intermédiaire de quelqu'un to live something vicariously through someone **IV-8**
voici here is/are **I-1**
voilà there is/are **I-1**
voir *v.* to see **III-2, IV-3**
voisin(e) *m., f.* neighbor **I-1, I-3**
voiture *f.* car **I-P, III-1, IV-2**
   monter dans une voiture to get in a car **IV-2**
   rouler en voiture *v.* to ride in a car **II-2**
voix *f.* voice
vol *m.* flight **II-2**
volaille *f.* poultry **IV-6**
volant *m.* steering wheel **III-1**
volcan *m.* volcano **III-4**
voler *v.* to fly **IV-8**
voleur/voleuse *m., f.* thief **IV-4**
volley(-ball) *m.* volleyball **I-5**
volonté *f.* will **III-2**
vos *poss. adj., m., f., pl.* your **I-3**
voter *v.* to vote **IV-4**
votre *poss. adj., m., f., sing.* your **I-3**
vouloir *v.* to want **II-4, III-R, III-1, III-5, IV-3** to mean (with **dire**) **II-4**
   en vouloir (à) to have a grudge **IV-5**
   s'en vouloir *v.* to be angry with oneself **IV-5**
   veut dire *v.* means, signifies **II-4**
   vouloir (que) *v.* to want (that) **III-4**
voulu (vouloir) *p.p.; adj.* (used with infinitive) wanted to… ; (used with noun) planned to/for **II-4, III-R**
vous *pron., sing., pl., fam., form.; d.o. pron.* you; you **I-P, I-1, II-2** *refl. pron.* yourself, yourselves **II-5**
voyage *m.* trip **II-2**
   agence de voyages *f.* travel agency **II-2, III-R**
   agent(e) de voyages *m., f.* travel agent **II-2**
voyager *v.* to travel **I-2, IV-1**
voyant (d'essence/d'huile) *m.* (gas/oil) warning light **III-1**
vrai(e) *adj.* true; real **IV-2**
   Il est vrai que… It is true that… **III-5**

   Il n'est pas vrai que… It is untrue that… **III-5**
vraiment *adv.* really **II-2**
VTT (vélo tout terrain) *m.* mountain bike **IV-8**
vu (voir) *p.p.* seen **III-2**

W

W.-C. *m., pl.* restroom(s) **II-3, III-R**
wagon subway car **IV-2**
web *m.* Web **IV-3**
webcam *f.* webcam **I-P**
week-end *m.* weekend **I-2**
   ce week-end this weekend **I-2**

X

xylophone *m.* xylophone **I-P**

Y

y *pron.* there; at (a place) **II-5, III-R**
   j'y vais I'm going/coming **II-3**
   nous y allons we're going/coming **II-4**
   Y a-t-il… ? Is/Are there… ? **I-2**
y compris *prep.* including **IV-3**
yaourt *m.* yogurt **I-P, II-4**
yeux (œil) *m., pl.* eyes **I-3**

Z

zéro *m.* zero **I-P, I-1**
zoo *m.* zoo **I-P**
zut *interj.* darn **II-1**

Vocabulaire

Anglais–Français

A

a un(e) *indef. art.* **I-P, I-1**
a lot (of) beaucoup (de) *adv.* **I-4, V-2**
a lot of tas de *m.* **V-5**
an un(e) *indef. art.* **I-P, I-1**
abandon laisser tomber *v.* **V-6**
abandoned délaissé(e) *adj.* **V-6**
   to be abandoned être délaissé(e) *v.* **V-6**
able: to be able to pouvoir *v.* **II-4, III-R, III-1, III-5, IV-3**
   was able to *(used with infinitive)* pu (pouvoir) *p.p.* **II-4, III-R**
abolish abolir *v.* **II-4**
about environ *adv.* **III-2**; vers *adv.* **I-2**
above all surtout *adv.* **V-2**
abroad *(place)* étranger *m.*; à l'étranger **II-2**
absolute monarchy monarchie absolue *f.* **V-4**
absolutely absolument *adv.* **II-2**
abuse maltraitance *f.* **V-5**
   abuse of power abus de pouvoir *m.* **V-4**
   to abuse abuser *v.* **V-4**
access accéder *v.* **V-5**
accident accident *m.* **II-1, IV-2**
   to have/to be in an accident avoir un accident *v.* **II-1**
accommodation hébergement *m.* **II-R**
accompany accompagner *v.* **II-2**
account *(at a bank)* compte *m.* **II-2**
   checking account compte-chèques *m.* **V-9**
   savings account compte d'épargne *m.* **II-2, IV-9**
   to have a bank account avoir un compte bancaire *v.* **II-2**
accountant comptable *m., f.* **II-3, IV-9**
ache mal *m.* **II-5**
   to have an ache avoir mal *v.* **II-5, III-R**
achieve parvenir à *v.* **V-5**
acid: acid rain pluie acide *f.* **II-4, IV-10**
acquaintance connaissance *f.* **I-5**
across (from) en face (de) *prep.* **I-3**
act se comporter *v.* **V-3**
active actif/active *adj.* **I-3, V-2**
actively activement *adv.* **II-3**
activist militant(e) *m., f.* **V-4, IV-10**
   militant activist activiste *m., f.* **V-4**
actor/actress acteur/actrice *m., f.* **I-1**; comédien(ne) *m., f.* **IV-3, IV-9**
adapt s'adapter *v.* **I-5, V-5**
address adresse *f.* **II-2**
adjust s'adapter *v.* **I-5, V-5**
admire admirer *v.* **V-8**
admit avouer *v.*
adolescence adolescence *f.* **II-1, III-R**
adolescent ado(lescent)(e) *m., f.* **V-6**
adopt adopter *v.* **V-6**
adore one another s'adorer *v.* **II-1**
adrenaline rush montée d'adrénaline *f.* **V-8**
adulthood âge adulte *m.* **II-1, III-R, IV-6**
advance avance *f.* **I-2**
   to advance avancer *v.* **V-1**
advanced avancé(e) *adj.* **V-7**
adventure aventure *f.* **II-5**
   adventure film film d'aventures *m.* **II-5**
advertisement message/spot publicitaire **IV-3**; publicité (pub) *f.* **III-5, IV-3**
advice conseil *m.* **I-5, III-3**
advisor conseiller/conseillère *m., f.* **II-3, IV-9**
affectionate affectueux/affectueuse *adj.* **V-1**
affliction chagrin *m.* **V-3**
afraid: to be afraid (of/that) avoir peur (de/que) *v.* **I-2, III-4, IV-2**
after après *prep.* **I-P, I-2, V-8**; après que *conj.* **IV-7**
afternoon après-midi *m.* **I-P, 1-2**
afternoon snack goûter *m.* **II-4**
   ... o'clock ... in the afternoon heure(s) de l'après-midi **I-2**
   yesterday afternoon hier après-midi *adv.* **I-P, II-2**
again encore *adv.* **I-3, IV-2**; de nouveau *adv.* **IV-8**
against contre *prep.*
age âge *m.* **I-P, II-1**
   old age vieillesse *f.* **II-1, III-R, IV-6**
agent: real estate agent agent immobilier/agente immobilière *m., f.* **II-3**
   travel agent agent de voyages *m.* **II-2**
ago *(with an expression of time)* il y a... **I-4**
agreement: to be in agreement (with) être d'accord (avec) *v.* **I-2**
airplane avion *m.* **II-2**
airport aéroport *m.* **II-2, III-R**
alarm clock réveil *m.* **II-5**
Algeria Algérie *f.* **I-P**
Algerian algérien(ne) *adj.* **I-P, I-1**
algorithm algorithme *m.* **V-7**
alien extraterrestre *m., f.* **V-7**
alike pareil(le) *adj.* **V-5**
all: all (the) tout(e)/tous/toutes (les) *adj.* **V-4**
   all of a sudden tout à coup *adv.* **II-2, IV-3**
   all right? *(tag question)* d'accord **I-2**
allergy allergie *f.* **II-5**
alleyway ruelle *f.* **V-7**
allow laisser *v.* **V-8**
   to allow *(to do something)* permettre (de) *v.* **II-1, III-1**
allowed permis (permettre) *adj., p.p.* **II-1**
almost presque *adv.* **I-2, V-3**
alone seul(e) *adj.* **V-2, IV-5**
already déjà *adv.* **I-5, V-2**
although bien que, quoique *conj.* **V-7**
always toujours *adv.* **II-3, III-2, IV-2**
American américain(e) *adj.* **I-P, I-1**
among parmi *prep.* **II-1**
amuse amuser *v.* **V-2**
amusement park parc d'attractions *m.* **V-8**
an un(e) *indef. art.* **I-P, I-1**
ancestor ancêtre *m., f.* **V-1**
ancient *(placed aftr the noun)* ancien(ne) *adj.* **II-R, III-1, III-5, IV-2**
and et *conj.* **I-1**
   And you? Et toi? *fam.* **I-P, I-1**
   And you? Et vous? *form.* **I-P, I-1**
angel ange *m.* **I-1**
anger colère *f.* **V-4**
angry fâché(e) *adj.* **V-1**
   to be angry with oneself s'en vouloir *v.* **V-5**
animal animal *m.* **II-4**
ankle cheville *f.* **II-5**
annoy agacer, énerver *v.* **V-1**
another autre *adj.* **V-2, IV-4**
answer répondre (à) *v.* **II-1**
antimatter antimatière *f.* **V-7**
anxious anxieux/anxieuse *adj.* **V-1**
anything quelque chose *indef. pron., m.* **I-4, III-2, IV-4**
anyway quand même *adv.* **II-R**
apartment appartement *m.* **II-3**
app appli(cation) *f.* **II-1**
appear to sembler *v.* **V-8**
appetizer entrée *f.*, hors-d'œuvre *f.* **I-4**
applaud applaudir *v.* **II-5, IV-8**
applause applaudissement *m.* **II-5**
apple pomme *f.* **II-4**
appliance: (electrical/household) appliance appareil (électrique/ménager) *m.* **II-3, III-R**
applicant candidat(e) *m., f.* **II-3**
applied research recherche appliquée *f.* **V-7**
apply postuler *v.* **II-3**
   to apply for poser sa candidature à/pour **V-9**
   to apply for a job solliciter un emploi **V-9**
   to apply for a loan demander un prêt **V-9**

appointment rendez-vous *m.*
  II-1, IV-1
  to make an appointment prendre
    (un) rendez-vous *v.* **II-3**
approach démarche *f.* **V-3**
  to approach aborder *v.* **II-2, IV-3**
April avril *m.* **I-P, I-5**
archipelago archipel *m.* **II-R, IV-10**
architect architecte *m., f.* **I-3**
  landscape architect architecte
    paysagiste *m., f.* **II-1**
area quartier *m.* **II-3, IV-2**;
  espace *m.* **III-4, IV-7**
argue (with) se disputer
  (avec) *v.* **II-5, III-1**
arm bras *m.* **II-5**
armchair fauteuil *m.* **II-3, III-R**
armoire armoire *f.* **II-3, III-R**
army armée *f.* **V-4**
around autour (de); environ *prep.*;
  adv. **II-2**
arrival arrivée *f.* **II-2**
arrive arriver (à) *v.* **I-2, III-1, IV-3**
art art *m.* **I-P, I-2**
  art exhibit opening vernissage *m.*
    V-8
  art show exposition *f.* **II-5, IV-8**
  work of art/artwork œuvre
    (d'art) *f.* **II-6**
artist artiste *m., f.* **I-3**
arts and crafts artisanat *m.* **II-3**
  fine arts beaux-arts *m., pl.* **II-5**
as aussi *adv.* **I-1**; *(like)* comme *adv.*
  I-2, III-1
  as … as *(with an adjective/adverb
    to compare)* aussi… que **I-4,
    III-R, IV-7**
  as for quant à **II-R**
  as long as tant que *conj.* **V-7**
  as many/many… as *(used with
    noun to express quantity)*
    autant de… que *adv.* **II-4**
  as soon as dès que, aussitôt
    que *conj.* **II-3, IV-7**
  as well aussi *adv.* **I-1**
  as well as ainsi que *conj.* **II-2**
ascend monter *v.* **II-2, III-2, IV-3**
ashamed: to be ashamed (of) avoir
  honte (de) *v.* **I-2, V-1**
ask (someone) demander (à) *v.* **II-1**
  ask (someone) a question poser
    une question (à) *v.* **II-1**
  ask for demander *v.* **V-2**
  ask that… demander que… *v.*
    II-4
asparagus asperge *f.* **V-6**
aspirin aspirine *f.* **II-5**
assimilation assimilation *f.* **V-5**
astronaut astronaute *m., f.* **V-7**
astronomer astronome *m., f.* **V-7**
at à *prep.* **I-4, IV-5**; en *prep.* **I-3,
  IV-5**
  at … (o'clock) à … heure(s) **I-4**
  at last enfin *adv.* **II-2, IV-2**

at symbol arobase *f.* **I-P**
at that moment à ce moment-
  là *adv.* **V-3**
at the corner (of) au coin (de)
  II-2
at the end (of) au bout (de) *prep.*
  II-2
at the place or home of chez *prep.*
  I-3 V-5
athlete athlète *m., f.* **I-3**
athletic sportif/sportive *adj.* **I-3**
ATM distributeur (automatique/de
  billets) *m.* **II-2, IV-9**
  ATM card carte de retrait *f.* **V-9**
atmosphere ambiance *f.* **V-2**
attach attacher *v.* **II-1**
attain parvenir à *v.* **V-5**
attempt tenter *v.* **V-8**
attend assister à *v.* **I-2**
attention attention *f.* **I-5**
attract attirer *v.* **II-2, IV-5**
attractive séduisant(e) *adj.* **V-1**
August août *m.* **I-P, I-5**
aunt tante *f.* **I-3, III-R**
author auteur(e) *m., f.* **II-5**
automatic automatique *adj.* **II-2**
available libre *adj.* **II-2**
avenue avenue *f.* **II-2, IV-2**
average length durée moyenne *f.*
  II-R
avoid *(doing something)* éviter
  (de) *v.* **II-5, III-1**
awkward maladroit(e) *adj.* **V-6**

B

back dos *m.* **II-5, III-2**
backpack sac à dos *m.* **I-1**
bad mauvais(e) *adj.* **I-3, III-R, IV-2**
  bad-mannered mal
    élevé(e) *adj.* **IV-6**
  to be in a bad mood être de
    mauvaise humeur *v.* **II-3**
  to be in bad health être en
    mauvaise santé *v.* **II-5, III-R**
badly mal *adv.* **II-2, III-R, IV-2**
  I am doing badly. Je vais mal. **I-1**
bag sac *m.* **I-1**
  to pack one's bags faire les
    valises *v.* **II-2**
baguette baguette *f.* **I-4**
bakery boulangerie *f.* **II-4**
balcony balcon *m.* **II-3**
ball ballon *m.* **I-P, IV-8**
banana banane *f.* **II-4**
band groupe *m.* **III-5, IV-8**
  marching band fanfare *f.* **IV-2**
bank banque *f.* **III-2**
  to have a bank account avoir un
    compte bancaire *v.* **III-2**
banker banquier/banquière *m., f.* **III-3**
banking bancaire *adj.* **III-2**
(bank)note *(money)* billet *m.*
  III-2, IV-8

bankrupt en faillite *adj.* **IV-9**
bankruptcy banqueroute *f.* **IV-9**
barrier reef barrière de corail *f.* **IV-10**
baseball baseball *m.* **I-5**
  baseball cap casquette *f.* **II-1,
    III-R**
basement sous-sol/cave *m.* **II-3**
basic fondamental(e) *adj.* **IV-7**
  basic research recherche
    fondamentale *f.* **IV-7**
bask in the sun lézarder au
  soleil *v.* **IV-8**
basketball basket(-ball) *m.* **I-5**
bath bain *m.* **II-1**
  bath towel serviette de bain *f.*
    III-R
bathing suit maillot de bain *m.*
  II-1, III-R
bathroom salle de bains *f.* **II-3, III-R**
  bathroom sink lavabo *m.* **II-3,
    III-R**
bathtub baignoire *f.* **II-3, III-R**
be être *v.* **I-P, I-1, III-R, IV-1**; sois
  imp., v., fam. **I-2**; soyez (être)
  imp., v., form. **II-2**
  let's be soyons (être) *imp. v.* **II-2**
  to be able to pouvoir *v.* **II-4,
    III-R, III-1, III-5, IV-3**
  to be afraid (of/that) avoir peur
    (de/que) *v.* **I-2, II-4, IV-2**
  to be amazed s'étonner *v.* **IV-8**
  to be angry with oneself s'en
    vouloir *v.* **IV-5**
  to be ashamed (of) avoir honte
    (de) *v.* **I-2, IV-1**
  to be cold avoir froid *v.* **I-2**
  to be (un)comfortable être (mal) à
    l'aise *v.* **IV-1**
  to be confident avoir confiance en
    soi *v.* **IV-1**
  to be crazy about raffoler
    de *v.* **IV-5**
  to be distrustful of se méfier
    de *v.* **IV-2**
  to be doing badly se porter
    mal *v.* **II-5**
  to be doing better se porter
    mieux *v.* **II-5**
  to be fed up (with) en avoir marre
    (de) *v.* **I-3, II-1, IV-1**
  to be good for nothing ne servir à
    rien *v.* **II-4**
  to be homesick avoir le mal du
    pays *v.* **IV-5**
  to be hot avoir chaud *v.* **I-2**
  to be be hungry avoir faim *v.* **I-4**
  to be ill/better se porter mal/
    mieux *v.* **II-5**
  to be in agreement être
    d'accord *v.* **I-2**
  to be in debt avoir des dettes *v.*
    IV-9
  to be in good shape être en pleine
    forme *v.* **II-5**

Vocabulaire

to be in good/bad health être en bonne/mauvaise santé *v.* **II-5, III-R**
to be interested (in) s'intéresser (à) *v.* **II-5, IV-2**
to be located se trouver *v.* **II-5, IV-2**
to be lucky avoir de la chance *v.* **I-2**
to be mistaken (about) se tromper (de) *v.* **II-5**
to be prejudiced avoir des préjugés *v.* **IV-5**
to be right avoir raison *v.* **I-2**
to be sleepy avoir sommeil *v.* **I-2**
to be thirsty avoir soif *v.* **I-4**
to be wary of se méfier de *v.* **IV-2**
to be worth mériter *v.* **IV-1**
to be wrong avoir tort *v.* **I-2**
beach plage *f.* **I-5, II-2, III-R**
beans: green beans haricots verts *m., pl.* **II-4**
bear ours *m.* **IV-10**
   to bear supporter (de) *v.* **IV-6, IV-10**
beautiful beau/belle *adj.* **I-3**
beauty beauté *f.* **III-2**
   beauty salon salon de beauté *m.* **III-2**
because car *conj.* **IV-4**; parce que *conj.* **I-2**
become devenir *v.* **II-4 IV-3**
bed lit *m.* **II-2**
   flower bed parterre de fleurs *m.* **III-2**
   to get up/out of bed se lever *v.* **II-5, III-R, IV-2**
   to make the bed faire le lit *v.* **II-3, III-R**
bedroom chambre *f.* **II-3, III-R**
beef bœuf *m.* **II-4**
been été (être) *p.p.* **II-1, III-R**
before avant (de) *adv.* **II-2, III-5, IV-7**; avant que *conj.* **II-2, III-5, IV-8**
   before … (o'clock) moins *adv.* **I-2, IV-7**
   the day before veille *f.* **IV-6, IV-8**
begin *(to do something)* commencer (à) *v.* **I-2, III-1, IV-1**; débuter *v.* **IV-6**; se mettre à *v.* **II-5, IV-2**
beginning début *m.* **III-5**
behave se comporter *v.* **IV-3**
behavior conduite, comportement *f., m.* **IV-2, IV-3**
behind derrière *prep.* **I-3 IV-5**
Belgian belge *adj.* **I-P, II-2**
Belgium Belgique *f.* **I-P, II-2, III-R**
belief croyance *f.* **IV-4**
believe (that) croire (que) *v.* **III-2, III-5, IV-3**
believed cru (croire) *p.p.* **III-5**
belong (to) appartenir (à) *v.* **III-R, III-1, III-2, IV-5**; être à *v.* **III-5**

to belong (to a group) s'intégrer (à un groupe) *v.* **IV-1**
belongings affaires *f., pl.* **I-3, III-1, IV-6**
beloved chéri(e) *adj.* **I-2**
belt ceinture *f.* **II-1**
benefit profit *m.* **IV-9**
bereavement deuil *m.* **IV-1**
best man témoin *m.* **IV-6**
best: the best le/la meilleur(e) *super., adj.;* le mieux *super., adv.* **II-4, III-R, IV-7**
betrayal trahison *f.* **IV-1**
better meilleur(e) *comp., adj.;* mieux *adv.* **II-4, III-R, IV-2**
   It is better that… Il vaut mieux que… *v.* **III-4, IV-6**
   to better oneself s'améliorer *v.* **IV-5**
between entre *prep.* **I-3**
beverage (carbonated) boisson (gazeuse) *f.* **I-4**
biased partial(e) *adj.* **IV-3**
bicycle vélo *m.* **I-5**
   mountain bike VTT (vélo tout terrain) *m.* **IV-8**
   to go bike riding faire du vélo *v.* **I-5**
big grand(e) *adj.* **I-3, IV-2**; *(clothes)* large *adj.* **II-1**
bilingual bilingue *adj.* **IV-1**
bill (restaurant) addition *f.* **I-4**
billboard panneau d'affichage *m.* **IV-2**
bills (money) billets *m., pl.* **III-2, IV-8**
biochemical biochimique *adj.* **IV-7**
biologist biologiste *m., f.* **IV-7**
biology biologie *f.* **I-2**
bird oiseau *m.* **I-3**
birth naissance *f.* **II-1, III-R, IV-6**
birthday anniversaire *m.* **I-P**
   When is …'s birthday? C'est quand l'anniversaire de …? **I-P**
   When is your birthday? C'est quand ton/votre anniversaire? / Quelle est la date de ton/votre anniversaire? **I-P**
birthrate natalité *f.* **IV-5**
bit (of) morceau (de) *m.* **I-4**
black noir(e) *adj.* **I-3, II-1**
   black hole trou noir *m.* **IV-7**
blackboard tableau *m.* **I-P, I-1, III-5, IV-8**
blackmail chantage *m.* **IV-2**
   to blackmail faire du chantage *v.* **IV-4**
blanket couverture *f.* **II-3 IV-3**
blend in assimiler: s'assimiler à *v.* **IV-1**
blond hair cheveux blonds **I-3**
blonde blond(e) *adj.* **I-3**
blouse chemisier *m.* **II-1, III-R**
blow souffler *v.* **IV-8**

blown up crevé(e) *adj.* **III-1**
blue bleu(e) *adj.* **I-3, II-1**
board game jeu de société *m.* **IV-8**
boat bateau *m.* **II-2, IV-4**
body corps *m.* **II-5**
bonus prime *f.*
book livre *m.* **I-P, I-1**
bookstore librairie *f.* **I-1, III-2**
border frontière *f.* **IV-5**
bore ennuyer *v.* **IV-1, IV-2**
boring ennuyeux/ennuyeuse *adj.* **I-3**
born: to be born naître *v.* **II-2, IV-3**
   born né (naître) *adj., p.p.* **II-2, III-R**
borrow emprunter *v.* **III-2**
boss patron(ne) *m., f.* **III-3, IV-9**
bossy autoritaire *adj.* **IV-6**
bother déranger *v.* **I-1**; ennuyer *v.* **IV-1, IV-2**; gêner *v.* **IV-1**
bottle (of) bouteille (de) *f.* **I-4, IV-5**
boulevard boulevard *m.* **III-2**
bounce back rebondir *v.* **IV-9**
bouquet bouquet de la mariée *m.* **IV-6**
boutique boutique *f.* **III-2, IV-2**
bowl bol *m.* **II-4**
bowling: to go bowling jouer au bowling
box boîte *f.* **II-4, III-2, IV-5**
boy garçon *m.* **I-P, I-1**
boyfriend petit ami *m., f.* **I-1, I-3**
brake freiner *v.* **III-1**
brakes freins *m., pl.* **III-1**
brand marque *f.* **III-1, III-2**
brave courageux/courageuse *adj.* **I-3**
Brazil Brésil *m.* **II-2, III-R**
Brazilian brésilien(ne) *adj.* **II-2**
bread pain *m.* **I-4**
   bread shop boulangerie *f.* **II-4**
   country-style bread pain de campagne *m.* **I-4**
break: to break down *(vehicle)* tomber en panne *v.* **III-1**
   to break one's… se casser *v.* **II-5, III-R IV-4**
   to break up rompre *v.* **IV-1**
breakdown (vehicle) panne *f.* **III-1**
breakfast petit-déjeuner *m.* **II-4**
breakup rupture *f.*
breathe respirer *v.* **IV-10**
bride mariée *f.* **IV-6**
bridge pont *m.* **III-2, IV-2**
brief bref/brève *adj.* **IV-2**
briefly brièvement *adv.* **IV-2**
bright brillant(e) *adj.* **I-1**
bring *(someone)* amener *v.* **I-5, IV-1**; *(something)* apporter *v.* **I-4**
broach aborder *v.* **II-2**
broadcast retransmettre *v.* **IV-3**
broiled grillé(e) *adj.* **IV-6**
broom balai *m.* **II-3**
brother frère *m.* **I-3, III-R**
   brother-in-law beau-frère *m.* **I-3, IV-6**
   half-brother; stepbrother demi-frère *m.* **I-3, III-R, IV-6**

Anglais–Français

Appendice B

brown *(hair)* châtain *adj.* **I-3, IV-2**; marron *adj. inv.* **I-3, II-2, IV-2**
  brown hair cheveux châtains **I-3**
brush (hair/tooth) brosse (à cheveux/à dents) *f.* **II-5, III-R**
  to brush one's (hair/teeth) se brosser (les cheveux/les dents) *v.* **II-5, III-R, IV-2**
buckle one's seatbelt attacher sa ceinture de sécurité *v.* **III-1**
buddy pote *m., f.* **III-2**
budget budget *m.* **IV-9**
build bâtir *v.* **IV-10**; construire *v.* **II-1, III-2, IV-2**
building bâtiment *m.* **III-2**; édifice *m.* **IV-2**; immeuble *m.* **II-3**
bumper pare-chocs (des pare-chocs *pl.*) *m.* **III-1**
bungee jumping saut à l'élastique *m.* **IV-8**
bus autobus, bus *m.* **II-2**; *(coach)* car *m.* **I-2**
  bus station gare routière *f.* **II-2, III-R**
  bus stop arrêt d'autobus/de bus *m.* **II-2, III-R, IV-2**
  bus ticket ticket de bus *m.* **II-2**
business (profession) affaires *f., pl.* **I-3, III-1, IV-6**
  (multinational) business, company, firm entreprise (multinationale) *f.* **III-3, IV-9**
businessman homme d'affaires *m.* **I-3, IV-9**
businesswoman femme d'affaires *f.* **I-3, IV-9**
busy fréquenté(e) *adj.* **III-R**; occupé(e) *adj.* **I-1**
but mais *conj.* **I-1**
  but of course not mais non **I-2**
butcher's shop boucherie *f.* **II-4**
butter beurre *m.* **II-4**
buy acheter *v.* **I-5, IV-1**
by par *prep.* **I-3**
  by the way au fait **I-3**

C

café café *m.* **I-1, I-4**
  café terrace terrasse de café *f.* **I-4**
cafeteria (school) cantine *f.* **I-2**
cake gâteau *m.* **II-1**
calculator calculatrice *f.* **I-P, I-1**
call: (video) call appel (vidéo) *m.* **III-1**
  to call appeler *v.* **III-3, IV-1, IV-2**
  to call back rappeler *v.* **IV-1**
calm calme *m.* **I-1**; calme *adj.* **I-1**; tranquille *adj.* **II-5, IV-1**
camera: (digital) camera appareil photo (numérique) *m.* **IV-7**
campaign: promotional campaign campagne de promotion *f.* **IV-3**

camping camping *m.* **I-5**
  to go camping faire du camping *v.* **I-5**
can pouvoir *v.* **II-4, III-R, III-1, III-5, IV-3**
can (of food) boîte (de conserve) *f.* **I-4, III-2, IV-5**
Canada Canada *m.* **I-P, II-2**
Canadian canadien(ne) *adj.* **I-P, I-1, IV-2**
cancel (a reservation) annuler (une réservation) *v.* **II-2**
candidate candidat(e) *m., f.* **III-3**
candy bonbon *m.* **II-1**
cap: baseball cap casquette *f.* **II-1, III-R**
capital capitale *f.* **1-P, II-2, III-R**
captain capitaine *m.* **IV-8**
car voiture *f.* **I-P, III-1, IV-2**
  car door portière *f.* **III-1**
  to get in a car monter dans une voiture *v.* **II-2, III-2, IV-3**
  to ride in a car rouler en voiture *v.* **II-2**
carbonated gazeux/gazeuse *adj.* **I-4**
  carbonated beverage/drink boisson gazeuse *f.* **I-4**
card: ATM card carte de retrait *f.* **IV-9**
  credit card carte de crédit *f.* **IV-9**
  debit card carte bancaire *f.* **III-2**
  (playing) cards cartes (à jouer) *f., pl.* **I-5, IV-8**
care soin *m.*
cared for entretenu(e) *adj.* **III-2**
career carrière *f.* **III-3, IV-3**
  to pursue a career (in) faire carrière (dans) *v.* **IV-9**
carnival fête foraine *f.* **IV-2**
carpooling covoiturage *m.* **III-4**
carrot carotte *f.* **II-4**
carry porter *v.* **I-3, II-1**
cartoon dessin animé *m.* **III-5**
cash liquide *m.* **III-2**
  to pay in cash payer en liquide *v.* **III-2**
cat chat *m.* **I-3**
catastrophe catastrophe *f.* **III-4**
catch sight of apercevoir *v.* **III-2, IV-2, IV-9**
  caught sight of aperçu (apercevoir) *p.p.* **III-2**
cause cause *f.* **IV-5**
cavity carie *f.*
celebrate faire la fête *v.* **II-1**; fêter *v.* **II-1, IV-8**
celebration fête *f.* **II-1**
cell cellule *f.* **IV-7**
  cell phone portable *m.* **I-P, III-1, IV-7**
cellar cave/sous-sol *f.* **II-3**
censorship censure *f.* **IV-3**
center sein *m.*

at the center of au sein de **III-1**
city/town center centre-ville *m.* **I-4**
century siècle *f.* **III-R, III-2**
certain certain(e) *adj.* **II-4, IV-4**; sûr(e) *adj.* **II-4, IV-2, IV-7**
  It is certain that… Il est certain que… **III-5**
certainly certainement *adv.* **IV-3**
chair chaise *f.* **I-1**
challenge défi *m.* **IV-5**
challenging stimulant(e) *adj.* **IV-9**
chamois: chamois leather peau de chamois *f.* **IV-1**
change *(coins)* monnaie *f.* **III-2**; changement *m.* **III-4**
  change of heart retournement *m.* **IV-6**
  change of scenery dépaysement *m.* **IV-1**
  climate change changement climatique *m.* **III-4**
  to change direction bifurquer *v.* **IV-4**
channel chaîne *f.* **III-1, IV-3**
  (television) channel chaîne (de télévision) *f.* **III-1**
chaos chaos *m.* **IV-5**
character *(personality)* caractère *m.* **IV-6**; *(in a story or play)* personnage *m.* **IV-8**
  main character personnage principal *m.* **III-5**
charge (a battery) recharger *v.* **III-1**
charming charmant(e) *adj.* **I-1, IV-1**
  prince charming prince charmant *m.* **IV-6**
chat bavarder *v.* **I-4, IV-8**; causer *v.* **I-4, IV-9**
check (restaurant) addition *f.* **I-4**
  check (the oil/the tire pressure) vérifier (l'huile/la pression des pneus) *v.* **III-1**
checking account compte-chèques *m.* **IV-9**
cheese fromage *m.* **I-4**
  cheese store fromagerie *f.* **IV-6**
chef cuisinier/cuisinière *m., f.* **III-3**
chemist chimiste *m., f.* **IV-7**
chemistry chimie *f.* **I-2**
chest poitrine *f.* **II-5**
  chest of drawers commode *f.* **II-3, III-R**
chestnut marron *m.* **IV-2**
chic chic *adj.* **I-4**
chicken poulet *m.* **II-4**
child enfant *m., f.* **I-3**
  child custody garde des enfants *f.* **IV-7**
  only child enfant unique *m., f.* **I-3**; fils/fille unique *m., f.* **IV-6**
childhood enfance *f.* **II-1, III-R, IV-6**
China Chine *f.* **II-2, III-R**

Vocabulaire

Chinese chinois(e) *adj.* **I-1, II-2**
chip: (electronic) chip puce (électronique) *f.* **IV-7**
chocolate: (hot) chocolate chocolat (chaud) *m.* **I-4**
choir chœur *m.* **III-5**
choose choisir *v.* **I-4, IV-3**
chore: household chore tâche ménagère *f.* **II-3**
chorus chœur *m.* **III-5**
chrysanthemums chrysanthèmes *m., pl.* **II-4**
church église *f.* **I-4**
citizen citoyen(ne) *m., f.* **IV-2**
city ville *f.* **I-4**
   city center centre-ville *m.* **I-4**
   city dweller citadin(e) *m., f.* **III-1, IV-2**
   city hall hôtel de ville *m.* **IV-2**; mairie *f.* **III-2**
   city planning urbanisme *m.* **IV-2**
claim to prétendre *v.* **IV-8**
class *(group of students)* classe *f.* **I-1**; *(course)* cours *m.* **I-P, I-2, IV-3**
   improv class cours d'impro *m.* **IV-9**
classic; classical classique *adj.* **III-5**
   classical music musique classique *f.* **III-5**
classmate camarade de classe *m., f.* **I-1**
classroom salle de classe *f.* **I-1**
clean nettoyer *v.* **II-3, IV-1**
   clean net(te) *adj.* **IV-2**; propre *adj.* **II-3, IV-2**; pur(e) *adj.* **III-4, IV-10**
cleaner (house) homme/femme de ménage *m., f.* **IV-9**
clear clair(e) *adj.* **III-5**
   It is clear that… Il est clair que… **III-5**
   to clear the table débarrasser la table *v.* **II-3, III-R**
client client(e) *m., f.* **II-2**
cliff falaise *f.* **III-4**
climate climatique *adj.* **III-4**
   climate change changement climatique *m.* **III-4**
climatic climatique *adj.* **III-4**
climb grimper à, escalader *v.* **IV-8**
climbing: mountain climbing alpinisme *m.* **IV-8**
clinic dispensaire *m.* **IV-10**
clock horloge *f.* **I-P, I-1**
   alarm clock réveil *m.* **II-5**
clone cloner *v.* **IV-7**
close fermer *v.* **III-1**
close (to) près (de) *prep.* **I-3**
   close friend proche *m., f.* **III-R, III-2**
   close-knit lié(e), uni(e) *adj.* **IV-6**
closed fermé(e) *adj.* **III-2**
closet placard *m.* **II-3, III-R**
clothes dryer sèche-linge *m.* **II-3**
clothing vêtements *m., pl.* **II-1**

cloudy nuageux/nuageuse *adj.* **I-5**
   It is cloudy. Le temps est nuageux. **I-5**
clue indice *m.* **IV-6**
clutch (automobile) embrayage *m.* **III-1**
co-tenant colocataire *m., f.* **I-1 IV-2**
coach entraîneur *m.* **IV-5, IV-8**
coast côte *f.* **III-4**
coat manteau *m.* **II-1, III-R**
coffee café *m.* **I-1, I-5**
coins monnaie *f.*, pièces de monnaie *f. pl.* **III-2**
cold froid *m.* **I-2**
   It is cold. Il fait froid. **I-5**
   to be cold avoir froid *v.* **I-2**
cold rhume *m.* **II-5, III-R**
collection: garbage collection ramassage des ordures *m.* **III-4**
colonist colon *m.* **IV-4**
color couleur *f.* **II-1**
   What color…? De quelle couleur…? **II-1**
column chronique *f.* **IV-3**
comb peigne *m.* **II-5, III-R**
   to comb se peigner *v.* **IV-2**
come venir *v.* **II-4, IV-3**
   Come on. Allez. *imp. v.* **I-5**
   I'm coming. J'y vais. **II-3**
   to come back revenir *v.* **II-4, IV-3**
   to come up monter *v.* **II-2, III-2, IV-3**
   We're coming. Nous y allons. **II-4**
comedy (musical) comédie (musicale) *f.* **III-5, IV-8**
comic strip bande dessinée (B.D.) *f.* **I-5**
comma virgule *f.* **IV-7**
communication communication *f.* **IV-3**
companion compagne/compagnon *m.* **IV-6**
company compagnie *f.* **III-3**; troupe *f.* **III-5**
   head of a company chef/cheffe d'entreprise *m., f.* **III-3**
   to create a company monter une entreprise **IV-9**
   (multinational) company, firm, business entreprise (multinationale) *f.* **III-3, IV-9**
compared to par rapport à *prep.*
competent compétent(e) *adj.* **IV-9**
competition concurrence *f.* **IV-8**
complete (sold out) complet/complète *adj.* **II-2, IV-2, IV-8**
composer compositeur/compositrice *m., f.* **III-5**
computer ordinateur *m.* **I-P, I-1**
   computer science informatique *f.* **I-P, I-2**
concert concert *m.* **III-5**
concrete béton *m.* **IV-2**

condition condition *f.*
   on the condition that à condition que *conj.* **III-5, IV-7**
confidence confiance *f.* **IV-1**
confident: to be confident avoir confiance en soi **IV-1**
conformist conformiste *adj.* **IV-5**
confusedly confusément *adv.* **IV-2**
connect brancher *v.* **III-1**
connected connecté(e) *adj.* **III-1**
connection lien *m.* **IV-2**
conservative conservateur/conservatrice *adj.* **IV-2, IV-4**
consider considérer *v.* **I-5, IV-1**
constantly constamment *adv.* **II-2**
construct construire *v.* **II-1, III-2, IV-2**
construction travaux *m., pl.*; construction *f.* **IV-2, IV-10**
consult consulter *v.* **IV-9**
consultant conseiller/conseillère *m., f.* **III-3, IV-9**; consultant(e) *m., f.* **IV-9**
consumption: energy consumption consommation d'énergie *f.* **IV-10**
contaminated contaminé(e) *adj.* **IV-10**
   to be contaminated être contaminé(e) *v.* **IV-10**
contest concours *m.* **III-1**
continue (doing something) continuer (à) *v.* **III-2**
contribute contribuer (à) *v.* **IV-7**
controversy controverse *f.*; polémique *f.* **IV-5**
convince s'entretenir (avec) *v.* **IV-2**
cook cuisinier/cuisinière *m., f.* **III-3**
   to cook cuisiner *v.* **II-4, III-R**
cookie biscuit *m.* **II-1**
cooking cuisine *f.* **I-5, II-3, III-R**
cool chouette *adj.* **IV-8**; frais/fraîche *adj.*
   It is cool. *(weather)* Il fait frais. **I-5**
coral corail (les coraux) *m* **IV-10**
   coral reef récif de corail *m.* **IV-10**
corn maïs *m.* **III-R**
corner angle *m.*; coin *m.* **III-2**
   at the corner (of) au coin (de) **III-2**
correspondent envoyé(e) spécial(e) *m., f.* **IV-3**
cost coûter *v.* **I-4**
   to cost a lot coûter cher *v.* **IV-2**
couch canapé *m.* **II-3, III-R**
cough toux *f.* **II-5**
   to cough tousser *v.* **II-5**
count on miser sur *v.*
   to count on someone compter sur quelqu'un *v.* **II-3**
country pays *m.* **I-P, II-2**
   country-style bread pain de campagne *m.* **I-4**

Anglais–Français

Appendice B

country(side) campagne *f.* **II-2, III-1**
couple couple *m.* **II-1**
   married couple mariés *m., pl.* **II-1**
courage courage *m.* **IV-5**
courageous courageux/courageuse *adj.* **I-3**
course cours *m.* **I-P, I-2 IV-3**
court (of law) tribunal *m.* **IV-4**
courthouse palais de justice *m.* **IV-2**
courtyard cour *f.* **I-3, III-2**
cousin cousin(e) *m., f.* **I-3, III-R**
cover couverture *f.* **II-3, IV-3**
   to cover couvrir *v.* **III-1, IV-4**
covered couvert (couvrir) *p.p.* **III-1**
cow vache *f.* **III-4**
crash planter *v.* **IV-7**
crazy fou/folle *adj.* **I-3, IV-2**
   to be crazy about raffoler de *v.* **IV-5**
cream crème *f.* **II-4, IV-2**
create créer *v.* **IV-7**
   to create a company monter une entreprise *v.* **IV-9**
creative créatif/créative *adj.* **I-3**
credit crédit *m.* **III-2**
   credit card carte de crédit *f.* **IV-9**
   to pay with a credit card payer par carte de crédit *v.* **III-2**
crêpe crêpe *f.* **I-4**
crime crime *m.* **IV-4**
criminal criminel(le) *m., f.* **IV-4**
crisis crise *f.* **IV-9**
   economic crisis crise économique *f.* **IV-9**
criticism critique *f.* **III-5**
croissant croissant *m.* **I-4**
cross traverser *v.* **III-2**
cross-country skiing ski de fond *m.* **IV-8**
crosswalk passage piéton *m.* **IV-2**
crowd foule *f.* **IV-5**
cruel cruel(le) *adj.* **I-3, IV-2**
cruelty cruauté *f.* **IV-4**
cry pleurer *v.* **IV-1**
Cuban cubain(e) *adj.* **I-1**
cultural heritage patrimoine culturel *m.* **III-R, III-2, IV-5**
culture shock choc culturel *m.* **IV-1**
cup (of) tasse (de) *f.* **I-4, IV-5**
cupboard placard *m.* **II-3, III-R**
cure guérir *v.* **II-5, IV-7**
curious curieux/curieuse *adj.* **I-3**
curly frisé(e) *adj.* **I-3**
current events actualité *f.* **IV-3**
curtain rideau *m.* **II-3**
custody: (child) custody garde des enfants *f.* **IV-6**
customs (travel) douane *f.* **II-2**; mœurs *f.* **IV-4**
cut: to cut down abattre *v.* **IV-10**
   to cut oneself se couper *v.* **IV-2**
cute mignon(ne) *adj.* **IV-2**
cutting edge de pointe **IV-7**

D

daily quotidien(ne) *adj.* **IV-2**
damaged abîmé(e) *adj.* **IV-9**
dance danse *f.* **III-5**
dancer danseur/danseuse *m., f.* **III-5**
danger danger *m.* **III-4, IV-10**
dangerous dangereux/dangereuse *adj.* **IV-2**
dare to oser *v.* **IV-8**
daredevil casse-cou *m.* **IV-8**
dark (hair) brun(e) *adj.* **I-3**
darling chéri(e) *adj.* **I-2**
darn zut *interj.* **II-1**
darts fléchettes *f.* **IV-8**
data données *f., pl.* **IV-7**
date date *f.* **I-P**; rancard *m.* **IV-1**; rendez-vous *m.* **II-1, IV-1**
   What is the date? Quelle est la date? **I-P**
dating website site de rencontres *m.* **IV-1**
daughter fille *f.* **I-P, I-1**
   daughter-in-law belle-fille *f.* **IV-6**
   granddaughter petite-fille *f.* **I-3, III-R, IV-6**
   stepdaughter belle-fille *f.* **IV-6**
day jour; journée *m.; f.* **I-2**
   day after tomorrow après-demain *adv.* **I-P, I-2**
   day before veille *f.* **IV-6, IV-8**
   day before yesterday avant-hier *adv.* **II-1**
   day off jour de congé *m.* **II-2**
   every day tous les jours *adv.* **I-2, II-3**
   in the old days auparavant *adv.* **IV-6**
   next day lendemain *m.* **IV**?
   per day par jour **I-5**
   What day is it? Quel jour sommes-nous? **I-2**
day spa salon de beauté *m.* **III-2**
dead mort(e) *adj.* **II-2, III-R**
   dead battery batterie déchargée/faible *f.* **III-1**
deaf sourd(e) *adj.* **IV-5**
deal marché *m.* **IV-2**
dear cher/chère *adj.* **I-4, II-1, IV-2**; chéri(e) *adj.* **I-2**
death mort *f.* **II-1, III-R, IV-6**
debit card carte bancaire *f.* **III-2**
   to pay with a debit card payer par carte bancaire *v.* **III-2**
debt dette *f.* **IV-9**
   to be in debt avoir des dettes *v.* **IV-9**
debut début *m.* **III-5**
deceased décédé(e) *adj.*
deceive tromper *v.* **IV-2**
December décembre *m.* **I-P, I-5**
decide (to do something) décider (de) *v.* **III-1**
declare one's love faire une déclaration d'amour *v.* **IV-1**

decrease baisser *v.* **IV-5**
dedicate oneself to se consacrer à *v.* **IV-4**
defeat défaite *f.* **IV-4**
   to defeat vaincre *v.* **IV-4, IV-5**
defect tare *f.* **IV-4**
defend défendre *v.* **IV-4**
deflated crevé(e) *adj.* **III-1**
deforestation déboisement; déforestation *m.; f.* **III-4, IV-10**
degree (school) diplôme *m.* **I-2**
degrees (temperature) degrés *m., pl.* **I-5**
   It is ... degrees. Il fait... degrés. **I-5**
delicatessen charcuterie *f.* **II-4**
delicious délicieux/délicieuse *adj.* **II-3**
delight plaire (à) *v.* **IV-1, IV-6**
Delighted. Enchanté(e). *adj.* **I-P, I-1**; Ravi(e). *adj.* **I-P, IV-6**
demand revendication *f.* **IV-9**
   to demand revendiquer *v.* **IV-5**
   to demand (that) exiger (que) *v.* **III-4, IV-9**
demanding exigeant(e) *adj.* **III-3, IV-6**
democracy démocratie *f.* **IV-4**
demonstration manifestation *f.* **IV-2**
dentist dentiste *m., f.* **I-3, II-5**
department store grand magasin *m.* **I-4, IV-9**
departure départ *m.* **II-2**
depend: It depends. Ça dépend. **I-4**
deposit déposer *v.* **III-2, IV-9**
   to deposit money déposer de l'argent *v.* **III-2**
depressed déprimé(e) *adj.* **II-5, IV-1**
deputy (politician) député(e) *m., f.* **IV-4**
describe décrire *v.* **II-2, IV-6**
described décrit (décrire) *adj., p.p.* **II-2**
desert désert *m.* **III-4**
deserve mériter *v.* **IV-1**
desire envie *f.* **I-2**
   to desire désirer *v.* **I-5, IV-6, IV-8**
   to desire that désirer que **III-5**
desk bureau *m.* **I-1**
   reception desk réception *f.* **II-2**
desperate désespéré(e) *adj.*
despite malgré *prep.* **III-2**
dessert dessert *m.* **II-1**
destroy détruire *v.* **III-4, IV-7**
destroyed détruit (détruire) *adj., p.p.* **II-1, III-2**
detective film film policier *m.* **III-5**
develop développer *v.* **III-4**
development développement *m.* **IV-5**; épanouissement *m.*; exploitation *f.* **IV-10**
devil: sell one's soul the devil vendre son âme au diable **IV-10**
dial (a number) composer (un numéro) *v.* **III-1**

Vocabulaire

dialog dialogue *m.* **IV-5**
dictatorship dictature *f.* **IV-4**
dictionary dictionnaire *m.* **I-P, I-1**
die mourir *v.* **II-2, IV-3**
died mort (mourir) *p.p.* **II-2, III-R**
diet régime *m.* **II-5**
   to be on a diet être au régime *v.* **II-4**
difference différence *f.* **I-1**
different autre *adj.* **IV-2, IV-4**
differently différemment *adv.* **II-3**
difficult difficile *adj.* **I-2**
digital camera appareil photo numérique *m.* **IV-7**
digital technology numérique *m.* **IV-5**
dining room salle à manger *f.* **II-3, III-R**
dinner dîner *m.* **II-4**
   to eat/have dinner dîner *v.* **I-2, II-4**
diploma diplôme *m.* **I-2**
directions indications *f.* **III-2, IV-2**
   to give directions donner des indications **IV-2**
director *(of a play)* metteur/metteuse en scène *m., f.* **III-5**; *(of a movie)* réalisateur/réalisatrice *m., f.* **III-5, IV-3**
dirty sale *adj.* **II-3**
   to make dirty salir *v.* **II-3**
disappointed déçu(e) *adj.* **IV-4**
disaster: natural disaster catastrophe naturelle *f.* **IV-2**
disastrous désastreux/désastreuse *adj.* **IV-1**
discover découvrir *v.* **III-1, IV-4**
discovered découvert (découvrir) *adj., p.p.* **III-1**
discovery: (breakthrough) discovery découverte (capitale) *f.* **III-1, IV-7**
discrepancy gap écart *m.* **IV-5**
discuss discuter *v.* **II-1**
discussion: (discussion) thread fil *m.* **IV-7**
disease: (incurable) disease maladie (incurable) *f.* **III-3, IV-6**
dish: main dish plat principal *m.* **II-4**
dishes vaisselle *f.* **II-3**
dishonest malhonnête *adj.* **IV-1**
dishwasher lave-vaisselle *m.* **II-3, III-R**
disillusioned désabusé(e) *adj.*
dismiss renvoyer *v.* **III-3**
disorientation dépaysement *m.* **IV-1**
display: fireworks display feu d'artifice *m.* **IV-2**
disposable jetable *adj.* **IV-10**
distance distance *f.* **IV-5**
   distance learning formation à distance *f.* **IV-5**
distant lointain(e) *adj.*
distraught affolé(e) *adj.* **IV-7**

distribution of wealth partage des richesses *m.* **IV-5**
distrust se méfier de *v.* **IV-2**
disturb déranger *v.* **I-1**
dive plonger *v.* **IV-1**
   to (scuba) dive faire de la plongée (sous-marine) *v.* **IV-10**
diversity diversité *f.* **IV-5**
divorce divorce *m.* **II-1, III-R**
   to divorce divorcer *v.* **IV-1**
divorced divorcé(e) *adj.* **I-3**
DNA ADN *m.* **IV-7**
do faire *v.* **I-5, IV-1**
   I am doing badly. Je vais mal. **I-1**
   I am doing well. Je vais bien. **I-1**
   to do (someone) a favor rendre service (à quelqu'un) *v.* **IV-9**
   to do homework faire ses devoirs *v.* **I-5**
   to do it on purpose faire exprès *v.* **IV-4**
   to do one's hair se coiffer *v.* **II-5, III-R**
   to do sports faire du sport *v.* **I-5**
   to do the dishes faire la vaisselle *v.* **II-3, III-R**
   to do the housework faire le ménage *v.* **II-3, III-R**
   to do the laundry faire la lessive *v.* **II-3, III-R**
   to do without faire sans *v.* **IV-5**
   to do yoga faire du yoga *v.* **I-5**
doctor médecin *m.* **I-3**
documentary documentaire *m.* **III-5, IV-3**
dog chien *m.* **I-3**
dolphin dauphin *m.* **IV-10**
done fini (finir) *adj., p.p.* **I-4**; fait (faire) *adj., p.p.* **II-1, III-R**
door porte *f.* **I-1**
   right next door juste à côté **I-3**
dormitory dortoir *m.* **I-3**
doubt (that) douter (que) *v.* **III-5, IV-2**
doubtful douteux/douteuse *adj.* **III-5**
   It is doubtful that... Il est douteux que... **III-5**
downhill skiing ski alpin *m.* **IV-8**
download télécharger *v.* **III-1, IV-7**
downtown centre-ville *m.* **I-4**
drama: psychological drama drame psychologique *n.* **III-5**
   drama course cours d'art dramatique *m.* **IV-3**
draw dessiner *v.* **I-2**
   to draw from puiser *v.* **IV-10**
dreadful épouvantable *adj.* **I-5**
dream rêve *m.* **IV-5**
   to dream (about) rêver (de) *v.* **III-1, IV-1**
   full of dreams rêveur/rêveuse *adj.* **IV-2**
dress robe *f.* **II-1, III-R**
dresser commode *f.* **II-3, III-R**

drink (carbonated) boisson (gazeuse) *f.* **I-4**
   to drink boire *v.* **I-4, IV-3**
   to have a drink prendre un verre *v.* **IV-8**
drinkable potable *adj.* **IV-10**
drive conduire *v.* **II-1, IV-3**
   to drive rouler (en voiture) *v.* **II-2, IV-2**
   to drive slowly/fast rouler lentement/vite *v.* **III-1**
driven conduit (conduire) *adj., p.p.* **II-1**
driver conducteur/conductrice *m., f.* **IV-2**
   driver (taxi/truck) chauffeur (de taxi/de camion) *m., f.* **III-3, IV-2**
   driver's license permis de conduire *m.* **III-1**
driving conduite *f.* **IV-2**
   driving lessons cours de conduite *m.* **III-1**
drop off déposer *v.* **III-2**,
drought sécheresse *f.* **III-4, IV-10**
drown s'enfoncer *v.*
drums batterie *f.* **III-5, IV-2**
   to play the drums jouer de la batterie *v.* **III-5**
drunk bu (boire) *p.p.* **II-1, III-R**
dry sec/sèche *adj.* **IV-10**
   clothes dryer sèche-linge *m.* **II-3**
   to dry oneself se sécher *v.* **II-5, III-R**
   to dry the dishes essuyer la vaisselle *v.* **III-R**
due to dû/due à **IV-5**
during pendant *prep.* **II-2**
dust poussière *f.* **II-3**
   to dust enlever/faire la poussière *v.* **II-3, III-R**
dusty poussiéreux/poussiéreuse *adj.* **IV-7**

E

e-mail e-mail *m.* **III-1**
each chaque *adj.* **II-1, III-2, IV-4**
   each one chacun(e) *indef. pron.*
   each other *(used with reciprocal verb)* se/s' *pron., pl.* **II-5, III-1**
ear oreille *f.* **II-5**
early en avance, tôt *adv.* **I-2, IV-2**
earn gagner *v.* **I-5, III-3, IV-4**
   to earn a living gagner sa vie *v.* **IV-9**
Earth Terre *f.* **III-4**
earth tremor tressaillement du sol *m.* **IV-2**
earthquake tremblement de terre *m.* **IV-10**
easily facilement *adv.* **II-3**
east est *m.* **III-2**
easy facile *adj.* **I-2**

Anglais–Français

Appendice B

eat manger *v.* **I-2, IV-1**; bouffer *v., fam.* **IV-10**
   Let's eat! À table! **II-4**
   to eat dinner dîner *v.* **I-2, II-4**
   to eat lunch déjeuner *v.* **I-P, I-4, II-4**
éclair éclair *m.* **I-4**
ecological écologique *adj.* **III-4**
ecology écologie *f.* **III-4**
economic crisis crise économique *f.* **IV-9**
economics économie *f.* **I-2**
ecotourism écotourisme *m.* **III-4**
edge: cutting edge de pointe **IV-7**
edible mangeable *adj.* **IV-4**
editor rédacteur/rédactrice *m., f.* **IV-3**
education enseignement *m.* **III-2, IV-5**; formation *f.* **III-3, IV-9**
efficient efficace *adj.* **IV-5**
effort effort *m.* **IV-5**
   It is not worth the effort… Ce n'est pas la peine que… **IV-6**
   to make an effort faire un effort *v.* **IV-5**
egg œuf *m.* **II-4**
egocentric égocentrique *adj.* **IV-3**
eight huit *m.* **I-P, I-1**
eighteen dix-huit *m.* **I-P, I-1**
eighth huitième *adj.* **II-2**
eighty quatre-vingts *m.* **I-3**
elect élire *v.* **IV-4**
election élection *f.* **IV-4**
electric électrique *adj.* **II-3**
electrical appliance appareil électrique *m.* **II-3, III-R**
electrician électricien/électricienne *m., f.* **III-3**
elegant élégant(e) *adj.* **I-1**
eleven onze *m.* **I-P, I-1**
eleventh onzième *adj.* **II-2**
embarrass gêner *v.* **IV-1**
embarrassed gêné(e) *adj.* **IV-2**
   to be embarrassed (about) avoir honte (de) *v.* **IV-1**
emergency: emergency room urgences *f., pl.* **II-5**
   emergency, spare (tire) (pneu de) secours *m.* **III-1**
   to go to the emergency room aller aux urgences *v.* **II-5, III-R**
emigrant émigré(e) *m., f.* **IV-5**
emigrate émigrer *v.* **IV-1**
employee employé(e) *m., f.* **I-5, III-3, IV-9**; salarié(e) *m., f.* **III-R**
empty vide *adj.* **IV-2**
encouragement encouragement *m.* **IV-5**
end bout *m.* **III-2**; fin *f.* **III-5**
   at the end (of) au bout (de) *prep.* **III-2**
endangered menacé(e) *adj.* **III-4**; en voie d'extinction *adj.* **IV-10**
   endangered species espèce menacée *f.* **III-4**
energy énergie *f.* **IV-10**

energy consumption consommation d'énergie *f.* **IV-10**
energy source source d'énergie *f.* **IV-10**
(nuclear/solar) energy énergie (nucléaire/solaire) *f.* **III-4**
engaged fiancé(e) *adj.* **I-3**
engagement fiançailles *f.* **IV-6**
   engagement ring bague de fiançailles *f.* **IV-6**
engine moteur *m.* **III-1**
   search engine moteur de recherche *m.* **IV-7**
engineer ingénieur(e) *m., f.* **I-3, IV-7**
England Angleterre
English *(language)* anglais *m.* **I-P, I-2**; anglais(e) *adj.* **I-1**
enjoy bénéficier de *v.* **IV-5**
   to enjoy something profiter de quelque chose *v.* **III-5**
enormous énorme *adj.* **I-2**
enormously énormément *adv.* **IV-2**
enough (of) *(before noun)* assez (de) **I-4, IV-5**
   That's enough. Ça suffit. **I-5, IV-4**
enroll s'inscrire *v.* **III-2, IV-1, IV-6**
enslavement asservissement *m.* **IV-4**
enter entrer *v.* **II-2, IV-3**
entertain divertir *v.* **IV-3**
entertaining divertissant(e) *adj.* **IV-8**
entertainment divertissement *m.* **IV-3**
enthusiastic enthousiaste *adj.* **IV-1**
entrepreneur entrepreneur/entrepreneuse *m., f.* **IV-9**
envelope enveloppe *f.* **III-2**
environment environnement *m.* **III-4, IV-10**
envision envisager *v.* **IV-7**
envy envie *f.* **I-2**
equal égal(e) *adj.* **IV-4**
   to equal égaler *v.* **I-3**
equality égalité *f.* **IV-4**
erase effacer *v.* **I-1, III-1**
eraser gomme *f.* **I-1**
erosion érosion *f.* **IV-10**
errand course *f.* **II-4, III-2, IV-1, IV-8**
escaped évadé(e) *adj.* **IV-4**
escargot escargot *m.* **I-P, II-4**
especially surtout *adv.* **IV-2**
essential essentiel(le) *adj.* **III-4, IV-6**
   It is essential that… Il est essentiel que… ; Il est indispensable que… **III-4**
establish instaurer *v.* **III-R**
ethical éthique *adj.* **IV-7**
even même *adj.* **I-5, III-2, IV-2**
evening soir *m.* **I-P**; soirée *f.* **I-2**
   yesterday evening hier soir *adv.* **I-P, II-2**
event événement *m.* **IV-3**
   current events actualité *f.* **IV-3**
every chaque *adj.* **II-1, III-2, IV-4**; tout(e)/tous/toutes (les) *adj.* **IV-4**

every day tous les jours *adv.* **I-2, I-3**
everyone tout le monde **II-4**
everything tout *pron.* **IV-4**
everywhere partout *adv.* **III-2, IV-2**
evident: It is evident that… Il est évident que… **III-5**
evidently évidemment *adv.* **II-2**
evolve évoluer *v.*
exactly exactement *adv.* **II-4**
exam examen *m.* **I-1**
   exam (French high-school exam) bac(alauréat) *m.* **I-2**
   to pass an exam être reçu(e) à un examen *v.* **I-2**
   to take an exam passer un examen *v.* **I-2**
except sauf *adv.* **IV-8**
excerpt extrait *m.* **IV-3**
excited enthousiaste *adj.* **IV-1**
exciting passionnant(e) *adj.* **IV-4**
excluded exclu(e) *adj.* **IV-5**
Excuse me. Excuse-moi. *fam.* **I-1**
executive cadre/femme cadre *m., f.* **III-3, IV-9**
exercise gym *f.* **I-5**; exercice *m.* **II-5**
   to exercise faire de l'exercice *v.* **II-5**
exhausted épuisé(e) *adj.* **IV-9**
   to be exhausted être à bout *v.* **IV-5**
exhibition exposition *f.* **III-5, IV-8**
exit sortie *f.* **II-2**
expect: to expect something s'attendre à quelque chose *v.* **IV-2, IV-3**
   to expect to compter *v.* **III-1, IV-8**
expenditure dépense *f.* **III-2**
expenses dépenses *f.* **IV-9**
expensive cher/chère *adj.* **I-4, II-1, IV-2**
experience: professional experience expérience professionnelle *f.* **III-3**
experiment expérience *f.* **IV-7**
   to carry out an experiment faire une expérience *v.* **IV-7**
expertise savoir-faire *m.* **III-3**
explain expliquer *v.* **I-2**
explore explorer *v.* **I-4, IV-7**
extinction extinction *f.* **III-4**
eye (eyes) œil (les yeux) *m., pl.* **I-3, II-5**

F

face visage *m.* **II-5**
facing en face (de) *prep.* **I-3**
factory usine *f.* **III-4**
fail échouer *v.* **I-2**; rater *v.* **IV-5**
fair foire *f.* **III-1, IV-2**
fairy tale conte de fée *m.* **III-1**
faithful fidèle *adj.* **IV-1**
fall automne *m.* **I-5**
   in the fall en automne **I-5**

Vocabulaire

to fall tomber *v.* **II-2**
to fall in love (with) tomber amoureux/amoureuse (de) *v.* **II-1, III-R, IV-1**
false faux/fausse *adj.* **IV-2**
family famille *f.* **I-3**
   family member proche *m., f.* **III-R, III-2**
   family room salle de séjour *f.* **II-3, III-R**
   single-parent/large/blended family famille monoparentale/nombreuse/recomposée **IV-6**
   to start a family fonder une famille *v.* **IV-6**
famous connu (connaître) *adj., p.p.* **II-3, III-2**; célèbre *adj.* **III-5**
fan (of) fan (de) *m., f.*; supporter (de) *m.* **IV-8**
far (from) loin (de) *prep.* **I-3**
faraway éloigné(e) *adj.* **III-1**
farm ferme *f.* **IV-10**
farmer agriculteur/agricultrice *m., f.* **III-3**
fascinating fascinant(e) *adj.* **IV-9**
fashion mode *f.* **I-2**
fast rapide *adj.* **I-3**; vite *adv.* **II-2**
   those who reacted the fastest les plus vifs *m., pl.* **IV-2**
fat gros(se) *adj.* **I-3, IV-2**; gras(se) *adj.* **IV-4**
father père *m.* **I-3, III-R**
   father-in-law beau-père *m.* **I-3, III-R**
   grandfather grand-père *m.* **I-3**
   stepfather beau-père *m.* **I-3**
favorite préféré(e) *adj.* **I-2**; favori(te) *adj.* **I-3, IV-2**; fétiche *adj.* **IV-1**
fear peur *f.* **I-2, IV-4**
   for fear of de peur de *prep.* **IV-7**
   for fear that de peur que; de crainte que *conj.* **IV-7**
   to fear craindre; redouter *v.* **IV-6**
February février *m.* **I-P, I-5**
fed: to be fed up (with) en avoir marre (de) *v.* **I-3, II-1, IV-1**
feed (social media) fil *m.* **IV-7**
feel se sentir *v.* **II-5, III-R**; ressentir *v.* **IV-1**
   to feel down avoir le cafard *v.* **IV-6**
   to feel like (doing something) avoir envie (de) *v.* **I-2**
   to feel nauseated avoir mal au cœur *v.* **II-5**
feeling état d'âme *m.* **IV-1**
festival festival (festivals *pl.*) *m.* **III-5**
feudal system système féodal *m.* **IV-4**
fever fièvre *f.* **II-5, III-R**
   to have a fever avoir de la fièvre *v.* **II-5, III-R**
few (of) peu (de) *m.* **IV-5**
fewer (of) moins (de) *adv.* **I-4**
fiancé fiancé(e) *m., f.* **II-1, III-R**

field (terrain) champ *m.* **III-4**; (of study) domaine *m.* **III-3**; (soccer) terrain *m.* (de foot) **IV-8**
fifteen quinze *m.* **I-P, I-1**
fifth cinquième *adj.* **II-2**
fifty cinquante *m.* **I-1**
fight lutte *f.* **IV-3**
   to fight combattre; lutter *v.* **IV-4, IV-5**
   to fight (against) se battre (contre) *v.* **IV-5, IV-8**
   to fight with one another se disputer (avec) *v.* **II-5, III-1**
figurative meaning/sense sens figuré *m.* **IV-10**
figure (physique) ligne *f.* **I-5**; (number) chiffre *m.* **IV-9**
   to figure it out se débrouiller *v.* **III-1, IV-9**
file fichier *m.* **III-1**
   to file a complaint porter plainte *v.* **IV-7**
fill: fill out (a form) remplir (un formulaire) *v.* **III-2**
   to fill the tank faire le plein *v.* **III-1**
film (adventure, horror, crime, science-fiction) film (d'aventures, d'horreur, policier, de science-fiction) *m.* **III-5**
   to stream (a film) regarder (un film) en streaming *v.* **III-1**
finally enfin, finalement *adv.* **II-2, IV-2, IV-3**
financial financier/financière *adj.* **IV-9**
find trouver *v.* **I-2**
   to find (again) retrouver *v.* **I-2**
   to find a job/work trouver un/du travail *v.* **III-3**
fine amende *f.* **III-1**
fine arts beaux-arts *m., pl.* **III-5**
finger doigt *m.* **II-5**
finish (doing something) finir (de) *v.* **I-4, III-1**
finished fini (finir) *adj., p.p.* **I-4**
fire incendie *m.* **III-4, IV-10**
   fire station caserne de pompiers *f.* **IV-2**
   to be fired être viré(e) *v.* **IV-9**
   to fire licencier, virer *v.* **IV-9**
   to prevent a fire prévenir l'incendie *v.* **III-4**
firefighter pompier *m.* **III-3**
fireworks display feu d'artifice *m.* **IV-2**
firm: (multinational) firm, business, company entreprise (multinationale) *f.* **III-3, IV-9**
first d'abord *adv.* **II-2, IV-2**; premier/première *adv.* **I-2, IV-2**
   first (day of the month) premier *m.* **I-5**
   first name prénom *m.* **I-P**

   It is October first. C'est le 1er (premier) octobre. **I-P**
fish poisson *m.* **I-3, IV-10**
   fish shop poissonnerie *f.* **II-4**
   to fish pêcher *v.* **IV-10**
fishing pêche *f.* **I-5, II-4**
   to go fishing aller à la pêche *v.* **I-5**
five cinq *m.* **I-P, I-1**
   five hundred cinq cents *m.* **I-5**
flag drapeau *m.* **1-P, IV-4**
flat tire pneu crevé *m.* **III-1**
flavor goût *m.* **II-2**
flaw défaut *m.* **IV-3**
flee fuir *v.* **IV-1**
fleeting passager/passagère *adj.* **IV-1, IV-2**
flight vol *m.* **II-2**
flirt draguer *v.* **IV-1**
flood inondation *f.* **IV-10**
floor étage *m.* **II-2**
flour farine *f.* **III-R, III-3**
flourishing prospère *adj.* **IV-9**
flower fleur *f.* **II-4**
   flower bed parterre de fleurs *m.* **III-2**
flu grippe *f.* **II-5, III-R**
fluently couramment *adv.* **II-2**
fly voler *v.* **IV-8**
follow suivre *v.* **III-2, III-3**
following à la suite de **III-R**; prochain(e) *adj.* **I-2, IV-2**
food (type or kind of) aliment *m.* **II-4, IV-6**; (sustenance) nourriture *f.* **II-4**
   Food is ready! À table! **II-4**
   related to food alimentaire *adj.* **IV-6**
foot pied *m.* **II-5**
football football américain *m.* **I-5**
for pour *prep.* **I-5, I-7**; pendant (with time expression) *prep.* **II-4**
   for a long time longtemps *adv.* **I-5, IV-3**
   for an hour (a month, etc.) pendant une heure (un mois, etc.) *adv.* **IV-3**
   for fear of de peur de *prep.* **IV-7**
   for fear that de crainte que, de peur que *conj.* **IV-7**
forbid interdire *v.* **III-4**
force forcer *v.* **IV-1**
forehead front *m.*
foreign: foreign languages langues étrangères *f., pl.* **I-2**
foreigner étranger/étrangère *m., f.* **IV-2**
forest: tropical forest forêt tropicale *f.* **III-4, IV-10**
forge ahead aller de l'avant *v.* **IV-5**
forget (to do something) oublier (de) *v.* **I-2 III-1**
fork fourchette *f.* **II-4**
form formulaire *m.* **III-2**
   to fill out a form remplir un formulaire **III-2**

Anglais–Français

former *(placed before a noun)* ancien(ne) *adj.* **III-R, III-1, III-5, IV-2**
formerly auparavant *adv.* **IV-6**
fortunately heureusement *adv.* **II-3, IV-2**
forty quarante *m.* **I-1**
forward en pointe *adv.* **IV-8**
foul faute *f.* **IV-8**
fountain fontaine *f.* **III-2**
four quatre *m.* **I-P, I-1**
fourteen quatorze *m.* **I-P, I-1**
fourth quatrième *adj.* **II-2**
France France *f.* **I-P, II-2**
frank franc/franche *adj.* **IV-2**
frankly franchement *adv.* **II-2**
free *(at no cost)* gratuit(e) *adj.* **I-4, III-5**
   free kick coup franc *m.* **IV-8**
   free time temps libre *m.* **I-5**
   to free oneself se libérer *v.* **IV-4**
   to free the mind libérer l'esprit *v.* **III-3**
freedom liberté *f.* **IV-4**
   freedom of the press liberté de la presse *f.* **IV-3**
freezer congélateur *m.* **II-3**
French français(e) *adj.* **I-P, I-1**; *(language)* français *m.* **I-P, I-2**
   French fries frites *f., pl.* **I-4**
frequent fréquenter *v.* **I-4**
fresh frais/fraîche *adj.* **I-5, III-2, IV-2**
Friday vendredi *m.* **I-P**
   every Friday, on Fridays le vendredi **I-P**
friend ami(e) *m., f.* **I-1**; copain/copine *m., f.* **I-1**; pote *m., f., fam.* **III-2**
   close friend proche *m., f.* **III-R, III-2**
friendly amical(e) *adj.* **I-1**
friendship amitié *f.* **II-1, IV-1**
frightening effrayant(e) *adj.* **IV-7**
from à partir de *prep.* **IV-1, IV-7**; de/d' *prep.* **I-1, I-3, IV-7**
front: up front en pointe *adv.* **IV-8**
frozen surgelé *adj.* **III-2**
fruit fruit *m.* **II-4**
fuel combustible *m.* **IV-10**
fulfill (a dream) réaliser (un rêve) *v.* **IV-5**
full *(no vacancies)* complet/complète *adj.* **II-2, IV-2, IV-8**; plein(e) *adj.* **IV-2**
   full-time (job) à plein temps *adj.* **III-3**
   full-time job emploi à plein temps *m.* **III-3**
fun amusant(e) *adj.* **I-1**
function fonctionner *v.* **III-1**; marcher *v.* **I-5, III-1**
funds fonds *m.*
funeral funérailles *f., pl.* **II-4**
funny drôle *adj.* **I-3**
furious furieux/furieuse *adj.* **III-4**
to be furious that... être furieux/furieuse que *v.* **III-4**
furniture mobilier *m.* **IV-10**
   piece of furniture meuble *m.* **II-3, III-R, IV-10**
future avenir *m.* **III-2**; futur *m.* **III-2**

G

gain weight grossir *v.* **I-4**
game jeu *m.* **I-P, I-5, IV-8**; match *m.* **I-5**; partie *f.* **IV-8**
   game show jeu télévisé *m.* **III-5**
   video game(s) jeu vidéo (des jeux vidéo) *m.* **I-5**
gang bande *f.* **IV-5**
garage garage *m.* **II-3**
garbage collection ramassage des ordures *m.* **III-4**
garden jardin *m.* **II-3, III-R**
   public garden jardin public *m.* **IV-2**
gardener jardinier/jardinière *m., f.* **III-1**
garlic ail *m.* **II-4**
gas essence *f.* **III-1**
   gas warning light voyant d'essence *m.* **III-1**
gather rassembler *v.* **IV-2**
gene gène *m.* **IV-7**
generation gap fossé des générations *m.* **IV-6**
generous généreux/généreuse *adj.* **I-3**
genetics génétique *f.* **IV-7**
genre genre *m.* **III-5**
gently doucement *adv.* **IV-2**
geography géographie *f.* **I-P, I-2**
German allemand(e) *adj.* **I-1**
Germany Allemagne *f.* **II-2, III-R**
get *(obtain)* obtenir *v.* **III-3**; *(salary)* toucher *v.* **IV-9**
   to get along well (with one another) s'entendre bien (avec) *v.* **II-5, III-1, IV-1**
   to get angry (at/with) se fâcher (contre) *v.* **IV-2**; se mettre en colère (contre) *v.* **IV-1**
   to get (benefit, income) out of/from retirer (un profit, un revenu) de **IV-9**
   to get better guérir *v.* **II-5, IV-7**
   to get dressed s'habiller *v.* **II-5, III-R, IV-2**
   to get engaged se fiancer *v.* **IV-1**
   to get hurt se blesser *v.* **II-5, III-R, IV-8**
   to get (in a car, on a train) monter (dans une voiture, dans un train) *v.* **IV-2**
   to get off descendre (de) *v.* **II-1, III-2, IV-2**
   to get one's bearings s'orienter *v.* **III-2**
   to get ready se préparer (à) *v.* **II-5, III-R, III-1**
   to get sick être/tomber malade *v.* **II-5, III-R**
   to get *(to obtain)* **tickets** obtenir des billets *v.* **IV-8**
   to get together se réunir *v.* **IV-2**
   to get up again se relever *v.* **II-5**
   to get up/out of bed se lever *v.* **II-5, III-R, IV-2**
   to get upset/worked up s'énerver *v.* **II-5**
   to get used to s'habituer à *v.* **IV-2**
   to get worse empirer *v.* **IV-10**
giant géant(e) *m., f.* **IV-10**
gift cadeau *m.* **II-1**
   wrapped gift paquet cadeau **II-1**
gifted doué(e) *adj.* **III-5**
girl fille *f.* **I-P, I-1, III-R**
girlfriend petite amie *m., f.* **I-1, I-3**
give *(to someone)* donner (à) *v.* **IV-2**
   to give a shot faire une piqûre *v.* **II-5**
   to give a tour faire visiter *v.* **II-3**
   to give back, return (to) rendre (à) *v.* **II-1**
   to give directions donner des indications *v.* **IV-2**
   to give one another se donner *v.* **III-1**
   to give up (on) lâcher *v.* **IV-5, IV-8**
glass (of) verre (de) *m.* **I-4, IV-5**
glasses (sunglasses) lunettes (de soleil) *f., pl.* **II-1, III-R**
glide glisser *v.* **IV-8**
global warming réchauffement *m.* de la Terre **III-4**; réchauffement *m.* climatique **IV-10**
globalization mondialisation *f.* **IV-5**
glove gant *m.* **II-1**
gnarled noueux/noueuse *adj.* **IV-10**
go aller *v.* **I-4, III-1, III-5, IV-1**
   I'm going. J'y vais. **II-3**
   Let's go! Allons-y! **I-2**
   We're going. Nous y allons. **II-4**
   to go across parcourir *v.* **IV-8**
   to go all-out aller à fond *v.* **III-3**
   to go (away) s'en aller *v.*
   to go bankrupt tomber en faillite *v.* **IV-10**
   to go beyond one's limits se dépasser *v.* **IV-8**
   to go down descendre *v.* **III-2, IV-2**
   to go downstairs descendre (de) *v.* **II-1**
   to go (grocery) shopping faire les courses *v.* **II-4, III-R**
   to go out sortir *v.* **I-5, II-3 IV-1**
   to go out with sortir avec *v.* **IV-1**
   to go over dépasser *v.* **III-1, IV-5, IV-8**
   to go past passer (devant) *v.* **IV-2**
   to go to bed se coucher *v.* **II-5, III-R, III-1, IV-2**
   to go up monter *v.* **II-2, III-2, IV-3**
   to go with aller avec *v.* **II-1**

Vocabulaire

goal but *m.* **IV-5**
gold or *m.* **IV-2**
golf golf *m.* **I-5**
good bon(ne) *adj.* **I-3, III-R, IV-2**
  Good evening. Bonsoir. **I-P, I-1**
  Good morning. Bonjour. **I-P, I-1**
  good shape, good state of health pleine forme *f.* **II-5**
  It is good that… Il est bon que… **III-4**
  to be in a good mood être de bonne/mauvaise humeur *v.* **II-3**
  to be in good health être en bonne/mauvaise santé *v.* **II-5, III-R**
  to be in good shape être en pleine forme **II-5**
Good-bye. Au revoir. **I-1**
  to say goodbye dire au revoir **IV-5**
gossip commérages *m.* **IV-1**
govern gouverner *v.* **IV-4**
government gouvernement *m.* **III-4, IV-4**
grade *(academics)* note *f.* **I-2**
  to have good/bad grades avoir de bonnes/mauvaises notes **I-2**
grandchildren petits-enfants *m., pl.* **I-3**
granddaughter petite-fille *f.* **I-3, III-R, IV-6**
grandfather grand-père *m.* **I-3, III-R**
grandmother grand-mère *f.* **I-3, III-R**
grandparents grands-parents *m., pl.* **I-3**
grandson petit-fils *m.* **I-3, III-R, IV-6**
grant bourse *f.* **IV-3**
  to grant accorder *v.* **III-R**; attribuer *v.* **IV-3**
grape raisin *m.* **IV-6**
grass herbe *f.* **III-4**
gratin gratin *m.* **II-4**
gravity gravité *f.* **IV-7**
gray gris(e) *adj.* **I-3, II-1**
great chouette *adj.* **IV-8**; formidable *adj.* **II-2**; génial(e) *adj.* **I-3, IV-1**; grand(e) *adj.* **I-3, IV-2**
great-aunt grand-tante *f.* **IV-6**
great-grandfather arrière-grand-père *m.* **IV-6**
great-grandmother arrière-grand-mère *f.* **IV-6**
great-uncle grand-oncle *m.* **IV-6**
Greek grec/grecque *adj.* **IV-2**
green vert(e) *adj.* **I-3, II-1**
  green beans haricots verts *m., pl.* **II-4**
  green light feu vert *m.* **III-1**
greenhouse serre *f.* **I-3, III-4**
  greenhouse effect effet de serre *m.* **III-4**
grief deuil *m.* **IV-1**; peine *f.* **IV-1**
grilled grillé(e) *adj.* **IV-6**
grind: daily grind métro, boulot, dodo **IV-9**
groom marié *m.* **IV-6**
grooming toilette *f.* **II-5, III-R**

ground floor rez-de-chaussée *m.* **II-2**
group: musical group groupe *m.* **III-5, IV-8**
grow augmenter *v.* **IV-5**
  to grow old vieillir *v.* **IV-6**
  to grow up grandir *v.* **IV-6**
growing croissant(e) *adj.* **III-4**
  growing population population croissante *f.* **III-4**
grudge: to have a grudge en vouloir (à) **IV-5**
guaranteed garanti(e) *adj.* **I-5**
guess deviner *v.* **IV-5**
guest client(e) *m., f.* **II-2**; invité(e) *m., f.* **II-1**
guilty coupable *adj.* **IV-4**
guitar guitare *f.* **III-5**
  to play the guitar jouer de la guitare *v.* **III-5**
guy gars *m.* **IV-5**; type *m.* **IV-1**
gym gymnase *m.* **I-4**

H

habitat habitat *m.* **III-4**
  habitat preservation sauvetage *m.* des habitats **III-4**
habits mœurs *f.* **IV-4**
had eu (avoir) *p.p.* **II-1, III-R**
  had to dû (devoir) *p.p.* **III-R**
  had to… *(used with infinitive)* fallu (falloir) *p.p.* **II-1, III-R**
hair cheveux *m., pl.* **II-4**
  to brush one's hair se brosser les cheveux *v.* **II-5, III-R, IV-2**
  to do one's hair se coiffer *v.* **II-5, III-R**
hairbrush brosse à cheveux *f.* **II-5, III-R**
hairdresser coiffeur/coiffeuse *m., f.* **I-3**
Haiti Haïti *f.* **I-P**
Haitian haïtien(ne) *adj.* **I-P**
half demie **I-2**; moitié *f.* **IV-5**
  half past … (o'clock) et demi(e) **I-2**
  half-brother demi-frère *m.* **I-3, III-R, IV-6**
  half-sister demi-sœur *f.* **I-3, III-R, IV-6**
hallway couloir *m.* **II-3, IV-5**
ham jambon *m.* **I-4**
hamburger hamburger *m.* **I-4**
hand main *f.* **I-5**
  on the other hand en revanche **III-R**
handbag sac à main *m.* **II-1**
handkerchief mouchoir *m.* **IV-8**
handle manier *v.* **IV-7**
handsome beau *adj.* **I-3, IV-2**
hang: to hang on s'accrocher *v.* **IV-9**
  to hang up *(phone)* raccrocher *v.* **III-3**
happily heureusement *adv.* **II-3, IV-2**

They lived happily ever after. Ils vécurent heureux. **IV-6**
happiness bonheur *m.* **II-1, III-R**
happy content(e) *adj.* **III-4, IV-6**; heureux/heureuse *adj.* **I-3, IV-2**
  to be happy that… être content(e) que…, être heureux/heureuse que… *v.* **III-4**
harass harceler *v.* **IV-9**
hard dur(e) *adj.* **I-2**
hardworking travailleur/travailleuse *adj.* **I-3, IV-2**
harm nuire à *v.* **IV-10**
harmful nuisible *adj.* **IV-10**
harvest récolte *f.*
  to harvest récolter *v.* **IV-10**; exploiter *v.* **IV-10**
hat chapeau *m.* **III-R**
hate détester *v.* **I-2, III-1, IV-8**
  I hate… Je déteste… **I-2**
hatred haine *f.* **IV-4**
have avoir *v.* **I-2**; aie (avoir) *imp. v.* **II-2**; ayez (avoir) *imp. v.* **II-2**
  Have a seat! Asseyez-vous! (s'asseoir) *imp. v.* **II-5**
  I have to run/leave. Il faut que je file. **IV-5**
  let's have ayons (avoir) *imp. v.* **II-2**
  to have a bad temper avoir un sale caractère *v.* **IV-5**
  to have a good time se divertir *v.* **IV-8**
  to have a grudge en vouloir (à) *v.* **IV-5**
  to have an ache avoir mal *v.* **II-5, III-R**
  to have connections avoir des relations *v.* **IV-9**
  to have fun s'amuser *v.* **II-5, IV-2**
  to have influence (over) avoir de l'influence (sur) *v.* **IV-4**
  to have stage fright avoir le trac *v.* **IV-3**
  to have to falloir *v.* **II-2, IV-6, IV-9**
hazardous hasardeux/hasardeuse *adj.* **IV-7**
he il *sub. pron.* **I-P, I-1**
  he is… il est… **I-1**
head *(body part)* tête *f.* **II-5**
  head of a company chef/cheffe d'entreprise *m., f.* **III-3, IV-9**
  head of human resources DRH *m., f.* **IV-9**
headlights phares *m., pl.* **III-1**
headline titre *m.* **IV-3**
headphones écouteurs *m.* **III-1**
heal guérir *v.* **II-5, IV-7**
health santé *f.* **II-5, III-R**
  good state of health pleine forme *f.* **II-5**
  to be in good/bad health être en bonne/mauvaise santé *v.* **II-5, III-R**

Appendice B

health insurance assurance maladie *f.* **III-3**
healthy sain(e) *adj.* **II-5**
hear entendre *v.* **II-1, IV-2**
  to hear about entendre parler de *v.* **IV-3**
heart cœur *m.* **II-5**
heat chaud *m.* **I-2**
height: of medium height de taille moyenne **I-3**
Hello. *(on the phone)* Allô **I-1, III-3**; *(in the morning or afternoon)* Bonjour. *(in the evening)* Bonsoir. **I-P, I-1**
helmet casque *m.* **IV-1**
help (someone) out rendre service (à quelqu'un) *v.* **IV-9**
  to help one another s'aider *v.* **III-1**
her elle *disj. pron.* **I-3, II-1, II-4**; la, l' *d.o. pron.* **II-2** sa *poss. adj., f., sing.* **I-3.**; son *poss. adj., m., sing.* **I-3.**; ses *poss. adj., m., f., pl.* **I-3**
  her/for her/to her lui *i.o. pron.* **II-1**
here ici *adv.* **I-1, IV-2**; -ci *(used with demonstrative adjective* **ce** *and noun or with demonstrative pronoun* **celui)** **II-1**
  Here! Tenez! (tenir) *form., imp., v.* **II-4**; Tiens! (tenir) *fam., imp., v.* **II-4**
  here is/are voici **I-1**
heritage origine *f.* **I-1**
  cultural/world heritage patrimoine culturel/mondial *m.* **III-R, III-2, IV-5**
  I am of ... heritage. Je suis d'origine... **I-1**
herself *(used with reflexive verb)* se/s' *refl. pron., sing.* **II-5, III-1**
hesitate (to do something) hésiter (à) *v.* **III-1**
Hey! Eh! *interj.* **I-2**
Hi!; Bye! Salut! *fam.* **I-P, I-1**
high élevé *adj.* **III-R, III-3**; haut(e) *adj.* **III-2, IV-2**
  high salary un salaire élevé *m.* **III-3**
high school lycée *m.* **I-1**
  high school student lycéen(ne) *m., f.* **I-2**
highway autoroute *f.* **III-1**
hike randonnée *f.* **I-5**
  to go for a hike faire une randonnée *v.* **I-5**
him le, l' *d.o. pron.* **II-2**; lui *disj. pron.* **I-3, II-1, II-4**
  him/for him/to him lui *i.o. pron.* **II-1**
himself *(used with reflexive verb)* se/s' *refl. pron., sing.* **II-5, III-1**
hire embaucher *v.* **III-3, IV-9**

his sa *poss. adj., f., sing.*; son *poss. adj., m., sing.*; ses *poss. adj., m., f., pl.* **I-3**
history histoire *f.* **I-P, I-2, IV-1**
hit (another car) rentrer (dans) *v.* **III-1**
hobby passe-temps *m.* **IV-6**
hockey hockey *m.* **I-5**
hold tenir *v.* **II-4, IV-4**
  to hold something back retenir *v.* **II-4, IV-7**
  to be on hold patienter *v.* **III-3**
hole (in the ozone layer) trou (dans la couche d'ozone) *m.* **III-4**
  black hole trou noir *m.* **IV-7**
holiday férié(e) *adj.* **II-1**; jour *m.* férié **II-2** *adj.*
home domicile *m.* **III-2**; *(household)* foyer *m.* **III-3**
  at the home of chez *prep.* **I-5, IV-7**
  to return (home) rentrer (à la maison) *v.* **I-2, IV-3**
homeland patrie *f.* **IV-6**
homeless person sans-abri *m.* **IV-2**
homesick: be homesick avoir le mal du pays *v.* **IV-5**
homework devoir *m.* **I-2**
  to do homework faire ses devoirs *v.* **I-5**
honest honnête *adj.* **IV-1**
honestly franchement *adv.* **II-2**
hood capot *m.* **III-1**
hope espérer *v.* **I-5, III-1, IV-1**
  to hope (that) souhaiter (que) *v.* **III-4, IV-6, IV-8**
horror horreur *f.* **III-5**
  horror film film d'horreur *m.* **III-5**
hors d'œuvre hors-d'œuvre *m.* **II-4**
horse cheval *m.* **I-5**
  to go horseback riding faire du cheval *v.* **I-5**
hospital hôpital *m.* **I-4**
host hôte/hôtesse *m., f.* **II-1**
hostel: youth hostel auberge de jeunesse *f.* **II-2, III-R**
hot: It is hot. *(weather)* Il fait chaud. **I-5**
  to be hot avoir chaud *v.* **I-2**
hotel hôtel *m.* **II-2, III-R, IV-2**
  single hotel room chambre individuelle *f.* **II-2**
hour heure *f.* **I-2**
house maison *f.* **I-P, I-4**
  at (someone's) house chez *prep.* **I-5**
  to leave (the house) quitter (la maison) *v.* **I-4, IV-1, IV-5**
  to stop by someone's house passer chez quelqu'un *v.* **I-4**
household foyer *m.* **III-3**; ménage *m.* **II-3, IV-6**; ménager/ménagère *adj.* **II-3**
  household appliance appareil ménager *m.* **II-3, III-R**

household chore tâche ménagère *f.* **II-3**
househusband homme au foyer *m.* **III-3**
housewife femme au foyer *f.* **III-3**
housework: to do the housework faire le ménage *v.* **II-3, III-R**
housing logement *m.* **II-3**; habitation *f.* **IV-2**
how comme *adv.* **I-2, III-1**; comment *adv.* **I-4**
  How are things? Ça va? **I-1**
  How are you? Comment vas-tu? *fam.* / Comment allez-vous? *form.* **I-1**
  How much is ... ? Combien coûte... ? **I-4**
  How much/many ...? Combien (de)… ? *adv.* **I-P, I-1**
  How old are you? Quel âge as-tu? *fam.* / Quel âge avez-vous? *form.* **I-P**
huge énorme *adj.* **I-2**
Huh? Hein? *interj.* **I-3**
human humain(e) *adj.* **IV-1**
  human resources director chef du personnel *m.* **III-3**
  human rights droits de l'homme *m.* **IV-4**
humanities lettres *f., pl.* **I-2**
humankind humanité *f.* **IV-5**
hundred: one hundred cent *m.* **I-3**
  one hundred one cent un *m.* **I-5**
  one hundred thousand cent mille *m.* **I-5**
hundredth centième *adj.* **II-2**
hunger faim *f.* **I-4**
hungry: to be hungry avoir faim *v.* **I-4**
hunt chasse *f.* **III-4**
  to hunt chasser *v.* **III-4, IV-10**
hurricane cyclone *m.* **IV-2**; ouragan *m.* **IV-10**
hurried pressé(e) *adj.* **II-4**
hurry se dépêcher *v.* **II-5, IV-2**
hurt faire mal *v.* **II-5**
  to get hurt (se) blesser *v.* **II-5, III-R, IV-8**
husband époux *m.* **IV-6**; mari *m.* **I-3, III-R**

I

I je/j' *sub. pron.* **I-P, I-1**; moi *disj. pron., sing.* **I-3, II-1, II-4**
ice cream glace *f.* **II-1**
ice cube glaçon *m.* **I-4, II-1**
ICT (Information and Communication Technologies) TIC (Technologies de l'Information et de la Communication) **IV-5**
idea idée *f.* **I-3**
idealistic idéaliste *adj.* **IV-1**

Vocabulaire

if si *conj.* **III-3, IV-7**
ill malade *adj.* **II-5**
illiterate analphabète *adj.* **IV-4**
illness maladie *f.* **II-5**
illustration illustration *f.* **I-P**
immature peu mûr(e) *adj.* **IV-1**
immediately immédiatement *adv.* **IV-3**
immigrant immigré(e) *n.* **IV-5**
immigrate immigrer *v.* **IV-1**
immigration immigration *f.* **IV-5**
impartial impartial(e) *adj.* **IV-3**
impatient impatient(e) *adj.* **I-1**
impolite impoli(e) *adj.* **I-1**
important important(e) *adj.* **IV-6**
   It is important that… Il est important que… **III-4**
impossible impossible *adj.* **III-5, IV-7**
   It is impossible that… Il est impossible que… **III-5**
imprison emprisonner *v.* **IV-4**
improv class cours d'impro *m.* **IV-9**
improve améliorer *v.* **III-3, IV-2**
in à *prep.* **1-4, IV-5**; dans *prep.*; en *prep.* **I-3, IV-5**
   in addition en outre *adv.*
   in any case en tout cas **II-1**
   in case au cas où *conj.* **IV-10**
   in fact en fait **II-2**
   in front of devant *prep.* **I-3, IV-5**
   in general en général *adv.* **II-2**
   in order that afin que *conj.* **IV-7**
   in order to pour *prep.* **I-5, IV-7**; afin de *conj.* **III-2**
   in the past autrefois *adv.* **II-3**
include compter *v.* **III-1, IV-8**
included compris (comprendre) *adj., p.p* **II-1, II-4**
income revenu *m.* **IV-9**
incompetent incompétent(e) *adj.* **IV-9**
independent indépendant(e) *adj.* **I-1**
independently indépendamment *adv.* **II-3**
Indian indien(ne) *adj.* **I-1**
indicate indiquer *v.* **I-5**
indication indice *m.* **IV-6**
indispensable indispensable *adj.* **III-4**
individual individuel(le) *adj.* **II-2**; particulier/particulière *m., f.* **III-2**
individuality individualité *f.* **IV-5**
   loss of individuality perte de l'individualité *f.* **IV-5**
inequality inégalité *f.* **IV-4**
inevitable incontournable *adj.* **III-1, III-2**
inexpensive bon marché *adj. inv.*; pas cher/chère *adj.* **II-1**
inferior inférieur(e) *adj.* **IV-2**
influence influence *f.* **IV-4**
to have influence (over) avoir de l'influence (sur) **IV-4**
influential influent(e) *adj.* **IV-3**
inherit hériter *v.* **IV-6**
injection piqûre *f.* **II-5**
injure (oneself) (se) blesser *v.* **II-5, III-R, IV-8**
injured blessé(e) *adj.* **IV-1**
injured person blessé(e) *m., f.* **IV-2**
injury blessure *f.* **II-5, III-R**
injustice injustice *f.* **IV-4**
innovation innovation *f.* **IV-7**
innovative innovant(e) *adj.* **IV-7**
innovator innovateur/innovatrice *m., f.* **IV-7**
insensitive insensible *adj.* **IV-2**
inside dans *prep.* **I-3, IV-5**; dedans *adv.* **IV-8**
instability instabilité *f.* **IV-5**
instructions consignes *f., pl.* **IV-5**
instrument instrument *m.* **I-1**
insufficient insuffisant(e) *adj.* **IV-10**
insurance: health insurance assurance maladie *f.* **III-3**
integration intégration *f.* **IV-5**
intellectual intellectuel(le) *adj.* **I-3, IV-2**
intelligent intelligent(e) *adj.* **I-1**
intend to penser (que) *v.* **I-2, III-5, IV-8**
intended prévu(e) *adj.* **IV-5**
interesting intéressant(e) *adj.* **I-1**
intermission entracte *m.* **III-5**
intern stagiaire *m., f.* **IV-9**
internship stage *m.* **III-3**
intersection carrefour *m.* **III-2**; croisement *m.* **IV-2**
interview entretien, interview *m.* **IV-3**
   to have an interview passer un entretien *v.* **III-3**
introduce présenter *v.* **III-5**
   I would like to introduce… to you. Je te présente… *fam.*; Je vous présente… *form.* **I-1**
invent inventer *v.* **IV-7**
invention invention *f.* **IV-7**
inventor inventeur/inventrice *m., f.* **III-1**
invest investir *v.* **IV-9**
investigate enquêter (sur) *v.* **IV-3**
investigation enquête *f.*
invite inviter *v.* **I-4**
Ireland Irlande *f.* **II-2**
Irish irlandais(e) *adj.* **I-1, I-2, II-2**
island île *f.* **III-R, III-1, III-4**
isn't it? *(tag question)* n'est-ce pas? **I-2**
it il, elle *sub. pron., m., f.* **I-P, I-1**; ça *pron.* **I-1**; le *m., sing., d.o. pron.* la *f., sing., d.o. pron.*; l' *m., f., sing., d.o. pron.* **II-2**
   it is … c'est… **I-P, I-1**; il est **I-1**
   What is it? Qu'est-ce que c'est? **I-P, I-1**
Italian italien(ne) *adj.* **I-1**
Italy Italie *f.* **II-2, III-R**
its sa *poss. adj., f., sing.*; son *poss. adj. m., sing.*; ses *poss. adj. m., f., pl.* **I-3**
itself *(used with reflexive verb)* se/s' *refl. pron., sing.* **II-5, III-1**

J

jacket blouson *m.* **II-1, III-R**
jam confiture *f.* **II-4**
January janvier *m.* **I-P, I-5**
Japan Japon *m.* **II-2, III-R**
Japanese japonais(e) *adj.* **I-1**
jealous jaloux/jalouse *adj.* **I-3, IV-1**
jeans jean *m., sing.* **II-1**
jersey maillot *m.* **IV-8**
jetlagged: to be jetlagged être crevé(e) par le décalage horaire *v.* **IV-1**
jewelry store bijouterie *f.* **III-2**
job emploi *m.*, job *m.* **III-1, III-3, IV-9**; poste *m.* **III-3, IV-9**
   full-time job emploi à plein temps *m.* **III-3**
   job interview entretien (d'embauche) *m.* **III-3, IV-9**
   part-time job emploi à mi-temps/à temps partiel *m.* **III-3**
   to apply for a job solliciter un emploi *v.* **IV-9**
   to find a job trouver un/du travail *v.* **III-3**
jogging jogging *m.* **I-5**
   to go jogging faire du jogging *v.* **I-5**
join intégrer *v.* **IV-5**
joke blague *f.* **I-2**
   to joke (about) rigoler *v.* **IV-4**
journalist journaliste *m., f.* **I-3, IV-3**
joy joie *f.*
judge juge *m., f.* **IV-4**
   to judge juger *v.* **IV-4**
juice (apple/orange) jus (de pomme/d'orange) *m.* **I-4**
July juillet *m* **I-5**
jump sauter *v.* **IV-8**
June juin *m.* **I-P, I-5**
jungle jungle *f.* **III-4**
juror juré(e) *m., f.* **IV-4**
just juste *adv.* **IV-4**
justice justice *f.* **IV-4**

K

karate karate *m.* **I-P**
kayak: to go kayaking faire du kayak *v.* **I-5**
keep retenir *v.* **II-4, IV-7**
   to keep an eye on surveiller *v.* **IV-8**
   to keep oneself informed (through the media) s'informer (par les médias) *v.* **IV-3**
key clé *f.* **II-2**

Anglais–Français

Appendice B

keyboard clavier *m.* **III-1**
kid gamin(e) *m., f.* **IV-9**
kidnap enlever *v.* **IV-4**; kidnapper *v.* **IV-4**
kill tuer *v.* **IV-4**
killjoy rabat-joie *m.* **IV-8**
kilo(gram) kilo(gramme) *m.* **II-4, IV-5**
kilometer (square) kilomètre (carré) *m.* **III-R**
kind bon(ne) *adj.* **I-3, III-R, IV-2**
kindly gentiment *adv.* **II-3, IV-2**
kindness bonté *f.*
kingdom royaume *m.* **IV-6**
kiosk kiosque *m.* **I-4**
kiss one another s'embrasser *v.* **III-1**
kitchen cuisine *f.* **I-5, II-3, III-R**
knee genou *m.* **II-5**
knife couteau *m.* **II-4**
knock frapper *v.* **IV-?**
know *(be familiar with)* connaître *v.* **I-1, II-3, IV-3, IV-5**; *(facts)* savoir *v.* **II-3, III-1, III-5, IV-3**
  to know how to do something savoir *(used with an infinitive) v.* **II-3, III-1, III-5, IV-3**
  to know (that) savoir (que) *v.* **III-5**
  to know one another se connaître *v.* **III-1, IV-8**
known *(facts)* su (savoir) *adj., p.p.* **II-3**; *(famous)* connu (connaître) *adj., p.p.* **II-3, III-2**
Korean coréen(ne) *adj.* **I-1**

L

labor: manual labor travail manuel *m.* **IV-5**
laboratory laboratoire *m.*
laborer ouvrier/ouvrière *m., f.* **III-3**
lack manque *m.* **IV-5**
  lack of financial security précarité *f.* **IV-9**
lagoon lagon *m.* **IV-10**
lake lac *m.* **III-4**
lamp lampe *f.* **II-3**
land terre *f.* **III-2, IV-10**
  to land atterrir *v.* **IV-7**
landscape paysage *m.* **IV-10**
  landscape architect architecte paysagiste *m., f.* **III-1**
landslide glissement de terrain *m.* **III-4**
lane couloir *m.* **II-3, IV-5**
language langue *f.* **I-P, IV-5**
  foreign languages langues étrangères *f., pl.* **I-2**
  native language langue maternelle *f.* **IV-5**
  official language langue officielle *f.* **IV-5**
laptop ordinateur *m.* **I-P, I-1**

last dernier/dernière *adj.* **I-2, IV-2**
  at last enfin *adv.* **II-2, IV-2**
  last Monday (Tuesday, etc.) lundi (mardi, etc.) dernier **IV-3**
  to last durer *v.* **III-1**
lastly, finally dernièrement *adv.* **II-2**
late *(when something happens late)* en retard *adv.* **I-2**; *(in the evening, etc.)* tard *adv.* **I-2, IV-2**
later: See you later. À plus tard.; À tout à l'heure. **I-1**
laugh rire *v.* **II-1, IV-3**
laughed ri (rire) *p.p.* **II-1**
launch lancement *m.*
  to launch *(an application/program)* lancer *v.* **III-5, IV-5, IV-7**
laundromat laverie *f.* **III-2**
laundry lessive *f.*, linge *f.*, **II-3**
  to do the laundry faire la lessive *v.* **II-3, III-R**
law loi *f.* **III-4, IV-4**
  to pass a law approuver une loi *v.* **IV-4**
lawyer avocat(e) *m., f.* **I-3, IV-4**
lay off *(let go)* licencier *v.* **IV-9**
layer: hole in the ozone layer trou dans la couche d'ozone *m.* **III-4**
lazy paresseux/paresseuse *adj.* **I-3**
lazybones fainéant(e) *m., f.* **IV-9**
lead mener *v.* **IV-5**
learn (to do something) apprendre (à) *v.* **I-4, III-1**
  to learn the hard way apprendre à ses dépens **IV-1**
learned appris (apprendre) *adj., p.p.* **II-1, III-R**
learning apprentissage *m.* **III-3, IV-5**
  distance learning formation à distance *f.* **IV-5**
least moins
  the least *(used with adjective)* la/le moins *super. adv.*; *(used with verb or adverb)* le moins *super. adv.* **II-4, III-R**; *(used with noun to express quantity)* le moins de… **III-4**
leave congé *m.* **II-2**
  I have to run/leave. Il faut que je file. **IV-5 IV-6**
  I'm leaving. Je m'en vais. **II-3**
  to leave partir *v.* **I-5, IV-3**; *(go out)* sortir *v.* **I-5, II-3**
  to leave a message laisser un message *v.* **III-3**
  to leave a tip laisser un pourboire *v.* **I-4**
  to leave alone laisser tranquille *v.* **II-5**
  to leave behind quitter *v.* **I-4, IV-1, IV-5**
  to leave one another se quitter *v.* **III-1**
  to leave someone quitter quelqu'un **IV-1**

  to leave (the house) quitter (la maison) *v.* **I-4, IV-1, IV-5**
left (side) gauche *f.* **I-3**
  to the left (of) à gauche (de) *prep.* **I-3**
leg jambe *f.* **II-5**
leisure: leisure activity loisir *m.* **I-5**
  leisure recreation loisirs *m.* **IV-8**
lemon citron *m.* **I-4, IV-6**; citron *(color) adj.* **IV-2**
  lemon soda limonade *f.* **I-4**
lend (to someone) prêter (à) *v.* **II-1**
length durée *f.* **III-R**
  average length durée moyenne *f.* **III-R**
less (of) moins (de) *adv.* **I-4**
  less … than … *(used with adjective/adverb)* moins… que **II-4, III-R**; *(used with noun to express quantity)* moins de… que **III-2, III-4**
lessen alléger *v.* **IV-7**
lessons: driving lessons cours de conduite *m.* **III-1**
let laisser *v.* **IV-8**
  to let go *(to fire or lay off)* renvoyer *v.* **III-3**
  to let go (of) lâcher *v.* **IV-5, IV-8**; laisser tomber *v.* **IV-6**
  Let's go! Allons-y! **I-2**
letter lettre *f.* **III-2**
  letter of application lettre de motivation *f.* **III-3**
  letter of recommendation/reference lettre de recommandation *f.* **III-3**
  to mail a letter poster une lettre *v.* **III-2**
lettuce laitue *f.* **II-4**
liberal libéral(e) *adj.* **IV-4**
library bibliothèque *f.* **I-1**
license: driver's license permis, permis de conduire *m.* **III-1**
lie mentir *v.* **IV-1**
life vie *f.* **II-1**
lift lever *v.* **IV-1**; soulever *v.* **IV-7**
light lumière *f.* **III-R**
  red (yellow, green) light feu rouge (jaune, vert) *m.* **III-1**
  traffic light feu de signalisation (feux *pl.*) *m.* **III-2**
  warning light (gas/oil) voyant (d'essence/d'huile) *m.* **III-1**
lighten alléger *v.* **IV-7**
lightning foudre *f.* **IV-1**
  struck by lightning foudroyé(e) *adj.* **IV-1**
like comme *adv.* **I-2, III-1**
  I don't like … very much. Je n'aime pas tellement… **I-2**
  I really like… J'aime bien… **I-2**
  to like aimer *v.* **I-2, III-1, IV-1**
  to like that… aimer que… **III-4**
Likewise. De même. **I-P**
lime citron vert *m.* **IV-6**

Vocabulaire

line queue *f.* **III-2**
   to line up with someone se caler sur quelqu'un *v.* **IV-5**
   to wait in line faire la queue **III-2**
link lien *m.* **III-1, IV-2**
lion lion *m.* **IV-10**
listen (to) écouter *v.* **I-2, IV-8**
listener *(radio)* auditeur/auditrice *m., f.* **IV-3**
listlessness langueur *f.* **IV-1**
liter litre *m.* **IV-5**
literal meaning/sense sens littéral *m.* **IV-10**
literary littéraire *adj.* **III-5**
literature littérature *f.* **I-P, I-1**
little: a little (of) peu (de) *m.* **IV-5**
   little (of) peu (de) *adv.* **I-2, IV-2**
live en direct *adv.* **IV-3**
live vivre *v.* **II-3, IV-1**
   They lived happily ever after. Ils vécurent heureux. **IV-6**
   to live (in/at) habiter (à) *v.* **I-2**
   to live life to the fullest profiter de la vie *v.* **IV-6**
   to live (something) vicariously vivre (quelque chose) par procuration **IV-8**
   to live (something) vicariously through someone vivre quelque chose par l'intermédiaire de quelqu'un **IV-8**
lively animé(e) *adj.* **III-2, IV-2**
living room salle *f.* de séjour; *(formal)* salon *m.* **II-3, III-R**
living: earn a living gagner sa vie **IV-9**
load charge *f.* **IV-7**
loan emprunt *m.*, prêt *m.* **IV-9**
   to apply for a loan demander un prêt **IV-9**
   to secure a loan obtenir un prêt *v.* **IV-9**
   to take out a loan faire un emprunt *v.* **IV-9**
located: to be located se trouver *v.* **II-5, IV-2**
locker room vestiaires *m.* **IV-8**
logger forestier/forestière *m., f.* **IV-10**
logging industry industrie forestière *f.* **IV-10**
long long(ue) *adj.* **I-3, IV-2**
   as long as tant que *conj.* **IV-7**
   for a long time longtemps *adv.* **I-5, IV-3**
   long-sleeved shirt chemise à manches courtes/longues *f.* **II-1**
   long-term à long terme *adj.* **IV-9**
look *(used before adjective)* avoir l'air **II-1**
   to look after (someone) soigner *v.* **IV-7**; veiller *v.* sur quelqu'un **IV-6**
   to look(at) regarder *v.* **1-2, IV-8**
   to look at one another/oneself se regarder *v.* **II-5, III-R, III-1**

to look for chercher *v.* **I-2**
to look for a job/work chercher un/du travail *v.* **III-2**
to look like ressembler (à) *v.* **IV-6**
loose large *adj.* **II-1**
lose perdre *v.* **II-1, IV-4**
   to lose elections perdre les élections **IV-4**
   to lose heart se décourager *v.* **IV-5**
   to lose one's temper s'emporter *v.* **IV-6**
   to lose/waste time perdre son temps *v.* **II-1**
   to lose weight maigrir *v.* **I-4**
loss perte *f.* **IV-9**
   loss of individuality perte de l'individualité *f.* **IV-5**
lost perdu(e) *adj.* **III-2**
   to be lost être perdu(e) **III-2, IV-2**
love amour *m.* **II-1, III-R**
   I love… J'adore… **I-2**
   love at first sight coup de foudre *m.* **IV-1**
   to declare one's love faire une déclaration d'amour *v.* **IV-1**
   to fall in love (with) tomber amoureux/amoureuse (de) **II-1, III-R, IV-1**
   to love aimer *v.* **I-2, III-1, IV-1**; adorer *v.* **I-2, III-1**
   to love (like) one another s'aimer (bien) *v.* **III-1**
loving aimant(e) *adj.* **IV-6**
low bas(se) *adj.* **IV-2**
low battery batterie faible *f.* **III-1**
luck chance *f.* **I-2**
   to be lucky avoir de la chance *v.* **I-2**
lumberjack bûcheron *m.* **IV-10**
lunch déjeuner *m.* **II-4**
   to eat lunch déjeuner *v.* **I-P, I-4**
luxury luxe *m.* **IV-5**
lyrics paroles *f., pl.* **IV-3**

M

Ma'am Madame *f.* **I-P, I-1**
macaroon macaron *m.* **I-4**
machine: washing machine lave-linge *m.* **II-3**
mad fâché(e) *adj.* **IV-1**
   to get mad (at/with) se fâcher *v.* (contre) **IV-2**; se mettre en colère (contre) **IV-1 IV-2, IV-1**
made fait (faire) *adj., p.p.* **II-1, III-R**
magazine magazine *m.* **III-5**
   monthly magazine mensuel *m.* **IV-3**
   weekly magazine hebdomadaire *m.* **IV-3**
magician sorcier/sorcière *m., f.* **IV-7**
maid of honor témoin *m.* **IV-6**
mail courrier *m.* **III-2**
   mail carrier facteur/factrice *m.* **III-2**

to mail a letter poster une lettre *v.* **III-3**
mailbox boîte aux lettres *f.* **III-2**
main principal(e) *adj.* **II-4**
   main character personnage principal *m.* **III-5**
   main dish plat principal *m.* **II-4**
maintain maintenir *v.* **II-4, IV-4**
majority plupart (de) *f., pron.* **III-R, III-1, IV-4**
make *(brand)* marque *f.* **III-1, III-2, IV-1**
   to make faire *v.* **I-5, IV-1**
   to make a request *(of someone)* demander (à) *v.* **II-1**
   to make an appointment prendre (un) rendez-vous *v.* **III-3**
   to make plans faire des projets *v.* **III-3**
   to make the bed faire le lit *v.* **II-3, III-R**
   to make the front page faire la une *v.* **IV-3**
   to make think of évoquer *v.* **IV-9**
makeup maquillage *m.* **II-5, III-R**
malfunction panne *f.* **III-1**
Mali Mali *m.* **I-P**
Malian malien(ne) *adj.* **I-P**
mall centre commercial *m.* **I-4**
man homme *m.* **I-1**
manage *(to do something)* arriver à *v.* **I-2, III-1, IV-3**; *(to figure it out)* se débrouiller *v.* **III-1, IV-9**; diriger *v.* **III-3, IV-9**; gérer *v.* **IV-9**
manager gérant(e) responsable *m., f.* **IV-9**; manager *m.*; responsable *m., f.* **III-3**
manual labor travail manuel *m.* **IV-5**
manufacture fabrication *f.* **IV-10**
many beaucoup (de) *adv.* **I-4**; bien des **IV-5**
   as many… as *(used with noun to express quantity)* autant de… que *adv.* **III-4**
   How many…? Combien (de)…? *adv.* **I-P, I-1**
   so many autant *adv.* **IV-2**
map *(of the world)* carte *f.* **I-P, I-1, I-2**; *(of a city)* plan *m.* **II-2**
   to use a map utiliser un plan *v.*
March mars *m.* **I-P, I-5**
marching band fanfare *f.* **IV-2**
market: mini-market supérette *f.* **IV-6**
   stock market marché boursier *m.* **I-4, IV-9**
marriage mariage *m.* **II-1, III-R, IV-1**
married marié(e) *adj.* **I-3**
   married couple mariés *m., pl.* **II-1**
marry se marier avec *v.* **IV-1**
Martinique: from Martinique martiniquais(e) *adj.* **I-1**
masses foule *f.* **IV-4**
masterpiece chef-d'œuvre (chefs-d'œuvre *pl.*) *m.* **III-5**

Anglais–Français

Appendice B

match (sports) partie f. **IV-8**
maternal maternel(le) adj.
mathematician mathématicien(ne) m., f. **IV-7**
mathematics mathématiques (maths) f., pl. **I-P, I-2**
mature mûr(e) adj. **IV-1**
maturity maturité f. **IV-6**
May mai m. **I-P, I-5**
maybe peut-être adv. **I-2, V-2**
mayonnaise mayonnaise f. **II-4**
mayor maire m. **IV-2**
    mayor's office mairie f. **III-2**
me me/m' d.o. pron. **II-2**; moi disj. pron. **I-3, II-1, II-4**
    me/for me/to me me/m' i.o. pron. **II-1**
    Me neither. Moi non plus. **I-2**
    Me too. Moi aussi. **I-1**
meal repas m. **II-4**
mean méchant(e) adj. **I-3**
    to mean vouloir dire v. **II-4, III-R, III-1, III-5, IV-3**
    … means … veut dire (vouloir dire) v. **II-4**
meat viande f. **II-4**
mechanic mécanicien(ne) m.,f. **III-1**
media médias m., pl.; moyens de communication m., pl. **IV-3**
medication (against/for) médicament (contre/pour) m. **II-5, III-R**
medium moyen(ne) adj. **I-3**
    of medium height de taille moyenne **I-3**
meet rencontrer v. **I-1, I-2**; (make the acquaintance of) faire la connaissance de v. **I-5, IV-2**
    to meet one another (make an acquaintance) se rencontrer v. **III-1**; (planned) se retrouver v. **III-1**
    to meet up with retrouver v. **I-2**
meeting réunion f. **III-3, IV-9**
melancholic mélancolique adj.
member adhérent(e) m., f. **IV-9**; membre m. **III-5, IV-9**
    family member proche m., f. **III-R, III-2**
mentally sur le plan mental **IV-5**
menu menu m. **II-4**
merrier: The more the merrier. Plus on est de fous, plus on rit. **IV-6**
message message m. **III-3**
    text message SMS m., texto m. **III-1**
    to leave a message laisser un message v. **III-3**
    to send each other text messages s'envoyer des SMS/des textos **III-1**
messy en désordre **IV-7**
metaphor métaphore f. **IV-4**
metro, work, sleep (daily grind) métro, boulot, dodo **IV-9**

Mexican mexicain(e) adj. **I-1**
Mexico Mexique m. **II-2, III-R**
microwave oven micro-onde m. **II-3**; four m. à micro-ondes **II-3, III-R**
middle school collège m. **IV-5**
midnight minuit m. **I-2**
militant activist activiste m., f. **IV-4**
milk lait m. **I-4**
million: one million million m. **I-5**
mind: free the mind libérer l'esprit v. **III-3**
mini-market supérette f. **IV-6**
minimum wage salaire minimum m. **IV-9**
mirror miroir m. **II-3**
    rear-view mirror rétroviseur m. **III-1**
Miss Mademoiselle f. **I-P, I-1**
miss manquer à v.; rater v. **IV-5**
missed: not to be missed incontournable adj. **III-1, III-2**
missing person disparu m. **IV-2**
mistaken: to be mistaken (about) se tromper (de) v. **II-5**
mix mélange m. **IV-1**
    to mix mêler v. **IV-10**
mob foule f. **IV-6**
moderate modéré(e) adj. **IV-4**
modernity modernité f. **IV-10**
modest modeste adj. **III-3**
    modest salary salaire modeste m. **III-3**
moment moment m. **I-1**
    at that moment à ce moment-là adv. **IV-3**; alors adv. **I-2, IV-2**
monarchy: absolute monarchy monarchie absolue f. **IV-4**
Monday lundi m. **I-P**
    every Monday, on Mondays le lundi **I-P**
money argent m.; (change, coins) monnaie f. **III-2**
    to deposit money déposer de l'argent v. **III-2**
    to spend money dépenser de l'argent v. **I-4**
    to withdraw money retirer de l'argent v. **III-2**
monkey singe m. **IV-10**
month mois m. **I-2**
    per month par mois **I-5**
monthly magazine mensuel m. **IV-3**
monument monument m. **IV-2**
mood humeur f. **II-3**
    to be in a good/bad mood être de bonne/mauvaise humeur v. **II-3**
Moon Lune f. **III-4, IV-10**
moral morale f. **IV-4**
more (used in comparatives, superlatives, and expressions of quantity) plus adv. **I-4, IV-7**
    more of plus de adv. **I-4**

more … than (used with adjective/adverb) plus… que **II-4, III-R**; (used with noun to express quantity) plus/moins de … que **III-2, III-4**
morning matin, matinée m., f. **I-P, I-2**
    yesterday morning hier matin adv. **I-P, II-2**
Moroccan marocain(e) adj. **I-P, I-1**
Morocco Maroc m. **I-P**
moronic débile adj. **IV-2**
most (of them) plupart (de) f., pron. **III-R, III-1 IV-4**
    the most (used with verb or adverb) le plus super. adv. **II-4**; (used with adjective) la/le plus super. adv. **II-4, III-R**; (used with noun to express quantity) le plus de… que **III-R**
mother mère f. **I-3, III-R**
    mother-in-law belle-mère f. **I-3, III-R, IV-6**
    stepmother belle-mère f. **I-3, IV-6**
motivate motiver v. **I-5**
mountain: mountain bike VTT (vélo tout terrain) m. **IV-8**
    mountain climbing alpinisme m. **IV-8**
    mountain range chaîne montagneuse f. **IV-10**
mouse souris f. **III-1**
mouth bouche f. **II-5**
move bouger v. **IV-5**; déménager v. **II-3, IV-6**; (change location) se déplacer v. **III-2**; émouvoir v. **IV-3**; remuer v. **IV-10** v.
    to move forward avancer v. **IV-1**
    to move in emménager v. **II-3**
    to move out déménager v. **II-3, IV-6**
movie film m. **IV-3**
    (adventure, horror, crime, science-fiction) movie film (d'aventures, d'horreur, policier, de science-fiction) m. **III-5**
    movie star (vedette (de cinéma) f. **IV-3**
    movie theater; movies cinéma (ciné) m. **I-4**
    to release a movie sortir un film **IV-3**
moving émouvant(e) adj. **IV-8**
Mr. Monsieur m. **I-P, I-1**
Mrs. Madame f. **I-P, I-1**
much: as much as (used with noun to express quantity) autant de … que adv. **III-4**
    How much … ? Combien (de)… ? adv. **I-P, I-1**
    How much is … ? Combien coûte… ? **I-4**
    so much autant adv. **IV-2**
    too much (of) trop (de) adv. **I-4, IV-2, IV-5**

Vocabulaire

mud boue *f.*
multilingual polyglotte *adj.* **IV-5**
(multinational) company entreprise (multinationale) *f.* **III-3, IV-9**
museum musée *m.* **I-4**
   to go to museums faire les musées *v.* **III-5**
mushroom champignon *m.* **II-4**
music musique *f.* **I-P**
   classical music musique classique *f.* **III-5**
   music video clip vidéo; vidéoclip *m.* **IV-3**
   pop music musique pop *f.* **III-5**
   popular music variétés *f., pl.* **III-5**
   rock music musique rock *f.* **III-5**
   to play music faire de la musique *v.* **III-5**
musical musical(e) *adj.* **III-5**
   musical, musical comedy comédie musicale *f.* **III-5**
musician musicien(ne) *m., f.* **I-3, IV-8**
must *(to have to)* devoir *v.*, dû (devoir) *p.p.* **III-R, III-1, III-5, IV-3, IV-9**
   One must… Il faut que… **III-4, IV-6**
mustard moutarde *f.* **II-4**
mute muet(te) *adj.* **IV-2**
mutual aid entraide *f.* **IV-9**
my ma *poss. adj., f., sing.*; mon *poss. adj., m., sing.*; mes *poss. adj. m., f., pl.* **I-3**
myself me/m' **II-1** *pron., sing.* **II-1**

N

naïve naïf/naïve *adj.* **I-3, IV-2**
name: first name prénom *m.* **I-P**
   last name nom *m.* **I-P**
   My name is… Je m'appelle… **I-P, I-1**
   What is your name? Comment t'appelles-tu? *fam.*; Comment vous appelez-vous? *form.* **I-1**
named: to be named s'appeler *v.* **II-5**
napkin serviette *f.* **II-4**
nationality nationalité *f.* **I-P, I-1**
   I am of … nationality Je suis de nationalité… **I-1**
   What is your nationality? Quelle est ta nationalité? *fam.*; Quelle est votre nationalité? *form., sing., pl.* **I-1**
native language langue maternelle *f.* **IV-5**
natural naturel(le) *adj.* **III-4**
   natural disaster catastrophe naturelle *f.* **IV-2**
   natural resource ressource naturelle *f.* **III-4**
naturally naturellement *adv.* **IV-2**
nature nature *f.* **III-4**
nauseated: to become nauseated s'écœurer *v.* **IV-1**
to feel nauseated avoir mal au cœur *v.* **II-5**
near près (de) *prep.* **I-3**
   very near (to) tout près (de) **I-3, III-2**
necessary nécessaire *adj.* **III-4, IV-6**
   it is necessary (to)… *(followed by infinitive)* il faut **I-5, II-1**
   It is necessary that… *(followed by subjunctive)* Il est nécessaire que… **III-4**; *(followed by subjunctive)* Il faut que… **III-4, IV-6**
   It was necessary to… *(followed by infinitive or subjunctive)* Il a fallu…
neck cou *m.* **II-5**
need besoin *m.* **I-2**
   to need (something) avoir besoin (de) **I-2**
neglected délaissé(e) *adj.* **IV-6**
   to be neglected être délaissé(e) **IV-6**
neighbor voisin(e) *m., f.* **I-1, I-3**
neighborhood quartier *m.* **II-3, IV-2**
neither… nor… ne… ni… ni… **III-2**
   you neither toi non plus **I-2**
nephew neveu *m.* **I-3, III-R, IV-6**
nervous nerveux/nerveuse *adj.* **I-3**
nervously nerveusement *adv.* **II-3**
net: (fishing) net filet (de pêche) *m.* **IV-10**
network chaîne *f.* **III-1, IV-4**
   (social) network réseau (social) *m.* **III-R**
never jamais *adv.* **I-5, III-2, IV-2**; ne… jamais **III-2**
nevertheless quand même *adv.* **III-R**
new nouveau/nouvelle *adj.* **I-3**
   new wave nouvelle vague *f.* **IV-1**
newlyweds jeunes mariés *m., pl.* **II-1, III-R**
news informations (infos) *f. pl.* **III-5**; nouvelles *f. pl.* **IV-3**
   local/international news nouvelles locales/internationales *f.* **IV-3**
   news items faits divers *m.* **IV-3**
   news report reportage *m.* **IV-3**
newspaper journal *m.* **IV-3**
newsstand marchand de journaux *m.* **III-2**
next ensuite *adv.* **II-2, IV-2**; prochain(e) *adj.* **I-2, IV-2**
   next day lendemain *m.* **I-I**
   next to à côté de **I-3**
NGO (non-governmental organization) ONG (organisation non gouvernementale) *f.* **IV-10**
nice gentil(le) *adj.* **I-3, IV-2**; sympa(thique) *adj.* **I-1**
nicely gentiment *adv.* **II-3, IV-2**
nickname surnom *m.* **IV-6**
niece nièce *f.* **I-3, III-R, IV-6**
night nuit *f.* **I-2**
nightlife vie nocturne *f.* **IV-2**
nine neuf *m.* **I-P, I-1**
nineteen dix-neuf *m.* **I-P, I-1**
ninety quatre-vingt-dix *m.* **I-3**
ninth neuvième *adj.* **II-2**
no non **I-P, I-2**
   no doubt sans doute *adv.* **IV-2**
   no more ne… plus **III-2**
   no, none pas (de) *adv.* **III-2**
   no, not (any) ne… pas **I-2**
   no one, nobody ne… personne *adv.* **III-2**; personne *f. pron.* **I-1, I-2, III-2**
   No problem. Ce n'est pas grave. **II-1, IV-5, IV-6**
nobility noblesse *f.* **IV-4**
nobody, no one ne… personne *adv.* **III-2**; personne *f., pron.* **I-1, I-2, III-2**
noise bruit *m.* **IV-1**
noisily bruyamment *adv.* **IV-2**
noisy bruyant(e) *adj.* **IV-2**
non-governmental organization (NGO) organisation non gouvermentale (ONG) *f.* **IV-10**
nonconformist non-conformiste *adj.* **IV-5**
none *(not any)* ne… aucun(e) **III-2**
noon midi *m.* **I-2**
nor ni **III-2**
   neither… nor… ne… ni… ni… **III-2**
north nord *m.* **III-2**
Norway Norvège *f.* **III-R**
nose nez *m.* **II-5**
nostalgia nostalgie *f.* **IV-10**
not ne… pas **I-2**
   (but) of course not mais non **I-2**
   not any ne… aucun(e) **III-2**
   not anymore ne… plus **III-2**
   not anything ne… rien **III-2**
   not at all pas du tout **I-2**
   Not badly. Pas mal. **I-1**
   not enough (of) pas assez (de) **I-4**
   not much (of) peu (de) *adv.* **I-2, IV-2**
   not to believe that… ne pas croire que… **III-5**
   not to think that… ne pas penser que… **III-5**
   not yet pas encore **II-3**
note: (bank)note *(money)* billet *m.* **III-2, IV-8**
notebook cahier *m.* **I-P, I-1**; calepin *m.* **IV-2**
nothing ne… rien; rien *m.* **III-2**
   It's nothing. Il n'y a pas de quoi. **I-1**
   to be good for nothing ne servir à rien *v.* **II-4**
notice s'apercevoir *v.* **III-2, IV-2, IV-8**
novel roman *m.* **III-5**
November novembre *m.* **I-P, I-5**
now maintenant *adv.* **I-5, IV-2**

Anglais–Français

Appendice B

nowhere nulle part *adv.* **IV-2**
nuclear nucléaire *adj.* **III-4**
   nuclear energy énergie nucléaire *f.* **III-4**
   nuclear plant centrale nucléaire *f.* **III-4**
number *(telephone)* numéro *m.* **III-1**
   to dial a number composer un numéro *v.* **III-1**
   to redial a number recomposer un numéro *v.* **III-1**
numerous nombreux/nombreuse *adj.* **III-2**
nurse infirmier/infirmière *m., f.* **II-5**

O

o'clock heure(s) *f.* **I-2**
   at … (o'clock) à … heure(s) **I-4**
   It's … (o'clock). Il est… heure(s). **I-2**
object objet *m.* **I-1**
obviously évidemment *adv.* **II-2**
October octobre *m.* **I-P, I-5**
of de/d' *prep.* **I-1, I-3, IV-7**
   of course bien sûr *adv.* **I-2**; évidemment *adv.* **II-2**
   of course not; no *(at beginning of statement to express disagreement)* mais non **I-2**
   of medium height de taille moyenne **I-3**
   of the des (de + les) *m., f., pl.*; du (de + le) *m., sing.* **I-3**
off: day off jour de congé *m.* **II-2**
offer offrir *v.* **III-1, IV-4**
offered offert (offrir) *p.p.* **III-1**
office bureau *m.* **III-2**
officer agent *m.* **III-1**
official language langue officielle *f.* **IV-5**
often souvent *adv.* **I-5, II-3, IV-2**
oil huile *f.* **II-4, III-1**
   oil warning light voyant *m.* d'huile
   olive oil huile d'olive *f.* **II-4**
   to check the oil vérifier l'huile **III-1**
okay *(in statement)* d'accord **I-2**
It's okay. Ce n'est pas grave. **II-1**
old *(placed after a noun)* ancien(ne) *adj.* **III-R, III-1, III-5, IV-2**; vieux/vieille *adj.* **I-3, IV-2**
   in the old days auparavant *adv.* **IV-6**
   old age vieillesse *f.* **II-1, III-R, IV-6**
olive olive *f.* **II-4**
   olive oil huile d'olive *f.* **II-4**
omelette omelette *f.* **I-4**
on sur *prep.* **I-3, IV-5**
   Come on. Allez. **I-5**
   On behalf of whom? C'est de la part de qui? **III-3**
   on Mondays, Tuesdays, etc. le lundi, le mardi, etc. **I-P**

on purpose exprès *adv.* **IV-4**
on television à la télé(vision) **III-5**
on the condition that à condition que *conj.* **III-5, IV-7**
on the ground par terre **IV-1**
on the other hand en revanche **III-R**
on the radio à la radio **III-5**
on vacation en vacances **II-2**
once une fois *adv.* **II-3, IV-3**; une fois que *conj.* **IV-10**
   Once upon a time… Il était une fois… **IV-6**
one *(number)* un *m.* **I-P, I-1**
   one (we) on *sub. pron., sing.* **I-1**
   one day un jour *m.* **II-3**
   One had to… Il fallait… **II-3**
   One must… *(followed by the subjunctive)* Il faut que… **III-4, IV-6**
   one-on-one duel *m.* **IV-8**
   one-way sens unique *m.* **III-2**
   the one celui *dem. pron., m., sing.*; celle *dem. pron., f., sing.* **III-4**
   the ones ceux *dem. pron., m., pl.*; celles *dem. pron., f., pl.* **III-4**
onion oignon *m.* **II-4**
online en ligne **III-1**
   to be online (with) être en ligne (avec) *v.* **III-1**
   to be online with someone être connecté(e) avec quelqu'un *v.* **II-2**
only ne… que **III-2**; seul(e) *adj.* **IV-2, IV-5**; seulement *adv.* **II-3, III-R**; unique *adj.* **IV-6**
   only child enfant unique *m., f.* **I-3, IV-6**; fils/fille unique *m., f.* **IV-6**
open ouvert (ouvrir) *adj., p.p.* **III-1, III-2**
   to open ouvrir *v.* **III-1, IV-3**; *(an application/program)* lancer *v.* **III-5, IV-5, IV-7**
open-air en plein air *adj.* **III-4**
opened ouvert (ouvrir) *p.p.* **III-1, III-2**
opening ouverture *f.* **III-1**; *(art exhibit)* vernissage *m.* **IV-8**
opera opéra *m.* **III-5**
oppressed opprimé(e) *adj.* **IV-4**
optimistic optimiste *adj.* **I-1**
or ou **I-3**
orange orange *f.* **II-4**; orange *adj. inv.* **II-1, IV-2**
orchestra orchestre *m.* **III-5**
order commander *v.* **II-4**
   in order to pour *prep.* **I-5, IV-7**; afin de *conj.* **III-2**
organic bio(logique) *adj.* **IV-6**
orphan orphelin(e) *m., f.* **IV-6**
other autre *adj.* **IV-2, IV-4**
   one another *(used with reciprocal verb)* se/s' *pron., sing., pl.* **II-5, III-1**
   others d'autres *m., f.* **I-4**

our nos *poss. adj., m., f., pl.*; notre *poss. adj., m., f., sing.* **I-3**
ourselves nous *pron.* **I-P, I-1, II-5**
outdoor en plein air *adj.* **III-4**
outdoors: en plein air **IV-10**
   to sleep outdoors dormir à la belle étoile **IV-2**
outside dehors *adv.* **III-1, IV-2**
outskirts banlieue *f.* **IV-2**; périphérie *f.* **III-2, IV-2**
over fini (finir) *adj.* **I-4**
over there là-bas *adv.* **I-1, IV-2**
overcome surmonter *v.* **IV-5, IV-6**
overflow déborder *v.* **III-2**
overpopulated surpeuplé(e) *adj.* **IV-5**
overpopulation surpopulation *f.* **III-4, IV-5**
overseas à l'étranger **II-2**; outre-mer *adj.* **III-1**
overthrow renverser *v.* **IV-4**
overtime heures supplémentaires *f., pl.* **IV-9**
overwhelmed accablé(e) *adj.* **IV-1**
owed dû (devoir) *p.p.* **III-R**
own propre *adj.* **IV-2**
   to own posséder *v.* **I-5, IV-1**
owner propriétaire *m., f.* **II-3, IV-9**
oyster huître *f.* **IV-10**
ozone ozone *m.* **III-4**
   hole in the ozone layer trou dans la couche d'ozone *m.* **III-4**
   ozone layer couche d'ozone *f.* **III-4, IV-10**

P

pack: pack one's bags faire les valises *v.* **II-2**
package colis *m.* **III-2**; paquet *m.* **IV-5**
page: make the front page faire la une *v.* **IV-3**
paid payé (payer) *adj., p.p.* **III-3**
   to be well/badly paid être bien/mal payé(e) *v.* **III-3**
pain douleur *f.*; mal *m.* **II-5, III-R, IV-1**
painful douloureux/douloureuse *adj.* **III-R**
paint faire de la peinture *v.* **III-5**
painter peintre/femme peintre *m., f.* **III-5**
painting peinture *f.* **III-5**; tableau *m.* **I-P, I-1, III-5, IV-8**
panic paniquer *v.*
pants pantalon *m., sing.* **II-1, III-R**
paper papier *m.* **I-1**
   sheet of paper feuille de papier *f.* **I-1**
parade défilé *m.* **IV-2**
paragliding parapente *m.* **IV-8**
Pardon (me). Pardon. **I-1**
parenting éducation parentale *f.* **IV-6**
parents parents *m., pl.* **I-3**
park parc *m.* **I-4**

Vocabulaire

amusement park parc d'attractions *m.* **IV-8**
to park se garer *v.* **III-1**
parka anorak *m.* **II-1, III-R**
parking lot parking *m.* **III-1**
part rôle *m.* **III-5, IV-3**
  part-time *(job)* à mi-temps *adj.*, à temps partie *adj.* **III-3**
  part-time job emploi *m.* à mi-temps/à temps partiel **III-3**
partial partial(e) *adj.* **IV-3**
particle particule *f.* **IV-7**
party fête *f.* **II-1**
  party pooper rabat-joie *m.* **IV-8**
  political party parti politique *m.*
pass dépasser *v.* **III-1, IV-5, IV-8**
  to pass a law approuver une loi *v.* **IV-4**
  to pass an exam être reçu(e) à un examen *v.* **I-2**
  to pass by passer *v.* **II-2, III-1, IV-3**
  to pass time by s'amuser à *v.* **III-1**
passenger passager/passagère *m., f.; adj.* **II-2**
passport passeport *m.* **II-2**
password mot de passe *m.* **III-1, IV-7**
pasta pâtes *f., pl.* **II-4**
pastime passe-temps *m.* **IV-6**
pastry pâtisserie *f.* **II-4**
  pastry shop pâtisserie *f.* **II-4**
pâté pâté (de campagne) *m.* **II-4**
patent brevet d'invention *m.* **IV-7**
path chemin *m.* **III-1, III-2;** sentier *m.* **III-4;** trajectoire *f.* **IV-4**
patient patient(e) *m., f.* **I-1, I-2, II-5;** patient(e) *adj.* **I-1, I-2, II-5, IV-2**
patiently patiemment *adv.* **II-3, IV-2**
patriarch patriarche *m.* **IV-6**
paw patte *f.* **IV-4**
pay payer *v.* **I-5, IV-1**
  to pay in cash payer en liquide *v.* **III-2**
  to pay with a (credit/debit) card payer par carte (de crédit/bancaire) *v.* **III-2, IV-9**
  to pay with a phone app payer par appli mobile *v.* **III-2**
peace paix *f.* **IV-4**
  peace of mind tranquillité de l'esprit *f.* **IV-3**
peaceful pacifique *adj.* **IV-4**
peach pêche *f.* **I-5, II-4**
pear poire *f.* **II-4**
pearl perle *f.* **IV-10**
peas petits pois *m., pl.* **II-4**
pedestrian piéton(ne) *m., f.* **III-1, III-2, IV-2**
pen stylo *m.* **I-P, I-1**
pencil crayon *m.* **I-1**
  pencil case trousse *f.* **I-1**
penny sou *m.* **IV-9**

people gens *m., pl.* **II-2;** peuple *m.* **IV-3**
pepper *(spice)* poivre *m.* **II-4;** *(vegetable)* poivron *m.* **II-4**
per day/week/month/year par jour/semaine/mois/an **I-5**
perceive apercevoir *v.* **III-2, IV-2, IV-9**
perfect parfait(e) *adj.* **I-4**
performance spectacle *m.* **I-5, IV-8, IV-6, IV-10**
perhaps peut-être *adv.* **I-2, IV-2**
permissive permissif/permissive *adj.* **IV-6**
permit permis *m.* **III-1**
permitted permis (permettre) *adj.* **II-1**
persist relentlessly *(keep going at in a violent manner)* s'acharner sur *v.* **IV-5**
person personne *f. pron.* **I-1, I-2, III-2**
personality caractère *m.* **IV-6**
personify personnifier *v.* **IV-4**
pessimistic pessimiste *adj.* **I-1**
petanque boules *f., pl.* **IV-8;** pétanque *f.* **I-5**
pharmacist pharmacien(ne) *m., f.* **II-5**
pharmacy pharmacie *f.* **I-4, II-5**
  to go to the pharmacy aller à la pharmacie *v.* **II-5, III-R**
philosophy philosophie *f.* **I-2**
phone: on the phone à l'appareil **III-3**
  to be on the phone (with) être en ligne (avec) *v.* **III-1**
  to pay with a phone app payer par appli mobile *v.* **III-2**
  to phone one another se téléphoner *v.* **III-1**
photo(graph) photo(graphie) *f.* **I-3**
photographer photographe *m., f.* **IV-3**
physical education éducation physique *f.* **I-2**
physics physique *f.* **I-2**
piano piano *m.* **III-5**
  to play the piano jouer du piano **III-5**
pick up *(phone)* décrocher *v.* **III-3**
  pick up again reprendre *v.* **IV-9**
picnic pique-nique *m.* **III-4**
picture tableau *m.* **I-P, I-1, III-5, IV-8**
pie tarte *f.* **II-4**
piece (of) morceau (de) *m.* **I-4**
  piece (of art) œuvre (d'art) *f.* **III-5**
  piece of furniture meuble *m.* **II-3, III-R, IV-10**
pig cochon *m.* **IV-10**
pill pilule *f.* **II-5**
pillow oreiller *m.* **II-3**
pink rose *adj.* **II-1**
pioneer innovateur/innovatrice *m., f.* **IV-7**
pitcher (of water) carafe (d'eau) *f.* **II-4**

pizza pizza *f.* **I-4**
place endroit *m.;* lieu *m.* **I-4;** place *f.* **I-4, III-5**
  at the place of chez *prep.* **I-4**
  to place mettre *v.* **II-1, IV-2;** placer *v.* **IV-6**
  to take place avoir lieu *v.* **III-2**
placed mis (mettre) *p.p.* **II-1**
plan projeter *v.* **IV-5**
  to make plans faire des projets *v.* **III-3**
planet planète *f.* **III-4**
  to save the planet sauver la planète *v.* **III-4, IV-4**
planned prévu(e) *adj.* **IV-5**
  planned to/for *(used with noun)* voulu (vouloir) *adj., p.p.* **II-4, III-R**
plant plante *f.* **III-4**
  nuclear plant centrale nucléaire *f.* **III-4**
plastic plastique *m.* **III-4**
  plastic packaging/wrapping emballage en plastique *m.* **III-4**
plate assiette *f.* **II-4**
play pièce de théâtre *f.* **III-5, IV-8**
  play on words jeu de mots *m.* **IV-3**
  to play s'amuser *v.* **II-5;** *(a sport/a musical instrument)* jouer (à/de) *v.* **I-5**
  to play a role jouer un rôle *v.* **III-5**
  to play music faire de la musique *v.* **III-5**
  to play regularly pratiquer *v.* **I-5**
player joueur/joueuse *m., f.* **I-5**
playwright dramaturge *m.* **III-5**
pleasant agréable *adj.* **I-1**
Please. Je vous en prie. *form.;* S'il te plaît. *fam.;* S'il vous plaît. *form.* **I-1**
  Please hold. Ne quittez pas. **III-3**
  to please plaire (à) *v.* **IV-1, IV-6**
plug in brancher *v.* **III-1**
plumber plombier *m.* **III-3**
plump gras/grasse *adj.* **IV-4**
poaching braconnage *m.* **IV-10**
podcast podcast *m.* **IV-3**
poem poème *m.* **III-5**
poet poète/poétesse *m., f.* **III-5**
police (force) police *f.* **III-1, IV-2**
  police commissioner commissaire *m.* de police **IV-5**
  police headquarters préfecture *f.* de police **IV-2**
  police officer agent *m.* de police **III-1;** policier/policière *m., f.* **III-1, IV-2**
  police station commissariat de police *m.* **III-2, IV-2**
policy politique *f.*
Polish polonais(e) *adj.* **I-1**
polite poli(e) *adj.* **I-1**
politely poliment *adv.* **II-3, IV-2**

Appendice B

political politique *adj.* **I-2**
   political party parti politique *m.* **IV-4**
   political science sciences politiques (sciences po) *f., pl.* **I-2**
politician politicien(ne) *m., f.* **III-3, IV-4**
politics politique *f.* **IV-4**
pollute polluer *v.* **III-4, IV-10**
pollution pollution *f.* **III-4, IV-10**
   pollution cloud nuage de pollution *m.* **III-4, IV-10**
pool billard *m.* **IV-8**; piscine *f.* **I-4, IV-2**
poor pauvre *adj.* **IV-2**
pop music pop *m.*; musique pop *f.* **III-5**
popular music variétés *f., pl.* **III-5**
populate peupler *v.* **IV-2**
populated peuplé(e) *adj.* **IV-2**
   (densely/sparsely) populated (très/peu) peuplé(e) *adj.* **IV-2**
population: growing population population croissante *f.* **III-4**
pork porc *m.* **II-4**
portrait portrait *m.*
Portugese portugais(e) *adj.* **I-1**
position poste *m.* **III-3, IV-1**
possess posséder *v.* **I-5, IV-6**
possible possible *adj.* **III-4**
   It is possible that... Il est possible que... **III-4**
   It's possible that... Il se peut que... **IV-7**
post poster (sur) *v.* **III-1**
post office bureau de poste *m.* **III-2**
postal service poste *f.* **III-2**
postcard carte postale *f.* **III-2**
poster affiche *f.* **II-3**
potato pomme de terre *f.* **II-4**
poultry volaille *f.* **IV-6**
poverty pauvreté *f.* **IV-9**
power pouvoir *m.* **IV-4**
   abuse of power abus de pouvoir *m.* **IV-4**
   wind power énergie éolienne *f.* **III-4**
powerful puissant(e) *adj.* **IV-4**
practice pratiquer *v.* **I-5**
precisely précisément *adv.* **IV-2**
predict prédire *v.* **IV-7**; prévoir *v.* **IV-5**
prefer aimer mieux *v.* **I-2**
prefer aimer mieux *v.* **I-2**; préférer *v.* **III-1, IV-1**
   to prefer (that) préférer (que) *v.* **I-5, III-4**
preferred préféré(e) *adj.* **I-2 IV-5**
prejudice préjugé *m.* **IV-3**
premiere première *f.*
prepare (for) préparer *v.* **I-2**
   to prepare *(to do something)* se préparer (à) *v.* **II-5, III-R, III-1**

prescription ordonnance *f.* **II-5**
present présenter *v.* **III-5**
presenter: radio presenter animateur/animatrice de radio *m., f.* **IV-3**
preservation: habitat preservation sauvetage des habitats *m.* **III-4**
preserve préserver *v.* **III-4, IV-10**
president président(e) *m., f.* **IV-4**
press presse *f.* **IV-3**
   freedom of the press liberté de la presse *f.* **IV-3**
pressure pression *f.* **III-1, IV-9**
   to be under pressure être sous pression *v.* **IV-9**
   to check the tire pressure vérifier la pression des pneus *v.* **III-1**
pretend (to) faire semblant (de) *v.* **IV-9**
pretty *(before adjective or adverb)* assez *adv.* **II-3, IV-2**; joli(e) *adj.* **I-3, IV-2**
prevent prévenir *v.* **IV-10**
   to prevent a fire prévenir l'incendie **III-4**
price prix *m.* **I-4**
prince charming prince charmant *m.* **IV-6**
princess princesse *f.* **IV-6**
principal principal(e) *adj.* **II-4**
principles principes *m.* **IV-5**
print imprimer *v.* **III-1**
printer imprimante *f.* **III-1**
private privé(e) *adj.* **IV-2**
probably probablement *adv.* **IV-2**
problem problème *m.* **I-1**
   No problem.; Not a problem. Ce n'est pas grave. **II-1, IV-5, IV-6**
produced produit (produire) *adj.* **II-1**
product produit *m.* **III-4**
profession métier *m.* **III-3**
   (demanding) profession profession (exigeante) *f.* **III-3**
professional professionnel(le) *adj.* **III-3**
   professional experience expérience professionnelle *f.* **III-3**
professor professeur *m., f.* **I-P, I-1**
profit bénéfice *m.* **IV-9**
profoundly profondément *adv.* **IV-2**
program *(television)* émission *f.* (de télévision) **III-5**; *(software)* logiciel *m.* **III-1, IV-7**; programme *m.* **III-5**
prohibit interdire *v.* **III-4**
project projet *m.* **III-3**
promise promettre *v.* **II-1**
promised promis (promettre) *adj., p.p.* **II-1**
promoted: to be promoted être promu(e) *v.* **IV-9**
promotion promotion *f.* **III-3**

promotional campaign campagne *f.* de promotion **IV-3**
proposal demande *f.* **IV-6**
propose faire une demande en mariage **IV-6**
   to propose (that) proposer (que) *v.* **III-4, IV-6**
   to propose a solution proposer une solution *v.* **III-4**
   to propose a toast *(to someone)* porter un toast (à quelqu'un) *v.* **IV-8**
protect protéger *v.* **I-5, IV-10**
protected protégé(e) *adj.* **IV-10**
protection préservation *f.*; protection *f.* **III-4**
protective protecteur/protectrice *adj.* **IV-2**
proud fier/fière *adj.* **I-3, IV-2**; orgueilleux/orgueilleuse *adj.* **IV-1**
prove prouver *v.* **IV-7**
provide a habitat for abriter *v.* **III-2, IV-10**
provided that à condition de *prep.*; à condition que *conj.* **III-5, IV-7**; pourvu que *conj.* **IV-7**
prudent prudent(e) *adj.* **IV-1**
psychological psychologique *adj.* **III-5**
   psychological drama drame psychologique *m.* **III-5**
psychologist psychologue *m., f.* **III-3**
psychology psychologie *f.* **I-2**
public public/publique *adj.* **IV-2**
   public garden jardin public *m.* **IV-2**
   public order ordre public *m.* **IV-4**
   public safety sûreté publique *f.* **IV-4**
   public transportation transports en commun *m.* **III-1, IV-2**
publish publier *v.* **III-5, IV-3**
publisher éditeur/éditrice *m., f.* **IV-3**
punish punir *v.* **IV-6**
punishment punition *f.* **IV-4**
pupil élève *m., f.* **I-P, I-1**
purchase achat *m.* **III-1**
pure pur(e) *adj.* **III-4, IV-10**
purification: water purification potabilisation de l'eau *f.* **IV-10**
purple violet(te) *adj.* **II-1**
purse sac à main *m.* **II-1**
pursue a career (in) faire carrière (dans) *v.* **IV-9**
push boundaries repousser les limites **IV-7**
put mettre *v.* **II-1, IV-2**; mis (mettre) *p.p.* **II-1**
   to put away ranger *v.* **II-3, III-R, IV-1**
   to put on makeup se maquiller *v.* **II-5, III-R, IV-2**

Vocabulaire

to put oneself into s'investir *v.* **IV-9**
to put (something) on (oneself) se mettre *v.* **II-5**
to put up with supporter *v.* **IV-6, IV-10**

Q

qualm état d'âme *m.* **IV-1**
quarter quart *m.* **I-2**
   quarter after... (o'clock) et quart **I-2**
Quebec: from Quebec québécois(e) *adj.* **I-1**
question question *f.* **I-P, II-1**
   to ask (someone) a question poser une question (à) **II-1**
quickly rapidement *adv.* **II-3**
quiet tranquille *adj.* **II-5, IV-1**
quit démissionner *v.* **III-3, IV-9**
quite *(before adjective or adverb)* assez *adv.* **II-3, IV-2**

R

rabbit lapin *m.* **III-4, IV-1**
race course *f.* **II-4, III-2, IV-1, IV-8**
radio radio *f.* **I-P, III-5, IV-3**
   on the radio à la radio **III-5**
   radio presenter animateur/animatrice de radio *m., f.* **IV-3**
   radio station station de radio *f.* **IV-3**
rain: acid rain pluie acide *f.* **III-4, IV-10**
   It is raining. Il pleut. **I-5**
   to rain pleuvoir *v.* **I-5, V-3**
rain forest forêt tropicale *f.* **III-4, IV-10**
rain jacket imperméable *m.* **I-5**
rainbow arc-en-ciel *m.* **IV-10**
raise (in salary) augmentation (de salaire) *f.* **III-3, IV 9**
   to raise (children) élever (des enfants) *v.* **IV-6**
raisin raisin sec *m.* **IV-6**
ran couru (courir) *p.p.* **II-1, III-R**
range: (mountain) range chaîne *f.* (montagneuse) *f.* **III-1, IV-3, IV-10**
rarely rarement *adv.* **I-5, IV-2**
rather plutôt *adv.* **I-2**
razor rasoir *m.* **II-5, III-R**
read lire *v.* **II-2, IV-3** lu (lire) *p.p.* **II-2**
   to read the want ads lire les annonces **III-3**
ready prêt(e) *adj.* **I-3**
real vrai(e) *adj.* **IV-2**
   real estate immobilier *m.* **III-3**
   real estate agent agent immobilier/agente immobilière *m.* **III-3**

realize s'apercevoir *v.* **III-2, IV-2, IV-8**; se rendre compte *v.* **II-5, IV-1**
really *(before adjective or adverb)* très **II-3, IV-2**; vraiment *adv.* **II-2**
rear-view mirror rétroviseur *m.* **III-1**
reason raison *f.* **I-2**
   for no reason pour rien **I-4**
reassure oneself se rassurer *v.* **IV-2**
rebellious rebelle *adj.* **IV-6**
recall rappeler *v.* **IV-1**
receipt reçu *m.* **II-2, III-2**
   receipts and expenses recettes et dépenses *f.* **IV-9**
receive recevoir *v.* **III-2, IV-3**
   to receive *(a salary)* toucher *v.* **IV-9**
received reçu (recevoir) *p.p., adj.* **II-2, III-2**
recent récent(e) *adj.* **III-5**
recently récemment *adv.* **IV-3**
reception desk réception *f.* **II-2**
recognize reconnaître *v.* **II-3, IV-6**
recognized reconnu (reconnaître) *adj., p.p.* **II-3**
recommend recommander *v.* **IV-6**
   to recommend (that) recommander (que) *v.* **III-4**
recommendation recommandation *f.* **III-3**
   letter of recommendation lettre *f.* de recommandation **III-3**
record enregistrer *v.* **III-1, IV-3**
recover récupérer *v.* **III-2, III-3, III-4, III-5**
recycle recycler *v.* **III-4**
recycling recyclage *m.* **III-4**
red rouge *adj.* **II-1**
   red (yellow, green) light feu rouge (jaune, vert) *m.* **III-1**
   red-haired roux/rousse *adj.* **IV-2**
redial (a number) recomposer (un numéro) *v.* **III-1**
reduce réduire *v.* **IV-7**
reef: barrier reef barrière de corail *f.* **IV-10**
   coral reef récif de corail *m.* **IV-10**
referee arbitre *m.* **IV-8**
reference référence *f.* **III-3**
reflect (on) réfléchir (à) *v.* **I-4**
refresh *(a page/feed)* actualiser *v.* **IV-7**
refrigerator frigo *m.* **II-3, III-R**
refuse (do something) refuser (de) *v.* **III-1**
region région *f.* **III-4**
register s'inscrire *v.* **III-2, IV-1, IV-6**
regret (that) regretter (que) *v.* **III-4, IV-6**
rehearse répéter *v.* **IV-1**
reimburse rembourser *v.* **IV-9**
reject rejeter *v.* **IV-5**
relation rapport *m.* **IV-6**

relative parent(e) *m., f.* **IV-6**
relax se détendre *v.* **II-5, IV-2**
release a movie sortir un film *v.* **IV-3**
relieve soulager *v.* **IV-7**
relish savourer *v.* **IV-6**
rely on compter sur *v.* **IV-1**
remember se souvenir de *v.* **II-5, IV-2**
remote control télécommande *f.* **III-1**
remotely: work remotely être en/faire du télétravail **III-3**
renew relancer *v.* **III-2**; renouveler *v.* **IV-1**
renewable renouvelable *adj.* **IV-10**
rent loyer *m.* **II-3**
repair réparer *v.* **III-1**
repeat répéter *v.* **I-5, IV-1**
replace remplacer *v.* **II-4**
reporter reporter *m.* **IV-3**
representative *(politician)* député(e) *m., f.* **IV-4**
require nécessiter *v.* **IV-6**
research recherche *f.* **III-1, IV-7**
   to research enquêter (sur) *v.* **IV-3**
researcher chercheur/chercheuse *m., f.* **III-3, IV-7**
resemble ressembler (à) *v.* **IV-6**
reservation réservation *f.* **II-2**
   to cancel a reservation annuler une réservation *v.* **II-2**
reserve réserver *v.* **II-2**
reserved réservé(e) *adj.* **I-1, IV-9**
resign démissionner *v.* **III-3**
resort: seaside resort station balnéaire *f.* **III-R**
   ski resort station de ski *f.* **II-2, III-R**
resource ressource *f.* **IV-10**
   natural resource ressource naturelle *f.* **III-4**
respect respecter *v.* **IV-6**
respond (to) répondre (à) *v.* **II-1**
responsibility responsabilité *f.* **IV-1**
rest suite *f.* **III-R**
   to rest récupérer *v.* **III-2, III-3, III-4, III-5**; se reposer *v.* **II-5, IV-2**
restart redémarrer *v.* **III-1**
restaurant brasserie *f.* **III-2**; restaurant *m.* **I-4**
restroom(s) toilettes *f. pl.*; W.-C. *m., pl.* **II-3, III-R**
résumé curriculum vitæ (CV) *m.* **III-3, IV-7**
retain retenir *v.* **II-4**
retire prendre sa retraite *v.* **II-1, III-R**
retired person retraité(e) *m., f.* **III-3**
retirement retraite *f.* **II-1**
return retourner *v.* **II-2, IV-3**
   to return (home) rentrer (à la maison) *v.* **I-2, IV-3**
revenge revanche *f.* **IV-8**; vengeance *f.* **IV-5**
review critique *f.* **III-5**

revolve (around) tourner (autour de) v. **III-2, IV-3**
rice riz m. **II-4**
   rice paddy rizière f. **III-R**
ride in a car rouler en voiture v. **II-2**
right (side) droite f. **I-3**; juste adv. **I-3, IV-4**
   Something's not right. Quelque chose ne va pas. **I-5**
   Right? Hein? interj. **I-3**
   right away tout de suite adv. **II-2, IV-3**
   right next door juste à côté **I-3**
   to be right avoir raison v. **I-2**
   to the right (of) à droite (de) prep. **I-3**
ring bague f. **IV-3**
   engagement ring bague de fiançailles f. **IV-6**
   to ring sonner v. **III-1**
   to ring a bell dire quelque chose v. **IV-3**
rise hausse f. **III-2**
risky hasardeux/hasardeuse adj. **IV-7**
river fleuve m., rivière f. **III-4, IV-10**
riverboat bateau-mouche m. **II-2**
road sign panneau m. **IV-2**
robotics robotique f. **IV-7**
rock roche f. **IV-8**
   rock (music) rock m., musique f. rock **III-5**
role rôle m. **III-5, IV-3**
   to play a role jouer un rôle v. **III-5**
roof toit m. **IV-1**
room pièce f. **II-3, III-R**; salle f. **II-3**
   bathroom salle de bains f. **II-3, III-R**
   classroom salle de classe f. **I-1**
   dining room salle à manger f. **II-3, III-R**
   emergency room urgences f., pl. **II-5**
   family room salle de séjour f. **II-3, III-R**
   living room (informal) salle f. de séjour; (formal) salon m. **II-3, III-R**
   locker room vestiaires m. **IV-8**
   single hotel room chambre individuelle f. **II-2**
roommate (in an apartment) colocataire m., f. **I-1 IV-2**
root racine f. **IV-6**
rotary rond-point m. **IV-2**
round-trip aller-retour adj. **II-2**
   round-trip ticket billet aller-retour m. **II-2**
roundabout rond-point m. **IV-2**
route chemin m. **III-1, III-2**
rug tapis m. **II-3**
ruin gâcher v. **IV-1**
rule règle f. **IV-5**
run courir v. **I-5, IV-3**; gérer v. **IV-9**
   I have to run/leave. Il faut que je file. **IV-5**
   to run into someone tomber sur quelqu'un v. **II-2**
Russian russe adj. **I-1**

S

sad triste adj. **I-3**
   to be sad that… être triste que… v. **III-4**
safe sûr(e) adj. **II-4, IV-2, IV-7**
safety sécurité f. **IV-4**
   public safety sûreté publique f. **IV-4**
said dit (dire) p.p. **II-2**
salad salade f. **II-4**
salary (high/low) salaire (élevé/modeste) m. **III-3, IV-9**
sale: to be on sale être en solde v. **II-1**
sales soldes f., pl. **II-1**
salesman vendeur m. **II-1, IV-9**
saleswoman vendeuse f. **II-1, IV-9**
salmon saumon m. **IV-6**
salt sel m. **II-4**
same même adj. **I-5, III-2, IV-2**
sandwich sandwich m. **I-4**
   hot ham and cheese sandwich croque-monsieur m. **I-4**
Saturday samedi m. **I-P**
   every Saturday, on Saturdays le samedi **I-P**
sausage saucisse f. **II-4**
save (money) économiser v. **IV-9**; (file) sauvegarder v. **III-1, IV-7**
   to save (the planet) sauver (la planète) v. **III-4, IV-4**
savings économies f., pl. **IV-9**; épargne f. **III-2**
   savings account compte d'épargne m. **III-2, IV-9**
savor savourer v. **IV-6**
say dire v. **II-2, IV-3**
   to say goodbye dire au revoir v. **IV-5**
scale escalader v. **IV-8**
scandal scandale m. **IV-4**
scarf écharpe f.
scenery paysage m. **II-1, IV-10**
schedule emploi du temps m. **I-P**; horaire m. **IV-9**
scholarship bourse f. **IV-3**
school école f. **I-2**
   school bag cartable m. **IV-7**
science sciences f., pl. **I-P, I-2**
   science and technology park technopôle f. **III-1**
   science fiction science-fiction f. **III-5**
   science fiction film film de science-fiction m. **III-5**
   computer science informatique f. **I-P, I-2**
   political science sciences politiques (sciences po) f., pl. **I-2**

scientist scientifique m., f. **IV-7**
scold gronder v. **IV-6**
score (a goal/a point) marquer (un but/un point) v. **IV-8**
scout sélectionneur m. **IV-5**
scram se casser v. **IV-4**
scrawny maigre adj. **IV-4**
screen écran m. **IV-3**
screening séance f. **III-1**
scrub récurer v. **III-5, IV-9**
sculptor sculpteur/sculptrice m., f.
sculpture sculpture f. **III-5**
sea mer f. **III-5, IV-10**
seafood fruits de mer m., pl. **II-2, III-R**
search: search engine moteur de recherche m. **II-4 IV-7**
   to search the Web naviguer sur Internet/le web **IV-3**
seaside resort station balnéaire f. **III-R**
season saison f. **I-5**
seat place f. **I-4, III-5**
   Have a seat! Asseyez-vous! (s'asseoir) imp. v. **II-5**
seatbelt: to buckle one's seatbelt attacher sa ceinture de sécurité **III-1**
seated assis(e) adj., p.p. **II-5**
second deuxième adj. **II-2**
section: lifestyle section rubrique société f. **IV-3**
secure a loan obtenir un prêt v. **IV-9**
security sécurité f. **IV-4**
seduce séduire v. **IV-3, IV-6**
see voir v. **III-2, IV-3**
   See you later. À plus tard.; À tout à l'heure. **I-1**
   See you soon. À bientôt. **I-1**
   See you tomorrow. À demain. **I-1**
   to see again revoir v. **III-2, IV-9**
   to see to s'occuper (de) v. **II-5, III-1**
seem sembler v. **IV-8**
   It seems that… Il semble que… **IV-7**
seen aperçu (apercevoir) p.p.; vu (voir) p.p. **III-2**
   seen again revu (revoir) p.p. **III-2**
-self/-selves -même(s) pron. **II-1**
self-esteem amour-propre m. **IV-6**
self-taught autodidacte adj. **III-1**
selfish égoïste adj. **I-1, IV-6**
sell vendre v. **II-1**
   to sell one's soul the devil vendre son âme au diable **IV-10**
send (to someone) envoyer (à) v. **I-5, IV-1**
   to send each other (text messages) s'envoyer (des SMS/des textos) v. **III-1**
Senegal Sénégal m. **I-P**
Senegalese sénégalais(e) adj. **I-P, I-1**
sensitive sensible adj. **IV-1**
separated séparé(e) adj. **I-3**

Vocabulaire

September septembre *m.* **I-P, I-5**
serene tranquille *adj.* **II-5, IV-1**
series (television) série (télévisée) *f.* **III-5**
serious grave *adj.* **II-5**; sérieux/sérieuse *adj.* **I-3**
serve servir *v.* **IV-2**
server serveur/serveuse *m., f.* **I-4**
service station station-service *f.* **III-1**
set the table mettre la table *v.* **II-3, III-R**
settle s'établir *v.*; s'installer *v.* **IV-5**
seven sept *m.* **I-P, I-1**
seventeen dix-sept *m.* **I-P, I-1**
seventh septième *adj.* **II-2**
seventy soixante-dix *m.* **I-3**
several (of them) plusieurs *adj.* **I-4**; plusieurs *indef. pron.* **IV-4**
shake agiter *v.* **IV-10**; trembler *v.* **IV-2**
shame dommage **III-4**; honte *f.* **I-2, IV-1**
   It's a shame that… Il est dommage que… **III-4**
shampoo shampooing *m.* **III-4**
shape forme *f.*; ligne *f.* **II-5, III-R**
   good shape pleine forme *f.* **II-5**
   to be in good shape être en pleine forme *v.* **II-5**
share partager *v.* **I-2, IV-1**
shark requin *m.* **IV-10**
shave se raser *v.* **IV-2**
shaving cream crème à raser *f.* **II-5, III-R**
she elle *sub. pron., f.* **I-P, I-1**
sheep mouton *m.* **IV-10**
sheet of paper feuille de papier *f.* **I-1**
sheets draps *m., pl.* **II-3**
shelf étagère *f.* **II-3, III-R**
shirt (long-/short-sleeved) chemise (à manches longues/courtes) *f.* **II-1, III-R**
shock: culture shock choc culturel *m.* **IV-1**
shoe chaussure *f.* **II-1, III-R**
shopkeeper commerçant(e) *m., f.* **II-4**
shopping shopping *m.* **I-5**
   shopping center centre commercial *m.* **I-4**
   to go (grocery) shopping faire les courses *v.* **II-4, III-R**
   to go shopping faire du shopping *v.* **I-5, II-2**
short court(e) *adj.* **I-3, IV-2**; *(stature)* petit(e) *adj.* **I-3, II-2, IV-2**
   short-sleeved shirt chemise à manches courtes *f.* **II-1**
   short-term à court terme *adj.* **IV-9**
shorts short *m., sing.* **II-1**
shot piqûre *f.* **II-5**
   to give a shot faire une piqûre *v.* **II-5**
show spectacle *m.* **I-5, IV-8, IV-6, IV-10**; *(movie or theater)* séance *f.* **III-5**
   to show *(to someone)* montrer (à) *v.* **II-1**
shower douche *f.* **II-5**
   to take a shower prendre une douche *v.* **II-5, III-R**
shut off fermer *v.* **III-1**
shy timide *adj.* **I-1, IV-1**
sick malade *adj.* **II-5**
   to be/get sick être/tomber malade *v.* **II-5, III-R**
   to sicken oneself s'écœurer *v.* **IV-1**
sidewalk trottoir *m.* **IV-2**
sign signer *v.* **III-2**
signal signalisation *f.* **III-2**
signifies veut dire (vouloir dire) *v.* **II-4**
silver argent *m.* **IV-2**
similar pareil(le) *adj.* **IV-5**
since depuis *adv.* **II-4, III-2**; puisque *conj.*
sincere sincère *adj.* **I-1**
sing chanter *v.* **I-5**
singer chanteur/chanteuse *m., f.* **I-1**
single *(marital status)* célibataire *adj.* **I-3, IV-1**; chaque *adj.* **II-1, III-2, IV-4**; individuel(le) *adj.* **II-2**
   single father père célibataire *m.* **IV-6**
   single (hotel) room chambre individuelle *f.* **II-2**
sink *(kitchen)* évier *m.*; *(bathroom)* lavabo *m.* **II-3, III-R**
Sir Monsieur *m.* **I-P, I-1**
sister sœur *f.* **I-3, III-R**
   sister-in-law belle-sœur *f.* **I-3, IV-6**
   half-sister; stepsister demi-sœur *f.* **I-3, IV-6**
sit s'asseoir *v.* **II-5, IV-9**
   sat down assis (s'asseoir) *p.p.* **II-5**
sitting assis(e) *adj.* **II-5**
sitting room salon *m.* **II-3, III-R**
six six *m.* **I-P, I-1**
sixteen seize *m.* **I-P, I-1**
sixth sixième *adj.* **II-2**
sixty soixante *m.* **I-1**
size taille *f.* **II-1**
skateboard: to go skateboarding faire du skate(board) *v.* **I-5**
skating rink patinoire *f.* **IV-8**
ski *(equipment)* ski *m.* **I-5, IV-8**
   ski jacket anorak *m.* **II-1, III-R**
   ski resort station de ski *f.* **II-2, III-R**
   to ski skier *v.* **I-5**
skiing ski *m.* **I-5, IV-8**
   cross-country/downhill skiing ski de fond/alpin *m.* **IV-8**
   to go skiing faire du ski *v.* **I-5**
skin peau *f.* **II-5**
skirt: (pleated) skirt jupe (plissée) *f.* **II-1, III-R**
sky ciel *m.* **III-4**
skyscraper gratte-ciel *m.* **IV-2**
slave esclave *m., f.* **III-2, IV-4**
   slave trade traite des Noirs *f.* **IV-4**
slavery esclavage *m.* **III-2, IV-4**
sleep sommeil *m.* **I-2**
   to fall asleep, to go to sleep s'endormir *v.* **II-5, III-R**
   to sleep dormir *v.* **I-5, IV-4**
   to sleep outdoors dormir à la belle étoile **IV-2**
sleepy: to be sleepy avoir sommeil *v.* **I-2**
sleeve manche *f.* **II-1**
slim: to stay slim garder la ligne *v.* **II-5**
slow lent(e) *adj.* **I-3**
   to slow down ralentir *v.* **III-1**
slowly lentement *adv.* **II-2**
small exigu(ë) *adj.* **IV-2**; petit(e) *adj.* **I-3**
   small business PME *f.* **IV-3**
smart watch montre connectée *f.* **III-1**
smartphone smartphone *m.* **III-1**
smell good/bad sentir bon/mauvais *v.* **IV-2**
smog nuage de pollution *m.* **III-4, IV-10**
smoked fumé(e) *adj.* **IV-6**
snack *(afternoon)* goûter *m.* **II-4**
snail escargot *m.* **I-P, II-4**
snake serpent *m.* **III-4**
sneakers tennis *f., pl.* **IV-8**
sneeze éternuer *v.* **II-5, IV-7**
snorkel faire de la plongée (avec tuba) *v.* **IV-10**
snow neiger *v.* **I-5**
   It is snowing. Il neige. **I-5**
so alors *adv.* **I-2, IV-2**; donc *adv.* **II-2, IV-2**
   so many tant de *adv.* **IV-2**
   so much tellement *adv.* **I-2**
   so much/many autant *adv.* **IV-2**
   so that pour que *conj.* **III-5, IV-7**
soaked trempé(e) *adj.* **IV-1**
soap savon *m.* **II-5, III-R**
   soap opera feuilleton *m.* **III-5, IV-3**
soccer foot(ball) *m.* **I-5**
   soccer field terrain de foot *m.* **IV-8**
sociable sociable *adj.* **I-1**
social social(e) *adj.*
   social level couche sociale *f.* **IV-5**
   social network réseau social *m.* **III-1**
sociology sociologie *f.* **I-1**
sock chaussette *f.* **II-1**
software program logiciel *m.* **III-1, IV-7**
soil, make dirty salir *v.* **II-3**
solar solaire *adj.* **III-4**
   solar energy énergie solaire *f.* **III-4**
sold out complet/complète *adj.* **II-2, IV-2, IV-8**
soldier soldat *m.* **IV-1**
solicit solliciter *v.* **IV-2**
solution solution *f.* **III-4**
solve résoudre *v.* **IV-10**

Anglais–Français

Appendice B

some de l' *part. art., m., f., sing.*; de la *part. art., f., sing.*; des *part. art., m., f., pl.*; du *part. art., m., sing.* **I-4**
some quelques *adj.* **I-4, IV-4**
   some, a few (of them) quelques-un(e)s *pron.* **IV-4**
   some (of it/them) en *pron.* **II-5, III-R**
someone quelqu'un *pron.* **III-2, IV-4**
   something quelque chose *m.* **I-4, III-2, IV-4**
   Something's not right. Quelque chose ne va pas. **I-5**
sometimes parfois *adv.* **I-5, II-3, IV-2**; quelquefois *adv.* **II-2**
somewhere quelque part *adv.* **IV-2**
son fils *m.* **I-3, III-R**
   son-in-law beau-fils *m.* **IV-6**
song chanson *f.* **III-5**
soon bientôt *adv.* **I-1, IV-2**
   as soon as aussitôt que *conj.* **IV-7**; dès que *conj.* **III-3, IV-7**
   See you soon. À bientôt. **I-1**
sorrow chagrin *m.* **IV-3**; peine *f.* **IV-1**
sorry désolé(e) *adj.* **II-1, IV-6**
   to be sorry (that) être désolé(e) (que) *v.* **III-4, IV-6**
sort, kind sorte *f.* **III-5**
   to sort the trash trier les déchets *v.* **III-4**
So-so. Comme ci, comme ça. **I-1**
soul: to sell one's soul the devil vendre son âme au diable **IV-10**
soul mate âme sœur *f.* **IV-1**
sound track bande originale *f.* **IV-3**
soup soupe *f.* **I-4**
soupspoon cuillère à soupe *f.* **II-4**
source: energy source source d'énergie *f.* **IV-10**
south sud *m.* **III-2**
spa: day spa salon de beauté *m.* **III-2**
space espace *m.* **III-4, IV-7**
   space walk sortie dans l'espace *f.* **IV-7**
Spain Espagne *f.* **II-2, III-R**
Spanish *(language)* espagnol *m.* **I-P, I-2**; espagnol(e) *adj.* **I-1**
spare tire roue de secours *f.* **III-1**
to speak (to) parler (à) *v.* **I-1, I-2, II-1**
   to speak loudly/softly parler bas/fort *v.* **IV-2**
   to speak on the phone parler (au téléphone) *v.* **I-2**
   to speak to one another se parler *v.* **III-1**
special effects effets spéciaux *m.* **IV-3**
specialized spécialisé(e) *adj.* **IV-7**
specific: to be specific to être propre à *v.* **IV-3**
spectator spectateur/spectatrice *m., f.* **III-5, IV-8**

speed vitesse *f.* **III-1**
   speed limit limitation de vitesse *f.* **III-1**
spell épeler *v.* **IV-1**
   spell checker correcteur orthographique *m.* **IV-7**
spend dépenser *v.* **I-4**
   to spend money dépenser de l'argent *v.* **I-4**
   to spend time passer *v.* **II-2, III-1, IV-3**; *(somewhere)* faire un séjour *v.* **II-2**
spider araignée *f.* **IV-10**
spinach épinards *m.* **IV-6**
spine colonne vertébrale *f.* **IV-1**
spirit esprit *m.* **IV-1**
spoil gâter *v.* **IV-6**
spoon: (soup/tea)spoon cuillère (à soupe/à café) *f.* **II-4**
sport(s) sport *m.* **I-5**
   sports club club sportif *m.* **IV-8**
   sports page page sportive *f.* **IV-3**
   sports training school centre de formation *m.* **IV-8**
   to do sports faire du sport *v.* **I-5**
   to play (a sport) jouer à *v.* **I-5**
spouse époux/épouse *m., f.* **IV-6**
sprain one's (ankle) se fouler (la cheville) *v.* **II-5**
spread s'étendre *v.* **IV-2**
   to spread (the word) faire passer *v.* **IV-8**
spring printemps *m.* **I-5**
   in the spring au printemps **I-5**
spy espionner *v.* **IV-4**
square carré(e) *adj.* **IV-4**; *(place)* place *f.* **I-4, III-5**
squirrel écureuil *m.* **III-4**
stadium stade *m.* **I-5**
staff personnel *m.* **III-3**
   supervisory staff encadrement *m.* **IV-9**
stage *(phase)* étape *f.* **II-1**
stage fright trac *m.* **IV-3**
   to have stage fright avoir le trac **IV-3**
staircase escalier *m.* **II-3**
stake enjeu *m.* **IV-5**
stamp timbre *m.* **III-2**
stand (someone) up poser un lapin (à quelqu'un) **IV-1**
standard of living niveau de vie *m.* **IV-5**
standing debout *adv.* **I-5**
star étoile *f.* **III-4**
   (movie) star vedette (de cinéma) *f.* **IV-3**
   shooting star étoile filante *f.* **IV-7**
start a family fonder une famille *v.* **IV-6**
start over reprendre *v.* **IV-9**
start up démarrer *v.* **III-1**
start-up mise en marche *f.* **IV-7**
starter entrée *f.* **II-4**

starter hors-d'œuvre *m.* **II-4**
station: bus station gare routière *f.* **II-2, III-R**
   police station commissariat de police *m.* **III-2, IV-2**
   radio station station de radio *f.* **IV-3**
   subway station station de métro *f.* **II-2, III-R, IV-2**
   train station gare *f.* **II-2, III-R**
stationery store papeterie *f.* **III-2**
statue statue *f.* **III-2, IV-2**
stay séjour *m.* **II-2**
   to stay rester *v.* **II-2, IV-3**
   to stay slim garder la ligne *v.* **II-5**
steak steak *m.* **II-4**
steering wheel volant *m.* **III-1**
stepbrother demi-frère *m.* **I-3, III-R, IV-6**
stepdaughter belle-fille *f.* **IV-6**
stepfather beau-père *m.* **I-3**
stepmother belle-mère *f.* **I-3, IV-6**
stepsister demi-sœur *f.* **I-3, III-R, IV-6**
stepson beau-fils *m.* **IV-6**
still encore *adv.* **I-3, IV-2**
stock market marché boursier *m.* **I-4, IV-9**
stomach ventre *m.* **II-5**
stone pierre *f.* **III-4**
stop *(doing something)* arrêter (de faire quelque chose) *v.* **III-1**
   to stop by someone's house passer chez quelqu'un *v.* **I-4**
   to stop/keep from (doing something) empêcher (de) *v.* **IV-2**
   to stop (oneself) s'arrêter *v.* **II-5, IV-2**
store boutique *f.* **III-2, IV-2**; magasin *m.* **I-4**
   department store grand magasin *m.* **I-4, IV-9**
   jewelry store bijouterie *f.* **III-2**
   store window vitrine *f.* **IV-7**
stormy orageux/orageuse *adj.* **I-5**
   It is stormy. Le temps est orageux. **I-5**
story histoire *f.* **I-P, I-2, IV-1**
stove cuisinière *f.* **II-3, III-R**
straight raide *adj.* **I-3**
   straight ahead tout droit **III-2**
stranger étranger/étrangère *m., f.* **IV-2**
strawberry fraise *f.* **II-4**
stream (a film/video) regarder (un film/une vidéo) en streaming *v.* **III-1**
streaming en streaming **III-5**
street rue *f.* **III-1, IV-2**
strength force *f.* **III-R**
strengthened raffermi(e) *adj.* **IV-10**
strict strict(e) *adj.* **IV-6**
strike grève *f.* **III-3**

Vocabulaire

striking frappant(e) *adj.*; marquant(e) *adj.* **IV-3**
stroll promenade *f.* **I-5**
strong fort(e) *adj.* **I-3**
struggle lutter *v.* **IV-5**
student élève *m., f.*; *(university)* étudiant(e) *m., f.* **I-P, I-1**
   student council representative délégué(e) de classe *m., f.* **I-2**
studio (apartment) studio *m.* **II-3**
study étudier *v.* **I-2**
   He/She studies Il/Elle étudie **I-P**
   I study J'étudie **I-P**
   You study Tu étudies **I-P**
stupid bête *adj.* **IV-4**
subject matière *f.* **I-P, III-3**
submissive soumis(e) *adj.* **IV-6**
subscribe (to) s'abonner (à) *v.* **IV-7**
subscriber abonné(e) *m., f.* **III-1, IV-9**
subscription abonnement *m.* **III-1**
subsidize subventionner *v.* **IV-3**
subtitles sous-titres *m.* **IV-3**
suburb banlieue *f.* **IV-2**
subway métro *m.* **II-2, IV-2**
   subway car wagon **IV-2**
   subway station station de métro *f.* **II-2, III-R, IV-2**
   subway ticket ticket de métro *m.* **II-2**
   subway train rame de métro *f.* **IV-2**
succeed (in doing something) réussir (à) *v.* **I-4, III-1, IV-7**
success réussite *f.* **III-3, IV-9**
successful prospère *adj.* **IV-9**
such a(n) tel(le) *adj.* **IV-5**
suddenly soudain *adv.* **II-3, IV-2**; tout à coup *adv.* **II-2, IV-3**
suffer souffrir *v.* **IV-4**
suffering douleur *f.* **II-5, III-R, IV-1**
sugar sucre *m.* **I-4**
suggest (that) suggérer (que) *v.* **III-4, IV-6**
suitcase valise *f.* **II-2**
summer estival(e) *adj.* **III-R**; été *m.* **I-5**
   in the summer en été **I-5**
sun soleil *m.* **I-5, IV-10**
Sunday dimanche *m.* **I-P**
   every Sunday, on Sundays le dimanche **I-P**
sunglasses lunettes de soleil *f., pl.* **II-1, III-R**
supermarket supermarché *m.* **II-4**
   large supermarket hypermarché *m.* **IV-6**
supervisor responsable *m., f.* **III-3**
support soutien *m.* **IV-2**
   to support (a cause) soutenir (une cause) *v.* **IV-5**
supporter supporter *m.* **IV-8**
sure en sécurité **IV-2**; sûr(e) *adj.* **II-4, IV-2, IV-7**

It is not sure that… Il n'est pas sûr que… **III-5**
It is sure that… Il est sûr que… **III-5**
surely sûrement *adv.* **IV-3**
surface area superficie *f.* **IV-10**,
surpass dépasser *v.* **IV-5, IV-8**
surprise someone faire une surprise à quelqu'un *v.* **II-1**
surprised étonné(e) *adj.* **IV-6**; surpris (surprendre) *adj., p.p.* **II-1**
   to be surprised that… être surpris(e) que… *v.* **III-4**
surprising étonnant(e) *adj.* **IV-6**; surprenant(e) *adj.*, **IV-6**
surround entourer *v.* **III-1**
   to surround oneself with s'entourer de *v.* **IV-9**
survival survie *f.* **IV-7**
survive survivre *v.* **III-2, IV-6**
survivor rescapé *m.* **IV-2**
suspect se douter (de) *v.* **IV-2, IV-4**
swallow engloutir *v.* **IV-2**
sweater pull *m.* **II-1, III-R**
sweep balayer *v.* **II-3, III-R, IV-1**
sweet doux/douce *adj.* **IV-2**
swell enfler *v.* **II-5**
swim nager *v.* **I-4**
swimming natation *f.* **I-P**
swimsuit maillot de bain *m.* **II-1, III-R**
swing se balancer *v.* **IV-10**
Swiss suisse *adj.* **I-P, I-1**
Switzerland Suisse *f.* **I-P, II-2, III-R**
symptom symptôme *m.* **II-5, III-R**

T

table table *f.* **I-P, I-1**
   to clear the table débarrasser la table *v.* **II-3, III-R**
   to set the table mettre la table *v.* **II-3, III-R**
tablecloth nappe *f.* **II-4**
tablet tablette (tactile) *f.* **I-P, I-1, III-1**
tabloid(s) presse à sensation *f.* **IV-3**
tackle aborder *v.* **II-2, IV-3**
tactile tactile *adj.* **I-P**
take *(someone)* emmener *v.* **I-5, IV-1**; prendre *v.* **I-4, II-2, IV-3**
   to take a boat (bus, plane, taxi, train) prendre un bateau (autobus, avion, taxi, train) *v.* **II-2**
   to take a nap piquer un somme *v.* **IV-5**
   to take a photo(graph) prendre une photo(graphie) *v.* **III-1**
   to take a selfie faire un selfie *v.* **III-1**
   to take a shower prendre une douche *v.* **II-5, III-R**
   to take a stroll/walk se promener *v.* **II-5, IV-8**

to take action to prendre des mesures pour *v.*
to take advantage (of) profiter (de) *v.* **III-5, IV-9**
to take an exam passer un examen *v.* **I-2**
to take care (of something) s'occuper (de) *v.* **II-5, III-1**
to take out sortir *v.* **I-5, II-3**
to take out a loan faire un emprunt *v.* **IV-9**
to take out the trash sortir la/les poubelle(s) *v.* **III-R**
to take over prendre la relève *v.* **III-3**
to take place avoir lieu *v.* **III-2**; se dérouler *v.* **IV-6**
to take someone in recueillir quelqu'un *v.* **IV-6**
to take the baton prendre la relève *v.* **III-3**
to take the plunge faire le grand saut *v.* **IV-6**
to take time off prendre un congé *v.* **III-3**
taken pris (prendre) *adj., p.p.* **II-1, III-R**
tale conte *m.* **III-5**
talented doué(e) *adj.* **III-5**
talk (to someone) s'entretenir (avec) *v.* **IV-2**
tall grand(e) *adj.* **I-3, IV-2**
tank: to fill the tank faire le plein *v.* **III-1**
tart tarte *f.* **II-4**
task tâche *f.* **IV-7, IV-9**
taste goût *m.* **III-2**
   to taste goûter *v.* **II-4**
tax taxe *f.* **IV-9**
taxi taxi *m.* **II-2**
   taxi driver chauffeur de taxi *m., f.* **III-3**
tea: (iced) tea thé (glacé) *m.* **I-4**
teach *(someone to do something)* apprendre (à) *v.* **I-4, III-1**; enseigner *v.* **I-2**
teacher enseignant(e) *m., f.* **I-1**; professeur *m., f.* **I-P, I-1**
team club *m.* **IV-8**; équipe *f.* **I-5**
tear larme *f.* **IV-1**
   to tear déchirer *v.* **IV-8**
teaspoon cuillère à café *f.* **II-4**
tee shirt tee-shirt *m.* **II-1**
telephone *(receiver)* appareil *m.* **III-3**; téléphone *m.* **I-2**
   telephone number numéro de téléphone *m.* **III-3**
   to telephone (someone) téléphoner (à) *v.* **I-2**
telescope télescope *m.* **IV-7**
television télévision *f.* **I-P**
   television channel chaîne de télévision *f.* **III-1**
   television program émission de télévision *f.* **III-5**

Anglais–Français

Appendice B

television series série (télévisée) *f.* **III-5**
television viewer téléspectateur/ téléspectatrice *m., f.* **IV-3**
tell prévenir *v.* **IV-10**
  to tell one another se dire *v.* **III-1**
temper: to lose one's temper s'emporter *v.* **IV-6**
temperature température *f.* **I-5**
  What is the temperature? Quelle température fait-il? **I-5**
tempt tenter *v.* **IV-8**
ten dix *m.* **I-P, I-1**
tennis tennis *m.* **I-P, I-5**
  tennis shoes baskets *f.* **II-1**; tennis *f., pl.* **II-1, IV-8**
tenth dixième *adj.* **II-2**
terrace: (café) terrace terrasse (de café) *f.* **I-4**
territory superficie *f.* **IV-10**
terrorism terrorisme *m.* **IV-4**
terrorist terroriste *m., f.* **IV-4**
test examen *m.* **I-1**; interro(gation) *f.* **I-P**
text message SMS, texto *m.* **III-1**
  to send each other text messages s'envoyer des SMS/ des textos **III-1**
than que/qu' *rel. pron., conj.* **II-4, III-2, III-3, III-4, III-5, IV-9**
thank remercier *v.* **IV-6**
  Thank you (very much). Merci (beaucoup). **I-1**
thankless ingrat(e) *adj.* **IV-9**
thanks to grâce à *prep.* **II-2, IV-1**
that ça, ce/c' *pron.* **I-1**; dont *rel. pron.* **III-3, IV-9**; que/qu' *rel. pron., conj.* **II-4, III-2, III-3, III-4, III-5, IV-9**; qui *rel. pron.* **III-3, IV-9**
  that is to say ça veut dire **II-5**; c'est-à-dire **IV-7**
  that is... c'est... **I-P, I-1**
  That's enough. Ça suffit. **I-5 IV-4**
the l' *def. art., m., f.,*; la *def. art., f.*; le *def. art., m.*; les *def. art., m., f., pl.* **I-1**
theater théâtre *m.* **III-5, IV-8**
their leur(s) *poss. adj., m., f.* **I-3**
them les *d.o. pron., m., f., pl.* **II-2**; elles *disj. pron., f., pl.* **I-3**; eux *disj. pron., m., pl.* **I-3, II-1, II-4**
  them/to them leur *i.o. pron., m., f., pl* . **II-1**
then ensuite *adv.* **II-2**; puis *adv.* **II-2, IV-2**
  so then alors *adv.* **I-2, IV-2**
theory théorie *f.* **IV-7**
there là *m.* **I-1, IV-2**; *(used with dem. adj.* ce *and noun or with dem. pron.* celui*)* -là **II-1**; y *pron.* **II-5, III-R**
  Is/Are there... ? Y a-t-il... ? **I-2**
  there is/are il y a **I-P, I-1, II-4**; voilà **I-1**

there was/were il y a eu **II-1**; il y avait **II-3**
therefore donc *adv.* **II-2, IV-2**
these/those ces *dem. adj., m., f., pl.* **II-1**; celles *dem. pron., f., pl.*; ceux *dem. pron., m., pl.* **III-4**
they elles *sub. pron., f., pl.*; ils *sub. pron., m., pl.* **I-1**
  they are elles sont... **I-P, I-1**; ils sont... **I-1**
thick épais(se) *adj.* **IV-9**
thief voleur/voleuse *m., f.* **IV-4**
thigh cuisse *f.*
thin maigre *adj.* **IV-4**
thing chose *f.* **I-1**; truc *m.* **II-2**
think (that) penser (que) *v.* **I-2, III-5, IV-8**; trouver (que) *v.* **I-2**
  to think (about) réfléchir (à) *v.* **I-4**
third troisième *adj.* **II-2**
thirst soif *f.* **I-4**
  to be thirsty avoir soif *v.* **I-4**
thirteen treize *m.* **I-P, I-1**
thirty trente *m.* **I-P, I-1**
this/that ça *pron.* **I-1**; ce *dem. adj., m., sing.*; cet *dem. adj., m., sing.*; cette *dem. adj., f., sing.* **II-1**
  this afternoon cet après-midi **I-2**
  this evening ce soir *adv.* **I-2**
  this month ce mois-ci **I-2**
  this morning ce matin *adv.* **I-2**
  this week cette semaine **I-2**
  this weekend ce week-end **I-2**
  this year cette année **I-2**
  this/that one celui *dem. pron., m., sing.*; celle *dem. pron., f., sing.* **III-4**
those are... ce sont… **I-1**
thousand: (one) thousand cent mille *m.* **I-5**
  one hundred thousand cent mille *m.* **I-5**
thread: (discussion) thread fil *m.* **IV-7**
threat danger *m.* **III-4, IV-10**; menace *f.* **IV-4**
threaten menacer *v.* **IV-1**
three trois *m.* **I-P, I-1**
thrifty économe *adj.* **IV-1**
thrill frisson *m.* **IV-8**
throat gorge *f.* **II-5**
through par *prep.* **I-3**
throughout à travers *prep.* **IV-7**
throw lancer *v.* **III-5, IV-5, IV-7, IV-10**
  to throw (away) jeter *v.* **III-4, IV-10**
Thursday jeudi *m.* **I-P**
  every Thursday, on Thursdays le jeudi **I-P**
thus ainsi *adv.* **IV-2**
ticket *(travel)* billet *m.* **II-2, III-2, IV-8**; contravention *f.* **III-1**
  bus/subway ticket ticket de bus/ de métro *m.* **II-2**
  round-trip ticket billet aller-retour *m.* **II-2**

to get tickets obtenir des billets *v.* **IV-8**
tidy up ranger *v.* **II-3, III-R, IV-1**
tie cravate *f.* **II-1**
tie (a game) faire match nul *v.* **IV-8**
tiger tigre *m.* **IV-10**
tight serré(e) *adj.* **II-1**
time *(occurrence)* fois *f.* **II-3**; *(general sense)* temps *m. sing.* **I-5, IV-2**
  free time temps libre *m.* **I-5**
  from time to time de temps en temps *adv.* **II-2**
  Once upon a time… Il était une fois… **IV-6**
  time off congé *m.* **II-2**
  to have a good time se divertir *v.* **IV-8**
  to lose/waste time perdre son temps *v.* **II-1**
  to take time off prendre un congé *v.* **III-3**
  What time do you have? Quelle heure avez-vous? *form.* **I-2**
  What time is it? Quelle heure est-il? **I-2**
  What time?; When? À quelle heure? **I-2**
tip pourboire *m.* **I-4**
  to leave a tip laisser un pourboire *v.* **I-4**
tip over basculer *v.* **IV-4**
tire: (flat) tire pneu (crevé) *m.* **III-1**
  (spare) tire roue (de secours) *f.* **III-1**
  to check the tire pressure vérifier la pression des pneus *v.* **III-1**
tiresome pénible *adj.* **I-3**
to à *prep.* **I-4, I-5**
  to/at the au (à + le); aux (à + les) **I-4**
toaster grille-pain *m.* **II-3**
today aujourd'hui *adv.* **I-P, I-2, IV-2**
toe doigt de pied *m.*, orteil *m.* **II-5**
together ensemble *adv.* **II-1**
togetherness convivialité *f.* **IV-6**
tolerate tolérer *v.* **IV-10**
tomato tomate *f.* **II-4**
tomorrow demain *adv.* **I-P, I-2, IV-2**
  day after tomorrow après-demain *adv.* **I-P, I-2**
  See you tomorrow. À demain. **I-1**
  tomorrow morning/afternoon/ evening demain matin/après- midi/soir *adv.* **I-2**
tone ton *m.* **IV-10**
too aussi *adv.* **I-1**
  too many/much (of) trop (de) *adv.* **I-4, IV-2, IV-5**
tool outil *m.* **IV-7**
tooth dent *f.* **II-4**
  to brush one's teeth se brosser les dents *v.* **II-5, III-R, IV-2**
toothbrush brosse à dents *f.* **II-5, III-R**

Vocabulaire

toothpaste dentifrice *m.* **II-5, III-R**
totalitarian regime régime totalitaire *m.* **IV-4**
tourism tourisme *m.* **III-2**
tourist touriste *m., f.* **IV-2**
    tourist office office du tourisme *m.* **III-2**
towel: (bath) towel serviette (de bain) *f.* **II-5, III-R**
town ville *f.* **I-4**
    town center centre-ville *m.* **I-4**
    town dweller citadin(e) *m., f.* **III-1, IV-2**
    town hall hôtel de ville *m.* **IV-2**; mairie *f.* **III-2**
    town planning urbanisme *m.* **IV-2**
toxic toxique *adj.* **III-4, IV-10**
    toxic waste déchets toxiques *m., pl.* **III-4**
trade union syndicat *m.* **III-3, IV-9**
traffic circulation *f.* **III-1, IV-2**
    traffic jam embouteillage *m.* **IV-2**
    traffic light(s) feu(tricolore) *m.* **IV-2**; feu de signalisation *m.* (feux *pl.*) **III-2**
tragedy tragédie *f.* **III-5**
train train *m.* **II-2, IV-2**
    to train s'entraîner *v.* **IV-5**
    train station gare *f.* **II-2, III-R**
trainee stagiaire *m., f.* **IV-9**
training formation *f.* **III-3, IV-9**
    (paid) training course stage (rémunéré) *m.*
    professional training stage *m.* **III-3**
transportation: public transportation transports en commun *m.* **III-1, IV-2**
trapped piégé(e) *adj., p.p.* **IV-2**
trash déchets *m.* **IV-10**; ordures *f. pl.* **III-4**
    to sort the trash trier les déchets *v.* **III-4**
    to take out the trash sortir la/les poubelle(s) *v.* **II-3, III-R**
    trash (can) poubelle *f.*
travel voyager *v.* **I-2, IV-1**
    travel agency agence de voyages *f.* **II-2, III-R**
    travel agent agent de voyages *m.* **II-2**
treat (someone) soigner *v.* **IV-7**
tree arbre *m.* **III-4**
tremors secousses *f.* **IV-2**
trick duper *v.* **IV-2**
trip voyage *m.* **II-2**
tropical tropical(e) *adj.* **III-4**
    tropical forest forêt tropicale *f.* **III-4, IV-10**
troupe troupe *f.* **III-5**
truck camion *m.* **III-3**
    small truck or van camionnette *f.* **III-2, IV-9**
    truck driver chauffeur de camion *m.* **III-3**

true: It is true that… Il est vrai que… **III-5**
trunk coffre *m.* **III-1**
trust (someone) faire confiance (à quelqu'un) *v.* **IV-1**
try essayer *v.* **I-5, IV-1**
Tuesday mardi *m.* **I-P**
    every Tuesday, on Tuesdays le mardi **I-P**
tuna thon *m.* **II-4**
Tunisia Tunisie *f.* **I-P**
Tunisian tunisien(ne) *f.* **I-P**
turn tourner *v.* **III-2, IV-3**
    to turn off éteindre *v.* **III-1**
    to turn off course bifurquer *v.* **IV-4**
    to turn on allumer *v.* **III-1**
    to turn over se retourner *v.* **IV-10**
turnaround retournement *m.* **IV-6**
turtle tortue *f.* **III-R, IV-10**
twelve douze *m.* **I-P, I-1**
twentieth vingtième *adj.* **II-2**
twenty vingt *m.* **I-P, I-1**
twice deux fois *adv.* **II-3, III-3**
twin brothers/sisters jumeaux/jumelles *m., f.* **IV-6, IV-7**
twist one's (ankle) se fouler (la cheville) *v.* **II-5**
two deux *m.* **I-P, I-1**
    two million deux millions *m.* **I-5**

U

U.F.O. ovni *m.* **IV-7**
ugly laid(e) *adj.* **I-3**
umbrella parapluie *m.* **I-5**
unbearable insupportable *adj.* **IV-6**
unbiased impartial(e) *adj.* **IV-3**
uncertain: It is uncertain that… Il n'est pas certain que… **III-5**
uncertainty incertitude *f.* **IV-5**
uncle oncle *m.* **I-3, III-R**
under sous *prep.* **I-3**
underprivileged défavorisé(e) *adj.*
understand comprendre *v* **I-4**
understanding compréhensif/compréhensive *adj.* **IV-6**; compréhension *f.* **IV-5**
understood compris (comprendre) *adj., p.p.* **II-1, II-4**
undertake entreprendre *v.* **IV-9**
underwear sous-vêtement *m.* **II-1**
undress se déshabiller *v.* **II-5, III-R, IV-2**
unemployed au chômage *adj.* **III-3, IV-9**
    to be unemployed être au chômage *v.* **III-3, IV-9**
    unemployed person chômeur/chômeuse *m., f.* **III-3, IV-9**
unemployment chômage *m.* **III-3, IV-9**
unequal inégal(e) *adj.* **IV-4**
unethical contraire à l'éthique *adj.* **IV-7**

unexpected inattendu(e) *adj.* **IV-2**
unfair injuste *adj.* **IV-4**
unfaithful infidèle *adj.* **IV-1**
unforgettable inoubliable *adj.* **IV-1**
unfortunate pauvre *adj.* **IV-2**
unfortunately malheureusement *adv.* **II-2**
unhappily malheureusement *adv.* **II-2**
unhappy malheureux/malheureuse *adj.* **I-3**
union (trade) syndicat *m.* **III-3, IV-9**
unite unir *v.* **IV-2**
United States États-Unis *m., pl.* **I-P, II-2**
universe univers *m.* **I-P**
unless à moins que *conj.* **III-5, IV-7**; à moins de *prep.* **III-5, IV-7**
unlikely peu probable *adj.* **IV-7**
unpleasant désagréable *adj.* **I-1**
untidy en désordre **IV-7**
until jusqu'à (ce que) *prep.* **III-2, IV-7**
untrue: It is untrue that… Il n'est pas vrai que… **III-5**
unusual inhabituel(le) *adj.* **IV-9**
update mise à jour *f.* **IV-7**
    to update actualiser *v.*, mettre à jour *v.* **IV-7**
updated actualisé(e) *adj.* **IV-3**
upload télécharger *v.* **III-1, IV-7**
upset contrarié(e) *adj.* **IV-1**
    to upset bouleverser *v.* **IV-6**
urban citadin(e) *adj.* **III-1, IV-2**
    urban area agglomération *f.* **III-2**
urbanize urbaniser *v.* **IV-10**
urge exhorter *v.* **IV-10**
us nous *disj. pron.* **I-3, II-1, II-4**; nous *d.o. pron.* **II-2**
    us/for us/to us nous *i.o. pron.* **II-1**
use exploiter *v.* **IV-10**
    to use (a map) utiliser (un plan) *v.* **II-2**
    to use up épuiser *v.* **IV-10**
useful utile *adj.* **I-2**
useless inutile *adj.* **I-2**; nul(le) *adj.* **I-2**
username identifiant *m.* **III-1**; pseudo(nyme) *m.* **IV-7**
usually d'habitude *adv.* **II-3**

V

vacation vacances *f., pl.* **II-2**
    to go on vacation partir en vacances *v.* **II-2**
vacationer vacancier/vacancière *m., f.* **III-R, IV-8**
vacuum (cleaner) aspirateur *m.* **II-3**
    to vacuum passer l'aspirateur *v.* **II-3, III-R**
valley vallée *f.* **III-4**
value valeur *f.* **IV-5**
van camionnette *f.* **III-2, IV-9**
vegetable légume *m.* **II-4**

Anglais–Français

very très *adv.* **I-1**; *(before adjective or adverb)* tout **I-3, IV-4**
  very close (by/to) tout près (de) **I-3, III-2**
  Very well. Très bien. **I-1**
veterinarian vétérinaire *m., f.* **III-3**
vicariously: to live (something) vicariously vivre (quelque chose) par procuration **IV-8**
  to live (something) vicariously through someone vivre quelque chose par l'intermédiaire de quelqu'un **IV-8**
victim victime *f.* **IV-4**
victorious victorieux/victorieuse *adj.* **IV-4**
victory victoire *f.* **IV-4**
video vidéo *f.*
  to stream (a video) regarder (une vidéo) en streaming *v.* **III-1**
  video call appel vidéo *m.* **III-1**
  video game(s) jeu vidéo (des jeux vidéo) *m.* **I-5**
Vietnam Viêt-Nam *m.* **I-P**
Vietnamese vietnamien(ne) *adj.* **I-P, I-1**
violence violence *f.* **IV-4**
violet violet(te) *adj.* **II-1**
violin violon *m.* **III-5, IV-2**
  to play the violin jouer du violon **III-5**
visit visite *f.* **II-1**
  to visit *(regularly)* fréquenter *v.* **I-4**; *(a person)* rendre visite (à) *v.* **II-1**; *(a place)* visiter *v.* **I-2**
voice voix *f.*
volcano volcan *m.* **III-4**
volleyball volley(-ball) *m.* **I-5**
vote voter *v.* **IV-4**

W

wage: minimum wage salaire minimum *m.* **IV-9**
waist taille *f.* **II-1**
wait *(on the phone)* patienter *v.* **III-3**
  to wait for attendre *v.* **II-1, IV-2**
  to wait in line faire la queue *v.* **III-2, IV-8**
waiting for en attendant que *conj.* **IV-7**
  waiting to en attendant de *prep.* **IV-7**
wake up se réveiller *v.* **II-5, III-R, IV-2**
walk marcher *v.* **I-5, III-1**; promenade *f.* **I-5**
  to go for a walk faire une promenade *v.* **I-5**
  to take a stroll/walk se promener *v.* **II-5, IV-8**
wall mur *m.* **II-3**
wander errer *v.* **IV-6**
want (to) désirer *v.* **III-3**; vouloir *v.* **II-4, III-R, III-1, III-5, IV-3**

to want that désirer que *v.* **I-5, IV-6, IV-8**; vouloir que *v.* **III-4**
want ad annonce *f.* **III-3**
  to read the want ads lire les annonces *v.* **III-4**
wanted to *(used with infinitive)* voulu (vouloir) *p.p.* **II-4, III-R**
war guerre *f.*
  American Civil War guerre de Sécession *f.* **IV-4**
  (civil) war guerre (civile) *f.* **IV-4**
  World War II Seconde Guerre mondiale *f.*
wardrobe armoire *f.* **II-3, III-R**
warehouse entrepôt *m.* **IV-9**
warming: global warming réchauffement *m.* de la Terre **III-4**; réchauffement *m.* climatique **IV-10**
warn prévenir *v.* **IV-10**
warning light (gas/oil) voyant (d'essence/d'huile) *m.* **III-1**
wash laver *v.* **II-3, III-R**
  to wash oneself (one's hands) se laver (les mains) *v.* **II-5, III-R, IV-2**
  to wash up faire sa toilette *v.* **II-5, III-R**
washing machine lave-linge *m.* **II-3, III-R**
washing up toilette *f.* **II-5, III-R**
waste gaspillage *m.* **III-4, IV-10**
  to waste gaspiller *v.* **III-4, IV-10**
  toxic waste déchets toxiques *m., pl.* **III-4**
watch montre *f.* **II-1**
  smart watch montre connectée *f.* **III-1**
  to watch regarder *v.* **I-2, IV-8**
water: (mineral) water eau (minérale) *f.* **I-4**
  water purification potabilisation de l'eau *f.* **IV-10**
wave vague *f.* **I-5**
way chemin *m.* **III-1, III-2**
we nous *pron.* **I-P, I-1, II-5**
weak faible *adj.* **I-3**
weaken faiblir *v.* **IV-10**
wealth richesses *f.*
weapon arme *f.* **IV-4**
wear porter *v.* **I-3, II-1**
weary las/lasse *adj.*
weather météo *f.* **III-5** temps *m. sing.* **I-5**
  What is the weather like? Quel temps fait-il? **I-5**
  The weather is bad. Il fait mauvais. **I-5**
  The weather is dreadful. Il fait un temps épouvantable. **I-5**
  The weather is nice. Il fait beau. **I-5**
Web web *m.* **IV-3**

to search the Web naviguer sur Internet/le web **IV-3**
webcam webcam *f.* **I-P**
website site Internet/web *m.* **III-1, IV-3**
  dating website site de rencontres *m.* **IV-1**
wedding (ceremony) mariage *m.* **II-1, III-R, IV-1**
  wedding gown robe de mariée *f.* **IV-6**
  wedding ring alliance *f.* **IV-6**
Wednesday mercredi *m.* **I-P**
  every Wednesday, on Wednesdays le mercredi **I-P**
week semaine *f.* **I-P**
  per week par semaine **I-5**
weekend week-end *m.* **I-2**
weekly magazine hebdomadaire *m.* **IV-3**
weigh peser *v.* **IV-1**
weight: to lose weight maigrir *v.* **I-4**
welcome bienvenu(e) *adj.* **I-1**
  You're welcome. De rien.; Il n'y a pas de quoi. **I-1**
well bien *adv.* **II-2, II-4, III-R, IV-2**
  as well as ainsi que *conj.* **III-2**
  I am doing well. Je vais bien. **I-1**
  Very well. Très bien. **I-1**
well-being bien-être *m.* **IV-10**
well-mannered bien/mal élevé(e) *adj.* **IV-6**
west ouest *m.* **III-2**
What? Comment? *adv.*; Pardon?; Que/Qu'... ? *interr. pron*; Quel(le)(s)? *interr. adj.* **I-4**
  What color ... ? De quelle couleur... ? **II-1**
  What day is it? Quel jour sommes-nous? **I-P**
  What is it? Qu'est-ce que c'est? **I-1**
  What is the date? Quelle est la date? **I-P**
  What is the temperature? *(weather)* Quelle température fait-il? **I-5**
  What is the weather like? Quel temps fait-il? **I-5**
  What is your name? Comment t'appelles-tu? *fam.*; Comment vous appelez-vous? *form.* **I-P, I-1**
  What is your nationality? Quelle est ta nationalité? *fam.*; Quelle est votre nationalité? *form., sing., pl.* **I-1**
  What time? À quelle heure? **I-2**
  What time do you have? Quelle heure avez-vous? *form.* **I-2**
  What time is it? Quelle heure est-il? **I-2**
  What's up? Ça va? **I-1**
  What's wrong? Qu'est-ce qu'il y a? **I-P, I-1**

Vocabulaire

wheelchair fauteuil rolant *m.* **IV-7**
when lorsque *conj.* **IV-7**; où *rel. pron.* **III-3, IV-9**; quand *adv.* **I-4, III-3**
  When? À quelle heure? **I-2**
  When is ...'s birthday? C'est quand l'anniversaire de... ?; Quelle est la date de l'anniversaire de... ? **I-P**
  When is your birthday? C'est quand ton/votre anniversaire?; Quelle est la date de ton/votre anniversaire? **I-P**
where où *adv.* **I-4**; où *rel pron.* **III-3, IV-9**
which que/qu' *rel. pron., conj.* **II-4, III-2, III-3, III-4, III-5, IV-9**; qui *rel. pron.* **III-3, IV-9**
  of which dont *rel. pron.* **III-3, IV-9**
  Which? Quel(le)(s)? *interr. adj.* **I-4**
  which one à laquelle *pron., f., sing.*; auquel (à + lequel) *pron., m., sing.*; de laquelle *pron., f., sing.*; duquel (de + lequel) *pron., m., sing.* **III-3** laquelle *pron., f., sing.*; **III-3**; lequel *pron., m., sing.*; **III-3**
  which ones auxquelles (à + lesquelles) *pron., f., pl.*; auxquels (à + lesquels) *pron., m., pl.* desquelles (de + lesquelles) *pron., f., pl.*; desquels (de + lesquels) *pron., m., pl.*; lesquelles *pron., f., pl.*; lesquels *pron., m., pl.* **III-3**
while pendant *prep.* **II-2**; pendant que *conj.* **III-I**; tandis que *conj.* **III-1**
whistle sifflet *m.* **IV-8**
  to whistle (at) siffler *v.* **IV-8**
white blanc(he) *adj.* **I-3, II-1, IV-2**
who qui *rel. pron.* **III-3, IV-9**
  who? qui? *interr. pron.* **I-4**
  Who is it? Qui est-ce? **I-1**
  Who's calling, please? Qui est à l'appareil? **III-3**
whom qui *rel. pron.* **III-3, IV-9**
  For whom? Pour qui? **I-4**
  of whom dont *rel. pron.* **III-3, IV-9**
  To whom? À qui? **I-4**
  With whom? Avec qui? **I-4**
whose dont *rel. pron.* **III-3, IV-9**
Why? Pourquoi? *adv.* **I-2**
widow veuve *f.* **I-3, IV-1**
widowed veuf/veuve *adj.* **I-3, IV-1**
widower veuf *m.* **I-3, IV-1**
wield manier *v.* **IV-7**
wife épouse *f.* **IV-6**; femme *f.* **I-1, III-R**
will volonté *f.* **III-2**
willing (to) disposé(e) (à) *adj.* **IV-9**
win gagner *v.* **I-5, III-3, IV-4**
  to win elections gagner les élections *v.* **IV-4**
wind éolien(ne) *adj.* **III-4**; vent *m.* **I-5**
  It is windy. Il fait du vent. **I-5**
  wind power énergie éolienne *f.* **III-4**
window fenêtre *f.* **I-1**
  window display vitrine *f.* **IV-7**

windshield pare-brise (des pare-brise *pl.*) *m.* **III-1**
  windshield wiper(s) essuie-glace (essuie-glaces *pl.*) *m.* **III-1**
winner gagnant(e) *m., f.* **IV-5**
winter hiver *m.* **I-5**
  in the winter en hiver **I-5**
wipe (the dishes/the table) essuyer (la vaisselle/la table) *v.* **III-3, III-R**
wish (that/to) souhaiter (que) *v.* **III-4, IV-6, IV-8**
with avec *prep.* **I-1**
  With whom? Avec qui? **I-4**
withdraw (money) retirer (de l'argent) *v.* **III-2**
within au sein de **III-1**
without sans *prep.* **III-2, IV-7**; sans que *conj.* **III-5, IV-7**
witness témoin *m.* **IV-6**
wizard sorcier/sorcière *m., f.* **IV-7**
woman femme *f.* **I-1, III-R**
wonder se demander *v.* **IV-2**
woods bois *m.* **III-4**
words: play on words jeu de mots *m.* **IV-3**
work travail *m.* **III-2**
  (art)work, piece (of art) œuvre (d'art) *f.* **III-5**
  work schedule temps de travail *m.* **IV-9**
  to work bosser *v., fam.* **IV-9**; *(thing)* fonctionner *v.* **III-1**; *(thing)* marcher *v.* **I-5, III-1**; travailler *v.* **I-2**
  to work hard travailler dur *v.* **IV-2**
  to work out faire de la gym *v.* **I-5**
  to work remotely être en/faire du télétravail **III-3**
  to find work trouver un/du travail *v.* **III-3**
worker ouvrier/ouvrière *m., f.* **III-3**
workshop atelier *m.* **IV-7**
world monde *m.* **II-2**
  world heritage patrimoine mondial *m.* **III-R, III-2, IV 5**
  World War II Seconde Guerre mondiale *f.* **III-1**
worried inquiet/inquiète *adj.* **I-3, IV-1, IV-2**
worry s'inquiéter *v.* **II-5, IV-2**
worse pire *adv.* **II-4, III-R**; pis *adv.* **IV-7**; plus mal *comp., adv.* **II-4, III-R, IV-7**; plus mauvais(e) *comp., adj.* **II-4, III-R, IV-7**
worst: the worst le/la pire *adv.* **II-4, III-R**; le pis *adv.* **IV-7**; le plus mal *super., adv.* **II-4, IV-7**; le/la plus mauvais(e) *super., adj.* **II-4, III-R, IV-7**
worth: It is not worth the effort... Ce n'est pas la peine que... **IV-6**
wound blessure *f.* **II-5, III-R**
wrapped gift paquet cadeau **II-1**
write écrire *v.* **II-2, IV-3**
  to write to one another s'écrire *v.* **III-1**

writer écrivain(e) *m., f.* **III-5**
written écrit (écrire) *adj.* **II-2**
wrong tort *m.* **I-2**
  to be wrong avoir tort *v.* **I-2**
  What's wrong? Qu'est-ce qu'il y a? **I-P, I-1**

X

xylophone xylophone *m.* **I-P**

Y

yard jardin *m.* **II-3, III-R**
yeah ouais *adv.* **I-2**
year an, année *m., f.* **I-2**
  I am [number] years old. J'ai [nombre] ans. **I-P**
  per year par an **I-5**
yell crier *v.*
yellow jaune *adj.* **II-1**
  yellow light feu jaune *m.* **III-1**
yes oui *adv.* **I-P, I-2**; *(when contradicting a negative statement or question)* si *adv.* **I-2**
yesterday (morning/afternoon/evening) hier (matin/après-midi/soir) *adv.* **I-P, II-2, IV-2, IV-3**
  day before yesterday avant-hier *adv.* **II-2**
yet cependant *adv.*
yogurt yaourt *m.* **I-P, II-4**
you te/t' *d.o. pron.* **II-2**; toi *disj. pron., sing., fam.* **I-3, II-1, II-4**; tu *sub. pron., sing., fam.* **I-P, I-1**; vous *subj. pron., sing., pl., form.* **I-P, I-1**; vous *disj. pron.* **I-3, II-1, II-4**; vous *d.o. pron.* **II-2**
  you/for you/to you te/t' *i.o. pron., sing.*; vous *i.o. pron., sing., pl.* **II-1**
  you neither toi non plus **I-2**
  You're welcome. De rien.; Il n'y a pas de quoi.; Je vous en prie. *form.* **I-1**
young jeune *adj.* **I-3, IV-2**
your ta *poss. adj., f., sing., fam.*; tes *poss. adj., m., f., pl., fam.*; ton *poss. adj., m., sing., fam.*; votre *poss. adj., m., f., sing., form.* **I-3**; vos *poss. adj., m., f., pl., form.* **I-3**
yourself te/t' *refl. pron., sing., fam.* **II-2, II-5**
  yourself/yourselves vous *refl. pron., sing., pl., form.* **II-2, II-5**
youth jeunesse *f.* **II-1, III-R, IV-6**
  youth hostel auberge de jeunesse *f.* **II-2, III-R**
Yum! Miam! *interj.* **I-2, I-5**

Z

zero zéro *m.* **I-P, I-1**
zoo zoo *m.* **I-P**

Thematic Vocabulary

Bonjour et au revoir

Bonjour. *Good morning.; Hello.*
Bonsoir. *Good evening.; Hello.*
Salut! *Hi!; Bye!*

À bientôt. *See you soon.*
À demain. *See you tomorrow.*
À plus tard. *See you later.*
Au revoir. *Good-bye.*
Bonne journée! *Have a good day!*

Ça va? *What's up?; How are things?*
Comment allez-vous? (*form.*) *How are you?*
Comment vas-tu? (*fam.*) *How are you?*
Comme ci, comme ça. *So-so.*
Je vais bien/mal. *I am doing well/badly.*

De rien. *You're welcome.*
Excusez-moi. (*form.*) *Excuse me.*
Excuse-moi. (*fam.*) *Excuse me.*
Merci beaucoup. *Thank you very much.*

Les présentations

Comment vous appelez-vous? (*form.*) *What is your name?*
Comment t'appelles-tu? (*fam.*) *What is your name?*
Je m'appelle… *My name is…*
Je vous/te présente… (*form./fam.*) *I would like to introduce (name) to you.*

À l'école

assister *to attend*
écouter *to listen (to)*
enseigner *to teach*
étudier *to study*
passer un examen *to take an exam*

l'art (*m.*) *art*
la biologie *biology*
le droit *law*
la gestion *business administration*
l'histoire (*f.*) *history*
l'informatique (*f.*) *computer science*
les langues (étrangères) (*f.*) *(foreign) languages*

les mathématiques (maths) (*f.*) *mathematics*

une bourse *scholarship, grant*
un cours *class, course*
un devoir *homework*
l'école (*f.*) *school*
une note *grade*

un(e) ami(e) *friend*
un(e) camarade de chambre *roommate*
un(e) camarade de classe *classmate*
un(e) étudiant(e) *student*
une fille *girl*
un garçon *boy*
un professeur *teacher, professor*

un bureau *desk; office*
une chaise *chair*
un ordinateur *computer*
une table *table*
un tableau *blackboard; picture*

un cahier *notebook*
une chose *thing*
un crayon *pencil*
une feuille (de papier) *sheet of paper*
un sac à dos *backpack*
un stylo *pen*

La famille

un beau-frère *brother-in-law*
un beau-père *father-in-law; stepfather*
une belle-mère *mother-in-law; stepmother*
une belle-sœur *sister-in-law*
un(e) cousin(e) *cousin*
un demi-frère *half-brother; stepbrother*
une demi-sœur *half-sister; stepsister*
les enfants (*m., f.*) *children*
un époux/une épouse *spouse*
une femme *wife; woman*
une fille *daughter; girl*
un fils *son*
un frère *brother*
une grand-mère *grandmother*
un grand-père *grandfather*
les grands-parents (*m.*) *grandparents*

un mari *husband*
une mère *mother*
un neveu *nephew*
une nièce *niece*
un oncle *uncle*
les parents (*m.*) *parents*
un père *father*
une petite-fille *granddaughter*
un petit-fils *grandson*
les petits-enfants (*m.*) *grandchildren*
une sœur *sister*
une tante *aunt*

Les personnes

antipathique *unpleasant*
beau/belle *beautiful; handsome*
bon(ne) *kind; good*
blond(e) *blond*
brun(e) *dark (hair)*
châtain *brown (hair)*
drôle *funny*
fort(e) *strong*
gentil(le) *nice*
grand(e) *big; tall*
gros(se) *fat*
jeune *young*
joli(e) *pretty*
laid(e) *ugly*
mauvais(e) *bad*
méchant(e) *mean*
modeste *modest, humble*
petit(e) *small, short (stature)*
roux/rousse *red-haired*
vieux/vieille *old*

Professions et occupations

un(e) architecte *architect*
un(e) artiste *artist*
un(e) athlète *athlete*
un(e) avocat(e) *lawyer*
un coiffeur/une coiffeuse *hairdresser*
un(e) dentiste *dentist*
un homme/une femme d'affaires *businessman/woman*
un ingénieur *engineer*
un(e) journaliste *journalist*
un médecin *doctor*
un(e) musicien(ne) *musician*

Appendice B

Dans la ville

une banlieue suburbs
un centre commercial shopping center, mall
un centre-ville city/town center, downtown
un cinéma (ciné) movie theater, movies
une église church
une épicerie grocery store
un grand magasin department store
un magasin store
un marché market
un musée museum
un parc park
une piscine pool
une place square; place
un restaurant restaurant

À table

avoir faim to be hungry
avoir soif to be thirsty
manger quelque chose to eat something

une baguette baguette (long, thin loaf of bread)
le beurre butter
un café coffee
un croissant croissant (flaky, crescent-shaped roll)
une eau (minérale) (mineral) water
un éclair éclair (pastry filled with cream)
des frites (f.) French fries
un fromage cheese
le jambon ham
un jus (d'orange, de pomme, etc.) (orange, apple, etc.) juice
le lait milk
un pain (de campagne) (country-style) bread
un sandwich sandwich
une soupe soup
une boisson (gazeuse) (soft) (carbonated) drink/beverage
un thé (glacé) (iced) tea

Activités sportives et loisirs

acheter to buy
aller à la pêche to go fishing
chanter to sing
courir to run
danser to dance
dormir to sleep
jouer (à/de) to play
marcher to walk (person); to work (thing)
nager to swim
passer chez quelqu'un to stop by someone's house
patiner to skate
pratiquer to play regularly; to practice
skier to ski

le baseball baseball
le basket(-ball) basketball
les cartes (f.) cards
le cinéma movies
les échecs (m.) chess
le foot(ball) soccer
le football américain American football
le golf golf
un jeu game
un joueur/une joueuse player
un match game
un passe-temps pastime, hobby
le sport sport
un stade stadium
le temps libre free time
le tennis tennis
le volley(-ball) volleyball

Les vêtements

aller avec to go with
porter to wear
vendre to sell

un blouson jacket
une ceinture belt
un chapeau hat
une chaussette sock
une chaussure shoe
une chemise (à manches courtes/longues) shirt (short-/long-sleeved)
un chemisier blouse
un costume (man's) suit
une cravate tie
un gant glove
un jean jeans
une jupe skirt
un maillot de bain swimsuit, bathing suit
un manteau coat
un pantalon pants
un pull sweater
une robe dress
un short shorts
un sous-vêtement underwear
un tee-shirt tee shirt

des soldes (m.) sales
un vendeur/une vendeuse salesman/saleswoman

bon marché inexpensive
cher/chère expensive
large loose; big
serré(e) tight

Les fêtes

faire la fête to party
faire une surprise (à quelqu'un) to surprise (someone)
fêter to celebrate
organiser une fête to organize a party

une bière beer
un biscuit cookie
le champagne champagne
un dessert dessert
un gâteau cake
la glace ice cream
le vin wine

un cadeau gift
une fête party; celebration
un hôte/une hôtesse host(ess)
un(e) invité(e) guest
un jour férié holiday

Partir en voyage

arriver to arrive
partir to leave
rester to stay
retourner to return

un aéroport airport

Thematic Vocabulary

une arrivée arrival
un avion plane
un billet aller-retour round-trip ticket
un billet (d'avion, de train) (plane, train) ticket
un départ departure
une douane customs
une gare (routière) train station (bus terminal)
une station (de métro) (subway) station
un vol flight

une agence de voyages travel agency
un agent de voyages travel agent
un(e) client(e) client; guest
un hôtel hotel
un lit bed
un passager/une passagère passenger
un passeport passport
la réception reception desk

Les vacances

bronzer to tan
faire du shopping to go shopping
faire les valises to pack one's bags
faire un séjour to spend time (somewhere)
partir en vacances to go on vacation
prendre un train (un avion, un taxi, un (auto)bus, un bateau) to take a train (plane, taxi, bus, boat)
rouler en voiture to ride in a car
utiliser un plan to use/read a map

la mer sea
une plage beach

Chez soi

un appartement apartment
un logement housing
un loyer rent
un quartier area, neighborhood

une armoire armoire, wardrobe
un canapé couch
une commode dresser, chest of drawers
un évier kitchen sink
un fauteuil armchair
un lavabo bathroom sink
un meuble piece of furniture
un placard closet, cupboard

une chambre bedroom
un couloir hallway
une cuisine kitchen
un garage garage
un jardin garden; yard
une salle à manger dining room
une salle de bains bathroom
une salle de séjour living/family room
un salon formal living/sitting room
un sous-sol basement

Les tâches ménagères

balayer to sweep
débarrasser la table to clear the table
faire la lessive to do the laundry
faire le lit to make the bed
faire le ménage to do the housework
faire la vaisselle to do the dishes
mettre la table to set the table
passer l'aspirateur to vacuum
repasser (le linge) to iron (the laundry)
sortir la/les poubelle(s) to take out the trash

Les repas

commander to order
cuisiner to cook

un déjeuner lunch
un dîner dinner
un goûter afternoon snack
un petit-déjeuner breakfast

Les fruits

une banane banana
une fraise strawberry
une orange orange
une poire pear
une pomme apple

Les légumes

l'ail (*m.*) garlic
une carotte carrot
un champignon mushroom
des haricots verts (*m.*) green beans
une laitue lettuce
un oignon onion
des petits pois (*m.*) peas
un poivron (vert, rouge) (green, red) pepper
une pomme de terre potato

Les viandes et les poissons

le bœuf beef
un escargot escargot, snail
les fruits de mer (*m.*) seafood
un pâté (de campagne) pâté, meat spread
le porc pork
un poulet chicken
une saucisse sausage
le thon tuna
la viande meat

Autres aliments

la confiture jam
la crème cream
l'huile (d'olive) (*f.*) (olive) oil
la mayonnaise mayonnaise
des pâtes (*f.*) pasta
le riz rice
un yaourt yogurt

La routine

se brosser les dents to brush one's teeth
se coucher to go to bed
s'habiller to get dressed
se laver (les mains) to wash oneself (one's hands)
se lever to get up, to get out of bed
prendre une douche to take a shower
se raser to shave oneself
se réveiller to wake up
se sécher to dry oneself

Appendice B

La santé

aller aux urgences/à la pharmacie *to go to the emergency room/to the pharmacy*
éternuer *to sneeze*
faire une piqûre *to give a shot*
fumer *to smoke*
guérir *to get better*
se blesser *to hurt oneself*
se casser (la jambe/le bras) *to break one's (leg/arm)*
se faire mal (à la jambe, au bras...) *to hurt one's (leg, arm...)*
se fouler la cheville *to twist/sprain one's ankle*
tomber/être malade *to get/to be sick*
tousser *to cough*

une allergie *allergy*
une blessure *injury, wound*
une douleur *pain*
une fièvre (avoir de la fièvre) *(to have) a fever*
la grippe *flu*
un rhume *cold*
un symptôme *symptom*

un médicament (contre/pour) *medication (to prevent/for)*
une ordonnance *prescription*

déprimé(e) *depressed*
sain(e) *healthy*

un(e) dentiste *dentist*
un infirmier/une infirmière *nurse*
un(e) pharmacien(ne) *pharmacist*

Le corps

la bouche *mouth*
un bras *arm*
le cœur *heart*
le corps *body*
le cou *neck*
un doigt *finger*
un doigt de pied *toe*
le dos *back*
un genou (genoux *pl.*) *knee (knees)*
la gorge *throat*
une jambe *leg*
le nez *nose*
un œil (yeux *pl.*) *eye (eyes)*
une oreille *ear*
un pied *foot*
la poitrine *chest*
la tête *head*
le ventre *stomach*

L'ordinateur

un CD/compact disc/disque compact *CD, compact disc*
un clavier *keyboard*
un disque dur *hard drive*
un écran *screen*
un e-mail *e-mail*
un fichier *file*
une imprimante *printer*
un logiciel *software, program*
un site Internet/web *website*
une souris *mouse*

démarrer *to start up*
graver *to record, to burn (a CD)*
imprimer *to print*
sauvegarder *to save*
surfer sur Internet *to surf the Internet*
télécharger *to download*

L'électronique

un appareil photo (numérique) *(digital) camera*
un baladeur CD *personal CD player*
une chaîne stéréo *stereo system*
un lecteur (de) CD/DVD *CD/DVD player*
un portable *cell phone*
un poste de télévision *television set*

allumer *to turn on*
effacer *to erase*
éteindre *to turn off; to shut off*
fonctionner/marcher *to work, to function*
sonner *to ring*

La voiture

arrêter (de faire quelque chose) *to stop (doing something)*
attacher sa ceinture de sécurité (*f.*) *to buckle/to fasten one's seatbelt*
avoir un accident *to have/to be in an accident*
faire le plein *to fill the tank*
freiner *to brake*
se garer *to park*
rentrer (dans) *to hit*
réparer *to repair*
tomber en panne *to break down*

un capot *hood*
un coffre *trunk*
l'embrayage (*m.*) *clutch*
l'essence (*f.*) *gas*
un essuie-glace (essuie-glaces *pl.*) *windshield wiper(s)*
les freins (*m., pl.*) *brakes*
l'huile (*f.*) *oil*
un moteur *engine*
un pare-brise (pare-brise *pl.*) *windshield*
une portière *car door*
un réservoir d'essence *gas tank*
un volant *steering wheel*

un agent de police/un(e) policier/policière *police officer*
une amende *fine*
une autoroute *highway*
la circulation *traffic*
un(e) mécanicien(ne) *mechanic*
un permis de conduire *driver's license*
une rue *street*

En ville

faire la queue *to wait in line*

une banque *bank*
une bijouterie *jewelry store*
une boutique *boutique, store*
une brasserie *café, restaurant*
un bureau de poste *post office*
un commissariat de police *police station*
une laverie *laundromat*
un salon de beauté *beauty salon*

poster une lettre *to mail a letter*

une boîte aux lettres *mailbox*
une carte postale *postcard*
un colis *package*
un timbre *stamp*

Thematic Vocabulary

avoir un compte bancaire to have a bank account
retirer de l'argent to withdraw money

les billets (*m.*) bills, notes
un compte-chèques checking account
un compte d'épargne savings account
un distributeur (automatique/de billets) ATM

suivre to follow
tourner to turn
traverser to cross

un bâtiment building
un carrefour intersection
un chemin way; path
un coin corner
des indications (*f.*) directions
un feu de signalisation (feux *pl.***)** traffic light(s)
un pont bridge

(tout) près (de) (very) close (to)
tout droit straight ahead

Au travail

gagner to earn; to win

un(e) employé(e) employee
un(e) patron(ne) manager; boss
une augmentation (de salaire) raise (in salary)

passer un entretien to have an interview
postuler to apply

un(e) candidat(e) candidate, applicant
une compagnie company
un curriculum vitæ (un CV) résumé
un métier profession
un poste position

un agent immobilier/une agente immobilière real estate agent
un chauffeur de taxi/de camion taxi/truck driver
un(e) comptable accountant
un conseiller/une conseillère consultant; advisor
un cuisinier/une cuisinière cook, chef
un(e) électricien(ne) electrician
un ouvrier/une ouvrière worker, laborer
un(e) politicien(ne) politician
un plombier plumber
un pompier firefighter
un(e) psychologue psychologist
un(e) vétérinaire veterinarian

La nature

un arbre tree
le ciel sky
un désert desert
une étoile star
une falaise cliff
l'herbe (*f.*) grass
une île island
un lac lake
la Lune moon
une pierre stone
une rivière river
une vallée valley
un volcan volcano

L'écologie

améliorer to improve
polluer to pollute
préserver to preserve
recycler to recycle
sauver la planète to save the planet

le déboisement deforestation
l'effet de serre (*m.*) greenhouse effect
l'énergie nucléaire (*f.*) nuclear energy
l'énergie solaire (*f.*) solar energy
l'environnement (*m.*) environment
l'extinction (*f.*) extinction
le réchauffement climatique global warming
la surpopulation overpopulation
une usine factory

Le cinéma et la télévision

un dessin animé cartoon
un documentaire documentary
un feuilleton soap opera
un film (d'aventures, d'horreur, policier, de science-fiction) (adventure, horror, crime, science fiction) film
un jeu télévisé game show
la météo weather forecast

Les arts

les beaux-arts (*m.*) fine arts
un conte tale
une critique review; criticism
une danse dance
une exposition exhibit
un festival (festivals *pl.***)** festival
une œuvre artwork, piece of art
un opéra opera
une peinture painting
une pièce de théâtre play
un poème poem
un roman novel
une sculpture sculpture
un tableau painting

applaudir to applaud
faire de la musique to play music
faire de la peinture to paint
jouer un rôle to play a role

un compositeur composer
un danseur/une danseuse dancer
un dramaturge playwright
un écrivain/une femme écrivain writer
un metteur en scène director (of a play, a show)
un orchestre orchestra
un peintre/une femme peintre painter
un personnage (principal) (main) character
un poète/une poétesse poet
un réalisateur/une réalisatrice director (of a movie)
un sculpteur/une femme sculpteur sculptor

Appendice C

A

à
- contractions with **lequel** (1) 25
- with geographical names (8) 279
- with indirect objects (3) 95
- with infinitives (8) (F) 274, 402

adjectives
- comparative (7) 238–239
- demonstrative (F) 386
- descriptive (2) 56
- gender and agreement (2) 56–57
- indefinite (4) 132
- interrogative (1) 25
- past participles used as (F) 398
- position (2) 57
- possessive (F) 382
- superlative (7) 238–239

adverbs
- categories (2) 61
- comparative (7) 239
- formation (2) 60
- position (2) 61, 89, 350, 354
- superlative (7) 239

aller
- imperative (F) 376
- passé composé (3) 94
- passé simple (F) 388
- present (1) 21
- present subjunctive (6) 200
- with infinitive (**futur proche**) (1) 21

après que (10) 353

articles
- definite (F) 378
- indefinite (F) 378
- partitive (5) 164–165

avoir
- as auxiliary verb in **passé composé** (3) 90–91
- expressions with (1) (F) 20, 402
- futur (7) 243
- imperative (F) 376
- passé composé (3) 94
- passé simple (F) 388
- present (1) 20
- present subjunctive (6) 202

C

ceci, cela, ce, and ça (6) 206–207

c'est (6) 207
- vs. il/elle est (F) 380

comparative
- of adjectives (7) 238–239
- of adverbs (7) 239

conditionnel
- formation and uses (8) 282–283
- past (10) 348–349
- uses of (10) 349

conjunctions
- with the **futur** (7) 243
- with the future perfect (10) 353
- with the subjunctive (7) 247

connaître
- present (F) 406
- vs. savoir (F) 406

contractions
- with à (1) 25
- with de (1) 25

D

de
- contractions with **lequel** (1) 25
- for possession (F) 382
- in passive voice (F) 412
- used after a negative (4) 132
- with expressions of quantity (5) 165
- with geographical names (8) 279
- with infinitives (8) 274–275, 402
- with partitives (5) 164–165

definite articles (F) 378
demonstrative adjectives (F) 386
demonstrative pronouns (6) 206–207
- ceci, cela, ce, and ça (6) 207

depuis with time expressions (F) 400
direct object pronouns (F) 390
disjunctive pronouns (F) 394
dont (9) 313

E

en
- uses (5) 169
- with present participle (8) 317

-er verbs
- conditionnel (8) 282
- futur (7) 242
- imperative (F) 376
- imparfait (F) 384
- passé composé (3) 90
- past subjunctive (7) 247
- present (F) 374
- present subjunctive (6) 202
- with spelling changes (1) 16–17

être
- as auxiliary verb in **passé composé** (3) 94–95
- futur (7) 243
- imperative (F) 376
- imparfait (F) 384
- in passive voice (F) 412
- passé simple (F) 388
- present (1) 20
- present subjunctive (6) 202

expressions
- of quantity (5) 165
- with avoir (1) 20
- with faire (1) 21

F

faire
- expressions with (1) 21
- futur (7) 243
- passé composé (3) 90
- present (1) 21
- present subjunctive (6) 202

faire causatif, formation and uses (F) 408

futur proche (aller + infinitive) (1) 21
- negation (1) 21

futur simple
- dès que (7) 243
- quand (7) 243
- formation and uses (7) (10) 242–243, 353
- with si (7) 243
- with conjunctions (7) 243
- vs. future proche (7) 242

future perfect
- formation and uses (10) 352–353
- negation (10) 352

G

geographical names
- gender (8) 278
- prepositions with (8) 279

I

if clauses (5) (8) 129, 356–357

il/elle est
- vs. c'est (F) 380
- with adjectives (F) 380

il y a with time expressions (F) 400

imparfait
- formation and uses (F) 384
- vs. passé composé (3) 98–99

imperative
- formation (2) (F) 53, 376
- order of pronouns (5) 173

indefinite adjectives and pronouns (4) 133
indefinite articles (F) 378
indirect discourse vs. direct discourse (F) 410
indirect object pronouns (F) 390

infinitives
- uses (8) 274–275
- with impersonal constructions (F) 380
- with prepositions (F) 402

interrogative words (1) 24

-ir verbs
- conditionnel (8) 282
- futur (7) 242
- imperative (F) 376
- imparfait (F) 384
- passé composé (3) 90, 94
- past subjunctive (7) 247
- present tense of irregular verbs (4) 136–137
- present tense of regular verbs (F) 374
- present subjunctive (6) 204

irregular verbs
- aller (1) 20
- être (1) 20
- avoir (1) 20
- faire (1) 20

Grammar Index

-oir verbs (8) 320
passé composé (3) 90

L

le, la l' (5) 164
lequel, laquelle, etc. (1) (9) 25, 313

M

-même(s) (F) 394

N

negation and negative expressions (4) 132
    future proche (1) 21
    passé composé (3) (4) (10) (F) 95, 132–133, 352, 356, 376
nouns
    formation of plural (F) 378
    gender (F) 378

O

-oir verbs
    irregular (8) 320–321
on (F) 412
où (9) 312

P

partitives (5) 164–165
    with negative (4) 133
passé composé
    placement of adverbs (3) 91
    with avoir (3) 90–91
    with être (3) 94–95
    vs. imparfait (3) 98–99
passé récent (venir de + infinitive) (4) 129, 137
passé simple, formation and uses (F) 388
passive voice, formation and uses (F) 412
past conditional, formation and uses (F) 348–349
past infinitive (8) 275
past participles
    agreement (3) (F) 90, 94, 352, 356, 392
    irregular (3) 90, 94
    regular (3) 90
    used as adjectives (F) 398
    used as prepositions (F) 398
past subjunctive (7) 247
pendant with time expressions (F) 400

plus-que-parfait (4) (F) 126–127, 349
    si (4) 129
    vs. other past tenses (4) 129
possessive adjectives (F) 382
possessive pronouns (F) 396
prepositions
    of location (5) 168
    with geographical names (8) 279
    with infinitives (F) 402
present participles, formation and uses (9) 316–317
    tout en (9) 317
present tense
    regular verbs (F) 384
    irregular verbs (F) 444–447
    spelling-change verbs (1) 16–17
pronouns
    demonstrative (6) 208–209
    direct object (F) 390
    disjunctive (F) 394
    en (5) 169
    indefinite (4) 133
    indirect object (F) 390
    interrogative (1) 25
    on (F) 412
    order of (5) (10) 172–173, 352, 356, 376, 394
    possessive (F) 396
    reflexive (2) 52
    relative (9) 312–313
    subject (F) 394
    y (5) 168

R

-re verbs
    conditionnel (8) 282
    futur (7) 242
    imparfait (F) 384
    imperative (F) 376
    passé composé (3) 90
    past subjunctive (7) 247
    present tense of irregular verbs (6) 212–213
    present tense of regular verbs (F) 384
    present subjunctive (6) 204
reflexive and reciprocal verbs
    future perfect (10) 352
    imperative (2) 53
    passé composé (3) 95
    past conditional (10) 366
    past subjunctive (7) 248
    present (2) 52, 53
    reciprocal (2) 53, 93
relative pronouns (9) 312–313
rendre with adjectives (F) 408

S

savoir
    present (9) (F) 321, 406
    vs. connaître (F) 406
si clauses (4) (8) 129, 356–357
spelling-change verbs
    conditionnel (8) 282
    futur (7) 242
    imparfait (F) 384
    present tense (1) 16–17
    present subjunctive (7) 202
subject pronouns (F) 394
subjunctive
    after indefinite antecedents (F) 404
    in superlative statements (F) 404
    present (6) 204
    past (7) 247
    vs. infinitive (7) (8) 247, 275
    with conjunctions (7) 247
    with expressions of doubt (7) 246
    with expressions of emotion (6) 205
    with expressions of will (6) 205
    with impersonal expressions (6) 205
superlative
    of adjectives (7) 238–239
    of adverbs (7) 239

U

un (5) 164
une (5) 164
une fois que (10) 353

V

venir de + infinitive (4) 129, 137
verbs
    irregular -ir (4) 136
    reflexive (2) 52
    reciprocal (2) 53
verbs followed by
    à + infinitive (8) (F) 274, 402
    an infinitive (8) (F) 274–275
    de + infinitive (8) (F) 274–275, 402

Y

y
    uses (5) 168

Credits

Every effort has been made to trace the copyright holders of the works published herein. If proper copyright acknowledgment has not been made, please contact the publisher and we will correct the information in future printings.

Photography and Art Credits

All images © by Vista Higher Learning unless otherwise noted.

Cover: Tunart/E+/Getty Images.

Front Matter (TE): T9: Margouillat Photo/Shutterstock; **T12:** PeopleImages/iStockphoto; **T16:** Asiseeit/iStockphoto; **T36:** SimmiSimons/iStockphoto; **T39:** Monkeybusiness/Deposit Photos.

Front Matter (SE): xix: (all) North Wind Picture Archives/Alamy; **xx:** (l) Map of the Louisiana Purchase Territory, 1803-1819/ Department of the Interior. General Land Office. 1849-7/16/1946/National Archives and Records Administration (NARA) [594889]; (r) Kelly Redinger/Design Pics Inc/Alamy; **xxi:** *Danse à la campagne* (1883), Pierre Auguste Renoir. Oil on canvas, 90 x 180 cm. Musée d'Orsay, Paris, France/Artepics/AGE Fotostock; **xxii:** (t) Moodboard/Fotolia; (bl) Moshimochi/Shutterstock; (br) Wavebreakmedia Ltd/Shutterstock; **xxiii:** Michelle Silke/Shutterstock; **xxiv:** (l) Gawrav/iStockphoto; (r) Yuri/iStockphoto; **xxv:** FMB/Isabel Schiffler/Future Image/WENN/Newscom.

Reprise: R11: Pierre Jacques/Hemis.fr/Alamy; **R16:** Kenzo Tribouillard/AFP/Getty Images.

Unit 1: 2–3: Riccardo Piccinini/Shutterstock; **4:** Godong/Alamy; **12:** Ikon Images/Masterfile; **13:** (tl) Alastair Grant/AP/Shutterstock; (tr) Bettmann/Getty Images; (mt) Stefano Bianchetti/Corbis Historical/Getty Images; (mb) Hannah Foslien/Getty Images Sport/Getty Images; (b) Rob Rich/Everett Collection; **14:** Scott Olson/Getty Images; **16:** (t) Anne Loubet; (m) Pascal Pernix; (b) Ian Shaw/Cephas Picture Library; **17:** (t) Design Pics/Alamy; (m) Anne Loubet; (b) Pascal Pernix; **19:** Anne Loubet; (right col) Odrida/Shutterstock; **20:** OneClearVision/iStockphoto; **21:** (t) Anne Loubet; (b) Nathaniel Noir/Alamy; **22:** David H. Wells/The Image Bank Unreleased/ Getty Images; **23:** (t, mr, bl) Anne Loubet; (ml) Vstock LLC/Getty Images; (br) Pascal Pernix; **24:** Pascal Pernix; **27:** (tl) Jessica Beets; (tr) Directphoto Collection/Alamy; (bl, br) Anne Loubet; (right col) Photo12/Universal Images Group/Getty Images; **29:** Lee Celano/ Reuters; **30:** Philip Gould/The Image Bank Unreleased/Getty Images; **31:** Chris Graythen/Getty Images; **32:** Philip Scalia/Alamy; (right col) Heebphoto/Alamy; **33:** Mary Evans Picture Library/Alamy; **34:** Hélène Desplechin.

Unit 2: 38–39: Bellena/Shutterstock; **40:** Jean-Pierre Kepseu/Independent/Newscom; **47:** Prochasson Frederic/Shutterstock; **48:** CSP Ventdusud/AGE Fotostock; **49:** (tl) Janet Dracksdorf; (tr) Chris Howarth/France/Alamy; (mt) Picture Contact BV/Alamy; (mb) Viacheslav Lopatin/Shutterstock; (b) David C. Tomlinson/The Image Bank/Getty Images; **50:** Michael Roseb/Zoonar GmbH RM/AGE Fotostock; **51:** (l) Raphael Gaillarde/Getty Images; (r) Gardel Bertrand/Hemis.fr/Alamy; **52:** (l) Erin Patrice O'Brien/Media Bakery; (r) Goodshot/Corbis; **58:** Hans Peter Merten/The Image Bank/Getty Images; **59:** (tl) David Morris/Alamy; (tr) Adisa/Shutterstock; (bl) Rayman/Photodisc/Getty Images; (br) George Simhoni/Masterfile; **62:** Philippe Juste/PHOTOPQR/LE PROGRES/MAXPPP/Newscom; **63:** Janet Dracksdorf; **65:** WorldPix/Alamy; **66:** WorldPix/Alamy; **67:** Bill Wymar/Alamy; **68:** Kiran Ridley/Getty Images; **69:** Pauline Maillet/Starface/Polaris/Newscom; **70:** Chip Somodevilla/Getty Images; **73:** Ariana Cubillos/AP Images.

Unit 3: 76–77: Dean Drobot/Shutterstock; **78:** JJFarq/Shutterstock; **85:** Sablin/Fotolia; **86:** (t) Duncan Walker/E+/Getty Images; (b) Bettmann/Getty Images; **87:** (tl) Bettmann/Getty Images; (tr) AGE Fotostock/SuperStock; (mt) Megapress/Alamy; (mb) Marcel Pelletier/ iStockphoto; (b) Rudy Sulgan/The Image Bank/Getty Images; **88:** Dean Drobot/123RF; **90:** Wavebreakmedia Ltd/Deposit Photos; **91:** (l) Anne Loubet; (r) Jenny Hill/iStockphoto; **94:** (l) Leszek Glasner/Shutterstock; (r) Anne Loubet; **95:** (t) David Young-Wolff/PhotoEdit; (b) Pascal Pernix; **96:** Peter Horree/Alamy; **97:** Aiok/Shutterstock; **98:** (all) Pascal Pernix; **99:** Jacob Ammentorp Lund/123RF; **100:** A.F. Archive/Alamy; **101:** Anne Loubet; **102:** AllaSerebrina/Deposit Photos; **103:** Alain Jocard/AFP/Getty Images; **104:** Alain Jocard/AFP/ Getty Images; **106:** Sadaka Edmond/SIPA/Newscom; **107:** Courtesy of Éditions du Boréal; **108:** Vertigo3d/iStockphoto; **111:** Jay Yuno/ E+/Getty Images.

Unit 4: 114–115: Eric Demers/Polaris/Newscom; **116:** (l) Andia/Universal Images Group/Getty Images; (r) Gregg Vignal/Alamy; **124:** Mimicasa/Shutterstock; **125:** (tl) Patrick Eden/Alamy; (tr) Atlantide Phototravel/Corbis Documentary/Getty Images; (mt) David Sanger Photography/Alamy; (mb) Photononstop/SuperStock; (b) *Louisiana Heron* (1834), Robert Havell Junior. Hand-colored engraving and aquatint on Whatman wove paper, 52.8 x 66 cm. After an illustration by John James Audubon *from The Birds of America: Plate 217*, published 1827-38, London, UK. Gift of Mrs. Walter B. James/Courtesy National Gallery of Art, Washington; **126:** Joel Rogers/Joel Rogers Photography; **127:** (all) Courtesy of Léna Blou; **129:** Anne Loubet; **131:** (t) Trevor Smithers ARPS/Alamy; (b) Thierry Tronnel/Sygma/Getty Images; **135:** Baptiste Giroudon/Paris Match Archive/Getty Images; **138:** Anne Loubet; (right col) Marcbruxelle/123RF; **139:** (l) Jon Arnold Images Ltd/Alamy; (r) Robert Harding Picture Library Ltd/Alamy; **141:** Les Stone; **142:**

Ariana Cubillos/AP Images; **144:** Vibrant Image Studio/Shutterstock; **145:** Stocksnapper/Shutterstock; **146:** *Les chiffonniers de Paris*, Henri Meyer. Illustration from *Le Petit Journal: Supplément illustré*, Volume 3, No. 92, August 27, 1892, Paris/Interfoto/Alamy.

Unit 5: 150–151: Thomas Cockrem/Alamy; **151:** (helmet) Ginasanders/123RF; **152:** Mikhail Kusayev/123RF; **159:** Bettmann/Getty Images; **160:** George Clerk/iStockphoto; **161:** (tl) Africa/Fotolia; (tr) Friedrich Stark/Alamy; (mt) Nik Wheeler/The Image Bank Unreleased/Getty Images; (mb) Martin Harvey/The Image Bank/Getty Images; (b) Oleksandr Rupeta/NurPhoto/Getty Images; **162:** Hansgeel/Deposit Photos; **164:** Anne Loubet; **165:** Anne Loubet; **166:** Jean Du Boisberranger/Hemis.fr/Alamy; **167:** (l) Rossy Llano; (r) Wolfgang Kaehler/Alamy; **168:** Paula Díez; **169:** Anne Loubet; **170:** Roman Yanushevsky/123RF; **174:** Voddol/Deposit Photos; **176:** Roman Yanushevsky/Shutterstock; **177:** Foto24/Gallo Images/Getty Images; **178:** Foto24/Gallo Images/Getty Images; **180:** Alain Liennard/INA/Getty Images; **181:** Courtesy of Ghislaine Sathoud; **182–183:** Patrick Robert/Sygma/Getty Images; **184:** Edward Parker/Alamy.

Unit 6: 188–189: Yassine Gaidi/Anadolu Agency/Getty Images; **190:** Huntergol Hp/Shutterstock; **191:** Golero/E+/Getty Images; **198:** (t) Daryl Benson/Masterfile; (b) AGE Fotostock/SuperStock; **199:** (tl) Martin Harvey/The Image Bank/Getty Images; (tr) Ian Dagnall/Alamy; (mt) Witr/Shutterstock; (mb) De Agostini Editorial/C. Sappa/Getty Images; (b) Yadid Levy/Alamy; **200:** Frans Lemmens/Corbis Unreleased/Getty Images; **201:** (t) STF/AFP/Getty Images; (b) Peter White/Getty Images; **204:** (right col) Josephine Clasen/Mauritius Images/AGE Fotostock; (l) Lev Levin/Shutterstock; (m) Ostill is Franck Camhi/Shutterstock; (r) Vadim Nefedoff/Shutterstock; **205:** SW Productions/Photodisc/Getty Images; **208:** Xurxo Lobato/Cover/Getty Images; **209:** (t) Robert Fried/Alamy; (b) Blend Images/Alamy; **212:** Konstantin Aksenov/Shutterstock; **213:** Nancy Ney/Photodisc/Getty Images; **215:** Fayez Nureldine/AFP/Getty Images; **216:** Fayez Nureldine/AFP/Getty Images; **217:** Noah Seelam/AFP/Getty Images; **218:** Nicolamargaret/E+/Getty Images; **219:** Nasser Berzane/Abaca Press/Alamy; **221:** LovPhotography/Shutterstock.

Unit 7: 224–225: William Taufic/The Image Bank/Getty Images; **226:** (t) Martín Bernetti; (b) Cravetiger/Moment/Getty Images; **227:** Monty Rakusen/Cultura/Getty Images; **233:** (l) Martín Bernetti; (m) Lisa-S/Shutterstock; (r) Janet Dracksdorf; **234:** MichaelUtech/iStockphoto; **235:** (tl) Denis Balibouse/Reuters; (tr) Heinz-Dieter Falkenst/imageBROKER/AGE Fotostock; (mt) Ken Welsh/Alamy; (mb) Maurice Savage/Alamy; (b) Johannes Simon/Getty Images; **236:** Alexandros Michailidis/Alamy; **238:** Sanddebeautheil/Deposit Photos; **239:** DigitalVision/Hill Street Studios; **240:** Anton Gvozdikov/Alamy; **241:** Manley099/iStockphoto/Getty Images; **245:** Ales Utouka/123RF; **246:** Mostovyi Sergii Igorevich/Shutterstock; **248:** Sylvain Oliveira/Alamy; **249:** Cathy Yeulet/123RF; **250:** Don Farrall/Photodisc/Getty Images; **251:** Maximilien Brice/CERN; **252:** Maximilien Brice/CERN; **254:** (t) Vchal/Shutterstock; (b) Anne Loubet; **255:** © 2019 EPFL/Alain Herzog **256:** Dom Smaz.

Unit 8: 260–261: Alexey Aryutov/500px Plus/Getty Images; **262:** (t) Leongeodhart/Getty Images; (b) Chokri Mahjoub/ZUMA Press/Alamy; **270:** (t) Bob Thomas/Popperfoto/Getty Images; (b) AGE Fotostock/SuperStock; **271:** (tl) Fabrice Bettex/FB-StockPhoto-1/Alamy; (tr) Hemis/Alamy; (mt) Morales/AGE Fotostock; (mb) Imagebroker/Alamy; (b) *Dodo and Guinea Pig* (1757), George Edwards. Hand-colored engraving, 220 x 288 mm, from *Gleanings of Natural History Vol 2: Plate 294* by George Edwards, published 1764, London, UK. The Natural History Museum/Alamy; **272:** Robert Harding Picture Library/Alamy; **273:** (all) Khal Torabully; **276:** Alberto/Alamy; **277:** (t) Todd Strand/Alamy; (b) Tessier Benoit/Reuters/Alamy; **279:** Anne Loubet; **280:** Olenadesign/Shutterstock; **281:** Paula Díez; **285:** (tl) Leungchopan/Shutterstock; (tr) Mint Images RF/Getty Images; (b) Mama Belle and the kids/Shutterstock; **287:** Buzz Pictures/Alamy; **288:** Buzz Pictures/Alamy; **290:** (l) Vitalalp/Getty Images; (r) Imag'In Pyrénées/Fotolia; **291:** (t) Joel Saget/AFP/Getty Images; (b) Roger-Viollet/TopFoto.

Unit 9: 298–299: Alvarez/E+/Getty Images; **300:** Odua Images/Shutterstock; **301:** Creativa Images/Shutterstock; **308:** Marcus Wilson-Smith/Alamy; **309:** (tl) MJ Photography/Alamy; (tr) Billkiss Binta Mohamed/Festival Écrans Noirs; (m) Gallo Images/The Image Bank/Getty Images; (b) Paula Cooper/REX/Shutterstock; **310:** Juniors Bildarchiv/Alamy; **314:** Mint Frans Lanting/Mint Images/AGE Fotostock; **315:** Anne Loubet; **316:** Pascal Pernix; **317:** Rossy Llano; **318:** G. Sioen/De Agostini Editore/AGE Fotostock; **319:** Michele Burgess/Alamy; **320:** Cepren Cepreeb/123RF; **321:** (all) Anne Loubet; **323:** Franck Chapolard/Alamy; **324:** Buffard/Roger Viollet/Getty Images; **325:** Pascal Deloche/The Image Bank Unreleased/Getty Images; **326:** Pascal Deloche/The Image Bank Unreleased/Getty Images; **327:** Julian Nieman/Alamy; **329:** Julien Hekimian/Wireimage/Getty Images; **330:** Dean Drobot/Shutterstock.

Unit 10: 334–335: BlueOrange Studio/Shutterstock; **336:** Nightman1965/123RF; **339:** John Foxx/Media Bakery; **344:** (t) Melba Photo Agency/Alamy; (b) Brian A. Vikander/The Image Bank Unreleased/Getty Images; **345:** (tl) Jon Arnold Images/Alamy; (tr) John Frumm/Hemis.fr/Alamy; (mt) Eric Nathan/Alamy; (mb) Zoonar GmbH/Mopic/Alamy; (b) Stephen Frink/The Image Bank Unreleased/Getty Images; **346:** AS Food Studio/Shutterstock; **347:** (l) Valerie Macon/WireImage/Getty Images; (r) Collection Christophel/© Arte France/Bophana Production/Alamy; **350:** *Femmes de Tahiti* (1891), Paul Gauguin. Oil on canvas, 69 x 91.5 cm. Musée d'Orsay, Paris, France. Laurent Lecat/Mondadori Portfolio/AGE Fotostock; **353:** (l) Anne Loubet; (r) Leszek Glasner/Shutterstock; **354:** Walter Bibikow/Agency Jon Arnold Images/AGE Fotostock; **355:** Stevanovicigor/123RF; **358:** Sarayuth Nutteepratoom/123RF; **361:** Robert Fried/Alamy; **362:** Robert Fried/Alamy; **363:** National Geographic Image Collection/Alamy; **365:** Présence Africaine; **366–367:** Gallo Images/The Image Bank Unreleased/Getty Images; **368:** Zoonar/Dmitry Rukhle/AGE Fotostock.

Credits

Fiches de Grammaire: **374:** (t, m) Anne Loubet; (b) Radius Images/Alamy; **376:** Anne Loubet; **377:** (tl, tr, bl) Pascal Pernix; (br) Anne Loubet; **380:** Anne Loubet; **381:** (t) Rossy Llano; (bl) Pascal Pernix; (br) Anne Loubet; **384:** Anne Loubet; **386:** Pascal Pernix; **390:** Pascal Pernix; **392:** Pascal Pernix; **396:** Anne Loubet; **398:** Anne Loubet; **399:** (tl, tr, ml) Pascal Pernix; (mr, bl, br) Anne Loubet; **400:** Pascal Pernix; **403:** Fabrice Bettex/FB-StockPhoto-1/Alamy; **406:** (t) Anne Loubet; (b) Pascal Pernix; **408:** (t) Anne Loubet; (b) Pascal Pernix; **409:** (all) Anne Loubet; **411:** Pascal Pernix; **413:** Mikhail Lavrenov/123RF.

Text Credits

70: This excerpt has been reproduced with permission from Copibec; **108:** *Nous meritons mieux* by Marie-France Bazzo, Montreal, Editions du Boréal, 2020, pp. 11-20; **182:** © Ghislaine Sathoud. Site Lire Les Femmes Africaines; **220:** "Mon père en doute encore" by Saphia Azzeddine © Éditions Stock 2020; **256:** Le Temps; **292:** IMAV Editions; **330:** "Les tribulations d'une caissière" by Anna Sam © Éditions Stock 2008; **366:** *Baobab*, Jean-Baptiste Loutard, in *LES RACINES CONGOLAISES, précédé de La vie poétique*, series « Poètes des cinq continents », © Editions l'Harmattan, 2004.

Video Credits

8: DoKo/Bibo Bergeron; **15:** "Bac 2017: la sophrologie, arme anti-stress de premier choix pour les lycéens", LCI/TFI, 05/21/2017. Permission from Institut National de l'Audiovisuel.; **44:** La Bôite; **82:** ANTONELLO COZZOLINO/Facteur 7; **120:** Hugo Chesnard, Takami productions; **156:** L'Agence du court metrage; **163:** Hélène Lam Trong; **194:** Manifest Films; **230:** *Le Manie-tout*, directed by Georges Le Piouffle and produced by Antiprod. Distribution : L'Agence du court metrage; **237:** Radio Télévision Suisse; **266:** La Luna Productions; **304:** Les films du clan; **340:** France Télévisions.